# IMPOSTOS E CONTRIBUIÇÕES FEDERAIS

MARCUS DE FREITAS GOUVÊA

# IMPOSTOS E CONTRIBUIÇÕES FEDERAIS

2018

www.editorajuspodivm.com.br

coleção
**SINOPSES**
para **concursos**

Coordenação
**Leonardo Garcia**

47

www.editorajuspodivm.com.br

Rua Mato Grosso, 164, Ed. Marfina, 1º Andar – Pituba, CEP: 41830-150 – Salvador – Bahia
Tel: (71) 3045.9051
• Contato: https://www.editorajuspodivm.com.br/sac

**Copyright:** Edições *Jus*PODIVM

**Conselho Editorial:** Eduardo Viana Portela Neves, Dirley da Cunha Jr., Leonardo de Medeiros Garcia, Fredie Didier Jr., José Henrique Mouta, José Marcelo Vigliar, Marcos Ehrhardt Júnior, Nestor Távora, Robério Nunes Filho, Roberval Rocha Ferreira Filho, Rodolfo Pamplona Filho, Rodrigo Reis Mazzei e Rogério Sanches Cunha.

**Diagramação:** Linotec *(www.linotec.com.br)*

**Capa:** Ana Caquetti

**ISBN:** 978-85-442-1816-7

---

Todos os direitos desta edição reservados à Edições *Jus*PODIVM.

É terminantemente proibida a reprodução total ou parcial desta obra, por qualquer meio ou processo, sem a expressa autorização do autor e da Edições *Jus*PODIVM. A violação dos direitos autorais caracteriza crime descrito na legislação em vigor, sem prejuízo das sanções civis cabíveis.

*Dedico este livro à Cassinha e ao Zé,
à Ju e ao Cássio, à Pati e ao Fabrício,
à Paula e ao Eduardo, à Cris e ao Rafa,
aos meus sobrinhos Heitor, Augusto,
Guilherme, Henrique e Felipe.*

*E como tudo mais que faço,
dedico o livro à minha esposa Flávia
e aos meus filhos Vitor e Daniela,
que veem me ensinando a difícil tarefa de
ser pai.*

## Agradecimentos

*Agradeço ao Marcel, estudante de Direito da UFMG e ex-estagiário da PFN/MG, pela colaboração com a pesquisa de jurisprudência e pela ajuda na elaboração dos resumos, especialmente das contribuições sociais.*

*Às estagiárias da PFN/MG, Laís, Larissa, Maria Fernanda e Regina, pela revisão do texto, contribuindo muito para a redução de erros do trabalho.*

# Coleção Sinopses para Concursos

A *Coleção Sinopses para Concursos* tem por finalidade a preparação para concursos públicos de modo prático, sistematizado e objetivo.

Foram separadas as principais matérias constantes nos editais e chamados professores especializados em preparação de concursos a fim de elaborarem, de forma didática, o material necessário para a aprovação em concursos.

Diferentemente de outras sinopses/resumos, preocupamo-nos em apresentar ao leitor o entendimento do STF e do STJ sobre os principais pontos, além de abordar temas tratados em manuais e livros mais densos. Assim, ao mesmo tempo que o leitor encontrará um livro sistematizado e objetivo, também terá acesso a temas atuais e entendimentos jurisprudenciais.

Dentro da metodologia que entendemos ser a mais apropriada para a preparação nas provas, demos destaques (em outra cor) às palavras-chaves, de modo a facilitar não somente a visualização, mas, sobretudo, a compreensão do que é mais importante dentro de cada matéria.

Quadros sinóticos, tabelas comparativas, esquemas e gráficos são uma constante da coleção, aumentando a compreensão e a memorização do leitor.

Contemplamos também questões das principais organizadoras de concursos do país, como forma de mostrar ao leitor como o assunto foi cobrado em provas. Atualmente, essa "casadinha" é fundamental: conhecimento sistematizado da matéria e como foi a sua abordagem nos concursos.

Esperamos que goste de mais esta inovação que a Editora Juspodivm apresenta.

Nosso objetivo é sempre o mesmo: otimizar o estudo para que você consiga a aprovação desejada.

Bons estudos!

**Leonardo Garcia**
leonardo@leonardogarcia.com.br
www.leonardogarcia.com.br

# Guia de leitura
# da Coleção

A Coleção foi elaborada com a metodologia que entendemos ser a mais apropriada para a preparação de concursos.

Neste contexto, a Coleção contempla:

- **DOUTRINA OTIMIZADA PARA CONCURSOS**

Além de cada autor abordar, de maneira sistematizada, os assuntos triviais sobre cada matéria, são contemplados temas atuais, de suma importância para uma boa preparação para as provas.

> Não obstante, boa parcela da doutrina, há tempos, sustentava a inconstitucionalidade da execução provisória, sob o argumento de que ela violaria princípios como a presunção de inocência e a dignidade da pessoa humana.
>
> Nesse prisma, reconhecendo a pertinência deste argumento, o Pleno do STF, em julgamento histórico proferido no HC nº 84078/MG, sob a relatoria do então Ministro Eros Grau, na data de 5/2/2009, por 7 (sete) votos a 4 (quatro), resolveu por bem encerrar qualquer polêmica decidindo que **a execução provisória é inconstitucional**, eis que afronta o princípio da não culpabilidade (art. 5º, inciso LVII, do Texto Constitucional).

- **ENTENDIMENTOS DO STF E STJ SOBRE OS PRINCIPAIS PONTOS**

> ▸ Qual o entendimento do STF sobre o assunto?
>
> O STF, no julgamento da ADIN nº 1.570-2, decidiu pela **inconstitucionalidade do art. 3º da Lei nº 9.034/95** (no que se refere aos dados "fiscais" e "eleitorais"), que previa a figura do **juiz inquisidor**, juiz que poderia adotar direta e pessoalmente as diligências previstas no art. 2º, inciso III, do mesmo diploma legal ("o acesso a dados, documentos e informações fiscais, bancárias, financeiras e eleitorais").

- **PALAVRAS-CHAVES EM OUTRA COR**

As palavras mais importantes (palavras-chaves) são colocadas em outra cor para que o leitor consiga visualizá-las e memorizá-las mais facilmente.

> Conforme entendimento doutrinário prevalecente, o **impedimento do juiz** é causa de **nulidade absoluta** do ato processual. De se registrar que parcela minoritária, mas respeitável, da doutrina entende que o ato praticado por juiz impedido é inexistente, já que falta jurisdição (NUCCI, 2008, p. 833-834). Já a **suspeição** é causa de **nulidade relativa** (NUCCI, 2008, p. 833-834).

- **QUADROS, TABELAS COMPARATIVAS, ESQUEMAS E DESENHOS**

Com esta técnica, o leitor sintetiza e memoriza mais facilmente os principais assuntos tratados no livro.

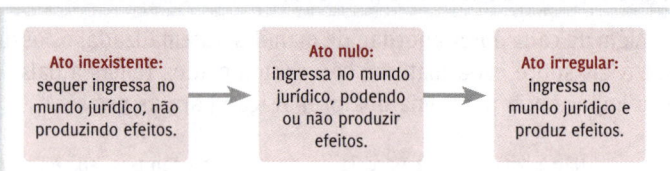

- **QUESTÕES DE CONCURSOS NO DECORRER DO TEXTO**

Por meio da seção *"Como esse assunto foi cobrado em concurso?"* é apresentado ao leitor como as principais organizadoras de concurso do país cobram o assunto nas provas.

> ▶ **Como esse assunto foi cobrado em concurso?**
>
> No concurso de Analista do Tribunal de Justiça do Estado do Espírito Santo, promovido pelo Cespe/Unb, em 2011, questionou-se sobre os critérios de definição dos procedimentos ordinário e sumário: *"O procedimento comum será ordinário, quando tiver por objeto crime cuja sanção máxima cominada seja igual ou superior a quatro anos de pena privativa de liberdade; ou sumário, quando tiver por objeto crime cuja sanção máxima cominada seja inferior a quatro anos de pena privativa de liberdade."*.
> A assertiva foi considerada correta.

# Sumário

Capítulo 1 ▶ **ITR** ........... 31
1. Aspecto material ........... 31
2. Aspecto temporal ........... 35
3. Aspecto espacial ........... 35
4. Aspecto subjetivo ........... 36
5. Aspecto quantitativo ........... 41
6. Imunidade e isenção ........... 46
7. Informações complementares: lançamento ........... 48
8. Resumo ........... 51
9. Súmulas ........... 52

Capítulo 2 ▶ **II E IE** ........... 53
1. Introdução ........... 53
   1.1. Impostos sobre o Comércio Exterior, o direito aduaneiro e o princípio da soberania ........... 54
   1.2. O Imposto de importação e o imposto de exportação na Constituição e no Código Tributário Nacional ........... 55
   1.3. Noções gerais de direito aduaneiro ........... 63
      1.3.1. Órgãos ........... 63
      1.3.2. Intervenientes nas operações de comércio exterior ........... 66
      1.3.3. Organismos internacionais, conceitos e reflexos nos impostos sobre o comércio exterior ........... 68
   1.4. Procedimentos de importação e de exportação ........... 69
   1.5. Siscomex Carga ........... 73
2. Imposto de importação ........... 76
   2.1. Aspecto material ........... 77
   2.2. Aspecto temporal ........... 80
   2.3. Aspecto Espacial ........... 82
   2.4. Aspecto subjetivo ........... 85
   2.5. Aspecto quantitativo ........... 87
      2.5.1. Base de cálculo ........... 87
      2.5.2. Alíquota ........... 92
      2.5.3. Tributação simplificada, especial e unificada ........... 96
   2.6. Isenções e imunidades ........... 100
   2.7. Regimes aduaneiros especiais ........... 104
      2.7.1. Trânsito aduaneiro ........... 109
      2.7.2. Admissão Temporária ........... 109
      2.7.3. *Drawback* ........... 113
      2.7.4. Entreposto aduaneiro ........... 119
      2.7.5. Outros regimes especiais ........... 121

2.8. Zona Franca de Manaus, Áreas de Livre Comércio e Zonas de Processamento de Exportação .......... 128
    2.8.1. Zona Franca de Manaus .......... 128
    2.8.2. Áreas de livre comércio .......... 130
    2.8.3. Zonas de Processamento de Exportação – ZPE .......... 131
2.9. Administração, lançamento e controle do imposto .......... 131
2.10. Pena de perdimento de bens .......... 137
3. Imposto de exportação .......... 143
    3.1. Aspecto material .......... 143
    3.2. Aspecto temporal .......... 144
    3.3. Aspecto espacial .......... 145
    3.4. Aspecto subjetivo .......... 145
    3.5. Aspecto quantitativo .......... 145
        3.5.1. Base de cálculo .......... 145
        3.5.2. Alíquota .......... 146
    3.6. Regimes especiais .......... 146
    3.7. Lançamento .......... 146
4. Resumo .......... 149
5. Súmulas .......... 152

**Capítulo 3 ▶ IPI** .......... **153**
1. Introdução .......... 153
2. Aspecto material .......... 157
    2.1. Nacionalização de produtos estrangeiros .......... 165
    2.2. A jurisprudência sobre importação para consumidor final não contribuinte do IPI .......... 166
3. Aspecto temporal .......... 167
    3.1. Suspensão do imposto .......... 169
4. Aspecto subjetivo .......... 171
    4.1. Sujeito ativo .......... 171
    4.2. Sujeito passivo .......... 172
        4.2.1. Responsabilidade e substituição tributária .......... 177
5. Aspecto quantitativo .......... 179
    5.1. Base de cálculo .......... 179
        5.1.1. Descontos incondicionais e bonificações .......... 180
        5.1.2. Frete .......... 181
        5.1.3. Perdas e quebras de estoque .......... 183
        5.1.4. Pautas fiscais no IPI .......... 184
    5.2. Alíquotas .......... 187
        5.2.1. A tributação do cigarro .......... 189
    5.3. Não Cumulatividade do IPI .......... 192
        5.3.1. Regras gerais .......... 192
        5.3.2. Diferentes espécies de crédito de IPI: Créditos básicos, créditos por devolução, créditos de incentivo, crédito prêmio, crédito presumido etc. .......... 195

| | |
|---|---|
| 5.3.3. Crédito prêmio do IPI | 198 |
| 5.3.4. Insumos não tributados | 199 |
| 5.3.5. Energia elétrica | 201 |
| 5.3.6. Bens para uso e consumo e para o ativo imobilizado | 202 |
| 5.3.7. Simples | 202 |
| 5.3.9. Correção monetária dos créditos de IPI indeferidos pela Fazenda e posteriormente concedidos pelo Judiciário | 203 |
| 6. Restituição do imposto | 204 |
| 7. Imunidades e isenções | 207 |
| 7.1. Benefícios fiscais | 211 |
| 8. Lançamento e obrigações acessórias | 211 |
| 9. Resumo | 213 |
| 10. Súmulas | 215 |

### Capítulo 4 ▸ IOF ............... 217

| | |
|---|---|
| 1. Introdução | 217 |
| 2. IOF/Crédito | 230 |
| 2.1. Noções gerais | 230 |
| 2.2. Aspecto material | 232 |
| 2.3. Aspecto subjetivo | 235 |
| 2.4. Aspecto quantitativo | 236 |
| 3. IOF/Câmbio | 242 |
| 3.1. Noções gerais | 242 |
| 3.2. Aspecto material | 244 |
| 3.3. Aspecto subjetivo | 245 |
| 3.4. Aspecto quantitativo | 246 |
| 4. IOF/Seguros | 251 |
| 4.1. Noções gerais | 251 |
| 4.2. Aspecto material | 252 |
| 4.3. Aspecto subjetivo | 254 |
| 4.4. Aspecto quantitativo | 254 |
| 4.5. Hipóteses de isenção | 254 |
| 5. IOF/TVM | 254 |
| 5.1. Noções gerais | 254 |
| 5.2. Aspecto material | 255 |
| 5.3. Aspecto subjetivo | 256 |
| 5.4. Aspecto quantitativo | 258 |
| 5.5. Hipóteses de isenção | 263 |
| 6. IOF/ouro ativo financeiro | 263 |
| 6.1. Noções gerais | 263 |
| 7. Resumo | 265 |
| 8. Súmulas | 267 |

## Capítulo 5 ▸ IMPOSTO DE RENDA NA CONSTITUIÇÃO E NO CTN ... 269
1. Introdução ... 269
2. Aspecto material ... 270
   - 2.1. Conceito de renda ... 270
   - 2.2. Disponibilidade da renda ... 275
   - 2.3. Generalidade, universalidade e progressividade ... 276
   - 2.4. Fato gerador complexo, anualidade princípio da irretroatividade – aspecto temporal ... 278
3. Aspecto quantitativo ... 280
   - 3.1. Base de cálculo ... 280
   - 3.2. Alíquotas ... 282
4. Aspecto Subjetivo ... 283
   - 4.1. Contribuinte e responsável ... 283
   - 4.2. Domicílio e residência ... 284
5. Resumo ... 285
6. Súmulas ... 286

## Capítulo 6 ▸ IRPF ... 289
1. Introdução ... 289
2. Sistema de apuração, declaração e pagamento do imposto ... 289
3. Aspecto subjetivo ... 291
   - 3.1. Contribuinte ... 291
   - 3.2. Responsável ... 292
   - 3.3. Responsabilidade por retenção ... 292
   - 3.4. Princípios da territorialidade e da renda universal ... 294
   - 3.5. Equiparação à pessoa jurídica ... 297
4. Aspecto material ... 298
5. Aspecto quantitativo ... 299
   - 5.1. Base de cálculo ... 300
     - 5.1.1. Renda tributável ... 300
     - 5.1.2. Rendimentos isentos e não tributados ... 306
     - 5.1.3. Rendimentos pagos acumuladamente – rendimentos acumulados ... 323
     - 5.1.4. Despesas dedutíveis ... 326
   - 5.2. Alíquota ... 330
   - 5.3. Deduções do imposto ... 332
6. Tributação do ganho de capital ... 336
   - 6.1 Regras gerais ... 336
   - 6.2. A lei de regularização de ativos ... 339
7. Tributação de aplicações financeiras – Introdução ... 342
8. Atividade rural ... 344
9. Tributação dos residentes no exterior ... 347
10. Tributação de rendimentos omitidos ... 349
    - 10.1. Sinais exteriores de riqueza ... 350
    - 10.2. Acréscimo patrimonial a descoberto ... 350
    - 10.3. Depósitos não identificados ... 351

Sumário | 17

11. Obrigações acessórias – as declarações do IRPF .................. 352
12. Resumo .................. 355
13. Súmulas .................. 358

**Capítulo 7 ▶ IRPJ E CSLL** .................. **361**
PARTE I – NOÇÕES GERAIS .................. 361
1. Introdução .................. 361
2. Primeira aproximação .................. 362
3. Novas regras contábeis internacionais e regime tributário de transição .................. 365
4. A apuração do imposto – visão geral .................. 368
5. Aspecto subjetivo .................. 371
6. Aspecto temporal .................. 379
7. Aspecto Material .................. 385
8. Aspecto quantitativo .................. 385
    8.1. Base de cálculo .................. 385
        8.1.1. Resultado operacional .................. 389
    8.2. Alíquotas .................. 429
9. Retenção na fonte .................. 430
PARTE II – NOÇÕES ESPECIAIS (RESULTADOS NÃO OPERACIONAIS, REORGANIZAÇÕES SOCIETÁRIAS, OPERAÇÕES INTERNACIONAIS COM EMPRESAS LIGADAS, OPERAÇÕES NO MERCADO FINANCEIRO) .................. 431
10. Resultados não operacionais .................. 431
11. Reavaliação de bens .................. 440
    11.1. Introdução .................. 440
    11.2. Avaliação a valor presente .................. 441
    11.3. Avaliação a valor justo .................. 443
    11.4. Redução do valor recuperável – Impairment .................. 445
    11.5. Comentários ao regime anterior ao da Lei 12.973/14 .................. 446
12. Investimentos, participações societárias e reorganizações societárias .................. 449
    12.1. Introdução .................. 449
    12.2. Investimentos avaliados pelo custo e investimentos avaliados pela equivalência patrimonial .................. 451
        12.2.1. Os investimentos e o método aplicável .................. 451
        12.2.2. Aquisição do investimento e operações registradas pelo MEP .................. 453
        12.2.3. Alienação do investimento .................. 461
    12.4. Ações em tesouraria .................. 464
    12.5. Reorganização societária e combinação de negócios: fusão, cisão e incorporação .................. 465
        12.5.1. Visão geral .................. 465
        12.5.2. Efeitos tributários .................. 467
13. Lucro distribuído e lucro capitalizado .................. 475

14. Preços de transferência ............................................................. 477
    14.1. Importações ................................................................... 480
    14.2. Exportações ................................................................... 485
    14.3. Estabilidade e praticidade nos métodos de preços de transferência ....... 487
    14.4. Flexibilização dos percentuais e margens .................................. 487
    14.5. Juros ........................................................................... 488
    14.6. Paraísos fiscais .............................................................. 489
    14.7. Acordos internacionais ....................................................... 490
15. Atividades no exterior ............................................................... 491
    15.1. Rendimentos tributáveis auferidos de fonte no exterior ................... 491
    15.2. Filiais, sucursais, controladas e coligadas ............................... 492
    15.3. Aspecto temporal .............................................................. 493
    15.4. Equivalência patrimonial – MEP .............................................. 502
    15.5. Tratamento da renda paga por fonte no exterior a pessoa jurídica no Brasil ................................................................. 503
    15.6. Operações de cobertura em bolsa no exterior ............................... 504
    15.7. Outras regras ................................................................. 505
16. Operações no mercado financeiro .................................................. 506
    16.1. Retenção na fonte ............................................................ 507
    16.2. Tributação na apuração do imposto (dedução do IRRF e das perdas) ......................................................................... 508
    16.3. Aplicações de renda fixa ..................................................... 511
    16.4. Aplicações de renda variável ................................................ 512
PARTE III – APURAÇÃO, PAGAMENTO E LANÇAMENTO .................................. 515
17. Retenção na fonte .................................................................... 515
18. Apuração pelo lucro real e pagamento por estimativa ............................ 516
19. Lucro presumido, lucro arbitrado e SIMPLES ...................................... 524
    19.1. Lucro presumido .............................................................. 525
    19.2. Lucro arbitrado .............................................................. 530
    19.3. SIMPLES ....................................................................... 535
20. Imunidades e isenções ............................................................... 544
21. Lançamento ............................................................................ 548
PARTE IV – RESUMO e SÚMULAS ........................................................ 555
22. Resumo ................................................................................ 555
23. Súmulas ............................................................................... 565

Capítulo 8 ▶ PIS E COFINS ............................................................ 567
1. Introdução ............................................................................ 567
2. pis e Cofins como Contribuições Sociais .......................................... 568
3. Aspecto subjetivo .................................................................... 569
4. Aspecto material ..................................................................... 574
5. Aspecto temporal ..................................................................... 583
6. Aspecto quantitativo ................................................................ 585
    6.1. PIS Folha ...................................................................... 585

| | | |
|---|---|---|
| 6.2. | Regime cumulativo | 585 |
| 6.3. | Regime não-cumulativo | 589 |
| 6.4. | PIS e COFINS-Importação | 611 |
| 6.5. | "Regime Misto" – ou duplicidade de regimes | 613 |
| 7. | Tributação monofásica ou concentrada | 615 |
| 8. | Substituição tributária | 617 |
| 9. | Isenções e alíquota zero | 619 |
| 10. | Lançamento | 622 |
| 11. | Resumo | 622 |
| 12. | Súmulas | 623 |

## Capítulo 9 ▶ CONTRIBUIÇÕES SOCIAIS ... 625

1. Introdução ... 625
    1.1. As contribuições sociais como tributos e sua fi,nalidade ... 625
    1.2. Espécies de contribuições sociais e sua classificação ... 627
    1.3. Parafiscalidade, administração pela SRF e DRU ... 633
    1.4. Regime jurídico constitucional das contribuições sociais em geral e das contribuições para a seguridade social ... 636
    1.5. Lista das contribuições ... 644
2. Contribuições dos segurados: dos empregados, trabalhadores avulsos, empregados domésticos, contribuintes individuais e contribuintes facultativos ... 647
    2.1. Introdução ... 647
    2.2. As contribuições ... 648
        2.2.1. Contribuintes ... 648
        2.2.2. Contribuição dos segurados empregado, empregado doméstico e trabalhador avulso ... 656
        2.2.3. Contribuição dos segurados individual e facultativo . 657
    2.3. Salário de contribuição ... 660
3. Contribuições do empregador ... 676
    3.1. Contribuições do empregador sobre folha ... 677
        3.1.1. Introdução ... 677
        3.1.2. Base de cálculo das contribuições ... 679
        3.1.3. Das contribuições ... 691
        3.1.4. Peculiaridades da contribuição para o SAT ... 696
        3.1.5. Peculiaridades das contribuições em obras de construção civil ... 700
    3.2. Contribuições do empregador sobre receita ... 711
        3.2.1. Introdução ... 711
        3.2.2. Contribuição do empregador rural pessoa física ... 713
        3.2.3. Contribuição da agroindústria e do produtor rural .. 719
        3.2.4. Contribuição substitutiva ... 721
4. Imunidades e isenções ... 728
5. Informações complementares ... 732
6. Outras contribuições ... 743

7. Resumo ........................................................................... 744
8. Súmulas .......................................................................... 750

## Capítulo 10 ▶ CIDES ............................................................ 753
1. Introdução ....................................................................... 753
2. Contribuições de Intervenção no Domínio Econômico – CIDE ........ 754
   2.1. O Regime jurídico das contribuições de intervenção no domínio econômico ........................................... 754
       2.1.1. Regras gerais do art. 149, da CF/88 ........................ 755
       2.1.2. Princípio da não-surpresa ..................................... 758
       2.1.3. Desnecessidade de lei complementar ....................... 759
       2.1.4. Imunidades .......................................................... 759
       2.1.5. Construções doutrinárias acerca do regime jurídico da CIDE ........................................................ 760
       2.1.6. Previsão da CIDE e seu aspecto finalístico ............... 760
       2.1.7. Duração e razoabilidade das contribuições .............. 761
       2.1.8. O contribuinte possível da CIDE .............................. 762
   2.2. Contribuições interventivas em espécie ............................. 764
       2.2.1. CIDE Combustíveis ou CIDE Transportes ................ 764
       2.2.2. CIDE Royalties, CIDE Tecnologia ou CIDE Interação Universidade Empresa .......................................... 768
       2.2.3. Contribuição para o INCRA .................................... 771
       2.2.4. Contribuições para o SEBRAE ................................ 772
       2.2.5. Adicional de Frete para Renovação da Marinha Mercante – AFRMM ............................................. 774
3. Resumo ............................................................................ 777
4. Súmulas ........................................................................... 782

**BIBLIOGRAFIA** ................................................................... 783

# Introdução

O direito tributário, ramo da ciência jurídica destinada ao estudo dos tributos, é dividido numa parte geral e uma parte especial.

A parte geral cuida dos princípios que regem a tributação, das regras constitucionais de competência, das normas que instituem os tributos, criam exonerações e estabelecem procedimentos de constituição e cobrança dos tributos, das classificações das diversas normas tributárias e dos fins fiscais e extrafiscais das exações tributárias.

A parte especial, a seu turno, trata de cada tributo, especificamente considerado.

Se o direito tributário geral aborda todas as possibilidades abertas pelo princípio da legalidade ou da capacidade contributiva, o direito tributário especial estuda como cada um destes princípios se concretiza em cada tributo. Da mesma forma, se o direito tributário geral trata dos fatos geradores e dos contribuintes possíveis para todos os tributos, o direito tributário especial trata do fato gerador e dos contribuintes específicos eleitos pela lei para cada tributo.

Assim, enquanto o direito tributário geral trata dos princípios, da competência, das regras, das classificações e das finalidades de todos os tributos, abstratamente considerados, o direito tributário especial trata dos princípios, das regras, e das finalidades de cada tributo instituído pela lei, de forma específica e concreta.

Neste capítulo introdutório, precisamos apresentar a classificação dos tributos e sua definição.

Os tributos podem ser classificados de várias maneiras.

A primeira delas diz respeito às **grandes categorias tributárias**: impostos, taxas e contribuições de melhoria. Esta classificação pode ser encontrada tanto no Código Tributário Nacional – CTN, quanto na Constituição, que acrescenta as contribuições sociais, econômicas e do interesse de categorias profissionais, espécies não previstas pelo Código.

Quanto aos impostos, o CTN, classifica-os pelo **fato gerador**: a renda, o consumo, o comércio internacional e a propriedade.

A seu turno, a Constituição classifica os impostos e as contribuições pela **competência**, vale dizer, pela autorização concedida aos entes federados para criar as exações. Diz a Carta serem tributos **municipais** o Imposto sobre Serviços – ISS, o Imposto sobre Transmissão de Bens *inter vivos* – ITBI, o Imposto sobre a Propriedade Territorial Urbana – IPTU e a Contribuição de Iluminação Pública – CIP, tributos **estaduais** o Imposto sobre Circulação de Mercadorias e Serviços – ICMS, o Imposto sobre Transmissão *causa mortis* – ITCD e o Imposto sobre Propriedade de Veículos Automotores – IPVA e tributos **federais** o Imposto de Renda – IR, o Imposto sobre Produtos Industrializados – IPI, o Imposto de Importação – II, o Imposto de Exportação – IE, o Imposto sobre a Propriedade Territorial Rural – ITR, o Imposto sobre Operações Financeiras – IOF, além das contribuições sociais (estas divididas em contribuições sociais gerais e contribuições sociais previdenciárias), das contribuições de intervenção no domínio econômico – CIDEs e das contribuições de interesse de categorias profissionais.

A Constituição também autoriza os Estados, o Distrito Federal e os municípios a criarem contribuições previdenciárias sobre seus servidores. Ademais, a Carta confere ao Distrito Federal a competência para instituir os tributos previstos em favor dos Estados e também dos municípios.

Qual a diferença entre cada modalidade tributária?

O CTN, que adota a teoria tripartida, esclarece a distinção, para impostos, taxas e contribuições de melhoria, informando, em seu art. 4º, que a diferença se encontra no fato gerador das obrigações. Leia-se:

> Art. 4º A natureza jurídica específica do tributo é determinada pelo fato gerador da respectiva obrigação, sendo irrelevantes para qualificá-la:
> I – a denominação e demais características formais adotadas pela lei;
> II – a destinação legal do produto da sua arrecadação.

Nas palavras do CTN, o **imposto** "é o tributo cuja obrigação tem por fato gerador uma situação independente de qualquer atividade estatal específica, relativa ao contribuinte" (art. 16, do CTN), a **taxa**, que "não pode ter base de cálculo ou fato gerador idêntico aos dos impostos, é o tributo cujo fato gerador é o exercício regular do poder de polícia, ou a utilização, efetiva ou potencial, de serviço público específico e divisível, prestado ao contribuinte ou posto à sua disposição" (art. 77, do CTN), e a **contribuição de melhoria** é o tributo instituído "para fazer face ao custo de obras públicas de que decorra valorização imobiliária" (art. 81, do CTN) (itálico acrescentado).

Em síntese, entende-se que os impostos são os tributos cujo fato gerador não corresponde a uma atividade estatal, enquanto as taxas e as contribuições de melhoria são tributos cujo fato gerador é a atividade estatal. Se a atividade for um serviço, teremos uma taxa. Se for uma obra, da qual decorra valorização imobiliária, teremos uma contribuição de melhoria.

As contribuições sociais e de intervenção no domínio econômico não eram reconhecidas como tributo até a Constituição de 1988. Tratavam-se de obrigações de direito público, por certo, mas não se submetiam ao regime tributário, que se limitava a impostos, taxas e contribuições de melhoria (art. 5º, do CTN).

A teoria tripartida dos tributos, porém, vinha sofrendo críticas, pois não alcançava obrigações cada vez mais relevantes em termos arrecadatórios, conhecidas simplesmente por "contribuições". Destacavam-se as contribuições previdenciárias, o PIS e o FINSOCIAL, mas havia outras, como o Adicional de Frete para Renovação da Marinha Mercante – AFRMM e a Contribuição para o INCRA.

Gerando boa dose de polêmica, a Constituição de 1988 previu, no capítulo do Sistema Tributário Nacional, figuras até então estranhas ao direito tributário: **as contribuições sociais, as contribuições de intervenção no domínio econômico e as contribuições de interesse de categorias profissionais e econômicas** (art. 149, da CF/88).

Os debates giraram em torno de questões teóricas (teoria unitária, bipartida, tripartida, quadripartida e quinquipartida dos tributos) e foram alimentados pela redação do próprio texto constitucional, pois nos termos do art. 145, da Carta, "a União, os Estados, o Distrito Federal e os Municípios" poderiam instituir apenas "os seguintes tributos": "impostos", "taxas" e "contribuições de melhoria".

Assim, questionava-se se as contribuições seriam ou não espécies autônomas do gênero tributo, pois a Constituição: 1) as previu no sistema tributário, mas 2) não afirmou categoricamente sua natureza tributária, e 3) não as inseriu no art. 145.

No entanto, verifica-se dos acórdãos proferidos no RE 138.284/CE e no RE 146.733, que o **STF pacificou o tema**, reconhecendo a natureza tributária das contribuições. Vejamos:

> ▶ **Entendimento do STF**
>
> As diversas espécies tributárias, determinadas pela hipótese de incidência ou pelo fato gerador da respectiva obrigação (CTN, art. 4º), são as seguintes: a) os impostos (C.F., art. 145, I, arts. 153, 154, 155 e 156); b) as taxas (C.F., art. 145, II); c) as contribuições, que podem ser assim classificadas: c.1. de melhoria (C.F., art. 145, III); c.2. parafiscais (C.F., art. 149), que são: c.2.1. sociais, c.2.1.1. de seguridade social (C.F., art. 195, I, II, III), c.2.1.2. outras de seguridade social (C.F., art. 195, parág. 4º), c.2.1.3. sociais gerais (o FGTS, o salário-educação, C.F., art. 212, parág. 5º, contribuições para o SESI, SENAI, SENAC, C.F., art. 240); c.3. especiais: c.3.1. de intervenção no domínio econômico (C.F., art. 149) e c.3.2. corporativas (C.F., art. 149). Constituem, ainda, espécie tributária, d) os empréstimos compulsórios (C.F., art. 148)
>
> (STF, Tribunal Pleno, RE 138.284/CE, Min. Carlos Velloso, DJ de 28/8/1992)
>
> De efeito, a par das três modalidades de tributos (os impostos, as taxas e as contribuições de melhoria) a que se refere o artigo 145 para declarar que são competentes para instituí-los a União, os Estados, o Distrito Federal e os Municípios, os artigos 148 e 149 aludem a duas outras modalidades tributárias, para cuja instituição só a União é competente: o empréstimo compulsório e as contribuições sociais, inclusive as de intervenção no domínio econômico e de interesse das categorias profissionais ou econômicas.
>
> (STF, Tribunal Pleno, RE 146.733, Min. Moreira Alves, DJ de 6/11/1992)

O RE 138.284/CE acolhe a teoria quadripartida dos tributos e o RE 146.733 a teoria quinquipartida, embora ambos padeçam de defeitos de técnica tributária. O que importa para nós, no momento, é o reconhecimento da natureza de tributo para as contribuições sociais e as contribuições de intervenção no domínio econômico – CIDE para todos os fins, inclusive de classificação orçamentária de suas receitas (receitas correntes, nos termos do art. 11, § 1º, da Lei 4.320/1964).

Os precedentes, contudo, não deixam claro qual é o fator de distinção entre as novas contribuições e os tributos reconhecidos pela teoria tripartida do CTN. Certamente não é o fato gerador, pois o fato gerador das contribuições coincide com o dos tributos, tanto em termos de previsão abstrata (uma situação independente de qualquer atividade estatal específica, relativa ao contribuinte) quanto em termos concretos (o fato gerador da Contribuição Social sobre o Lucro

Líquido, por exemplo, é a mesma renda, fato gerador do Imposto de Renda das Pessoas Jurídicas).

O que difere as contribuições dos impostos, portanto, não é o fato gerador, mas a destinação do produto arrecadado das exações.

Deveras, o inciso II, do art. 4º, do CTN, foi derrogado com o advento das contribuições, pois a destinação é, sim, relevante para definir a natureza jurídica destas obrigações.

Nos termos do art. 149, da CF/88, **as contribuições sociais e as de intervenção no domínio econômico** são instrumento de atuação nas áreas sociais e econômica. Dessa maneira, estes tributos somente podem ser criados para custear despesas específicas, aprovadas pela lei que os disciplina, nas áreas social e econômica. Leia-se:

> Art. 149. Compete exclusivamente à União instituir contribuições sociais, de intervenção no domínio econômico e de interesse das categorias profissionais ou econômicas, como instrumento de sua atuação nas respectivas áreas, observado o disposto nos arts. 146, III, e 150, I e III, e sem prejuízo do previsto no art. 195, § 6º, relativamente às contribuições a que alude o dispositivo.

As **contribuições**, portanto, são os tributos que apresentam normalmente fato gerador independente de qualquer atividade estatal em relação ao contribuinte, mas que tem a destinação de sua arrecadação "carimbada" para custear despesas específicas.

A **taxa**, por exemplo, tem como fato gerador a prestação de algum serviço estatal. Contudo, a receita de sua arrecadação não é, necessariamente, gasta para a manutenção do mesmo serviço, podendo perfeitamente ser alocada no orçamento geral do ente federado. Ademais, mesmo que o valor da taxa seja insuficiente para custear o serviço estatal que deu origem à cobrança do tributo, o serviço não pode deixar de ser prestado. Em outros termos, a taxa somente pode ser cobrada em virtude de um serviço estatal. Contudo, a arrecadação da taxa pode ser utilizada para custear qualquer despesa pública.

**Nas contribuições ocorre o inverso.** A arrecadação das contribuições não pode ser gasta com qualquer despesa, mas somente com as despesas relativas à intervenção do estado na área prevista na lei que rege o tributo, mas esta intervenção não é o fato gerador das contribuições.

Mesma comparação pode ser feita entre as contribuições (sociais e econômicas) e as contribuições de melhoria. Nestas, o fato gerador é a valorização imobiliária decorrente de obra pública. Primeiro o Estado realiza a despesa, faz a obra e, havendo valorização, pode cobrar o tributo. Sua arrecadação irá simplesmente recompor o orçamento pelas despesas da obra e poderá ser gasta com qualquer outra finalidade orçamentária. Nas contribuições sociais e econômicas, primeiro o Estado arrecada; depois, com estes recursos, realiza a intervenção pública autorizada.

Em termos materiais, a distinção é mera sutileza, mas, em termos técnicos, permite a diferenciação das espécies tributárias e a aplicação de regimes tributários variados para cada uma delas.

Um quadro pode facilitar a apreensão da diferença entre as espécies tributárias, o que faremos com a seguinte explicação: diz a doutrina que os impostos têm fato gerador não vinculado (à atividade estatal) enquanto as taxas e as contribuições de melhoria têm fato gerador vinculado (à atividade estatal). Neste sentido, podemos dizer que as figuras tributárias tradicionais têm arrecadação não afetada (são fontes de recurso para qualquer despesa do Orçamento), enquanto as contribuições têm arrecadação afetada (vale dizer, somente pode ser gasta com a intervenção específica do estado na área social e econômica, para a qual foi criada).

São tributos
- de fato gerador não vinculado e receita não afetada: impostos;
- de fato gerador vinculado e receita não afetada: taxas e contribuições de melhoria;
- de fato gerador não vinculado e receita afetada: contribuições sociais e interventivas*.

Considerando estes elementos, temos o seguinte quadro:

| ARRECADAÇÃO\FATO GERADOR | AFETADA | NÃO AFETADA |
|---|---|---|
| VINCULADO | - | Taxa e contribuições de melhoria |
| NÃO VINCULADO | Contribuições sociais e econômicas*. | Impostos |

* As contribuições de interesse de categorias profissionais e econômicas, bem como eventuais impostos extraordinários e empréstimos compulsórios podem ser classificados como as contribuições

sociais e econômicas, distinguindo-se estas espécies por seus requisitos e peculiaridades constitucionais.

A partir da Constituição de 1988, começaram a surgir **contribuições sociais e CIDEs criadas pela legislação ordinária**. Ademais, **obrigações anteriores**, nascidas com natureza administrativa, **passaram a ser vistas como contribuições sociais e interventivas** e, portanto, como tributos.

São exemplos de **contribuições sociais novas**:

> Contribuição Social Sobre o Lucro Líquido – **CSLL**;
> Contribuição para o Financiamento da Seguridade Social – **COFINS**;
> **Contribuição Previdenciária Substitutiva** (sobre receita bruta).

Exemplos de **contribuições sociais criadas antes de 1988**:

> Programa de Integração Social – **PIS**;
> Contribuições sociais para o **Incra**;
> **Contribuições previdenciárias sobre Folha.**

São exemplos de **CIDEs novas**:

> **CIDE – Combustíveis ou CIDE – Transportes**, prevista pela EC 33/2001 (incluiu o § 4º, no art. 177, da CF/88) e instituída pela Lei 10.336/2001;
> **CIDE – Royalties ou CIDE – Tecnologia**, instituída pela Lei 10.168/2000;
> **CIDE – FUST/FUNTEL**, instituídas pelos art. 6º, IV, da Lei 9.998/2000 e pelo art. 4º, IV, da Lei 10.052/2000.

Exemplos de CIDEs segundo entendimento jurisprudencial:

> **AFRMM** (STF, Tribunal Pleno, RE 177.137 / RS, Min. Carlos Velloso, DJ de 18/4/1997);
> Contribuição para o **SEBRAE** (STF, Tribunal Pleno, RE 635.682 RG/ RJ, Min. Gilmar Mendes, DJe de 23/5/2013);
> Contribuição para o **INCRA** (STJ, S1, EREsp 770.451/SC, Min. Teori Albino Zavascki, DJ de 11/6/2007 (a matéria é objeto do RE 630.898 RG/RS, com repercussão geral reconhecida e a espera de julgamento pelo STF).

Cabe advertir que nem sempre será fácil **distinguir uma CIDE de uma contribuição social**.

Vamos lembrar que a natureza jurídica específica da contribuição decorre do art. 149, da Carta, segundo o qual a contribuição social e a contribuição econômica são criadas como "instrumento de atuação nas respectivas áreas". Quer dizer, teremos uma contribuição social se sua arrecadação for aplicada na área social e uma CIDE, se sua arrecadação for aplicada na seara econômica.

Embora a Constituição tenha separado topograficamente a Ordem Econômica (Título VII) da Ordem Social (Título VIII) não é simples distinguir assuntos meramente sociais dos meramente econômicos, principalmente porque há assuntos pertinentes a ambos.

Eros Roberto Grau (2003, p. 77) nota que a ordem constitucional econômica não se encontra apenas no título VII da Carta, mas também em diversos outros dispositivos, entre eles os que tratam da ciência e da tecnologia, art. 218 e 219, inserido no título VIII, que trata justamente da ordem social.

Por sua vez, a ordem social não se esgota no Título VIII, mas, como se percebe na obra do próprio Eros Roberto Grau (2003, p. 77) e de José Afonso da Silva (2002, p. 804), também se encontra regida por outros artigos, como o 6º, 8º e 9º da Carta.

Não há dúvidas de que educação pertença à ordem social. Da mesma forma, é seguro afirmar que atividades de fomento se inserem no domínio econômico, portanto na ordem econômica.

A zona de penumbra surge quando tratamos, por exemplo, de temas como a reforma agrária e a ciência e tecnologia. Pertencendo o primeiro ao título da ordem econômica, é inegável que a reforma agrária busca solução para problema social crônico do país e tem relação com o trabalho, com a existência digna e com o bem-estar de pessoas, questões presentes tanto na ordem econômica quanto na ordem social. De outro lado, se a ciência e a tecnologia têm relação direta com a educação e está inserta no título da ordem social, não se olvida que constituam importantes fatores de produção da economia moderna, matéria pertinente à ordem econômica.

Dessa maneira, a classificação das obrigações como contribuições sociais ou como contribuições interventivas não decorrerá somente da literalidade do texto constitucional, mas ficará, em boa parte, a cargo da opção legislativa e da interpretação dos tribunais. Como já se manifestou o STJ, "a exegese Pós-Positivista, imposta pelo atual estágio da ciência jurídica, impõe na análise da legislação infraconstitucional o crivo da principiologia da Carta Maior, que lhe revela a denominada "vontade constitucional", cunhada por Konrad Hesse na justificativa da força normativa da Constituição. Sob esse ângulo, assume relevo a colocação topográfica da matéria constitucional no afã de aferir a que vetor principiológico pertence, para, observando o princípio maior, a partir dele, transitar pelos princípios específicos, até o alcance da norma infraconstitucional. A Política Agrária encarta-se na Ordem Econômica (art. 184 da CF/1988) por isso que a exação que lhe custeia tem inequívoca natureza de Contribuição de Intervenção Estatal no Domínio Econômico, coexistente com a Ordem Social, onde se insere a Seguridade Social custeada pela contribuição que lhe ostenta o mesmo nomen juris" (STJ, S1, REsp 977.058/RS, Min. Luiz Fux, DJe 10/11/2008).

Neste livro, vamos tratar dos tributos federais. Estudaremos todos os **impostos** federais vigentes (ITR, II, IE, IPI, IOF e IR), as **contribuições sociais** mais importantes (incluindo a Contribuição Social sobre o Lucro Líquido – CSLL, a Contribuição para o Financiamento da Seguridade Social – COFINS, o Programa de Integração Social – PIS e as contribuições previdenciárias) e das principais **Contribuições de Intervenção no Domínio Econômico**.

Não abordaremos as taxas federais, que são inúmeras, mas normalmente não são cobradas nos concursos, as contribuições de melhoria, que a União, em tese, pode instituir, mas não o faz, as contribuições de interesse de categorias profissionais, o imposto sobre grandes fortunas e os impostos e contribuições especiais e extraordinários, incluindo o empréstimo compulsório, que têm previsão constitucional, mas nunca foram ou há muito não são instituídos e, portanto, são matérias estudadas apenas no âmbito do direito tributário geral.

Os impostos, o PIS e a COFINS serão tratados em capítulos individualizados. Em cada um destes capítulos faremos observações gerais acerca das normas constitucionais e complementares aplicáveis ao tributo, e seguiremos o roteiro, para simplificação didática, do estudo da norma tributária, dividida em seus aspectos material, temporal, espacial, subjetivo e quantitativo. Apresentaremos, também, as principais regras de imunidade e isenção e algumas informações complementares, relativas às obrigações acessórias.

O estudo do Imposto de Renda será mais detalhado, dividido em três capítulos (um capítulo introdutório, um para o IRPF e outro para o IRPJ), tendo em vista a amplitude e a complexidade do tributo e a Contribuição Social sobre o Lucro Líquido será tratado juntamente com o Imposto de Renda da Pessoa Jurídica, devido à coincidência do fato gerador e da base de cálculo. PIS e COFINS também serão tratados conjuntamente, pela mesma razão.

Reservaremos um capítulo para as CIDEs e outro para as contribuições para a seguridade social, com ênfase para as contribuições previdenciárias. Estes capítulos seguiram roteiros diferentes, para melhor abordarmos estas categorias tributárias (ou gêneros de tributos) e evitarmos repetições desnecessárias.

Algumas contribuições sociais gerais, como aquelas destinadas ao sistema S e a contribuição social do FGTS (LC 110/01), serão tratadas no capítulo das contribuições sociais.

A principal referência para os nossos estudos é a legislação, a lei ou o regulamento do tributo, quando houver (nem todos os tributos federais contam com um regulamento). Contudo, vamos utilizar conceitos e as explicações doutrinárias mais importantes e, atendendo a uma tendência moderna, incluir a jurisprudência atualizada do STF e do STJ em cada tópico. Para as questões ainda não apreciadas pelos tribunais superiores, vamos incluir a jurisprudência dos tribunais regionais federais.

Ao final de cada capítulo, apresentaremos as súmulas do STF e do STJ sobre cada tributo ou grupo de tributos e um quadro sinótico. As questões serão incluídas no texto do livro, em atendimento ao formato da coleção sinopses.

Como os leitores poderão conferir na resolução das questões, os concursos estaduais e municipais exigem menor conhecimento dos tributos federais, em geral aqueles apresentados na primeira parte de cada capítulo, em que tratamos das normas constitucionais e complementares dos tributos.

Os concursos federais, para Magistratura, Ministério Público, Advogado da União e Procurador Federal, ao contrário, têm exigido cada vez mais conhecimentos dos tributos em espécie, notadamente das contribuições previdenciárias.

E, como é de se esperar, os concursos da Secretaria da Receita Federal do Brasil e da Procuradoria-Geral da Fazenda Nacional exigem conhecimento profundo de todos os impostos e contribuições federais.

Desejo a todos uma boa leitura, bons estudos e sucesso nos concursos.

Capítulo 1

# ITR

## 1. ASPECTO MATERIAL

O Imposto Territorial Rural é o mais conciso dentre os impostos e contribuições administrados pela Secretaria da Receita Federal do Brasil e a legislação específica sobre a matéria também é bastante reduzida.

O art. 153, VI, da Constituição estabelece o critério material do imposto e seu parágrafo quarto, determina que o imposto será progressivo, fixado de forma a desestimular a manutenção de propriedades improdutivas. A norma também prevê imunidade para as pequenas glebas rurais, mas somente para aquelas exploradas por proprietário e família que não possuam outro imóvel.

> ▶ **Como esse assunto foi cobrado em concurso?**
> **(TRF4/Juiz Federal 4ª Região/2014). Assinale certo ou errado:**
> O imposto sobre a propriedade territorial rural será progressivo, terá suas alíquotas fixadas de forma a desestimular a manutenção de propriedades improdutivas, não incidirá sobre pequenas glebas rurais, definidas em lei, quando as explore o proprietário que não possua outro imóvel e será fiscalizado e cobrado pelos Municípios que assim optarem, na forma da lei, desde que não implique redução do imposto ou qualquer outra forma de renúncia fiscal.
> **Gabarito:** Certo, de acordo com art. 153, § 4º, da CF/88.

Trata-se de um imposto sobre o patrimônio.

O patrimônio, conceitualmente, é fácil de ser identificado, tanto pela economia quanto pelo direito. Confunde-se com o capital, os "bens dos quais o possuidor, sem desfalcá-los, tira utilidades, quer se sirva deles, quer ceda o uso a terceiro".

O ITR se aproxima do IPTU em alguns pontos, especialmente pelo fato de incidirem sobre a propriedade imóvel. Os dois impostos também se sujeitam ao princípio da legalidade estrita (art. 150, I, da

CF/88), bem como aos princípios da **anterioridade do exercício** (art. 150, III, b, da CF/88) e da **anterioridade nonagesimal** (art. 150, III, c, da CF/88).

> ▸ **Como esse assunto foi cobrado em concurso?**
>
> **(FCC/PGE/MT/Procurador/2011)** A Constituição Federal fixa regras que limitam o exercício da competência tributária. Dentre elas podem ser citadas as regras da anterioridade anual e da anterioridade nonagesimal. Estas regras não são absolutas, comportando exceções. NÃO se submete às regras da anterioridade anual e nonagesimal, ao mesmo tempo, a majoração de alíquota do imposto sobre:
>
> a) produtos industrializados (IPI);
>
> b) a renda e proventos de qualquer natureza (IR);
>
> c) operações de crédito, câmbio e seguro, ou relativas a títulos ou valores mobiliários (IOF),
>
> d) a propriedade territorial rural (ITR),
>
> e) circulação de mercadorias e sobre prestação de serviços de transporte interestadual e intermunicipal e de comunicação (ICMS).
>
> Embora o ITR possua funções extrafiscais, estas não exigem alterações abruptas nas alíquotas, de modo que o imposto se sujeita aos princípios da anterioridade do exercício (art. 150, III, b, da CF/88) e da anterioridade nonagesimal (art. 150, III, c, da CF/88).
>
> **Gabarito:** Errada a letra D. Dos impostos listados, apenas o IOF não se sujeita a nenhuma regra de anterioridade, podendo suas alíquotas serem alteradas e entrar em vigor a qualquer tempo.

Como veremos, o imposto municipal e o imposto federal possuem uma certa complementaridade no que toca ao aspecto espacial. Aquele incide sobre a propriedade urbana e este sobre a propriedade rural, sendo área urbana definida pelos municípios, nos termos das normas complementares aplicáveis ao IPTU (art. 32, § 1º, do CTN), enquanto a área rural é definida por exceção, vale dizer, o que não for área urbana será área rural.

Havia uma teoria que considerava tanto o ITR quanto o IPTU como **impostos reais**, que incidiriam sobre a coisa, em contraposição aos impostos pessoais, que incidiriam sobre as pessoas. **Esta classificação, contudo, não mais subsiste**, pois hoje se considera que todos os tributos representam obrigações pessoais, entre contribuinte ou responsável e o fisco. Para lembrar, o direito real, como a propriedade, caracteriza-se por haver um titular do direito, o proprietário, oponível *erga omnis*, vale dizer, contra qualquer pessoa, enquanto

O direito pessoal se caracteriza pela existência de um ou mais credores, que podem exigir a obrigação de um ou mais devedores, devidamente identificados.

| Direito Real | Direito Pessoal |
|---|---|
| Caracteriza-se pela existência de um titular de direito oponível *erga omnes*. | Caracteriza-se pela definição prévia de um número limitado de credores e devedores. |
| Adere à coisa. | Vincula somente pessoas |
| Ex. Propriedade, posse, hipoteca, penhor. | Ex. Compra e venda, tributos, relação de emprego. |

Assim, tanto o ITR quanto o IPTU são classificados, como todos os demais tributos, na categoria de direitos pessoais.

Como diferença entre os tributos, podemos citar o aspecto espacial, a área urbana para o imposto municipal e a área rural, para o ITR e o lançamento, realizado tipicamente de ofício no IPTU e por declaração, no ITR.

Também há diferença entre os impostos no aspecto material, no fato gerador, ou ainda, na norma de competência constitucional de criação das exações. A Constituição permite ao **legislador municipal** que estabeleça imposto sobre a **propriedade predial e territorial** urbana, enquanto a permissão conferida ao legislador federal limita-se à criação de imposto sobre a **propriedade territorial** rural, vedando-lhe fazer incidir o imposto sobre outros bens que agregam valor à terra, como prédios, plantações, benfeitorias etc.

As normas gerais sobre o ITR no CTN também são sucintas. Dispõe o art. 29, do Código:

> Art. 29. O imposto, de competência da União, sobre a propriedade territorial rural tem como fato gerador a propriedade, o domínio útil ou a posse de imóvel por natureza, como definido na lei civil, localizado fora da zona urbana do Município.

Assim, pode o legislador ordinário estabelecer como fato gerador do imposto a propriedade plena ou quaisquer das modalidades de domínio útil, tais como o usufruto, ou mesmo a posse do imóvel situado na zona rural, como dissemos, definida por exceção, como toda área que não estiver incluída na área urbana dos municípios.

> **Como esse assunto foi cobrado em concurso?**
> (ESAF/AFRF 2002 Prova 1). Relativamente ao Imposto Territorial Rural (ITR) assinale verdadeiro ou falso.
>
> O "posseiro" do imóvel é estranho à relação jurídica relativa ao ITR, pois o contribuinte do imposto é o titular do domínio útil ou o proprietário.
>
> *Gabarito:* A assertiva é falsa, pois o art. 29, do CTN define a posse como fato gerador do imposto e o art. 4º, da Lei 9.393/96 estabelece o possuidor como contribuinte, não apenas o proprietário ou o titular do domínio. Em tese, pelo menos, o "posseiro" poderá ser contribuinte do imposto.

Interessante de ser analisado é o **caso da invasão de propriedades rurais** e sua repercussão na obrigação tributária. Em tese, a Fazenda Pública poderá cobrar o tributo do proprietário do imóvel invadido, uma vez que o nome deste consta no registro de imóveis. Contudo, o Código Civil define que proprietário é aquele que tem a faculdade de usar, gozar e dispor da coisa, e o direito de reavê-la faltando assim um dos elementos da propriedade invadida. A discussão, portanto, se concentra no fato de que diante de uma invasão de propriedade, o proprietário deixará de usá-la e fruí-la, e muitas vezes de dela dispor, ou seja, a propriedade deixa de ser plena em razão do empecilho criado pelos invasores. Diante deste fato, a **jurisprudência** se manifestou no sentido de que aquele que estiver desprovido ilegalmente dos direitos sobre a sua propriedade e sem possibilidade de reavê-la, não pode se enquadrar como sujeito passivo dos tributos sobre propriedade, a exemplo do que decidiu o STJ REsp 1.144.982/PR.

O STJ, portanto, entendeu que o esvaziamento dos direitos inerentes à propriedade causados pela invasão impede a cobrança do ITR do proprietário.

Entretanto, o § 1º, do art. 1º, da Lei 9.393/96 determina a incidência do ITR em imóveis declarados de interesse social, enquanto o proprietário permanecer na posse do bem. Dispõe a norma que "o ITR incide inclusive sobre o imóvel declarado de interesse social para fins de reforma agrária, enquanto não transferida a propriedade, exceto se houver imissão prévia na posse". Neste caso, enquanto não ocorrer a desapropriação, o proprietário exerce plenamente seu direito, justificando-se, pois, a incidência do tributo.

> ▸ **Como esse assunto foi cobrado em concurso?**
>
> (ESAF/AFRF 2002 Prova 1). Relativamente ao Imposto Territorial Rural (ITR) assinale verdadeiro ou falso.
>
> Como regra, o ITR incide inclusive sobre o imóvel declarado de interesse social para fins de reforma agrária.
>
> *Gabarito:* De acordo com o § 1º, do art. 1º, da Lei 9.393/96, "o ITR incide inclusive sobre o imóvel declarado de interesse social para fins de reforma agrária, enquanto não transferida a propriedade, exceto se houver imissão prévia na posse". Este não é o caso da invasão da terra, mas da desapropriação por interesse social, em que há a incidência do imposto até a transferência da posse ou da propriedade. Verdadeira a primeira assertiva. Verdadeiro.

## 2. ASPECTO TEMPORAL

O *caput* art. 1º, da Lei 9.393/96 segue exatamente o art. 29, do CTN quanto à hipótese de incidência e define também a **data de ocorrência do fato gerador**. Dispõe que "o Imposto sobre a Propriedade Territorial Rural – ITR, de apuração anual, tem como fato gerador a propriedade, o domínio útil ou a posse de imóvel por natureza, localizado fora da zona urbana do município, em 1º de janeiro de cada ano".

A norma que estabelece o fato gerador do imposto, também define seu aspecto temporal. Em seus termos, ocorre o fato gerador em 1º de janeiro de cada ano, de modo que não há proporcionalidade nem restituição do imposto pago, no caso de o imóvel ser alienado ou passar a gozar de isenção ou imunidade no decorrer do exercício.

## 3. ASPECTO ESPACIAL

O elemento básico do aspecto espacial do ITR é a definição da área rural. Tratando-se de imóvel localizado na área rural, pode incidir o ITR.

O § 2º, do artigo 1º, da Lei 9.393/96, dispõe que ocorre o fato gerador, mesmo se parcela contínua do imóvel se localize na área urbana do município. O relevante, pois, é que o imóvel se localize, ao menos em parte, na área rural, definida, como vimos, pelo direito municipal.

Em virtude da repartição constitucional das receitas do imposto e da possibilidade de administração do tributo pelo município, hipótese em que toda a arrecadação pertencerá à municipalidade, o § 3º, do art. 1º, da Lei 9.393/96, disciplina a qual ente o imóvel deve ser enquadrado, quando a área rural se estende por mais de um município. De acordo com a norma, "o imóvel que pertencer a mais de um município deverá ser enquadrado no município onde fique a sede do imóvel e, se esta não existir, será enquadrado no município onde se localize a maior parte do imóvel".

Nos termos desta regra, considera-se que o imóvel esteja localizado no município onde se encontrar a sede da propriedade para fins do ITR. Se não houver sede, deve-se verificar onde se encontra a maior parte do imóvel. Não há mais a possibilidade de rateio do imposto, pela proporção da área localizada em cada município.

O STJ, apreciando a cobrança do IPTU, tem proferido decisões que vislumbram a possibilidade de incidência do ITR também em áreas urbanas. Entende o Tribunal que a norma de competência do IPTU não abrange imóveis urbanos utilizados em exploração extrativa vegetal, agrícola, pecuária ou agroindustrial, conforme o art. 15, do DL 57/66, recepcionado como lei complementar, pela Constituição de 1988 (RE 140.773/SP). Dessa forma, imóvel urbano com destinação tipicamente rural compõe, também, a previsão de competência do ITR, de acordo com o STJ REsp 1.112.646/SP).

Nos termos do referido art. 15, do DL 57/66, afasta-se a incidência do IPTU (art. 32, do CTN), para dar lugar à incidência do ITR, sobre imóveis localizados na área urbana do município, mas que seja utilizado em exploração extrativa vegetal, agrícola, pecuária ou agroindustrial.

A recíproca não é verdadeira. Vale dizer, o ITR apenas deixa de incidir quando se fizerem presentes os requisitos formais e materiais para a incidência do IPTU (art. 32, do CTN), isto é, quando a área onde se localiza passa a ser urbana.

## 4. ASPECTO SUBJETIVO

O sujeito ativo do imposto é a União, assim como dela é a competência para legislar sobre o ITR e administrá-lo, cabendo ao município onde se encontra imóvel 50% da arrecadação (art. 158, II, da CF/88).

> Lei 9.393/96
>
> Art. 15. Compete à Secretaria da Receita Federal a administração do ITR, incluídas as atividades de arrecadação, tributação e fiscalização.
>
> Parágrafo único. No processo administrativo fiscal, compreendendo os procedimentos destinados à determinação e exigência do imposto, imposição de penalidades, repetição de indébito e solução de consultas, bem como a compensação do imposto, observar-se-á a legislação prevista para os demais tributos federais.

Contudo, a Constituição de 1988 (art. 153, § 4º, III) prevê a possibilidade de **transferência da administração do imposto para o município** onde se localizar o imóvel.

Lembrem-se, a competência tributária (legislativa) é indelegável e a União continua legislando sobre o ITR.

Para regular a norma constitucional, fora editada a Lei 11.250/05, que dispõe:

> Lei 11.250/05
>
> Art. 1º A União, por intermédio da Secretaria da Receita Federal, para fins do disposto no inciso III do § 4º do art. 153 da Constituição Federal, poderá celebrar convênios com o Distrito Federal e os Municípios que assim optarem, visando a delegar as atribuições de fiscalização, inclusive a de lançamento dos créditos tributários, e de cobrança do Imposto sobre a Propriedade Territorial Rural, de que trata o inciso VI do art. 153 da Constituição Federal, sem prejuízo da competência supletiva da Secretaria da Receita Federal.
>
> § 1º Para fins do disposto no caput deste artigo, deverá ser observada a legislação federal de regência do Imposto sobre a Propriedade Territorial Rural.
>
> § 2º A opção de que trata o caput deste artigo não poderá implicar redução do imposto ou qualquer outra forma de renúncia fiscal.
>
> Art. 2º A Secretaria da Receita Federal baixará ato estabelecendo os requisitos e as condições necessárias à celebração dos convênios de que trata o art. 1º desta Lei.

Assim, a administração do imposto (vale dizer, a fiscalização e a cobrança, não a competência legislativa nem a sujeição ativa) pode ser transferida aos municípios, que passam a receber toda a arrecadação do ITR paga pelos proprietários de imóveis rurais em sua área geográfica.

> **São requisitos da transferência da atribuição:**
> - Opção do município;
> - Formalização da opção por convênio firmado pelo município e a Secretaria da Receita Federal;
> - Manutenção da carga tributária prevista pela legislação federal.

Há outros requisitos regulamentares para a transferência da administração do imposto relativos à capacidade material do município em desempenhar as atribuições.

É bom lembrar, que a lei menciona delegação de competência em sentido amplo, pois esta não abrange, nem poderia abranger, a função legislativa. O art. 153, § 4º, III, da CF/88, no caso, permite a atribuição das funções de arrecadação e fiscalização.

O art. 7º, do CTN, a seu turno, prevê que "a competência tributária [a legislativa] é indelegável, salvo atribuição das funções de arrecadar ou fiscalizar tributos, ou de executar leis, serviços, atos ou decisões administrativas em matéria tributária, conferida por uma pessoa jurídica de direito público a outra [...]".

Dessa forma, as disposições da Lei 11.250/05 respeitam tanto a Constituição quanto a norma complementar.

> ▸ **Como esse assunto foi cobrado em concurso?**
> 
> **(FCC/TJ/AP/Cartórios/2011).** Sobre o ITR, assinale verdadeiro ou falso:
> 
> É de competência municipal, sendo admitida a delegação da capacidade tributária à União.
> 
> A competência para instituir o ITR é da União, nos termos do art. 153, VI, da CF/88 e esta competência não pode ser delegada. Pertence ao município 50% da arrecadação do imposto, mas isso não significa transferência do poder de legislar sobre o tributo. Falso.
> 
> **(CESPE/Juiz Federal TRF2/2011).** Assinale certo ou errado com base nas normas constitucionais relativas aos princípios gerais do sistema tributário, às limitações do poder de tributar e à repartição das receitas tributárias.
> 
> Pertencem aos municípios 50% do produto da arrecadação do imposto da União sobre a propriedade territorial rural, relativamente aos imóveis neles situados, mas apenas na hipótese de os próprios municípios realizarem a cobrança e a fiscalização do imposto.

*Gabarito:* Errado. Nos termos do art. 158, II, da CF/88, 50% do ITR, relativamente aos imóveis neles situados, independente de qualquer condição, podendo caber ao município todo o produto arrecadado pelo imposto.

Em atenção ao permissivo constitucional (art. 153, § 4º, III, da CF/88), a Lei 11.250/05 dispõe sobre os requisitos para que o município seja titular de 100% da arrecadação do imposto. Entre tais requisitos está a cobrança e a fiscalização do ITR referente às propriedades rurais em sua área geográfica.

*Gabarito:* Correta, portanto, a afirmativa, pois a cobrança e fiscalização do imposto é condição para que o município detenha 100% da arrecadação.

Do outro lado da relação jurídica do ITR, da sujeição passiva, encontram-se o contribuinte e o responsável, disciplinados pelos arts. 4º e 5º, da Lei 9.393/96. De maneira consentânea com a previsão do fato gerador, dispõe o art. 4º, da Lei 9.696/93 que "contribuinte do ITR é o proprietário de imóvel rural, o titular de seu domínio útil ou o seu possuidor a qualquer título".

Para os imóveis em condomínio, a responsabilidade é solidária, independente da cota parte ou do percentual da participação de cada condômino no bem. O STJ já enfrentou a questão, afirmando que, "pertencendo o imóvel a vários proprietários, em condomínio, é legítima a exigência do Imposto Territorial Rural – ITR, em sua totalidade, de todos ou de qualquer deles, reservando-se ao que pagou a faculdade de ressarcir-se dos demais devedores na forma do art. 283 do Código Civil" (STJ, T1, REsp 1.232.344/PA, Min. TEORI ALBINO ZAVASCKI, DJe de 16/2/2012).

A regra do art. 124, I, do CTN, segundo a qual são solidariamente obrigadas as pessoas que tenham interesse comum na situação que constitua o fato gerador da obrigação principal, não permitiria, mesmo, outra interpretação.

Todos os condôminos têm interesse no fato gerador, no caso, a propriedade. Logo a responsabilidade de todos os proprietários é solidária.

O art. 5º da Lei 9.393/96 afirma que é responsável do imposto o sucessor, a qualquer título, nos termos dos art. 128 a 133, do CTN.

A norma dispõe que o sucessor é responsável, mas não afasta a responsabilidade de terceiros, como a do art. 134, I, do CTN, que obriga os pais ao pagamento do imposto devido pelos filhos menores.

Também podem ser responsáveis os tutores e curadores, pelos tributos devidos por seus tutelados ou curatelados, os administradores de bens de terceiros, pelos tributos devidos por estes, o inventariante, pelos tributos devidos pelo espólio, os tabeliães, escrivães e demais serventuários de ofício, pelos tributos devidos sobre os atos praticados por eles, ou perante eles, em razão do seu ofício, tudo de acordo com o art. 134, do CTN.

> ▶ **Como esse assunto foi cobrado em concurso?**
>
> **(FCC/TJ/AP/Cartórios/2011).** Sobre o ITR, assinale verdadeiro ou falso:
>
> Os serventuários do registro de imóveis são responsáveis por sucessão no caso de registro de imóvel rural sem comprovação de recolhimento do ITR no último exercício, somente.
>
> *Gabarito:* Errado.
>
> Para atos de registro e averbação no Registro de Imóveis, salvo exceções legais, é necessária a comprovação do recolhimento do ITR referente aos últimos cinco exercícios.
>
> *Gabarito:* Certo.
>
> Nos termos do art. 134, VI, do CTN, "os tabeliães, escrivães e demais serventuários de ofício, pelos tributos devidos sobre os atos praticados por eles, ou perante eles, em razão do seu ofício". Dessa forma, o serventuário do registro de imóveis é responsável por todos os tributos não decaídos. Daí o erro da primeira assertiva ao afirmar que a responsabilidade do tabelião limita-se ao último exercício.
>
> Como o prazo decadencial é de 5 anos, correta a segunda afirmativa. Melhor, porém, a exigência da Certidão Negativa de Débitos, que abrange as exceções legais e o eventual débito mais antigo ainda em cobrança (não prescrito).

O **domicílio tributário** do contribuinte do ITR será o município de localização do imóvel, vedando a eleição de qualquer outro, conforme dispõe o art. 4º, da Lei 9.696/93.

Descabe no ITR, pois, a eleição de domicílio prevista pelo CTN. Sem prejuízo para a norma, pois o art. 127, do Código não cria direito subjetivo para que o contribuinte eleja seu domicílio em qualquer situação. Ao contrário, estabelece os critérios de definição do domicílio na hipótese de o contribuinte, sendo-lhe facultado elegê-lo, não o fizer. Ademais, se até a autoridade administrativa, de acordo com o § 2º, do art. 127, do CTN, pode rejeitar o foro eleito, com mais razão pode a lei excluir a possibilidade de eleição.

O contribuinte pode, contudo, nos termos do § 3º, do art. 6º, da Lei 9.393/96, informar no Documento de Informação e Atualização Cadastral do ITR – DIAC (veremos adiante as declarações do ITR) o endereço onde deseja receber suas intimações.

> ▶ **Como esse assunto foi cobrado em concurso?**
> 
> **(FCC/TJ/AP/Cartórios/2011)**. Sobre o ITR, assinale verdadeiro ou falso:
> 
> O domicílio tributário do contribuinte do ITR é por ele eleito quando do ato do envio do Documento de Informação e Apuração do ITR – DIAT.
> 
> O Documento de Informação e Apuração do ITR – DIAT é aquele que constitui a obrigação principal e que deve ser entregue anualmente, ao passo que o Documento de Informação e Atualização Cadastral do ITR – DIAC, refere-se a dados cadastrais e deve ser entregue por ocasião da ocorrência das hipóteses legais. Nenhum deles pode alterar o domicílio fiscal do imóvel, pois o art. 4º, parágrafo único, da Lei 9.393/96 não permite a eleição de outro domicílio, que não o da localização do imóvel rural.
> 
> **Gabarito:** Falso.

## 5. ASPECTO QUANTITATIVO

A lei define o aspecto quantitativo do ITR, nos limites da norma de competência constitucional. Estabelece, também, a progressividade determinada pela Constituição e acrescenta elementos extrafiscais de estímulo ao exercício da função social da propriedade, bem como de proteção do meio ambiente.

> ▶ **Como esse assunto foi cobrado em concurso?**
> 
> **(TRF2/Juiz Federal TRF2/2014)** A questão da tributação ligada à proteção ambiental é cada vez mais presente. Entre os tributos abaixo listados, assinale aquele cujo caráter extrafiscal é manifesto (já na Constituição Federal) e, como reconhecido pelo Superior Tribunal de Justiça e deduzido de texto de lei, tem esse caráter hoje ligado à proteção ambiental:
> 
> a) Imposto de renda,
> b) Imposto sobre serviços,
> c) Imposto sindical único,
> d) Imposto territorial rural,
> e) Imposto sobre a transmissão *causa mortis*.

> O ITR tem marcante função extrafiscal de estímulo à produção rural e de proteção do meio ambiente, por meio de complexa fórmula de apuração da base de cálculo e de suas alíquotas regressivas em razão do grau de utilização do imóvel.
>
> *Gabarito:* D.

A **base do cálculo** do imposto é o **valor fundiário**, conforme dispõe o art. 30, do CTN. Significa dizer que a base de cálculo deve se limitar ao valor da terra, excluídas todas as construções, prédios, benfeitorias, plantações etc., que agregam valor ao imóvel.

Para tanto, exclui do valor do imóvel as construções e as benfeitorias bem como diversas áreas inúteis para a cultura rural ou que apresentem interesse ecológico, com o fim de determinar o valor da terra nua.

O valor da terra nua é definido por ato normativo emitido pela Secretaria da Receita Federal do Brasil.

A determinação da **base de cálculo** e da **alíquota** do imposto encontra-se nos arts. 10 e 11, da Lei 9.393/96, e segue o seguinte roteiro:

---

1º – define-se o **valor da terra nua – VTN**, com a exclusão de construções, instalações, benfeitorias, culturas, pastagens e florestas plantadas;

2º – define-se a área tributável, retirando do valor da terra nua as áreas de preservação permanente, de reserva legal, de interesse ecológico, imprestáveis para exploração rural, sujeitas a regime de servidão florestal ou ambiental, cobertas por floresta nativa em estágio de regeneração e alagadas para fins de constituição de reservatório de usinas hidrelétricas autorizada pelo poder público.

3º – define-se o **valor da terra nua tributável – VTNt**, que é igual ao VTN vezes o resultado da divisão da Área Tributável pela Área Total:

$$\text{VTN t} = \text{VTN} \times \frac{\text{Área Tributável}}{\text{Área Total}}$$

---

Imaginemos, então, um imóvel de 10.000 hectares (ha) no valor de R$ 5.000.000,00, com R$ 1.000.000,00 de benfeitorias e com 2.500 ha de área de preservação ambiental.

---

**Exemplo:**
1) o valor da terra nua será de R$ 4.000.000,00 (R$ 5.000.000,00 – R$ 1.000.000,00)
2) a área tributável será de 7.500 ha (10.000 ha – 2.500 ha da área de preservação ambiental)
3) o valor da terra nua tributável será R$ 3.000.000 (R$ 4.000.000 x 0,75, este obtido da divisão de 750 [área tributável] por 1.000 [área total])

A base de cálculo do imposto será, pois, de R$ 3.000.000.

Para chegar ao **valor do imposto** devido, é necessário apurar a alíquota progressiva em razão da área do imóvel e regressiva em razão do seu grau de utilização.

Vale ressaltar que o ITR é **progressivo** em razão da área do imóvel, de modo que as alíquotas dos imóveis maiores são superiores às alíquotas dos imóveis menores. Contudo, as alíquotas são **regressivas** em razão do grau de utilização, o que permite o desestímulo da manutenção de propriedades improdutivas.

> ▸ **Como esse assunto foi cobrado em concurso?**
>
> (CESPE/Juiz Federal TRF1/2013). No que se refere às espécies tributárias, aos impostos federais e às receitas públicas, assinale certo ou errado.
>
> Dado seu caráter regressivo, o imposto sobre propriedade territorial não desestimula a manutenção de propriedades improdutivas.
>
> *Gabarito:* Errado. Vale ressaltar que o ITR é progressivo em razão da área do imóvel, de modo que as alíquotas dos imóveis maiores são superiores às alíquotas dos imóveis menores. Contudo, as alíquotas são regressivas em razão do grau de utilização, o que permite o desestímulo da manutenção de propriedades improdutivas.
>
> *Gabarito:* Errada a afirmativa, porque é a regressividade das alíquotas que desestimula a manutenção de propriedades improdutivas, não a progressividade do imposto em relação à área do imóvel.

Para tanto, são necessários os seguintes passos:

> 1º – define-se a área aproveitável, aquela passível de exploração agrícola, pecuária, granjeira, aquícola ou florestal, excluídas as áreas com benfeitorias úteis e necessárias, as áreas de preservação permanente, de reserva legal, de interesse ecológico, imprestáveis para exploração rural, sujeitas a servidão florestal ou ambiental, cobertas por florestas em regeneração e alagados para formar reservatório de usinas hidrelétricas autorizadas.
>
> 2º – define-se a área efetivamente utilizada, que vem a ser a área do imóvel que no ano anterior tenha sido plantada com produtos vegetais; servido de pastagem, nativa ou plantada; sido objeto de exploração extrativa; servido para exploração de atividades granjeira e aquícola; sido o objeto de implantação de projeto técnico, nos termos do art. 7º da Lei nº 8.629, de 25 de fevereiro de 1993.
>
> 3º – e finalmente, define-se o **Grau de Utilização – GU**, a relação percentual entre a área efetivamente utilizada e a área aproveitável.

De volta ao nosso exemplo, se a área aproveitável é de 7.500 ha e a área efetivamente aproveitada é de 6.000 ha, o Grau de Utilização terá sido de 80%.

Para encontrar a alíquota, basta enquadrar na área total do imóvel o grau de utilização na tabela abaixo:

| Área total do imóvel (em hectares) | GRAU DE UTILIZAÇÃO - GU (EM %) | | | | |
|---|---|---|---|---|---|
| | Maior que 80 | Maior que 65 até 80 | Maior que 50 até 65 | Maior que 30 até 50 | Até 30 |
| Até 50 | 0,03 | 0,20 | 0,40 | 0,70 | 1,00 |
| Maior que 50 até 200 | 0,07 | 0,40 | 0,80 | 1,40 | 2,00 |
| Maior que 200 até 500 | 0,10 | 0,60 | 1,30 | 2,30 | 3,30 |
| Maior que 500 até 1.000 | 0,15 | 0,85 | 1,90 | 3,30 | 4,70 |
| Maior que 1.000 até 5.000 | 0,30 | 1,60 | 3,40 | 6,00 | 8,60 |
| Acima de 5.000 | 0,45 | 3,00 | 6,40 | 12,00 | 20,00 |

No nosso exemplo, a área total é de 10.000 e está na última linha da tabela. O grau de utilização é de 80%, na segunda coluna, o que nos dá a alíquota de 3%.

Para apurar o valor do imposto devido, basta multiplicar o valor da terra nua tributável – VTNt, de R$ 3.000.000 por 3%, que resultará no valor devido de R$ 90.000.

Apenas uma discussão efetivamente jurídica relevante surgiu da aplicação dessas regras, acerca da necessidade de **registro prévio** da **área de preservação permanente e da área de reserva legal** na **matrícula do imóvel**, bem como da apresentação do **Ato Declaratório Ambiental** – ADA emitido pelo IBAMA, para fins de aplicação do art. 10, § 1º, II, a, da Lei 9.393/96.

A jurisprudência do STJ caminhava para **dispensar tanto o registro** da área de preservação permanente e da **reserva legal** na matrícula do imóvel, **quanto à apresentação do Ato Declaratório do IBAMA**.

As decisões da Corte baseavam-se no princípio da legalidade, ao fundamento de que a lei não era expressa e a formalidade se encontrava prevista apenas em ato infralegal e na submissão do imposto ao lançamento por homologação, cabendo, assim, ao contribuinte calcular e declarar o imposto devido e à Fazenda provar a falsidade das informações do contribuinte.

A jurisprudência se alterou sensivelmente, a partir do julgamento do REsp 1.027.051/SC.

Neste julgado, publicado em 17/5/2011, assentou o Tribunal que a interpretação do benefício que consiste na exclusão da **reserva legal** do cálculo da área tributável deve ser aplicada não em favor do Fisco ou do contribuinte, mas do meio ambiente, valor protegido pela norma. Assim, para que possa haver efetiva fiscalização e se impeça a falsificações de reserva legal, o STJ entendeu essencial o registro da reserva na matrícula do imóvel. Dispensou, contudo, a prova antecipada do registro, incompatível com o sistema do lançamento por homologação e manteve o entendimento de que a isenção não pode restar condicionada à emissão de ato declaratório por instituição pública, como é o caso do ADA/IBAMA.

A jurisprudência do STJ firmou-se no sentido de que "é **desnecessário apresentar o Ato Declaratório Ambiental – ADA** para que se reconheça o direito à isenção do ITR, mormente quando essa exigência estava prevista apenas em instrução normativa da Receita Federal (IN SRF 67/97)" (AgRg no REsp 1.310.972/RS).

Todavia, quando se trata da "área de reserva legal", as Turmas da Primeira Seção assentaram também que é **imprescindível a averbação da referida área na matrícula do imóvel** para o gozo do benefício isencional vinculado ao ITR (REsp 1.027.051/SC, REsp 1125632/PR, AgRg no REsp 1.310.871/PR).

> ▶ **Como esse assunto foi cobrado em concurso?**
>
> (TRF4/Juiz Federal TRF4/2014). Assinale certo ou errado, considerando o disposto no Código Tributário Nacional:
>
> O Superior Tribunal de Justiça firmou entendimento no sentido de que, em se tratando da "área de reserva legal", é imprescindível a averbação da referida área na matrícula do imóvel para o gozo do benefício da isenção vinculado ao ITR, sendo que as áreas de preservação permanente não sofrem a obrigatoriedade do mencionado registro.
>
> *Gabarito:* Certo.

O STJ entendeu que a averbação da área de reserva legal é essencial para que se atinja a finalidade do ITR de preservação do meio ambiente, devendo ser exigida para a redução da base de cálculo do imposto, ao contrário de outras exigências, como a apresentação do ADA/IBAMA ou sua averbação no registro do imóvel.

No mais, a base de cálculo e a alíquota não foram objeto de maiores debates no âmbito do Poder Judiciário.

## 6. IMUNIDADE E ISENÇÃO

A lei do ITR também reproduz as hipóteses de imunidade previstas pela Constituição e prevê hipóteses de isenção.

São imunes as pequenas glebas rurais, quando as explore, só ou com sua família, o proprietário que não possua outro imóvel. Reproduzindo a Constituição, eis o texto do art. 2º, da Lei 9.393/96:

> Art. 2º Nos termos do art. 153, § 4º, in fine, da Constituição, o imposto não incide sobre pequenas glebas rurais, quando as explore, só ou com sua família, o proprietário que não possua outro imóvel.
>
> Parágrafo único. Para os efeitos deste artigo, pequenas glebas rurais são os imóveis com área igual ou inferior a:
>
> I – 100 ha, se localizado em município compreendido na Amazônia Ocidental ou no Pantanal mato-grossense e sul-mato-grossense;
>
> II – 50 ha, se localizado em município compreendido no Polígono das Secas ou na Amazônia Oriental;
>
> III – 30 ha, se localizado em qualquer outro município.

▶ **Como esse assunto foi cobrado em concurso?**

(ESAF/AFRF 2002 Prova 1). Relativamente ao Imposto Territorial Rural (ITR) assinale verdadeiro ou falso.

Segundo a interpretação legal, imóvel rural de área inferior a 30 hectares, independentemente do local onde se encontre, é considerada pequena propriedade, imune ao imposto.

*Gabarito:* Verdadeiro.

O art. 2º, da Lei 9.393/96, de acordo com o art. 153, § 4º, da CF/88, define a área que caracteriza a pequena gleba rural, imune ao imposto e, em nenhum caso, esta gleba será inferior a 30 hectares. Desta forma, toda propriedade de terras no Brasil inferior a 30 hectares será imune ao ITR, desde que presentes os demais requisitos normativos.

*Gabarito:* Verdadeira a assertiva.

Imaginemos, porém, que o agricultor não seja proprietário, mas possuidor de imóvel nos mesmos termos previstos para a imunidade. Ou, ainda, que o proprietário possua dois imóveis, que, somados, tenham área inferior à da pequena gleba rural da região.

Nestes casos, não haverá imunidade, pois a Constituição prevê o benefício para **proprietários**, não para possuidores, que detenham **apenas um imóvel**, gerando situação injusta.

A Lei 9.393/96 previu, contudo, hipóteses de isenção. Vejamos:

> Art. 3º São isentos do imposto:
>
> I – o imóvel rural compreendido em programa oficial de reforma agrária, caracterizado pelas autoridades competentes como assentamento, que, cumulativamente, atenda aos seguintes requisitos:
>
> a) seja explorado por associação ou cooperativa de produção;
>
> b) a fração ideal por família assentada não ultrapasse os limites estabelecidos no artigo anterior;
>
> c) o assentado não possua outro imóvel.
>
> II – o conjunto de imóveis rurais de um mesmo proprietário, cuja área total observe os limites fixados no parágrafo único do artigo anterior, desde que, cumulativamente, o proprietário:
>
> a) o explore só ou com sua família, admitida ajuda eventual de terceiros;
>
> b) não possua imóvel urbano.

A lei criou, assim, duas hipóteses de isenção, uma para os agricultores que possuam terras compreendidas em programa oficial de reforma agrária, atendidos os requisitos constitucionais da imunidade, ainda que a exploração do imóvel se dê na forma associativa ou cooperativista; e outra para os proprietários de mais de um imóvel rural, também atendidas as demais regras constitucionais da imunidade, desde que a área somada dos imóveis rurais não ultrapasse a área da pequena gleba da região.

As isenções resolveram a injustiça e equacionaram a situação.

O art. 3º-A, da Lei 9.393/96, incluído pela Lei 13.043/14, acrescentou nova hipótese de isenção, para imóveis rurais oficialmente reconhecidos como áreas ocupadas por remanescentes de comunidades de quilombos que estejam sob a ocupação direta e sejam explorados individual ou coletivamente pelos membros destas comunidades.

> ▸ **Como esse assunto foi cobrado em concurso?**
>
> **(TRF3/Juiz Federal TRF3/2010). Assinale certo ou errado:**
>
> A União poderá efetuar a cobrança do Imposto Territorial Rural (ITR) sobre pequenas glebas, ainda que o proprietário que as explore não possua outro imóvel rural.
>
> *Gabarito:* Errado. Embora a regra de imunidade, do art. 153, § 4º, da CF/88 limite o benefício a pequenas glebas rurais, cujos proprietários não possuam outros imóveis, o art. 3º, da Lei 9.393/96 prevê isenção para o caso de proprietários que possua mais de uma propriedade rural, desde que o somatório da área dos imóveis não supere a área da gleba rural da região (art. 2º, da lei 9.393/96).
>
> Assim, o fato de o proprietário possuir outro imóvel afasta a imunidade, mas não necessariamente afasta a isenção, que também impede a cobrança do imposto.

## 7. INFORMAÇÕES COMPLEMENTARES: LANÇAMENTO

Nos termos do art. 10, da Lei 9.393/96, o ITR segue a sistemática do **lançamento por homologação** prevista pelo art. 150, do CTN.

Dispõe o art. 10, da lei, que "apuração e o pagamento do ITR serão efetuados pelo contribuinte, independentemente de prévio procedimento da administração tributária". A lei revogou, assim, o sistema de lançamento de ofício previsto pela Lei 8.847/94.

Com o lançamento por homologação, no entendimento do STJ, fixado no julgamento do REsp 1.120.295/SP, o marco temporal do **início do prazo de prescrição** não é mais a data de notificação do contribuinte, mas a data do vencimento do tributo ou a data da entrega da declaração, o que ocorrer por último.

> ▸ **Atenção!**
>
> O art. 149 do CTN autoriza somente a revisão de ofício do lançamento tributário no caso de erro de fato, que não depende de interpretação normativa para sua verificação.
>
> No caso de erro de direito, por equívoco na valoração jurídica dos fatos, não será possível a revisão, como por exemplo, modificação dos critérios de cálculo (art. 146 CTN).

Outro tema que permeia os tributos sujeitos a lançamento por homologação refere-se aos deveres instrumentais do contribuinte, mais especificamente a **declaração dos tributos**. As declarações constituem, a um tempo, auxílio na apuração do imposto devido, meio de administração, fiscalização e controle dos órgãos fazendários e forma de se constituir a obrigação principal.

A lei do ITR prevê duas **declarações**, o Documento de Informação e Atualização Cadastral do ITR – **DIAC** e o Documento de Informação e Apuração do ITR – **DIAT**.

O DIAC é documento instrumental e informativo, utilizado para auxiliar a elaboração do DIAT e para a formação do cadastro fazendário do ITR. Por este documento, deve o contribuinte informar à Receita os dados do imóvel, bem como qualquer alteração significativa por ele sofrida.

> Lei 9.393/96
>
> Art. 6º O contribuinte ou o seu sucessor comunicará ao órgão local da Secretaria da Receita Federal (SRF), por meio do Documento de Informação e Atualização Cadastral do ITR – DIAC, as informações cadastrais correspondentes a cada imóvel, bem como qualquer alteração ocorrida, na forma estabelecida pela Secretaria da Receita Federal.
>
> § 1º É obrigatória, no prazo de sessenta dias, contado de sua ocorrência, a comunicação das seguintes alterações:
>
> I – desmembramento;
>
> II – anexação;
>
> III – transmissão, por alienação da propriedade ou dos direitos a ela inerentes, a qualquer título;
>
> IV – sucessão causa mortis;
>
> V – cessão de direitos;
>
> VI – constituição de reservas ou usufruto.
>
> § 2º As informações cadastrais integrarão o Cadastro de Imóveis Rurais – CAFIR, administrado pela Secretaria da Receita Federal, que poderá, a qualquer tempo, solicitar informações visando à sua atualização.
>
> § 3º Sem prejuízo do disposto no parágrafo único do art. 4º, o contribuinte poderá indicar no DIAC, somente para fins de intimação, endereço diferente daquele constante do domicílio tributário, que valerá para esse efeito até ulterior alteração.

A entrega do documento fora do prazo enseja a aplicação de multa, nos termos do art. 7º, da Lei 9.393/96.

O DIAC não é documento a ser apresentado rotineiramente, mas somente na aquisição do imóvel e no caso das alterações previstas pela lei. O DIAT, contudo, dado seu caráter constitutivo da obrigação principal, deve ser entregue anualmente, salvo nos casos de imóveis isentos ou imunes.

> Lei 9.393/96:
>
> Art. 8º O contribuinte do ITR entregará, obrigatoriamente, em cada ano, o Documento de Informação e Apuração do ITR - DIAT, correspondente a cada imóvel, observadas data e condições fixadas pela Secretaria da Receita Federal.
>
> § 1º O contribuinte declarará, no DIAT, o Valor da Terra Nua - VTN correspondente ao imóvel.
>
> § 2º O VTN refletirá o preço de mercado de terras, apurado em 1º de janeiro do ano a que se referir o DIAT, e será considerado auto-avaliação da terra nua a preço de mercado.
>
> § 3º O contribuinte cujo imóvel se enquadre nas hipóteses estabelecidas nos arts. 2º, 3º e 3º-A fica dispensado da apresentação do DIAT.

A entrega do DIAT fora do prazo também enseja a aplicação de multa, prevista pelo art. 9º, da Lei 9.9.93/96.

A Lei 12.651/2012 criou também o Cadastro Ambiental Rural - CAR, que pretende servir como cadastro único de imóveis rurais.

> Lei 12.651/2012
>
> Art. 29. É criado o Cadastro Ambiental Rural - CAR, no âmbito do Sistema Nacional de Informação sobre Meio Ambiente - SINIMA, registro público eletrônico de âmbito nacional, obrigatório para todos os imóveis rurais, com a finalidade de integrar as informações ambientais das propriedades e posses rurais, compondo base de dados para controle, monitoramento, planejamento ambiental e econômico e combate ao desmatamento.
>
> [..]
>
> § 3º A inscrição no CAR será obrigatória para todas as propriedades e posses rurais, devendo ser requerida no prazo de 1 (um) ano contado da sua implantação, prorrogável, uma única vez, por igual período por ato do Chefe do Poder Executivo.

Como em todo tributo sujeito ao lançamento por homologação, também pode haver **lançamento de ofício**, vale dizer, a lavratura de auto de infração, que equivale ao lançamento do imposto com a aplicação de multas, no caso de infração do contribuinte.

No ITR, haverá o **lançamento de ofício** nos termos do art. 14, da Lei 9.393/96, no caso de falta de entrega do DIAC ou do DIAT.

Se o contribuinte deixar de entregar somente o DIAC, mas apresentar o DIAT e pagar corretamente o imposto, o lançamento de ofício constituirá apenas multa pelo descumprimento da obrigação acessória. Deixando de entregar o DIAT, haverá lançamento de multa pelo descumprimento da obrigação acessória e a multa proporcional ao valor do imposto. Se o imposto não for pago ou for pago a menor, também haverá a cobrança do imposto devido.

## 8. RESUMO

| | |
|---|---|
| Princípio da Legalidade | Deve obedecer |
| Princípio da anterioridade | Deve obedecer |
| Princípio da anterioridade nonagesimal | Deve obedecer |
| Princípios Constitucionais específicos | Função social da propriedade<br>Progressividade de forma a desestimular a manutenção de propriedades improdutivas |
| Hipótese de incidência | A propriedade, domínio útil ou a posse de bem imóvel por natureza ou acessão física, como definido na lei civil, localizado na zona urbana do município |
| Critério espacial | Zona rural do Município |
| Critério temporal | 1º de janeiro de cada ano |
| Critério quantitativo (Base de cálculo e alíquota) | • Base de Cálculo: valor da terra nua<br>• Alíquota: ver tabela |
| Critério pessoal | • Contribuinte = proprietário, possuidor e detentor do domínio<br>• Responsável = sucessor |

| Observações | • 50% da arrecadação é repartida com o município onde se encontra a propriedade rural.<br>• Fiscalização, administração e cobrança do imposto pode ser repassada ao município, mediante convênio. Neste casso, 100% da arrecadação pertence ao município.<br>• Lançamento por homologação. |
|---|---|

## 9. SÚMULAS

### Súmula 139 do STJ

Cabe à Procuradoria da Fazenda Nacional propor execução fiscal para cobrança de crédito relativo ao ITR.

Capítulo 2

# II e IE

## 1. INTRODUÇÃO

O imposto de importação – II e o imposto de exportação – IE fazem parte do direito tributário, mas se inserem, também, no direito aduaneiro.

Para tratar dos **impostos sobre o comércio exterior**, estudaremos, ainda que de passagem, diversos institutos de direito aduaneiro, ainda que nosso objetivo seja apresentar a dogmática tributária e não aprofundar em áreas conexas.

A íntima conexão do imposto de importação e do imposto de exportação com **organismos** como o Mercosul e outros blocos econômicos, com **conceitos** de direito aduaneiro, como a admissão temporária, o *drawback* e o recinto alfandegário, com *órgãos* como o SISCOMEX, e com **procedimentos** de importação e exportação, contudo, nos obriga a tratar destes institutos, para permitir a compreensão dos impostos sobre o comércio exterior.

Neste capítulo, vamos estudar, portanto, do Imposto de Importação e do Imposto de Exportação, classificados no CTN como imposto sobre o comércio exterior, sob o enfoque conjunto do direito tributário e do direito aduaneiro.

Cabe lembrar que outros tributos incidem sobre o comércio exterior, notadamente na importação. O presente capítulo não trata de todos estes tributos. Entretanto, ao estudarmos dos **regimes aduaneiros especiais**, abordaremos, também, seus **efeitos** de suspensão ou isenção tributária incidentes **em outros tributos federais**, como o PIS, a COFINS e o IPI, matéria que não será trabalhada nos capítulos referentes a estas exações, para evitar repetições desnecessárias.

## 1.1. Impostos sobre o Comércio Exterior, o direito aduaneiro e o princípio da soberania

Os **impostos sobre o comércio internacional** apresentam uma dificuldade a mais, em relação a tributos incidentes no mercado interno, pois estão visceralmente vinculados com o princípio da soberania, no que diz respeito à entrada e saída de bens e capitais do território nacional, matéria regida pelo direito aduaneiro.

O **direito aduaneiro** positiva o princípio da soberania, também, no trânsito de pessoas, quando trata de questões como imigração e vistos para não residentes e no trânsito de bens e capitais sobre os quais não incidem tributos, em situações em que, por exemplo, veda a importação de bens nocivos à saúde ou ao meio ambiente ou limita o volume de importação autorizada de determinada mercadoria, sendo, portanto, mais amplo que o aspecto fiscal do comércio internacional.

> Por **direito aduaneiro,** podemos entender o ramo do direito que regula toda movimentação de entrada e saída de pessoas, bens e capital no território nacional, bem como a internação definitiva ou provisória de bens estrangeiros no país e o procedimento inverso de bens nacionais.

O **princípio da soberania**, contudo, tem sido esquecido no julgamento de diversas causas que envolvem a tributação no comércio internacional.

O **princípio do livre comércio**, as medidas mundiais de incentivo ao comércio exterior, a globalização da economia, a criação de blocos econômicos, entre outros fatores, tem colocado o comércio internacional como um valor isolado, destinado a promover o desenvolvimento das nações, fazendo crer que a tributação incidente neste âmbito tem finalidade meramente fiscal arrecadatória.

Não obstante, **as normas que disciplinam a tributação do comércio exterior são expressões da soberania**, na mesma medida que as normas que vedam determinadas importações.

Assim, a norma determina a incidência de tributos nas importações ou nas remessas de recursos para o exterior, revela mais que o interesse público arrecadatório, que orienta os tributos incidentes no mercado interno. **O interesse público no âmbito do direito aduaneiro**, do qual faz parte o regramento do comércio internacional, é, sempre, a proteção da soberania, que pode ser expressa pela incidência tributária, por cotas na importação ou na exportação, pela vedação de ingresso de bens no território nacional, na aplicação de penas de perdimento etc.

Isso não significa dizer que as decisões judiciais estão erradas. Tornam-se, porém, mais completas e podem, sim, chegar a resultados diferentes, se o princípio da soberania for levado em consideração, como uma constante, como o principal fundamento das normas de tributação do comércio internacional.

Nosso objetivo neste capítulo, além de apresentar a estrutura **dogmática do imposto de importação e do imposto de exportação**, com menções a outros tributos incidentes no comércio exterior, é tratar da matéria como expressão do princípio da soberania e que, por esta razão, merece cuidados adicionais, em relação aos tributos fiscais incidentes no mercado interno, cuja função essencial, de resto também muito importante, é apenas o custeio do Estado.

Para tanto, é preciso lembrar que a incidência tributária nas operações de comércio exterior, bem como a aplicação de penalidades aduaneiras, como a pena de perdimento, são exercício da soberania, da mesma forma que o são a adesão do Brasil a organismos internacionais, a adesão do país a blocos econômicos, a concessão de incentivos a exportações, a concessão de isenção nas importações e o estabelecimento de cotas ou proibições de importações.

Ademais, esta soberania é exercida pelo Estado, por intermédio de órgãos e autoridades constitucionalmente estabelecidas, que aprovam leis, celebram acordos internacionais e definem regra sobre comércio exterior.

Assim, necessário compreender que a aplicação das regras pertinente aos impostos sobre o comércio exterior, em demandas que versam sobre a "liberação" de bem importado na alfândega, a concessão e o cumprimento de um regime aduaneiro especial etc., não discutem apenas o imposto eventualmente devido, mas a expressão do princípio da soberania no caso concreto.

O direito aduaneiro também se rege por outros princípios, a exemplo da universalidade do controle aduaneiro, essencial para que as normas aplicáveis tenham eficácia.

### 1.2. O Imposto de importação e o imposto de exportação na Constituição e no Código Tributário Nacional

Em termos normativos, os **impostos aduaneiros** são regidos pela Constituição, pelo Código Tributário Nacional, por leis e por atos infralegais, como qualquer outro tributo, com destaque, apenas, para a maior incidência de acordos e tratados internacionais sobre a matéria, não raros tomados em empréstimos pela regulamentação de outros tributos incidentes sobre a importação, como o ICMS, o IPI, o PIS e a COFINS.

A norma de competência do II e do IE está no art. 153, da CF/88.

> Art. 153. Compete à União instituir impostos sobre:
>
> I – importação de produtos estrangeiros;
>
> II – exportação, para o exterior, de produtos nacionais ou nacionalizados;

Assim como no IOF e no IPI, a Constituição permite que as alíquotas do II e do IE sejam alteradas por ato do Poder Executivo (mitigação do **princípio da legalidade**). Dispõe a Constituição:

> Art. 153.
>
> [...]
>
> § 1º – É facultado ao Poder Executivo, atendidas as condições e os limites estabelecidos em lei, alterar as alíquotas dos impostos enumerados nos incisos I, II, IV e V.

▸ **Como esse assunto foi cobrado em concurso?**

**(TRF4/Juiz Federal TRF4/2014). Assinale certo ou errado. Segundo o que dispõe a Constituição Federal:**

É facultado ao Poder Executivo, atendidas as condições e os limites estabelecidos em lei, alterar as alíquotas dos impostos de importação de produtos estrangeiros, de exportação para o exterior, de produtos nacionais ou nacionalizados, de produtos industrializados e de operações de crédito, câmbio e seguro, ou relativas a títulos ou valores mobiliários.

*Gabarito:* Certo. De acordo com o art. 153, § 1º, da CF/88.

Os impostos aduaneiros também apresentam flexibilização quanto ao **princípio da anterioridade**, de forma que a majoração de suas alíquotas tem efeito imediato, sem a necessidade de aguardar o primeiro dia do exercício seguinte ao que a norma for publicada, nem o prazo de noventa dias, conforme o art. 150, III, e § 1º, da CF/88.

Prevalece, contudo, o **princípio da irretroatividade**, de modo que a majoração das alíquotas somente pode ser aplicada a fatos posteriores.

O STF, apreciando estes temas, 1. definiu que os limites de alteração das alíquotas pode ser veiculado por lei ordinária, desnecessária a edição de lei complementar; 2. asseverou que a alteração de alíquotas neste caso não é privativa do Presidente da República, de modo que a competência pode ser delegada a outros órgãos do Poder Executivo; 3. dispensou que o ato de majoração das alíquotas contenha, em seu texto, os motivos de edição na norma e 4. repisou a exigência de respeito ao princípio da irretroatividade. Leia-se:

> ▶ **Entendimento do STF**
>
> I – Imposto de importação: alteração das alíquotas, por ato do Executivo, atendidas as condições e os limites estabelecidos em lei: C.F., art. 153, § 1º. A lei de condições e de limites é lei ordinária, dado que a lei complementar somente será exigida se a Constituição, expressamente, assim determinar. No ponto, a Constituição excepcionou a regra inscrita no art. 146, II.
>
> II – A motivação do decreto que alterou as alíquotas encontra-se no procedimento administrativo de sua formação, mesmo porque os motivos do decreto não vêm nele próprio.
>
> III – Fato gerador do imposto de importação: a entrada do produto estrangeiro no território nacional (CTN, art. 19). Compatibilidade do art. 23 do D.L. 37/66 com o art. 19 do CTN. Súmula 4 do antigo T.F.R..
>
> IV – O que a Constituição exige, no art. 150, III, a, é que a lei que institua ou que majore tributos seja anterior ao fato gerador. No caso, o decreto que alterou as alíquotas é anterior ao fato gerador do imposto de importação.
>
> (STF, Tribunal Pleno, RE 225.602/CE, Min. CARLOS VELLOSO, DJ de 6/4/2001)

No que toca ao imposto de importação basta, pois, que o **ato do Poder Executivo** de majoração de alíquotas, **dentro dos limites estabelecidos por lei ordinária**, seja **anterior ao fato gerador**, vale dizer, do registro da declaração de importação. Vejamos:

> ▶ **Entendimento do STF**
>
> I – Fato gerador do imposto de importação de mercadoria despachada para consumo considera-se ocorrido na data do registro na repartição aduaneira competente, da declaração apresentada pelo importador (art. 23 do Decreto-lei 37/66).
>
> II – O que a Constituição exige, no art. 150, III, a, é que a lei que institua ou majore tributos seja anterior ao fato gerador. No caso, o decreto que alterou as alíquotas é anterior ao fato gerador do imposto de importação.
>
> III – Agravo não provido.
>
> (STF, T2, AI 420.993 AgR/PR, Min. CARLOS VELLOSO, DJ de 1/7/2005)

Hoje, a competência para alterar as alíquotas do imposto de importação é atribuída à Câmara de Comércio Exterior – CAMEX, sem prejuízo de legalidade ou de constitucionalidade, conforme interpretação do STF:

> **▸ Entendimento do STF**
>
> I – É compatível com a Carta Magna a norma infraconstitucional que atribui a órgão integrante do Poder Executivo da União a faculdade de estabelecer as alíquotas do Imposto de Exportação.
> II – Competência que não é privativa do Presidente da República.
> III – Inocorrência de ofensa aos arts. 84, caput, IV e parágrafo único, e 153, § 1º, da Constituição Federal ou ao princípio de reserva legal. Precedentes.
> IV – Faculdade discricionária atribuída à Câmara de Comércio Exterior – CAMEX, que se circunscreve ao disposto no Decreto-Lei 1.578/1977 e às demais normas regulamentares.
> V – Recurso extraordinário conhecido e desprovido.
> (STF, Tribunal Pleno, RE 570.680/R, Min. RICARDO LEWANDOWSKI, DJe de 3/12/2009)

Se a Resolução da CAMEX houver de ser republicada para a correção de erro, a vigência da norma conta-se da nova publicação, em homenagem ao princípio da irretroatividade, conforme entendeu o STJ.

> **▸ Entendimento do STJ**
>
> LEI DE INTRODUÇÃO AO CÓDIGO CIVIL. TRIBUTÁRIO. RECURSO ESPECIAL. IMPOSTO DE IMPORTAÇÃO. RESOLUÇÃO CAMEX Nº 42/2001. Correção de erro no texto normativo. Majoração de alíquota que fora equivocadamente fixada. Impossibilidade de retroação. Art. 1º, § 4º, DO DECRETO-LEI 4.657/42 (LICC), 105 e 106 do Código Tributário Nacional. Recurso especial desprovido.
> (STJ, T1, REsp 1.040.507/ES, Min. DENISE ARRUDA, DJe de 24/11/2009)

As normas gerais do CTN sobre os impostos aduaneiros são relativamente simples, ganhando complexidade na legislação ordinária e nos regulamentos.

Conforme o art. 19, do Código, "o imposto, de competência da União, sobre a importação de produtos estrangeiros tem como fato gerador a entrada destes no território nacional".

Fato gerador do imposto é, pois, a entrada de produtos, bens materiais, estrangeiros no Brasil, excluindo-se da incidência do imposto os serviços.

O art. 20, do CTN fornece as normas gerais sobre a **base de cálculo** do imposto de importação, diferenciando, nos incisos I e II, a base de cálculo conforme a lei preveja alíquota específica ou *ad valorem*. No inciso III, encontra-se a previsão geral da base do imposto, no caso de produtos apreendidos ou abandonados e posteriormente levados a leilão, quando a alíquota será *ad valorem*. Leia-se:

> Art. 20. A base de cálculo do imposto é:
> I – quando a alíquota seja específica, a unidade de medida adotada pela lei tributária;
> II – quando a alíquota seja ad valorem, o preço normal que o produto, ou seu similar, alcançaria, ao tempo da importação, em uma venda em condições de livre concorrência, para entrega no porto ou lugar de entrada do produto no País;
> III – quando se trate de produto apreendido ou abandonado, levado a leilão, o preço da arrematação.

Relembrando, a alíquota *ad valorem* é um percentual sobre o valor do fato gerador. A alíquota específica, ou *ad rem*, é um valor definido por unidade de medida adotada, como R$ 100,00 por tonelada, R$ 50,00 por metro cúbico, R$ 10,00 por barril.

▶ **Como esse assunto foi cobrado em concurso?**

**(TRF4/Juiz Federal TRF4/2014).** Assinale certo ou errado, considerando o disposto no Código Tributário Nacional:

A base de cálculo do imposto sobre a importação, quando a alíquota seja *ad valorem*, é o preço normal que o produto, ou seu similar, alcançaria, ao tempo da importação, em uma venda em condições de livre concorrência, para entrega no porto ou no lugar de entrada do produto no país.

*Gabarito:* Certo. De acordo com o art. 20, II, do CTN.

No caso de arrematação de produto apreendido ou abandonado, a base de cálculo será o valor da arrematação apenas nos casos de leilão administrativo, realizado pela autoridade Fiscal. A base de cálculo de bem penhorado e posteriormente levado a leilão no âmbito do Poder Judiciário será apurada conforme os incisos I e II, do art. 20, do CTN, conforme entendimento do STJ.

> **Entendimento do STJ**
>
> 1. Recurso especial pelo qual a contribuinte busca recolher o imposto de importação com base no preço de arrematação (R$ 750.000,00) e não no valor aduaneiro (R$ 1.679.448,40). No caso concreto o leilão foi promovido pelo Poder Judiciário para alienar bens penhorados em ação de execução, até então não nacionalizados, porquanto armazenados em regime de entreposto aduaneiro.
>
> 2. Regra geral, nos casos em que a alíquota for ad valorem (art. 20, II, do CTN, art. 2º, II, do DL 37/66, alterado pelo Decreto 2.472/88, e 89, II, do Regulamento Aduaneiro) a base de cálculo do imposto de importação corresponde ao preço real da mercadoria, que deve ser apurado pela autoridade aduaneira em conformidade com o art. VII do Acordo Geral sobre Tarifas Aduaneiras e Comércio (GATT).
>
> 3. A utilização do preço da arrematação como base de cálculo do imposto de importação restringe-se aos leilões promovidos pela autoridade aduaneira nos quais são alienados os bens abandonados e aqueles que sofrem apreensão liminar para posterior imposição de pena de perdimento (art. 20, III, do CTN e art. 63 do Decreto-Lei 37/66).
>
> 4. A situação apresentada pela recorrente em nada se assemelha, para fins de analogia, com a hipótese contemplada na lei tributária a que se busca equiparação, pois: a) não se trata de leilão realizado pela autoridade aduaneira, mas pelo Poder Judiciário; e b) não se cuida de mercadoria abandonada ou objeto de pena de perdimento, mas de mercadoria penhorada em ação de execução.
>
> (STJ, T1, REsp 1.089.289/ES, Min. BENEDITO GONÇALVES, DJe de 2/2/2010)

A **exceção ao princípio da legalidade** constitucionalmente prevista pela Constituição ganha a seguinte redação no art. 21, do CTN:

> Art. 21. O Poder Executivo pode, nas condições e nos limites estabelecidos em lei, alterar as alíquotas ou as bases de cálculo do imposto, a fim de ajustá-lo aos objetivos da política cambial e do comércio exterior.

O art. 21 do Código fora recepcionado em parte, pois a Constituição de 1988 permite a flexibilização apenas para a alíquota, de modo que **a base de cálculo deve ser estabelecida por lei** ou norma equivalente, como medida provisória ou tratado internacional devidamente internalizado.

De outro turno, sem prejuízo de sua constitucionalidade, a norma acrescenta o objetivo extrafiscal dessa flexibilização, vale dizer, ajustar o imposto aos objetivos da política cambial e do comércio exterior.

Também de maneira simples, o CTN elege os possíveis **contribuintes** do imposto de importação. Leia-se:

> Art. 22. Contribuinte do imposto é:
> I - o importador ou quem a lei a ele equiparar;
> II - o arrematante de produtos apreendidos ou abandonados.

O Código não especifica responsáveis pelo imposto. Estes são, contudo, definidos pela lei, com fundamento nas previsões gerais do CTN sobre responsabilidade.

O imposto de exportação, hoje em franco desuso em função dos estímulos às exportações e do princípio de não exportação de tributos, também ganha regramento sintético no Código.

O art. 23, do CTN estabelece como **fato gerador** do imposto a saída do território nacional de produtos nacionais ou nacionalizados destinados à exportação para o exterior.

Por produto nacional, entende-se aquele originário do Brasil. Por produto nacionalizado, entende-se aquele que, embora originário do exterior, tenha ingressado em território nacional após o cumprimento de todas as obrigações aduaneiras, especialmente o pagamento dos tributos incidentes no mercado interno.

No art. 24, do CTN, encontra-se a previsão da **base de cálculo**, de maneira similar à apresentada no art. 20, do Código, relativo ao imposto de importação, excetuando a hipótese de apreensão de mercadoria, à toda evidência, inaplicável. O art. 25, do CTN, contudo, amplia a margem do legislador para estabelecer a base de cálculo da exação.

O art. 26, do CTN disciplina a exceção ao **princípio da legalidade** estrita, norma para a qual se fazem as mesmas observações aplicáveis ao art. 21, do Código. O **contribuinte** poderá ser o exportador ou pessoa a ele equiparada pela lei, nos termos do art. 27, do CTN.

O art. 28, do CTN dispunha sobre a **destinação do produto arrecadado** pelo imposto.

**A norma, contudo, não fora recepcionada pela Constituição**, que vedou, em seu art. 167, IV, a vinculação da receita de impostos a órgão, fundo ou despesa, enquadrando-se o artigo na vedação constitucional, a eventual receita do imposto de exportação será destinada ao Orçamento Geral da União.

Os tratados internacionais, incorporados pelo direito nacional, como aqueles relativos ao Mercosul e ao GATT também colaboram na modelação dos impostos sobre o comércio exterior.

Os tratados do Mercosul definem, por exemplo, a alíquota do imposto de importação e as regras do GATT definem a forma de apurar o valor aduaneiro, base de cálculo do imposto.

Votaremos aos temas adiante.

> ▶ **Como esse assunto foi cobrado em concurso?**
> Vamos analisar uma questão geral.
> (ESAF/AFRF/2009). Com relação ao imposto sobre importação de produtos estrangeiros, assinale a opção incorreta.
>
> a) Somente se deve considerar entrada e importada aquela mercadoria estrangeira que ingressa no território nacional para uso comercial ou industrial e consumo, não aquela em trânsito, destinada a outro país,
>
> b) A Constituição Federal outorga à União a competência para institui-lo, vale dizer, concede a este ente político a possibilidade de instituir imposto sobre a entrada no território nacional, para incorporação à economia interna, de bem destinado ou não ao comércio, produzido pela natureza ou pela ação humana, fora do território nacional,
>
> c) A simples entrada em território nacional de um quadro para exposição temporária num museu ou de uma máquina para exposição em feira, destinados a retornar ao país de origem, não configuram importação, e, por conseguinte não constituem fato gerador,
>
> d) Terá suas alíquotas graduadas de acordo com o grau de essencialidade do produto, de modo a se tributar com alíquotas mais elevadas os produtos considerados supérfluos, e com alíquotas inferiores os produtos tidos como essenciais,
>
> e) Possui caráter nitidamente extrafiscal, tanto que a Constituição Federal faculta ao Poder Executivo, atendidas as condições e os limites estabelecidos em lei, alterar suas alíquotas, já que sua arrecadação não possui objetivo exclusivo de abastecer os cofres públicos, mas também a conjugação de outros interesses que interferem no direcionamento da atividade impositiva – políticos, sociais e econômicos, por exemplo.
>
> **Gabarito:** A letra D está errada, pois descreve características constitucionais do IPI, não do imposto de importação, cujos contornos extrafiscais estão descritos na letra E. As letras A, B e C diferenciam a importação definitiva, para incorporação à economia nacional, dos regimes especiais de transito e de admissão temporária. Temporária ou não, trata-se de importação.

## 1.3. Noções gerais de direito aduaneiro

Algumas noções de direito aduaneiro são essenciais para a compreensão dos impostos sobre o comércio exterior.

José Lence Carluci define direito aduaneiro como "o conjunto de normas e princípios que disciplinam juridicamente a política aduaneira, entendida esta como a intervenção pública no intercâmbio internacional de mercadorias e que constitui um sistema de controle e de limitações com fins públicos" (CARLUCI, 1997, p. 22).

Na execução da atividade aduaneira, em geral com repercussões nos impostos sobre o comércio exterior, estão diversos órgãos e serviços nacionais, como a Câmara de Comércio Exterior – CAMEX, a Secretaria da Receita Federal do Brasil – SRF, a Secretaria de Comércio Exterior – SECEX, o Sistema Integrado de Comércio Exterior – SISCOMEX e o Banco Central do Brasil – BC.

### 1.3.1. Órgãos do comérico exterior

O **órgão diretivo da política aduaneira nacional é a CAMEX**, presidida pelo Ministro de Estado do Desenvolvimento, Indústria e Comércio Exterior. Visitando sua página da internet, podemos conhecer um pouco da Câmara, de sua composição e sua finalidade.

> A CAMEX é um órgão integrante do Conselho de Governo da Presidência da República e tem por objetivo a formulação, adoção, implementação e coordenação de políticas e atividades relativas ao comércio exterior de bens e serviços, incluindo o turismo.
> 
> É composta pelo Ministro de Estado do Desenvolvimento, Indústria e Comércio Exterior, a quem cabe a presidência da CAMEX, e pelos Ministros de Estado Chefe da Casa Civil; das Relações Exteriores; da Fazenda; da Agricultura, Pecuária e Abastecimento; do Planejamento, Orçamento e Gestão; e do Desenvolvimento Agrário. Tendo em vista a abrangência do tema comércio exterior, diversos órgãos da administração pública possuem competências relacionadas ao assunto, bem como executam ações e desenvolvem políticas sobre esta matéria.
> 
> Dessa forma, a fim de permitir uma ação integrada por parte do governo, é função da CAMEX definir diretrizes, bem como coordenar e orientar ações dos órgãos do governo que possuam competências na área de comércio exterior. Ademais, a Câmara deve ser previamente consultada sobre matérias relevantes relacionadas ao tema, ainda que consistam em atos de outros órgãos federais.
> 
> (Disponível em: <http://www.camex.gov.br/conteudo/exibe/area/1/menu/67/A%20CAMEX>, acesso em 28/2/2013).

A CAMEX é órgão eminentemente diretivo, mas tem como **função de destaque na seara do imposto de importação fixar suas alíquotas**, por delegação do Presidente da República, autorizada pelo art. 1º, da Lei 8.085/90 e realizada pelo art. 92, do RA. Vejamos o que diz o Regulamento:

> Art. 92. Compete à Câmara de Comércio Exterior alterar as alíquotas do imposto de importação, observadas as condições e os limites estabelecidos em lei.

O órgão responsável pela **administração do imposto de importação e de exportação é a Secretaria da Receita Federal do Brasil**, do Ministério da Fazenda.

Assim, como em qualquer tributo federal, cabe a SRF e a seus auditores fiscalizar e cobrar os impostos sobre o comércio exterior, fixar o entendimento administrativo acerca da incidência dos impostos, autuar e aplicar multas pelo descumprimento das obrigações referentes aos impostos, julgar os recursos contra as autuações tributário-aduaneiras em primeira instância, etc.

Sua função é eminentemente executiva (aplicação da lei) e julgadora (no âmbito do processo administrativo fiscal).

A Lei 13.451/17 também conferiu certas funções executivas para a Superintendência da Zona Franca de Manaus – **Suframa**, que passou a deter competência "para regular e controlar a importação e o ingresso de mercadorias, com incentivos fiscais, na Zona Franca de Manaus, nas áreas de livre comércio e na Amazônia Ocidental e institui a Taxa de Controle de Incentivos Fiscais (TCIF) e a Taxa de Serviços (TS)" (art. 1º, da Lei 13.451/17).

No Ministério do Desenvolvimento, Indústria e Comércio Exterior, o órgão aduaneiro mais importante é a **Secretaria de Comércio Exterior – SECEX**.

À SECEX compete formular propostas de políticas e programas de comércio exterior, propor medidas de política fiscal e cambial, e importantes funções relacionadas ao estímulo à exportação, ao aperfeiçoamento da legislação aduaneira, à proteção da economia nacional (*antidumping* e salvaguardas) e a elaboração de tratados internacionais sobre comércio.

Cabe também à SECEX administrar, controlar, desenvolver e normatizar o Sistema Integrado de Comércio Exterior – **SISCOMEX**.

> O Sistema Integrado de Comércio Exterior – SISCOMEX, instituído pelo Decreto nº 660, de 25 de setembro de 1992, é um sistema informatizado responsável por integrar as atividades de registro, acompanhamento e controle das operações de comércio exterior, através de um fluxo único e automatizado de informações. O SISCOMEX permite acompanhar tempestivamente a saída e o ingresso de mercadorias no país, uma vez que os órgãos de governo intervenientes no comércio exterior podem, em diversos níveis de acesso, controlar e interferir no processamento de operações para uma melhor gestão de processos. Por intermédio do próprio Sistema, o exportador (ou o importador) troca informações com os órgãos responsáveis pela autorização e fiscalização.
>
> Resumidamente, destacam-se as seguintes vantagens do Sistema: harmonização de conceitos e uniformização de códigos e nomenclaturas; ampliação dos pontos do atendimento; eliminação de coexistências de controles e sistemas paralelos de coleta de dados; simplificação e padronização de documentos; diminuição significativa do volume de documentos; agilidade na coleta e processamento de informações por meio eletrônico; redução de custos administrativos para todos os envolvidos no Sistema; crítica de dados utilizados na elaboração das estatísticas de comércio exterior.
>
> (Disponível em: ‹http://www.desenvolvimento.gov.br/siscomex/siscomex.html›, acesso em 28/2/2013).

Uma função do SISCOMEX que merece destaque em sede de imposto de importação está presente no art. 550, do Regulamento Aduaneiro e se refere ao licenciamento de importação de mercadoria.

> Art. 550. A importação de mercadoria está sujeita, na forma da legislação específica, a licenciamento, por meio do SISCOMEX.
>
> § 1º A manifestação de outros órgãos, a cujo controle a mercadoria importada estiver sujeita, também ocorrerá por meio do SISCOMEX.

Embora grande parte das mercadorias possa ser livremente importada, algumas delas dependem de autorização governamental, seja por questões sanitárias, ambientais ou de segurança pública. A autorização, ou a licença para importar tais mercadorias, deve ser obtida pelo SISCOMEX.

O SISCOMEX tem outras funções relevantes. É por meio dele que se processa o benefício do *drawback* na modalidade suspensão (art.

386, do RA) e que se registra e, portanto, se inicia o despacho de importação (art. 545, do RA).

O **Banco Central – BC**, por sua vez, guarda as funções relativas à política econômica cambial e na regulação do valor da moeda, com reflexos na base de cálculo dos impostos de importação e exportação.

O BC também é responsável pela execução do câmbio, por intermédio dos bancos comerciais e outras instituições financeiras, por meio do qual se realizam os pagamentos internacionais relativos ao fato gerador dos impostos sobre o comércio exterior.

### 1.3.2. Intervenientes nas operações de comércio exterior

O direito aduaneiro não é executado apenas por órgãos públicos. Seus personagens principais, na verdade, são as pessoas que importam e exportam mercadorias, seus intervenientes e auxiliares.

De fato, não haveria sequer direito aduaneiro não fossem as figuras dos importadores e dos exportadores. Estes podem ser quaisquer pessoas, físicas ou jurídicas, de direito público ou privado, salvo as vedações legais.

Interessa-nos, neste momento, apresentar as *trade companies*, os despachantes aduaneiros, os depósitos alfandegados, os entrepostos aduaneiros e os transportadores.

Embora qualquer pessoa possa exportar, vender para o exterior nem sempre é fácil.

Assim, desenvolveram-se empresas especializadas em exportar bens de terceiros, denominadas empresas comerciais exportadoras ou *trade companies*.

A estas empresas foram estendidos, no Brasil, os mesmos benefícios fiscais concedidos às exportações, desde que preenchidos os requisitos legais e regulamentares, como o devido registro das empresas que atuarem neste ramo.

As empresas comerciais exportadoras têm responsabilidades não só face ao imposto de exportação, mas também face a diversos institutos importantes, como a reimportação ou o pagamento de impostos internos devidos caso a exportação não ocorra.

Há a figura do **despachante aduaneiro**, que auxilia as operações de importação e exportação.

A profissão é regulamentada e depende de registro na SRF.

As importações e as exportações de mercadorias são realizadas por transporte terrestre, marítimo ou aéreo. Dessa forma, a figura do transportador é indispensável e extremamente relevante. Assim, a legislação prevê uma série de obrigações ao transportador, impondo-lhe, inclusive, a responsabilidade pelo pagamento dos impostos em certas condições.

Mas a logística do comércio exterior não se encerra com o transportador. Com frequência, as mercadorias devem ser armazenadas antes ou depois de cruzar as fronteiras. Por esta razão, a autoridade aduaneira pode definir recintos onde pode ocorrer movimentação, armazenagem e outros processos relativos a importação ou a exportação. Dispõe o art. 9º, do RA:

> Art. 9º Os **recintos alfandegados** serão assim declarados pela autoridade aduaneira competente, na zona primária ou na zona secundária, a fim de que neles possam ocorrer, sob controle aduaneiro, movimentação, armazenagem e despacho aduaneiro de:
>
> I – mercadorias procedentes do exterior, ou a ele destinadas, inclusive sob regime aduaneiro especial;
>
> II – bagagem de viajantes procedentes do exterior, ou a ele destinados; e
>
> III – remessas postais internacionais.

Instituto próximo é o regime especial de entreposto aduaneiro, que se utiliza de recinto alfandegado. Vejamos o art. 404, do RA:

> Art. 404. O regime especial de entreposto aduaneiro na importação é o que permite a armazenagem de mercadoria estrangeira em recinto alfandegado de uso público, com suspensão do pagamento dos impostos federais, da contribuição para o PIS/PASEP-Importação e da COFINS-Importação incidentes na importação.

Por certo, há outras figuras que poderíamos estudar, mas para tanto deveríamos adentrar mais do que o desejado no direito aduaneiro, para abordar temas de menor importância para os impostos sobre o comércio exterior.

### 1.3.3. Organismos internacionais, conceitos e reflexos nos impostos sobre o comércio exterior

No âmbito internacional, o General Agreement on Tariffs and Trade – GATT (ou Acordo Internacional de Tarifas e Comércio), do qual o Brasil é signatário, é organismo que produz normas e decisões impactantes no comércio internacional e nos impostos sobre o comércio exterior.

Algumas disciplinas do GATT merecem destaque: as regras denominadas de "nação mais favorecida" (art. I), a cláusula de habilitação (Decisão GATT de 28.11.79), as regras sobre blocos econômicos (art. XXIV), e as definições sobre valoração aduaneira (art. VII).

A Cláusula I, **do GATT, da nação mais favorecida**, impõe que o tratamento mais vantajoso conferido às importações de um país deve ser estendido a todos os demais membros do acordo.

A norma, porém, comporta **exceções**, aprovadas pelo próprio GATT.

Pela cláusula de habilitação, os membros do acordo concordam com a celebração de acordos regionais, chamados blocos econômicos e acordos em benefício de países em desenvolvimento.

Os acordos regionais, em nosso caso o Mercosul, deu nova moldagem aos impostos aduaneiros nacionais, em especial ao imposto de importação.

Estes acordos, inclusive o Mercosul e a União Europeia passam por fases ou etapas gradativas, que cumulam as regras da fase anterior com novos benefícios, com reflexos na tributação sobre o comércio exterior.

Na primeira das etapas, de criação de **Áreas Preferenciais**, as partes definem tratamentos favorecidos entre países parceiros. Em seguida, **Áreas de Livre Comércio** significam a eliminação de barreiras alfandegárias, como o imposto de importação e as limitações quantitativas de importação.

O Mercosul pretende ser uma **União Aduaneira**, que se caracteriza pela adoção de uma tarifa externa comum – TEC. Nesta etapa, os países do bloco não tributam a importação entre os membros e praticam uma mesma alíquota para as importações de outros países. No caso do Mercosul, a vasta e sempre alterada lista de exceções à TEC torna o bloco uma união aduaneira imperfeita.

Seguem-se, ainda, as fases de **Mercado Comum**, com o estabelecimento de livre circulação dos meios de produção (trabalho, capital, tecnologia) e a harmonização dos tributos sobre consumo e a **União Monetária**, com a adoção de moeda comum. União Europeia é uma união monetária imperfeita, pois vários países do bloco não adotaram o Euro.

**Outras regras do GATT**, como a valoração aduaneira (art. VII), tributos como forma de proteção da economia nacional (art. III), trataremos no decorrer das explanações sobre os impostos.

### 1.4. Procedimentos de importação e de exportação

Uma das dificuldades do direito tributário, notadamente dos tributos em espécie, é a abstração do fato sobre o qual as normas incidem.

Enquanto o direito civil cuida de questões da vida das pessoas e seus bens, regulando fatos experimentados por todos, o direito tributário elege fatos nem sempre conhecidos ou vivenciados pelos cidadãos.

Importação e exportação são fatos como estes. Todos têm uma noção do que vem a ser importar e exportar, mas poucos são os que realmente importam ou exportam produtos.

Assim, para entendermos melhor os impostos sobre o comércio exterior, vamos tentar descrever os **procedimentos da importação e da exportação**.

Com isso, veremos as fases e os momentos relevantes para a incidência dos impostos, especialmente o momento de ocorrência do fato gerador, e para o lançamento, a administração, a fiscalização e o controle destes tributos.

É possível importar de maneira bem simples, como ocorre na importação pelo correio de compras pela *internet*, em que o vendedor toma as providências necessárias e o importador somente escolhe a mercadoria e a forma de envio e paga o preço da mercadoria e do frete acrescido das tarifas.

Este caso é bastante específico e, em geral, o procedimento importação é mais complexo e começa com as negociações entre os interessados.

O importador recebe a proposta de vender determinado produto no Brasil ou procura o bem que lhe interessa no exterior, faz as tratativas com o exportador e acerta o preço e as condições de pagamento e de envio.

Ao importador no Brasil cabem as providências burocráticas junto aos órgãos competentes, todas consolidadas no SISCOMEX. São elas o registro do próprio importador no sistema e a obtenção do licenciamento (autorização) para importar, se necessário, entre outras formalidades. Grande parte das mercadorias está sujeita a licenciamento automático. Outras, contudo, como drogas (medicinais), plantas, animais, armas e munições etc., precisam ser autorizadas, pois seu ingresso em território nacional sofre restrições e controles.

O importador, para instruir a declaração de importação, deve solicitar ao exportador que envie a fatura pró-forma, contendo:

- dados do importador e do exportador;
- descrição da mercadoria, peso líquido e bruto, quantidade e preço unitário e total;
- meio de transporte;
- forma de pagamento;
- seguro;
- data e local de entrega;
- locais de embarque e de desembarque; etc.

O pagamento da importação pode ocorrer de diversas formas: pagamento antecipado, pagamento posterior, pagamento à vista, pagamento a prazo. Pode, inclusive, não haver pagamento, no caso de doações, o que não afasta a incidência do imposto de importação.

Mais comum, contudo, que o pagamento se dê por carta de crédito intermediada por instituições financeiras no Brasil e no exterior.

Para realizar o pagamento por carta de crédito o importador envia ao exportador uma ordem de compra. O exportador, que já remeteu a fatura pró-forma, envia a mercadoria segundo os procedimentos de seu país e leva os documentos de embarque e a ordem de compra ao banco de sua escolha.

O banco no exterior realiza o fechamento do câmbio, emite a carta de crédito e a envia devidamente instruída ao banco no Brasil. O importador registra seu "aceite" à carta, como nos títulos de crédito e o banco no Brasil lhe entrega os documentos de embarque da mercadoria.

Com tais documentos, o importador dará sequência ao processo.

O banco no Brasil, por sua vez, envia a liberação da carta de crédito ao banco no exterior, que, a seu turno, realiza o pagamento ao exportador.

Os procedimentos junto à autoridade monetária, no Brasil o Banco Central, são realizadas pelos bancos, sem a necessidade do importador tomar qualquer providência.

O importador, de posse dos documentos enviados pelo exportador e repassados pelo banco no Brasil, notadamente **o conhecimento de embarque** (prova de que as mercadorias foram enviadas para o Brasil, contendo a especificação do produto, como peso, quantidade e qualidade, bem como local de embarque e local de destino), **a fatura comercial – *invoice*** assinada pelo exportador (contendo os dados da operação), **e o comprovante do pagamento dos tributos**, se exigíveis, inicia a fase de **declaração de importação, que marca a ocorrência do fato gerador do imposto e dá início ao procedimento denominado despacho aduaneiro de importação.**

O importador tem prazos para realizar a declaração de importação ou, nos termos do art. 642, do RA, para dar início ao despacho de importação, sob pena de a mercadoria ser considerada abandonada.

Cabe ao contribuinte classificar a mercadoria importada de acordo com a lista da Tarifa Externa Comum – TEC, definir a base de cálculo e recolher o imposto, se a operação não estiver albergada por isenção, imunidade ou hipótese de alíquota zero.

Chegada a mercadoria e com a declaração de importação, **a autoridade inicia a conferência aduaneira**, que pode ser realizada por amostragem. Em alguns casos (o que ocorre também nas viagens internacionais em que o viajante declara trazer bens dentro da cota de isenção), a importação passa no chamado canal verde, quando a conferência não é realizada. Neste caso, presume-se correta a declaração de isenção (viajante) ou a declaração de importação (procedimento comum) com os cálculos e o pagamento do imposto realizado pelo importador.

> Parametrização (canais verde, amarelo, vermelho e cinza).
>
> Uma vez registrada a declaração de importação e iniciado o procedimento de despacho aduaneiro, a DI é submetida à análise fiscal e selecionada para um dos canais de conferência. Tal procedimento de seleção recebe o nome de parametrização.
>
> Os canais de conferência são quatro: verde, amarelo, vermelho e cinza.
>
> A importação selecionada para o canal verde é desembaraçada automaticamente sem qualquer verificação. O canal amarelo significa conferência dos documentos de instrução da DI e das informações constantes na declaração. No caso de seleção para o canal vermelho, há, além da conferência documental, a conferência física da mercadoria. Finalmente, quando a DI é selecionada para o canal cinza, é realizado o exame documental, a verificação física da mercadoria e a aplicação de procedimento especial de controle aduaneiro, para verificação de elementos indiciários de fraude, inclusive no que se refere ao preço declarado da mercadoria.
>
> A importação selecionada para o canal verde é desembaraçada automaticamente sem qualquer verificação. O canal amarelo significa conferência dos documentos de instrução da DI e das informações constantes na declaração. No caso de seleção para o canal vermelho, há, além da conferência documental, a conferência física da mercadoria. Finalmente, quando a DI é selecionada para o canal cinza, é realizado o exame documental, a verificação física da mercadoria e a aplicação de procedimento especial de controle aduaneiro, para verificação de elementos indiciários de fraude, inclusive no que se refere ao preço declarado da mercadoria.
>
> Disponível em: ‹http://www.receita.fazenda.gov.br/aduana/procaduexpimp/despaduimport.htm›, acesso em 28/2/2013.

Havendo a conferência, o que ocorre obrigatoriamente para certas mercadorias controladas, a autoridade irá verificar a correção do procedimento realizado pelo importador, inclusive a descrição da mercadoria, sua classificação na TEC, a alíquota aplicável, a base de cálculo do imposto etc.

Aprovado o procedimento do importador ou, havendo o pagamento de imposto complementar e eventuais multas, **a mercadoria é desembaraçada, e o importador fica autorizado a retirá-la do recinto aduaneiro.**

**O procedimento de exportação é, basicamente, o inverso** quanto ao pagamento e, quanto aos procedimentos administrativos, a substituição da declaração de importação pela de exportação e, após o pagamento do imposto eventualmente devido e da conferência aduaneira, há o embarque do produto exportado.

Recomendo, antes de avançar nos estudos sobre os impostos aduaneiros, uma leitura dos fluxogramas de importação e exportação, que podem ser encontrados na *internet*, inclusive na página da Receita Federal (www.receita.fazenda.gov.br).

### 1.5. Siscomex Carga

O Siscomex Carga é o módulo de controle de carga aquaviária do Sistema Integrado de Comércio Exterior (Siscomex) no qual é realizado o "controle de entrada e saída de embarcações e de movimentação de cargas e unidades de carga em portos alfandegados", nos termos do art. 1º, da IN RFB 800/2007

Como explica a própria Receita Federal, o **SISCOMEX-CARGA**:

> **SISCOMEX-CARGA**
> É o novo sistema da Receita Federal de controle da movimentação de embarcações, cargas e contêineres vazios transportados na via aquaviária, em portos brasileiros, cujo acesso não demandará nenhuma instalação de software específico, pois será acessado através da internet (WEB);
> Esse sistema viabilizará a substituição de documentos impressos por documentos eletrônicos para fins de cumprimento de obrigações previstas na legislação aduaneira, principalmente no Regulamento Aduaneiro.
> (Disponível em: ‹http://www.receita.fazenda.gov.br/publico/ Aduana/Siscomex/Carga/ PerguntafrequentesSiscomexCarga.doc›.
> Acesso em 28/11/2016.)

Este sistema veio atender os anseios dos operadores do comércio internacional, que buscavam mais agilidade na relação com os órgãos de controle aduaneiro, no sentido de superar a burocracia dos procedimentos envolvendo papel e impressão de documentos.

O SISCOMEX-CARGA, juntamente com o SISCOMEX, do MDIC e o SISBACEN, do Banco Central, realmente tornaram mais eficientes e operacionais as relações dos operadores do comércio exterior com as autoridades administrativas.

De outro lado, aumentou a responsabilidade das pessoas envolvidas com a movimentação de cargas estrangeiras, que passaram a ter que alimentar o sistema com as informações acerca das mercadorias estrangeiras de seu interesse.

No Siscomex Carga são lançadas informações sobre o veículo transportador, sua origem, destino e escalas e sobre as mercadorias transportadas, como sua consolidação, desconsolidação e sua vinculação documental a manifesto de carga e conhecimento de embarque, que constituem obrigações acessórias.

> **Conceitos**
>
> Consolidar carga significa agrupas várias cargas de um ou vários usuários diferentes, mas que tenham um só destino. A carga agrupada segue amparada por um conhecimento "master" (MAWB) ou conhecimento "mãe", de responsabilidade da empresa consolidadora, dirigido à empresa desconsolidadora. O "master" engloba outros conhecimentos denominados "house" ou "filhotes" (HAWB), cada um deles com seu respectivo destinatário. Em suma, na origem, as cargas de vários exportadores e até um único exportador, destinadas a um mesmo local de descarga, são agrupadas e embarcadas sob amparo do conhecimento "MAWB", acompanhado de tantos "HAWB" quantos forem os embarques objeto de consolidação.
>
> Desconsolidar carga significa operação realizada no destino no sentido de separar as cargas de acôrdo com os conhecimentos HOUSE, para serem encaminhados aos consignatários respectivos providenciarem o despacho aduaneiro.
>
> Disponível em: ‹http://www.comexblog.com.br/importacao/carga-simples-e-carga-consolidada-um-roteiro-bem-explicado#14032857965781&14840:-resize_framelo-0›. Acesso em 28/11/2016.
>
> O processo de desconsolidação consiste em subdividir um conhecimento de embarque (CE), vale dizer, subdividir a documentação da mercadoria importada em documentos individualizados, em função de seu destinatário ou da região onde será entregue.
>
> Desconsolidação: Ato de separar em lotes menores e distribuir uma parcela ou a totalidade de uma carga previamente consolidada. Geralmente, este processo é antecedido por uma consolidação em um ponto de origem, com o objetivo de otimizar custos de transportes de uma rota ou região.
>
> Disponível em: ‹http://portogente.com.br/portopedia/desconsolidacao-de-carga-76037›. Acesso em 28/11/2016.

> A desconsolidação ocorre para embarques de importação caracterizando-se pela retirada de um único ou vários lotes de carga em determinado container.
>
> Disponível em: ‹http://www.dla.com.br/curso/159-consolidacao-e-desconsolidacao-de-cargas›. Acesso em 28/11/2016.

Tais obrigações têm fundamento no art. 113, § 2º e 115, do CTN e no art. 37, do DL 37/66. Dispõe este último:

> Art. 37. O transportador deve prestar à Secretaria da Receita Federal, na forma e no prazo por ela estabelecidos, as informações sobre as cargas transportadas, bem como sobre a chegada de veículo procedente do exterior ou a ele destinado.
>
> § 1º O agente de carga, assim considerada qualquer pessoa que, em nome do importador ou do exportador, contrate o transporte de mercadoria, consolide ou desconsolide cargas e preste serviços conexos, e o operador portuário, também devem prestar as informações sobre as operações que executem e respectivas cargas.
>
> § 2º Não poderá ser efetuada qualquer operação de carga ou descarga, em embarcações, enquanto não forem prestadas as informações referidas neste artigo.
>
> § 3º A Secretaria da Receita Federal fica dispensada de participar da visita a embarcações prevista no art. 32 da Lei no 5.025, de 10 de junho de 1966.
>
> § 4º A autoridade aduaneira poderá proceder às buscas em veículos necessárias para prevenir e reprimir a ocorrência de infração à legislação, inclusive em momento anterior à prestação das informações referidas no caput.

A norma que institui e regulamenta o Siscomex Carga, a IN RFB 800/2007, prevê diversas obrigações acessórias ao transportador, ao depositário, ao importador e a outros agentes do comércio internacional. A norma e o sistema também são aplicados na exportação de mercadorias.

E o **descumprimento das obrigações** estabelecidas sujeita o infrator ao pagamento de **multa**, especialmente a prevista pelo art. 107, IV, 'e' do DL nº 37/66.

O Siscomex Carga não está isento de críticas ou problemas, mas é instrumento que se destina a facilitar os registros e declarações de atividades de comércio internacional.

## 2. IMPOSTO DE IMPORTAÇÃO

Passaremos, agora, a estudar o imposto de importação.

Com a finalidade própria que abordamos linhas acima, o imposto é o primeiro a incidir na importação de mercadorias do exterior (o imposto não incide sobre serviços). Não é, porém, o único. Incidem na importação de mercadorias o PIS, a COFINS, o AFRMM, o ICMS, isso sem falar dos tributos que incidem na contratação de serviços prestados por pessoas domiciliadas no exterior e na tributação da remessa de recurso para o exterior, para o pagamento destes serviços.

Podemos dizer que o imposto apresenta dupla importância. Atua como exação que onera as importações, mas também serve de guia para o estabelecimento de regimes aduaneiros especiais, cujos efeitos se fazem sentir em outros tributos, regidos por normas próprias.

Assim, a norma que institui o imposto também apresenta aspecto dual. Disciplina a incidência comum do imposto, por normas aplicáveis exclusivamente a ele, e disciplina também os regimes aduaneiros especiais, com normas de suspensão e isenção tributárias, aplicáveis tanto ao imposto de importação quanto a outros tributos incidentes na importação de mercadorias.

Dessa forma, cuidaremos inicialmente do regime aduaneiro comum, no qual o imposto de importação onera mercadorias destinadas ao mercado interno em geral com ânimo de definitividade e, em seguida, dos regimes aduaneiros especiais, que cuidam da tributação ou da ausência de tributação em determinadas operações, seja pela ausência do ânimo de definitividade do ingresso da mercadoria em território nacional (como o trânsito aduaneiro, a admissão temporária e o *drawback*), seja pela sua destinação a locais específicos do território (como as zonas francas), ou por qualquer outra **razão específica**, eleita pelo legislador.

Encerraremos o tópico com os temas do lançamento do imposto e das penalidades aduaneiras, com especial destaque para a pena de perdimento de bens.

Cabe observar que regime aduaneiro comum não significa uniformidade na tributação. Ao contrário, dentro desta rubrica há variações de alíquotas em função das mercadorias importadas, da origem das mercadorias, do meio de transporte e do tipo de contribuinte, bem como formas simplificadas, especiais e unificadas de incidência do imposto, sem falar em hipóteses de isenção, por diversos fundamentos.

De outro turno, os regimes aduaneiros especiais não estão presentes apenas na importação, mas também são muito aplicados nas exportações, o que veremos a seguir.

## 2.1. Aspecto material

O núcleo do aspecto material do imposto de importação é importar produto estrangeiro, nos termos do art. 19, do CTN.

Para a ocorrência do fato gerador do imposto, faz-se necessário haver produto estrangeiro que cruze as fronteiras nacionais para permanecer no Brasil.

O art. 1º, do DL 37/66, que instituiu o imposto dispõe:

> Art. 1º - O Imposto sobre a Importação incide sobre mercadoria estrangeira e tem como fato gerador sua entrada no Território Nacional.
>
> § 1º - Para fins de incidência do imposto, considerar-se-á também estrangeira a mercadoria nacional ou nacionalizada exportada, que retornar ao País, salvo se:
>
> a) enviada em consignação e não vendida no prazo autorizado;
>
> b) devolvida por motivo de defeito técnico, para reparo ou substituição;
>
> c) por motivo de modificações na sistemática de importação por parte do país importador;
>
> d) por motivo de guerra ou calamidade pública;
>
> e) por outros fatores alheios à vontade do exportador.
>
> § 2º - Para efeito de ocorrência do fato gerador, considerar-se-á entrada no Território Nacional a mercadoria que constar como tendo sido importada e cuja falta venha a ser apurada pela autoridade aduaneira.
>
> § 3º - Para fins de aplicação do disposto no § 2º deste artigo, o regulamento poderá estabelecer percentuais de tolerância para a falta apurada na importação de granéis que, por sua natureza ou condições de manuseio na descarga, estejam sujeitos à quebra ou decréscimo de quantidade ou peso.
>
> § 4º O imposto não incide sobre mercadoria estrangeira:
>
> I - destruída sob controle aduaneiro, sem ônus para a Fazenda Nacional, antes de desembaraçada;
>
> II - em trânsito aduaneiro de passagem, acidentalmente destruída; ou

> III – que tenha sido objeto de pena de perdimento, exceto na hipótese em que não seja localizada, tenha sido consumida ou revendida.

A norma utiliza o termo mercadoria e não produto, conforme dispõe o CTN. A palavra produto traz conceito mais amplo, a significar "resultado da produção; coisa produzida: produto da terra", enquanto mercadoria, com conceito mais restrito, será todo produto objeto de comércio.

O DL 37/66, portanto, elegeu como fato gerador do imposto apenas as mercadorias, vale dizer, os produtos com valor de mercado, postos no comércio. Nada impede, porém, que outras normas prevejam a incidência do imposto para outros produtos ou que a lei proíba ou regule a importação de produtos diversos.

O que não pode nem a lei ordinária, nem a lei complementar é estabelecer a exigência do imposto de importação sobre serviços, pois a Constituição também utiliza o termo produto, na norma de competência da exação.

Nos termos do art. 155, § 3º, da Constituição, o imposto de importação também pode incidir sobre operações relativas a **energia elétrica e serviços de telecomunicações**. A energia elétrica é mesmo considerada para outros fins, inclusive penais, mas a previsão de incidência sobre serviços de telecomunicações é peculiar.

Inclui-se no âmbito de incidência do imposto a mercadoria importada mediante contrato de **arrendamento mercantil**. O STF apreciou o tema, permitindo a incidência. Afirmou que há "violação do princípio da isonomia (art. 150, II da Constituição), na medida em que o art. 17 da Lei 6.099/1974 proíbe a adoção do regime de admissão temporária para as operações amparadas por arrendamento mercantil. A exclusão do arrendamento mercantil do campo de aplicação do regime de admissão temporária atende aos valores e objetivos já antevistos no projeto de lei do arrendamento mercantil, para evitar que o leasing se torne opção por excelência devido às virtudes tributárias e não em razão da função social e do escopo empresarial que a avença tem" (STF, T2, RE 429.306/PR, Min. JOAQUIM BARBOSA, DJe de 15/3/2011).

Incide o imposto também sobre **mercadoria nacional ou nacionalizada exportada que retornar ao país**. Mercadoria nacional é aquela produzida no Brasil e mercadoria nacionalizada aquela que, produzida no exterior, ingressou no país com o cumprimento de todas as exigências aduaneiras, inclusive o pagamento dos impostos devidos.

> ▸ **Como esse assunto foi cobrado em concurso?**
>
> **(ESAF/AFRF/2009)** Sobre o Imposto de Importação assinale certo ou errado:
>
> Considera-se estrangeira, para fins de incidência do Imposto de Importação, toda mercadoria nacional ou nacionalizada exportada, que retorne ao País.
>
> O Imposto de Importação incide sobre mercadoria estrangeira que tenha sido objeto de pena de perdimento, exceto na hipótese em que não seja localizada, tenha sido consumida ou revendida.
>
> **Gabarito:** Erradas. O erro da primeira afirmativa é o fato de que a mercadoria nacional pode sair do território nacional abrangida por algum regime aduaneiro especial e retornar sem tributação. Quanto à segunda afirmativa, havendo pena de perdimento não há a incidência do imposto: a pena de perdimento é aplicada pela prática de ato ilícito, e o tributo decorre de ato lícito (art. 3º, do CTN).

Não incidirá o imposto, contudo, no regresso de mercadoria enviada em consignação e não vendida no prazo autorizado, devolvida por motivo de defeito ou para reparo, ou por motivos pertinentes ao importador estrangeiro ou qualquer fator alheio à vontade do exportador brasileiro.

> ▸ **Como esse assunto foi cobrado em concurso?**
>
> **(ESAF/AFRF/2014)** Sobre o Imposto de Importação, avalie:
>
> Não se considera estrangeira, para fins de incidência do imposto, a mercadoria nacional ou nacionalizada exportada, que retorne ao País por motivo de modificações na sistemática de importação por parte do país importador.
>
> **Gabarito:** Correto (art. 1º, § 1º, "c" do DL 37/66).

O STJ já **afastou a incidência** do imposto no caso de importação de **bem equivocadamente enviado ao exterior e posteriormente devolvido**, por considerar que o fato ocorreu por fatores alheios à vontade do importador (REsp 1.213.245/RS).

A mesma Corte, porém, fixou o entendimento de que o **roubo de mercadorias** desembaraçadas **não ilide o pagamento do imposto** (REsp 1.172.027/RJ).

**Antes do desembaraço**, contudo, não incidirá o imposto se destruída a mercadoria sob controle aduaneiro, se a mercadoria, em trânsito aduaneiro (ex. o veículo do turista estrangeiro que viaja com carro próprio em território nacional) for acidentalmente destruída; bem aquela que tenha sido objeto de pena de perdimento, exceto na hipótese em que não seja localizada, tenha sido consumida ou revendida.

> ▸ **Como esse assunto foi cobrado em concurso?**
> **(ESAF/AFRF/2014)** Sobre o Imposto de Importação, avalie:
> O imposto não incide sobre mercadoria estrangeira destruída, sob controle aduaneiro, sem ônus para a Fazenda Nacional, antes de desembaraçada.
> **Gabarito:** Correto (art. 1º, § 4º, I, do DL 37/66).

Incide, por outro lado, o imposto, quando a mercadoria, em sua quantidade declarada, não é localizada pela autoridade aduaneira. A regra é mitigada quando se trata de bens como grãos, que se perdem naturalmente no transporte.

### 2.2. Aspecto temporal

O art. 23, do DL 37/99, define o momento de ocorrência do fato gerador.

> Art. 23 – Quando se tratar de mercadoria despachada para consumo, considera-se ocorrido o fato gerador na data do registro, na repartição aduaneira, da declaração a que se refere o artigo 44.
> Parágrafo único. A mercadoria ficará sujeita aos tributos vigorantes na data em que a autoridade aduaneira efetuar o correspondente lançamento de ofício no caso de:
> I – falta, na hipótese a que se refere o § 2º do art. 1º; e
> II – introdução no País sem o registro de declaração de importação, a que se refere o inciso III do § 4º do art. 1º.

O **fato gerador** do imposto de importação ocorre, portanto, **na data em que for apresentada a declaração de importação** (art. 44, do DL 37/66).

O fato gerador será considerado como ocorrido na data da lavratura do auto de infração (lançamento de ofício), nas hipóteses: 1. de perdimento da mercadoria, desde que a declaração de importação não tenha sido apresentada e a mercadoria tenha sido consumida ou revendida; e, 2. de mercadoria declarada, mas não localizada pela autoridade aduaneira.

Não há dúvidas na **jurisprudência** de que o fato gerador do imposto de importação ocorre na data do registro da declaração de importação (REsp 1.220.979/RJ).

Para as diversas modalidade de importação, o importador deverá apresentar uma **declaração**, que irá marcar o **momento da ocorrência do fato gerador**: a **declaração de importação – DI**, regra geral da importação; a **declaração de bagagem acompanhada – DBA**, no caso da importação especial; a **declaração de regime unificado de tributação – DRTU**, para as importações de pequena monta de mercadorias originárias do Paraguai; a **declaração simplificada de importação – DSI**, para o regime simplificado de importação.

Em apenas um caso a **declaração não será apresentada pelo importador**, o que ocorre no **procedimento simplificado de importação via remessa postal internacional**.

Neste caso, será apresentada a de**claração de remessa expressa – DRE pela empresa prestadora do serviço de transporte expresso internacional**, porta a porta, no caso de encomenda por ela transportada.

Entretanto, para efeito de cálculo do imposto, considera-se ocorrido o fato gerador, de acordo com o art. 73, do RA e com fundamento no art. 23, do DL 37/66:

> I – na data do registro da declaração de importação de mercadoria submetida a despacho para consumo;
>
> II – no dia do lançamento do correspondente crédito tributário, quando se tratar de:
>
> a) bens contidos em remessa postal internacional não sujeitos ao regime de importação comum;
>
> b) bens compreendidos no conceito de bagagem, acompanhada ou desacompanhada;
>
> c) mercadoria constante de manifesto ou de outras declarações de efeito equivalente, cujo extravio tenha sido verificado pela autoridade aduaneira; ou

> d) mercadoria estrangeira que não haja sido objeto de declaração de importação, na hipótese em que tenha sido consumida ou revendida, ou não seja localizada;
>
> III – na data do vencimento do prazo de permanência da mercadoria em recinto alfandegado, se iniciado o respectivo despacho aduaneiro antes de aplicada a pena de perdimento da mercadoria, na hipótese a que se refere o inciso XXI do art. 689
>
> IV – na data do registro da declaração de admissão temporária para utilização econômica.

Como se vê, os incisos II a IV apresentam exceções à regra do inciso I, segundo o qual o fato gerador ocorre na data do registro da declaração de importação de mercadoria submetida a despacho para consumo.

> ▶ **Como esse assunto foi cobrado em concurso?**
>
> **(ESAF/AFRF/2014)** Sobre o Imposto de Importação, avalie:
>
> Para efeito de cálculo do imposto, considera-se ocorrido o fato gerador no dia do lançamento do correspondente crédito tributário, quando se tratar de bens compreendidos no conceito de bagagem, acompanhada ou desacompanhada.
>
> Para efeito de cálculo do imposto, considera-se ocorrido o fato gerador na data do registro da declaração de importação de mercadoria constante de manifesto ou de outras declarações de efeito equivalente, cujo extravio ou avaria tenha sido apurado pela autoridade aduaneira.
>
> *Gabarito:* Correta a primeira e falsa a segunda afirmativa. Tanto quando se tratar de bens compreendidos no conceito de bagagem, acompanhada ou desacompanhada, quanto de extravio ou avaria apurados pela autoridade aduaneira, considera-se ocorrido o fato gerador no dia do lançamento do correspondente crédito tributário (art. 73, do RA).

## 2.3. Aspecto Espacial

O aspecto espacial do imposto de importação corresponde ao território sobre o qual a autoridade aduaneira exerça sua jurisdição, vale dizer, o **território aduaneiro**, que corresponde a **todo o território nacional**.

> **Como esse assunto foi cobrado em concurso?**
>
> (ESAF/AFRF/2009) Sobre o Imposto de Importação assinale certo ou errado:
>
> O fato gerador do Imposto de Importação é a entrada de mercadoria estrangeira no território nacional. Este é o conceito que a doutrina chama de elemento geográfico ou espacial do fato gerador.
>
> Correta a afirmativa.

Dispõem os art. 2º e 3º, do RA:

> Art. 2º O território aduaneiro compreende todo o território nacional.
>
> Art. 3º A jurisdição dos serviços aduaneiros estende-se por todo o território aduaneiro e abrange:
>
> I – a zona primária, constituída pelas seguintes áreas demarcadas pela autoridade aduaneira local:
>
> a) a área terrestre ou aquática, contínua ou descontínua, nos portos alfandegados;
>
> b) a área terrestre, nos aeroportos alfandegados; e
>
> c) a área terrestre, que compreende os pontos de fronteira alfandegados; e
>
> II – a zona secundária, que compreende a parte restante do território aduaneiro, nela incluídas as águas territoriais e o espaço aéreo.

**Território aduaneiro** é, portanto, dividido em **zona primária**, onde a autoridade aduaneira exercerá os principais atos relativos à importação e onde os importadores e exportadores deverão processar suas negociações, e em **zona secundária**, o restante do território nacional.

Significa dizer que as importações irregulares que vençam a zona aduaneira primária não se encontram livres da fiscalização, que poderá impor os rigores da lei, em qualquer lugar do território nacional em que as mercadorias forem encontradas.

Dentro da zona primária, portos, aeroportos e pontos de fronteira serão alfandegados, vale dizer, declarados como áreas de interesse aduaneiro, para que neles possam, sob o devido controle, estacionar ou transitar veículos procedentes do exterior ou a ele destinados; ser efetuadas operações de carga, descarga, armazenagem ou passagem de mercadorias procedentes do exterior ou a ele destinadas; e embarcar, desembarcar ou transitar viajantes procedentes do exterior ou a ele destinados (art. 5º, do RA).

Distingue-se o porto do "**porto seco**". Estes são recintos alfandegados de uso público nos quais são executadas operações de movimentação, armazenagem e despacho aduaneiro de mercadorias e de bagagem, sob controle aduaneiro. Os portos secos não podem ser instalados na zona primária de portos e aeroportos alfandegados (art. 11, do RA).

Fala-se, ainda, de **zona de vigilância aduaneira**, que corresponde a área na orla marítima ou na faixa de fronteira, definidas pelo Ministro da Fazenda, nas quais a permanência de mercadorias ou a sua circulação e a de veículos, pessoas ou animais ficarão sujeitas às exigências fiscais, proibições e restrições que forem estabelecidas. Se parte de um município estiver dentro da área definida, todo o município estará compreendido na zona de vigilância (art. 4º, do RA).

> ▶ **Como esse assunto foi cobrado em concurso?**
>
> **(ESAF/AFRF/2012)** Sobre território aduaneiro, portos, aeroportos e pontos de fronteira alfandegados, recintos alfandegados, e administração aduaneira, é incorreto afirmar que:
>
> a) o território aduaneiro compreende todo o território nacional,
>
> b) compreende-se na Zona de Vigilância Aduaneira a totalidade do Estado atravessado pela linha de demarcação, ainda que parte dele fique fora da área demarcada,
>
> c) com exceção da importação e exportação de mercadorias conduzidas por linhas de transmissão ou por dutos, ligados ao exterior, observadas as regras de controle estabelecidas pela Secretaria da Receita Federal do Brasil, somente nos portos, aeroportos e pontos de fronteira alfandegados poderá efetuar-se a entrada ou a saída de mercadorias procedentes do exterior ou a ele destinadas,
>
> d) portos secos são recintos alfandegados de uso público nos quais são executadas operações de movimentação, armazenagem e despacho aduaneiro de mercadorias e de bagagem, sob controle aduaneiro,
>
> e) a fiscalização aduaneira poderá ser ininterrupta, em horários determinados, ou eventual, nos portos, aeroportos, pontos de fronteira e recintos alfandegados.
>
> **Gabarito:** Evidentemente incorreta a letra B, que considera na zona de vigilância aduaneira todo o Estado que tenha parte de seu território dentro da área demarcada. Correto seria o município.

## 2.4. Aspecto subjetivo

O **contribuinte** por excelência do imposto de importação é o **importador**. Também podem ser contribuintes o destinatário de remessa postal, nas hipóteses em que a mercadoria é enviada pelo correio no exterior, para ser recebida pelo destinatário no Brasil.

Na hipótese de mercadoria abandonada ou apreendida, esta será mantida em recinto aduaneiro próprio e, posteriormente, levada a leilão. Neste caso, o contribuinte será o adquirente ou arrematante. Vejamos o art. 31, do DL 37/66:

> Art. 31 - É contribuinte do imposto:
>
> I - o importador, assim considerada qualquer pessoa que promova a entrada de mercadoria estrangeira no Território Nacional;
>
> II - o destinatário de remessa postal internacional indicado pelo respectivo remetente;
>
> III - o adquirente de mercadoria entrepostada.

O DL 37/66 prevê hipóteses de **responsabilidade** do imposto. Vejamos o art. 32, da norma:

> Art. 32. É responsável pelo imposto:
>
> I - o transportador, quando transportar mercadoria procedente do exterior ou sob controle aduaneiro, inclusive em percurso interno;
>
> II - o depositário, assim considerada qualquer pessoa incumbida da custódia de mercadoria sob controle aduaneiro.
>
> Parágrafo único. É responsável solidário:
>
> I - o adquirente ou cessionário de mercadoria beneficiada com isenção ou redução do imposto;
>
> II - o representante, no País, do transportador estrangeiro;
>
> III - o adquirente de mercadoria de procedência estrangeira, no caso de importação realizada por sua conta e ordem, por intermédio de pessoa jurídica importadora.
>
> c) o adquirente de mercadoria de procedência estrangeira, no caso de importação realizada por sua conta e ordem, por intermédio de pessoa jurídica importadora;
>
> d) o encomendante predeterminado que adquire mercadoria de procedência estrangeira de pessoa jurídica importadora.

No parágrafo único do art. 32, o DL 37/66 estabelece hipóteses de responsabilidade solidária.

O **adquirente ou cessionário** de mercadoria beneficiada com isenção ou redução do imposto será **responsável solidário**, se o benefício cessar, por qualquer razão. Também é responsável solidário o representante, no país, do transportador estrangeiro, mas apenas pelos fatos que possam ser atribuídos a este.

Quando a **importação** é realizada **por intermediário, por encomenda ou por conta e ordem de terceiro** que a adquirir, este intermediário ou encomendante será **responsável solidário** pelo imposto de importação.

Na página da *internet* da Receita Federal, encontram-se esclarecimentos sobre a encomenda ou importação por conta e ordem de terceiro.

> **Conceito**
>
> A importação por conta e ordem de terceiro é um serviço prestado por uma empresa – a importadora –, a qual promove, em seu nome, o despacho aduaneiro de importação de mercadorias adquiridas por outra empresa – a adquirente –, em razão de contrato previamente firmado, que pode compreender ainda a prestação de outros serviços relacionados com a transação comercial, como a realização de cotação de preços e a intermediação comercial (art. 1º da IN SRF nº 225/02 e art. 12, § 1º, I, da IN SRF nº 247/02).
>
> Assim, na importação por conta e ordem, embora a atuação da empresa importadora possa abranger desde a simples execução do despacho de importação até a intermediação da negociação no exterior, contratação do transporte, seguro, entre outros, o importador de fato é a adquirente, a mandante da importação, aquela que efetivamente faz vir a mercadoria de outro país, em razão da compra internacional; embora, nesse caso, o faça por via de interposta pessoa – a importadora por conta e ordem –, que é uma mera mandatária da adquirente.
>
> Em última análise, é a adquirente que pactua a compra internacional e dispõe de capacidade econômica para o pagamento, pela via cambial, da importação. Entretanto, diferentemente do que ocorre na importação por encomenda, a operação cambial para pagamento de uma importação por conta e ordem pode ser realizada em nome da importadora ou da adquirente, con

> forme estabelece o Regulamento do Mercado de Câmbio eCapitais Internacionais (RMCCI – Título 1, Capítulo 12, Seção 2) do Banco Central do Brasil (Bacen).
>
> Dessa forma, mesmo que a importadora por conta e ordem efetue os pagamentos ao fornecedor estrangeiro, antecipados ou não, não se caracteriza uma operação por sua conta própria, mas, sim, entre o exportador estrangeiro e a empresa adquirente, pois dela se originam os recursos financeiros.
>
> Disponível em: ‹http://www.receita.fazenda.gov.br/TextConcat/Default.asp?Pos=2&Div=Aduana/ContaOrdemEncomenda/ContaOrdem/›, acesso em 28/2/2013.

## 2.5. Aspecto quantitativo

### 2.5.1. Base de cálculo

Nos termos do art. 20, do CTN, a base de cálculo do imposto é a unidade de medida adotada pela lei tributária, quando a alíquota seja específica, o preço normal que o produto, ou seu similar, alcançaria, ao tempo da importação, em uma venda em condições de livre concorrência, para entrega no porto ou lugar de entrada do produto no País, quando a alíquota seja ad valore e quando se trate de produto apreendido ou abandonado, levado a leilão, o preço da arrematação. De acordo com art. 2º, do DL 37/66, compatível com o CTN, a base de cálculo do imposto é:

> I – quando a alíquota for específica, a quantidade de mercadoria, expressa na unidade de medida indicada na tarifa;
>
> II – quando a alíquota for "ad valorem", o valor aduaneiro apurado segundo as normas do art. 7º do Acordo Geral sobre Tarifas Aduaneiras e Comércio – GATT.

No caso de aplicação de alíquotas específicas, o valor da mercadoria importada não será relevante. Contudo, a definição do valor aduaneiro, vale dizer, da base de cálculo para alíquotas *ad valorem*, pode se mostrar bastante complexa.

O art. VII, do GATT, incorporado ao direito brasileiro, disciplina o valor para fins aduaneiros. Dispõe seu § 2º:

a) O valor para fins alfandegários das mercadorias importadas deverá ser estabelecido sobre o valor real da mercadoria importada à qual se aplica o direito ou de uma mercadoria similar, e não sobre o valor do produto de origem nacional ou sobre valores arbitrários ou fictícios.

b) O "valor real" deverá ser o preço ao qual, em tempo e lugar determinados pela legislação do país importador, as mercadorias importadas ou as mercadorias similares são vendidas ou oferecidas à venda por ocasião das operações comerciais normais efetuadas nas condições de plena concorrência. Essas mercadorias ou mercadorias similares são vendidas ou oferecidas à venda em condições de plena concorrência e através de operações comerciais normais, na medida em que o preço dessas mercadorias ou de mercadorias similares dependa da quantidade sobre a qual recai uma transação determinada, o preço considerado deverá guardar relação na conformidade da escolha efetuada em definitivo pelo país importador, quer com quantidades comparáveis, quer com quantidades fixadas de forma não menos favorável ao importador do que se fosse tomado o maior volume dessas mercadorias que efetivamente tenha dado ensejo a transações comerciais entre o país exportador e o país importador.

c) No caso em que for impossível determinar o valor real em conformidade com os termos da alínea (b), do presente parágrafo, o valor para fins alfandegários deverá ser baseado na equivalência comprovável, mais próxima desse valor.

O valor real da mercadoria ganha prestígio, segundo as práticas comerciais, para figurar como base de cálculo dos tributos aduaneiros. Embora o valor real seja a base mais frequente do imposto, o próprio art. VII, do GATT, reconhece nem sempre ser possível apurar o valor real da negociação.

Dessa forma, no âmbito do GATT, realizou-se um acordo, positivado no direito nacional pelo Decreto 92.930/86, com vistas a estabelecer critérios para definição do valor aduaneiro.

O **valor aduaneiro**, base de cálculo do imposto de importação será, pois, definido por **métodos**, utilizados subsidiariamente, vale dizer, o segundo método somente é utilizado na impossibilidade de utilização do primeiro, o terceiro método somente é utilizado na impossibilidade de utilização do primeiro e do segundo métodos, e assim por diante, com a ressalva de que o quinto e o sexto métodos podem ser invertidos a requerimento do importador.

▶ **Importante!**

1º – valor da transação. Este método será utilizado sempre que a importação ocorra em condições de livre mercado, sem que haja fatores que possam interferir no preço, como a vinculação entre importador e exportador, ou direitos e obrigações embutidas na negociação.

2º – valor de transações com mercadoria idêntica. Quando as relações entre importador e exportador puderem afetar o preço pago pela mercadoria, o valor aduaneiro será obtido pela realização de outras transações com a mesma mercadoria, que atendam aos requisitos de livre mercado exigidas pelo primeiro método.

3º – valor de transações com mercadorias similares. Se não houver transações com a mesma mercadoria, em condições de tempo, de local da importação e da exportação e de mercado que permitam sua utilização, o valor aduaneiro será apurado por transações com mercadorias similares.

4º – valor de revenda da mercadoria importada. Na impossibilidade de utilização dos métodos anteriores, o valor aduaneiro será o valor da revenda da mercadoria importada, deduzidos os custos de revenda, como comissões, transporte e seguro no país da importação e tarifas alfandegárias, bem como o lucro da operação.

5º – valor computado da mercadoria. O valor computado parte do processo inverso do valor de venda da mercadoria importada, vale dizer, busca apurar os custos de produção, transporte e seguros internacionais e o lucro do exportador.

6º – valor determinado por critérios razoáveis, condizentes com os princípios gerais do GATT, com dados do país da importação. O método se aproxima do valor computado, mas utiliza, ao revés dos custos do país onde a mercadoria fora produzida, os dados do país da importação. Não se pode presumir, porém, que o processo produtivo do bem importado seja igual ao processo produtivo nacional, de modo que se veda a utilização do preço do bem no país da importação.

Por certo que a aplicação dos métodos é complexa e demanda conhecimentos de economia, contabilidade etc., matérias que não iremos abordar.

Necessário registrar, porém, que o primeiro método, do valor real da mercadoria importada, está sujeito a acréscimos e deduções, conforme o art. 8º, do anexo ao Decreto 92.930/86.

> **Como esse assunto foi cobrado em concurso?**
>
> **(ESAF/AFRF/2009)** Sobre o Imposto de Importação, e sobre valoração aduaneira, assinale certo ou errado:
>
> A base de cálculo do Imposto de Importação, quando a alíquota for específica, é o valor aduaneiro apurado segundo as normas do artigo VII do Acordo Geral sobre Tarifas Aduaneiras e Comércio (GATT 1994).
>
> O Acordo de Valoração Aduaneira estabelece seis métodos para o procedimento de valoração aduaneira, cuja utilização deve ser sequencial, de modo que, na impossibilidade de se pautar pelos anteriores, deve ser adotado o método subsequente. São eles: 1 – método do valor de transação ajustado; 2 – método do valor de transação de produtos similares ao importado; 3 – método do valor de transação de produtos idênticos; 4 – método dedutivo; 5 – método computado; 6 – método dos critérios razoáveis ou método residual.
>
> *Gabarito:* Erradas. Se a alíquota for específica, a base de cálculo não será o valor aduaneiro, mas uma unidade de medida. Errada a primeira afirmativa. Na seguinte, há inversão da ordem dos métodos. O método do valor de transação de produtos idênticos é o segundo da ordem e o método do valor de transação de produtos similares ao importado o terceiro.

**Devem ser acrescidos ao valor da mercadoria** os custos de comissão e corretagem, exceto comissões de compra; custos de embalagem e de recipientes, inclusive de mão de obra e serviços de embalagem; componentes, peças, ferramentas e bens consumidos fornecidos pelo comprador, que reduzam o valor da operação; e os *royalties* e outros serviços que o importador deva pagar à parte para a utilização da mercadoria importada.

De outro turno, **são deduzidos** os custos de transporte e seguros no país importador, bem como despesas de serviços de montagem, manutenção, assistência técnica etc, no país importador, se tais serviços forem contratados pelo exportador e estiverem embutidos no preço da operação.

Em termos mais simples, o valor real da mercadoria importada é o valor total do bem, embalado e transportado e segurado até a entrada do produto no país de destino (porto ou aeroporto), pago pelo importador, seja em moeda, em bens ou serviços.

Eventuais custos incorridos em território nacional não fazem parte deste valor real, ainda que embutidos no preço pago pelo importador.

Neste sentido, o **STJ** repudiou a inclusão das **despesas de capatazia** (atividade de movimentação de mercadorias nas instalações dentro do porto, compreendendo o recebimento, conferência, transporte interno, abertura de volumes para a conferência aduaneira, manipulação, arrumação e entrega, bem como o carregamento e descarga de embarcações, quando efetuados por aparelhamento portuário) na base de cálculo do imposto (REsp 1.239.625/SC e AgRg no REsp 1.434.650/CE).

As formulações desses preços, incluindo ou excluindo frete e seguro até o porto (ou aeroporto) do país importador ou o frete e o seguro entre o porto (ou aeroporto) do país do importador até seu estabelecimento, possui nomes e são classificados segundo os termos do comércio exterior, ou *Incoterms*.

> **Incoterms**
> 
> Para o transporte marítimo:
> 
> FOB – FREE ON BOARD (LIVRE A BORDO)
> 
> O exportador deve, sob sua conta e risco, colocar a mercadoria a bordo do navio indicado pelo importador, no porto de embarque designado, e a partir deste momento o importador assume todos os custos e responsabilidades.
> 
> CIF – COST, INSURANCE AND FREIGHT (CUSTO, SEGURO E FRETE)
> 
> Todas as despesas, inclusive seguro marítimo e frete, até a chegada da mercadoria no porto de destino designado correm por conta do vendedor, todos os riscos, desde o momento que transpõe a amurada do navio, no porto de embarque, são de responsabilidade do comprador.
> 
> Para o transporte aéreo:
> 
> CPT – CARRIAGE PAID TO... (TRANSPORTE PAGO ATÉ...)
> 
> O frete até o aeroporto de destino e as formalidades de exportação correm por conta do exportador, o importador assume o ônus dos riscos por perdas e danos, a partir do momento em que a transportadora assume a custódia das mercadorias.

Estes são os termos mais comuns.

Existem vários outros termos do comércio, embora com menor utilização.

## 2.5.2. Alíquota

A alíquota aplicável no imposto de importação será:

> a) alíquota específica (ou *ad rem*): a unidade de medida adotada pela lei tributária (ex: R$ 20,00 por metro quadrado), ou
> b) alíquota *ad valorem*: percentual sobre o preço normal (valor comercial) que o produto, ou seu similar, alcançaria ao tempo da importação, em uma venda em condições de livre concorrência, para entrega no porto ou lugar de entrado do produto no país (art. VII do Acordo Geral sobre Tarifas e Comércio – GATT)

No Brasil, as alíquotas de importação, salvo as exceções, são definidas pelo Mercosul, no texto que se denomina **tarifa externa comum – TEC** e podem variar enormemente. Enquanto algumas mercadorias são tributadas à alíquota zero, automóveis, por exemplo, podem se sujeitar à alíquota de 35%.

Na TEC estão descritas as mercadorias e, para cada descrição, se define a alíquota a ser aplicada.

A grande dificuldade de definição das alíquotas, contudo, está em classificar os infindáveis tipos de mercadorias reais importadas, com suas peculiaridades e especificações, ao texto abstrato e limitado da TEC.

Este procedimento, verdadeira ciência particular, se denomina classificação aduaneira.

Para se ter a dimensão da dificuldade, a TEC vigente, conforme o texto disponível na página do MDIC, contém 412 páginas, 97 capítulos e um número gigantesco de descrições.

Eis um pequeno trecho do documento:

> **Capítulo 4**
> Leite e lacticínios; ovos de aves; [...]
> Notas.
> 1. Considera-se "leite" o leite integral (completo) e o leite total ou parcialmente desnatado.
> 2. Na acepção da posição 04.05:
> a) Considera-se "manteiga" a manteiga natural, a manteiga de soro de leite e a manteiga "recombinada" (fresca, salgada ou

rançosa, mesmo em recipientes hermeticamente fechados) proveniente exclusivamente do leite, cujo teor de matérias gordas do leite seja igual ou superior a 80 %, mas não superior a 95 %, em peso, um teor máximo de matérias sólidas não gordas do leite de 2 %, em peso, e um teor máximo de água de 16 %, em peso. A manteiga não contém emulsificantes, mas pode conter cloreto de sódio, corantes alimentícios, sais de neutralização e culturas de bactérias lácticas inofensivas;

b) [...]

3. Os produtos obtidos por concentração do soro de leite, com adição de leite ou de matérias gordas provenientes do leite, classificam-se na posição 04.06, como queijos, desde que apresentem as três características seguintes:

[...]

4. O presente Capítulo não compreende:

a) Os produtos obtidos a partir do soro de leite que contenham, em peso, mais de 95 % de lactose, expressos em lactose anidra calculada sobre matéria seca (posição 17.02);

b) As albuminas (incluindo os concentrados de várias proteínas do soro de leite, que contenham, em peso, calculado sobre matéria seca, mais de 80 % de proteínas do soro de leite) (posição 35.02), bem como as globulinas (posição 35.04).

Notas de subposições.

1. Na acepção da subposição 0404.10, entende-se por "soro de leite modificado" os produtos que consistam em constituintes do soro de leite, isto é, [...].

2. Na acepção da subposição 0405.10, o termo "manteiga" não abrange a manteiga desidratada e o ghee subposição 0405.90).

| NCM | DESCRIÇÃO | TEC (%) |
|---|---|---|
| 04.01 | Leite e creme de leite, não concentrados nem adicionados de açúcar ou de outros edulcorantes. | |
| 0401.10 | - Com um teor, em peso, de matérias gordas, não superior a 1 % | |
| 0401.10.10 | Leite UHT (Ultra High Temperature) | 14 |
| 0401.10.90 | Outros | 12 |

| NCM | DESCRIÇÃO | TEC (%) |
|---|---|---|
| 0401.20 | - Com um teor, em peso, de matérias gordas, superior a 1 %, mas não superior a 6 % | |
| 0401.20.10 | Leite UHT (Ultra High Temperature) | 14 |
| 0401.20.90 | Outros | 12 |
| [...] | | |
| 04.02 | Leite e creme de leite, concentrados ou adicionados de açúcar ou de outros edulcorantes. | |
| 0402.10 | - Em pó, grânulos ou outras formas sólidas, com um teor, em peso, de matérias gordas, não superior a 1,5 % | |
| 0402.10.10 | Com um teor de arsênio, chumbo ou cobre, considerados isoladamente, inferior a 5 ppm | 28 |
| 0402.10.90 | Outros | 28 |
| 0402.2 | - Em pó, grânulos ou outras formas sólidas, com um teor, em peso, de matérias gordas, superior a 1,5 %: | |
| 0402.21 | - Sem adição de açúcar ou de outros edulcorantes | |
| 0402.21.10 | Leite integral | 28 |
| 0402.21.20 | Leite parcialmente desnatado | 28 |
| 0402.21.30 | Creme de leite | 16 |
| [...] | | |

A TEC possui, como se vê, um título do capítulo, notas explicativas, notas de sub-posições, um código NCM (nomenclatura comum do Mercosul), posições e sub-posições, a descrição de cada posição e sub-posição e a alíquota correspondente, que tem como referência o Sistema Harmonizado de Designação e Codificação de Mercadorias – (SH) (sistema internacional padronizado de codificação e classificação de produtos).

Apresentamos o exemplo do leite, com transcrição parcial do capítulo 4, da TEC. Contudo, há capítulos para todos os bens imaginados pelo legislador, de produtos naturais a produtos químicos, de flores a armas, de animais a máquinas.

A tarefa de classificar mercadorias pode ser, pois, bastante complicada, sendo necessário, não raro, um especialista na TEC e um especialista na mercadoria que se pretende classificar, para completar a tarefa.

Numa visão bastante superficial, são as regras internacionais de **classificação das mercadorias**:

> 1 – Os títulos dos capítulos são indicativos, e a classificação se dá pelo texto;
> 2 – A referência a um artigo importado se aplica ao bem no estado em que se encontra, desde que apresente suas características essenciais. Ex. Equipamento em peças – equivale ao produto pronto;
> 3 – Quando há mais de uma classificação possível, a mais específica prevalece sobre a mais genérica; nas misturas, prevalece a classificação do item que confere a característica essencial, quando não há previsão específica para a mistura;
> 4 – As mercadorias que não possam ser classificadas pelas regras anteriores, se classificam da mesma forma que produtos semelhantes;
> 5 – Embalagens seguem a classificação do principal, salvo se elas forem o principal;
> 6 – A classificação de mercadorias nas suposições de uma mesma posição determinada, para efeitos legais, pelos textos dessas suposições e das notas de suposição respectivas, assim como, mutatis mutandis, pelas regras precedentes, entendendo-se que apenas são comparáveis suposições do mesmo nível. Para os fins da presente regra, as notas de seção e de capítulo são também aplicáveis, salvo disposições em contrário.

Feita a classificação segundo as regras, basta identificar a alíquota e aplicá-la à base de cálculo do imposto.

Merece ainda menção o conceito de **ex-tarifário**. Definido pelo MDIC:

> O regime de Ex-Tarifário consiste na redução temporária da alíquota do imposto de importação de bens de capital (BK) e de informática e telecomunicação (BIT), assim grafados na Tarifa Externa Comum do Mercosul (TEC), quando não houver a produção nacional equivalente. Ou seja, representa uma redução no custo do investimento.
>
> [...]
>
> A concessão do regime é dada por meio de Resolução CAMEX nº 66/2014 da Câmara de Comércio Exterior (Camex), após análise, pelo Comitê de Análise de Ex-Tarifários (CAEx), dos pareceres elaborados pela SDP.
>
> Disponível em: http://www.mdic.gov.br/sitio/interna/<br>interna.php?area=2&menu=1174, acesso em 28/2/2013.

O chamado ex-tarifário, portanto, é regime jurídico que permite a redução da alíquota do imposto de importação de determinados bens.

### 2.5.3. Tributação simplificada, especial e unificada

Outras formas de incidência do imposto seguem regras particulares: a tributação simplificada, a tributação especial e a tributação unificada.

#### Tributação simplificada (DL 1.804/80 e Lei 10.865/04)

Dispõe o art. 99, do RA:

> Art. 99. O regime de tributação simplificada é o que permite a classificação genérica, para fins de despacho de importação, de bens integrantes de remessa postal internacional, mediante a aplicação de alíquotas diferenciadas do imposto de importação, e isenção do imposto sobre produtos industrializados, da contribuição para o PIS/PASEP-Importação e da COFINS-Importação.

Na página da Receita Federal, encontram-se os seguintes esclarecimentos:

> O RTS – Regime de Tributação Simplificada poderá ser utilizado no despacho aduaneiro de importação de bens integrantes de remessa postal ou de encomenda aérea internacional no valor de até US$ 3.000,00 ou o equivalente em outra moeda, desti nada

> a pessoa física ou jurídica, mediante o pagamento do Imposto de Importação calculado com a aplicação da alíquota de 60% (sessenta por cento), independentemente da classificação tarifária dos bens que compõem a remessa ou encomenda.
>
> As importações as quais são aplicadas o RTS não estão sujeitas à cobrança (são isentas) dos demais tributos incidentes das operações de importação, quais sejam, Imposto sobre Produtos Industrializados – IPI, PIS/PASEP e a COFINS incidentes na importação.
>
> [...]
>
> Os bens integrantes de remessa postal ou de encomenda aérea internacional submetidos a despacho aduaneiro com a aplicação do RTS são isentos do Imposto sobre Produtos Industrializados.
>
> O RTS não se aplica a bebidas alcoólicas e a fumo e produtos de tabacaria.
>
> Disponível em: http://www.receita.fazenda.gov.br/manuaisweb/importacao/topicos/remessa_postal/RPI/imposto/regime_RTS.htm, acesso em 28/2/2013.

O regime é aplicado também na **importação de bens pelos Correios, companhias aéreas ou empresas de *courier*,** inclusive compras realizadas pela Internet (Disponível em: http://www.receita.fazenda.gov.br/aduana/rts.htm, acesso em 28/2/2013).

Discute-se se há ise**nção nas importações pelo correio, no valor de até US$ 100,00,** a partir do teor do art. 2º, do DL 1.804/80. Leia-se:

> Art. 2º O Ministério da Fazenda, relativamente ao regime de que trata o art. 1º deste Decreto-Lei, estabelecerá a classificação genérica e fixará as alíquotas especiais a que se refere o § 2º do artigo 1º, bem como poderá:
>
> I – dispor sobre normas, métodos e padrões específicos de valoração aduaneira dos bens contidos em remessas postais internacionais;
>
> II – dispor sobre a isenção do imposto de importação dos bens contidos em remessas de valor até cem dólares norte-americanos, ou o equivalente em outras moedas, quando destinados a pessoas físicas. (Redação dada pela Lei nº 8.383, de 1991)
>
> Parágrafo Único. O Ministério da Fazenda poderá, também, estender a aplicação do regime às encomendas aéreas internacionais transportadas com a emissão de conhecimento aéreo.

A **interpretação dada pelos contribuintes** é de que a norma concedeu a isenção, e que o Ministro da Fazenda poderia, somente, regulamentar a norma, sem afastar o benefício.

Na **interpretação contida na Portaria MF 156/99**, ao contrário, o art. 2º, do DL 1.804/80 não teria concedido isenção, mas simplesmente autorizado o Ministro da Fazenda a concedê-la, nas remessas postais de até US$ 100,00. Dessa forma, o art. 2º, da Portaria MF 156/99, prevê a incidência do imposto de importação sobre remessas postais.

Não há precedentes do STJ, mas encontram-se decisões favoráveis aos contribuintes nos **Tribunais Regionais Federais**. Leia-se um exemplo:

> ▸ **Entendimento do TRF3**
> TRIBUTÁRIO. IMPOSTO DE IMPORTAÇÃO. REMESSA POSTAL INTERNACIONAL. DECRETO-LEI Nº. 1.804/1980. ISENÇÃO. DELEGAÇÃO LEGISLATIVA. PORTARIA MF 156/99. RESTRIÇÃO IMPOSTA POR NORMA SECUNDÁRIA. EXORBITÂNCIA DO PODER REGULAMENTAR. ILEGALIDADE. RECURSO INOMINADO DO AUTOR PROVIDO EM PARTE.
> (TRF3, T3, Recurso 05134914520154058300, Desembargador Joaquim Lustosa Filho, DJe de 15/3/2016)

A questão é, mesmo, interpretativa e, se não for alterado o texto do DL 1.804/80, a decisão acerca da incidência ou isenção na espécie cabe ao Judiciário.

**Tributação especial (DL 2.120/84; Lei 10.685/2007, e Regime Aduaneiro de Bagagem no Mercosul, internalizado pelo Decreto 6.870/2009)**

Dispõe o art. 101, do RA:

> Art. 101. O regime de tributação especial é o que permite o despacho de bens integrantes de bagagem mediante a exigência tão somente do imposto de importação, calculado pela aplicação da alíquota de cinquenta por cento sobre o valor do bem, apurado em conformidade com o disposto no art. 87
> I – compreendidos no conceito de bagagem, no montante que exceder o limite de valor global a que se refere o inciso III do art. 157
> II – adquiridos em lojas francas de chegada, no montante que exceder o limite de isenção a que se refere o art. 169.

> A cota isenta, com as limitações quantitativas aplicáveis, é de:
>
> a) US$ 500,00 (quinhentos dólares dos Estados Unidos) ou o equivalente em outra moeda, quando o viajante ingressar no País por via aérea ou marítima; e
>
> b) US$ 300,00 (trezentos dólares dos Estados Unidos) ou o equivalente em outra moeda, quando o viajante ingressar no País por via terrestre, fluvial ou lacustre

O regime da bagagem acompanhada está prevista no art. 13, do DL 37/66 e regulada pelo RA e as normas mencionadas no regulamento.

### Tributação unificada – Lei 11.898/09

Dispõe o art. 102-A, do RA:

> Art. 102-A. O regime de tributação unificada é o que permite a importação, por via terrestre, de mercadorias procedentes do Paraguai, mediante o pagamento unificado do imposto de importação, do imposto sobre produtos industrializados, da contribuição para o PIS/PASEP-Importação e da COFINS-Importação, observado o limite máximo de valor por habilitado, conforme estabelecido em ato normativo específico.

O regime somente é aplicável para as mercadorias especificadas em ato do Poder Executivo (Decreto 6.956/2009).

A alíquota unificada é de 25% (7,88% de II; 7,87% de IPI; 7,6% de COFINS; 1,65% de PIS).

As alíquotas podem ser reduzidas até a zero. A alíquota do imposto de importação pode ser elevada a até 18% e a do IPI a 15%.

Os Estados poderão aderir ao regime, de modo a incluir também o ICMS na tributação unificada, de acordo com o art. 9º, § 3º, da Lei 11.898/09.

> ▸ **Como esse assunto foi cobrado em concurso?**
>
> (ESAF/AFRF/2009) Sobre o Regime de Tributação Simplificada, o Regime de Tributação Especial e o Regime de Tributação Unificada, analise os itens a seguir, classificando-os como corretos (C) ou errados (E).
>
> I. O Regime de Tributação Especial permite a classificação genérica, para fins de despacho de importação, dos bens por ele abarcados,

> mediante a aplicação de alíquotas diferenciadas do Imposto de Importação, e isenção do Imposto sobre Produtos Industrializados, da Contribuição para o PIS/PASEP-Importação e da COFINS-Importação.
>
> II. O Regime de Tributação Simplificada permite o despacho de bens integrantes de bagagem mediante a exigência tão somente do Imposto de Importação, calculado pela aplicação da alíquota de cinquenta por cento sobre o valor do bem.
>
> III. O Regime de Tributação Unificada é o que permite a importação, por via terrestre, de mercadorias procedentes do Paraguai, mediante o pagamento unificado dos seguintes impostos e contribuições federais incidentes na importação: Imposto de Importação; Imposto sobre Produtos Industrializados; Contribuição para o PIS/PASEP-Importação e COFINS-Importação.
>
> IV. Apesar de ser tributo de competência dos Estados e do Distrito Federal, o Regime de Tributação Unificada poderá incluir o Imposto sobre Operações Relativas à Circulação de Mercadorias e sobre Prestações de Serviços de Transporte Interestadual e Intermunicipal e de Comunicação devido pelo optante.
>
> **Gabarito:** Estão corretos somente os itens III e IV. O regime de tributação especial refere-se a bagagem e somente abrange o imposto de exportação. A tributação simplificada, ao contrário, não se refere a bagagens, mas a remessas postais. Corretos os itens sobre a tributação unificada.

### 2.6. Isenções e imunidades

A legislação do imposto de importação contempla isenções objetivas (relacionadas à mercadoria importada) e subjetivas (relacionadas à pessoa do importador); condicionadas (à destinação das mercadorias, conforme o art. 12, do DL 37/66) e incondicionadas; totais e parciais (redução do imposto). Em regra, as isenções se aplicam a mercadoria sem similar nacional, nos termos do art. 17, do DL 37/66, requisito que pode ser dispensado por lei ordinária ou norma equivalente.

O art. 11, do DL 37/66, disciplina a isenção subjetiva do imposto, prevendo a perda do benefício no caso de transferência da mercadoria importada, salvo se a pessoa que a adquirir goze do mesmo tratamento fiscal ou que a transferência ocorra após cinco anos da outorga da isenção, total ou parcial.

> Art. 11 – Quando a isenção ou redução for vinculada à qualidade do importador, a transferência de propriedade ou uso, a qualquer título, dos bens obriga, na forma do regulamento, ao prévio recolhimento dos tributos e gravames cambiais, inclusive quando tenham sido dispensados apenas estes gravames.
>
> Parágrafo único. O disposto neste artigo não se aplica aos bens transferidos a qualquer título:
>
> I – a pessoa ou entidades que gozem de igual tratamento fiscal, mediante prévia decisão da autoridade aduaneira;
>
> II – após o decurso do prazo de 5 (cinco) anos da data da outorga da isenção ou redução.

**Exemplo de isenção subjetiva** na interpretação dos tribunais pode ser encontrado nos art. 12 e 13, da Lei 2.613/55, sore serviços e bens do SESC e outras instituições do Sistema S.

> ▶ **Entendimento do STJ**
>
> 2. As importações feitas pelo SENAI gozam da isenção prevista nos arts. 12 e 13 da Lei nº 2.613/55.
>
> 3. Irrelevante a classificação do SENAI como entidade beneficente de assistência social ou não, pois sua isenção decorre diretamente da lei (arts. 12 e 13 da Lei nº 2.613/55) e não daquela condição que se refere à imunidade constitucional (art. 195, § 7º, da CF/88). O raciocínio também exclui a relevância de se verificar o cumprimento dos requisitos do art. 55, da Lei nº 8.212/91 (agora dos arts. 1º, 2º, 18, 19, 29 da Lei nº 12.101/2009), notadamente, a existência de remuneração ou não de seus dirigentes.
>
> (STJ, T2, REsp 1.430.257/CE, Min. MAURO CAMPBELL MARQUES, DJe de 25/2/2014)

Há, portanto, isenção subjetiva nas importações das entidades do Sistema S, mas somente em favor daquelas mencionadas na Lei 2.613/55.

O STF, apreciando o tema das isenções do imposto de importação, reforçou a regra da **interpretação literal dos benefícios fiscais**, vedando ao Judiciário estender vantagens a situações similares, com fundamento na isonomia.

> ▶ **Entendimento do STF**
>
> Sob o pretexto de tornar efetivo o princípio da isonomia tributária, não pode o Poder Judiciário estender benefício fiscal sem que haja previsão legal específica. No caso em exame, a eventual conclusão pela

> inconstitucionalidade do critério que se entende indevidamente restritivo conduziria à inaplicabilidade integral do benefício fiscal. A extensão do benefício àqueles que não foram expressamente contemplados não poderia ser utilizada para restaurar a igualdade de condições tida por desequilibrada.
>
> (STF, Tribunal Pleno, RE 405.579/PR, Min. JOAQUIM BARBOSA, DJe de 3/8/2011)

É concedida **isenção do imposto de importação** nos termos, limites e condições estabelecidos no regulamento (art. 15, do DL 37/66):

> I – à União, Estados, Distrito Federal e Municípios;
>
> II – às autarquias e demais entidades de direito público interno;
>
> III – às instituições científicas, educacionais e de assistência social;
>
> IV – às missões diplomáticas e repartições consulares de caráter permanente, e a seus integrantes;
>
> V – às representações de órgãos internacionais e regionais de caráter permanente, de que o Brasil seja membro, e a seus funcionários, peritos, técnicos e consultores estrangeiros, que gozarão do tratamento aduaneiro outorgado ao corpo diplomático quanto às suas bagagens, automóveis, móveis e bens de consumo, enquanto exercerem suas funções de caráter permanente;
>
> VI – às amostras comerciais e às remessas postais internacionais, sem valor comercial;
>
> VII – aos materiais de reposição e conserto para uso de embarcações ou aeronaves, estrangeiras;
>
> VIII – às sementes, espécies vegetais para plantio e animais reprodutores;
>
> IX – aos aparelhos, motores, reatores, peças e acessórios de aeronaves importados por estabelecimento com oficina especializada, comprovadamente destinados à manutenção, revisão e reparo de aeronaves ou de seus componentes, bem como aos equipamentos, aparelhos, instrumentos, máquinas, ferramentas e materiais específicos indispensáveis à execução dos respectivos serviços;
>
> XI – às aeronaves, suas partes, peças e demais materiais de manutenção e reparo, aparelhos e materiais de radiocomunicação, equipamentos de terra e equipamentos para treinamento de pessoal e segurança de vôo, materiais destinados às oficinas

> de manutenção e de reparo de aeronave nos aeroportos, bases e hangares, importados por empresas nacionais concessionárias de linhas regulares de transporte aéreo, por aeroclubes, considerados de utilidade pública, com funcionamento regular, e por empresas que explorem serviços de táxis-aéreos;
>
> XII – às aeronaves, equipamentos e material técnico, destinados a operações de aerolevantamento e importados por empresas de capital exclusivamente nacional que explorem atividades pertinentes, conforme previstas na legislação específica sobre aerolevantamento.

Os itens I a III do art. 15, do DL 37/66 reproduzem as previsões constitucionais da imunidade recíproca e das entidades educacionais e sociais (art. 150, VI, a e c, da CF/88). Assim, malgrado o texto do decreto-lei, anterior à Constituição de 1988, as previsões devem ser consideradas como imunidades.

▶ **Entendimento do STF**

A imunidade tributária prevista no art. 150, VI, a da Constituição aplica-se às operações de importação de bens realizadas por municípios, quando o ente público for o importador do bem (identidade entre o "contribuinte de direito" e o "contribuinte de fato"). Compete ao ente tributante provar que as operações de importação desoneradas estão influindo negativamente no mercado, a ponto de violar o art. 170 da Constituição. Impossibilidade de presumir risco à livre-iniciativa e à concorrência. Agravo regimental ao qual se nega provimento.

(STF, T2, AI 518.405 AgR/RS, Min. Joaquim Barbosa, DJe de 29/4/2010)

O art. 16, do DL 37/66 também insere como isenção a imunidade do papel para impressão de livros, jornais e periódicos.

> Art. 16 – Somente podem importar papel com isenção de tributos as pessoas naturais ou jurídicas responsáveis pela exploração da indústria de livro ou de jornal, ou de outra publicação periódica que não contenha, exclusivamente, matéria de propaganda comercial, na forma e mediante o preenchimento dos requisitos indicados no regulamento.

Trata-se, de fato, de imunidade, diante da previsão constitucional, do art. 150, VI, d, da CF/88.

Frise-se, porém, que a imunidade se limita ao papel, não abrangendo outros insumos.

> **Entendimento do STF**
>
> Esta Corte já firmou o entendimento (a título de exemplo, nos RREE 190.761, 174.476, 203.859, 204.234 e 178.863) de que apenas os materiais relacionados com o papel – assim, papel fotográfico, inclusive para fotocomposicão por laser, filmes fotográficos, sensibilizados, não impressionados, para imagens monocromáticas e papel para telefoto – estão abrangidos pela imunidade tributária prevista no artigo 150, VI, "d", da Constituição.
>
> No caso, trata-se de tinta para jornal, razão por que o acórdão recorrido, por ter esse insumo como abrangido pela referida imunidade, e, portanto, imune ao imposto de importação, divergiu da jurisprudência desta Corte.
>
> Recurso extraordinário conhecido e provido.
>
> (STF, T2, RE 273.308 / SP, Min. MOREIRA ALVES, DJ de 15/09/2000)

A lei ordinária pode prever outras hipóteses de isenção. Ao Poder Executivo é facultado, face a flexibilização do princípio da legalidade aplicável ao imposto de importação, reduzir a zero a alíquota do tributo, em medida que equivale, ao menos quanto ao dever tributário, à isenção.

## 2.7. Regimes aduaneiros especiais

As mercadorias que ingressam no país, ainda que sujeitas, a princípio, ao imposto de importação, nem sempre sofrem a incidência do tributo. Em certos casos, as mercadorias podem ingressar temporariamente no território nacional, seja para fins turísticos ou esportivos, seja de passagem, em direção a outro país, seja com a finalidade de ser reexportada.

Nestes casos, **não há a incidência do imposto em razão de regimes especiais**, dentre os quais se destacam o trânsito aduaneiro, a admissão temporária e o *drawback*.

De acordo com Luiz Henrique Tavares Machado (2015, p. 84), não é a simples redução da carga tributária que caracteriza os regimes especiais, pois esta redução pode ocorrer também no regime comum. A diferença, para o autor, estaria, além do tratamento tributário diferenciado, na aplicação de um controle aduaneiro específico, que veremos a seguir.

Assim dispõe o art. 71, do DL 37/66:

> Art. 71 - Poderá ser concedida suspensão do imposto incidente na importação de mercadoria despachada sob regime aduaneiro especial, na forma e nas condições previstas em regulamento, por prazo não superior a 1 (um) ano, ressalvado o disposto no § 3º, deste artigo.
>
> § 1º - O prazo estabelecido neste artigo poderá ser prorrogado, a juízo da autoridade aduaneira, por período não superior, no total, a 5 (cinco) anos.
>
> § 2º - A título excepcional, em casos devidamente justificados, a critério do Ministro da Fazenda, o prazo de que trata este artigo poderá ser prorrogado por período superior a 5 (cinco) anos.

Assim, a mercadoria pode ingressar em território nacional com a suspensão do imposto por prazo determinado, sob as condições lavradas em termo de responsabilidade e, eventualmente, com garantia (art. 72, do DL 37/66), para posterior regresso ao país de origem ou a outro país. Somente haverá a incidência do imposto se o prazo ou as condições estabelecidas não forem respeitados.

Luiz Henrique Tavares Machado propõe quatro **classificações** dos regimes aduaneiros especiais, baseados em características comuns: "segundo a amplitude dos benefícios fiscais, segundo o momento de sua incidência, segundo o fluxo comercial dos bens e segundo a pretensão de definitividade" (MACHADO, 2015, p. 84).

De acordo com a **amplitude** da exoneração fiscal, os regimes seriam divididos em duas categorias, de exoneração **total**, abrangendo todos os tributos sobre o comércio exterior e de exoneração **parcial**, abrangendo apenas parte dos tributos (MACHADO, 2015, p. 91).

No **primeiro subgrupo**, de acordo com o autor, estariam todos os regimes tratados no Regulamento Aduaneiro (ou regimes aduaneiros *stricto sensu*), à exceção do RECOM (MACHADO, 2015, p. 2). Poderíamos acrescentar mais uma exceção, o *drawback* suspensão, pois este regime não afasta a incidência do imposto de exportação, como veremos mais adiante. Nesta categoria estariam incluídos ainda os regimes aplicáveis a áreas especiais, como a Zona Franca de Manaus, as Áreas de Livre Comércio e as Zonas de Processamento de Exportação (que o autor considera como regimes aduaneiros especiais) (MACHADO, 2015, p. 93).

No **segundo subgrupo**, com exoneração parcial, estariam regimes não previstos pelo Regulamento Aduaneiro, que concedem benefícios em relação ao PIS e a COFINS – importação e ao PIS. São exemplos o PADIS, o PATVD, o REPES e o RECAP.

> PADIS, Lei 11.484/07, art. 1º e seg.
>
> O Programa de Apoio ao Desenvolvimento Tecnológico da Indústria de Semicondutores – PADIS confere alíquota zero na incidência do PIS e da COFINS – Importação e do IPI para o contribuinte habilitado no programa na SRFB, com projeto aprovado em ato conjunto do Ministério da Fazenda, do Ministério da Ciência e Tecnologia e do Ministério do Desenvolvimento, Indústria e Comércio Exterior.
>
> O benefício se aplica a aquisição de bens para o ativo imobilizado (importação ou aquisição no mercado interno) da pessoa jurídica beneficiada.
>
> PATVD, Lei 11.484/07, art. 12 e seg.
>
> Também ficam reduzidas a zero as alíquotas das aquisições realizadas por empresa habilitada no Programa de Apoio ao Desenvolvimento Tecnológico da Indústria de Equipamentos para TV Digital – PATVD.
>
> O projeto da empresa deve ser aprovado em ato conjunto do Ministério da Fazenda, do Ministério da Ciência e Tecnologia e do Ministério do Desenvolvimento, Indústria e Comércio Exterior.
>
> REPES, Lei 11.196/05, art. 1º e seg.
>
> Incentivo com mecânica similar é o Regime Especial de Tributação para a Plataforma de Exportação de Serviços de Tecnologia da Informação – REPES.
>
> A suspensão do imposto aplica-se aos bens novos, relacionados em ato do Poder Executivo, destinados ao desenvolvimento, no País, de software e de serviços de tecnologia da informação; e se converte em alíquota zero (PIS e COFINS – Importação, art. 6º) ou isenção (IPI, art. 11) depois de cumprido o compromisso de exportação firmado pelo beneficiário.
>
> O beneficiário do REPES é a empresa, previamente habilitada pela SRFB que exerça preponderantemente as atividades de desenvolvimento de software ou de prestação de serviços de tecnologia da informação; e assuma compromisso de exportação igual ou superior a 50% de sua receita bruta anual decorrente da venda dos bens e serviços relacionados com o benefício.
>
> RECAP, Lei 11.196/05, art. 12 e seg.
>
> Regime Especial de Aquisição de Bens de Capital para Empresas Exportadoras – Recap.

> É beneficiária do Recap a pessoa jurídica preponderantemente exportadora, assim considerada aquela cuja receita bruta decorrente de exportação para o exterior, no ano-calendário imediatamente anterior à adesão ao Recap, houver sido igual ou superior a 50% ou 60%, conforme a área de atuação, de sua receita bruta total de venda de bens e serviços no período e que assuma compromisso de manter esse percentual de exportação durante o período de 2 anos-calendário.
>
> Na importação de máquinas, aparelhos, instrumentos e equipamentos, novos, fica suspensa a exigência do PIS e da COFINS – importação, por até 3 anos a partir da adesão ao programa e, cumpridas a exigências legais, as alíquotas são convertidas a zero (mais uma vez a expressão) no prazo de 2 ou 3 anos, conforme o fundamento do regime.

De acordo com o **momento da exoneração**, o autor classifica os regimes de exoneração **na importação** (admissão temporária, admissão temporária para aperfeiçoamento ativo, *drawback*, entreposto aduaneiro, Regime Aduaneiro de Entreposto Industrial sob Controle Informatizado – RECOF, Regime Aduaneiro Especial de Importação de Insumos Destinados a Industrialização por Encomenda de Veículos – RECOM, Regime Aduaneiro Especial de Exportação e de Importação de Bens destinados às atividades de Pesquisa e de Lavra das Jazidas de Petróleo e de Gás Natural – REPETRO, Regime Tributário para Incentivo à Modernização e à Ampliação da Estrutura Portuária – REPORTO, Loja Franca, Depósito Especial e Depósito Afiançado), **na exportação** (Exportação Temporária e Exportação Temporária para Aperfeiçoamento Passivo), além do **regime misto**, que incide tanto na importação quanto na exportação (Trânsito Aduaneiro) e dos **regimes neutros**, em que não há exoneração (Depósito Alfandegado Afiançado e Depósito Franco) (MACHADO, 2015, p. 96-98).

De acordo como **fluxo comercial**, o autor apresenta classificação de **regimes bidirecionais**, se há obrigatoriedade de reexportação do bem que ingressou no território nacional ou reimportação do bem que saiu do território aduaneiro (Admissão Temporária, Admissão Temporária para Aperfeiçoamento Ativo, *Drawback* suspensão, RECOF, Exportação Temporária, Exportação Temporária para Aperfeiçoamento Passivo, Depósito Especial e Regime Aduaneiro Especial de Importação de Petróleo Bruto e seus Derivados -REPEX), **unidimensionais**, se o bem pode ser agregado ao patrimônio do interessado, despachado para consumo ou sujeito a exportação ficta (Entreposto Aduaneiro, REPORTO, REPTRO e *Drawback* suspensão e restituição), **multinacionais, se o legislador não optou por um fluxo comercial específico (Loja Franca, Depósito Afiançado, Depósito Alfandegado Certificado e RECOM), **regime interno**, se o regime é aplicado apenas no interior do território aduaneiro (transito aduaneiro), e **regime de passagem**, se seu objetivo é apenas a passagem de mercadoria pelo território nacional (Depósito Franco) (MACHADO, 2015, p. 98-99).

O autor apresenta ainda classificação de acordo com a **pretensão de definitividade**, da importação ou da exportação. Seus subgrupos seriam os dos **regimes sem pretensão direta**, nos quais não há pretensão de definitividade da importação ou da exportação, mas, ao contrário, previsão de que o bem retorne à origem (Admissão Temporária, *Drawback* suspensão, RECOF, REPETRO, PREPEX, Depósito Franco e Depósito Especial), dos **regimes de pretensão presumida**, nos quais "há uma presunção de que a atitude a ser tomada pelo interessado seja por uma providencia que viabilize uma importação ou uma exportação" (*Drawback* isenção e restituição), e os **regimes de pretensão indiferente**, nos quais cabe ao interessado decidir se torna ou não definitiva a operação (Trânsito Aduaneiro, Loja Franca, Depósito Afiançado, Depósito Alfandegado Certificado e RECOM) (MACHADO, 2015, p. 99-100).

Outra classificação que encontramos acerca dos regimes especiais, mais voltada a critérios econômicos, separa os institutos em regimes aduaneiros especiais com aplicação na atividade de logística, regimes aduaneiros especiais de admissão ou exportação temporária e suas variações e regimes aduaneiros especiais aplicados à indústria e serviços (SILVA, 2014).

No primeiro grupo estariam o Trânsito Aduaneiro, a Loja Franca, o Depósito Especial, o Depósito Afiançado, o Depósito Alfandegado Certificado, o Depósito Franco, e o REPORTO (SILVA, 2014, p, 49 e seg). Na segunda categoria estariam a Admissão Temporária, a Admissão Temporária para Aperfeiçoamento Ativo, o REPEX, o REPETRO, a Exportação Temporária, e a Exportação Temporária para aperfeiçoamento passivo (SILVA, 2014, p. 73 e seg). Por fim, o último grupo seria composto pelo Entreposto Aduaneiro, o *Drawback*, o RECOF, o RECOM e outros destinados a áreas especiais, como a Zona Franca de Manaus (SILVA, 2014, p. 109 e seg).

Vale notar que as classificações não podem ser consideradas como certas ou erradas, mas adequadas ou inadequadas para os fins a que se destinam. Em nosso estudo, as classificações ajudam a compreender e a assimilar os institutos.

## 2.7.1. Trânsito aduaneiro

O trânsito aduaneiro é o regime que permite, por exemplo, que um veículo procedente do Uruguai, carregado de mercadorias destinadas à exportação para a Europa, possa trafegar em território nacional, sem o pagamento de impostos, na hipótese das mercadorias serem destinadas a embarque em porto no Brasil. Dispõe os art. 73 e 74, do DL 37/66:

> Art.73 – O regime de trânsito é o que permite o transporte de mercadoria sob controle aduaneiro, de um ponto a outro do território aduaneiro, com suspensão de tributos.
> 
> Parágrafo único. Aplica-se, igualmente, o regime de trânsito ao transporte de mercadoria destinada ao exterior.
> 
> Art.74 – O termo de responsabilidade para garantia de transporte de mercadoria conterá os registros necessários a assegurar a eventual liquidação e cobrança de tributos e gravames cambiais.

Cumprido o termo do regime, não haverá incidência dos tributos nacionais. Caso as mercadorias permaneçam em território nacional, haverá a incidência do imposto.

> ▸ **Como esse assunto foi cobrado em concurso?**
> 
> **(ESAF/AFRF/2014)** Sobre os Regimes Aduaneiros Especiais, analise o item a seguir.
> 
> No Regime de Trânsito Aduaneiro, objetivando garantir o pagamento dos créditos tributários correspondentes, quando a constatação de extravio ou avaria ocorrer no local de origem, a autoridade aduaneira não poderá permitir o trânsito aduaneiro da mercadoria avariada ou da partida com extravio.
> 
> **Gabarito:** Errado. No caso de avaria ou extravio a autoridade pode deferir o trânsito, de acordo com o art. 345, do RA.

## 2.7.2. Admissão Temporária

A admissão temporária é o regime "que permite a importação de bens que devam permanecer no País durante prazo fixado, com suspensão total do pagamento de tributos, ou com suspensão parcial, no caso de utilização econômica" (art. 353, do RA). Conforme os art. 75 e seg., do DL 37/66:

> Art. 75 – Poderá ser concedida, na forma e condições do regulamento, suspensão dos tributos que incidem sobre a importação de bens que devam permanecer no país durante prazo fixado.
>
> § 1º – A aplicação do regime de admissão temporária ficará sujeita ao cumprimento das seguintes condições básicas:
>
> I – garantia de tributos e gravames devidos, mediante depósito ou termo de responsabilidade;
>
> II – utilização dos bens dentro do prazo da concessão e exclusivamente nos fins previstos;
>
> III – identificação dos bens.
>
> § 2º – A admissão temporária de automóveis, motocicletas e outros veículos será concedida na forma deste artigo ou de atos internacionais subscritos pelo Governo brasileiro e, no caso de aeronave, na conformidade, ainda, de normas fixadas pelo Ministério da Aeronáutica.
>
> § 3º – A disposição do parágrafo anterior somente se aplica aos bens de pessoa que entrar no país em caráter temporário.
>
> Art.77 – Os bens importados sob o regime de admissão temporária poderão ser despachados, posteriormente, para consumo, mediante cumprimento prévio das exigências legais e regulamentares.

Aplica-se o regime, pois, a veículos de turistas que transitem em território nacional, a artigos de desportistas em competição no Brasil, a mercadorias que serão exibidas em feiras etc.

Há alguns regimes de admissão temporária: a comum, a destinada à utilização econômica e a destinada a aperfeiçoamento ativo.

A admissão temporária **comum** (art. 353 e seg., do RA), com suspensão total dos tributos aduaneiros, tem como requisitos a importação em caráter temporário; ausência de cobertura cambial; adequação dos bens à finalidade para a qual foram importados; garantia; e o termo de responsabilidade.

O prazo será de 1 ano, prorrogável até 5 anos, limitada ao tempo de permanência do proprietário no Brasil. O regime será extinto se decorrido o prazo, sem a renovação do regime ou se descumprido o termo de responsabilidade.

Admissão temporária para **utilização econômica** (art. 373. e seg., do RA) é voltada para a utilização do bem na prestação de serviço ou na produção industrial.

O fundamento legal específico para esta modalidade de admissão temporária é o art. 79, da Lei 9.430/95, incluído pela MP 2.189/01:

> Art. 79. Os bens admitidos temporariamente no País, para utilização econômica, ficam sujeitos ao pagamento dos impostos incidentes na importação proporcionalmente ao tempo de sua permanência em território nacional, nos termos e condições estabelecidos em regulamento.
> Parágrafo único. O Poder Executivo poderá excepcionar, em caráter temporário, a aplicação do disposto neste artigo em relação a determinados bens.

Neste caso, há importação e incidência do imposto. Contudo, se um bem cuja vida útil seja de 5 anos permanecer no Brasil por 1 ano, haverá incidência dos tributos aduaneiros na proporção deste ano de permanência do bem. O regime se aplica aos casos de arrendamento operacional, de aluguel ou de empréstimo.

O regime de admissão temporária para utilização econômica será concedido pelo prazo previsto no contrato de arrendamento operacional, de aluguel ou de empréstimo, celebrado entre o importador e a pessoa estrangeira, prorrogável na medida da extensão do prazo estabelecido no contrato, não podendo ultrapassar 100 meses (art. 374, do RA).

O regime de admissão temporária para **aperfeiçoamento ativo** (art. 380 e seg. do RA) aplica-se à importação de bem destinado ao beneficiamento, à montagem, à renovação, ao recondicionamento, ao acondicionamento ou ao reacondicionamento aplicadas ao próprio bem, que ingressa no território nacional para esta finalidade; e aos bens importados com a finalidade de conserto, reparo, ou restauração de bens estrangeiros em território nacional.

Com a reexportação, não há incidência dos tributos nacionais.

De maneira inversa, há institutos correspondentes na exportação, chamados de exportação temporária.

Dispõe o RA:

Art. 431. O regime de exportação temporária é o que permite a saída, do País, com suspensão do pagamento do imposto de exportação, de mercadoria nacional ou nacionalizada, condicionada à reimportação em prazo determinado, no mesmo estado em que foi exportada (Decreto-Lei nº 37, de 1966, art. 92, caput, com a redação dada pelo Decreto-Lei nº 2.472, de 1988, art. 1º).

Art. 449. O regime de exportação temporária para aperfeiçoamento passivo é o que permite a saída, do País, por tempo determinado, de mercadoria nacional ou nacionalizada, para ser submetida a operação de transformação, elaboração, beneficiamento ou montagem, no exterior, e a posterior reimportação, sob a forma do produto resultante, com pagamento dos tributos sobre o valor agregado (Decreto-Lei nº 37, de 1966, art. 93, com a redação dada pelo Decreto-Lei nº 2.472, de 1988, art. 3º).

▶ **Como esse assunto foi cobrado em concurso?**

**(ESAF/AFRF/2014)** Sobre os Regimes Aduaneiros Especiais, analise os itens a seguir.

I. O regime aduaneiro especial de admissão temporária com suspensão total do pagamento de tributos permite a importação de bens que devam permanecer no País durante prazo fixado. A legislação prevê, como uma das condições para a concessão do mencionado regime, que os bens sejam importados com cobertura cambial.

II. Os bens admitidos temporariamente no País para utilização econômica ficam sujeitos ao pagamento dos impostos federais, da contribuição para o PIS/PASEP-Importação e da COFINS-Importação, proporcionalmente ao seu tempo de permanência no território aduaneiro. A referida proporcionalidade será obtida pela aplicação do percentual de um por cento, relativamente a cada mês compreendido no prazo de concessão do regime, sobre o montante dos tributos originalmente devidos.

*Gabarito:* Errado o item I, pois a admissão temporária aplica-se a bem importado sem cobertura cambial, nos termos do art. 358, II, do RA. Correto os itens II, de acordo com o art. 373 do RA.

**(ESAF/AFRF/2014)** Sobre os regimes aduaneiros no Brasil, assinale verdadeiro ou falso.

Na Admissão Temporária de máquinas e equipamentos para utilização econômica, sob a forma de arrendamento operacional, aluguel ou empréstimo, ocorre suspensão parcial de tributos e pagamento proporcional ao tempo de permanência no País.

A extinção do regime de admissão temporária pode ocorrer com a destruição do bem, às expensas do interessado.

O regime de exportação temporária para aperfeiçoamento passivo é o que permite a saída, do País, por tempo determinado, de mercadoria nacional ou nacionalizada, para ser submetida a operação de transformação, elaboração, beneficiamento ou montagem, no exterior, e a posterior reimportação, sob a forma do produto resultante, com pagamento dos tributos sobre o valor agregado.

*Gabarito:* As afirmativas estão corretas.

### 2.7.3. Drawback

#### 2.7.3.1. Introdução

O *drawback* é regime aduaneiro especial, que afasta os tributos incidentes na importação de insumos para posterior exportação com fins industriais e comerciais.

Sua previsão legal está no art. 78, do DL 37/66:

> Art.78 - Poderá ser concedida, nos termos e condições estabelecidas no regulamento:
>
> I - restituição, total ou parcial, dos tributos que hajam incidido sobre a importação de mercadoria exportada após beneficiamento, ou utilizada na fabricação, complementação ou acondicionamento de outra exportada;
>
> II - suspensão do pagamento dos tributos sobre a importação de mercadoria a ser exportada após beneficiamento, ou destinada à fabricação, complementação ou acondicionamento de outra a ser exportada;
>
> III - isenção dos tributos que incidirem sobre importação de mercadoria, em quantidade e qualidade equivalentes à utilizada no beneficiamento, fabricação, complementação ou acondicionamento de produto exportado.
>
> § 1º - A restituição de que trata este artigo poderá ser feita mediante crédito da importância correspondente, a ser ressarcida em importação posterior.

O regime é aplicado ao industrial ou comerciante que importa mercadorias, utiliza-as em seu processo produtivo e, após, exporta a mesma mercadoria ou o resultado do processo industrial que a utilizou como insumo.

Nos termos do art. 383, do RA, "o regime de *drawback* é considerado incentivo à exportação".

### 2.7.3.2. Princípios

O *drawback* obedece a princípios de direito tributário e de direito aduaneiro, mas também se rege por princípios específicos.

Talvez o mais importante dos princípios que instruem o *drawback* seja a universalidade do controle aduaneiro.

O controle aduaneiro decorre da própria noção de soberania estatal, do direito do Estado de controlar o fluxo de pessoas e bens em seu território, em proteção a valores como o meio ambiente, a economia, o desenvolvimento a concorrência etc.

Estende-se o controle aduaneiro a "toda mercadoria que tenha atravessado, ou que pretende atravessar, em direção ao exterior, os limites do território aduaneiro" (MACHADO, 2015, p. 257).

Suas principais características são a independência face a norma de tributação, pois o controle aduaneiro deve ocorrer mesmo que não haja obrigação tributária, independência da destinação da mercadoria e materialização pelo despacho aduaneiro (MACHADO, 2015, p. 258).

No caso específico do *drawback*, o controle aduaneiro deve ser realizado com rigor, pois se, de um lado, o instituto atende o art. 3º, II, da CF/88 (garanta do desenvolvimento nacional), de outro apresenta grande potencial de violação da concorrência, protegida pelo art. 170, IV, também da Carta. Leia-se:

> Art. 170. A ordem econômica, fundada na valorização do trabalho humano e na livre iniciativa, tem por fim assegurar a todos existência digna, conforme os ditames da justiça social, observados os seguintes princípios:
> [...]
> IV - livre concorrência;

Portanto, deve "o Estado assumir uma postura que respeite as diferenças entre os agentes econômicos, tratando igualmente aqueles que se encontrem em situação equivalente, circunstância que muito se aproxima do princípio da isonomia. O estabelecimento de privilégios para tais e quais agentes, em prejuízo de seus concorrentes diretos, seja pela interpretação, seja pela aplicação da lei, ofende diretamente o princípio da livre concorrência. [...] (MACHADO, 2015, p. 257)

Deveras, o *drawback* tem efetivo potencial de violação da concorrência, pois permite aos seus beneficiários acesso à matéria prima a preço reduzido, de forma que se exige pleno controle do instituto, para garantir a exportação (esta tipicamente exonerada) e impedir que o importador se utilize do benefício para concorrer vantajosamente no mercado interno.

Outros princípios que regem o instituto são a livre escolha do regime, pelo importador, a supremacia das declarações, que somente podem ser rejeitadas se não merecerem fé ou forem comprovadamente falsas, a livre origem das mercadorias importadas, a descrição detalhada da mercadoria, a tempestividade dos atos do interessado, a anterioridade das declarações do importador, face aos atos por ele praticados, a fragmentariedade do título concessivo do regime e a vinculação física da mercadoria, que não é fungível para o *drawback*, embora haja exceções (art. 17, da Lei 11.774/08) (MACHADO, 2015, p. 258 e seg.).

### 2.7.3.3. Modalidades

Há três modalidades básicas do *drawback*: suspensão, isenção e restituição dos tributos pagos.

Drawback **suspensão** (art. 386, e seg. do RA)

> Competência da Secretaria de Comércio Exterior, que deve receber o requerimento do interessado e emitir o ato concessivo em favor do importador.
>
> Pode ser concedida apenas com base em fluxos financeiros das importações e exportações do interessado.
>
> Regime válido por 1 ano; prazo para exportação 5 anos.
>
> As mercadorias importadas ingressam em território nacional com suspensão dos tributos incidentes sobre a importação e a suspensão se converte em isenção quando a mercadoria ou o produto decorrente de sua aplicação como insumo na industrialização é exportado.
>
> O material não utilizado ou não exportado deverá ser devolvido ao exportador ou sofrer a incidência dos impostos suspensos.

*Drawback* **isenção** (art. 393 e seg., do RA)

> Competência da Secretaria de Comércio Exterior, que também deve receber o requerimento do interessado e emitir o ato concessivo em favor do importador.
>
> A mercadoria ingressa em território nacional com isenção dos tributos incidentes sobre a importação.
>
> Deve o interessado comprovar que já realizou exportações para as quais utilizou mercadorias importadas equivalentes, em qualidade e quantidade, àquelas para as quais esteja sendo pleiteada a isenção.
>
> Conforme o art. 394, do RA, o regime será concedido mediante ato concessório do qual constarão:
>
> I – valor e especificação da mercadoria exportada;
>
> II – especificação e classificação fiscal das mercadorias a serem importadas; e
>
> III – valor unitário da mercadoria importada, utilizada na mercadoria exportada.

*Drawback* **restituição** (art. 397 e seg., do RA)

> Competência da Secretaria da Receita Federal.
>
> O contribuinte que importou mercadorias e as reexportou, ou exportou produtos industrializados que as aplicou como matéria prima, insumos, embalagem utilizados no processo produtivo, pode postular a restituição dos tributos pagos.
>
> A modalidade demanda prova da importação, do pagamento do tributo e da exportação.

Se o importador não reexporta a mercadoria no regime do *drawback* suspensão, há a incidência do imposto, mas não de multa moratória, conforme entendimento do STJ (REsp 1.218.319/RS).

O regime não afasta o imposto de exportação, se incidente da remessa do produto para o exterior.

Exceto o *drawback* restituição, as demais modalidades comportam variações, denominadas **drawback verde amarelo**, em que podem ser adquiridas mercadorias no mercado interno com suspensão ou isenção de tributos e o **drawback intermediário**, no qual o importador ou adquirente de mercadorias no mercado interno para produção, que deve ser vendida para empresa industrial exportadora.

Em outros termos, nesta variante o importador é intermediário, e quem reexporta a mercadoria é terceira pessoa. Dispõe o art. 59, da Lei 10.833/03:

> Art. 59. O beneficiário de regime aduaneiro suspensivo, destinado à industrialização para exportação, responde solidariamente pelas obrigações tributárias decorrentes da admissão de mercadoria no regime por outro beneficiário, mediante sua anuência, com vistas na execução de etapa da cadeia industrial do produto a ser exportado.
>
> § 1º Na hipótese do caput, a aquisição de mercadoria nacional por qualquer dos beneficiários do regime, para ser incorporada ao produto a ser exportado, será realizada com suspensão dos tributos incidentes.[...]

Regula a matéria a Portaria SECEX/MDIC 23/2011.

Os atos concessórios de *drawback*, a propósito, não são rígidos, e os regimes podem ser alterados a pedido do interessado, havendo ampla **flexibilidade** entre as modalidades e suas variações, regra aplicável aos regimes aduaneiros em geral, desde que compatíveis. Dispõe o art. 31º, do RA:

> Art. 310. Poderá ser autorizada a transferência de mercadoria admitida em um regime aduaneiro especial ou aplicado em área especial para outro, observadas as condições e os requisitos próprios do novo regime e as restrições estabelecidas em ato normativo da Secretaria da Receita Federal do Brasil.

O interessado pode requerer alteração de regime por exemplo, do *drawback* comum para *drawback* verde amarelo ou intermediário. Para fazê-lo, contudo, deve respeitar os requisitos da Portaria SECEX/MDIC 23/2011, especialmente os art. 94 e 95, que dispõem:

> Art. 94. Qualquer alteração das condições concedidas no Ato Concessório de Drawback deverá ser solicitada, por meio do módulo específico drawback do SISCOMEX, na forma dos incisos I ou II do art. 82 desta Portaria, até o último dia de sua validade ou no primeiro dia útil subsequente, caso o vencimento tenha ocorrido em dia não útil.

> § 1º O exame do pedido de alteração de ato concessório de drawback se dará com observância do disposto no art. 92.
>
> § 2º Quando ocorrer modificação nas condições aprovadas no ato concessório e a empresa não solicitar alteração dos itens necessários do A C no prazo regulamentar, e nem obter a aprovação das aludidas mudanças, o ato concessório não será objeto de comprovação automática como previsto no art. 146, e será baixado na forma até então apresentada, o que acarretará atraso no exame da comprovação do AC e eventual inadimplemento.
>
> Art. 95. O não cumprimento, no prazo máximo de 30 (trinta) dias, de exigência formulada pelo DECEX poderá acarretar o indeferimento do pedido de alteração.

Com mais detalhes, dispõe o Comunicado DECEX 21/97:

> 26.2 Poderá ser autorizada a transferência de mercadoria importada para outro Ato Concessório de Drawback, modalidade suspensão, mediante pedido da beneficiária.
>
> 26.2.1 A transferência deverá ser solicitada antes do vencimento do prazo para exportação do Ato Concessório de Drawback original.
>
> 26.2.2 A transferência será abatida das importações autorizadas para o Ato Concessório de Drawback receptor.
>
> 26.2.3 O prazo de validade do Ato Concessório de Drawback, modalidade suspensão, para o qual foi transferida a mercadoria importada, observará o limite máximo de 2 (dois) anos para a permanência no País, a contar da data da Declaração de Importação (DI) mais antiga vinculada ao Regime, principalmente quanto à mercadoria transferida de outro Ato Concessório de Drawback.

Não há razões, portanto, pelo menos de ordem normativa, para o descumprimento das obrigações assumidas no regime.

### 2.7.3.3. Comprovação de cumprimento do regime

Nos termos do 142, da Portaria SECEX/MDIC 23/2011, é o **registro de exportação**, acompanhado da declaração de importação, ou a Nota Fiscal de venda no mercado interno, que comprovam o atendimento das condições do regime.

> Art. 142. Os documentos que comprovam as operações vinculadas ao Regime de Drawback são os seguintes:
>
> I – Declaração de Importação;
>
> II – Registro de Exportação averbado, com indicação dos dados do AC nos campos 2 -A e 24;
>
> III – Nota Fiscal de venda no mercado interno, contendo o correspondente Código Fiscal de Operações e Prestações (CFOP):
>
> [...]

Dispõem os art. 111 e 179, VI, 'a', da Portaria SECEX/MDIC 23/2011:

> Art. 111. É obrigatória a menção expressa da participação do fabricante -intermediário no registro de exportação (RE).
>
> Art. 179. Para efeito de alteração e baixa do compromisso dos AC previstos no art. 178 são aplicáveis, ainda, os seguintes dispositivos específicos:
>
> [...]
>
> VI – as empresas deverão solicitar a comprovação das importações e exportações vinculadas ao regime, na opção "enviar para baixa", no prazo de até 60 (sessenta) dias contados a partir da data limite para exportação;
>
> a) em se tratando de comprovação envolvendo nota fiscal, a empresa deverá incluir a NF no campo apropriado do novo módulo do SISCOMEX, e somente nos casos de venda para empresa de fins comerciais e de drawback intermediário, acessar a opção correspondente para associar o registro de exportação à NF;
>
> [...]

No caso do regime intermediário, não é a empresa importadora que comprova a exportação, mas a empresa industrial exportadora, parceira da importadora, valendo ressaltar que a parte não alega – e não seria mesmo o caso, de venda no mercado interno para comercial exportadora, regida pelo DL 1.248/72.

### 2.7.4. Entreposto aduaneiro

O entreposto aduaneiro permite a armazenagem de mercadorias em recinto alfandegado na importação e na exportação. Na importação, o entreposto ocorre com a suspensão do pagamento de tributos:

> Art. 404. O regime especial de entreposto aduaneiro na importação é o que permite a armazenagem de mercadoria estrangeira em recinto alfandegado de uso público, com suspensão do pagamento dos impostos federais, da contribuição para o PIS/PASEP-Importação e da COFINS-Importação incidentes na importação (Decreto-Lei no 1.455, de 1976, art. 9º, com a redação dada pela Medida Provisória no 2.158-35, de 2001, art. 69; e Lei nº o 10.865, de 2004, art. 14).
> [...]
> Art. 410. O regime especial de entreposto aduaneiro na exportação é o que permite a armazenagem de mercadoria destinada a exportação (Decreto-Lei no 1.455, de 1976, art. 10, caput, com a redação dada pela Medida Provisória no 2.158-35, de 2001, art. 69).

A legislação não especifica prazo para o entreposto aduaneiro na exportação. Na importação, o regime pode ser concedido por um ano, prazo prorrogável, mas que não pode exceder dois anos.

O regime permite, ainda, a permanência de mercadorias estrangeiras em: feira, congresso, mostra ou evento semelhante, realizado em recinto de uso privativo, previamente alfandegado para esse fim; instalações portuárias de uso privativo misto; plataformas destinadas à pesquisa e lavra de jazidas de petróleo e gás natural em construção ou conversão no País, contratadas por empresas sediadas no exterior e estaleiros navais ou em outras instalações industriais localizadas à beira-mar, destinadas à construção de estruturas marítimas, plataformas de petróleo e módulos para plataformas.

> ▸ **Como esse assunto foi cobrado em concurso?**
> 
> **(ESAF/AFRF/2014)** Sobre os regimes aduaneiros no Brasil, avalie:
> 
> O regime especial de entreposto aduaneiro na importação é o que permite a armazenagem de mercadoria estrangeira em recinto alfandegado de uso público, com suspensão do pagamento dos impostos federais, mas com incidência da contribuição para o PIS/PASEP-Importação e da COFINS-Importação.
> 
> *Gabarito:* Errado. O regime especial de entreposto aduaneiro na importação permite a armazenagem de mercadoria estrangeira em recinto alfandegado de uso público, com suspensão do pagamento dos impostos federais e também do PIS e da COFINS na importação.

## 2.7.5. Outros regimes especiais

Os regimes aduaneiros especiais mais frequentes, mais comuns e mais importantes são a admissão temporária, o trânsito aduaneiro, o *drawback* e o entreposto aduaneiro. Outros, porém, merecem ser mencionados.

> Art. 476. O regime aduaneiro especial de loja franca é o que permite a estabelecimento instalado em zona primária de porto ou de aeroporto alfandegado vender mercadoria nacional ou estrangeira a passageiro em viagem internacional, contra pagamento em moeda nacional ou estrangeira (DL 1.455/76, art. 15, caput).

Regime aduaneiro especial **RECOF** – Regime Aduaneiro de Entreposto Industrial sob Controle Informatizado (importação de bens voltados a grandes empresas, especialmente da área de telecomunicação e informática) (art. 420, do RA):

> Art. 420. O regime de entreposto industrial sob controle aduaneiro informatizado – RECOF é o que permite a empresa importar, com ou sem cobertura cambial, e com suspensão do pagamento de tributos, sob controle aduaneiro informatizado, mercadorias que, depois de submetidas a operação de industrialização, sejam destinadas a exportação.
>
> § 1º Parte da mercadoria admitida no regime, no estado em que foi importada ou depois de submetida a processo de industrialização, poderá ser despachada para consumo.
>
> § 2º A mercadoria, no estado em que foi importada, poderá ter ainda uma das seguintes destinações:
>
> I – exportação;
>
> II – reexportação; ou
>
> III – destruição.

Regime aduaneiro especial **RECOM** – Regime Aduaneiro Especial de Importação de Insumos Destinados a Industrialização por Encomenda de Veículos (art. 427, do RA):

> Art. 427. O regime aduaneiro especial de importação de insumos destinados a industrialização por encomenda de produtos classificados nas posições 8701 a 8705 da Nomenclatura Comum do Mercosul – RECOM é o que permite a importação, sem cobertura cambial, de chassis, carroçarias, peças, partes, componentes e acessórios, com suspensão do pagamento do imposto sobre produtos industrializados, da contribuição para o PIS/PASEP-Importação e da COFINS-Importação (Medida Provisória nº 2.189-49, de 2001, art. 17, caput e §§ 1º e 2º; e Lei nº 10.865, de 2004, art. 14).
>
> Parágrafo único. O regime será aplicado exclusivamente a importações realizadas por conta e ordem de pessoa jurídica encomendante domiciliada no exterior (Medida Provisória nº 2.189-49, de 2001, art. 17, caput).

Regime aduaneiro especial **REPETRO** – Regime Aduaneiro Especial de Exportação e de Importação de Bens destinados às atividades de Pesquisa e de Lavra das Jazidas de Petróleo e de Gás Natural (importação e exportação de bens destinados à pesquisa e lavra de petróleo e gás), e **entreposto para construção de bens destinados ao REPETRO** (art. 458, do RA):

> Art. 458. O regime aduaneiro especial de exportação e de importação de bens destinados às atividades de pesquisa e de lavra das jazidas de petróleo e de gás natural – REPETRO, previstas na Lei nº 9.478, de 6 de agosto de 1997, é o que permite, conforme o caso, a aplicação dos seguintes tratamentos aduaneiros (Decreto-Lei nº 37, de 1966, art. 93, com a redação dada pelo Decreto-Lei nº 2.472, de 1988, art. 3º):
>
> I – exportação, sem que tenha ocorrido sua saída do território aduaneiro e posterior aplicação do regime de admissão temporária, no caso de bens a que se referem os §§ 1º e 2º, de fabricação nacional, vendido a pessoa sediada no exterior;
>
> II – exportação, sem que tenha ocorrido sua saída do território aduaneiro, de partes e peças de reposição destinadas aos bens referidos nos §§ 1º e 2º, já admitidos no regime aduaneiro especial de admissão temporária; e
>
> III – importação, sob o regime de drawback, na modalidade de suspensão, de matérias-primas, produtos semi-elaborados ou acabados e de partes ou peças, utilizados na fabricação dos bens referidos nos §§ 1º e 2º, e posterior comprovação do adimplemento das obrigações decorrentes da aplicação desse regime mediante a exportação referida nos incisos I ou II.

§ 1º Os bens de que trata o caput são os constantes de relação elaborada pela Secretaria da Receita Federal do Brasil.

§ 2º O regime poderá ser aplicado, ainda, às máquinas e aos equipamentos sobressalentes, às ferramentas e aos aparelhos e a outras partes e peças destinados a garantir a operacionalidade dos bens referidos no § 1º.

§ 3º Quando se tratar de bem referido nos §§ 1º e 2º, procedente do exterior, será aplicado, também, o regime de admissão temporária.

§ 4º As partes e peças de reposição referidas no inciso II e os bens referidos no § 2o serão admitidos no regime de admissão temporária, pelo mesmo prazo concedido aos bens a que se destinem.

§ 5º Os bens referidos no § 2º, quando forem utilizados para garantir a operacionalidade de mais de um dos bens a que se refere o § 1o, terão o prazo de permanência fixado nos termos estabelecidos em ato normativo da Secretaria da Receita Federal do Brasil.

§ 6º O regime também se aplica às atividades de pesquisa e lavra de que trata a Lei nº 12.276, de 2010, e às atividades de exploração, avaliação, desenvolvimento e produção de que trata a Lei nº 12.351, de 2010 (Lei nº 12.276, de 2010, art. 6º; e Lei nº 12.351, de 2010, art. 61).

§ 7º O regime de admissão temporária poderá ser aplicado aos bens referidos no § 1º ainda que o local de destino não esteja definido, desde que:

I – permaneçam sem uso até seu efetivo emprego nas atividades de pesquisa e de lavra das jazidas de petróleo e de gás natural; e

II – sejam importados pelas pessoas jurídicas a que se referem os incisos I, I-A e I-B do § 1º do art. 461-A.

Regime aduaneiro especial **REPEX** – Regime Aduaneiro Especial de Importação de Petróleo Bruto e seus Derivados (importação de combustíveis para regular o mercado interno, com o compromisso de reexportação da mesma quantidade do mesmo produto) (art. 463, do RA):

> Art. 463. O regime aduaneiro especial de importação de petróleo bruto e seus derivados – REPEX é o que permite a importação

> desses produtos, com suspensão do pagamento dos impostos federais, da contribuição para o PIS/PASEP-Importação e da COFINS-Importação, para posterior exportação, no mesmo estado em que foram importados (Decreto-Lei nº 37, de 1966, art. 93, com a redação dada pelo Decreto-Lei nº 2.472, de 1988, art. 3º; e Lei nº 10.865, de 2004, art. 14).

Regime aduaneiro especial **REPORTO** – Regime Tributário para Incentivo à Modernização e à Ampliação da Estrutura Portuária (bens importados ou adquiridos no mercado interno, com vistas à modernização dos portos nacionais) (art. 471, do RA):

> Art. 471. O regime tributário para incentivo à modernização e à ampliação da estrutura portuária – REPORTO é o que permite, na importação de máquinas, equipamentos, peças de reposição e outros bens, a suspensão do pagamento do imposto de importação, do imposto sobre produtos industrializados, da contribuição para o PIS/PASEP-Importação e da COFINS-Importação, quando importados diretamente pelos beneficiários do regime e destinados ao seu ativo imobilizado para utilização exclusiva em portos na execução de serviços de carga, descarga, movimentação de mercadorias e dragagem, e na execução de treinamento e formação de trabalhadores em Centros de Treinamento Profissional (Lei nº 11.033, de 2004, arts. 13 e 14, caput, este com a redação dada pela Lei nº 11.726, de 23 de junho de 2008, art. 1º).
>
> § 1º O disposto no caput aplica-se também aos bens utilizados na execução de serviços de transporte de mercadorias em ferrovias, classificados nas posições 86.01, 86.02 e 86.06 da Nomenclatura Comum do Mercosul, e aos trilhos e demais elementos de vias férreas, classificados na posição 73.02 da Nomenclatura Comum do Mercosul (Lei nº 11.033, de 2004, art. 14, § 8º, com a redação dada pela Lei nº 11.774, de 2008, art. 5º).
>
> § 2º O disposto no caput e no § 1º aplica-se somente às importações realizadas até 31 de dezembro de 2011 (Lei nº 11.033, de 2004, art. 16, com a redação dada pela Lei nº 11.726, de 2008, art. 1º).
>
> § 3º A suspensão do pagamento do imposto de importação somente beneficiará bens sem similar nacional (Lei nº 11.033, de 2004, art. 14, § 4º).
>
> § 4º Os bens beneficiados pela suspensão referida no caput e no § 1º serão relacionados em ato normativo específico (Lei nº

11.033, de 2004, art. 14, §§ 7º e 8º, este com a com a redação dada pela Lei nº 11.774, de 2008, art. 5º).

§ 5º As peças de reposição referidas no caput deverão ter seu valor aduaneiro igual ou superior a vinte por cento do valor aduaneiro da máquina ou equipamento ao qual se destinam (Lei nº 11.033, de 2004, art. 14, § 9º, com a redação dada pela Lei nº 11.726, de 2008, art. 3º).

§ 6º Os veículos adquiridos ao amparo do regime deverão receber identificação visual externa a ser definida pela Secretaria Especial de Portos da Presidência da República (Lei nº 11.033, de 2004, art. 14, § 10º, com a redação dada pela Lei nº 11.726, de 2008, art. 3º).

Regime aduaneiro especial de **loja franca** (art. 476, do RA):

Art. 476. O regime aduaneiro especial de loja franca é o que permite a estabelecimento instalado em zona primária de porto ou de aeroporto alfandegado vender mercadoria nacional ou estrangeira a passageiro em viagem internacional, contra pagamento em moeda nacional ou estrangeira (DL 1.455/76, art. 15, caput).

Outra hipótese de loja franca está prevista no art. 15-A, do DL 1.455/76:

Art. 15-A. Poderá ser autorizada a instalação de lojas francas para a venda de mercadoria nacional ou estrangeira contra pagamento em moeda nacional ou estrangeira. (Incluído pela Lei nº 12.723, de 2012)

§ 1º A autorização mencionada no caput deste artigo poderá ser concedida às sedes de Municípios caracterizados como cidades gêmeas de cidades estrangeiras na linha de fronteira do Brasil, a critério da autoridade competente. (Incluído pela Lei nº 12.723, de 2012)

§ 2º A venda de mercadoria nas lojas francas previstas neste artigo somente será autorizada à pessoa física, obedecidos, no que couberem, as regras previstas no art. 15 e demais requisitos e condições estabelecidos pela autoridade competente. (Incluído pela Lei nº 12.723, de 2012)

> **Como esse assunto foi cobrado em concurso?**
> 
> **(ESAF/AFRF/2014)** Sobre os Regimes Aduaneiros Especiais, analise o item a seguir.
> 
> Poderá ser concedida autorização às sedes de Municípios caracterizados como cidades gêmeas de cidades estrangeiras na linha de fronteira do Brasil, a critério da autoridade competente, para a instalação de lojas francas para a venda de mercadoria nacional ou estrangeira contra pagamento em moeda nacional ou estrangeira. A venda de mercadoria nas referidas lojas francas somente será autorizada à pessoa física.
> 
> **Gabarito:** Correto, de acordo com o art. 15-A, do DL 1.455/76.

Regime aduaneiro de **depósito especial** (depósito específico de peças e componentes de equipamentos agrícolas e aviões) (art. 480, do RA):

> Art. 480. O regime aduaneiro de depósito especial é o que permite a estocagem de partes, peças, componentes e materiais de reposição ou manutenção, com suspensão do pagamento dos impostos federais, da contribuição para o PIS/PASEP-Importação e da COFINS-Importação, para veículos, máquinas, equipamentos, aparelhos e instrumentos, estrangeiros, nacionalizados ou não, e nacionais em que tenham sido empregados partes, peças e componentes estrangeiros, nos casos definidos pelo Ministro de Estado da Fazenda (DL 37/66, art. 93, e Lei 10.865/04, art. 14).

Regime aduaneiro especial de **depósito afiançado** (depósito de equipamentos de manutenção e reparo de aeronaves destinados ao transporte internacional) (art. 488, do RA):

> Art. 488. O regime aduaneiro especial de depósito afiançado é o que permite a estocagem, com suspensão do pagamento dos impostos federais, da contribuição para o PIS/PASEP-Importação e da COFINS-Importação, de materiais importados sem cobertura cambial, destinados à manutenção e ao reparo de embarcação ou de aeronave pertencentes a empresa autorizada a operar no transporte comercial internacional, e utilizadas nessa atividade (DL 37/66, art. 93, e Lei 10.865/04, art. 14).

Regime de **depósito alfandegado certificado** (depósito de mercadorias nacionais exportadas, cuja entrega ocorre em território nacional) (art. 493, do RA):

> Art. 493. O regime de depósito alfandegado certificado é o que permite considerar exportada, para todos os efeitos fiscais, creditícios e cambiais, a mercadoria nacional depositada em recinto alfandegado, vendida a pessoa sediada no exterior, mediante contrato de entrega no território nacional e à ordem do adquirente (DL 2.472/88, art. 6º).

Regime de **depósito franco** (depósitos de bens destinados a países que não possuem porto, como o Paraguai) (art. 499 e seg, do RA):

> Art. 499. O regime aduaneiro especial de depósito franco é o que permite, em recinto alfandegado, a armazenagem de mercadoria estrangeira para atender ao fluxo comercial de países limítrofes com terceiros países.
>
> Art. 500. O regime de depósito franco será concedido somente quando autorizado em acordo ou convênio internacional firmado pelo Brasil.
>
> Art. 501. Será obrigatória a verificação da mercadoria admitida no regime:
>
> I – cuja permanência no recinto ultrapasse o prazo estabelecido pela Secretaria da Receita Federal do Brasil; ou
>
> II – quando houver fundada suspeita de falsa declaração de conteúdo.

▶ **Como esse assunto foi cobrado em concurso?**

(ESAF/AFRF/2009) O regime aduaneiro especial que contempla a estocagem de partes, peças e materiais de reposição ou manutenção, com suspensão do pagamento dos impostos federais, da contribuição para o PIS/PASEP – Importação e da COFINS importação, para veículos, máquinas, equipamentos, aparelhos e instrumentos estrangeiros, nacionalizados ou não, e nacionais em que tenham sido empregados partes, peças e componentes estrangeiros, nos casos definidos pelo Ministro da Fazenda, é conhecido como:

a) depósito alfandegado,
b) trânsito aduaneiro,
c) depósito especial,
d) loja franca,
e) depósito alfandegado certificado.

*Gabarito:* C, de acordo com o art. 480, do Regulamento Aduaneiro, o art. 93, do DL 37/66, e o art. 14, da Lei 10.865/04.

Para maiores detalhes acerca destes regimes especiais, recomendamos a leitura do Regulamento Aduaneiro.

## 2.8. Zona Franca de Manaus, Áreas de Livre Comércio e Zonas de Processamento de Exportação

### 2.8.1. Zona Franca de Manaus

A Zona Franca de Manaus – ZFM é uma área de livre comercio administrada por uma autarquia (a Superintendência da Zona Franca de Manaus – SUFRAMA), vinculada ao Ministério do Planejamento.

A SUFRAMA define a ZFM como "um modelo de desenvolvimento econômico implantado pelo governo brasileiro objetivando viabilizar uma base econômica na Amazônia Ocidental, promover a melhor integração produtiva e social dessa região ao país, garantindo a soberania nacional sobre suas fronteiras" (Disponível em: http://www.suframa.gov.br/zfm_o_que_e_o_projeto_zfm.cfm, acesso em: 28/2/2013).

A ZFM fora criada pela Lei 3.173/57, ainda sem as características atuais, presentes a partir do DL 288/67 e do DL 291/67, com a previsão de um regime fiscal próprio, com isenções de tributos.

A ZFM goza de status constitucional, ao menos no que toca ao prazo de duração, até 2023, nos termos dos art. 40, c/c art. 92, do ADCT.

> Art. 40. É mantida a Zona Franca de Manaus, com suas características de área livre de comércio, de exportação e importação, e de incentivos fiscais, pelo prazo de vinte e cinco anos, a partir da promulgação da Constituição.
> Parágrafo único. Somente por lei federal podem ser modificados os critérios que disciplinaram ou venham a disciplinar a aprovação dos projetos na Zona Franca de Manaus.
> Art. 92. São acrescidos dez anos ao prazo fixado no art. 40 deste Ato das Disposições Constitucionais Transitórias (acrescido pela EC 42/2003)

Entre as leis que regulam a ZFM, citam-se a Lei 10.176/01 e a Lei 11.077/04. Contudo, diversas outras leis, especialmente sobre tributos federais como o IR, o IPI, o PIS e a COFINS tratam da matéria.

No Regulamento Aduaneiro, a ZFM é disciplinada nos art. 504 e seg. Vejamos, para fins conceituais, o que diz o art. 504, do RA:

Art. 504. A Zona Franca de Manaus é uma área de livre comércio de importação e de exportação e de incentivos fiscais especiais, estabelecida com a finalidade de criar no interior da Amazônia um centro industrial, comercial e agropecuário, dotado de condições econômicas que permitam seu desenvolvimento, em face dos fatores locais e da grande distância a que se encontram os centros consumidores de seus produtos.

São benefícios fiscais vigentes na área da ZFM, os seguintes incentivos baseados em tributos federais, além de outros baseados em tributos estaduais e municipais:

- Redução de até 88% do Imposto de Importação (II) sobre os insumos destinados à industrialização;
- Isenção do Imposto sobre Produtos Industrializados (IPI);
- Redução de 75% do Imposto de Renda de Pessoa Jurídica, inclusive adicionais de empreendimentos classificados como prioritários para o desenvolvimento regional, calculados com base no Lucro da Exploração até 2013; e
- Isenção da contribuição para o PIS/PASEP e da Cofins nas operações internas na Zona Franca de Manaus.

Disponível em: ‹http://www.suframa.gov.br/zfm_incentivos.cfm›, acesso em 28/2/2013.

A entrada de mercadorias importadas do exterior ou do Brasil na ZFM (internação) é isenta do imposto de importação e do IPI quando destinadas a consumo interno, industrialização em qualquer grau, inclusive beneficiamento, agropecuária, pesca, instalação e operação de indústrias e serviços de qualquer natureza, bem como a estocagem para reexportação, exceto armas, munições, fumos, bebidas alcoólicas e automóveis. Perfumes, cosméticos e outros são isentos apenas se destinados a consumo interno ou se produzidos com matérias primas da região (art. 505, do RA).

Tais produtos sofrem, em regra, a incidência do **imposto de importação** quando são remetidas para o território aduaneiro nacional. A incidência é proporcional quando a mercadoria estrangeira é utilizada como matéria prima de produto que também utilize insumos locais (art. 512, do RA).

Há **isenção do IPI** para as mercadorias produzidas na ZFM que se destinarem ao consumo interno ou ao território aduaneiro, exceto para armas, munições, fumos, bebidas alcoólicas, automóveis, perfumes etc (art. 513, do RA).

Também há isenção do imposto de exportação para as mercadorias produzidas na ZFM e exportadas para o exterior (art. 515, do RA).

São bastante explícitos os art. 4º a 6º, do DL 288/67:

> Art 4º A exportação de mercadorias de origem nacional para consumo ou industrialização na Zona Franca de Manaus, ou reexportação para o estrangeiro, será para todos os efeitos fiscais, constantes da legislação em vigor, equivalente a uma exportação brasileira para o estrangeiro.
>
> Art 5º A exportação de mercadorias da Zona Franca para o estrangeiro, qualquer que seja sua origem, está isenta do impôsto de exportação.
>
> Art 6º As mercadorias de origem estrangeira estocadas na Zona Franca, quando saírem desta para comercialização em qualquer ponto do território nacional, ficam sujeitas ao pagamento de todos os impostos de uma importação do exterior, a não ser nos casos de isenção prevista em legislação específica.

Os benefícios fiscais da ZFM se estendem a pontos da Amazônia Ocidental (Amazonas, Acre, Rondônia e Roraima) especificados na legislação, para produtos de origem estrangeira, segundo pauta fixada pelos Ministros de Estado da Fazenda e do Desenvolvimento, Indústria e Comércio Exterior, especialmente para motores marítimos, máquinas e implementos para agropecuária, máquinas para instalações industriais e construção rodoviária, materiais de construção, alimentos e medicamentos.

Dois outros institutos merecem ser citados: as áreas de livre comércio e as zonas de processamento de exportação.

### 2.8.2. Áreas de livre comércio

São áreas de livre comércio de importação e de exportação aquelas estabelecidas sob regime fiscal especial, com a finalidade de promover o desenvolvimento de áreas fronteiriças específicas da Região Norte do País e de incrementar as relações bilaterais com os países vizinhos, segundo a política de integração latino-americana.

Os produtos estrangeiros ingressam nas áreas de livre comércio com suspensão do imposto de importação e do imposto sobre produtos industrializados. A suspensão se converte em isenção quando os produtos são utilizados para consumo interno, para exportação ou para a atividade de turismo. Também há a conversão quando os produtos são aplicados em setores da agropecuária e psicultura, construção e reparo naval, ou industrialização, dependendo da área de livre comércio.

### 2.8.3. Zonas de Processamento de Exportação – ZPE

As zonas de processamento de exportação são áreas de livre comércio de importação e de exportação, em benefício de empresas voltadas para a venda de produtos para o exterior, vale dizer, empresas exportadoras.

A finalidade destas áreas é promover a redução das desigualdades econômicas regionais, o desenvolvimento tecnológico nacional e o desenvolvimento sócio econômico do país.

Os incentivos das ZPEs são mais amplos que os das áreas de livre comércio, pois abrange também mercadorias destinadas a incorporar ao ativo imobilizado das empresas e se estende ao imposto de importação, ao imposto sobre produtos industrializados, à COFINS-Importação, ao PIS/PASEP-Importação e ao adicional ao frete para renovação da marinha mercante – AFRMM.

O mecanismo dos incentivos das ZPEs, contudo é similar. A mercadoria ingressa nas ZPEs com suspensão dos tributos e a suspensão se converte em alíquota zero, que nulifica o dever tributário, desde que atendidos os requisitos do benefício.

### 2.9. Administração, lançamento e controle do imposto

O imposto de importação está sujeito a **lançamento por homologação**, conforme se manifestam a literatura e a jurisprudência, a exemplo da decisão proferida pela Segunda Turma do STJ, no REsp 1.291.018/MG. Ademais, em regra, o importador tem o dever de antecipar o pagamento, sem o prévio exame da autoridade administrativa, o que corresponde à previsão do art. 150, do CTN.

Na sistemática do imposto, o contribuinte declara a importação, paga o imposto na data do registro da declaração à taxa de câmbio deste mesmo dia.

Quando a mercadoria chega ao Brasil, está sujeita aos controles da Receita Federal, notadamente à conferência aduaneira, que é a verificação de adequação e pertinência da declaração do importador ao bem importado.

Ao concordar com o conteúdo da declaração do importador, a autoridade aduaneira desembaraça, libera a mercadoria para o importador. Se não concordar com a declaração e com o pagamento, efetua lançamento complementar.

Exceção, objeto de questão recente, é o imposto sobre **bagagem acompanhada**. Neste caso, o viajante (importador) é obrigado a apresentar uma declaração, com base na qual a autoridade realiza o lançamento por declaração, nos termos do art. 147, do CTN. O contribuinte pode antecipar o pagamento, o que agiliza o despacho aduaneiro, mas não é obrigado a realizar tal antecipação, o que afasta a regra do art. 150, do CTN, de lançamento por homologação.

> ▶ **Como esse assunto foi cobrado em concurso?**
>
> **(MPF – Procurador da República/2015).** Assinale certo ou errado:
>
> É tributo lançado por declaração no âmbito federal o Imposto de Importação sobre Bagagem Acompanhada.
>
> **Gabarito:** Certo. Uma exceção nos tributos federais, a tributação da bagagem acompanhada ocorre com a apresentação de uma declaração e o contribuinte não é obrigado a antecipar o pagamento, conduta que caracteriza o lançamento por homologação.

Outra exceção é a **tributação simplificada das remessas postais**, ao menos nos casos em que o exportador não antecipa o pagamento. Nesta situação, o importador, destinatário da encomenda, recebe um aviso dos correios acerca da chegada do bem importado e, para recebê-lo, deve pagar o tributo devido de acordo com o documento de arrecadação previamente emitido pela autoridade administrativa. O lançamento será classificado no art. 147, do CTN (por declaração), se baseado na declaração do exportador (terceiro) ou no art. 149, do Código, se não for baseado nesta declaração. Não haverá lançamento por homologação, pois não há a obrigação de se antecipar o pagamento ao exame da autoridade fiscal.

O art. 44, do DL 37/66 impõe a necessidade do **despacho aduaneiro**, que vem a ser, nos termos do art. 542, do RA, "o procedimento mediante o qual é verificada a exatidão dos dados declarados pelo importador em relação à mercadoria importada, aos documentos apresentados e à legislação específica" e impõe o início do procedimento por declaração do importador. Leia-se:

> Art.44 – Toda mercadoria procedente do exterior por qualquer via, destinada a consumo ou a outro regime, sujeita ou não ao pagamento do imposto, deverá ser submetida a despacho aduaneiro, que será processado com base em declaração apresentada à repartição aduaneira no prazo e na forma prescritos em regulamento.

O art. 46, do DL 37/66, disciplina os **documentos que devem instruir o despacho de importação**, elencando a prova de posse ou propriedade da mercadoria e a fatura comercial, que pode ser substituída pelo conhecimento aéreo.

Despacho de importação, documentos principais:

- Licença de importação (se necessária); art. 550, do RA;
- Declaração de importação (identificação do importador; identificação, classificação, valor aduaneiro e origem da mercadoria (art. 551, do RA), acompanhada (art. 553, do RA):
- da via original do conhecimento de carga ou documento de efeito equivalente;
- da via original da fatura comercial, assinada pelo exportador; (*invoice*);
- do comprovante de pagamento dos tributos, quando exigíveis.

Algumas mercadorias não podem ser importadas. Outras estão sujeitas a regramento específico e a restrições quantitativas e regulamentares. Nestes casos, a importação fica condicionada aos limites e procedimentos legais, devendo o importador providenciar as autorizações necessárias.

Parte essencial do despacho aduaneiro é a **conferência das mercadorias** importadas e seu cotejo com a documentação providenciada pelo importador. Sobre a conferência aduaneira, dispõe o art. 50, do DL 37/66:

> Art. 50. A verificação de mercadoria, na conferência aduaneira ou em outra ocasião, será realizada por Auditor-Fiscal da Receita Federal do Brasil ou, sob a sua supervisão, por Analista-Tributário, na presença do viajante, do importador, do exportador ou de seus representantes, podendo ser adotados critérios de seleção e amostragem, de conformidade com o estabelecido pela Secretaria da Receita Federal do Brasil.

Por sua vez, define o art. 564, do RA:

> Art. 564. A conferência aduaneira na importação tem por finalidade identificar o importador, verificar a mercadoria e a correção das informações relativas a sua natureza, classificação fiscal, quantificação e valor, e confirmar o cumprimento de todas as obrigações, fiscais e outras, exigíveis em razão da importação.

▶ **Como esse assunto foi cobrado em concurso?**
(ESAF/Analista da Receita Federal/2012). Sobre os procedimentos gerais de importação e de exportação, analise os itens a seguir, classificando-os como verdadeiros (V) ou falsos (F).

I. O despacho aduaneiro de importação poderá ser efetuado apenas em zona primária.

II. A declaração de importação é o documento base do despacho de importação e será instruída com a via original do conhecimento de carga ou documento de efeito equivalente; a via original da fatura comercial, assinada pelo exportador; o comprovante de pagamento dos tributos, se exigível; e outros documentos exigidos em decorrência de acordos internacionais ou por força de lei, de regulamento ou de outro ato normativo.

III. A conferência aduaneira na importação poderá ser realizada na zona primária ou na zona secundária.

IV. A verificação de mercadoria, na conferência aduaneira ou em outra ocasião, será realizada por Auditor-Fiscal da Receita Federal do Brasil ou, sob a sua supervisão, por Analista-Tributário, na presença do viajante, do importador, do exportador ou de seus representantes, podendo ser adotados critérios de seleção e amostragem, de conformidade com o estabelecido pela Secretaria da Receita Federal do Brasil. Na hipótese de mercadoria depositada em recinto alfandegado, a verificação deverá ser realizada na presença do importador ou do exportador.

**Gabarito:** São verdadeiros somente os itens II e III.

O despacho aduaneiro não é apenas um ato, mas um processo (conjunto de atos) e alguns atos deste processo podem ser realizados em zona primária (ex. porto) e outros em outros locais do território brasileiro. Já o despacho de importação poderá ser efetuado em zona primária (portos, aeroportos, e pontos de fronteira alfandegados) ou em zona secundária (portos secos e armazéns de encomendas postais internacionais). Errado o item I e, pelas mesmas razões, certo o item III.

Errado o item IV, pois, nos termos do § 1º, do art. 50, do DL 37/66, está dispensada a presença do importador ou do exportador, hipótese de mercadoria depositada em recinto alfandegado, podendo a verificação ser realizada na presença do depositário ou de seus prepostos. Correto também o item I (art. 44, do CL 37/66 e art. 553, do RA)

O art. 54 da Lei 13.043/14 criou **novas regras para o despacho aduaneiro**, com antecipação da entrega da mercadoria, nas hipóteses de **calamidade pública**.

O ato definitivo do despacho aduaneiro é o **desembaraço aduaneiro**, ato pelo qual é registrada a conclusão da conferência aduaneira e que precede a liberação da mercadoria importada. O desembaraço pressupõe a correção da declaração do importador bem como a inexistência de exigências fiscais. Havendo infrações sanáveis e imposto a pagar, o desembaraço fica condicionado à regularização da pendência, conforme o art. 51, do DL 37/66.

O DL 37/66 reporta-se ao regulamento para estabelecer **procedimentos para simplificação do despacho aduaneiro** (art. 52, do DL 37/66; RTS, RTU; RTE), bem como para dispor sobre os casos em que a mercadoria poderá ser posta à disposição do importador antecipadamente ao desembaraço (art. 51, § 2º, do DL 37/66)

O art. 54, do DL 37/66, disciplina a **revisão do lançamento**.

> Art. 54 – A apuração da regularidade do pagamento do imposto e demais gravames devidos à Fazenda Nacional ou do benefício fiscal aplicado, e da exatidão das informações prestadas pelo importador será realizada na forma que estabelecer o regulamento e processada no prazo de 5 (cinco) anos, contado do registro da declaração de que trata o art.44 deste Decreto-Lei.

Definiu o STJ, porém, que somente **pode haver revisão do despacho aduaneiro** por erro na especificação da mercadoria, não por erro na indicação da lei aplicável.

> ▶ **Entendimento do STJ**
>
> 1. Hipótese em que se discute se a indicação, pelo contribuinte, de legislação errônea na Declaração de Importação devidamente recebida pela autoridade alfandegária consiste em erro de fato e, portanto, pode dar ensejo à posterior revisão, pela Fazenda, do tributo devido; ou se trata-se de mudança de critério jurídico, cuja revisão é vedada pelo CTN.
>
> 2. A jurisprudência desta Corte é pacífica no sentido de que o erro de direito (o qual não admite revisão) é aquele que decorre da aplicação incorreta da norma. Precedentes. Por outro lado, o erro de fato é aquele consubstanciado "na inexatidão de dados fáticos, atos ou negócios que dão origem à obrigação tributária" (EDcl no REsp 1174900/RS, Rel. Ministro Mauro Campbell Marques, Segunda Turma, DJe 09/05/2011).

> 3. Da análise dos autos, verifica-se que ocorreu a indicação de legislação equivocada no momento da internalização da mercadoria, o que culminou com o pagamento da alíquota em valor reduzido, de sorte que não houve engano a respeito da ocorrência ou não de determinada situação de fato, mas sim em relação à norma incidente na situação, como, aliás, registrou o acórdão recorrido. Assim, não há falar em possibilidade de revisão do lançamento no caso dos autos, mormente porque, ao desembaraçar o bem importado, o fisco tem, ao menos em tese, a oportunidade de conferir as informações prestadas pelo contribuinte em sua declaração.
>
> (STJ, T1, AgRg no Ag 1.422.444/AL, Min. BENEDITO GONÇALVES, DJe de 11/10/2012)

De outro giro, a **legislação prevê o cancelamento da declaração de importação**, seja por iniciativa do contribuinte, seja por iniciativa do Fisco.

De acordo com a legislação (Norma Relativa ao Despacho Aduaneiro de Mercadorias, Artigo 32, item 1, aprovada pela Decisão CMC nº 50, de 2004, aprovada pelo Decreto 6.870/09), a autoridade aduaneira poderá cancelar declaração de importação já registrada. A iniciativa do cancelamento será da autoridade aduaneira quando verificar divergência entre a declaração e os documentos apresentados pelo importador e a mercadoria importada, se o fato não constituir ilícito aduaneiro e se a divergência não puder ser sanada, hipótese para a qual se exigirá garantia (art. 73, do anexo ao Decreto 6.870/09).

O imposto pago pode ser restituído em certas hipóteses. Leia-se o art. 110, do RA:

> Art. 110. Caberá restituição total ou parcial do imposto pago indevidamente, nos seguintes casos:
>
> I – diferença, verificada em ato de fiscalização aduaneira, decorrente de erro (Decreto-Lei no 37, de 1966, art. 28, inciso I):
>
> a) de cálculo;
>
> b) na aplicação de alíquota; e
>
> c) nas declarações quanto ao valor aduaneiro ou à quantidade de mercadoria;
>
> II – verificação de extravio ou de avaria (Decreto-Lei nº 37, de 1966, art. 28, caput, inciso II);
>
> III – verificação de que o contribuinte, à época do fato gerador, era beneficiário de isenção ou de redução concedida em

> caráter geral, ou já havia preenchido as condições e os requisitos exigíveis para concessão de isenção ou de redução de caráter especial; e
> IV – reforma, anulação, revogação ou rescisão de decisão condenatória.

A restituição do imposto pago indevidamente poderá ser feita de ofício, a requerimento, ou mediante utilização do crédito na compensação de débitos do importador (art. 112, do RA).

> ▶ **Como esse assunto foi cobrado em concurso?**
> **(ESAF/AFRF/2014)** Sobre o Imposto de Importação, avalie:
> Caberá restituição total ou parcial do imposto pago indevidamente, a qual poderá ser processada de ofício, nos casos de verificação de extravio ou de avaria.
> *Gabarito:* Correto (art. 110 e 112, do RA e art. 18, do DL 37/66).

### 2.10. Pena de perdimento de bens

As leis aduaneiras, em especial o DL 37/66, preveem diversas penalidades. Abordar todas elas é tarefa para obras específicas, dada a amplitude da matéria. Contudo, vale destacar a pena de perdimento de bens, tanto pela gravidade da infração quanto pelo debate jurisprudencial em torno do tema. Prevê o art. 96, do DL 37/66:

> Art. 96 – As infrações estão sujeitas às seguintes penas, aplicáveis separada ou cumulativamente:
> I – perda do veículo transportador;
> II – perda da mercadoria;
> III – multa;
> IV – proibição de transacionar com repartição pública ou autárquica federal, empresa pública e sociedade de economia mista.

A penalidade mais comum no direito tributário é, sem dúvidas, a multa.

No âmbito do **direito aduaneiro**, contudo, a pena de **multa** pode se mostrar **insuficiente**, pois o **bem jurídico tutelado pelas normas alfandegárias não é apenas o patrimônio público, mas a própria economia nacional**.

Deveras, a importação pode prejudicar a produção nacional e, por este motivo, a legislação aduaneira pode criar mecanismos de proteção aos agentes econômicos internos, finalidade que se sobrepõe à arrecadação tributária.

Nas infrações às regras dos tributos em geral, a penalidade de multa é suficiente, pois apresenta como funções desestimular a prática infracional, punir as infrações cometidas e compensar os cofres públicos pela infração, que afeta o patrimônio público. Não sendo este o único bem jurídico protegido pelo imposto de importação, o legislador estabeleceu a pena de perdimento de bens, no sentido de impedir que o produto importado irregularmente ofereça concorrência ao mercado nacional.

De outro turno, não faria sentido a tipificação do contrabando ou do descaminho, se o desrespeito à legislação aduaneira fosse considerado mera irregularidade sanável pelo pagamento da multa no âmbito administrativo.

A lei, portanto, prevê a pena de perdimento de bens, para as diversas infrações previstas pelo art. 105, do DL 37/66. O artigo é extenso, mas vale a transcrição:

> Art. 105 - Aplica-se a pena de perda da mercadoria:
>
> I - em operação de carga já carregada, em qualquer veículo ou dele descarregada ou em descarga, sem ordem, despacho ou licença, por escrito da autoridade aduaneira ou não cumprimento de outra formalidade especial estabelecida em texto normativo;
>
> II - incluída em listas de sobressalentes e previsões de bordo quando em desacordo, quantitativo ou qualificativo, com as necessidades do serviço e do custeio do veículo e da manutenção de sua tripulação e passageiros;
>
> III - oculta, a bordo do veículo ou na zona primária, qualquer que seja o processo utilizado;
>
> IV - existente a bordo do veículo, sem registro um manifesto, em documento de efeito equivalente ou em outras declarações;
>
> V - nacional ou nacionalizada em grande quantidade ou de vultoso valor, encontrada na zona de vigilância aduaneira, em circunstâncias que tornem evidente destinar-se a exportação clandestina;
>
> VI - estrangeira ou nacional, na importação ou na exportação, se qualquer documento necessário ao seu embarque ou desembaraço tiver sido falsificado ou adulterado;

VII - nas condições do inciso anterior possuída a qualquer título ou para qualquer fim;

VIII - estrangeira que apresente característica essencial falsificada ou adulterada, que impeça ou dificulte sua identificação, ainda que a falsificação ou a adulteração não influa no seu tratamento tributário ou cambial;

IX - estrangeira, encontrada ao abandono, desacompanhada de prova de pagamento dos tributos aduaneiros, salvo as do art. 58;

X - estrangeira, exposta à venda, depositada ou em circulação comercial no país, se não for feita prova de sua importação regular;

XI - estrangeira, já desembaraçada e cujos tributos aduaneiros tenham sido pagos apenas em parte, mediante artifício doloso;

XII - estrangeira, chegada ao país com falsa declaração de conteúdo;

XIII - transferida a terceiro, sem o pagamento dos tributos aduaneiros e outros gravames, quando desembaraçada nos termos do inciso III do art. 13;

XIV - encontrada em poder de pessoa natural ou jurídica não habilitada, tratando-se de papel com linha ou marca d'água, inclusive aparas;

XV - constante de remessa postal internacional com falsa declaração de conteúdo;

XVI - fracionada em duas ou mais remessas postais ou encomendas aéreas internacionais visando a elidir, no todo ou em parte, o pagamento dos tributos aduaneiros ou quaisquer normas estabelecidas para o controle das importações ou, ainda, a beneficiar-se de regime de tributação simplificada; (Inciso com redação dada pelo Decreto-Lei nº 1.804, de 03/09/1980)

XVII - estrangeira, em trânsito no território aduaneiro, quando o veículo terrestre que a conduzir, desviar-se de sua rota legal, sem motivo justificado; (Vide Medida Provisória nº 38, de 13.5.2002)

XVIII - estrangeira, acondicionada sob fundo falso, ou de qualquer modo oculta;

XIX - estrangeira, atentatória à moral, aos bons costumes, à saúde ou ordem públicas.

A diversidade das hipóteses de perdimento de bens previstas pela lei demonstra que o **bem jurídico tutelado supera a mera for-**

mação do patrimônio público. Nelas, a lei procura cercar os procedimentos de importação para garantir tanto a lisura do procedimento, a arrecadação dos tributos devidos, a proteção da economia nacional e também inclui outros valores, como a saúde pública, entre os bens sob sua proteção.

Ademais da **proteção do interesse coletivo** (proteção do mercado nacional, da saúde pública, do meio ambiente etc.) justifica a pena de perdimento de bens o princípio da soberania, face a aquisição da propriedade. O direito de propriedade no território nacional decorre das leis internas, de modo que o Código Civil reconhece a transferência e aquisição da propriedade de bens móveis pela tradição. Quando o objeto da propriedade é proveniente de território estrangeiro, a soberania nacional se impõe à aquisição da propriedade, que somente se aperfeiçoa com o fiel cumprimento da legislação aduaneira.

Em outros termos, em se tratando de mercadoria importada, o direito somente reconhece a propriedade àquele que cumpriu a legislação aduaneira.

Naturalmente que não se poderia aceitar a aplicação da pena de perdimento sob o argumento de inexistência da aquisição da propriedade, sem o respeito ao princípio do devido processo legal. Dessa forma, diante da constatação de ilícito aduaneiro pelas autoridades competentes, instaura-se o devido procedimento, para que o interessado prove a regularidade de sua conduta.

A pena de perdimento está adstrita, contudo, a **irregularidades na importação** (ainda que apurada na zona secundária), não nas operações internas.

> ▶ **Entendimento do STJ**
>
> 1. O desembaraço da mercadoria importada não impede a aplicação do regulamento aduaneiro nos casos em que se verificar alguma ilegalidade na sua importação.
>
> 2. A pena de perdimento de mercadoria, prevista no art. 105 do Decreto-Lei 37/66, aplica-se apenas a infração às normas que disciplinam o comércio exterior e o recolhimento do Imposto de Importação.
>
> 3. Eventual irregularidade em operação interna de circulação de mercadoria importada regularmente não pode ser punida com a pena de perdimento.
>
> 4. Agravo Regimental da FAZENDA NACIONAL desprovido.
>
> (STJ, T1, AgRg no AgRg no REsp 976.365/PE, Min. NAPOLEÃO NUNES MAIA FILHO, DJe de 16/12/2013)

Fora do âmbito do direito aduaneiro, parece-nos, somente poderá haver pena de perdimento na esfera do processo penal, não na esfera administrativa, não se devendo confundir a pena de perdimento com o abandono de mercadoria, que não constitui penalidade e é instituto de direito civil.

De outro lado, parece-nos importante apartar a pena de perdimento de bens do direito aduaneiro das chamadas sanções políticas, tratadas pela Súmula 323, do STF, que veda a apreensão de mercadoria como forma de coagir o contribuinte ao pagamento de tributo.

A Súmula 323 do STF fora editada a partir de precedente julgado em 1961, em que determinado município procurava, com base no Código Tributário revogado, apreender arbitrariamente mercadoria como forma de coagir o contribuinte ao pagamento de tributo. A hipótese vedava a apreensão de mercadoria (qualquer mercadoria) do contribuinte que não pagasse impostos (qualquer imposto), quando não havia qualquer ilicitude na aquisição da mercadoria apreendida. Este o abuso: a autoridade fiscal não precisava demonstrar a ilicitude na aquisição da mercadoria pelo contribuinte para apreendê-la, bastando a mora no pagamento de tributo, mesmo não relacionado com a mercadoria apreendida.

Não é o que se passa com a pena de perdimento no direito aduaneiro, precedida da apreensão da mercadoria ou do bem. Nestes casos, a autoridade fiscal detecta ilicitude ocorrida no processo de importação da própria mercadoria e a apreensão, com eventual aplicação da pena de perdimento, não visa o pagamento do tributo, mas a punição por irregularidade que afeta a economia nacional e as demais regras aduaneiras.

Assim, há que se distinguir a sanção política verdadeira e abusiva, na apreensão de mercadorias sem que haja ilícito envolvendo a própria mercadoria, das apreensões de mercadoria em função de ilícito a ela relacionada, seja o ilícito sanável ou insanável, hipótese que caminha para a aplicação da pena de perdimento.

Também **não há sanção política na exigência do pagamento do próprio tributo para desembaraço aduaneiro.**

▶ **Entendimento do STJ**

1. Não há a alegada violação do art. 458 e 535 do CPC, uma vez que, fundamentadamente, o Tribunal de origem abordou a questão central

levada a conhecimento, qual seja, a suposta ilegalidade do ato de retenção da mercadoria importada, concluindo, nesse contexto, que não havia nenhuma ilegalidade, uma vez que a autoridade aduaneira limitou-se a exigir o Imposto de Importação devido no ato do desembaraço aduaneiro.

(STJ, T2, AgRg no REsp 1.543.474/CE, Min. HUMBERTO MARTINS, DJe de 16/10/2015)

Vale ressaltar que a jurisprudência reconhece a possibilidade de pena de perdimento em diversas situações, a exemplo do subfaturamento doloso do preço da mercadoria, mas, nos termos da lei, não admite a conjugação da pena de perdimento com o pagamento do imposto.

▶ **Entendimento do STJ**

2. O art. 1º, § 4º, III, do Decreto-Lei n. 37/1966 dispõe que o imposto de importação não incidirá na hipótese de pena de perdimento.

3. Embora a regra de tributação possa atingir o produto patrimonial de uma atividade ilícita, ela não pode tomar como hipótese para a incidência do tributo uma atividade ilícita. Ou seja, se o ato ou negócio ilícito for subjacente à norma de tributação – estiver na periferia da regra de incidência -, surgirá a obrigação tributária com todas as consequências que lhe são inerentes. Por outro lado, não se admite que o ato ou negócio ilícito figure como elemento essencial da norma de tributação.

4. "Assim, por exemplo, a renda obtida com o tráfico de drogas deve ser tributada, já que o que se tributa é o aumento patrimonial e não o próprio tráfico. Nesse caso, a ilicitude é circunstância acidental à norma de tributação. No caso de importação ilícita, reconhecida a ilicitude e aplicada a pena de perdimento, não poderá ser cobrado o imposto de importação, já que 'importar mercadorias' é elemento essencial do tipo tributário. Assim, a ilicitude da importação afeta a própria incidência da regra tributária no caso concerto"

(REsp 984.607/PR, Rel. Ministro CASTRO MEIRA, SEGUNDA TURMA, DJe de 5/11/2008).

1. Da análise do acervo fático dos autos, concluiu o Tribunal de origem que a pena de perdimento era legítima, visto que "restou suficientemente demonstrado que a falsidade da fatura comercial e packing list veio acompanhada de falsa declaração de conteúdo, descrição e peso da mercadoria, atos praticados com ânimo fraudulento, não havendo falar em boa-fé do importador. Logo, encontrando-se o subfaturamento

acompanhado de indícios de fraude na operação, revelando intuito manifestamente doloso com o objetivo de burlar o fisco, inexiste ilegalidade no ato administrativo que aplicou a pena de perdimento".
(STJ, T2, REsp 1.467.306/PR Min. HUMBERTO MARTINS, DJe de 24/3/2015)

De fato, se o ato (a importação) é por qualquer razão ilícita, não cabe a incidência tributária, de acordo com a própria definição de tributo, constante do art. 3º, do CTN.

## 3. IMPOSTO DE EXPORTAÇÃO

O imposto de exportação, praticamente em desuso no Brasil, é regido pelo DL 1.578/77 e regulamentado pelo RA.

As exportações, ao revés de serem tributadas, recebem múltiplos benefícios, notadamente de desoneração tributária, como dão conta os diversos incentivos fiscais na exportação.

Ainda há, porém, hipóteses vigentes de incidência do imposto.

### 3.1. Aspecto material

O fato gerador do imposto é a saída de produto nacional ou nacionalizado, não apenas de mercadoria, do território nacional (art. 1º, do DL 1.578/77).

Entre os poucos exemplos de incidência atual do imposto, podemos citar aquela relativa à exportação de armas e munições do Brasil para a América do Sul e América Central, à alíquota de 150% e a exportação de couros e peles de bovinos, à alíquota de 9%.

> Resolução CAMEX 17/2001
>
> Art. 1º Os produtos classificados no capítulo 93 da Nomenclatura Comum do MERCOSUL (Armas e munições; suas partes e acessórios), quando exportados para a América do Sul e América Central, inclusive Caribe, ficam sujeitos ǂ incidência do Imposto de Exportação à alíquota de cento e cinquenta por cento.
>
> Resolução CAMEX 42/2006
>
> Art. 1. Os couros e peles curtidos de bovinos (incluídos os búfalos), depilados, mesmo divididos, mas não preparados de outra forma, classificados nas posições 4104.11 e 4104.19 da Nomenclatura Comum do Mercosul – NCM, ficam sujeitos à incidência do Imposto de Exportação à alíquota de 9% (nove por cento).

As alíquotas são fixadas pela CAMEX, da mesma forma que no imposto de importação, por delegação de competência julgada constitucional pelo Pleno do STF, no julgamento do RE 570.680/RS, com repercussão geral, em decisão publicada em 28/10/2009.

Um tema que tem sido discutido no âmbito do **imposto de exportação**, é a extensão do benefício do *drawback* (originariamente voltado para o **imposto de importação**).

Como vimos, o *drawback* é incentivo a importação que impede a incidência do imposto de importação sobre o produto que será posteriormente exportado.

Não obstante, advogou-se que o benefício também deveria abranger o imposto de exportação, caso existente, tendo em vista a natureza do *drawback*.

O STJ, contudo, sem desqualificar o *drawback*, entendeu que seus **efeitos atingem apenas o imposto de importação**, sendo legítima a incidência do imposto de exportação, mesmo que os insumos tenham sido importados com suspensão ou isenção do imposto. Tanto para a Primeira quanto para a Segunda Turmas do Tribunal, não há norma expressa que isente o pagamento do imposto de exportação neste caso (REsp 1.313.705/PR e REsp 1.255.823/PB).

### 3.2. Aspecto temporal

Conforme o § 1º, do art. 1º, do DL 1578/77, "considera-se ocorrido o fato gerador no momento da expedição da Guia de Exportação ou documento equivalente".

Não mais existe uma guia de exportação. Vale, hoje, o registro da exportação no SISCOMEX, nos termos do art. 6º, § 1º, do Decreto 660/92.

> Art. 6º As informações relativas às operações de comércio exterior, necessárias ao exercício das atividades referidas no art. 2º, serão processadas exclusivamente por intermédio do SISCOMEX, a partir da data de sua implantação.
>
> § 1º Para todos os fins e efeitos legais, os registros informatizados das operações de exportação ou de importação no SISCOMEX, equivalem à Guia de Exportação, à Declaração de Exportação, ao Documento Especial de Exportação, à Guia de Importação e à Declaração de Importação.

Conforme o entendimento do STF, é mesmo no registro da exportação no SISCOMEX, assim como disciplinado no art. 6º, § 1º, do Decreto 660/92, que ocorre o fato gerador do imposto.

> ▸ **Entendimento do STF**
>
> A Medida Provisória nº 655 de 14 de outubro de 1994, convertida, após sucessivas reedições, na Lei nº 9.019/95, teve o efeito de revogar, a partir de sua edição – na conformidade da jurisprudência pacífica do STF –, o § 3º do art. 1º do DL nº 1.578/77, que autorizava o Poder Executivo a relacionar os produtos sujeitos ao imposto em apreço, generalizando, por esse modo, a incidência do tributo, salvo hipótese prevista na Constituição (inciso II do § 3º do art. 153).
>
> Regulamentando a norma do § 1º do art. 1º do referido DL nº 1.578/77, estabeleceu o Decreto nº 660/92 equiparação entre a guia de exportação e o registro informatizado da exportação no SISCOMEX (§ 1º do art. 6º), para efeito de identificação do fato gerador.
>
> [...]
>
> (STF, T1, RE 235.858/PE, Min. ILMAR GALVÃO, DJ de 13/12/2002)

Será, pois, o contribuinte que definirá a data da ocorrência do fato gerador, ao registrar a exportação no SISCOMEX.

### 3.3. Aspecto espacial

O aspecto espacial é o território nacional. Melhor dizer as fronteiras do território nacional.

### 3.4. Aspecto subjetivo

A lei elege como contribuinte do imposto o exportador, assim considerado qualquer pessoa que promova a saída do produto do território nacional (art. 5º, do DL 1.578/77).

Não há disciplina legal sobre responsáveis.

### 3.5. Aspecto quantitativo
#### 3.5.1. Base de cálculo

A base de cálculo do imposto não será, necessariamente, o valor da operação, mas, em regra, o preço normal do produto, ou seu valor de mercado, para pagamento à vista, excluídos frete e seguros. Nos termos do art. 24, II, do CTN, define o art. 2º, do DL 1.578/77.

> Art. 2º A base de cálculo do imposto é o preço normal que o produto, ou seu similar, alcançaria, ao tempo da exportação, em uma venda em condições de livre concorrência no mercado internacional, observadas as normas expedidas pelo Poder Executivo, mediante ato da CAMEX – Câmara de Comércio Exterior.
>
> § 1º – O preço à vista do produto, FOB ou posto na fronteira, é indicativo do preço normal.

O § 3º, do art. 2º, do DL 1.578/77, determina, para fins de apuração da base de cálculo do imposto, que o preço de venda das mercadorias exportadas não pode ser inferior ao seu custo de aquisição ou produção, acrescido dos impostos e da margem de lucro.

### 3.5.2. Alíquota

A alíquota básica do imposto é de 30%, podendo ser reduzida a zero ou aumentada até 150%, por ato do Poder Executivo, competência hoje delegada à CAMEX (art. 3º, do DL 1578/77).

### 3.6. Regimes especiais

É bom lembrar que o imposto de exportação também apresenta institutos especiais, similares aos do imposto de importação, como a exportação temporária (*versus* admissão temporária), bem como regramento próprio para bagagem.

Em virtude de tais regimes, produtos nacionais podem ser levados ao exterior para lá permanecer por tempo determinado sem que sofra a incidência do imposto de exportação ou, ainda, sem que sofram a incidência do imposto de importação, quando do retorno do bem ao Brasil.

### 3.7. Lançamento

É comum a afirmativa de que o imposto de exportação está sujeito ao lançamento por declaração.

Para sabermos se o tributo é lançado por declaração ou por homologação, é preciso verificar se o contribuinte deve prestar informações e aguardar a notificação para pagamento, ou se deve se antecipar ao Fisco e pagar o tributo.

O DL 1.578/77 não é determinante, e delega a definição ao Ministro da Fazenda:

Art. 4º - O pagamento do imposto será realizado na forma e no momento fixados pelo Ministro da Fazenda, que poderá determinar sua exigibilidade antes da efetiva saída do produto a ser exportado.

Não é a antecipação do pagamento face a saída definitiva do produto que define a modalidade de lançamento, mas sua antecipação face a atividade fiscal.

Contudo, nos termos do artigo citado, pode o Ministro da Fazenda definir a forma e o momento do pagamento, podendo determinar, assim, que o pagamento seja posterior à declaração no SISCOMEX, mas anterior a qualquer atividade fiscal (lançamento por homologação) ou posterior à declaração do próprio contribuinte e também posterior à notificação da autoridade, que acolha ou recuse as informações prestadas na declaração (lançamento por declaração).

O art. 588, do RA, mantém a dúvida. Ao disciplinar os documentos que instruem a declaração de exportação, não mencionou o pagamento do imposto (que seria antecipado e levaria à conclusão de se tratar de lançamento por homologação), mas mencionou outros documentos previstos pela legislação específica (mantendo em aberto a possibilidade do lançamento por declaração. Leia-se:

Art. 588. A declaração de exportação será instruída com:
I – a primeira via da nota fiscal;
II – a via original do conhecimento e do manifesto internacional de carga, nas exportações por via terrestre, fluvial ou lacustre; e
III – outros documentos exigidos na legislação específica.

Parágrafo único. Os documentos instrutivos da declaração de exportação serão entregues à autoridade aduaneira, na forma, no prazo e nas condições estabelecidos pela Secretaria da Receita Federal do Brasil.

Nem mesmo o art. 8º, do Decreto 660/92 resolve a questão. Dispõe:

Art. 8º A notificação de lançamento de tributos federais incidentes sobre comércio exterior, bem como outras exigências fiscais e administrativas a serem cumpridas pelos usuários do SISCOMEX, em razão do disposto na legislação vigente, serão efetuadas por intermédio do Sistema.

A notificação de lançamento a que menciona pode se referir a lançamento de ofício, ao lançamento por declaração e ao lançamento complementar de ofício, no sistema do lançamento por homologação.

A definição da modalidade de lançamento, portanto, é realizada mesmo por ato do Ministro da Fazenda, mais especificamente, a Portaria MF 674/94. Leia-se:

> Art. 1º O prazo para pagamento do Imposto de Exportação será de até quinze dias, contados da data do registro da declaração para despacho aduaneiro.
> [...]
> Art. 3º O Documento de Arrecadação de Receitas Federais – DARF, comprobatório do pagamento do imposto, deverá ser entregue à unidade da Secretaria da Receita Federal – SRF responsável pelo despacho, juntamente com os documentos que o instruem.

A portaria, exercendo a atribuição conferida pelo art. 4º, do DL 1.578/77, determina que o pagamento do imposto seja realizado antecipadamente e que o DARF respectivo seja entregue à autoridade aduaneira junto com os demais documentos que instruem o processo denominado despacho de exportação.

Assim, o pagamento deve ocorrer antes da apreciação fiscal e o imposto é devido antes de qualquer notificação. O lançamento do imposto segue, portanto, a sistemática da homologação, não da declaração.

O **pagamento do imposto** pode ser exigido antes da efetiva saída do produto a ser exportado (art. 4º, do DL 1.578/77). Pago antecipadamente o imposto ou, ainda, pago o imposto após a saída do produto do Brasil, mas desfeito o negócio da exportação, o interessado fará jus à restituição do imposto pago (art. 6º, do DL 1.578/77).

> ▸ **Como esse assunto foi cobrado em concurso?**
> (ESAF/Analista da Receita Federal/2012). Quanto ao imposto de exportação, avalie o acerto das afirmações adiante e marque com V as verdadeiras e com F as falsas.
> O imposto incide sobre mercadoria nacional ou nacionalizada destinada ao exterior.
> Pelas regras vigentes, o imposto é excepcional, pois somente os produtos relacionados estão a ele sujeitos.
> O preço, a vista, da mercadoria, FOB ou colocada na fronteira, é indicativo do preço normal, que é a base de cálculo do imposto.

*Gabarito:* Todos os itens são verdadeiros. O imposto incide sobre mercadoria nacional ou nacionalizada destinada ao exterior, desde que haja previsão específica para a incidência sobre a mercadoria. Poucas mercadorias são sujeitas ao imposto e sua base de cálculo é seu preço normal. Indica o preço normal o preço à vista do produto, FOB ou posto na fronteira (art. 2º, do DL 1.578/77).

▸ **Como esse assunto foi cobrado em concurso?**

(ESAF/Analista da Receita Federal/2012). Acerca do Imposto de Exportação, analise os itens a seguir, classificando-os como verdadeiros (V) ou falsos (F).

I. A Câmara de Comércio Exterior, observada a legislação específica, relacionará as mercadorias sujeitas ao Imposto de Exportação, mas de acordo com o art. 153, § 1º da Constituição Federal, a alteração das alíquotas do imposto é de competência privativa do Chefe do Poder Executivo.

II. Mesmo considerando a função regulatória do Imposto de Exportação, suas alíquotas não poderão ser manejadas sem a observância de condições e limites estabelecidos em lei em sentido estrito.

III. Segundo entendimento do Supremo Tribunal Federal, é incompatível com a Constituição Federal a norma infraconstitucional que atribui a órgão integrante do Poder Executivo da União a faculdade de estabelecer as alíquotas do Imposto de Exportação.

IV. O Imposto de Exportação incide sobre mercadoria nacional ou nacionalizada destinada ao exterior. Considera-se nacionalizada a mercadoria estrangeira importada a título definitivo.

*Gabarito:* Estão corretos somente os itens II e IV. O art. 153, § 1º, da CF/88 não exige que a alíquota do imposto de exportação seja privativa do Presidente da República e esta competência foi delegada para a CAMEX. Errados os itens I e III. Não obstante, a alteração das alíquotas deve respeitar os limites legais, razão pela qual o item II está correto. Correto também o item IV.

## 4. RESUMO

| | |
|---|---|
| **Introdução** | O princípio da soberania exerce influência significativa nos tributos sobre o comércio exterior.<br>Estes tributos são regidos pelo direito tributário e pelo direito aduaneiro.<br>Tanto a importação quanto a exportação são regidas por normas jurídicas e práticas comerciais, importantes para a compreensão dos tributos que incidem nestas operações. |

| | |
|---|---|
| Introdução | Diversos órgãos atuam no controle aduaneiro de pessoas, bens e capitais, como a Secex/MDIC, a RFB/MF e o BACEN. Os principais sistemas informatizados utilizados no comércio exterior são o SISCOMEX e o SISCOMEX-CARGA. |
| Princípio da Legalidade | Mitigado, apenas para alteração de alíquotas, por ato do Poder Executivo, dentro dos limites estabelecidos pela lei. A lei pode definir a autoridade do Executivo competente para definir as alíquotas. Na falta de disposição legal, o ato será o Decreto do Presidente da República. |
| Princípio da anterioridade do exercício | Dispensado |
| Princípio da anterioridade nonagesimal | Dispensado |
| Aspecto material | II<br>Importação de produtos estrangeiros<br>IE<br>Exportação de produtos nacionais |
| Aspecto espacial | Entrada ou saída de bens, mercadorias produtos do território nacional.<br>Território aduaneiro = todo o território nacional<br>Zona primária = áreas administradas pela alfândega, como portos e aeroportos<br>Zona secundária = restante do território nacional |
| Aspecto temporal | II<br>Momento em que é apresentada a declaração de importação<br>IE<br>Momento da expedição da Guia de Exportação |
| Aspecto quantitativo (Base de cálculo e alíquota) | II<br>Base de cálculo = valor aduaneiro<br>Métodos de apuração do valor aduaneiro: 1. Valor da transação, 2. Valor de transações com mercadorias idênticas, 3. Valor de transações com mercadorias similares, 4. Valor de revenda da mercadoria importada, 5. Valor computado (custos de produção) da mercadoria, e 6. Valor arbitrado.<br>Incoterms<br>FOB = não inclui seguro e frete até o país importador<br>CIF = inclui seguro e frete até o país importador<br>CPT – para transporte aéreo.<br>Alíquota<br>Ad valorem = percentual sobre o valor aduaneiro<br>TEC/Mercosul<br>Específica = valor predeterminado por unidade de medida<br>IE<br>Base de cálculo = preço FOB da mercadoria no mercado internacional<br>Alíquota básica = 30%; pode ser reduzida a zero ou elevada a 150% |

| | |
|---|---|
| Aspecto pessoal | II<br>Contribuinte = importador; destinatário da remessa postal; adquirente da mercadoria entrepostada.<br>Responsável = transportador; depositário.<br>IE<br>Contribuinte = exportador |
| Regimes aduaneiros especiais | Conceito: regime diferente do regime comum, seja na tributação ou no controle alfandegário.<br>Classificações:<br>Regimes de benefício fiscal total ou parcial, regimes que atuam na importação, na exportação ou em ambos, regime que exigem o retorno da mercadoria ou que não exigem o retorno da mercadoria,<br>Regimes aduaneiros especiais com aplicação na atividade de logística, regimes aduaneiros especiais de admissão ou exportação temporária e suas variações e regimes aduaneiros especiais aplicados à indústria e serviços.<br>Espécies:<br>Trânsito aduaneiro<br>Admissão temporária comum<br>Admissão temporária para utilização econômica<br>Admissão temporária para aperfeiçoamento ativo<br>Drawback<br>Modalidades: isenção, suspensão, restituição<br>Variações: drawback verde amarelo, drawback intermediário<br>Entreposto aduaneiro<br>Outros = RECOF, RECOM, REPETRO, REPEX, REPORTO, exportação temporária, depósito alfandegado, loja franca, depósito especial, depósito afiançado |
| Regimes especiais de incidência de tributos federais na importação | Tributação simplificada<br>Até US$ 3.000; alíquota de 60%; substitui II, IPI, PIS e COFINS<br>Tributação especial<br>Bagagem<br>Alíquota 50%; substitui II, IPI, PIS e COFINS<br>Tributação unificada<br>Importação de certos produtos do Paraguai<br>Alíquota unificada de 25% (II, IPI, PIS e COFINS) |
| Áreas beneficiadas | Zona Franca de Manaus – ZFM<br>Áreas de livre comércio – ALC<br>Zonas de processamento de exportação – ZPE |
| Observações | 1. Arrecadação destinada ao orçamento geral da União. Art. 28, do CTN não recepcionado pelo art. 167, IV da CF/88.<br>2. Lançamento:<br>Imposto de importação – por homologação. Exceção: bagagem acompanhada, caso em que o imposto está sujeito a lançamento por declaração.<br>Imposto de Exportação – por homologação, embora seja comum a afirmativa de que o tributo é lançado por declaração |

## 5. SÚMULAS

### Súmula 580 do STF

A isenção prevista no art. 13, parágrafo único do Decreto-Lei 43/1966 restringe-se aos filmes cinematográficos.

### Súmula 547 do STF

Não é lícito à autoridade proibir que o contribuinte em débito adquira estampilhas, despache mercadorias nas alfândegas e exerça suas atividades profissionais.

### Súmula 534 do STF

O imposto de importação sobre o extrato alcoólico de malta como matéria-prima para fabricação de "whisky", incide à base de 60%, desde que desembaraçado antes do Decreto-Lei 398, de 30/12/1968.

### Súmula 323

É inadmissível a apreensão de mercadorias como meio coercitivo para pagamento de tributos.

### Súmula 70

É inadmissível a interdição de estabelecimento como meio coercitivo para cobrança de tributo.

### Súmula 124 do STJ

A taxa de melhoramento dos portos tem base de cálculo diversa do imposto de importação, sendo legítima a sua cobrança sobre a importação de mercadorias de países signatários do GATT, da ALALC ou ALADI.

Capítulo 3

# IPI

## 1. INTRODUÇÃO

O IPI é o grande imposto federal sobre o consumo. Na classificação do CTN, é imposto que incide sobre a produção e a circulação.

O IPI é imposto de **extrafiscalidade** largamente reconhecida. Dentre os clássicos exemplos da extrafiscalidade do IPI, encontra-se a tributação intensa sobre o cigarro como forma de concretização do princípio da seletividade e como meio de desestimular o uso da substância.

Conforme determina o art. 153, § 3º, da Constituição, o IPI será **seletivo**, em função da essencialidade do produto (CF/88, art. 153, § 3º, I) e **não cumulativo**, compensando-se o que for devido em cada operação com o montante cobrado nas anteriores (CF/88, art. 153, § 3º, II), **não incidirá sobre produtos industrializados destinados ao exterior** (CF/88, art. 153, § 3º, III) e **terá reduzido seu impacto sobre a aquisição de bens de capital** pelo contribuinte (CF/88, art. 153, § 3º, IV).

> ▶ **Como esse assunto foi cobrado em concurso?**
>
> **(TRF4 – Juiz Federal Substituto 4ª Região/2014).** Assinale certo ou errado:
> O imposto sobre produtos industrializados, segundo a Constituição Federal, será seletivo, em função da essencialidade do produto, não cumulativo, compensando-se o que for devido em cada operação com o montante cobrado nas anteriores, salvo em relação às empresas optantes pelo lucro presumido, e não incidirá sobre produtos industrializados destinados ao exterior.
>
> **Gabarito:** Errado. O erro está na expressão "salvo em relação às empresas optantes pelo lucro presumido". O art. 153, § 3º, II, da CF/88, que trata da não cumulatividade do IPI não discrimina os contribuintes pelo regime de tributação do imposto de renda que adotam.

(CESPE/Juiz Federal TRF1/2013). No que se refere às espécies tributárias, aos impostos federais e às receitas públicas, assinale certo ou errado.

O imposto sobre produtos industrializados, apesar de constituir importante instrumento de política econômica, desestimula o setor exportador, pois incide sobre a produção industrial destinada a outros países.

*Gabarito:* Errado. O IPI não incide nas exportações, por força de imunidade constitucional (art. 153, § 3º, III, da CF/88).

(TRF3/Juiz Federal TRF3/2010). Assinale certo ou errado:

O imposto sobre produtos industrializados terá reduzido seu impacto sobre a aquisição de bens de capital pelo contribuinte do imposto, na forma da lei;

*Gabarito:* Certo. Certo, de acordo com o art. 153, § 3º, IV, da CF/88. A teor do art. 153, § 3º, III, da CF/88, a imunidade não comporta exceções.

Além das disposições constitucionais supracitadas, regem o IPI uma série de outros diplomas normativos de hierarquia infraconstitucional. São eles: a) Código Tributário Nacional; b) leis ordinárias; c) decretos-leis e; d) decretos. Destacam-se a Lei 4.502/64, que instituiu o tributo e o Decreto 7.212/2010, que estabelece o Regulamento do IPI – RIPI.

A exemplo do que acontece com alguns impostos federais, como o Imposto de Renda, adquire grande relevância aqui, sobretudo para os postulantes a cargos na Administração Fazendária federal, o estudo das normas do RIPI, por apresentar uma síntese da legislação vigente, razão pela qual em vários momentos deste capítulo a ele faremos menção.

Cumpre, ainda, nesta introdução, abordar algumas das características do imposto.

O **lançamento** do IPI, em regra, dá-se por **homologação**, cabendo ao contribuinte antecipar-se ao fisco, apurar o valor devido e recolher o tributo. Em muitos casos, porém, faz-se indispensável o lançamento de ofício por parte das autoridades fazendárias.

O imposto está sujeito aos **princípios constitucionais** da: a) **isonomia** (CF/88, art. 150, II); b) **capacidade contributiva** (CF/88, art. 145, § 1º); c) **irretroatividade** (CF/88, art. 150, III, "a"); d) **anterioridade nonagesimal** ou mitigada (CF/88, art. 150, III, "c"); e) **vedação** à utilização de tributo com efeito de **confisco** (CF/88, art. 150, IV); f) **vedação** a **limitação ao tráfego de pessoas ou bens** (CF/88, art. 150, V).

▶ **Como esse assunto foi cobrado em concurso?**

(CESPE/Juiz Federal TRF5/2013). Assinale certo ou errado de acordo com a CF, as normas gerais de direito tributário e a jurisprudência do STJ e do STF.

Segundo a CF, o IR deve submeter-se à exigência da noventena, mas não necessita obedecer a anterioridade tributária. O IPI, por sua vez, tem o tratamento inverso, visto que está liberado da noventena, mas é obrigado a respeitar a anterioridade tributária.

*Gabarito:* Errado. O IR se submete apenas à anterioridade do exercício e o IPI se submete à anterioridade nonagesimal.

O princípio da legalidade no IPI segue o mesmo regime do II, do IE e do IOF. Vale dizer, suas alíquotas podem ser alteradas por ato do Poder Executivo, dentro dos limites da lei (art. 153, § 1º, da CF/88). Já o princípio da anterioridade se concretiza de forma peculiar no IPI. Antes da EC 42/2003, o IPI recebia o mesmo tratamento dos "impostos extrafiscais", com vigência imediata de suas normas. A partir da EC 42/2003, as normas que majoram o IPI devem aguardar a **anterioridade nonagesimal**, assim como as contribuições (art. 150, III, da CF/88). Em síntese:

a) irretroatividade – aplicável ao IPI;
b) anterioridade do exercício – não aplicável;
c) anterioridade nonagesimal – aplicável.

▶ **Como esse assunto foi cobrado em concurso?**

(ESAF/Procurador da Fazenda Nacional-PGFN/2012) Alguns tributos possuem, além da função meramente arrecadatória ou fiscal, finalidade outra que se destina a regular a economia, criando mecanismos que induzem, ou incentivam, a conduta do potencial contribuinte numa ou noutra direção. É o que se viu recentemente com a majoração das alíquotas do IPI – Imposto sobre Produtos Industrializados, incidente sobre a importação de automóveis, já que, no período de janeiro a agosto de 2011, a balança comercial do setor automotivo atingiu um déficit de R$ 3 bilhões. Contudo, o STF entendeu que o decreto que majorar as alíquotas aplicáveis às operações de importação de veículos automotores

a) sujeita-se ao princípio da anterioridade, segundo o qual não se poderá exigir, no mesmo exercício financeiro em que o decreto é publicado, alíquotas maiores do que aquelas até então vigentes,

b) tem aplicabilidade imediata, por ser o IPI um tributo regulatório e pelo fato de que o Decreto-Lei que o criou (DL nº 1.191/1971) ter autorizado o Poder Executivo a reduzir suas alíquotas a zero; majorá-las, acrescentando até 30 unidades ao percentual de incidência fixado na lei, e, ainda, alterar a base de cálculo em relação a determinados produtos, podendo, para esse fim, fixar-lhes valor tributável mínimo,

c) submete-se, dentre outros, ao princípio constitucional da anterioridade nonagesimal, ou seja, fica suspenso até que tenha transcorrido o prazo de noventa dias da sua publicação,

d) fica suspenso, por força da anterioridade nonagesimal, até que tenha transcorrido o prazo de noventa dias da sua publicação. Contudo, a suspensão somente opera efeitos *ex tunc* caso haja pedido liminar formulado no sentido de reparar dano, e não para prevenir risco ao contribuinte,

e) não se submete ao princípio constitucional da anterioridade nonagesimal, eis que a Constituição Federal foi clara ao prever tal comando para a lei (antes de decorridos 90 dias da data em que haja sido publicada a lei que os instituiu ou aumentou). Assim, como o texto constitucional fala em "lei", o aumento das alíquotas por decreto não está sujeito à espera nonagesimal.

**Gabarito:** C. O IPI sujeita-se à anterioridade nonagesimal, não à anterioridade do exercício, independente de a majoração ser realizada por lei ou por ato do Poder Executivo e independente de decisão judicial. De acordo com A CF/88, apenas a alíquota do imposto pode ser alterada por ato do Poder Executivo, não a base de cálculo, e a majoração não pode exceder o limite estabelecido pela lei.

O **produto da arrecadação** do imposto não pertence integralmente à União. Nos termos do art. 159, da Constituição, a União deve entregar 21,5% da arrecadação para ser repartido entre os Estados (Fundo de Participação dos Estados – FPE), 22,5% para ser repartido entre os municípios (Fundo de Participação dos Municípios – FPM), além de 1% no primeiro decêndio de julho e 1% no primeiro decêndio de dezembro de cada ano (também ao FPM), 3% para os programas de financiamento ao setor produtivo das Regiões Norte, Nordeste e Centro-Oeste e 10% aos Estados e ao Distrito Federal, proporcionalmente ao valor das respectivas exportações de produtos industrializados.

O **IPI** classifica-se como **tributo: federal, privativo, não vinculado, de arrecadação não vinculada, indireto e ordinário e de função marcadamente extrafiscal.**

## 2. ASPECTO MATERIAL

Como imposto sobre o consumo, o aspecto material do IPI se insere no grupo de tributos denominados IVA, imposto sobre o valor agregado.

De fato, o IPI é tributo sobre o consumo geral (limitado aos produtos industrializados), de incidência plurifásica, apurado pelo método subtrativo indireto (débito contra crédito) o que lhe confere não comutatividade.

Nos termos da Constituição de 1988, compete à União instituir imposto sobre produtos industrializados (CF/88, art. 153, IV). O núcleo da hipótese de incidência do IPI é a comercialização de produtos industrializados, não o verbo *industrializar*, como pode parecer.

De acordo com o Código Tributário Nacional, o imposto, de competência da União, sobre produtos industrializados tem como **fato gerador**: I) seu desembaraço aduaneiro, quando de procedência estrangeira; II) a sua saída dos estabelecimentos (...) e; III) a sua arrematação, quando apreendido ou abandonado e levado a leilão.

O nem o texto constitucional nem o do CTN preveem a incidência do imposto pela industrialização, nem poderiam, pois o verbo "industrializar" não revela capacidade contributiva, presente apenas quando o produto resultado da industrialização é comercializado.

Em outros termos, a obrigação tributária surge em razão da realização de operações negociais com produtos industrializados.

A noção do que venha a ser **industrialização** é intuitiva, mas guarda complexidades, pois qualquer transformação de bens, como no artesanato, poderia ser considerada autorização para a incidência do imposto.

Nos termos do parágrafo único do **art. 46 do CTN**, considera-se **industrializado** o produto que tenha sido submetido a qualquer operação que lhe modifique a natureza ou a finalidade, ou o aperfeiçoe para o consumo.

Disposição quase idêntica consta também do **art. 3º da Lei nº 4.502/64**. Esta, contudo, exclui da abrangência da industrialização: I) o conserto de máquinas, aparelhos e objetos pertencentes a terceiros; II) o acondicionamento destinado apenas ao transporte do produto; III) o preparo de medicamentos oficinais ou magistrais, manipulados em farmácias, para venda no varejo, diretamente e consumidor, assim como a montagem de óculos, mediante receita médica; IV) a mistura de tintas entre si, ou com concentrados de pigmentos, sob encomenda do consumidor ou usuário, realizada em estabelecimento varejista, efetuada por máquina automática ou manual, desde que fabricante e varejista não sejam empresas interdependentes, controladora, controlada ou coligadas. Os artigos 4º e 5º do Regulamento do IPI (Decreto nº 7.212/10) contêm disposições semelhantes.

> Art. 4º Caracteriza industrialização qualquer operação que modifique a natureza, o funcionamento, o acabamento, a apresentação ou a finalidade do produto, ou o aperfeiçoe para consumo, tal como:
>
> I – a que, exercida sobre matérias-primas ou produtos intermediários, importe na obtenção de espécie nova (transformação);
>
> II – a que importe em modificar, aperfeiçoar ou, de qualquer forma, alterar o funcionamento, a utilização, o acabamento ou a aparência do produto (beneficiamento);
>
> III – a que consista na reunião de produtos, peças ou partes e de que resulte um novo produto ou unidade autônoma, ainda que sob a mesma classificação fiscal (montagem);
>
> IV – a que importe em alterar a apresentação do produto, pela colocação da embalagem, ainda que em substituição da original, salvo quando a embalagem colocada se destine apenas ao transporte da mercadoria (acondicionamento ou reacondicionamento); ou
>
> V – a que, exercida sobre produto usado ou parte remanescente de produto deteriorado ou inutilizado, renove ou restaure o produto para utilização (renovação ou recondicionamento).
>
> Art. 5º Não se considera industrialização:
>
> I – o preparo de produtos alimentares, não acondicionados em embalagem de apresentação: a) na residência do preparador ou em restaurantes, bares, sorveterias, confeitarias, padarias, quitandas e semelhantes, desde que os produtos se destinem a venda direta a consumidor; ou b) em cozinhas industriais, quando destinados a venda direta a pessoas jurídicas e a outras entidades, para consumo de seus funcionários, empregados ou dirigentes;
>
> II – o preparo de refrigerantes, à base de extrato concentrado, por meio de máquinas, automáticas ou não, em restaurantes, bares e estabelecimentos similares, para venda direta a consumidor (Decreto-Lei n 1.686, de 26 de junho de 1979, art. 5º, § 2º);

III – a confecção ou preparo de produto de artesanato, definido no art. 7º;

IV – a confecção de vestuário, por encomenda direta do consumidor ou usuário, em oficina ou na residência do confeccionador;

V – o preparo de produto, por encomenda direta do consumidor ou usuário, na residência do preparador ou em oficina, desde que, em qualquer caso, seja preponderante o trabalho profissional;

VI – a manipulação em farmácia, para venda direta a consumidor, de medicamentos oficinais e magistrais, mediante receita médica (Lei nº 4.502, de 1964, art. 3º, parágrafo único, inciso III, e Decreto-Lei nº 1.199, de 27 de dezembro de 1971, art. 5º, alteração 2a);

VII – a moagem de café torrado, realizada por estabelecimento comercial varejista como atividade acessória (Decreto-Lei nº 400, de 30 de dezembro de 1968, art. 8º);

VIII – a operação efetuada fora do estabelecimento industrial, consistente na reunião de produtos, peças ou partes e de que resulte: a) edificação (casas, edifícios, pontes, hangares, galpões e semelhantes, e suas coberturas); b) instalação de oleodutos, usinas hidrelétricas, torres de refrigeração, estações e centrais telefônicas ou outros sistemas de telecomunicação e telefonia, estações, usinas e redes de distribuição de energia elétrica e semelhantes; ou c) fixação de unidades ou complexos industriais ao solo;

▶ **Como esse assunto foi cobrado em concurso?**

**(ESAF – Procurador da Fazenda Nacional/2015)** Não é fato gerador do Imposto sobre Produtos Industrializados – IPI:

a) o conserto, a restauração e o recondicionamento de produtos usados para comércio,

b) a confecção de vestuário, por encomenda direta do consumidor ou usuário, em oficina do confeccionador,

c) a operação efetuada fora do estabelecimento industrial, d) o reparo de produtos com defeito de fabricação, mediante substituição de partes e peças, mesmo quando a operação for remunerada,

e) o preparo de produto, por encomenda direta do consumidor ou usuário, desde que na residência do preparador.

**Gabarito:** A letra B corresponde ao texto do art. 5º, IV, do RIPI. Dispõe: "Não se considera industrialização [...] a confecção de vestuário, por encomenda direta do consumidor ou usuário, em oficina ou na residência do confeccionador". As demais alternativas podem se inspirar em trechos do art. 5o, do RIPI, mas alteram em parte as hipóteses normativas que afastam a tributação, como a letra A, que trata conserto para comercio, enquanto o RIPI trata de conserto para uso da própria firma, ou a letra D, que fala do reparo remunerado de produtos com defeito de fabricação, enquanto o RIPI exige que o reparo seja gratuito (ver art. 5o, XI e XII, do RIPI).

▶ **Como esse assunto foi cobrado em concurso?**

**(ESAF/Analista da Receita Federal/2012)** Avalie os itens a seguir e assinale a opção correta.

I. Para fins da incidência do Imposto sobre Produtos Industrializados, a industrialização é caracterizada como qualquer operação que modifique a natureza, o funcionamento, o acabamento, a apresentação ou a finalidade do produto.

II. O aperfeiçoamento para consumo é considerado como industrialização, para fins da incidência do Imposto sobre Produtos Industrializados, dependendo do processo utilizado para obtenção do produto e da localização e condições das instalações ou equipamentos empregados.

III. A alteração da apresentação do produto pela colocação de embalagem, ainda que em substituição da original, salvo quando a embalagem colocada se destine apenas ao transporte da mercadoria, é caracterizado como industrialização para fins da incidência do Imposto sobre Produtos Industrializados.

*Gabarito:* Os itens I e III estão corretos. O item I não gera dificuldades (art. 46, parágrafo único, do CTN). A industrialização pode ocorrer por qualquer processo produtivo, rudimentar ou sofisticado, estando errado, por isso, o item II. Uma exceção seria o artesanato (art. 5o, III, do RIPI), com seus requisitos próprios, o que afastaria a presença de industrialização. Por fim, o item III está correto, pois a embalagem apenas se não será considerada industrialização se se destinar exclusivamente para transporte do produto.

Para Eduardo Domingos Botallo, "pode-se assentar que **um produto é industrializado**, para fins do IPI, sempre que, mercê de uma operação física, química, mecânica ou técnica, adquire utilidade nova ou, de algum modo, se mostre mais bem ajustado para o consumo". Para o eminente professor, "Há de destacar-se, ainda, que, para os fins do IPI, produto é o resultado de uma elaboração industrial, o que exclui as realizações de cunho artístico, as obras artesanais, assim como os bens resultantes de processos extrativistas" (BOTTALLO, 2002, p. 39-41).

José Eduardo Soares de Melo, por sua vez, leciona que: "a) é produto industrializado a coisa material, corpórea, representando um bem que fora produzido, que é resultado de elaboração industrial; b) não é produto industrializado a produção artística, artesanal, extrativa" (MELO, 2009, p. 73).

A jurisprudência, sem maiores divergências, também tem tratado do aspecto material do IPI.

No REsp 1.050.521/SC, consignou o STJ que "a operação de edificação de imóveis refoge ao conceito de industrialização" (REsp 1.050.521/SC) e o mesmo Tribunal, no REsp 984.880/TO, afastou a atividade de empresas de telecomunicação como atividade industrial, qualificando-a como serviço (REsp 984.880/TO).

O STJ, apreciando caso acerca do aproveitamento de créditos no ICMS, também afastou a ocorrência de industrialização nas atividades de panificação e de congelamento de produtos perecíveis por supermercado, no REsp 1.117.139/RJ, sob o rito do art. 543-C, do CPC (NCPC art. 1036) e vem reiterando o entendimento de que o serviço de composição gráfica, personalizada e sob encomenda, não se sujeitam ao IPI, pois nestes casos o fazer personalizado é preponderante (STJ, T2, AgRg no REsp 1.369.577/RJ, Min. HERMAN BENJAMIN, DJe de 6/3/2014).

A jurisprudência do STF, contudo, retirou o foco na formalidade civilista na análise da **industrialização nos casos de encomenda**, e utilizou como critério de identificação do fato gerador dos tributos envolvidos "o papel da atividade no ciclo produtivo". Segundo o Ministro Joaquim Barbosa "o fato gerador deve ser interpretado de acordo com a expressão econômica da base de cálculo e com o contexto da cadeia produtiva" (ADI 4.389 MC/DF). Dessa maneira, "não há como equiparar a produção gráfica personalizada e encomendada para uso pontual, pessoal ou empresarial, e a produção personalizada e encomendada para fazer parte de complexo processo produtivo destinado a por bens em comércio" (ADI 4.389 MC/DF).

▶ **Como esse assunto foi cobrado em concurso?**

(ESAF/Analista da Receita Federal/2012) Avalie os itens a seguir e assinale a opção correta.

I. O desembaraço aduaneiro de produto de procedência estrangeira é fato gerador do Imposto sobre Produtos Industrializados, considerando-se ocorrido o referido desembaraço quando a mercadoria consta como tendo sido importada e o extravio ou avaria venham a ser apurados pela autoridade fiscal, inclusive na hipótese de mercadoria sob regime suspensivo de tributação.

II. Considera-se ocorrido o fato gerador do Imposto sobre Produtos Industrializados na saída de armazém geral ou outro depositário do estabelecimento industrial ou equiparado a industrial depositante, quanto aos produtos entregues diretamente a outro estabelecimento.

III. Considera-se ocorrido o fato gerador do Imposto sobre Produtos Industrializados na saída do estabelecimento industrial diretamente para estabelecimento da mesma firma ou de terceiro, por ordem do encomendante, quanto aos produtos mandados industrializar por encomenda.

**Gabarito:** Todos os itens estão corretos. Na importação, ocorre a incidência do IPI no desembaraço aduaneiro (art. 46, I, do CTN) não afastando a tributação o extravio ou a avaria do produto, da mesma forma que ocorre no imposto de importação. Pelo instituto da equiparação, também ocorre a incidência do imposto de estabelecimento equiparado a industrial (art. 51, II, do CTN).

Igualmente incide o imposto na industrialização por encomenda, notadamente quando a industrialização faz parte do processo produtivo do encomendante (ADI 4.389 MC/DF).

Desde o julgamento da ADI 4.389 MC/DF, vem decidindo o STF, baseando-se primeiramente no papel da "industrialização por encomenda" no processo produtivo e apenas num segundo momento, da característica civilista do dar e do fazer.

▶ **Entendimento do STF**

1. Em precedente da Corte consubstanciado na ADI nº 4.389/DF-MC, restou definida a incidência de ICMS "sobre operações de industrialização por encomenda de embalagens, destinadas à integração ou utilização direta em processo subsequente de industrialização ou de circulação de mercadoria".

2. A verificação da incidência nas hipóteses de industrialização por encomenda deve obedecer dois critérios básicos: (i) verificar se a venda

opera-se a quem promoverá nova circulação do bem e (ii) caso o adquirente seja consumidor final, avaliar a preponderância entre o dar e o fazer mediante a averiguação de elementos de industrialização.

4. À luz dos critérios propostos, só haverá incidência do ISS nas situações em que a resposta ao primeiro item for negativa e se no segundo item o fazer preponderar sobre o dar.

5. A hipótese dos autos não revela a preponderância da obrigação de fazer em detrimento da obrigação de dar. Pelo contrário. A fabricação de embalagens é a atividade econômica específica explorada pela agravante. Prepondera o fornecimento dos bens em face da composição gráfica, que afigura-se meramente acessória. Não há como conceber a prevalência da customização sobre a entrega do próprio bem.

(STF, T1, AI 803296 AgR/SP, Min. Dias Toffoli, DJe de 7/6/2013)

3. Na industrialização por encomenda, se o bem retorna à circulação, tal processo industrial representa apenas uma fase do ciclo produtivo da encomendante, não estando essa atividade, portanto, sujeita ao ISSQN, como é o caso dos presentes autos. Nesse sentido: AI nº 803.296/SP-AgR, Primeira Turma, de minha relatoria, DJe de 7/6/13; ADI nº 4.389/DF-MC, Relator o Ministro Joaquim Barbosa, DJe de 25/5/11.

(STF, T1, RE 606.960 AgR-AgR/ES, Min. Dias Toffoli, DJe de 13/5/2014)

O conceito de industrialização, contudo, deverá ser apreciado, em breve e com maior profundidade pelo STF, no RE 627.280 RG/RJ em que o tema é discutido com repercussão geral, face a alegação de não haver industrialização no processo de limpeza, secagem e salgagem do bacalhau, malgrado a incidência do IPI sobre o produto (STF, RE 627.280 RG/RJ, Min. JOAQUIM BARBOSA, DJe de 23/2/2012).

Persistem, também, dúvidas acerca da **classificação do imposto como geral ou especial**, fato que apresenta repercussões nos benefícios fiscais da exação.

O tributo geral é aquele que incide sobre todos os fatos conceitualmente definidos pelo legislador, como o ICMS, no que tange a mercadorias. A seu turno, tributo especial é aquele que incide apenas sobre os fatos especificamente elencados, como o ISS e a CIDE-Combustíveis, ou o próprio ICMS, na incidência sobre serviços.

A distinção não está apenas na amplitude do fato gerador. Um tributo pode ser geral e ter base relativamente restrita, ou ter base bastante ampla, e, ainda assim, ser classificado como especial, se o legislador especificar os fatos sobre os quais incide.

Pela norma constitucional de competência, o IPI pode incidir sobre todos os fatos que envolvam produto industrializado. Contudo, embora muito ampla, a Tabela do IPI – TIPI, prevê especificamente os produtos sobre os quais incide o imposto.

A questão pode ser assim colocada, para o IPI: se determinado produto, que tenha passado por algum processo de industrialização, não estiver previsto na TIPI, incide ou não o imposto? A ausência de previsão na TIPI (ou sua previsão como NT – não tributado) caracteriza não incidência ou isenção?

Se o imposto for geral, falar-se-á em incidência conjugada com isenção. Se o imposto for especial, falar-se-á em não incidência. No primeiro caso haverá contribuinte, embora seu dever de pagar o imposto seja anulado e no segundo caso sequer haverá contribuinte.

Como a previsão constitucional permite a criação de um imposto geral, o art. 11 da Lei Complementar 101/00 (Lei de Responsabilidade Fiscal – LRF) recomenda o exercício pleno da competência ao prever que "constituem requisitos essenciais da responsabilidade na gestão fiscal a instituição, previsão e efetiva arrecadação de todos os tributos da competência constitucional do ente da Federação". Neste caso, um imposto especial reduziria a "previsão" do imposto em sua plenitude, em sua totalidade.

De outro lado, o art. 6º, da Lei 10.451/02, reduz a incidência do imposto aos produtos especificamente previstos na TIPI. Dispõe:

> Art. 6º O campo de incidência do Imposto sobre Produtos Industrializados (IPI) abrange todos os produtos com alíquota, ainda que zero, relacionados na Tabela de Incidência do Imposto sobre Produtos Industrializados (TIPI), aprovada pelo Decreto nº 4.070, de 28 de dezembro de 2001, observadas as disposições contidas nas respectivas notas complementares, excluídos aqueles a que corresponde a notação "NT" (não-tributado).

O dever de pagar o imposto, em qualquer dos casos (isenção ou não incidência) será igualmente anulado.

Não obstante, haverá diferença para os benefícios fiscais que gerem crédito presumido ou restituição do tributo pago pelos insumos. Imaginemos um produto que passe por algum processo de industrialização e não esteja previsto pela TIPI ou esteja previsto como NT. Se o imposto for considerado geral, haverá incidência e, portanto, o contribuinte terá direito ao benefício. Se, ao contrário, o imposto for considerado especial, o industrial não será contribuinte e não fará jus ao benefício.

A questão, contudo, tem sido resolvida pelo Judiciário com fundamento no princípio da não cumulatividade e não pela base de incidência do imposto (STF, T2, ARE 809.727 AgR/PE, Min. CÁRMEN LÚCIA, DJe de 17/6/2015), o que nos parece equivocado.

### 2.1. Nacionalização de produtos estrangeiros

A incidência do IPI (e de todos os tributos internos) na importação decorre do **princípio universal da nacionalização de bens estrangeiros**.

> Noticiam a incidência do imposto na importação na França: TIXIER, Gilber. GEST, Guy. Droit fiscal. Paris: LGDJ, 1976, p. 429-430; na Itália: FANTOZI, Augusto. Diritto tributario. Torino: Ed. UTET, 2003, p. 949; na Alemanhã: BIRKE, Dieter. Steuerrecht. Heidelberg: C.F. Müller Verlag, 2007, p. 417-418, 431-433 (confira também: http://de.wikipedia.org/wiki/Umsatzsteuer); nos países de língua inglesa: TAIT, Alan A. Value added tax. New York: IMF, 1988, p. 222-226, SCHENK, Alan, OLDMAN, Oliver. Value added tax: a comparative approach. Cambridge: Cambridge University Press, 2007, p. 180-187 (confira também: http://en.wikipedia.org/wiki/Value_added_tax).

**Nacionalizar** significa exatamente fazer incidir os tributos do país sobre os bens e serviços importados, da mesma forma que incidem sobre bens e serviços nacionais. Com a nacionalização, iguala-se o tratamento tributário e bens e serviços nacionais e importados concorrem em igualdade de condições.

Caso o país entenda necessário proteger sua economia ou algum setor produtivo nacional, lança mão do imposto de importação, sem a dispensa da incidência dos impostos internos, como ocorre em todo o mundo.

Contudo, se a carga tributária interna não incidir sobre o bem importado, o imposto de importação terá seu efeito anulado ou reduzido. De fato, o imposto de importação não é substituto dos tributos internos, mas um acréscimo, com vistas à proteção do mercado nacional.

Pelo princípio da nacionalização, portanto, incide o IPI nas importações de produtos industrializados.

O STJ entendeu, inclusive, que incide o IPI na importação na modalidade de admissão temporária para utilização econômica, mesmo se a importação se dá por arrendamento mercantil, sem operação de compra e venda pura. Afirmou o tribunal que "a incidência do Imposto sobre Produtos Industrializados – IPI sobre o bem importado objeto de contrato de leasing financeiro, devido em seu desembaraço aduaneiro, encontra amparo nos arts. 46, I, do CTN, 2º, § 2º, da Lei 4.502/64 e 32, I, do Decreto 2.637/98 (AgRg no REsp 1.136.713/SP).

O STF, a seu turno, entende que a matéria é infraconstitucional (ARE 939.122 AgR/MG, RE 785193 AgR/RJ).

### 2.2. A jurisprudência sobre importação para consumidor final não contribuinte do IPI

Contudo, a questão da incidência do IPI sobre operações de **importação de bens destinados a consumidor final** (não contribuinte do imposto) é bastante polêmica, a exemplo do que ocorre com o ICMS.

As disposições legais e constitucionais acerca do IPI permitiam, **no entendimento da jurisprudência**, que operações de importação realizadas por pessoas físicas e pessoas jurídicas não contribuintes do IPI no mercado interno (consumidores finais), fossem realizadas livres da incidência do imposto, dada a ausência de previsão expressa de incidência do tributo para o importador de produtos industrializados.

O principal fundamento das decisões do Supremo acerca da matéria assentava-se na impossibilidade de aplicação, nos casos de importação de bens industrializados por consumidor final, do princípio constitucional da não cumulatividade e na previsão expressa de incidência do ICMS na importação, que não existe para o IPI.

A interpretação parecia-nos inadequada.

Enquanto a importação, por pessoas físicas não contribuintes do tributo, de produtos luxuosos – como veículos e embarcações – ocorre livre da incidência do IPI, a entrada de produtos de máxima necessidade continua sendo tributada, se realizada por empresas contribuintes, em clara afronta ao princípio da capacidade contributiva. Além disso, a não incidência em casos tais impede que a carga tributária recaia sobre aquele – consumidor final – que deveria suportá-la.

A matéria recebeu, contudo, nova apreciação do STF, agora no RE 723.651 RG/PR, que reverteu o entendimento.

> **▶ Entendimento do STF**
> IMPOSTO SOBRE PRODUTOS INDUSTRIALIZADOS – IMPORTAÇÃO DE BENS PARA USO PRÓPRIO – CONSUMIDOR FINAL. Incide, na importação de bens para uso próprio, o Imposto sobre Produtos Industrializados, sendo neutro o fato de tratar-se de consumidor final.
> (STF, Tribunal Pleno, RE 723.651 RG/PR, Min. MARCO AURÉLIO, DJe de 5/8/2016)

A nosso ver, com acerto, a jurisprudência foi alterada.

> **▶ Como esse assunto foi cobrado em concurso?**
> (ESAF/AFRF/2012) De acordo com a legislação tributária do Imposto sobre Produtos Industrializados (IPI), julgue os itens abaixo, classificando-os como corretos (C) ou errados (E).
> A incidência do IPI na importação de produtos industrializados depende do título jurídico a que se der a importação. Por isso, a Lei exclui da sujeição passiva do IPI a pessoa física na condição de importadora de produtos industrializados para uso próprio.
> *Gabarito:* Errado. A pessoa física importadora também é contribuinte do IPI. O tema foi controverso durante algum tempo, mas a incidência do imposto ficou pacificada no julgamento do RE 723.651 RG/PR.

## 3. ASPECTO TEMPORAL

O aspecto temporal do IPI é tratado no CTN e na legislação ordinária de forma sintética, enquanto o regulamento trata da matéria de forma analítica, vale dizer, o regulamento aponta o momento da ocorrência do fato gerador conforme as peculiaridades dos negócios jurídicos que lhe derem causa.

Em regra, a obrigação tributária referente ao IPI pode surgir em três momentos distintos, quais sejam: a) no **momento do desembaraço aduaneiro**, no caso de importação; b) **na saída do estabelecimento produtor ou equiparado**, no caso de produção nacional e; c) **no momento da arrematação**, no caso de leilão (art. 46, do CTN e art. 2º, da Lei 4.502/64). Contudo, a lei também considera ocorrido o fato gerador na apuração pela autoridade aduaneira de **extravio ou avaria do produto importado** (Lei 4.502/64, art. 2º, § 3º) ou ao final da produção, quando a **industrialização** ocorrer **fora do estabelecimen-**

**to do contribuinte**, mas no próprio local de consumo ou utilização do produto (Lei 4.502/64, art. 2º, § 1º).

No mais, a lei possui normas que regem a equiparação ao estabelecimento industrial, que veremos adiante ao tratarmos do aspecto subjetivo do imposto, e normas específicas, contendo, inclusive, presunções, a exemplo do art. 36 do RIPI e do art. 5º, da Lei 4.502/64, cuja redação fazemos questão de transcrever:

> Lei nº 4.502/64
>
> Art. 5º Para os feitos do artigo 2º:
>
> I – considera-se saído do estabelecimento industrial ou equiparado a industrial o produto:
>
> a) que fôr vendido por intermédio de ambulantes, armazéns gerais ou outros depositários;
>
> b) que, antes de entrar em estabelecimento do importador ou do arrematante de produtos de procedências estrangeira, seja, por êstes, remetido a terceiros,
>
> c) que fôr remetido a estabelecimento diferente daquele que o tenha mandado industrializar pôr encomenda sem que o mesmo produto haja entrado no estabelecimento encomendante;
>
> d) que permanecer no estabelecimento decorridos 3 (três) dias da data da emissão da respectiva "nota fiscal.
>
> e) objeto de operação de venda, que for consumido ou utilizado dentro do estabelecimento industrial.
>
> II – não se considera saída do estabelecimento produtor:
>
> a) a remessa de matérias-primas ou produtos intermediários para serem industrializados em estabelecimentos do mesmo contribuinte ou de terceiros, desde que o produto resultante tenha que retornar ao estabelecimento de origem;
>
> b) o retôrno do produto industrializado ao estabelecimento de origem, na forma da alínea anterior, se o remetente não tiver utilizado, na respectiva industrialização, outras matérias-primas ou produtos intermediários por êle adquiridos ou produzidos, e desde que o produto industrializado se destine a comércio, a nova industrialização ou a emprêgo no acondicionamento de outros.

O art. 36, do RIPI, de outro turno, prevê analiticamente o momento de ocorrência do fato gerador. Essencial, para a validade das previsões, que estas se coadunem com as disposições legais gerais e abstratas. Como exercício, vale a leitura do artigo do regulamento, a partir dos parâmetros legais.

## 3.1. Suspensão do imposto

O instituto da suspensão tributária permite a **saída de mercadoria do estabelecimento industrial ou equiparado sem o pagamento do imposto**. Ocorre o **fato gerador** com todos os seus elementos, **mas a lei suspende a obrigação**: a) por praticidade da atuação do Fisco ou do contribuinte, por prever retorno da mercadoria; b) para aguardar fato gerador superveniente, quando haverá o pagamento do imposto, ou; c) para aguardar o aperfeiçoamento de norma exonerativa.

A suspensão poderá ser **subjetiva** (em função da pessoa do contribuinte) ou **objetiva** (em função da natureza do produto ou de sua destinação)

A suspensão, **facultativa** (opção do contribuinte) ou **obrigatória** (imposta pela lei), é instituto intermediário e preparatório, que antecipa os efeitos da isenção ou imunidade ou que posterga o pagamento do imposto.

Quando facultativa, pode o contribuinte optar entre o pagamento do imposto nos prazos normais, em virtude da ocorrência do fato gerador ou utilizar a suspensão, aguardando a ocorrência do fato futuro a que a suspensão se relaciona, sem a imposição de qualquer penalidade. Sendo obrigatória a suspensão, seu descumprimento está sujeito a aplicação de penalidades.

São exemplos, todos previstos no RIPI: a) suspensão nos casos de venda de produto industrializado por produtor rural para estabelecimento industrial (RIPI, art. 43, I); b) suspensão em virtude de remessa de produto para estocagem em depósitos fechados ou armazéns gerais (RIPI, art. 43, III); c) suspensão em caso de mera movimentação física de produtos sem a transferência da propriedade (RIPI, art. 43, VIII, X e XI); d) suspensão decorrente de saída de produtos para feiras de eventos (RIPI art. 43, II).

Dentre as hipóteses de suspensão, costuma-se conferir maior destaque ao chamado *drawback* e às **operações de exportação**.

Diversas operações relacionadas à exportação podem ter o imposto suspenso, antecipando os efeitos da imunidade do IPI para produtos exportados (art. 43, VI, V, XIV e XV, do RIPI).

No *drawback*, os insumos são importados para serem empregados em processo produtivo de bens destinados à exportação. O pagamento de IPI no desembaraço aduaneiro fica suspenso e se converte na imunidade quando o produto final industrializado é exportado. Na hipótese de o insumo não ser utilizado no fim a que se destinava ou de não ser reexportado, cessa a suspensão e o imposto se torna devido.

A suspensão, neste caso, também tem finalidade prática, pois dispensa que o contribuinte pague o imposto e posteriormente tenha que reaver o valor pago em face da imunidade.

A suspensão não se aplica somente a insumos importados. Também os produtos nacionais podem ser adquiridos com suspensão do imposto, com vistas a simplificar e incentivar a exportação, antecipando-se os efeitos da imunidade. Se o produto final não é exportado por qualquer razão, inclusive furto, ou se o insumo se perde, o imposto passa a ser devido, podendo ser cobrado tanto do contribuinte, que vendeu o insumo com suspensão, quanto do adquirente, que se torna responsável pelo imposto devido na operação anterior (art. 25, VII, do RIPI).

Por fim, dentre as **hipóteses de suspensão obrigatória** do IPI, destacam-se:

- bebidas alcoólicas e demais produtos de produção nacional, classificados nas Posições 22.04, 22.05, 2206.00 e 22.08 da TIPI (**vinhos, vermutes, bebidas fermentadas, gim, rum, vodca e alguns uísques**), acondicionados em recipientes de capacidade superior ao limite máximo permitido para venda a varejo, quando **destinados a estabelecimentos industriais, como insumos; a atacadistas e cooperativa de produtores; e a engarrafadores** (art. 44, do RIPI);
- algumas operações relativas a produtos sujeitos ao regime geral de tributação de que trata o art. 222, do regulamento, como **cerveja, refrigerante e água mineral** (art. 45, do RIPI);
- matérias-primas, produtos intermediários e materiais de embalagem, destinados a estabelecimento que se dedique, preponderantemente, à elaboração de **produtos alimentícios, químicos, farmacêuticos e fertilizantes** como carnes, peixes, produtos hortículas, frutas, chá, café, mate, cereais, malte, amido, glúten, sementes, plantas industriais ou medicinais, gorduras animais e vegetais, açúcar, cacau e suas preparações, leite, alimento para animais, produtos químicos, produtos farmacêuticos, adubos e fertilizantes,

> calçados, leveduras, molhos, condimentos e temperos, caldos e sopas preparados, vinagres de ácido acético para uso alimentar e sorvetes (art. 46, I, do RIPI)
> - matérias-primas, produtos intermediários e materiais de embalagem, adquiridos por estabelecimentos industriais fabricantes, preponderantemente, de partes e peças destinadas a estabelecimento industrial **fabricante de aeronaves e aparelhos espaciais** (art. 46, II, do RIPI).
> - matérias-primas, produtos intermediários e materiais de embalagem, adquiridos por **pessoas jurídicas preponderantemente exportadoras** (assim entendidas aquelas cuja receita com exportações seja superior a 70% à receita total, percentual este reduzido para 60% para algumas atividades) (art. 46, III, do RIPI).
> - materiais e equipamentos destinados ao emprego na construção, conservação, modernização, conversão ou reparo de **embarcações** pré-registradas ou registradas no **Registro Especial Brasileiro** – REB (art. 46, IV, do RIPI).

**Na importação**, são **desembaraçados com suspensão do imposto** os produtos destinados a lojas francas (art. 48, I, do RIPI); e as máquinas, os equipamentos, os veículos, os aparelhos e os instrumentos, sem similar nacional, bem como suas partes e outros componentes, importados por empresas nacionais de engenharia, e destinados à execução de obras no exterior (art. 48, II, do RIPI).

## 4. ASPECTO SUBJETIVO

A exemplo do que acontece com o ICMS (vide capítulo específico), o tema alusivo ao critério pessoal do IPI desperta importantes debates, sobretudo quanto à validade do regime de substituição tributária – progressiva e regressiva – previsto na Constituição Federal (art. 150, 7º), na Lei nº 4.502/64 (Lei de Instituição do IPI) e no Regulamento do IPI (DIPI).

### 4.1. Sujeito ativo

O IPI é imposto da competência da União, cobrado e fiscalizado pela Secretaria da Receita Federal do Brasil – SRFB.

Importante lembrarmos que, nos termos do que dispõem os incisos I e II do art. 159 da Constituição, **a União entregará**: I – do produto da arrecadação dos impostos sobre renda e proventos de qualquer natureza e sobre **produtos industrializados** quarenta e oito por cento na seguinte forma: a) vinte e um inteiros e cinco décimos por cento ao Fundo de Participação dos Estados e do Distrito Federal; b) vinte e dois inteiros e cinco décimos por cento ao Fundo de Participação dos Municípios; c) três por cento, para aplicação em programas de financiamento ao setor produtivo das Regiões Norte, Nordeste e Centro-Oeste, através de suas instituições financeiras de caráter regional, de acordo com os planos regionais de desenvolvimento, ficando assegurada ao semiárido do Nordeste a metade dos recursos destinados à Região, na forma que a lei estabelecer; d) um por cento ao Fundo de Participação dos Municípios, que será entregue no primeiro decêndio do mês de dezembro de cada ano; II – do produto da arrecadação do **imposto sobre produtos industrializados**, dez por cento aos Estados e ao Distrito Federal, proporcionalmente ao valor das respectivas exportações de produtos industrializados.

### 4.2. Sujeito passivo

No polo passivo da obrigação, encontra-se, como **contribuinte**, essencialmente o industrial, o arrematante e o importador de produtos industrializados (CTN, art. 51). Cabe frisar que cada estabelecimento – industrial ou importador – é considerado um contribuinte perante o Fisco.

A legislação amplia a lista dos contribuintes, pois prevê hipóteses específicas: a) do **estabelecimento equiparado a industrial** e; b) das pessoas que consumirem ou utilizarem em outra finalidade, ou remeterem a pessoas que não sejam empresas jornalísticas ou editoras, o papel destinado à impressão de livros, jornais e periódicos, quando alcançado pela imunidade.

O **estabelecimento industrial**, nos termos do art. 8º, do RIPI, é o que executa qualquer das operações de industrialização, ainda que isenta ou sujeito a alíquota zero.

A legislação tributária relativa ao IPI utiliza **conceito restrito de estabelecimento**, a coincidir com o prédio onde ocorre a industrialização. Esta concepção se distingue do conceito amplo do direito empresarial, onde estabelecimento é considerado o complexo de bens organizado para o exercício da empresa (art. 1.142, do CC).

Os **estabelecimentos equiparados a industrial** (art. 9º, do RIPI), a seu turno, são aqueles que, embora não realizem a industrialização, estão ligados à ocorrência do fato gerador do tributo, seja na importação seja na industrialização nacional, e recebem o mesmo tratamento para fins de controle e incidência do tributo por estabelecimento, sem que ocorra a dupla incidência do imposto sobre o mesmo contribuinte, em virtude da aplicação do princípio da não cumulatividade.

São **equiparados a industriais** os estabelecimentos **importadores** que deem saída às mercadorias importadas e os estabelecimentos **atacadistas ou varejistas** que recebam diretamente da alfândega produtos importados por outros estabelecimentos do mesmo proprietário.

A **filial** ou **outro estabelecimento comercial** também será equiparado a industrial quando realizar vendas de produtos importados ou industrializados no país por outro estabelecimento da mesma empresa. Não haverá a equiparação se a filial realizar somente venda a varejo e não receber diretamente produtos importados por outro estabelecimento.

O **estabelecimento comercial** será igualmente equiparado se enviar insumos (matérias-primas, produtos intermediários, embalagens, recipientes, moldes etc) a outro estabelecimento, seja qual for o proprietário deste estabelecimento, para industrialização. Recebido o produto industrializado para venda, o estabelecimento será equiparado a industrial.

Há diversas hipóteses de equiparação de estabelecimentos comerciais e de cooperativa de produtores a estabelecimento industrial para bebidas alcoólicas em geral, para cervejas e para refrigerantes, todos de produção nacional, nos casos de produção por encomenda, engarrafamento, recebimento do produto diretamente do produtor etc.

Também são equiparados a industriais os estabelecimentos **atacadistas de veículos de passeio**, bem como aqueles estabelecimentos, **atacadistas ou varejistas**, que adquirirem **produtos de procedência estrangeira, importados por encomenda ou por sua conta e ordem**, por intermédio de pessoa jurídica importadora.

> **Como esse assunto foi cobrado em concurso?**
> (ESAF/Analista da Receita Federal/2012) Avalie os itens a seguir e assinale a opção correta. São equiparados aos estabelecimentos industriais para fins de incidência do Imposto sobre Produtos Industrializados:
> I. Os estabelecimentos que comercializam produtos cuja industrialização tenha sido realizada por outro estabelecimento da mesma firma ou de terceiro, mediante a remessa, por eles efetuada, de matérias primas, produtos intermediários, embalagens, recipientes, moldes, matrizes ou modelos.
> II. Os estabelecimentos, ainda que varejistas, que receberem, para comercialização, diretamente da repartição que os liberou, produtos importados por outro estabelecimento da mesma firma.
> III. Os estabelecimentos atacadistas e cooperativas de produtores que derem saída a bebidas alcoólicas.
> *Gabarito:* Os três itens estão corretos, nos termos dos incisos II, IV e VII, do art. 9º, do RIPI. A questão é bastante específica e vale conferir nossos comentários no tópico 4.2, bem como ler o artigo do regulamento.

Há outras hipóteses de equiparação, razão pela qual recomendamos a leitura do art. 9º, do RIPI.

Com a equiparação, a autoridade administrativa pode fiscalizar o estabelecimento e encontrar correspondência entre os documentos do contribuinte e os produtos estocados ou vendidos. Não havendo a correspondência, a Receita pode autuar o estabelecimento equiparado. Por outro lado, a equiparação permite – veremos o sistema de débito e crédito da não cumulatividade – que o estabelecimento equiparado aproveite o crédito do imposto devido pelo estabelecimento industrial, de modo que o contribuinte não tenha que pagar o mesmo imposto duas vezes.

A modalidade de equiparação que tem merecido cuidado especial da **jurisprudência** está presente no art. 4º, I da Lei 4.502/1964 e regulamentada no art. 9º, I, do RIPI.

> Lei 4.502/1964
> Art. 4º Equiparam-se a estabelecimento produtor, para todos os efeitos desta Lei:
> I – os importadores e os arrematantes de produtos de procedência estrangeira;
> [...]

> **RIPI**
>
> Art. 9º Equiparam-se a estabelecimento industrial:
>
> I – os estabelecimentos importadores de produtos de procedência estrangeira, que derem saída a esses produtos;
>
> [...]

Os **importadores** alegam que a **incidência do imposto na importação e nova incidência do tributo na comercialização daquele produto importado** que não sofrera qualquer processo de industrialização em território brasileiro **seria inconstitucional**, por acarretar bitributação, e têm encontrado respaldo na jurisprudência.

A Segunda Turma do STJ havia alterado seu entendimento, passando a decidir, a partir do julgamento do REsp 1.385.952/SC, pela **legalidade da incidência do IPI** na revenda do produto industrializado importado, por entender que a revenda constitui fato gerador previsto pela lei e autorizado pelo CTN e que a incidência respeitava o princípio da não-cumulatividade, pois o comerciante poderia abater do tributo pago na importação daquele devido pela revenda.

Em face da **divergência instaurada**, a Primeira Seção uniformizou o entendimento a favor dos contribuintes (EDcl no AgRg no REsp 1.455.759/PR).

Em nova **virada de posicionamento**, o STJ passou a entender legítima a incidência na revenda do produto importado no mercado interno. Vale a transcrição da ementa:

> **Entendimento do STJ**
>
> 1. Seja pela combinação dos artigos 46, II e 51, parágrafo único do CTN – que compõem o fato gerador, seja pela combinação do art. 51, II, do CTN, art. 4º, I, da Lei n. 4.502/64, art. 79, da Medida Provisória n. 2.158-35/2001 e art. 13, da Lei n. 11.281/2006 – que definem a sujeição passiva, nenhum deles até então afastados por inconstitucionalidade, os produtos importados estão sujeitos a uma nova incidência do IPI quando de sua saída do estabelecimento importador na operação de revenda, mesmo que não tenham sofrido industrialização no Brasil.
>
> 2. Não há qualquer ilegalidade na incidência do IPI na saída dos produtos de procedência estrangeira do estabelecimento do importador, já que equiparado a industrial pelo art. 4º, I, da Lei n. 4.502/64, com a permissão dada pelo art. 51, II, do CTN.
>
> 3. Interpretação que não ocasiona a ocorrência de bis in idem, dupla tributação ou bitributação, porque a lei elenca dois fatos geradores distintos, o desembaraço aduaneiro proveniente da operação de compra de produto industrializado do exterior e a saída do produto industrializado do estabelecimento importador equiparado a estabelecimento produtor, isto é, a primeira tributação recai sobre o preço de compra onde embutida a margem de lucro da empresa estrangeira e a segunda tributação recai sobre o preço da venda, onde já embutida a margem de lucro da empresa brasileira importadora. Além disso, não onera a cadeia além do razoável, pois o importador na primeira operação apenas acumula a condição de contribuinte de fato e de direito em razão da territorialidade, já que o estabelecimento industrial produtor estrangeiro não pode ser eleito pela lei nacional brasileira como contribuinte de direito do IPI (os limites da soberania tributária o impedem), sendo que a empresa importadora nacional brasileira acumula o crédito do imposto pago no desembaraço aduaneiro para ser utilizado como abatimento do imposto a ser pago na saída do produto como contribuinte de direito (não-cumulatividade), mantendo-se a tributação apenas sobre o valor agregado.
>
> (STJ, S1, EREsp 1.403.532/SC, Min. MAURO CAMPBELL MARQUES, DJe de 18/12/2015)

O tema ainda não havia sido apreciado pelo STF, que vinha entendendo tratar-se de questão adstrita exclusivamente ao instituto infraconstitucional da equiparação a estabelecimento industrial.

A matéria, porém, comporta a discussão de diversos institutos constitucionais, como o do próprio núcleo da incidência do tributo (a comercialização de produtos industrializados ou a industrialização) e da aplicação do princípio da não-cumulatividade, não se mostrando possível solução para o problema com a análise exclusiva dos aspectos legais. **Recentemente fora recebido para discussão no STF, no RE 946.648 RG/SC.**

> ▶ **Como esse assunto foi cobrado em concurso?**
> 
> **(TRF4 – Juiz Federal Substituto 4ª Região/2014). Assinale certo ou errado, de acordo com a jurisprudência do Superior Tribunal de Justiça.**
> 
> Não incide o Imposto sobre Produtos Industrializados (IPI) na revenda pelo estabelecimento importador quando esse produto importado não sofrer qualquer processo de industrialização.
> 
> **Gabarito:** Errado. No gabarito oficial, do concurso realizado em 2014, a afirmativa estava certa. Contudo, com o EREsp 1.403.532/SC, houve mudança de jurisprudência, de modo que, de acordo com o STJ, o IPI incide na hipótese da questão.

O art. 11, do RIPI, a seu turno, traz **a possibilidade de o estabelecimento optar pela equiparação**. Vale dizer, a lei não impõe a equiparação, mas esta pode ser requerida pelo interessado.

São equiparados por opção, os estabelecimentos comerciais atacadistas que derem saída a bens de produção, para estabelecimentos industriais ou revendedores e as cooperativas que se dedicarem à venda em comum de bens de produção, recebidos de seus associados para comercialização.

Importante mencionar, por fim, que, por ser o IPI, a exemplo do ICMS, um imposto indireto, ou seja, um tributo que admite a transferência de seu encargo econômico financeiro para pessoa diversa daquela fixada em lei como contribuinte, teremos, em muitos casos, lado a lado, as figuras dos **contribuintes de fato e de direito**. O contribuinte de direito, lembre-se, é a pessoa responsável pelo recolhimento do tributo; o contribuinte de fato, por sua vez, é aquele que suporta os encargos econômicos e financeiros do tributo.

### 4.2.1. Responsabilidade e substituição tributária

Além dos supracitados **contribuintes**, são sujeitos passivos do IPI também os chamados **substitutos tributários**. Estes, embora não revelem relação pessoal e direta com o fato gerador da obrigação, respondem pelo débito em virtude de expressa disposição de lei; são, portanto, responsáveis tributários.

Nos moldes de nosso Texto Supremo, **a lei poderá atribuir a sujeito passivo de obrigação tributária a condição de responsável** pelo pagamento de imposto ou contribuição, cujo fato gerador deva ocorrer posteriormente, assegurada a imediata e preferencial restituição da quantia paga, caso não se realize o fato gerador presumido (CF/88, art. 150, § 7º). A legislação do IPI prevê também diversas hipóteses de responsabilidade, subsidiária e solidária, especiais e gerais.

Assim como no ICMS, o regime de substituição tributária aplicável ao IPI justifica-se por uma série de fatores, a maioria deles ligados à fiscalização e à arrecadação do imposto. Na maior parte dos casos, em virtude da enorme quantidade de participantes do ciclo produtivo de mercadorias industrializadas, revela-se praticamente impossível o alcance direto de todos os contribuintes pela Administração Fazendária. Nos termos da já citada jurisprudência do Supremo Tribunal Federal, o regime de substituição tem por objetivo permitir a diminuição da "máquina-fiscal e da evasão fiscal a dimensões mínimas, propiciando, portanto, maior comodidade, economia, eficiência e celeridade às atividades de tributação e arrecadação" (STF, Tribunal Pleno, ADI 1.851, Min. ILMAR GALVÃO, DJ de 23/10/1998).

Imagine-se, por exemplo, as dificuldades administrativas para fiscalização na cobrança do IPI incidente sobre cada uma das etapas do ciclo produtivo de um refrigerante. Em vez de cobrar o tributo de cada um dos fornecedores de xarope e outros insumos, bem como das indústrias produtoras da mercadoria, ao se utilizar do instituto da substituição tributária, o Poder Público racionaliza a fiscalização e a cobrança, atuando junto apenas do chamado substituto tributário.

As hipóteses de responsabilidade e substituição tributária do IPI estão previstas em diversos diplomas normativos, com destaque para a Lei nº 4.502/64 e para o Decreto nº 7.212/2010, cuja leitura – sobretudo dos art. 25, 26, 27, 222 e 223 – recomendamos a todos aqueles que estão postulando vagas na Administração Tributária Federal.

A legislação também estabelece outras hipóteses específicas de responsabilidade tributária do IPI: a) a do transportador, pelos produtos transportados; b) a do detentor, pelos produtos em situação irregular ou de origem não comprovada; c) a do proprietário de produtos que receberam benefícios fiscais, notadamente relacionados à exportação, quando a exportação ou a causa do benefício não se concretize.

## 5. ASPECTO QUANTITATIVO

O aspecto quantitativo do IPI, ao contrário do que ocorre com a imensa maioria dos impostos, não engloba o estudo apenas da alíquota e da base de cálculo do tributo, sendo indispensável a realização de outros cálculos e elementos complicadores. Além da alíquota e da base de cálculo, é indispensável que o estudioso conheça as noções gerais do chamado princípio da não cumulatividade, positivado no art. 153, § 3º, II, da CF/88.

### 5.1. Base de cálculo

A base de cálculo do IPI varia em razão do fato gerador.

De acordo com o art. 47, do CTN, a base de cálculo do imposto é, na **importação**, o preço normal, (que o produto, ou seu similar, alcançaria, ao tempo da importação, em uma venda em condições de livre concorrência, para entrega no porto ou lugar de entrada do produto no País), acrescido do montante do imposto sobre a importação; das taxas exigidas para entrada do produto no País; dos encargos cambiais efetivamente pagos pelo importador ou dele exigíveis; na **produção**, o valor da operação de que decorrer a saída da mercadoria e, na falta deste, o preço corrente da mercadoria, ou sua similar, no mercado atacadista da praça do remetente, e, no Leilão, o preço pago pela **arrematação**.

Na lei ordinária, a base de cálculo segue as orientações do CTN. Na **importação**, é o valor aduaneiro; no **leilão**, o valor da arrematação; **na produção nacional**, a base de cálculo é "o valor total da operação de que decorrer a saída do estabelecimento industrial ou equiparado a industrial" (art. 14, da Lei 4.502/64), considerando-se valor da operação "o preço do produto, acrescido do valor do frete e das demais despesas acessórias, cobradas ou debitadas pelo contribuinte ao comprador ou destinatário" (§ 1º, do art. 14, da Lei 4.502/64).

Também é importante observar a forma de cálculo do IPI a ser destacado na nota fiscal: ao contrário do que ocorre com o ICMS, aqui, verifica-se o chamado **cálculo por fora do tributo**. Em outros termos, o imposto não integra a própria base de cálculo.

Exemplifique-se: para o valor da venda de R$ 100,00, aplica-se a alíquota, por exemplo, de 20%. O valor do imposto será R$ 20,00 e o valor total da nota será de R$ 120,00.

## 5.1.1. Descontos incondicionais e bonificações

O art. 15, da Lei 7.798/89, que alterou a redação do art. 14, da Lei 4.502/64, trouxe redação controversa para o § 2º, da norma, ao determinar que "não podem ser deduzidos do valor da operação os descontos, diferenças ou abatimentos, concedidos a qualquer título, ainda que incondicionalmente".

Tradicionalmente, os descontos incondicionais são excluídos da base de cálculo dos tributos nacionais.

São **descontos incondicionais** aqueles concedidos pelo vendedor, no momento da compra, independente de qualquer ação do comprador. São as barganhas, as pechinchas, ou simplesmente descontos pelo volume da compra, mas constam na nota fiscal de venda, mais ou menos assim:

**Nota Fiscal**

| Quantidade | Descrição | $ |
|---|---|---|
| 1 | Rádio a pilha marca x modelo z | 35,00 |
|   | desconto | 5,00 |
| Total |   | 30,00 |

Os **descontos condicionais**, a seu turno, são aqueles conferidos pelo vendedor em virtude de alguma ação do comprador, como o pagamento antecipado da fatura, nas vendas a prazo.

A exemplo do que acontece com o ICMS, a **jurisprudência** do STJ afastou a aplicação do dispositivo, determinando que os **descontos incondicionais** devem ser excluídos da base de cálculo do IPI.

> ▸ **Entendimento do STJ**
> IPI – DESCONTOS INCONDICIONAIS – BASE DE CÁLCULO.
> 1 – Consoante explicita o art. 47 do CTN, a base de cálculo do IPI é o valor da operação consubstanciado no preço final da operação de saída da mercadoria do estabelecimento.
> 2 – O Direito Tributário vale-se dos conceitos privatísticos sem contudo afastá-los, por isso que o valor da operação é o preço e, este, é o quantum final ajustado consensualmente entre comprador e vendedor, que pode ser o resultado da tabela com seus descontos incondicionais.

> 3 – Revela contraditio in terminis ostentar a Lei Complementar que a base de cálculo do imposto é o valor da operação da qual decorre a saída da mercadoria e a um só tempo fazer integrar ao preço os descontos incondicionais. Ratio essendi dos precedentes quer quanto ao IPI, quer quanto ao ICMS.
>
> (STJ, S1, REsp 477.525/GO, Rel. Min. LUIZ FUX, DJ de 23/6/2003)

O STF não divergiu.

> ▶ **Entendimento do STF**
>
> IMPOSTO SOBRE PRODUTOS INDUSTRIALIZADOS – VALORES DE DESCONTOS INCONDICIONAIS – BASE DE CÁLCULO – INCLUSÃO – ARTIGO 15 DA LEI Nº 7.798/89 – INCONSTITUCIONALIDADE FORMAL – LEI COMPLEMENTAR – EXIGIBILIDADE.
>
> Viola o artigo 146, inciso III, alínea "a", da Carta Federal norma ordinária segundo a qual hão de ser incluídos, na base de cálculo do Imposto sobre Produtos Industrializados – IPI, os valores relativos a descontos incondicionais concedidos quando das operações de saída de produtos, prevalecendo o disposto na alínea "a" do inciso II do artigo 47 do Código Tributário Nacional.
>
> (STF, RE 567.935 RG/SC, Min. MARCO AURÉLIO, DJe de 3/11/2014)

A Corte, portanto, afastou a incidência do imposto nos descontos incondicionais, por falta de previsão desta incidência em lei complementar.

As **bonificações** são acréscimos na quantidade de produtos entregue pelo vendedor, sem a correspondente elevação do preço pactuado.

Também podem ser condicionadas ou incondicionadas.

Se as bonificações forem incondicionadas e apresentarem a mesma natureza dos descontos incondicionais, vale dizer, reduzirem o preço unitário do produto vendido, sobre elas também não incidirá o IPI. Para tanto, é necessário que as bonificações sejam 1) vinculadas à operação de venda, e 2) concedidas na própria nota fiscal que ampara a venda, e 3) não sejam vinculadas à operação futura.

### 5.1.2. Frete

Com raciocínio similar, o STF também julgou inconstitucional a incidência do IPI sobre o frete, previsto no art. 14, § 1º, da Lei 4.502/64.

> Art. 14. Salvo disposição em contrário, constitui valor tributável:
> [...]
>
> § 1º. O valor da operação compreende o preço do produto, acrescido do valor do frete e das demais despesas acessórias, cobradas ou debitadas pelo contribuinte ao comprador ou destinatário.

Vem decidindo o STF:

> ▶ **Entendimento do STF**
>
> AGRAVO REGIMENTAL NO RECURSO EXTRAORDINÁRIO. DIREITO CONSTITUCIONAL E TRIBUTÁRIO. IMPOSTO SOBRE PRODUTOS INDUSTRIALIZADOS – IPI. BASE DE CÁLCULO. INCLUSÃO DO VALOR DO FRETE: IMPOSSIBILIDADE. NECESSIDADE DE LEI COMPLEMENTAR. JULGADO RECORRIDO CONSOANTE À JURISPRUDÊNCIA DESTE SUPREMO TRIBUNAL FEDERAL ASSENTADA NO PROCEDIMENTO DA REPERCUSSÃO GERAL: RE 567.935. AGRAVO REGIMENTAL AO QUAL SE NEGA PROVIMENTO.
>
> (STF, T2, RE 636.714 AgR/SC, Min. CÁRMEN LÚCIA, DJe de 7/8/2015)
>
> Agravo regimental no recurso extraordinário. Tributário. IPI. Base de cálculo. Valor da operação. Inclusão do valor do frete. Impossibilidade por lei ordinária. Artigo 146, III, a, da CF.
>
> 1. No julgamento do RE nº 567.935-RG, de relatoria do Ministro Marco Aurélio, a Corte firmou a orientação de que, sendo o valor da operação de que decorrer a saída da mercadoria a base de cálculo do imposto sobre produtos industrializados (IPI), tal como definida na alínea a do inciso II do art. 47 do Código Tributário Nacional, padece de inconstitucionalidade formal lei ordinária que, a pretexto de disciplinar a base de cálculo do tributo, extrapola as balizas quantitativas constantes do Código Tributário Nacional, por afronta ao art. 146, III, a, da CF. 2. Agravo regimental não provido.
>
> (STF, T2, RE 567.276 AgR/SC, Min. DIAS TOFFOLI, DJe de 9/11/2015)

Não obstante, as questões do frete e dos descontos incondicionais não são idênticas.

O **desconto incondicional**, como dissemos, apresenta o efeito econômico de reduzir o preço de venda, o valor da operação e, portanto, a base de cálculo do tributo. A incidência sobre o valor integral, desconsiderado o desconto, constituiria presunção, apenas admissível em termos de fato gerador de tributo, se previsto por lei complementar.

O **frete**, porém, comporta **outras discussões**.

O comprador pode ir ao estabelecimento industrial ou comercial equiparado e efetuar a compra, sem que haja qualquer contratação de fretamento; o frete pode ser pago à parte, tanto pelo vendedor quanto pelo comprador; e o frete pode estar embutido no preço de venda, independente da necessidade de transporte do produto.

Em qualquer destes casos, há algum custo no transporte do produto adquirido, seja o custo do adquirente que transportou ele mesmo a mercadoria, seja do comprador ou do vendedor que contratou o frete, seja o custo do frete previamente embutido no preço final do produto.

Assim, de uma forma ou de outra, o frete ou o transporte compõe o valor da operação, incluindo-se na previsão expressa do art. 47, II, 'a', do CTN. Em outros termos, há, sim, previsão em lei complementar para a incidência do imposto sobre o frete e sobre qualquer fator que influencie no "valor da operação".

Sob o ponto de vista prático, a aplicação da jurisprudência depende do pagamento do frete de forma separada do produto. Se não houve frete ou se o preço do transporte está incluído no preço de venda, não há como se afastar a incidência.

### 5.1.3. Perdas e quebras de estoque

As perdas ou quebras de estoque também constituem tema problemático, mas não judicializado, que repercute na base de cálculo do imposto.

Há quebra de estoque quando parte dos insumos se perde ou se torna imprestável durante o processo produtivo. É o líquido que evapora, o retalho de tecido que não serve para a produção, o grão que fica espalhado, o resto do produto que adere à embalagem.

Se o processo produtivo apresenta perdas significativas, a base de cálculo do imposto deve ser redimensionada. Num processo cujas perdas cheguem a 5%, uma tonelada de grãos, por exemplo, irá gerar 950 kg de produto final.

Imaginemos, então, que o contribuinte tenha vendido 400 kg de seu produto final. Em seu estoque, haverá 550 kg. Contudo, numa auditoria, a fiscalização apuraria 1000 kg de insumos e um estoque de 550 kg, levando a uma diferença de 450 kg. Verificando notas fiscais de venda de apenas 400 kg, os 50 kg restantes seriam considerados vendas sem emissão de nota fiscal e infração à lei tributária. Para equacionar o problema, é necessário levar em conta a quebra de estoque.

Por outro lado, o contribuinte não pode alegar qualquer perda, pois seria fácil se eximir da tributação.

No IPI, a solução para o problema não advém de uma regra geral para o tratamento das quebras de estoque, nem de regras setoriais ou específicas para cada produto, mas deve ser apurada casuisticamente, para cada estabelecimento.

Os limites para as perdas do processo produtivo devem ser mensurados de forma razoável pelo contribuinte, informados à Receita Federal, para que esta estabeleça a margem de tolerância. Definido o limite, por exemplo, de 5%, as perdas contabilizadas até este percentual não serão tributadas como vendas. As perdas superiores ao limite, ao revés, são tributadas como vendas do produto final.

### 5.1.4. Pautas fiscais no IPI

Tema recorrente no direito tributário é a presunção do valor da base de cálculo. Isso ocorre no IPTU, pela planta de valores da prefeitura, no ICMS, com as diversas pautas de valores das mercadorias, especialmente no caso de substituição tributária, e ocorre também no IPI.

O art. 1º, da Lei 7.789/89 definiu valores do imposto para bebidas, notadamente bebidas alcoólicas "quentes", em uma tabela de valores, subdividida em classe (art. 209, do RIPI).

O art. 3º, da Lei 7.789/89, a seu turno permitiu que a base de cálculo do IPI para alimentos e outras bebidas também fosse definida por uma tabela de valores subdivididas em classes.

A aguardente, por exemplo, pode ser classificada entre as classes A a Q, para a classe A, o imposto devido é de 0,0597 BTN unidade (pode ser 1 litro ou 600 ml); para a classe Q, o imposto é de 1,4364 BTN (valores que são convertidos em reais).

Para classificar a aguardente, o contribuinte informa para a autoridade o preço de venda da bebida e a autoridade realiza a operação idêntica à incidência em condições normais: base de cálculo x alíquota. O valor apurado, contudo, não será o imposto a pagar, mas a referência para o enquadramento do produto na tabela.

Se o resultado da aplicação da alíquota sobre o preço de venda da garrafa for 0,1320 BTN, o produto será enquadrado na classe E, e o contribuinte deverá pagar de imposto 0,1319 BTN (valor da classe E em BTNs) por garrafa vendida.

Este valor do imposto por garrafa persistirá até novo enquadramento e duas coisas podem acontecer. Se antes do novo enquadramento o preço de venda cair, o contribuinte terá que pagar mais imposto que em condições normais; se o preço de venda subir, o contribuinte pagará menos imposto.

Colocada a mecânica do instituto, vamos à questão jurídica do momento: a pauta fiscal do IPI tem sido julgada inconstitucional por alguns tribunais regionais federais, ao fundamento de que adota valor pré-fixado e não considera o valor efetivo da operação, exigido pelo CTN.

O tema foi levado ao STF e aguarda julgamento do RE 602.917 RG/RS, com reconhecimento de repercussão geral.

De fato, a lei procura se aproximar do valor real da operação. De outro giro, pode haver divergência entre o valor real da operação e o valor contido na pauta tanto no momento da classificação do produto, quanto nas oscilações do preço de mercado nos períodos que separarem as reclassificações.

Caberá ao STF definir se a pauta fiscal do IPI, conforme estabelecida pela Lei 7.789/98, vale dizer, presunção parametrizada no valor real da operação, se coaduna com o ordenamento jurídico brasileiro.

Cabe observar que a Lei 13.241/15 derrogou a Lei 7.798/89 e mudou o tratamento tributário do IPI para diversas bebidas quentes. Também a Lei 13.097/15 alterou a incidência do IPI sobre bebidas frias, adotando, neste caso, o modelo misto de pauta fiscal mínima.

A **Lei 7.798/89** (e a pauta fiscal nela prevista) continua aplicável ao álcool etílico não desnaturado, com um teor alcoólico, em volume, igual ou superior a 80 % vol, álcool etílico e aguardentes, desnaturados, com qualquer teor alcoólico (item 22.07, da TIPI) e ao álcool etílico com volume alcoólico inferior a 80%.

**Mantida a pauta fiscal**, portanto, para estes produtos.

A **Lei 13.241/15** passou a regular a incidência do imposto para as demais bebidas quentes e álcool etílico com volume alcoólico superior a 80%, classificados nos itens 22.04, 22.05, 22.06 e 22.08 (exceto o álcool etílico com volume alcoólico inferior a 80%).

**Não aplica mais pauta fiscal** para estes produtos, calculando-se o imposto pela alíquota *ad valorem* prevista na TIPI sobre a base de cálculo, vale dizer, o valor da operação (art. 1º e 2º, da Lei 13.241/15, que dispõe, também, sobre a industrialização sobre encomenda, a equiparação a industrial e a responsabilidade tributária acerca destes produtos).

A **Lei 13.097/15** passou a regular a incidência sobre cerveja, chope, refrigerantes, chás, refrescos, isotônicos, energéticos, água mineral, tanto no mercado interno quanto na importação, calculando-se o imposto (e também as contribuições PIS e COFINS) pela aplicação da alíquota percentual incidente sobre base de cálculo *ad valorem* (art. 14 e 15, da Lei 13.097/15, que também disciplina outras questões como industrialização sobre encomenda, equiparação a industrial e responsabilidade tributária).

Ademais, lei prevê alíquota reduzida, com base da produção total do contribuinte, para cervejas e chopes especiais (art. 16 e 26, da Lei 13.097/15), definidos em regulamento (Decreto 8.442/15).

Contudo, a lei prevê uma **pauta fiscal mínima** (para o IPI e para as contribuições), baseada no tipo de bebida e no tipo de recipiente em que a bebida é vendida (art. 33, da Lei 13.097/15).

A pauta fiscal mínima significa que o tributo é calculado, em princípio, pela alíquota *ad valorem*, desde que o imposto a pagar seja igual ou superior ao que seria devido com a aplicação da pauta. Se o método *ad valorem* gerar resultado inferior, aplica-se a pauta prevista em lei.

A pauta apresenta apenas o valor mínimo de imposto devido, não disciplinando o valor máximo, que depende da aplicação da alíquota sobre a base de cálculo. Em outros termos, quanto mais elevada a base, maior será o valor do imposto.

As inovações legislativas esvaziam, em parte, a matéria discutida no RE 602.917 RG/RS. De outro turno, simplifica a apuração do imposto para bebidas, em relação à complexa metodologia da Lei 7.798/89, mas podem criar novas polêmicas jurídicas, especialmente a respeito da pauta fiscal mínima, prevista pela Lei 13.097/15.

## 5.2. Alíquotas

O tema das alíquotas é de extrema relevância à compreensão do IPI, sobretudo se levarmos em conta o fato de que o imposto, nos moldes de nossa Constituição: a) será seletivo, em função da essencialidade do produto (CF/88, art. 153, § 3º, I) e; b) terá reduzido seu impacto sobre a aquisição de bens de capital pelo contribuinte do imposto, na forma da lei (CF/88, art. 153, § 3º, IV).

**Selecionar** significa realizar escolha criteriosa. No caso do IPI, a seleção é obrigatória e se dá pela essencialidade dos produtos para a vida humana. Na prática, a seletividade implica alíquotas de 320% sobre cigarros (prejudiciais à saúde), 42% para perfumes (luxo não essencial) e 0% para produtos alimentícios derivados de carne, peixe, leite etc. Entre os automóveis, aqueles com motor de menos de 1.000 cm3 são tributados a 7%, os de 1.000 cm3 a 1.500 cm3, a 13%, os de 1.500 cm3 a 2.000 cm3, a 25% e assim por diante.

A **redução do impacto na aquisição de bens de capital** se faz por benefícios fiscais ou por alíquotas mais leves. Um exemplo é o dos veículos de transporte. Sua alíquota é, em geral, mais baixa do que a de veículos de uso misto com a mesma capacidade, como as caminhonetes. Vejamos um trecho da tabela do IPI – TIPI, adaptada:

- Veículos de transporte de mercadoria para utilização fora de rodovias 0%;
- Veículos de transporte de mercadorias de peso em carga máxima não superior a 5 toneladas com chassis motor e cabina 5%;
- Na forma de pick-ups e semelhantes 8%;
- Com caixa basculante 5%;
- Na forma de pick-ups 10%.

Contudo, encontra-se no STF, tramitando sob o rito da repercussão geral, tema sobremodo interessante, que diz respeito ao controle jurisdicional da seletividade do IPI.

No RE 606.314/PE discute-se a alteração da Tabela de Incidência do Imposto sobre Produtos Industrializados – TIPI de embalagens para acondicionamento de água mineral. Na redação do Decreto 2.092/96, o produto era classificado como embalagem para alimentos e tributado à alíquota zero, da mesma forma que a água mineral. A TIPI do

Decreto 3.777/01, a seu turno, previu rubrica específica "garrafões, garrafas, frascos e artigos semelhantes", com a alíquota de 15%, afastando a classificação do produto como "embalagem para alimentos".

O recurso ainda não foi julgado, mas ao recebê-lo, destacou o Relator que "o princípio da seletividade obriga a União a calibrar a carga do IPI conforme a essencialidade, a utilidade, a nocividade e a ociosidade do produto". No caso, afirmou, "discute a possibilidade de o Poder Judiciário controlar as alíquotas e as bases de cálculo do tributo a partir do exame da motivação dos atos legais emitidos pelos Poderes Legislativo e Executivo". E que, "em posição antípoda, argumenta-se que a motivação que revela o conceito de seletividade adotado é imune ao controle judicial, pois se trataria de ato pertencente à esfera decisória do executivo, segundo os critérios da conveniência e da oportunidade" (STF, RE 606.314 RG/PE, Min. JOAQUIM BARBOSA, DJe de 10/2/2012).

O STF está a discutir, pois, os limites do controle jurisdicional sobre a fixação de alíquotas do imposto bem como a gradação das alíquotas em função da seletividade do IPI.

A questão acerca da possibilidade de o Judiciário apreciar o mérito administrativo e alterar a alíquota do IPI fixada pelo Executivo, por enquanto, há de ser respondida **negativamente**.

Ainda que o Supremo aprecie a motivação do ato e afaste a nova alíquota em função do princípio da seletividade, não parece estar em questão a possibilidade de o Judiciário legislar, de modo que, no caso ou em situações análogas, se o Judiciário julgar inconstitucional a norma que previu a nova alíquota, será aplicada a alíquota anterior ou não haverá tributação, por falta do elemento quantitativo, até que outra norma seja editada.

Vale observar que o STF também discute a seletividade do IPI no RE 567.948 RG/RS.

No mérito, a seletividade merece duas observações, para além do simples argumento de que se aplica ao produto (água) e não aos insumos (garrafas, garrafões e tampas), questão também relevante para definir os limites do (possível) controle judicial das alíquotas do imposto.

A primeira é a relação entre o produto cuja tributação se discute e o produto final, cuja essencialidade se pretende estender. Para bens com relação direta e indissociável, como grampeador e grampo, sem que se conceba outro uso para o grampeador sem os grampos, nem nos grampos sem o grampeador, a seletividade comanda resultado igual para os dois produtos. Para bens com relação indireta, ocasional, fraca, como o pão e a manteiga, a seletividade não leva necessariamente ao mesmo resultado, pois a manteiga possui outros usos e o pão pode ser servido com outros acompanhamentos.

O problema pode ocorrer com frequência, pois são incontáveis as alíquotas do IPI, listadas na Tabela do IPI – TIPI.

O exercício de identificação da alíquota do IPI é similar ao do imposto de importação. Dispõe o RIPI:

> Art. 15. Os produtos estão distribuídos na TIPI por Seções, Capítulos, Subcapítulos, Posições, Subposições, Itens e Subitens.
>
> Art. 16. Far-se-á a classificação de conformidade com as Regras Gerais para Interpretação – RGI, Regras Gerais Complementares – RGC e Notas Complementares – NC, todas da Nomenclatura Comum do MERCOSUL – NCM, integrantes do seu texto.
>
> Art. 17. As Notas Explicativas do Sistema Harmonizado de Designação e de Codificação de Mercadorias – NESH, do Conselho de Cooperação Aduaneira na versão luso-brasileira, efetuada pelo Grupo Binacional Brasil/Portugal, e suas alterações aprovadas pela Secretaria da Receita Federal do Brasil, constituem elementos subsidiários de caráter fundamental para a correta interpretação do conteúdo das Posições e Subposições, bem como das Notas de Seção, Capítulo, Posições e de Subposições da Nomenclatura do Sistema Harmonizado.

A TIPI e a TEC são bastante similares. Devemos observar, contudo, que a TEC segue as disposições do Mercosul, padronizada por seus membros, enquanto a TIPI obedece apenas a legislação nacional, embora ambas procurem seguir padrões internacionais.

A seletividade não se confunde com a progressividade. Esta constitui na elevação da alíquota à medida que aumenta a base de cálculo, ou outro fator.

Não é demais repetir: o valor do débito do imposto será apurado pela aplicação da alíquota encontrada sobre a base de cálculo.

### 5.2.1. A tributação do cigarro

Um dos exemplos mais citados do IPI, especialmente para demonstrar a seletividade e a extrafiscalidade do imposto, é sua incidência sobre os cigarros, assunto que resolvemos trabalhar neste tópico, dada sua característica mais marcante, a alíquota de 300%.

A matéria é regida pelo DL 1.593/77 e pelos art. 14 e seg, da Lei 12.546/11.

O DL 1.593/77 regula a constituição de empresas que atuam no ramo e a concessão do registro necessário para a atividade, características da embalagem, importação e exportação, obrigações acessórias e vedações, entre outros fatores relacionados com o produto.

Em especial, o art. 4º, do DL 1.593/77 dispõe sobre a base de cálculo do imposto:

> Art 4º - Serão observadas as seguintes normas quanto à base de cálculo do Imposto sobre Produtos Industrializados, relativamente aos produtos do código 24.02.02.99 da TIPI:
>
> I - O valor tributável, na saída do estabelecimento industrial ou equiparado a industrial, será obtido mediante aplicação de uma percentagem, fixada pelo Poder Executivo, sobre o preço de venda no varejo;
>
> II - O preço de venda no varejo será marcado, nos produtos, pelo fabricante ou importador, na forma estabelecida em regulamento;
>
> III - No preço de venda do fabricante ou importador serão computadas as despesas acessórias, inclusive as de transporte, bem como o custo do selo de controle de que trata o artigo 40, da Lei nº 4.502, de 30 de novembro de 1964.

O preço de venda a consumidor final dos cigarros é definido pelos próprios fabricantes, e divulgado nos pontos de venda. Este preço final é a referência para se apurar a base de cálculo na saída do estabelecimento industrial ou equiparado.

Sobre o valor de venda final, o Poder Executivo aplica um percentual (redutor) do valor e sobre ele faz incidir o IPI.

As demais questões da incidência são previstas pela Lei 12.546/11.

O art. 14, da norma, prevê a alíquota do imposto:

> Art. 14. Os cigarros classificados no código 2402.20.00 da Tipi, aprovada pelo Decreto nº 6.006, de 2006, de fabricação nacional ou importados, excetuados os classificados no Ex 01, são sujeitos ao IPI à alíquota de 300% (trezentos por cento).

> § 1º É facultado ao Poder Executivo alterar a alíquota de que trata o caput, observado o disposto nos incisos I e II do art. 4º do Decreto-Lei nº 1.199, de 1971.
>
> § 2º O IPI será calculado mediante aplicação da alíquota sobre o valor tributável disposto no inciso I do art. 4º do Decreto-Lei nº 1.593, de 21 de dezembro de 1977.

Os cigarros feitos a mão são tributados à 30% (ver TIPI código 2402.20.00, Ex. 01).

Por sua vez, o art. 15 estabelece que o percentual de redução do preço de venda no varejo, para apurar a base de cálculo do imposto na saída do estabelecimento industrial ou equiparado, não poderá ser inferior a 15%.

Nos termos do art. 16, da Lei 12.546/11, o imposto "será apurado e recolhido uma única vez, pelo estabelecimento industrial, em relação às saídas dos cigarros destinados ao mercado interno; ou pelo importador, no desembaraço aduaneiro dos cigarros de procedência estrangeira".

O industrial ou importador dos cigarros pode optar por regime especial de apuração e recolhimento do IPI, no qual o valor do imposto será obtido de maneira composta. Uma parte será definida pela aplicação de alíquota reduzida (até 1/3 da alíquota máxima) sobre a base de cálculo e outra parte pela aplicação de alíquota específica, fixada em reais por vintena, tendo por base as características físicas do produto, em valor não inferior a R$ 0,80 (art. 17, da Lei 12.546/11). O imposto devido será apurado pelo somatório destes dois valores.

Para aderir ao regime especial, o contribuinte deve exercer sua opção até o último dia útil do mês de dezembro de cada ano-calendário, produzindo efeitos a partir do primeiro dia do ano-calendário subsequente ao da opção. No ano-calendário em que a pessoa jurídica iniciar atividades de produção ou importação de cigarros, a opção pelo regime especial poderá ser exercida em qualquer data, produzindo efeitos a partir do primeiro dia do mês subsequente ao da opção (art. 18, da Lei 12.546/11).

## 5.3. Não Cumulatividade do IPI

### 5.3.1. Regras gerais

O princípio da não cumulatividade está na essência do IPI.

Mais uma vez verificamos semelhanças com o ICMS.

Contudo, ser não cumulativo não exaure a forma como o imposto incide, pois a não cumulatividade possui meios distintos de concretização. A literatura menciona quatro métodos de apuração do imposto não cumulativo: método aditivo direto, método aditivo indireto, método subtrativo direto, e método subtrativo indireto, este o método adotado pela Constituição de 1988, para o IPI e o ICMS (TAIT, 1988, p. 4) O que a expressão "não cumulatividade" traz, em qualquer caso, é o objetivo de impedir que o mesmo imposto incida em cascata.

Na incidência em cascata, o imposto incide sobre o valor total de cada operação de um processo produtivo. Se a cadeia possuir dez etapas, o imposto incidirá dez vezes, sobre o valor de cada etapa. Na incidência não cumulativa, o imposto incide gradualmente.

---

Vejamos um exemplo básico com 3 etapas:
**I – Incidência cumulativa**
Etapa 1
Venda de R$ 1.000,00 em produtos
Alíquota 10%, imposto devido R$ 100,00.
Etapa 2
Revenda dos produtos por R$ 2.000,00
Alíquota 10%, imposto devido R$ 200,00.
Etapa 3
Nova venda dos produtos por R$ 3.000,00
Alíquota 10%, imposto devido R$ 300,00.
Imposto pago nas 3 etapas = R$ 600,00.
**II – Incidência não-cumulativa**
Etapa 1
Venda de R$ 1.000,00 em produtos
Alíquota 10%, imposto devido R$ 100,00.
Etapa 2
Revenda dos produtos por R$ 2.000,00
Alíquota 10%, imposto devido R$ 100,00, pois já houve a incidência na etapa anterior.
Etapa 3
Nova venda dos produtos por R$ 3.000,00
Alíquota 10%, imposto devido, pela mesma razão acima, R$ 100,00.
Imposto pago nas 3 etapas = R$ 300,00

No IPI, a não cumulatividade é expressa no art. 153, § 2º, II, da Constituição. Segundo a norma, o IPI será "não-cumulativo, compensando-se o que for devido em cada operação com o montante cobrado nas anteriores".

Assim, a não cumulatividade opera pelo sistema de débito e crédito. A venda gera débito, as compras geram crédito e o saldo será o imposto a pagar. No exemplo acima, o imposto a pagar é apurado da seguinte forma:

| Etapa 1 | |
|---|---|
| Débito do imposto | R$ 100,00 |
| Crédito da etapa anterior | R$ 0 |
| Imposto a pagar | R$ 100,00 |
| Etapa 2 | |
| Débito do imposto | R$ 200,00 |
| Crédito da etapa anterior | R$ 100,00 |
| Imposto a pagar | R$ 100,00 |
| Etapa 3 | |
| Débito do imposto | R$ 300,00 |
| Crédito da etapa anterior | R$ 200,00 |
| Imposto a pagar | R$ 100,00 |

Confira-se:

| Dados | Etapa 1 | Etapa 2 | Etapa 3 |
|---|---|---|---|
| Preço | R$ 1000,00 | R$ 2000,00 | R$ 3000,00 |
| Alíquotas | 10% | 10% | 10% |
| Débito | R$ 100,00 | R$ 200,00 | R$ 300,00 |
| Crédito | R$ 0,00 | R$ 100,00 | R$ 200,00 |
| IPI recolhido | R$ 100,00 | R$ 100,00 | R$ 100,00 |
| Total: R$ 300,00 | | | |

Esta é a **ideia geral da não cumulatividade** positivada no direito brasileiro, tanto para o IPI quanto para o ICMS.

Em **termos teóricos**, ensina Ricardo Lobo Torres que a não cumulatividade do imposto atua "através da compensação financeira do débito gerado na saída com os créditos correspondentes às operações anteriores, que são físicos, reais e condicionados. O crédito é físico porque decorre do imposto incidente na operação anterior sobre a mercadoria efetivamente empregada no processo de industrialização. É real porque apenas o montante cobrado (=incidente) nas operações anteriores dá direito ao abatimento, não nascendo o direito ao crédito nas isenções ou não-incidências. É condicionado à ulterior saída tributada, estornando-se o crédito da entrada se houver desgravação na saída. Essas mesmas características aparecem no ICMS" (2002, p. 377. Para maiores detalhamentos do crédito do IPI, leia-se na mesma obra, pp. 384 e seg, e, do mesmo autor, Tratado de direito Constitucional Financeiro e tributário, Vol, IV, 2007, pp. 188 e seg., e pp. 298 e seg.).

> ▶ **Como esse assunto foi cobrado em concurso?**
>
> **(ESAF/AFRF/2012) De acordo com a legislação tributária do Imposto sobre Produtos Industrializados (IPI), julgue os itens abaixo, classificando-os como corretos (C) ou errados (E).**
>
> A legislação tributária determina, em observância à não-cumulatividade do tributo, que a entrada de insumos não onerados – seja por força de alíquota zero, de não incidência, de isenção ou de imunidade – gera direito ao crédito de IPI na saída dos produtos industrializados.
>
> **Gabarito:** Errado. As entradas de mercadorias industrializadas que não sofrem tributação, em regra, não geram crédito do imposto.

Assim, o crédito do IPI é:

> **Físico** – decorre do imposto incidente na operação anterior sobre mercadoria que foi empregada FISICAMENTE no processo produtivo; se a mercadoria foi utilizada como material de escritório, não foi fisicamente empregada na industrialização, não gerando, assim, crédito. Se opõe a crédito financeiro, relativo a operações anteriores com bens ou serviços não aplicados no processo produtivo.
>
> **Real** – o crédito decorre da incidência REAL do imposto na operação anterior. Se não houve incidência, não haverá crédito, se a alíquota for zero, o crédito será zero. Se opõe ao crédito presumido, que independe da incidência da etapa anterior.
>
> **Condicionado** – o crédito somente persiste se houver a revenda tributada do produto (ou a venda do produto industrializado resultante dos insumos adquiridos). Não persiste o crédito caso a revenda (ou venda) seja isenta ou não tributada. Se opõe ao crédito incondicionado, que pode ser mantido independente da saída tributada do produto.

## 5.3.2. Diferentes espécies de crédito de IPI: Créditos básicos, créditos por devolução, créditos de incentivo, crédito prêmio, crédito presumido etc.

Os créditos do IPI são disciplinados pelos art. 225 e seg., do RIPI, cuja leitura, mais uma vez recomendamos àqueles que irão prestar concurso para ingresso nos quadros da Receita Federal do Brasil.

### A. Crédito básico

O **credito básico** é aquele decorrente da aquisição de insumo tributado.

É a regra geral do crédito no IPI, ao qual se aplicam as regras do crédito físico, real e condicionado.

### B. Crédito por devolução

Nos termos dos art. 225, § 1º e 229, do RIPI, o crédito por devolução é aquele decorrente da devolução de vendas de produtos saídos do estabelecimento. Dispõe o art. 229, do RIPI:

> Art. 229. É permitido ao estabelecimento industrial, ou equiparado a industrial, creditar-se do imposto relativo a produtos tributados recebidos em devolução ou retorno, total ou parcial.

O regulamento prevê que "no caso de locação ou arrendamento, a reentrada do produto no estabelecimento remetente não dará direito ao crédito do imposto, salvo se o produto tiver sido submetido a nova industrialização e ocorrer nova saída tributada" (art. 230). Dispõe, ainda, sobre os procedimentos para o aproveitamento do crédito.

### C. Crédito como incentivo

O crédito como incentivo, normalmente desvia-se da regra do crédito físico, real e condicionado, sendo criado pelo legislador para incentivar determinada atividade.

O RIPI disciplina créditos como incentivo nas áreas da SUDAM, SUDENE e Amazônica Ocidental e prevê incentivos à exportação (art. 236 a 239).

No **incentivo à exportação**, o exportador pode aproveitar o crédito pela aquisição de insumos, produtos intermediários e material de embalagem, ainda que a exportação esteja acobertada pela imunidade. Não há a incidência do imposto na venda, de modo que o crédito de incentivo opera de forma incondicionada.

Nos termos do art. 2º, da Lei 9.716/98, o crédito do IPI, na hipótese em que a saída do produto industrializado for beneficiada com isenção em virtude de incentivo fiscal, poderá ser utilizado para compensação com o incidente na saída de outros produtos industrializados pela mesma pessoa jurídica ou objeto de pedido de restituição, em espécie, ou para compensação com outros tributos e contribuições administrados pela Secretaria da Receita Federal.

### D. Crédito presumido

A legislação prevê, ainda, hipótese especial de *crédito presumido do IPI* para empresa produtora e exportadora (Lei 9.363/96 e art. 241, do RIPI). Nos termos da lei, trata-se de crédito para ressarcimento do valor do PIS/PASEP e COFINS. Leia-se os art. 1º e 2º, da Lei 9.363/96:

> Art. 1º A empresa produtora e exportadora de mercadorias nacionais fará jus a crédito presumido do Imposto sobre Produtos Industrializados, como ressarcimento das contribuições de que tratam as Leis Complementares nos 7, de 7 de setembro de 1970, 8, de 3 de dezembro de 1970, e 70, de 30 de dezembro de 1991, incidentes sobre as respectivas aquisições, no mercado interno, de matérias-primas, produtos intermediários e material de embalagem, para utilização no processo produtivo.
>
> Parágrafo único. O disposto neste artigo aplica-se, inclusive, nos casos de venda a empresa comercial exportadora com o fim específico de exportação para o exterior.
>
> Art. 2º A base de cálculo do crédito presumido será determinada mediante a aplicação, sobre o valor total das aquisições de matérias-primas, produtos intermediários e material de embalagem referidos no artigo anterior, do percentual correspondente à relação entre a receita de exportação e a receita operacional bruta do produtor exportador.
>
> § 1º O crédito fiscal será o resultado da aplicação do percentual de 5,37% sobre a base de cálculo definida neste artigo.
> [...]

A empresa exportadora não paga impostos pela venda de produtos para o exterior. Contudo, o preço pago pelos insumos é onerado pela incidência dos tributos no mercado interno, inclusive o PIS e a COFINS.

Confira-se o entendimento sumulado do STJ sobre a matéria:

> **Entendimento do STJ**
> SÚMULA nº 494 DO STJ:
> O benefício fiscal do ressarcimento do crédito presumido do IPI relativo às exportações incide mesmo quando as matérias-primas ou os insumos sejam adquiridos de pessoa física ou jurídica não contribuinte do PIS/PASEP.

A lei permite, pois, que o contribuinte apure o crédito de IPI pela aquisição de insumos no mercado nacional utilizados na produção de bens destinados à exportação e compense com débitos do IPI decorrentes de vendas no mercado interno e, assim, reduzir o ônus da incidência das contribuições.

Caso o contribuinte também não tenha débitos de IPI para compensar com o crédito presumido apurado, o valor será ressarcido em moeda corrente em favor do exportador (art. 4º, da Lei 9.363/96).

São **requisitos do crédito presumido do IPI** para **ressarcimento do PIS e da COFINS**:

- A incidência do IPI sobre os produtos destinados à exportação (não há crédito se o produto for classificado como não tributado);
- A incidência do PIS e da COFINS sobre o contribuinte pelo método cumulativo (não há crédito se o contribuinte for tributado pelas contribuições não-cumulativas).

O Judiciário não vê óbice no aproveitamento do crédito, quando a industrialização é realizada por encomenda.

> **Entendimento do STJ**
> 3. Ao analisar o artigo 1º da Lei 9.363/96, ambas as Turmas de Direito Tributário deste STJ consideraram que o benefício fiscal consistente no crédito presumido do IPI é calculado com base nos custos decorrentes da aquisição dos insumos utilizados no processo de produção da mercadoria final destinada à exportação, não havendo restrição à concessão do crédito pelo fato de o beneficiamento do insumo ter sido efetuado por terceira empresa, por meio de encomenda. Precedentes[...]
> (STJ, T2, REsp 1.474.353/RS, Min. MAURO CAMPBELL MARQUES, DJe de 1/7/2015)

**Contudo**, reconhece legítima a exigência de que as aquisições sejam efetuadas de pessoas jurídicas sujeitas às contribuições para o PIS/PASEP e COFINS (AgRg nos EDcl no REsp 1.473.410/PR).

Questiona-se, porém, se o produto que passe por algum processo de industrialização, mas não esteja previsto na TIPI ou esteja previsto como não tributado (NT), possa gerar o benefício. Trata-se da discussão que apresentamos acerca do imposto geral ou especial sobre o consumo.

Mencione-se ainda a **hipótese de crédito presumido** do **INOVAR-AUTO**, "com objetivo de apoiar o desenvolvimento tecnológico, a inovação, a segurança, a proteção ao meio ambiente, a eficiência energética e a qualidade dos automóveis, caminhões, ônibus e autopeças", da Lei 12.715/12.

De acordo com o art. 41, da Lei 12.715/12, as empresas habilitadas ao Inovar-Auto poderão apurar crédito presumido de IPI, com base nos dispêndios realizados no País em cada mês-calendário com pesquisa, desenvolvimento tecnológico, inovação tecnológica, insumos estratégicos, ferramentaria, recolhimentos ao Fundo Nacional de Desenvolvimento Científico e Tecnológico – FNDCT na forma do regulamento, capacitação de fornecedores e engenharia e tecnologia industrial básica.

Cabe ao Poder Executivo estabelecer termos, limites e condições para a utilização do crédito presumido de IPI decorrentes do programa.

A lei expressa, ainda, que os créditos presumidos de IPI referentes ao programa não estão sujeitos a incidência da Contribuição para o PIS/Pasep e da Cofins e não devem ser computados para fins de apuração do Imposto de Renda da Pessoa Jurídica e da Contribuição Social sobre o Lucro Líquido, evitando, assim, conflito que se repete no âmbito destes tributos.

### 5.3.3. Crédito prêmio do IPI

Outra demanda reiterada e bastante longa que findou com a rejeição das expectativas dos contribuintes diz respeito ao crédito prêmio do IPI. O crédito prêmio do IPI decorria de normas que previam **incentivo à exportação**, verdadeiros benefícios fiscais. Os contribuintes exportadores entendiam que as normas que previam o crédito prêmio haviam sido recepcionadas pela Constituição de 1988 e que não haviam sido revogadas.

O STF decidiu, inicialmente, pela inconstitucionalidade dos benefícios, em função do princípio da legalidade estrita, tendo em vista que as leis delegavam competência a autoridade administrativa para dispor sobre os incentivos.

Após algum amadurecimento, a Corte passou a entender que as normas que previam o crédito prêmio do IPI criavam incentivos fiscais de natureza setorial e, nos termos do art. 41, do ADCT, deveriam ser confirmadas por lei superveniente. Na ausência destas leis novas, os benefícios estariam extintos.

> **▸ Entendimento do STF**
>
> I – O crédito-prêmio de IPI constitui um incentivo fiscal de natureza setorial de que trata o do art. 41, caput, do Ato das Disposições Transitórias da Constituição.
>
> II – Como o crédito-prêmio de IPI não foi confirmado por lei superveniente no prazo de dois anos, após a publicação da Constituição Federal de 1988, segundo dispõe o § 1º do art. 41 do ADCT, deixou ele de existir.
>
> III – O incentivo fiscal instituído pelo art. 1º do Decreto-Lei 491, de 5 de março de 1969, deixou de vigorar em 5 de outubro de 1990, por força do disposto no § 1º do art. 41 do Ato de Disposições Constitucionais Transitórias da Constituição Federal de 1988, tendo em vista sua natureza setorial.
>
> IV – Recurso conhecido e desprovido.
>
> (STF, Tribunal Pleno, RE 577.348/RS, Min. RICARDO LEWANDOWSKI, DJe de 26/2/2010)

Desta forma, entende-se, hoje, que o crédito prêmio do IPI vigorou, no máximo, até 5.10.1990, dois anos após a promulgação da Carta de 1988.

### 5.3.4. Insumos não tributados

Como dissemos, o crédito do IPI é, em regra, real, significando que decorre do tributo incidente na operação anterior.

De todo modo, os contribuintes procuraram obter crédito pelas aquisições de insumos não tributados.

Após alguma discussão, definiu o STF que insumo isento não gera crédito.

▶ **Entendimento do STF**
1. Recurso extraordinário. Tributário.
2. IPI. Crédito Presumido. Insumos sujeitos à alíquota zero ou não tributados. Inexistência.
3. Os princípios da não-cumulatividade e da seletividade não ensejam direito de crédito presumido de IPI para o contribuinte adquirente de insumos não tributados ou sujeitos à alíquota zero.
(STF; Tribunal Pleno; RE 370.682/SC Min. ILMAR GALVÃO; DJe de 19/12/2007)

1. Direito ao creditamento do montante de Imposto sobre Produtos Industrializados pago na aquisição de insumos ou matérias primas tributados e utilizados na industrialização de produtos cuja saída do estabelecimento industrial é isenta ou sujeita à alíquota zero.

2. A compensação prevista na Constituição da República, para fins da não cumulatividade, depende do cotejo de valores apurados entre o que foi cobrado na entrada e o que foi devido na saída: o crédito do adquirente se dará em função do montante cobrado do vendedor do insumo e o débito do adquirente existirá quando o produto industrializado é vendido a terceiro, dentro da cadeia produtiva.

3. Embora a isenção e a alíquota zero tenham naturezas jurídicas diferentes, a consequência é a mesma, em razão da desoneração do tributo.

4. O regime constitucional do Imposto sobre Produtos Industrializados determina a compensação do que for devido em cada operação com o montante cobrado nas operações anteriores, esta a substância jurídica do princípio da não cumulatividade, não aperfeiçoada quando não houver produto onerado na saída, pois o ciclo não se completa.
(STF, Tribunal Pleno RE 475.551/PR, Min. CÁRMEN LÚCIA, DJe de 13/11/2009)

Como se vê das decisões transcritas, o insumo isento não gera crédito, ainda que a saída seja tributada.

Merece cuidado, neste tema, o art. 11 da Lei 9.779/99, frequentemente citado em precedentes jurisprudenciais:

> Art. 11. O saldo credor do Imposto sobre Produtos Industrializados – IPI, acumulado em cada trimestre-calendário, decorrente de aquisição de matéria-prima, produto intermediário e material de embalagem, aplicados na industrialização, inclusive de produto isento ou tributado à alíquota zero, que o contribuinte não puder compensar com o IPI devido na saída de outros produtos, poderá ser utilizado de conformidade com o disposto nos arts. 73 e 74 da Lei nº 9.430, de 27 de dezembro de 1996, observadas normas expedidas pela Secretaria da Receita Federal do Ministério da Fazenda.

A norma não reconhece crédito para todas as aquisições de matéria-prima, de produtos intermediários e materiais de embalagem para produtos finais isentos ou sujeitos à alíquota zero.

O comando normativo volta-se ao aproveitamento do crédito – se concedido por outra norma. Havendo, então, o crédito básico, de benefício ou incentivo fiscal e não houver débito do IPI decorrente de outras vendas tributadas, a norma permite ao contribuinte haver o crédito mediante ressarcimento ou compensação com outros tributos federais, matéria regida pelos art. 73 e 74, da Lei 9.430/96.

> ▸ **Como esse assunto foi cobrado em concurso?**
>
> (ESAF/AFRF/2012) De acordo com a legislação tributária do Imposto sobre Produtos Industrializados (IPI), julgue os itens abaixo, classificando-os como corretos (C) ou errados (E).
>
> O **saldo credor do Imposto** sobre Produtos Industrializados – IPI, acumulado em cada trimestre-calendário, decorrente de aquisição de matéria-prima, produto intermediário e material de embalagem, aplicados na industrialização, inclusive de produto isento ou tributado à alíquota zero, que o contribuinte não puder compensar com o IPI devido na saída de outros produtos, poderá ser utilizado na forma prevista em Lei.
>
> Correto, nos termos do art. 11 da Lei 9.779/99.

### 5.3.5. Energia elétrica

Também se defendeu a tese de que a *energia elétrica* deveria ser considerada insumo na produção industrial e, portanto, gerar crédito de IPI.

> ▸ **Entendimento do STF**
>
> IPI. NÃO-CUMULATIVIDADE. APROVEITAMENTO DE CRÉDITOS GERADOS COM AQUISIÇÃO DE ENERGIA ELÉTRICA. IMPOSSIBILIDADE.
>
> 1. A energia elétrica não pode ser considerada como insumo e não gera direito à crédito a ser compensado com o montante devido a título de IPI na operação de saída do produto industrializado.
> [...]
> (STF, T1, RE 573.217 AgR/SC, Min. LUIZ FUX, DJe de 20/3/2013)

Tal jurisprudência tem se repetido (STF, T2, RE 488.492 AgR, Min. GILMAR MENDES, DJe de 16/11/2015).

Como se vê, o STF entende que a energia elétrica não é insumo no processo produtivo e não pode gerar crédito.

### 5.3.6. Bens para uso e consumo e para o ativo imobilizado

De forma similar, a Corte manteve a exigência do crédito de natureza física, contra a tese do crédito financeiro, segundo o qual poderiam gerar créditos aquisições não utilizadas diretamente no produto a ser vendido, como as aquisições de bens para o ativo imobilizado e para uso e consumo.

> ▶ **Entendimento do STF**
>
> IMPOSTO SOBRE PRODUTOS INDUSTRIALIZADOS – IPI. IMPOSSIBILIDADE DE CREDITAMENTO RELATIVO À AQUISIÇÃO DE BENS DESTINADOS AO USO OU CONSUMO E À INTEGRAÇÃO AO ATIVO FIXO. PRECEDENTES. AGRAVO REGIMENTAL AO QUAL SE NEGA PROVIMENTO.
>
> (STF, T1, AI 737.346 AgR/SP, Min. CÁRMEN LÚCIA, DJe de 12/4/2011)

A matéria encontra-se pacificada também no âmbito do Superior Tribunal de Justiça:

> ▶ **Entendimento do STJ**
>
> **SÚMULA nº 495 DO STJ:**
>
> A aquisição de bens integrantes do ativo permanente da empresa não gera direito a creditamento de IPI

**Em resumo**, não geram crédito do IPI as aquisições de bens para o ativo fixo nem as aquisições de bens para uso e consumo do estabelecimento industrial, que não sejam utilizadas diretamente no processo produtivo.

### 5.3.7. Simples

Vamos imaginar, agora, que o industrial adquira insumos de uma pequena indústria optante pelo SIMPLES. Ou o contrário, a pequena indústria optante pelo SIMPLES adquire insumos tributados pelo IPI de empresa não enquadrada no regime simplificado. De se perguntar, nestes casos, se a grande empresa pode aproveitar crédito pelas compras de produtos intermediários junto fornecedor optante do SIMPLES e se a pequena empresa pode deduzir a obrigação do SIMPLES, tendo em vista os créditos de IPI decorrentes das aquisições tributadas.

A **jurisprudência respondeu negativamente a estas questões**.

> ▶ **Entendimento do STF**
>
> I – O acréscimo de 0,5% sobre o faturamento recolhido pelas empresas optantes do SIMPLES que são contribuintes do IPI não equivale neces-

sariamente ao pagamento do imposto com a mesma alíquota por umaempresa não optante daquele sistema de arrecadação, uma vez que a receita bruta da pessoa jurídica nem sempre é idêntica ao valor das operações com produtos industrializados.

II – Assim, inviável ao Judiciário reconhecer a existência de crédito ou a possibilidade de compensação de débito de IPI derivado do acréscimo de 0,5% pago pelas empresas inscritas no SIMPLES.

III – O princípio da não cumulatividade só garante o crédito do IPI pago na operação anterior se, na operação subsequente, também for devido o imposto, ressalvada a previsão em lei que confira esse direito.

IV – Agravo regimental improvido.

(STF, T2, RE 491.287 AgR/RS, Min. RICARDO LEWANDOWSKI, DJe de 20/04/2012)

São os **fundamentos** que sustentam as decisões do STF: 1) a adesão ao Simples (e também ao Simples Nacional) é optativa, devendo o pequeno contribuinte sopesar as vantagens e desvantagens da tributação simplificada antes de efetuar sua adesão; 2) ao Judiciário não é dado atuar como legislador positivo e, se a lei não permitiu que o contribuinte optante do SIMPLES aproveitasse créditos das compras de industrial não optante, nem permitiu que o industrial aproveitasse créditos das aquisições de optantes pelo SIMPLES, não cabe ao Judiciário fazê-lo; e 3) não é possível apurar o valor do crédito pretendido, tendo em vista que a incidência do IPI nos moldes normais não coincide com o acréscimo da alíquota do SIMPLES para os contribuintes do IPI optantes pela tributação simplificada.

### 5.3.9. Correção monetária dos créditos de IPI indeferidos pela Fazenda e posteriormente concedidos pelo Judiciário

De outro turno, os contribuintes obtiveram vitória no STF quanto à possibilidade de correção monetária de créditos do IPI.

Em geral, os créditos do IPI são aproveitados pelo valor pelos quais são escriturados, não se admitindo correção. O STF, contudo, reconheceu o direito à correção monetária dos créditos, nos seguintes termos:

> ▶ **Entendimento do STF**
>
> 1. Esta Suprema Corte consolidou o entendimento de que é aplicável a correção monetária dos créditos escriturais de IPI quando caracterizada a oposição injustificada do Fisco (RE nº 572.395/PR-AgR-EDv, Relator o Ministro Celso de Mello, DJe de 3/4/12).
>
> 2. Agravo regimental não provido.
>
> (STF, T1, RE 460.618 AgR/RS, Min. DIAS TOFFOLI, DJe de 11/10/2012)

O tema encontra-se inclusive sumulado pelo Superior Tribunal de Justiça; vejamos:

> **Entendimento do STJ**
>
> SÚMULA 411, do STJ:
>
> É devida a correção monetária ao creditamento do IPI quando há oposição ao seu aproveitamento decorrente de resistência ilegítima do Fisco.

No mesmo sentido, o REsp 1.035.847/RS, julgado pelo rito do art. 543-C do CPC.

> **Como esse assunto foi cobrado em concurso?**
>
> (ESAF/AFRF/2012) De acordo com a legislação tributária do Imposto sobre Produtos Industrializados (IPI), julgue os itens abaixo, classificando-os como corretos (C) ou errados (E).
>
> Segundo entendimento atual do Superior Tribunal de Justiça, é devida a correção monetária ao creditamento do IPI quando há oposição ao seu aproveitamento decorrente de resistência ilegítima do Fisco.
>
> *Gabarito:* Correto, como se depreende do julgamento do REsp 1.474.353/RS

De se observar, contudo, que a correção monetária não se aplica a todos os créditos básicos do imposto, mas somente àqueles cujo aproveitamento fora negado pelo Fisco e posteriormente reconhecido pelo Poder Judiciário.

## 6. RESTITUIÇÃO DO IMPOSTO

O CTN, em seu art. 165, prevê o direito de restituição do imposto pago indevidamente pelo sujeito passivo.

> Art. 165. O sujeito passivo tem direito, independentemente de prévio protesto, à restituição total ou parcial do tributo, seja qual for a modalidade do seu pagamento, ressalvado o disposto no § 4º do artigo 162, nos seguintes casos:
>
> I – cobrança ou pagamento espontâneo de tributo indevido ou maior que o devido em face da legislação tributária aplicável, ou da natureza ou circunstâncias materiais do fato gerador efetivamente ocorrido;
>
> II – erro na edificação do sujeito passivo, na determinação da alíquota aplicável, no cálculo do montante do débito ou na elaboração ou conferência de qualquer documento relativo ao pagamento;
>
> III – reforma, anulação, revogação ou rescisão de decisão condenatória.

Nas hipóteses previstas, portanto, o sujeito passivo, vale dizer, o contribuinte ou o responsável, podem postular a restituição.

O contribuinte pode postular a restituição do indébito que pagou ou que foi recolhido pelo responsável por substituição ou por retenção, em nome daquele. O responsável por sucessão (art. 129 a 133, do CTN) ou terceiro (art. 134 e 135, do CTN) pode ser restituído como contribuinte.

O responsável por substituição ou por retenção somente pode pedir a restituição do valor recolhido, mas que não seja devido ao Fisco nem passível de restituição ao próprio contribuinte. Seria o caso de uma retenção a fonte em valor maior que o devido, sem dedução do valor pago ao contribuinte.

Por exemplo, numa operação total de R$ 10.000,00, com o dever de retenção na fonte R$ 600,00 (6%), o responsável paga corretamente R$ 9.400,00 ao contribuinte e recolhe R$ 1.000,00 de imposto na fonte (10%), R$ 400,00 a mais que o devido.

Nesta hipótese, o contribuinte somente poderia pedir restituição de R$ 600,00, se indevido o tributo. Os R$ 400,00 a mais recolhidos na fonte não podem ser restituídos ao contribuinte, pois este já recebeu corretamente seu preço, surgindo a hipótese de restituição pelo responsável por retenção.

Nos tributos indiretos, como o IPI, que permitem o repasse do encargo financeiro, o Código legitima ao pedido de restituição aquele que prove haver assumido o encargo ou a autorização de terceiro, nos termos do art. 166, do CTN:

> Art. 166. A restituição de tributos que comportem, por sua natureza, transferência do respectivo encargo financeiro somente será feita a quem prove haver assumido o referido encargo, ou, no caso de tê-lo transferido a terceiro, estar por este expressamente autorizado a recebê-la.

A norma apresenta dificuldades de compreensão, pois pode ser interpretada pelo prisma jurídico ou econômico.

Os impostos indiretos, que incidem sobre o preço de determinadas operações, ao contrário dos tributos diretos, que incidem sobre a renda ou o patrimônio, permitem, **juridicamente**, o repasse do encargo financeiro ao adquirente, contribuinte de fato, pois este encargo está incluído no preço.

Sob o **ponto de vista econômico**, tanto impostos diretos quanto indiretos podem ser repassados no preço. Podemos imaginar, por exemplo, que o legislador estabeleça majoração do IRPJ, do IPTU e do IPVA. É possível que o contribuinte, por sua estrutura de custos e pelo mercado em que atua, consiga transferir todo o aumento da carta tributária, sem afetar suas vendas ou reduzir os lucros.

Ao revés, pelas mesmas razões, é possível que o contribuinte não consiga, de fato, repassar os custos do aumento de um imposto indireto, como o IPI, e seja forçado a manter seus preços, reduzindo sua margem de lucro.

Pelo critério jurídico, a prova do ônus do imposto se dá pelo seu recolhimento puro e simples realizado pelo contribuinte de direito. Pelo critério econômico, a prova do ônus é realizada pela demonstração de pagamento de preço, pelo consumidor (contribuinte de fato), maior do que teria pago se não houvesse imposto, ou, ao revés, pela demonstração de que o preço não foi majorado pelo contribuinte de direito (vendedor), mesmo com a incidência do tributo.

Contudo, o art. 165, do CTN não permite a restituição ao contribuinte de fato, de modo que a interpretação do termo "a quem prove haver assumido o referido encargo", exclui, assim, a possibilidade de prova econômica do ônus do imposto.

Em outros termos, a prova do ônus no imposto indireto se dá pela demonstração do recolhimento do tributo, por determinação jurídica, independente da efetiva repercussão econômica do imposto.

Algumas destas questões foram enfrentadas pelo STJ, que considerou ilegítimas as distribuidoras de bebidas, para pedir restituição de imposto recolhido pelos fabricantes, com base no valor total da operação, em que foram concedidos descontos incondicionais. Esta jurisprudência se pacificou no julgamento do REsp 903.394/AL).

Se a prova do ônus se dá pelo recolhimento do imposto pelo contribuinte, de que serviria a parte final do art. 166, do CTN, que legitima à restituição a parte "expressamente autorizada" a recebê-la? A nosso ver, este dispositivo somente se aplicaria aos casos de retenção na fonte ou de substituição tributária, em que o contribuinte, em favor do qual foi realizado o recolhimento, expressamente autoriza o responsável a pedir restituição.

**Não é este, porém, o entendimento do STF**, sumulado no verbete 546, segundo o qual "cabe a restituição do tributo pago indevidamente, quando reconhecido por decisão, que o contribuinte "de jure" não recuperou do contribuinte "de facto" o "quantum" respectivo".

## 7. IMUNIDADES E ISENÇÕES

O IPI, como os demais tributos, reconhece hipóteses de imunidade e isenção.

Aplicam-se ao IPI as imunidades gerais, do art. 150, VI, da Constituição além de outras imunidades específicas.

Dentre as imunidades gerais, mais significativa é a imunidade dos livros, jornais e periódicos, pois, como é óbvio, partidos políticos, templos, instituições de educação e as pessoas de direito público interno não realizam industrialização.

Duas hipóteses de imunidade aplicam-se ao IPI, por exclusão. Referem-se à energia elétrica, aos derivados de petróleo e aos combustíveis, produtos sobre os quais incidem somente o ICMS, o imposto de importação, o imposto de exportação e as contribuições (CF/88, art. 155, § 3º) e ao ouro como ativo financeiro ou instrumento cambial, sujeito apenas ao IOF (CF/88, art. 153, § 5º).

A mais específica das imunidades do IPI é aquela prevista pelo art. 153, § 3º, III, da Carta. São imunes ao imposto os produtos industrializados destinados à exportação.

> ▶ **Como esse assunto foi cobrado em concurso?**
> **(TRF3/Juiz Federal TRF3/2010). Assinale certo ou errado:**
> O IPI poderá incidir sobre produtos destinados ao exterior desde que não sejam caracterizados como essenciais.
> *Gabarito:* Errado. A teor do art. 153, § 3º, III, da CF/88, a imunidade não comporta exceções.

O art. 18, do RIPI sintetiza as hipóteses de imunidade:

> Art. 18. São imunes da incidência do imposto:
> I - os livros, jornais, periódicos e o papel destinado à sua impressão;
> II - os produtos industrializados destinados ao exterior;
> III - o ouro, quando definido em lei como ativo financeiro ou instrumento cambial; e
> IV - a energia elétrica, derivados de petróleo, combustíveis e minerais do País.

A **imunidade dos minerais**, com fundamento no art. 155, § 3º, da Constituição Federal, não pode ser interpretada extensivamente, conforme a jurisprudência do STF.

> **Entendimento do STF**
> 1. Estender a regra imunizadora do IPI ao sal de cozinha, com base no enquadramento deste na categoria "mineral", demandaria o revolvimento do conjunto fático-probatório e da legislação infraconstitucional, inclusive de índole local. Súmulas 279 e 280 do STF. 2. A jurisprudência do STF se consolidou no sentido de que imunidade prevista no art. 153, §3º, do Texto Constitucional, é restrita às hipóteses ali previstas, não sendo cabível interpretação extensiva. Precedente: RE-AgR 631.225, de relatoria do Ministro Ricardo Lewandowski. 3. Agravo regimental a que se nega provimento.
> (STF, T1, RE 911.785 AgR/RN, Min. EDSON FACHIN, DJe de 10/12/2015)

A nosso ver, a imunidade alcança **apenas o mineral em estado puro**. Se passar por processo de industrialização, não pode estar imune ao IPI.

> **Como esse assunto foi cobrado em concurso?**
> **(ESAF/AFRF/2014)** São imunes da incidência do Imposto sobre Produtos Industrializados, exceto:
> a) o ouro, quando definido em lei como ativo financeiro ou instrumento cambial, b) os livros, jornais e periódicos e o papel destinado à sua impressão, c) os produtos industrializados destinados ao exterior, d) as aeronaves de uso militar vendidas à União, e) a energia elétrica, derivados do petróleo, combustíveis e minerais do País.
> **Gabarito:** D. Não há nenhuma hipótese de imunidade do IPI para produtos vendidos para a União.

Além das imunidades, existem diversas hipóteses de isenção do imposto, seja como medida de ajustamento da obrigação à capacidade contributiva, seja como instrumento de extrafiscalidade.

> Segundo o art. 54, do RIPI, **são isentos do imposto**:
> - os produtos industrializados por instituições de educação ou de assistência social para uso próprio distribuição gratuita a seus educandos ou assistidos, no cumprimento de suas finalidades;
> - os produtos industrializados por pessoas jurídicas de direito público que não se destinarem a comércio;
> - as amostras de produtos para distribuição gratuita, de diminuto ou nenhum valor comercial, com a indicação de "Amostra Grátis",

em quantidade não excedente de 20% da menor quantidade levada ao comércio; e distribuídas exclusivamente a médicos, veterinários, dentistas e hospitais, quando se tratar de produtos da indústria farmacêutica;

- as amostras de tecidos, nos termos da lei;
- as amostras de calçado para viajante devidamente identificadas;
- as aeronaves de uso militar e suas partes e peças, vendidas à União;
- o papel destinado à impressão de músicas;
- as panelas e artefatos semelhantes, de uso doméstico, de fabricação rústica, de pedra ou barro bruto;
- os chapéus, roupas e proteção, de couro, próprios para tropeiros;
- o material bélico, de uso privativo das Forças Armadas, vendido à União;
- o automóvel adquirido diretamente de fabricante nacional, pelas missões diplomáticas outras representações de órgãos internacionais e seus funcionários, quando a aquisição se fizer em substituição da faculdade de importar o produto com idêntico favor;
- a bagagem de passageiros com isenção do imposto de importação, ou, se tributada por este imposto, com o seu pagamento;
- os bens contidos em remessas postais internacionais com tributação simplificada do imposto de importação;
- produtos destinados à pesquisa científica e tecnológica, importados pelo CNPq ou por pessoas envolvidas em pesquisa com o CNPq;
- troféus, medalhas, equipamentos desportivos e outros objetos relacionados a evento cultural, científico ou esportivo oficial realizado no exterior ou para serem distribuídos em evento no Brasil;
- veículos, máquinas, equipamentos e peças separadas, destinadas à utilização nas atividades dos Corpos de Bombeiros;
- bens de informática destinados à coleta eletrônica de votos, fornecidos diretamente ao Tribunal Superior Eleitoral, bem como outros produtos relacionados;
- partes, peças e componentes importados destinados ao emprego na conservação, modernização e conversão de embarcações registradas no REB;
- aparelhos transmissores e receptores de radiotelefonia e radiotelegrafia, veículos para patrulhamento policial, as armas e munições adquiridos pelos órgãos de segurança pública da União, dos Estados e do Distrito Federal.

As **mais notórias** são as isenções de veículos para **táxi** e para **deficientes físicos** e de equipamentos desportivos preparatórios para os jogos olímpicos.

A isenção dos veículos se aplica a automóveis de passageiros de fabricação nacional, equipados com motor de até 2.000 cilindradas e com quatro portas, no mínimo, e se destinem a titulares da concessão de serviço de taxi, motoristas que utilizem comprovadamente o veículo como táxi, cooperativas de táxi e pessoas com deficiência física, visual ou mental (art. 55, do RIPI).

> ▸ **Como esse assunto foi cobrado em concurso?**
>
> **(ESAF/AFRF/2012). De acordo com a legislação tributária sobre o Imposto sobre Produtos Industrializados (IPI), assinale certo ou errado.**
>
> Os automóveis de passageiros de fabricação nacional que obedeçam às especificações previstas em Lei são isentos de IPI, quando adquiridos por pessoas portadoras de deficiência mental severa ou profunda, ou autistas, desde que atendidos os requisitos previstos na legislação tributária.
>
> *Gabarito:* Certo. De acordo com o art. 1º, da Lei 8.989/95 (art. 54 e 55, do RIPI)

A legislação previa que a isenção pode ser utilizada uma vez, salvo se o veículo tiver sido adquirido há mais de dois anos. Em outros termos, permite que o interessado adquira o veículo com isenção a cada dois anos.

Este prazo, contudo, tem sido flexibilizado pela jurisprudência:

> ▸ **Entendimento do STJ**
>
> 1. O art. 2º, da Lei 8.989/1995 restringe a isenção do IPI ao limite temporal de dois anos para a aquisição de novo veículo automotor.
>
> 2. O Tribunal local afastou a limitação temporal do art. 2º. da Lei 8.989/1995, com base no princípio da dignidade da pessoa humana e em razão de motivo de força maior, tendo em vista que o veículo do recorrido havia sido roubado, tratando-se, ademais, de pessoa portadora de atenções especializadas.
>
> 3. A orientação dessa Corte é que a Lei 8.989/1995 não pode ser interpretada em óbice à implementação de ação afirmativa para inclusão de pessoas com necessidades especiais (REsp. 567.873/MG, Rel. Min. LUIZ FUX, DJ 25.02.2004, p. 120).
>
> (STJ, T1, REsp 1.390.345/RS, Min. NAPOLEÃO NUNES MAIA FILHO, DJe de 7/4/2015)

Desta forma, no caso de roubo do veículo, a isenção pode ser renovada em prazo inferior.

Vale lembrar que a jurisprudência do STF entende possível a revogação de isenções incondicionadas sem a necessidade de aplicação do princípio da anterioridade.

Ainda de acordo com o STF, "a imunidade ou a isenção tributária do comprador não se estende ao produtor, contribuinte do imposto sobre produtos industrializados" (Súmula 591, do STF).

### 7.1. Benefícios fiscais

Podemos classificar como benefícios fiscais os conjuntos de medidas voltadas a excluir ou reduzir a tributação do IPI para determinadas regiões (benefícios regionais) e para determinados produtos (benefícios setoriais), ou, nos termos do RIPI, regimes fiscais regionais e regimes fiscais setoriais.

São beneficiados com incentivos regionais: a Zona Franca de Manaus, a área da Amazônia Ocidental, as áreas de livre comércio e as zonas de processamento de exportação.

Boa parte destes incentivos se relaciona com o estímulo à exportação de modo que os produtos nacionais e importados que ingressam nestas áreas não sofre a tributação do IPI, como não sofrerá a tributação quando os bens industrializados forem consumidos internamente ou exportados para o exterior.

Na hipótese de exportação dos produtos finais para o território nacional, pode haver redução ou isenção do IPI, ou a incidência normal do imposto.

Sobre os benefícios fiscais que repercutem no IPI, ver tópico específico dos regimes aduaneiros especiais, no capítulo do Imposto de Importação e do Imposto de Exportação.

## 8. LANÇAMENTO E OBRIGAÇÕES ACESSÓRIAS

O IPI é imposto sujeito ao lançamento por homologação. Cabe ao contribuinte antecipar-se ao fisco, apurar o valor devido (a cada 10 ou 15 dias) e recolher o tributo.

Para auxiliar o contribuinte e, principalmente, para permitir o controle fiscal de suas atividades, o legislador impõe uma série de obrigações acessórias ligadas ao IPI, que vão de selo, rotulagem e marcação dos produtos à escrituração de livros; da emissão de notas fiscais à declaração de tributos, incluindo também a obrigatoriedade de instalação de equipamentos contadores de produção nos estabelecimentos industriais.

A exigência de **rotulagem e marcação** é universal. Todos os produtos que vemos hoje têm a marca de seu produtor e a origem do produto, entre outros elementos.

No caso brasileiro, o IPI mantém em parte a tradição do selo. Estão sujeitos ao selo produtos como bebidas quentes e relógios, entre outros relacionados por ato da SRF.

O selo é medida complementar, que não dispensa a marcação e rotulagem dos produtos. Ademais, o uso do selo demanda o registro em livro próprio.

A ausência do selo, quando obrigatória, impede a comprovação da origem do produto e permite a aplicação de pena de perdimento.

> ▶ **Entendimento do STJ**
>
> 1. Hipótese em que caracterizada a responsabilidade do comerciante pela falta de selo de controle do IPI em relógios de pulso expostos à venda, sem nenhuma ilegalidade no auto de infração, com a consequente aplicação da pena de perdimento da mercadoria apreendida.
>
> 2. O uso do selo de controle do IPI é obrigatório para expor o produto à venda. Sua falta ou uso impróprio autorizam considerar o produto respectivo como não identificado e de origem desconhecida.
>
> 3. O art. 514, III, do Decreto nº 4.544/2002, prevê a possibilidade de aplicação da pena de perdimento da mercadoria aos estabelecimentos que possuírem os produtos relacionados, incluídos os das posições 91.01 e 91.02 da Tabela de Incidência do Imposto sobre Produtos Industrializados (hipótese dos autos), cuja origem não for comprovada.
>
> (STJ, T1, AgRg no REsp 1.448.938/RS, Min. OLINDO MENEZES, DJe de 30/6/2015)

Nos termos do art. 392, do RIPI, **os contribuintes do imposto deverão emitir:**

- Nota Fiscal;
- Documento de Arrecadação;
- Declaração do Imposto; e
- Documento de Prestação de Informações Adicionais.

A **Declaração do IPI – DIPI** é integrada à Declaração de Informações Econômico-Fiscais da Pessoa Jurídica – DIPJ e deve ser entregue anualmente.

Os **livros obrigatórios** do IPI, a seu turno, são (art. 444, do RIPI):

- Registro de Entradas;
- Registro de Saídas;
- Registro de Controle da Produção e do Estoque;
- Registro de Entrada e Saída do Selo de Controle;
- Registro de Impressão de Documentos Fiscais;
- Registro de Utilização de Documentos Fiscais e Termos de Ocorrências;
- Registro de Inventário; e
- Registro de Apuração do IPI.

Os livros auxiliam a apuração do imposto, mas, independente desta característica, são obrigatórios e a falta de sua escrituração sujeita o contribuinte à penalidades.

## 9. RESUMO

| | |
|---|---|
| Princípio da Legalidade | Mitigado, apenas para alteração de alíquotas, por ato do Poder Executivo, dentro dos limites estabelecidos pela lei. |
| Princípio da anterioridade do exercício | Dispensado |
| Princípio da anterioridade nonagesimal | Deve obedecer |
| Princípios constitucionais específicos | Seletividade obrigatória em função da essencialidade do produto<br>Não cumulatividade – compensa-se o que for devido em cada operação com o montante cobrado nas anteriores<br>Imunidade para produtos industrializados destinados ao exterior<br>Impacto reduzido sobre a aquisição de bens de capital pelo contribuinte do imposto |

| | |
|---|---|
| Aspecto material | Venda de produto industrializado, inclusive a revenda do produto importado<br>Industrialização = 1. transformação; 2. beneficiamento; 3. montagem; 4. acondicionamento ou reacondicionamento; 5. renovação ou recondicionamento<br>Importação de produto industrializado, inclusive por consumidor final<br>Arrematação em leilão de produto industrializado |
| Aspecto espacial | Território nacional. |
| Aspecto temporal | Venda = saída do estabelecimento industrial ou equiparado<br>Importação = desembaraço aduaneiro (o fato gerador do II ocorre antes, na declaração de importação)<br>Leilão = data da arrematação<br>Suspensão do imposto = permite a saída de mercadoria do estabelecimento industrial ou equiparado sem o pagamento do imposto |
| Aspecto quantitativo (Base de cálculo e alíquota) | Base de cálculo<br>Venda = valor da operação de saída da mercadoria; se inexistente, o valor de mercado<br>Descontos incondicionais e bonificações = não compõem a base de cálculo<br>Frete = não pode ser incluído na base de cálculo<br>Perdas de estoque = podem ser deduzidas da base de cálculo<br>Pauta fiscal = base de cálculo pré definida pela lei<br>Importação = valor aduaneiro, acrescido do valor próprio imposto de importação, das taxas e dos encargos incidentes na importação<br>Leilão = valor da arrematação<br>Alíquotas<br>Variadas = consultar TIPI |
| Tributação de cigarros e bebidas | Regras específicas |
| Não cumulatividade | Crédito físico, real e condicionado<br>As vendas geram débito de imposto, que é deduzido pelos créditos das mercadorias adquiridas<br>Espécies de crédito<br>crédito básico<br>crédito por devolução<br>crédito de incentivo fiscal<br>crédito prêmio<br>crédito presumido<br>Não geram crédito<br>insumos não tributados |

| | |
|---|---|
| **Não cumulatividade** | energia elétrica<br>bens de uso e consumo e para o ativo imobilizado<br>Optante pelo Simples não pode aproveitar créditos<br>É devida a correção monetária ao creditamento do IPI quando há oposição ao seu aproveitamento decorrente de resistência ilegítima do Fisco. |
| **Aspecto pessoal** | Contribuinte = produtor, importador, arrematante<br>Estabelecimento equiparado a industrial<br>Responsável = transportador, substituto tributário |
| **Observações** | 1. suspensão do imposto em diversas operações, especialmente entre estabelecimentos do mesmo proprietário<br>2. lançamento por homologação |

## 10. SÚMULAS

### Súmula STF

Súmula 546: Cabe a restituição do tributo pago indevidamente, quando reconhecido por decisão, que o contribuinte "de jure" não recuperou do contribuinte "de facto" o "quantum" respectivo.

Súmula 591: A imunidade ou a isenção tributária do comprador não se estende ao produtor, contribuinte do imposto sobre produtos industrializados.

### Súmula STJ

Súmula 495: A aquisição de bens integrantes do ativo permanente da empresa não gera direito a creditamento de IPI.

Súmula 494: O benefício fiscal do ressarcimento do crédito presumido do IPI relativo às exportações incide mesmo quando as matérias-primas ou os insumos sejam adquiridos de pessoa física ou jurídica não contribuinte do PIS/PASEP.

Súmula 411: É devida a correção monetária ao creditamento do IPI quando há oposição ao seu aproveitamento decorrente de resistência ilegítima do Fisco.

Capítulo 4

# IOF

## 1. INTRODUÇÃO

O IOF é imposto da União, administrado pela Receita Federal.

> ▶ **Como esse assunto foi cobrado em concurso?**
> **(ESAF/AFRF/2002). Assinale certo ou errado:**
> Compete à autoridade monetária, em especial ao Banco Central do Brasil, a administração do IOF, incluídas as atividades de arrecadação, tributação e fiscalização. Este imposto incide sobre operações de crédito realizadas por comerciantes (crédito direto ao consumidor) quando os direitos creditórios não tenham sido alienados.
> **Gabarito:** Errado. O IOF é administrado pela Receita Federal (embora já tenha sido, no passado, administrado pelo Banco Central).

É importante destacar, desde o início, que o IOF é considerado pela doutrina clássica como um dos **impostos extrafiscais ou regulatórios**, cuja função não é apenas arrecadatória. O imposto constitui instrumento que pode ser utilizado intensamente na condução da política monetária e cambial e, por tal motivo, recebe tratamento jurídico específico quanto ao princípio da anterioridade (eficácia imediata das normas que aumentam a tributação) e quanto ao princípio da legalidade (possibilidade de alteração de alíquotas por ato do Poder Executivo, dentro dos limites estabelecidos pela lei). Voltaremos ao tema logo adiante.

A doutrina costuma identificar como **quatro impostos distintos**, condensados em uma única norma de competência: IOF/crédito; IOF/câmbio; IOF/seguro; IOF/títulos e valores mobiliários = TVM. Embora o ouro como ativo financeiro possa ser considerado um valor mobiliário, não seria desarrazoado defender a existência de **cinco exações**, pois o IOF/ouro é bastante diferente do IOF/TVM.

A Constituição apresenta a norma de competência do imposto (art. 153, V) e disciplina, de maneira própria, a forma de concretização do princípio da legalidade.

Deveras, nos termos do art. 153, § 1º, da CF/88, o IOF se inclui na pequena lista de tributos para os quais o Executivo possui, atendidas as condições e os limites estabelecidos em lei, competência para alteração de alíquotas.

> ▶ Como esse assunto foi cobrado em concurso?
> (FMP/Procurador do Estado do Acre/2012). Assinale certo ou errado.
> O IOF (Imposto sobre operações de Crédito, Câmbio, Seguro, Títulos e Valores Mobiliários) pode, nos limites da lei, ter suas alíquotas alteradas por ato do Poder Executivo.
> Gabarito: Certo. As alíquotas do IOF podem ser alteradas por ato do Poder Executivo, nos termos do art. 153, § 1º, da CF/88.

A alteração de alíquotas não é ato privativo do Presidente da República, podendo ser praticado por Ministro de Estado ou autoridade devidamente autorizada, conforme entende o STF (RE 872.319 AgR/SP).

A exceção ao princípio da anterioridade também ganha tratamento peculiar na Constituição. As normas que majoram o imposto têm eficácia imediata, estando dispensadas do cumprimento da anterioridade do exercício e da anterioridade nonagesimal, conforme o art. 150, § 1º, da Carta.

> ▶ Como esse assunto foi cobrado em concurso?
> (CESPE/Juiz Federal TRF5/2013). Assinale certo ou errado de acordo com a CF, as normas gerais de direito tributário e a jurisprudência do STJ e do STF.
> O imposto sobre operações financeiras submete-se ao princípio da anterioridade anual.
> Gabarito: Errado. O IOF não se submete nem à anterioridade anual ou o exercício, nem à anterioridade nonagesimal.

No art. 153, § 5º, a Constituição prevê a incidência do IOF sobre o ouro como ativo financeiro (sobre o ouro mercadoria incide o ICMS) e repartição da receita arrecadada pelo IOF ouro (o restante da arrecadação do IOF não é repartido). Dispõe:

> Art. 153. [...]
> § 5º O ouro, quando definido em lei como ativo financeiro ou instrumento cambial, sujeita-se exclusivamente à incidência do imposto de que trata o inciso V do "caput" deste artigo, devido

na operação de origem; a alíquota mínima será de um por cento, assegurada a transferência do montante da arrecadação nos seguintes termos:

I – trinta por cento para o Estado, o Distrito Federal ou o Território, conforme a origem;

II – setenta por cento para o Município de origem.

▶ **Como esse assunto foi cobrado em concurso?**
**(TRF3/Juiz Federal TRF3/2010). Assinale certo ou errado:**
O ouro, quando definido em lei como ativo financeiro ou instrumento cambial, sujeita-se exclusivamente, à incidência do imposto sobre operações de crédito, câmbio e seguro, ou relativas a títulos e valores mobiliários;
*Gabarito:* Certo. De acordo com o art. 153, § 5º, da CF/88.

A Constituição, portanto, 1. autoriza à União criar, por lei, o IOF; 2. permite ao Poder Executivo, normalmente por decreto, aumentar e reduzir as alíquotas do imposto dentro dos limites previstos pela lei; 3. dispensa a espera do exercício seguinte e do transcurso do prazo de 90 dias da publicação da lei ou do decreto para que a norma que majora o imposto possa surtir seus efeitos; e 4. regula a incidência única do IOF sobre o ouro como ativo financeiro.

O IOF, porém, continua sujeito às regras constitucionais sobre tributos e, mais especificamente, sobre impostos, entre elas, a exigência de lei complementar que disponha sobre normas gerais de legislação tributária (art. 146, III, da CF/88).

As **normas gerais do IOF** estão presentes no CTN (Livro Primeiro, Título III, Capítulo IV, Seção V). Interessante observar que o Capítulo IV cuida dos impostos sobre a produção e a circulação de bens e serviços, de modo que o IOF é tratado pelo legislador complementar juntamente com impostos como o IPI, o ICMS e o ISS. Em outros termos, para o CTN, o IOF incide sobre a produção e a circulação, não sobre o mercado financeiro ou sobre o consumo.

As normas do CTN foram quase todas recepcionadas. Vejamos uma a uma.

O art. 63, do CTN define as normas gerais dos **múltiplos fatos geradores do tributo**, criando um quadro dentro do qual a lei poderá instituir a exação sobre crédito, câmbio, seguro e operações como títulos e valores mobiliários.

> Art. 63. O imposto, de competência da União, sobre operações de crédito, câmbio e seguro, e sobre operações relativas a títulos e valores mobiliários tem como fato gerador:
>
> I – quanto às operações de crédito, a sua efetivação pela entrega total ou parcial do montante ou do valor que constitua o objeto da obrigação, ou sua colocação à disposição do interessado;
>
> II – quanto às operações de câmbio, a sua efetivação pela entrega de moeda nacional ou estrangeira, ou de documento que a represente, ou sua colocação à disposição do interessado em montante equivalente à moeda estrangeira ou nacional entregue ou posta à disposição por este;
>
> III – quanto às operações de seguro, a sua efetivação pela emissão da apólice ou do documento equivalente, ou recebimento do prêmio, na forma da lei aplicável;
>
> IV – quanto às operações relativas a títulos e valores mobiliários, a emissão, transmissão, pagamento ou resgate destes, na forma da lei aplicável.
>
> Parágrafo único. A incidência definida no inciso I exclui a definida no inciso IV, e reciprocamente, quanto à emissão, ao pagamento ou resgate do título representativo de uma mesma operação de crédito.

Neste momento, devemos antecipar alguns conceitos importantes, exatamente acerca do que vem a ser operação de crédito, operação de câmbio, operação de seguro e operação com títulos e valores mobiliários.

De fato, muitos autores dizem que o direito tributário é um direito de superposição, pois suas normas incidem sobre fatos regidos por outras áreas do direito. No caso do IOF, é o direito privado (civil e empresarial) que dará os conceitos importantes para a incidência do imposto.

*Operações de crédito*

Embora o Código Civil não defina **crédito**, sabemos que este é um dos elementos das obrigações. Nestas há um sujeito ativo, credor, um sujeito passivo, devedor e um vínculo de débito e crédito que os une.

Nas obrigações em geral, pode haver crédito de qualquer natureza, relacionado a bens fungíveis ou infungíveis, sempre economicamente mensuráveis. Nas operações de crédito propriamente ditas, não basta que o objeto da obrigação seja economicamente mensurável. É necessário que este objeto seja o dinheiro.

Para Roberto Mosquera, operação de crédito "é operação por intermédio da qual alguém efetua uma prestação presente, para ressarcimento dessa prestação em data futura, havendo, portanto, um interregno de tempo entre o termo inicial e o termo final da operação" (1999, p. 119).

Na operação de crédito, há, também o elemento temporal, vale dizer, o empréstimo em dinheiro para pagamento no futuro.

*Operação de câmbio*

Em nossa língua, **câmbio** pode significar qualquer espécie de troca de bens. Para o IOF, porém, câmbio somente pode significar a troca de moeda nacional por moeda estrangeira e vice-versa.

Segundo Roberto Mosquera, "podemos definir as operações de câmbio como os negócios de compra e venda de moeda estrangeira ou nacional ou, ainda, os negócios jurídicos consistentes na entrega de uma determinada moeda a alguém em contrapartida de outra moeda recebida. Em síntese, o câmbio traduz um comércio de dinheiro, no qual este se torna mercadoria e, como tal, tem custo e preço" (1999, p. 121).

As operações de câmbio não podem ser realizadas por qualquer pessoa. Segundo as regras do Banco Central, podem operar neste segmento da economia algumas poucas instituições.

Podem ser autorizados pelo Banco Central a operar no mercado de câmbio: bancos múltiplos; bancos comerciais; caixas econômicas; bancos de investimento; bancos de desenvolvimento; bancos de câmbio; agências de fomento; sociedades de crédito, financiamento e investimento; sociedades corretoras de títulos e valores mobiliários; sociedades distribuidoras de títulos e valores mobiliários e sociedades corretoras de câmbio (Banco Central do Brasil. Mercado de câmbio: definições. Disponível em: http://www.bcb.gov.br/?MERC-CAMFAQ#4, acesso em 14.12.2012).

*Operações de seguro*

As operações de **seguro**, a seu turno, são tratadas expressamente pela lei. Dispõe o art. 757, do Código Civil:

> Art. 757. Pelo contrato de seguro, o segurador se obriga, mediante o pagamento do prêmio, a garantir interesse legítimo do segurado, relativo a pessoa ou a coisa, contra riscos predeterminados.
>
> Parágrafo único. Somente pode ser parte, no contrato de seguro, como segurador, entidade para tal fim legalmente autorizada.

Nestes termos, operação de seguro será aquela realizada, por instituição autorizada, em que o segurador se obriga a suportar riscos do segurado.

O fato de a lei determinar que somente entidades autorizadas possam atuar como seguradora ou realizar operações de câmbio nos adianta um tema interessante com relação às operações de crédito, para fins do IOF. Qualquer pessoa pode realizar operações de crédito, vale dizer, emprestar dinheiro. A questão que coloco – e que abordarei adiante – é se todas as operações de crédito, ainda que realizadas entre pessoas físicas, podem sofrer a incidência do IOF ou se o imposto incide somente sobre as operações realizadas por instituições autorizadas. A resposta, veremos adiante!

Bem mais difícil é a compreensão do que vem a ser **títulos e valores mobiliários**.

Roberto Mosquera, após estudar a matéria, sustenta que poderá haver a incidência do imposto de títulos e valores mobiliários sobre "documentos indispensáveis que representam e mencionam direitos e/ou obrigações pecuniárias (títulos mobiliários/títulos de crédito) e negócios jurídicos relativos a investimentos oferecidos ao público, sobre os quais o investidor não tem controle direto, cuja aplicação é feita em dinheiro, bens ou serviço, na expectativa de lucro, não sendo necessária a emissão do título para a materialização da relação obrigacional (valores mobiliários)" (1999, P. 131).

Não existe, porém, um conceito absoluto para títulos e valores mobiliários, sendo necessário estabelecer classificações e categorias para que possamos compreender o fato gerador do imposto.

Em direito, as categorias podem ser definidas, por um conceito geral e a partir deste conceito se pode identificar os fenômenos jurídicos que se enquadram na categoria ou se pode elencar, sob determinada denominação, um rol de fenômenos jurídicos com características comuns.

Alguns exemplos podem deixar a ideia bem clara!

Pensemos no caso dos tributos.

O CTN define tributo por um conceito geral, bem conhecido, que se encontra no art. 3º, do Código. A partir deste conceito, pode-se verificar quais exações são tributárias e quais não são. Ainda que o CTN e a CF/88 afirmem ser tributos os impostos, as taxas e as contribuições de melhoria, os intérpretes do direito, notadamente o STF, entendem que são tributos, também, as contribuições sociais, as contribuições interventivas e os empréstimos compulsórios. A partir de um conceito geral e abstrato, os intérpretes chegam à conclusão de que as contribuições também são tributos.

Em outros termos, tributo é toda prestação pecuniária compulsória em moeda, instituída por lei, que não constitua sanção por ato ilícito e seja cobrada por atividade administrativa vinculada. Toda figura jurídica que se enquadrar em tal conceito será tributo.

Com os valores mobiliários, passa-se o inverso.

A Lei 6.385/76, que dispõe sobre o mercado de valores mobiliários e cria a Comissão de Valores Mobiliários, não conceitua títulos e valores mobiliários, mas apresenta um rol de figuras jurídicas que são consideradas como tais.

Para esta lei, conforme sua redação original, são valores mobiliários as ações, partes beneficiárias e debêntures, os cupões desses títulos e os bônus de subscrição; os certificados de depósito de valores mobiliários; outros títulos criados ou emitidos pelas sociedades anônimas, a critério do Conselho Monetário Nacional, excluídos os títulos públicos, pois a finalidade da lei é a regulação do mercado, não a incidência tributária.

A Lei 10.303/01 incluiu entre os títulos e valores mobiliários os derivativos e os contratos de investimento coletivo, de modo que o art. 2º, da Lei 6.385/76, passou a ter a seguinte redação:

> Art. 2º São valores mobiliários sujeitos ao regime desta Lei:
> I - as ações, debêntures e bônus de subscrição;
> II - os cupons, direitos, recibos de subscrição e certificados de desdobramento relativos aos valores mobiliários referidos no inciso I;

> III - os certificados de depósito de valores mobiliários;
> IV - as cédulas de debêntures;
> V - as cotas de fundos de investimento em valores mobiliários ou de clubes de investimento em quaisquer ativos;
> VI - as notas comerciais;
> VII - os contratos futuros, de opções e outros derivativos, cujos ativos subjacentes sejam valores mobiliários;
> VIII - outros contratos derivativos, independentemente dos ativos subjacentes; e
> IX - quando ofertados publicamente, quaisquer outros títulos ou contratos de investimento coletivo, que gerem direito de participação, de parceria ou de remuneração, inclusive resultante de prestação de serviços, cujos rendimentos advêm do esforço do empreendedor ou de terceiros.

De outro lado, a Lei 6.385/76 exclui do conceito de valores mobiliários os títulos públicos, não obstante o imposto federal incida nas operações com tais títulos. Também não são considerados valores mobiliários alguns papéis característicos de instituições bancárias, sem qualquer impedimento para a incidência do imposto.

Ocorre que a definição de valores mobiliários dada pela Lei 6.385/76 tem caráter funcional. A lei estabelece o que são valores mobiliários, para sujeitá-los à regulamentação e à fiscalização da Comissão de Valores Mobiliários - CVM. Papéis e títulos que não demandam o controle desta autarquia, não são considerados valores mobiliários. Não perdem, porém, o valor econômico que permite negociação e que justifica a incidência tributária.

Numa síntese mais didática, incluindo os títulos públicos, são títulos e valores mobiliários para fins de incidência do IOF:

> - Títulos públicos (Letra do Tesouro Nacional)
> - Títulos privados emitidos por sociedades anônimas (letras de câmbio, debêntures, *commercial papers* e os certificados de depósitos destes ativos);
> - Títulos privados negociados por instituições bancárias;
> - Cotas de fundos e clubes de investimento;
> - Derivativos;
> - Contratos de investimento coletivo.

Não há, porém, identidade na definição de valores mobiliários para fins de controle da CVM e para fins de incidência tributária, ao revés, a definição tributária é mais ampla que a da Lei 6.385/76.

A **base de cálculo** do imposto é prevista pelo art. 64, do CTN, que considera, em regra, o valor econômico das operações.

> Art. 64. A base de cálculo do imposto é:
>
> I – quanto às operações de crédito, o montante da obrigação, compreendendo o principal e os juros;
>
> II – quanto às operações de câmbio, o respectivo montante em moeda nacional, recebido, entregue ou posto à disposição;
>
> III – quanto às operações de seguro, o montante do prêmio;
>
> IV – quanto às operações relativas a títulos e valores mobiliários:
>
> a) na emissão, o valor nominal mais o ágio, se houver;
>
> b) na transmissão, o preço ou o valor nominal, ou o valor da cotação em Bolsa, como determinar a lei;
>
> c) no pagamento ou resgate, o preço.

Para o **IOF/Crédito**, a base de cálculo é o valor do principal, que pode ser acrescido dos juros (art. 64, I, do CTN). Contudo, na prática, a lei que institui a exação (art. 2º, I, da Lei 8.894/94) não inclui os juros na base imponível. Estão excluídas também as taxas bancárias, sujeitas ao ISS. Contudo, como veremos adiante, há operações de crédito sem valor principal definido em contrato, como no caso do cartão de crédito ou do cheque especial. O correntista pode sequer utilizar o crédito, hipótese em que não ocorrerá o fato gerador.

> ▶ **Como esse assunto foi cobrado em concurso?**
>
> **(ESAF/Procurador da Fazenda Nacional-PGFN/2003)** Nos termos do Código Tributário Nacional, constitui base de cálculo de imposto, de competência da União, sobre operações de crédito, câmbio e seguro, e sobre operações relativas a títulos e valores imobiliários, entre outras hipóteses:
>
> a) quanto às operações de seguro, o montante do valor contratado que a seguradora deverá pagar ao segurado na hipótese de ocorrência de sinistro,
>
> b) quanto às operações relativas a títulos e valores mobiliários, na emissão, o valor nominal do título menos o deságio, se houver,

c) quanto às operações relativas a títulos e valores mobiliários, na transmissão, o preço ou valor nominal, ou o valor da cotação em Bolsa, conforme determinar decreto do Poder Executivo,
d) quanto às operações de câmbio, o respectivo montante em moeda nacional, recebido, entregue ou posto à disposição,
e) quanto às operações de crédito, o montante da obrigação, exclusive os juros.

**Gabarito:** Errada a letra A, pois o IOF sobre seguros incide sobre o prêmio pago pelo segurado à seguradora, não sobre a eventual indenização paga pela seguradora. Também erradas as letras B e C, pois o CTN prevê que a base de cálculo do imposto sobre valores mobiliários, na emissão, é valor nominal mais o ágio, se houver, não tratando da dedução de deságio; e na transmissão, o preço ou valor nominal, ou o valor da cotação em Bolsa, conforme determinar a lei, não o decreto. Quanto às operações de crédito, o CTN permite a incidência do imposto sobre o montante da obrigação, incluindo os juros. Se a pergunta se referisse à lei, a letra E estaria correta, pois o art. 2º, I, da Lei 8.894/94 prevê a incidência apenas sobre o principal.
**Resposta letra D**

Nas **situações em que o valor do contrato não esteja definido**, a base de cálculo será o saldo devedor diário do tomador do crédito. Vejamos o art. 7º, I, a, do RIOF:

> Art. 7º A base de cálculo e respectiva alíquota reduzida do IOF são (Lei 8.894/94, art. 1º, parágrafo único, e Lei nº 5.172/66, art. 64, I):
> 
> I – na operação de empréstimo, sob qualquer modalidade, inclusive abertura de crédito:
> 
> a) quando não ficar definido o valor do principal a ser utilizado pelo mutuário, inclusive por estar contratualmente prevista a reutilização do crédito, até o termo final da operação, a base de cálculo é o somatório dos saldos devedores diários apurado no último dia de cada mês, inclusive na prorrogação ou renovação:
> 
> 1. mutuário pessoa jurídica: 0,0041%;
> [...]

Nas **operações de câmbio**, a base de cálculo será o valor da operação em reais, ainda que não ocorra a troca física de moedas (CTN, art. 64, II).

Na hipótese do **seguro**, a base de cálculo do IOF será o valor do prêmio, vale dizer, o preço que o segurado paga à seguradora (CTN, art. 64, III).

Para operações com **títulos e valores mobiliários**, há mais de uma previsão de base de cálculo. Na emissão de títulos como debêntures, partes beneficiárias e contratos de derivativos com valor nominal, vale dizer, em sua oferta ao mercado, a base de cálculo será este valor nominal mais o eventual ágio (CTN, art. 64, IV, a).

Quando o titular do valor mobiliário o vende ou o transfere para terceiros, a base de cálculo poderá ser tanto o preço pago, quanto o valor nominal do ativo ou a cotação deste ativo na bolsa, conforme dispuser a lei (CTN, art. 64, IV, b). Notem que o CTN fala em cotação na bolsa, não o preço pago na operação. Isso nos faz lembrar do art. 148, do CTN, sobre arbitramento. Assim, a alínea "b", do art. 64, IV, do CTN pode tanto ser utilizada pela lei como base de cálculo presumida da operação ou como critério de arbitramento da base de cálculo do IOF se o título não possuir valor nominal e o preço pago não merecer credibilidade.

Nos termos do art. 64, IV, c, do CTN, a base de cálculo também será o preço no ato do pagamento ou resgate.

Aliomar Baleeiro entendia que as modalidades "a", "b"e "c" seriam alternativas, de forma que o legislador teria liberdade para escolher uma ou outra, sem cumulá-las (BALEEIRO, 1999, p. 473). Correto o autor, no sentido de que não pode haver dupla tributação sobre o mesmo fato.

Contudo, o CTN prevê hipóteses que não se confundem, de modo que o legislador pode estabelecer todas as bases de cálculo, simultaneamente, para fatos distintos. A emissão do título é sua criação. Uma ação, por exemplo, pode ser emitida com ou sem aumento de capital, para oferta livre ao mercado ou para compensar o acionista pela diluição do valor do título.

A transmissão se refere à transferência da propriedade do valor mobiliário a qualquer título, o que pode ocorrer por compra e venda, por cessão, por dação em pagamento etc; com pagamento integral à vista, com o acerto entre operações de compra e venda, ou com a liquidação, mediante pagamento futuro.

O art. 2º, II, da Lei 8.894/94, procura abarcar o valor da operação para base de cálculo do imposto, sem estabelecer a incidência pela pura emissão de títulos, dispõe:

> Art. 2º Considera-se valor da operação:
> [...]
> II – nas operações relativas a títulos e valores mobiliários:
> a) valor de aquisição, resgate, cessão ou repactuação;
> b) o valor do pagamento para a liquidação das operações referidas na alínea anterior, quando inferior a noventa e cinco por cento do valor inicial da operação, expressos, respectivamente, em quantidade de Unidade Fiscal de Referência (Ufir) diária.
> c) o valor nocional ajustado dos contratos, no caso de contratos derivativos.

▶ **Como esse assunto foi cobrado em concurso?**

(TRF4/Juiz Federal TRF4/2014). Assinale certo ou errado, considerando o disposto no Código Tributário Nacional:

A base de cálculo do imposto incidente sobre as operações de crédito, câmbio e seguro, ou relativas a títulos ou valores mobiliários, é, quanto às operações relativas a títulos e valores mobiliários, na emissão, o valor nominal mais o ágio, se houver.

**Gabarito:** Certo. O art. 64, IV, "a" do CTN permite que a base de cálculo do IOF na emissão de títulos e valores mobiliários seja o valor nominal mais o ágio, se houver. O art. 2º, II, da Lei 9.994/94 prevê como base de cálculo o valor de aquisição, resgate, cessão ou repactuação.

O CTN não prevê as **alíquotas** do imposto, matéria que, de fato, não se enquadra como norma geral de direito tributário. Ao revés, prevê a possibilidade de alteração de alíquotas do imposto pelo Poder Executivo. O Código previa, também, a possibilidade de alteração da base de cálculo do imposto, o que não se afigura mais possível, diante do novo quadro constitucional.

Note que o art. 65 do CTN dispõe expressamente sobre a finalidade extrafiscal do imposto, qual seja, colaborar na condução da política monetária.

> Art. 65. O Poder Executivo pode, nas condições e nos limites estabelecidos em lei, alterar as alíquotas ou as bases de cálculo do imposto, a fim de ajustá-lo aos objetivos da política monetária.

O art. 66, do CTN, expressa o **contribuinte** do imposto. Dispõe que o "contribuinte do imposto é qualquer das partes na operação tributada, como dispuser a lei.

Assim, o **contribuinte** é, normalmente, o mutuário ou tomador do crédito, o comprador ou vendedor da moeda estrangeira, o contratante do seguro, e aquele que realizar a operação com títulos ou valores mobiliários. A seu turno, será **responsável** a instituição que conceder crédito, a instituição autorizada a operar câmbio, a seguradora e a bolsa de mercadorias e futuros.

No que toca ao contribuinte da exação, discute-se se as imunidades subjetivas a impostos, previstas pelo art. 150, VI, da Constituição, se estenderia também ao IOF. O Supremo Tribunal Federal decidiu no RE 601.392/PR, com repercussão geral, que a imunidade recíproca alcança as operações financeiras, beneficiando, assim, a Empresa Brasileira de Correios e Telégrafos. A Corte também tem decidido em favor da imunidade de entidades de educação e de assistência social sem fins lucrativos (AI 724.793 AgR/SP e RE 454.753 AgR/CE) e naturalmente dos entes federados (ACO 502 ArG/SP) fazendo crer que o RE 611.510 RG/SP, com repercussão geral, que versa sobre a matéria deve ser julgado no mesmo sentido.

Em outra ordem de preocupações, **o art. 67 do CTN não foi recepcionado** pela ordem constitucional inaugurada em 1988. O artigo previa a **destinação da receita** do imposto, que seria utilizado para a formação de reservas monetárias.

O dispositivo mostra-se em descompasso com o art. 167, IV, da CF/88, que veda a vinculação de receita de impostos a órgão, fundo ou despesa.

A receita do IOF hoje, portanto, é destinada ao Orçamento Geral da União (OGU).

A semelhança do fato gerador do **IOF** com o fato gerador da **CPMF** não permite a confusão entre os tributos. Deveras, caracteriza as contribuições a vinculação do produto arrecadado da exação a finalidade específica, vale dizer, o contrário do que se passa com os impostos.

Na história desta contribuição específica, a CPMF, sua duração foi efêmera, havendo momentos em que o tributo perdeu eficácia. E quando isso ocorreu, o Executivo elevou a alíquota do IOF, levando alguns a defender que o imposto que estamos estudando teria se transformado na contribuição sobre movimentação financeira.

O STF, porém, não concordou com a tese, como se pode verificar do julgamento do RE 800.282 AgR/SP.

A nosso ver, mesmo que a elevação da alíquota do IOF tenha visado recuperação da receita da CPMF ou mesmo atingir seus efeitos extrafiscais, a mudança da natureza da exação não seria possível, por faltar no imposto a vinculação à finalidade específica. No regime constitucional vigente a descaracterização do imposto é impossível.

A partir destas palavras iniciais, iremos abordar o IOF, em suas diversas modalidades (IOF/crédito; IOF/câmbio; IOF/seguro; IOF/TVM; e IOF/Ouro), tendo como referência a Lei 5.143/66, instituidora do tributo, com alterações posteriores e o Decreto 6.306/07, que institui o Regulamento do IOF, aprofundando no tema, sempre que possível, com o auxílio da jurisprudência judicial e administrativa.

Nosso guia, será mesmo o RIOF, tendo em vista tratar-se de documento consolidado, completo, prático e sistemático. Sempre que necessário ou conveniente, vamos mencionar as leis, seja para esclarecimento do alcance do decreto, seja para permitir o melhor entendimento da jurisprudência sobre o imposto.

A propósito, o IOF não está entre os tributos com mais vasta jurisprudência, tanto nos tribunais quanto na esfera administrativa, e, em sua maior parte, as decisões se referem ao IOF/crédito.

## 2. IOF/CRÉDITO

### 2.1. Noções gerais

A noção de crédito é bastante intuitiva.

Imagine uma pessoa que pretende comprar a casa própria, não tem dinheiro para pagar à vista, mas possui renda para pagar o imóvel, vamos supor, em 10 anos. Essa pessoa procura um banco, faz um cadastro e pede um empréstimo. O banco faz uma análise da capacidade de pagamento da pessoa e do grau de risco do negócio, exige garantias e informa ao interessado se pode lhe conceder o empréstimo (que pode ser menor que o valor solicitado, dependendo da capacidade de pagamento do tomador) a uma taxa de juros (determinada pelo mercado, pelo governo e pelo grau de risco que a operação envolver).

Se a pessoa aceita o negócio, ela se torna tomadora do empréstimo (mutuária) e o banco se torna o concedente do empréstimo (mutuante). O valor do empréstimo é o crédito que a pessoa recebe.

A mesma coisa pode ocorrer quando a pessoa pretende comprar um veículo, quando a empresa precisa de capital de giro ou capital para investimento etc.

Algumas operações de crédito são mais automáticas. Nelas o valor máximo da operação é predeterminado pelo banco, assim como a taxa de juros. O tomador recebe o crédito sempre que faz uma operação a descoberto (sem que tenha o dinheiro disponível para pagar a obrigação assumida), como é o caso do cheque especial.

Essencial, segundo a jurisprudência, que a operação de crédito ocorra entre uma pessoa credora e outra devedora, não sendo legítimo considerar como operação de crédito movimentações de recursos de uma mesma pessoa. Decidiu o STF, que "o saque em conta de poupança, por não conter promessa de prestação futura e, ainda, porque não se reveste de propriedade circulatória, tampouco configurando título destinado a assegurar a disponibilidade de valores mobiliários, não pode ser tido por compreendido no conceito de operação de crédito ou de operação relativa a títulos ou valores mobiliários, não se prestando, por isso, para ser definido como hipótese de incidência do IOF, previsto no art. 153, V, da Carta Magna. Recurso conhecido e improvido; com declaração de inconstitucionalidade do dispositivo legal sob enfoque" (STF; Tribunal Pleno; RE 232.467/SP; Min. ILMAR GALVÃO; DJ de 12/5/2000).

Decisões reiteradas no mesmo sentido levaram à edição da Súmula 664 do STF:

> ▶ **Entendimento do STF**
>
> É inconstitucional o inciso V do art. 1º da Lei 8.033/90, que instituiu a incidência do imposto nas operações de crédito, câmbio e seguros – IOF sobre saques efetuados em caderneta de poupança.
>
> (STF, Tribunal Pleno, DJ de 9/10/2003)

De fato, ao realizar um saque de dinheiro que lhe pertence, o poupador não realiza operação de crédito, mas simples movimentação financeira, que veio a ser tributada pelo IPMF e, posteriormente, pela CPMF. Hoje, não há incidência tributária sobre o resgate da poupança nem sobre o levantamento de qualquer depósito, no sentido que o Código Civil empresta ao termo.

## 2.2. Aspecto material

O art. 3º, do RIOF define o **fato gerador do IOF/Crédito** como a entrega do montante ou do valor que constitua o objeto da obrigação, ou sua colocação à disposição do interessado e estabelece o momento de sua ocorrência, no § 1º, vale dizer, "na data da efetiva entrega, total ou parcial, do valor que constitua o objeto da obrigação ou sua colocação à disposição do interessado; no momento da liberação de cada uma das parcelas, nas hipóteses de crédito sujeito, contratualmente, a liberação parcelada; data do adiantamento a depositante, assim considerado o saldo a descoberto em conta de depósito; na data do registro efetuado em conta devedora por crédito liquidado no exterior; na data em que se verificar excesso de limite, assim entendido o saldo a descoberto ocorrido em operação de empréstimo ou financiamento, inclusive sob a forma de abertura de crédito; na data da novação, composição, consolidação, confissão de dívida e dos negócios assemelhados, observado o disposto nos §§ 7º e 10 do art. 7º; na data do lançamento contábil, em relação às operações e às transferências internas que não tenham classificação específica, mas que, pela sua natureza, se enquadrem como operações de crédito".

O fato gerador, pois, é a **entrega do valor**, independente da existência de contrato escrito, como já se expressou por diversas vezes o Conselho Administrativo de Recursos Fiscais – CARF, a exemplo do Acórdão 310201.177.

A **existência de contrato**, porém, traz significativos efeitos na tributação do IOF/Crédito.

Com o contrato que preveja liberação parcelada do crédito, nos termos do §, 1º, inciso II, do art. 3º, do RIOF, o fato gerador ocorrerá na liberação de cada parcela, enquanto que sem o contrato, o fato gerador ocorrerá diariamente, tomando-se como base de cálculo o saldo devedor.

O contrato, ainda, exclui da base de cálculo do imposto os encargos cobrados na operação, vale dizer, as taxas bancárias e o serviço para a realização do empréstimo. Ao revés, sem o contrato, incide o imposto sobre o todo saldo devedor, de forma que não se pode separar os encargos, nos termos do § 2º, do art. 3º, do RIOF, e é neste sentido que o CARF tem se posicionado (Acórdão 3402-00.576).

Veja que os encargos são retirados da base de cálculo do imposto, quando previsto o principal ou o valor das parcelas previstas –

em contrato. Quando o principal não é definido, a base de cálculo é o somatório dos saldos devedores diários, sem que se possa excluir os encargos.

O art. 3º, do RIOF, com base na legislação ordinária, estabelece que há incidência do imposto, ainda que nenhuma das partes seja instituição financeira.

Uma das incidências refere-se às operações de desconto de título, prevista pelo art. 58, da Lei 9.532/97.

> Art. 58. A pessoa física ou jurídica que alienar, à empresa que exercer as atividades relacionadas na alínea "d" do inciso III do § 1º do art. 15 da Lei nº 9.249, de 1995 (factoring), direitos creditórios resultantes de vendas a prazo, sujeita-se à incidência do imposto sobre operações de crédito, câmbio e seguro ou relativas a títulos e valores mobiliários – IOF às mesmas alíquotas aplicáveis às operações de financiamento e empréstimo praticadas pelas instituições financeiras.
> 
> § 1º O responsável pela cobrança e recolhimento do IOF de que trata este artigo é a empresa de factoring adquirente do direito creditório.
> 
> § 2º O imposto cobrado na hipótese deste artigo deverá ser recolhido até o terceiro dia útil da semana subseqüente à da ocorrência do fato gerador.

O art. 13, da Lei 9.779/99 previu que **operações de mútuo entre pessoas jurídicas** ou o mútuo concedido por pessoa jurídica a pessoa física constitui fato gerador do IOF/Crédito.

Surgiram demandas judiciais, alegando – conforme a tradição do imposto – que apenas poderia haver fato gerador quando a operação de crédito fosse realizada por instituição financeira.

Sob o ponto de vista da extrafiscalidade a alegação também faria sentido, pois o objetivo do imposto seria o controle da política monetária e somente as instituições financeiras conseguem realizar o efeito multiplicador da moeda, vale dizer, os bancos recebem, por exemplo, R$ 1.000,00 em depósitos, mas conseguem emprestar, vamos supor, R$ 1.500, pois sabem que os mutuários não irão sacar todo o valor do empréstimo ao mesmo tempo.

Diz-se, assim, que os bancos podem gerar moeda, pois têm a capacidade de emprestar mais dinheiro do que têm em depósitos, de modo que constituem fator preponderante na liquidez da economia, mas também podem produzir efeitos indesejáveis, como a inflação.

E é por isso que o IOF/Crédito é instrumento poderoso de auxílio da política monetária (art. 65, do CTN). O IOF baixo significa estímulo ao crédito e maior liquidez na economia; um IOF elevado significa desestímulo ao crédito, redução da moeda circulante e, portanto, medida anti-inflacionária.

Em sede de **medida cautelar** na ADI 1.763, **o STF entendeu juridicamente possível a incidência do imposto**. Manifestou a Corte que "o âmbito constitucional de incidência possível do IOF sobre operações de crédito não se restringe às praticadas por instituições financeiras, de tal modo que, à primeira vista, a lei questionada poderia estendê-la às operações de factoring, quando impliquem financiamento (factoring com direito de regresso ou com adiantamento do valor do crédito vincendo – *conventional factoring*); quando, ao contrário, não contenha operação de crédito, o factoring, de qualquer modo, parece substantivar negócio relativo a títulos e valores mobiliários, igualmente susceptível de ser submetido por lei à incidência tributária questionada" (STF; Tribunal Pleno; ADI 1.763 MC/DF; Min. SEPÚLVEDA PERTENCE; DJ de 26/9/2003).

O mérito da ADI ainda não foi julgado, mas o tema encontra-se no RE 590.186 RG/RS, com repercussão geral.

De fato, não há exigência na Constituição ou no CTN de que o imposto somente possa incidir em operações praticadas por instituições financeiras e, embora o efeito extrafiscal da incidência seja mais intenso nestas instituições, também pode haver extrafiscalidade nas demais incidências do imposto. Além disso, o efeito do IOF não é apenas extrafiscal, mas também arrecadatório.

O STJ, seguindo a mesma linha, não verificou nenhum vício na incidência do imposto em operações de crédito realizadas por pessoas jurídicas que não atuam no mercado financeiro, e tem decidido conforme se vê do julgamento do REsp 522.294/RS.

Para o STJ, o imposto incide, inclusive, em operações realizadas entre **empresas do mesmo grupo econômico** (ver: AgRg no REsp 1.501.870/PE e REsp 1.239.101/RJ).

E, neste caso, o STJ entende que se trata de **operação de crédito interno**, de forma que a eventual realização de câmbio, para a pagamentos em moeda estrangeira, é operação autônoma, incidindo também o IOF/Câmbio, nos termos do AgRg no REsp 1.506.113/PR (AgInt no REsp 1.597.405/SC).

**Situação diversa**, contudo, é aquela em que uma empresa coligada remete recursos para outra empresa do mesmo grupo, para aumento do capital social. A empresa que remete os recursos não realiza empréstimo ou operação de crédito. Ela capitaliza a empresa da qual é sócia, aumentando ou não sua participação na sociedade que recebe os recursos.

Por outro lado, **não incide o IOF nos depósitos judiciais**, de acordo com a Súmula 185, do STJ.

> ▶ **Como esse assunto foi cobrado em concurso?**
> (TRF4 – Juiz Federal Substituto 4ª Região/2016). Assinale certo ou errado.
> Segundo entendimento sumulado do Superior Tribunal de Justiça, não incide o imposto sobre operações financeiras nos depósitos judiciais.
> *Gabarito:* Certo. De acordo com a Súmula 185, do STJ.

Estas são as principais discussões acerca do IOF/Crédito. Ainda nesta parte, iremos apontar outros temas, mas não tão significativos. Minha recomendação é uma leitura atenta do art. 3º, do RIOF, imaginando, hipótese por hipótese, uma operação de crédito. Assim ficará mais fácil assimilar o aspecto material do imposto.

### 2.3. Aspecto subjetivo

A sujeição passiva do IOF não oferece dificuldades.

**Contribuinte** será o **tomador do empréstimo**. No caso de **desconto de título**, o **alienante será o contribuinte**, nos termos do art. 4º, do RIOF (Lei 8.894/94, art. 3º, I, e Lei 9.532/97, art. 58).

> ▶ **Como esse assunto foi cobrado em concurso?**
> (ESAF – Procurador da Fazenda Nacional/2015) São contribuintes do Imposto sobre Operações de Crédito, Câmbio e Seguro, ou relativas a Títulos e Valores Mobiliários (IOF) o mutuante, nas operações de crédito?
> *Gabarito:* Errado. De acordo com o art. 3º, da Lei 8.894/94, os tomadores de crédito, mutuários, são os contribuintes.

Como os tomadores de créditos são muito numerosos, o legislador nomeou os **concedentes do crédito e as empresas de** *factoring* como **responsáveis**, como se verifica do art. 5º, do RIOF:

> Art. 5º São responsáveis pela cobrança do IOF e pelo seu recolhimento ao Tesouro Nacional:
> I – as instituições financeiras que efetuarem operações de crédito (DL 1.783/80, art. 3º, I);
> II – as empresas de factoring adquirentes do direito creditório, nas hipóteses da alínea "b" do inciso I do art. 2º (Lei 9.532/97, art. 58, § 1º);
> III – a pessoa jurídica que conceder o crédito, nas operações de crédito correspondentes a mútuo de recursos financeiros (Lei 9.779/99, art. 13, § 2º).

O RIOF cita a legislação ordinária que baseia a definição dos contribuintes e dos responsáveis, sem complicações.

## 2.4. Aspecto quantitativo

O aspecto quantitativo do imposto, porém, é mais complicado, embora não suscite discussões jurídicas.

Em regra, a **base de cálculo** é o valor do crédito e a alíquota máxima corresponde a 1,5% ao dia, conforme dispõe o art. 6º, do RIOF (Lei 8.894/94, art. 1º).

No art. 7º, do RIOF, começam as exceções, que abrangem, na verdade, quase todas, se não todas, as operações de crédito, tributadas a uma alíquota padrão – que pode ser alterada a qualquer momento – de 0,0041% ao dia.

Para se ter uma ideia, a hipótese do art. 7º, I, a, tinha alíquota de 0,0082% definida pelo Decreto 6.339/08. A alíquota foi reduzida pela metade, no mesmo ano, pelo Decreto 6.691/08. Tempos depois, a alíquota subiu novamente para 0,0082%, pelo Decreto 7458/11, e reduzida para 0,0068% pelo Decreto 7.632/11, para retornar aos 0,0041% enquanto prevalecer o Decreto 7.726/12.

As **alíquotas** realmente variam muito e, para conhecê-la, é sempre necessário consultar a legislação vigente na ocorrência do fato gerador.

De toda sorte, o art. 7º, do RIOF prevê a base de cálculo das diversas modalidades de operações de crédito:

- Abertura de crédito sem valor do principal definido: base de cálculo = somatório dos saldos devedores diários apurado no último dia de cada mês;
- Abertura de crédito com valor do principal definido: base de cálculo = principal entregue ou colocado à sua disposição, ou quando previsto mais de um pagamento, o valor do principal de cada uma das parcelas
- Operações de desconto: base de cálculo = valor líquido obtido, vale dizer, o valor pago pelo comprador do título (nos termos do § 4º, do art. 7º, o valor nominal do título ou do direito creditório, deduzidos os juros cobrados antecipadamente);
- Adiantamento a depositante, como o cheque especial: base de cálculo = somatório dos saldos devedores diários, apurado no último dia de cada mês;
- Empréstimos, inclusive na forma de financiamento, sem valor do principal definido: base de cálculo = valor dos excessos computados no somatório dos saldos devedores diários apurados no último dia de cada mês;
- Empréstimos, inclusive na forma de financiamento, sem valor do principal definido: base de cálculo = valor de cada excesso, apurado diariamente, resultante de novos valores entregues ao interessado, não se considerando como tais os débitos de encargos.

A legislação prevê alíquotas favorecidas, de 0,00137% ao dia, para mutuário optante do SIMPLES, que tome créditos de até R$ 30.000,00. Adiante veremos as hipóteses de alíquota zero e de isenção. Antes, porém, recomendo a leitura do art. 7º, do RIOF.

Para auxiliar na leitura, seguem alguns esclarecimentos.

O § 1º estabelece limite do imposto devido, quando a base de cálculo seja o valor do principal definido em contrato. Dispõe a norma que o imposto não poderá exceder a base de cálculo vezes a alíquota vezes 365.

Como vimos anteriormente, o IOF/Crédito tem alíquota diária. No caso do § 1º, do art. 7º, a alíquota máxima de toda a operação será a alíquota diária vezes 365. Vigindo a alíquota de 0,0041%, a alíquota máxima será de 1,4965%.

Neste caso, considerando um empréstimo de R$ 1.000.000,00, o imposto devido será no máximo R$ 14.965,00, que é o resultado da multiplicação de R$ 1.000.000,00, pela alíquota de 1,4965%.

De forma similar, o § 14 também estabelece limite para o valor do imposto, quando a operação de crédito é realizada por prazo indeterminado, desde que o valor principal seja definido. Neste caso, a base de cálculo máxima será o valor do principal, multiplicado por 365. Seria como se o imposto pudesse incidir apenas sobre a base de cálculo por 365 vezes, gerando resultado equivalente ao limite do § 1º.

Considerando o mesmo empréstimo de R$ 1.000.000,00 por prazo indeterminado, e a alíquota de R$ 0,0041, ainda que o tomador liquide sua dívida após 3 anos, o imposto devido será de R$ 14.965,00, obtido pela seguinte conta:

```
R$ 1.000.000,00
X 365

= R$ 365.000.000,00
X 0,0041

= R$ 14.965,00
```

Os §§ 2º e 3º tratam da hipótese em que o devedor não liquida a operação no vencimento. Neste caso, se o limite do imposto ainda não tenha sido atingido, havendo IOF a pagar, a obrigação fica suspensa até a liquidação, prorrogação, renovação, novação do contrato.

Os §§ 18 e 19 também tratam de devedor em mora, em operações cuja base de cálculo seja apurada por somatório dos saldos devedores diários. A cobrança também fica suspensa até a liquidação, prorrogação, renovação etc.

Isso ocorre porque o contribuinte é o tomador e não faz sentido que o concedente do crédito, o responsável, recolha imposto de operação que, até o momento, esteja lhe causando prejuízo.

Os §§ 5º e 6º cuidam de hipóteses de adiantamento de crédito ou figuras assemelhadas. O § 5º, na verdade, qualifica o adiantamento de crédito mediante depósito de cheque como desconto de título, para fins da incidência do IOF. O parágrafo seguinte prevê a base de cálculo quando o cheque recebido em depósito é devolvido por falta de fundos. Incide o imposto sobre o valor a descoberto na conta do cliente, em outros termos sobre o saldo negativo.

Os §§ 7º a 11 tratam das figuras de prorrogação, renovação, novação, composição, consolidação, confissão de dívida e negócios assemelhados, de operação de crédito, enfim, renegociação da dívida.

Estabelecem que a base de cálculo será o valor não pago da operação anterior, com principal definido, ou o valor renegociado, para contratos sem o principal definido, com a mesma alíquota do negócio originário.

Serão consideradas operações novas, incidência do imposto pela alíquota do dia, as renegociações de dívida sem principal definido em contrato, com a inclusão de novos valores, ou com substituição do devedor.

Já dissemos que a incidência do imposto não depende de contrato escrito. Também não depende do lançamento contábil da operação. Havendo operação de crédito, nos termos da lei, haverá a incidência do imposto, cabendo ao responsável recolher o tributo. Não o fazendo, pode a fiscalização efetuar a cobrança.

Os §§ 15 a 17, tratam do imposto adicional, estabelecido logo após a extinção da CPFM.

Agora, vejamos um **exemplo** para fixar melhor a mecânica do IOF/Crédito:

---

Exemplo: empréstimo

Interessado vai ao banco e pede financiamento. Negocia valor, e taxa de juros e forma de pagamento. Fecha o acordo e o banco disponibiliza o crédito.

Ocorre o fato gerador do tributo com a abertura do crédito.

Base de cálculo (saldo devedor diário apurado no último dia do mês) x alíquota (0,0041%)

- 1º mês
- Somatório do saldo devedor diário = 100.000x30=3.000.000
- Alíquota = 0,000041
- Imposto = R$ 123,00
- 2º mês
- Pagamento de R$ 50.000 mais encargos
- Saldo devedor = 50.000x30=1.500.000
- Alíquota = 0,000041
- Imposto = R$ 61,50

---

Ainda no aspecto quantitativo do imposto, temos as hipóteses de **alíquota zero**, previstas pelo art. 8º, do RIOF, cuja leitura também é recomendável.

O inciso XXIII previa alíquota zero para repasses de recursos ao exterior por instituições financeiras. Com a revogação da alíquota zero, o tributo passou a incidir.

O § 5º mantém o imposto adicional para certas operações, mesmo que tributadas a alíquota zero.

A alíquota zero depende de comprovação e do cumprimento dos requisitos de cada inciso, não se aplicando nos casos de desvio de finalidade. Descaracterizada a hipótese IOF será devido a partir da ocorrência do fato gerador calculado à alíquota correspondente à operação original, acrescidos de juros e multa.

O objetivo das operações com alíquota zero é não onerar empréstimos tomados por pessoas ou instituições que o governo quer prestigiar (cooperativas), seja por sua função social seja pela sua capacidade contributiva reduzida (estudantes), ou empréstimos relacionados a finalidades desejadas pelo interesse nacional (exportação).

Em linguagem mais acessível, listamos algumas **operações** de crédito sujeitas a **alíquota zero**:

- Tomador cooperativa;
- Operações entre cooperativa e seus associados;
- Crédito para exportação;
- Crédito rural, inclusive desconto de nota promissória rural ou duplicata rural, quando o título decorre de venda de produção própria;
- Operação realizada com garantia de penhor de caixa econômica;
- Repasses da instituição financeira para o Tesouro Nacional, destinados a financiamento de abastecimento e formação de estoques reguladores
- Operações entre instituições financeiras;
- Crédito estudantil;
- Operações realizadas com recursos da Agência Especial de Financiamento Industrial
- Operações relativas a certos programas públicos, como preço mínimo, desestatização, abastecimento de álcool combustível, geração de emprego e renda, aquisição de motocicleta por pessoa física, aquisição de tecnologia assistiva para pessoas de baixa renda com deficiência e projetos do BNDES.
- Empréstimos de títulos públicos para garantia de serviços e obras públicas;

- Relativas a adiantamento de salário com desconto em folha;
- Relativas a transferências de bem adquirido em alienação fiduciária;
- Adiantamento de seguro de vida e de título de capitalização;
- Adiantamento de câmbio decorrente de exportação;
- Entre outros

Nos tributos em geral, a alíquota zero apresenta implicações praticamente idênticas à qualquer isenção objetiva (relacionado ao fato gerador) ou subjetiva (relacionada ao contribuinte).

Para o IOF, contudo, devido à maleabilidade constitucional de alteração das alíquotas, a **alíquota zero** pode ser afastada a qualquer momento, por ato do Poder Executivo, enquanto as **isenções**, estabelecidas por lei ordinária, apenas por igual ato pode ser revogada.

Algumas **isenções** decorrem de tratado internacional, que, nos termos do art. 98, do CTN, "revogam ou modificam a legislação tributária interna" e são inseridos no ordenamento jurídico por decreto. Assim, a isenção estabelecida por tratado internacional poderá ser revogada, com a denúncia do tratado, e excluída do ordenamento jurídico, também por decreto, como ocorreu com a isenção para as operações realizadas pelo "Gasoduto Brasil Bolívia", revogada pelo Decreto 7.563/11.

Eis o teor do art. 9º, do RIOF, com a lista das operações de crédito isentas do imposto:

Art. 9º É isenta do IOF a operação de crédito:

I – para fins habitacionais, inclusive a destinada à infra-estrutura e saneamento básico relativos a programas ou projetos que tenham a mesma finalidade (DL 2.407/88)

II – realizada mediante conhecimento de depósito e warrant, representativos de mercadorias depositadas para exportação, em entreposto aduaneiro (Decreto-Lei nº 1.269, de 18 de abril de 1973, art. 1º, e Lei nº 8.402, de 8 de janeiro de 1992, art. 1º, inciso XI); (Lei 11.076/04, art. 18)

III – com recursos dos Fundos Constitucionais de Financiamento do Norte (FNO), do Nordeste (FNE) e do Centro-Oeste (FCO) (Lei 7.827/89, art. 8º)

IV – efetuada por meio de cédula e nota de crédito à exportação (Lei 6.313/75, art. 2º, e Lei 8.402/92, art. 1º, XII);

V – em que o tomador de crédito seja a entidade binacional Itaipu (art. XII do Tratado promulgado pelo Decreto 72.707/73);

VI – para a aquisição de automóvel de passageiros, de fabricação nacional, com até 127 HP de potência bruta (SAE), na forma do art. 72 da Lei nº 8.383, de 30 de dezembro de 1991 (Lei 8.383/91, art. 72)

VII – contratada pelos executores do Gasoduto Brasil-Bolívia, diretamente ou por intermédio de empresas especialmente por eles selecionadas para esse fim, obedecidas as condições previstas no Acordo entre os Governos da República Federativa do Brasil e da República da Bolívia (Acordo promulgado pelo Decreto nº 2.142, de 5 de fevereiro de 1997, art. 1º); (Revogado pelo Decreto nº 7.563, de 2011)

VIII – em que os tomadores sejam missões diplomáticas e repartições consulares de carreira (Convenção de Viena sobre Relações Consulares promulgada pelo Decreto 61.078/67, art. 32, e Decreto 95.711/88, art. 1º);

IX – contratada por funcionário estrangeiro de missão diplomática ou representação consular (Convenção de Viena sobre Relações Diplomáticas promulgada pelo Decreto 56.435/65, art. 34).

Ao final de cada inciso, acrescentei o fundamento legal da isenção quando o texto do RIOF já não o fazia e, quando o regulamento trazia a fundamentação legal da isenção, acrescentei apenas a referência legal.

## 3. IOF/CÂMBIO

### 3.1. Noções gerais

O câmbio é a troca de moedas internacionais e pode ocorrer em diversas hipóteses, desde a compra de moeda para viagens até as operações de exportação.

Quando uma pessoa residente no Brasil vai viajar para lugar em que o Real não é aceito, é necessário comprar moeda aceita no lugar de destino. Se a moeda não estiver disponível no Brasil, a pessoa que vai viajar tem que comprar moeda que pode ser novamente trocada no local de destino, normalmente o dólar ou o euro.

Na hipótese de haver sobra da moeda, faz-se novo câmbio para converter o valor em reais.

São várias outras, porém, as operações de câmbio, seja manual, em moeda corrente, ou escritural.

O viajante pode fazer pagamentos com cartão de crédito no exterior, quando haverá câmbio no Brasil; e pode também adquirir os chamados cheques de viagem, que também implicam realização de câmbio.

Além do viajante, o importador e o exportador também fazem câmbio. Quando o exportador vende sua mercadoria, ele vai receber em moeda estrangeira, mas irá sacar o valor em reais, em operação, a propósito, controlada pelo Banco Central. O importador, a seu turno, possui reais, porém deve pagar pela importação na moeda do exportador. Assim, também realiza câmbio. Nas duas hipóteses, as partes não trocam diretamente moeda e, bem possível, as operações se façam somente via moeda escritural.

Ainda que o câmbio seja realizado em diversas hipóteses, implica sempre na troca de moeda, o que torna as regras do IOF/câmbio bem mais simples que o imposto sobre o crédito.

A **base de cálculo** do imposto é o montante da operação de câmbio, em moeda nacional, recebido, entregue ou posto à disposição.

A **alíquota máxima** é de 25%.

**Contribuinte** do imposto é a pessoa interessada em realizar o câmbio (viajante, importador, exportador) e o responsável é a instituição autorizada a realizar o câmbio (banco, casa de câmbio etc).

E o objetivo extrafiscal da exação é regular a oferta e o preço da moeda estrangeira.

Exemplo:
- Interessado vai à casa de câmbio e compra US$ 1.000,00
- Câmbio US$ 1 = R$ 1,83
- Base de Cálculo= R$ 1.830,00
- Alíquota = 0,38%
- Tributo devido = R$ 6,95

Exemplo: Compra internacional com cartão de crédito
- Interessado faz a compra de US$ 1.000,00
- Câmbio US$ 1 = R$ 1,83
- Base de Cálculo= R$ 1.830,00

- Alíquota = 6,38%
- Tributo devido = R$ 116,75

Vejamos as regras do imposto no RIOF.

### 3.2. Aspecto material

O **fato gerador** do imposto é entregar ou colocar à disposição do interessado a moeda ou o documento que a represente.

Especialmente nos casos de exportação e importação, o câmbio é realizado por carta de crédito, sem que haja a entrega da moeda propriamente dita. Por isso, a incidência do imposto mediante a entrega de documentos representativos. O mesmo ocorre com os *traveller checks* que não são a moeda estrangeira, mas uma espécie de documento, no caso, ordem de pagamento.

Ao contrário do IOF/crédito, onde o fator tempo é essencial, **o câmbio é imediato**, embora sua liquidação possa ser realizada em data futura.

Nesses casos, ocorre o fato gerador e o imposto é devido na data da liquidação do câmbio, de acordo com o art. 11, do RIOF.

> ▶ **Como esse assunto foi cobrado em concurso?**
>
> **(ESAF/AFRF/2009)** Analise os itens a seguir, classificando-os como verdadeiros (V) ou falsos (F). Em seguida, escolha a opção adequada às suas respostas:
>
> I. as operações de câmbio constituem fato gerador do IOF – imposto sobre operações de crédito, câmbio e seguro, ou relativas a títulos ou valores mobiliários;
>
> II. o câmbio traz um comércio de dinheiro, no qual este se torne mercadoria e, como tal, tem custo e preço;
>
> III. operações de câmbio são negócios jurídicos de compra e venda de moeda estrangeira ou nacional, ou, ainda, os negócios jurídicos consistentes na entrega de uma determinada moeda a alguém em contrapartida de outra moeda recebida.
>
> **Gabarito:** Todos os itens estão corretos. As operações de câmbio constituem fato gerador do IOF, entende-se que no câmbio há mercantilização da moeda e nestas operações há compra e venda de moedas de mais de um pais.

Mais adiante, ao analisarmos as alíquotas e as isenções do imposto, veremos as variações da incidência do IOF/câmbio.

## 3.3. Aspecto subjetivo

Também não há dificuldades em compreender a sujeição passiva do imposto. Nas operações com câmbio sempre haverá uma **instituição autorizada** a operar com a troca de moedas – de forma que esta sempre será o responsável pelo pagamento do tributo – e alguém interessado na operação – que será o contribuinte.

O **contribuinte** do IOF/câmbio é a **pessoa interessada em realizar o câmbio**: o viajante, o importador, o exportador. Vejamos como o RIOF trata a matéria:

> Art. 12. São contribuintes do IOF os compradores ou vendedores de moeda estrangeira nas operações referentes às transferências financeiras para o ou do exterior, respectivamente (Lei 8.894/94, art. 6º).
>
> Parágrafo único. As transferências financeiras compreendem os pagamentos e recebimentos em moeda estrangeira, independentemente da forma de entrega e da natureza das operações.
>
> Art. 13. São responsáveis pela cobrança do IOF e pelo seu recolhimento ao Tesouro Nacional as instituições autorizadas a operar em câmbio (Lei 8.894/94, art. 6º, parágrafo único).

O art. 12 do RIOF menciona transferência financeira para o exterior ou do exterior. Contudo, há a incidência do imposto também na troca de moedas que permanecem no Brasil, o que pode ser entendido naquelas hipóteses em que uma pessoa compra moeda estrangeira para custear viagem, mas cancela a viagem e faz novo câmbio para vender a moeda anteriormente adquirida.

O parágrafo único traz regra que determina a incidência do imposto sobre qualquer forma de entrega da moeda, independente da natureza da operação.

De fato, há uma separação total entre a operação, ou as operações que necessitem da troca de moedas e o câmbio. Na importação, separam-se a operação de compra da mercadoria estrangeira e a operação de câmbio necessária para realizar o pagamento da importação; também na exportação há duas operações: a operação de venda da mercadoria nacional e a operação de câmbio, quando o pagamento realizado pelo importador não é efetivado em reais.

O art. 13 nomeia as instituições autorizadas a operar com câmbio como responsáveis pelo recolhimento do imposto.

## 3.4. Aspecto quantitativo

A **base de cálculo** do IOF/câmbio é o valor da operação em reais (o montante em moeda nacional, recebido, entregue ou posto à disposição, correspondente ao valor, em moeda estrangeira, da operação de câmbio), seja na compra seja na venda da moeda estrangeira e a **alíquota máxima** é de 25%, conforme os art. 14 e 15 do RIOF e do art. 5º, da Lei 8.894/94.

As variações do imposto surgem quando analisamos as hipóteses de redução de alíquota, de alíquota zero e de isenção.

De fato, na redação original do RIOF, as alíquotas reduzidas eram previstas pelos 4 incisos do parágrafo primeiro, do art. 15. As reduções de alíquota chegaram a 30, quando o parágrafo primeiro, assim como dos demais parágrafos do artigo, foram finalmente revogados, para que a matéria fosse regulada pelo art. 15-A, do decreto, e agora pelo art. 15-B.

A leitura do artigo é essencial, mas valem alguns comentários sobre alguns conceitos normalmente presentes na incidência do IOF/Crédito.

É bastante frequente a aplicação de **alíquota zero** para o câmbio de receitas de exportação, tanto em homenagem ao princípio de não se exportar tributos, quanto para fornecer incentivo às exportações.

Também se aplica alíquota zero para as operações cambiais entre as instituições que operam câmbio no Brasil e entre estas e instituições financeiras estrangeiras.

Em geral, não se tributa o câmbio para a entrada de recursos estrangeiros no país. A regra, por óbvio, procura incentivar o ingresso de investimento estrangeiro.

A legislação também oscila na tributação de operações com *depositary receipts*, com *brazilian depositary receipts*, e na constituição de margem de garantia, relacionada a investimentos estrangeiros.

> **Conceitos**
>
> *Depositary receipt* é um instrumento de negócios financeiros emitidos por um banco que representa títulos estrangeiros negociáveis ao público. Os *depositary receipt* é negociado na bolsa de valores do país em que foi emitido. Constitui, pois, meio de negociar, no país, títulos de companhias estrangeiras.

> A Bovespa assim define os *Brazilian Depositary Receipts*:
>
> *Brazilian Depositary Receipts* (BDRs) são certificados de depósito de valores mobiliários emitidos no Brasil que representam valores mobiliários de emissão de companhias abertas com sede no exterior.
>
> Sua emissão deve ser realizada por instituições brasileiras, as chamadas instituições depositárias ou emissoras, que são empresas autorizadas a funcionar pelo Banco Central e habilitadas pela Comissão de Valores Mobiliários (CVM) a emitir BDRs. A emissão é lastreada em valores mobiliários custodiados em seu País de origem por instituições custodiantes. Estas são responsáveis por manter os valores mobiliários a que os BDRs se referem em custódia.
>
> Disponível em: http://www.bmfbovespa.com.br/pt-br/mercados/outros-titulos/ bdrs-brazilian-bepository-receipts/bdrs-brazilian-bepository-receipts.aspx?idioma=pt-br#, acesso em 15.1.2013.
>
> A margem de garantia é uma exigência da câmara de compensação para cobrir os compromissos assumidos pelos participantes no mercado futuro. Outros valores mobiliários atrelados à conta dos participantes em suas respectivas corretoras de valores mobiliários podem ser aceitos como garantia para execução da operação (exemplo: CDBs, ações, títulos públicos entre outros). O valor da margem representa apenas um percentual do valor total do contrato futuro. Este valor deve permanecer depositado na conta da corretora enquanto compradores e vendedores mantiverem suas posições em aberto, ou seja, continuarem atrelados aos contratos futuros. Quando as posições forem encerradas, a margem de garantia é devolvida.
>
> MANUAL DE PROCEDIMENTOS OPERACIONAIS DA CÂMARA DE DERIVATIVOS: SEGMENTO BM&F, disponível em: http://www.bmfbovespa.com.br/pt-br/regulacao/download/BMFBOVESPA-MPO-Camara-Derivativos.pdf, p. 11; acesso em 15.1.2013.

O ingresso de divisas estrangeiras mediante empréstimo também sofre oscilações de alíquota. Ao menos a título de tendência, as alíquotas são mais baixas quando incidem sobre operações de longo prazo e mais elevadas para empréstimos de curto prazo.

Muito comum a legislação do IOF mencionar **operações simultâneas**.

Trata-se de operações casadas, de compra e venda da moeda nacional, para evitar oscilações cambiais. Com a compra e a venda da moeda, ainda que a conversão não se materialize, a oferta e a demanda pelo dinheiro permanecem contabilmente inalteradas, sem impactos no câmbio.

Também se fala em **operações simultâneas ou simbólicas de câmbio** quando não há entrada ou saída de moeda estrangeira no país, como no caso dos dividendos de sócio estrangeiro, devidos em moeda estrangeira, que são convertidos em reais para ser reinvestidos na companhia ou do pagamento de empréstimos obtidos de empresa estrangeira pela emissão de ações da empresa nacional.

Questiona-se se há incidência do imposto nestas operações.

No âmbito da CPMF, o STJ entendeu pela incidência da contribuição, ainda que a operação de câmbio seja simbólica, meramente escritural, julgamento do REsp 1.129.335/SP. Afirmou o Tribunal que "a conversão dos créditos (oriundos de empréstimo) em investimento externo direto concretiza-se mediante a realização de operações simultâneas de compra e venda de moeda estrangeira (sem expedição de ordem de pagamento do ou para o exterior), consubstanciadas em lançamentos fictícios de entrada e saída de recursos, a saber: (i) a transferência, pela empresa brasileira receptora do investimento (devedora do empréstimo), ao investidor não residente ou investidor externo (credor do empréstimo), do valor correspondente ao pagamento da dívida principal e juros, para quitação e baixa na pendência; e (ii) o recebimento, pela empresa receptora (devedora na primeira transação), da quantia, disponibilizada pelo investidor externo (credor naquela), para integrar o capital societário. Destarte, sobressai a transferência (eminentemente jurídica) de valores entre os sujeitos envolvidos no negócio jurídico discriminado, uma vez que, quando a empresa devedora, ao invés de quitar a sua dívida, converte seu passivo em capital social para a empresa credora, ocorre efetiva circulação escritural de valores. Consequentemente, conquanto se considere inexistente a movimentação física dos valores pertinentes, a ocorrência de circulação escritural da moeda constituía fato imponível ensejador da tributação pela CPMF (STJ; S1; REsp 1.129.335/SP; Min. LUIZ FUX; DJe de 24/6/2010).

**Quanto ao IOF** especificamente, o **TRF3** entendeu, em pelo menos duas oportunidades, que **o tributo incide** sobre operações simultâneas de câmbio (câmbio simbólico) (AMS 00071400820104036114 e AC 00588044819954036100).

Por certo que a jurisprudência do **STJ** poderá definir a interpretação da lei federal. Não pode, porém, definir os contornos constitucionais na norma de competência impositiva. Vale dizer, afirmar que a Constituição permite ou rejeita a incidência de imposto ou contribuição sobre operações simbólicas de câmbio.

O **STF**, a seu turno, não enfrentou a questão, rejeitando todos os recursos sobre tema ao fundamento de ofensa reflexa e indireta à Constituição, não cabendo à Corte apreciar legislação infraconstitucional. Por via indireta, aceita qualquer interpretação da lei a ser conferida pelo STJ, reconhecendo, portanto, a constitucionalidade da incidência.

De outro lado, por recente Solução de Consulta da 8ª Região Fiscal, a **Receita Federal** sinalizou pela não incidência do IOF em operações cambiais simbólicas (Solução de Consulta nº 15, de 31 de janeiro de 2012, da 8ª Região).

Importa observar que as soluções de consulta de uma Superintendência da Receita Federal não vinculam as demais regiões fiscais, o que ocorre com as soluções de divergência, proferidas pela Secretaria da Receita Federal. Ademais, não constituem interpretação definitiva da lei no âmbito do Poder Executivo, podendo ser alterada a qualquer momento.

Recente alteração nas normas do IOF diz respeito às **compras de brasileiros no exterior com cartão de crédito**.

A alíquota aplicada para despesas no exterior pagas com cartão de crédito emitidos no Brasil tanto para os viajantes quanto para os importadores nacionais, muito comum em sites como amazon.com e ebay.com, foi elevada para 6,38%, visando desestimular os gastos de residentes no exterior e assim controlar a balança comercial, vale dizer, a relação entre importações e exportações brasileiras.

O objetivo do governo foi controlar as despesas de brasileiros com viagens internacionais e reduzir as compras "on-line", num momento em que a balança comercial começou a ficar afetada por tais despesas.

Com a mesma finalidade, a legislação prevê expressamente a alíquota de 6,38% para as operações de saque realizadas no exterior e nas liquidações de despesas no exterior com cartão pré-pago.

Vejamos, agora, as hipóteses de **isenção do imposto**.

> Art. 16. É isenta do IOF a operação de câmbio:
>
> I – realizada para pagamento de bens importados;
>
> II – em que o comprador ou o vendedor da moeda estrangeira seja a entidade binacional Itaipu (art. XII do Tratado promulgado pelo Decreto nº 72.707, de 1973);
>
> [...]
>
> V – em que os compradores ou vendedores da moeda estrangeira sejam missões diplomáticas e repartições consulares de carreira (Convenção de Viena sobre Relações Consulares)
>
> VI – contratada por funcionário estrangeiro de missão diplomática ou representação consular (Convenção de Viena sobre Relações Diplomáticas)

O art. 6º, do DL 2.434/88 estabeleceu isenção para as operações de câmbio destinadas ao **pagamento de bens importados**.

A determinação da **data da isenção** foi objeto de grande debate e aqueles que iniciaram o processo de importação, mas ainda não haviam obtido guia de importação ou realizado declaração de importação aduziram que princípio da igualdade havia sido violado.

As discussões finalizaram com a decisão do STF nos embargos de divergência no RE 175.230 EDv/SP.

> ▶ **Entendimento do STF**
>
> 2. Direito Constitucional e Tributário. Imposto de Operações Financeiras. Isenção do IOF nas operações de câmbio.
>
> 3. A fixação do termo inicial de vigência da isenção não vulnera a regra constitucional da isonomia, porque contribuinte autorizado a importar não guarda qualquer identidade com aquele que não iniciou o processo de importação. O Poder Judiciário não pode estender os efeitos da lei antes do termo a quo.
>
> 4. Precedentes de ambas as Turmas da Corte.
>
> (STF; Tribunal Pleno; RE 175.230 EDv/SP; Min. NÉRI DA SILVEIRA; DJ de 26/04/2002)

Ao contrário do que se passa com o imposto de importação, que incide somente na importação de bens, o IOF incide no pagamento pelas importações de bens e de serviços.

As operações de câmbio realizadas pela **Itaipu** também são **isentas**, assim como suas operações de crédito. De outro lado, a **isenção para o Gasoduto Brasil-Bolívia** fora revogada.

As **missões diplomáticas** e seus funcionários e dependentes também são beneficiadas pela isenção do IOF/câmbio, por força da Convenção de Viena sobre Relações Consulares. O benefício, contudo, não se aplica aos consulados e cônsules honorários nem aos funcionários estrangeiros que tenham residência permanente no Brasil, tudo nos termos dos parágrafos do art. 16, do RIOF.

## 4. IOF/SEGUROS

### 4.1. Noções gerais

A modalidade de incidência do IOF sobre **seguros** talvez seja a mais sintética e a mais simples de todo o imposto.

O mercado de seguros, no Brasil, é fiscalizado pela Superintendência de Seguros Privados – SUSEP.

As **operações de seguro ou os contratos de seguro**, são "negócios jurídicos, nos quais alguém se obriga para com outrem, mediante remuneração de um prêmio, a indenizar prejuízos resultantes de riscos futuros, estes devidamente especificados quando da realização dos respectivos negócios" (MOSQUEIRA, 199, p. 131).

A essência dos seguros é a existência de um risco, de qualquer natureza, a ser coberto.

Não há limitação do que pode ser segurado. A principal regra para os contratos de seguro é a existência de objeto lícito. É óbvio e também engraçado, mas não poderão ser segurados objetos impossíveis, como um terreno na lua, ou produtos de crime. Do mesmo âmbito da licitude, também são vedados seguros de objetos inexistentes ou a simulação de seguros. Seria a hipótese de um seguro simulado aquele que vise garantir o risco do conteúdo de um container que vem a ser despachado vazio, ou segurar o transporte de eletrônicos, quando o conteúdo efetivamente transportado é sucata.

Sob o ponto de vista tributário, porém, a operação de seguro será tributada salvo se a simulação restar caracterizada.

De outro plano, há seguros obrigatórios, como aquele dos automóveis.

As modalidades de seguro são, pois, incontáveis.

São exemplos o seguro de vida, o seguro de saúde, o seguro obrigatório e o seguro facultativo de veículos, o seguro de imóveis, o seguro de pessoas (há quem faça seguro das mãos, como dentistas, ou até de outras partes do corpo), o seguro de transportes, o seguro de crédito, o seguro garantia (para garantia de futuro pagamento de crédito de terceiros) o seguro rural, etc.

Os seguros de vida e de veículos talvez sejam os mais populares.

Os que envolvem maior soma de recursos, porém, são aqueles relacionados ao transporte de bens, principalmente em operações internacionais.

É interessante notar que **as modalidades de incidência do IOF por várias vezes se entrelaçam**. Por exemplo, numa operação de importação pode haver, cumulada ou isoladamente, a incidência do IOF/crédito sobre o empréstimo realizado ao importador; do IOF/câmbio pela troca de moedas necessárias à operação; e o IOF/seguros, sobre o seguro do bem importado.

Merece destaque a operação de **resseguro**. O resseguro nada mais é que a realização de um seguro pela própria seguradora, em uma outra seguradora, quando o risco imposto à primeira é maior do que ela poderia suportar.

Em operações grandes, normalmente relacionadas ao comércio exterior, a seguradora pode ter sua saúde financeira seriamente afetada se ocorrer o sinistro do bem garantido. Nessa situação, a seguradora procura uma empresa do ramo, normalmente de porte econômico grande, e, por assim dizer, divide o risco (e também o prêmio) do seguro realizado.

### 4.2. Aspecto material

O **fato gerador** do imposto é a **contratação do seguro**, que se aperfeiçoa pela emissão da apólice ou do documento equivalente, ou recebimento do prêmio, nos termos do CTN.

A legislação ordinária e regulamentar optou pela ocorrência do fato gerador com o recebimento do prêmio, conforme dispõe o art. 18, do RIOF:

> Art. 18. O fato gerador do IOF é o recebimento do prêmio (Lei 5.143/66, art. 1º, II).
> § 1º A expressão "operações de seguro" compreende seguros de vida e congêneres, seguro de acidentes pessoais e do trabalho,

> seguros de bens, valores, coisas e outros não especificados (DL 1.783/80, art. 1º, incisos II e III).
>
> § 2º Ocorre o fato gerador e torna-se devido o IOF no ato do recebimento total ou parcial do prêmio.

É obvio, porém, que a questão diz respeito muito mais ao **aspecto temporal** do fato gerador que à sua essência. A **prova do seguro** se dá com o contrato ou com a apólice. Mais ainda, sem o contrato e sem a apólice não haverá, na verdade, o seguro, e, por consequência, não ocorrerá o fato gerador do imposto.

De outro turno, ninguém pagará o prêmio, que é o preço do seguro (não confundir com o valor do bem segurado) se não houver celebrado o contrato de seguros.

Pode-se especular se **operações de previdência privada e capitalização** podem ser tributadas pelo imposto, dada as suas semelhanças com os seguros.

Nos termos do art. 110 do CTN, os conceitos de direito privado utilizados pela Constituição não podem ser alterados pela legislação ordinária. Dessa forma, apenas operações que cubram efetivos riscos, vale dizer, que prevejam pagamento pela ocorrência de um fato determinado podem ser consideradas como seguro e, assim, sujeitas à incidência do IOF.

Dessa maneira, as operações previdência privada e capitalização que podem ser desfeitas pela escolha unilateral do interessado, estão fora da incidência do imposto. De fato, os recursos aplicados em previdência privada e em títulos de capitalização podem ser resgatados independente da ocorrência de qualquer sinistro, com eventuais perdas de rendimento. Nelas, o risco não é elemento essencial e, em princípio, não sofrem a incidência do IOF.

Situação distinta são os planos de saúde constituídos na forma de seguro, em que o titular é indenizado por gastos médicos, no caso de ocorrência das hipóteses previstas pelo plano. Neste caso, o legislador ordinário pode prever a incidência do imposto.

Mas cuidado: os títulos de capitalização podem ser considerados como valores mobiliários, sujeitos, pois, ao IOF/TVM.

## 4.3. Aspecto subjetivo

A definição do fato gerador com o pagamento do prêmio é compatível com a escolha do **segurado** como **contribuinte** e da **seguradora** como **responsável**.

Nos termos do art. 19, do RIOF, "contribuintes do IOF são as pessoas físicas ou jurídicas seguradas" e, conforme o art. 20, da norma, são responsáveis pelo recolhimento do imposto as seguradoras ou as instituições financeiras autorizadas que cobram o prêmio.

## 4.4. Aspecto quantitativo

A **base de cálculo** do IOF é o **valor do prêmio pago** (art. 21, do RIOF).

A **alíquota máxima** do tributo prevista pela lei é de 25% (art. 22, do RIOF), mas comporta muitas hipóteses de redução, como no caso de resseguro, de seguro obrigatório, vinculado a financiamento de imóvel habitacional, realizado por agente do Sistema Financeiro de Habitação, de seguro de crédito à exportação e de transporte internacional de mercadorias e de seguro de vida. A alíquota máxima aplicada na prática é de 7,38% (art. 22, § 1º, IV, do RIOF).

## 4.5. Hipóteses de isenção

Nos termos do art. 23, do IOF são isentos do imposto as operações de seguro de Itaipu, de missões diplomáticas e repartições consulares e seus funcionários estrangeiros e o seguro rural.

## 5. IOF/TVM

### 5.1. Noções gerais

Como vimos, não há um conceito absoluto para títulos e valores mobiliários.

A Lei 6.385/76, que define os valores mobiliários sujeitos à fiscalização da CVM, não abrange todos os títulos sujeitos ao IOF. De fato, o imposto incide sobre operações com valores mobiliários, assim definidos na legislação específica e com outros títulos, como os títulos públicos.

É frequente, contudo, que a operação com títulos ou valores mobiliários represente, também, operação de crédito.

Por esta razão, a lei veda a tributação cumulativa das duas modalidades de incidência do imposto. As operações no mercado futuro, por exemplo, são tributadas pelo IOF/TVM. Ainda que haja, também, operação de crédito envolvida, não incidirá o IOF/crédito. De outro lado, as operações de *factoring* sujeitam-se ao IOF/crédito. Mesmo que os títulos descontados sejam considerados como valores mobiliários para fins de fiscalização da CVM, fica afastada a incidência do IOF/TVM.

As outras modalidades de IOF, porém, podem ser cumuladas, de modo que um investimento estrangeiro no Brasil pode sofrer a incidência do IOF/câmbio, na conversão de moedas e do IOF/TVM, na operação relativa aos títulos adquiridos ou alienados.

### 5.2. Aspecto material

Com simplicidade, o art. 25, do RIOF define o fato gerador do imposto:

> Art. 25. O fato gerador do IOF é a aquisição, cessão, resgate, repactuação ou pagamento para liquidação de títulos e valores mobiliários.
>
> § 1º Ocorre o fato gerador e torna-se devido o IOF no ato da realização das operações de que trata este artigo.
>
> § 2º Aplica-se o disposto neste artigo a qualquer operação, independentemente da qualidade ou da forma jurídica de constituição do beneficiário da operação ou do seu titular, estando abrangidos, entre outros, fundos de investimentos e carteiras de títulos e valores mobiliários, fundos ou programas, ainda que sem personalidade jurídica, e entidades de previdência privada.

O **fato gerador** do IOF/TVM ocorre no **ato de compra, venda, cessão, repactuação ou liquidação das operações** com títulos e valores mobiliários.

Nos termos do art. 1º, IV, da Lei 8.033/90, o imposto incide sobre transmissão de ações de companhias abertas e das consequentes bonificações emitidas.

A constitucionalidade da norma foi referendada no RE 583.712 RG/SP, com repercussão geral. Eis a ementa do julgado:

> ▶ **Entendimento do STF**
>
> 1. Tese do Tema 109 da sistemática da repercussão geral: "É constitucional o art. 1º, IV, da Lei 8.033/90, uma vez que a incidência de IOF sobre o negócio jurídico de transmissão de títulos e valores mobiliários, tais como ações de companhias abertas e respectivas bonificações, encontra respaldo no art. 153, V, da Constituição Federal, sem ofender os princípios tributários da anterioridade e da irretroatividade, nem demandar a reserva de lei complementar".
>
> 2. Não há incompatibilidade material entre os arts. 1º, IV, da Lei 8.033/90, e 153, V, da Constituição Federal, pois a tributação de um negócio jurídico que tenha por objeto ações e respectivas bonificações insere-se na competência tributária atribuída à União no âmbito do Sistema Tributário Nacional, para fins de instituir imposto sobre operações relativas a títulos ou valores mobiliários.
>
> 3. A instituição do IOF-Títulos e Valores Mobiliários não ofende o princípio da anterioridade, dada expressa previsão no art. 150, III, "b" e §1º, do Texto Constitucional, ao passo que também não viola o princípio da irretroatividade, porquanto tem por fato gerador futura operação de transmissão de títulos ou valores mobiliários.
>
> 4. A reserva de lei complementar para a instituição de imposto de competência da União somente se aplica no caso de tributos não previstos em nível constitucional. Precedentes.
>
> 5. Recurso extraordinário conhecido a que se dá provimento, para reformar o acórdão recorrido, assentando a constitucionalidade do art. 1º, IV, da Lei 8.033/90 e, com efeito, a exigibilidade do IOF sobre a transmissão de ações de companhias abertas e respectivas bonificações.
>
> (STF, Tribunal Pleno, RE 583.712 RG/SP, Min. EDSON FACHIN, DJe de 02/03/2016)

Adiante, veremos mais complexidades do imposto na definição da base de cálculo e das alíquotas das múltiplas operações financeiras.

### 5.3. Aspecto subjetivo

Em regra, são **contribuintes do imposto** os adquirentes, no caso de aquisição de títulos ou valores mobiliários, e os titulares de aplicações financeiras, nos casos de resgate, cessão ou repactuação (art. 26, I, do RIOF); e **responsáveis** as instituições intermediadoras das negociações (art. 27, do RIOF).

Contudo, as **instituições financeiras também podem ser contribuintes do imposto**, no caso de pagamento para a liquidação das operações de aquisição, resgate, cessão ou repactuação de títulos e valores mobiliários, quando o pagamento for inferior a noventa e cinco por cento do valor inicial da operação (art. 26, II, c/c art. 28, IV c/c art. 28, I, todos do RIOF).

Explicando: o título é vendido a R$ 100,00 e resgatado a R$ 90,00. A base de cálculo desta operação, vamos adiantar, é o ganho limitado a 95% da operação inicial, quer dizer, (95% de R$ 100,00 = R$ 95,00) – R$ 90,00 = R$ 5,00.

> ▸ **Como esse assunto foi cobrado em concurso?**
>
> **(ESAF – Procurador da Fazenda Nacional/2015)** São contribuintes do Imposto sobre Operações de Crédito, Câmbio e Seguro, ou relativas a Títulos e Valores Mobiliários (IOF):
>
> a) os alienantes de títulos e valores mobiliários,
>
> b) os titulares dos contratos, nas operações relativas a contratos derivativos,
>
> c) os titulares de conta corrente, nas hipóteses de lançamento e transmissão de valores,
>
> d) as instituições financeiras e demais instituições autorizadas a funcionar pelo Banco Central do Brasil, nas operações relativas a aquisição, resgate, cessão ou repactuação de títulos e valores mobiliários em que o valor do pagamento para a liquidação seja superior a 95% (noventa e cinco por cento) do valor inicial da operação.
>
> **Gabarito:** São contribuintes do imposto de acordo com o art. 3º, da Lei 8.894/94, os tomadores de crédito, os adquirentes de títulos e valores mobiliários e os titulares de aplicações financeiras, na hipótese de valor de aquisição, resgate, cessão ou repactuação as instituições financeiras e demais instituições autorizadas pelo BC, nas operações relativas a aquisição, resgate, cessão ou repactuação de títulos e valores mobiliários em que o valor do pagamento para a liquidação seja INFERIOR a 95% do valor inicial da operação e os titulares dos contratos de derivativos. Correta a letra B. A letra D, como se vê, tem uma expressão invertida (superior a 95%, quando o correto é inferior a 95%), o mutuante é responsável (DL 1.783/80, art. 3º, I), e os alienantes de títulos e valores mobiliários bem como os titulares de conta corrente, nas hipóteses de lançamento e transmissão de valores não são elencados como contribuintes nem responsáveis na disciplina do IOF.

Os **responsáveis** eleitos pelo art. 27, do RIOF, são:

- as instituições autorizadas a operar com títulos e valores mobiliários;
- as bolsas de valores, pelas operações que realiza em nome de terceiros, com recursos destes;
- a instituição que liquidar a operação realizada por meio do Sistema Especial de Liquidação e Custódia – SELIC, do Banco Central ou da Central de Custódia e de Liquidação Financeira de Títulos – CETIP, criada pela CVM
- o administrador do fundo de investimento;
- a instituição que intermediar recursos, junto a clientes, para aplicações em fundos de investimentos
- a instituição que receber as importâncias referentes à subscrição das cotas do Fundo de Investimento Imobiliário e do Fundo Mútuo de Investimento em Empresas Emergentes.

No caso de ações emitidas para lastrear **depositary receipts** negociados no exterior em oferta pública, o **responsável** será o coordenador líder da oferta (art. 27, § 4º c/c art. 32-A, § 2º, do RIOF), vale dizer, o principal ofertante do investimento. Se a oferta não for pública, o responsável será o custodiante (depositário) das ações (art. 27, § 3º c/c art. 32-A, § 1º, do RIOF).

### 5.4. Aspecto quantitativo

A **base de cálculo** do IOF/TVM, nos termos do art. 28, do RIOF, é o valor dos negócios realizados e a **alíquota máxima**, conforme o art. 29 do regulamento, é de 1,5% ao dia.

Certas operações são realizadas imediatamente, sofrendo apenas uma incidência do imposto, como pode ser o caso da compra de ações à vista. Outras operações são continuadas, havendo a incidência diária.

Mas não se enganem. O IOF/TVM, ainda que incida diariamente, não será muito elevado. Sempre haverá limitações seja da alíquota ou da base de cálculo. Não seria mesmo razoável que uma operação com títulos que durasse 60 dias fosse tributada à alíquota total de 90% (1,5% x 60). Ao contrário, assim como no IOF/câmbio, a tendência é que a tributação do IOF/TVM seja regressiva no tempo, para estimular investimentos de prazos mais longos.

Como vimos, na hipótese do art. 28, IV, do RIOF, vale dizer, na liquidação futura de operações com títulos, como sua aquisição, seu resgate etc, a base de cálculo do imposto é limitada à diferença entre 95% do preço original e o valor da liquidação, nos termos do decreto, inferior à 95% do valor original.

> Art. 28. A base de cálculo do IOF é o valor:
> I - de aquisição, resgate, cessão ou repactuação de títulos e valores mobiliários;
> [...]
> IV - do pagamento para a liquidação das operações referidas no inciso I, quando inferior a noventa e cinco por cento do valor inicial da operação.
> § 1º Na hipótese do inciso IV, o valor do IOF está limitado à diferença positiva entre noventa e cinco por cento do valor inicial da operação e o correspondente valor de resgate ou cessão.

A base de cálculo do imposto, no **caso de cessão ou resgate dos títulos**, é acrescida dos rendimentos recebidos pelo investidor.

Ainda quanto aos limites da incidência, o art. 32, do RIOF determina limitação de incidência da alíquota de 1% ao dia, a um percentual do rendimento obtido na operação, conforme o tempo do investimento, até 30 dias. Assim, a alíquota é limitada a 30% (30 x 1%) e base de cálculo tem regressividade diária, iniciando a 96% do rendimento de operações de um dia, até chegar a zero nas operações de pelo menos 30 dias. Veja a tabela de limitação do rendimento da operação utilizada como base de cálculo do imposto:

| Nº de dias | % LIMITE DO RENDIMENTO |
|---|---|
| 01 | 96 |
| 02 | 93 |
| [...] | [...] |
| 15 | 50 |
| [...] | [...] |
| 29 | 03 |
| 30 | 00 |

O art. 32, do RIOF aplica-se às operações realizadas no mercado de **renda fixa** e ao **resgate de cotas de fundos de investimento e de clubes de investimento** em geral.

> Vejamos um exemplo da incidência do IOF com títulos públicos:
>
> Compra de R$ 1.000,00 e venda dos títulos após 15 dias a R$ 1.100,00.
>
> Alíquota de 1% ao dia, sobre base limitada a 50% do rendimento = 15% sobre R$ R$ 50,00
>
> Tributo devido = R$ 7,50
>
> Compra de R$ 1.000,00 e venda dos títulos após 25 dias a R$ 1.200,00.
>
> Alíquota de 1% ao dia, sobre base limitada a 16% do rendimento = 25% sobre R$ R$ 32,00
>
> Tributo devido = R$ 8,00
>
> Compra de R$ 1.000,00 e venda dos títulos após 30 dias: Base limitada a 0% do rendimento.

Nos termos do § 2º do art. 32, do regulamento, as operações de titularidade das instituições financeiras, das carteiras dos fundos de investimento e dos clubes de investimento, do mercado de renda variável, de resgate de cotas dos fundos e clubes de investimento *em ações*, com Certificado de Direitos Creditórios do Agronegócio – CDCA, com Letra de Crédito do Agronegócio – LCA, e com Certificado de Recebíveis do Agronegócio – CRA e com debêntures e com Certificados de Recebíveis Imobiliários, estão sujeitas à **alíquota zero**.

A expressão **"renda variável"** refere-se a investimentos em ações ou qualquer outro valor cuja remuneração não pode ser prevista de maneira nenhuma, senão sujeitas aos riscos do mercado. O exemplo clássico é o investimento em ações. Os investimentos em "renda fixa", por sua vez, ou têm rendimento determinado (Ex. 1% ao mês) ou calculado por critérios pré-estabelecidos, ainda que possam apresentar resultados negativos. O investimento em títulos públicos é um exemplo. Há uma definição de que o rendimento da aplicação se dará com base num determinado índice e, assim, a renda é fixada pelo índice. Por outro lado, o índice pode flutuar, e inclusive, apresentar resultados negativos.

Nesse ponto, vale mencionar a existência do RE 611.510/SP, que tramita no STF com repercussão geral. O objeto do recurso é a imunidade de instituições de educação e de assistência social sem fins lucrativos. As entidades defendem que a imunidade do art. 150, VI, c, da Constituição abrange seus investimentos em renda fixa de curto prazo, enquanto a União defende o contrário, pois as aplicações não estariam vinculadas ao objetivo essencial das entidades.

Na legislação vigente, pois, em geral, as operações em renda fixa sujeitam-se à alíquota limitada e base de cálculo regressiva, enquanto as operações com ações (renda variável), ainda que na forma de fundos ou clubes de investimento, estão sujeitas a alíquota zero.

Contudo, ações emitidas no Brasil para lastrear a emissão de *depositary receipts* negociados no exterior são tributadas à alíquota de 1,05%, nos termos do art. 32-A, do decreto.

O art. 30, do RIOF traz regra específica para operações realizadas por **investidores estrangeiros** em **fundos de investimento imobiliário ou de empresas emergentes**.

> Art. 30. Aplica-se a alíquota de que trata o art. 29 [1,5% ao dia] nas operações com títulos e valores mobiliários de renda fixa e de renda variável, efetuadas com recursos provenientes de aplicações feitas por investidores estrangeiros em cotas de Fundo de Investimento Imobiliário e de Fundo Mútuo de Investimento em Empresas Emergentes, observados os seguintes limites:
>
> I – quando referido fundo não for constituído ou não entrar em funcionamento regular: dez por cento;
>
> II – no caso de fundo já constituído e em funcionamento regular, até um ano da data do registro das cotas na Comissão de Valores Mobiliários: cinco por cento.

**Empresa emergente** é aquela com grande potencial de crescimento, definida de maneira formal pela CVM como "a companhia que apresente faturamento líquido anual, ou faturamento líquido anual consolidado, inferiores a R$ 100.000.000,00 (cem milhões de Reais), apurados no balanço de encerramento do exercício anterior à aquisição dos valores mobiliários de sua emissão", nos termos da Instrução Normativa CVM Nº 209, de 25 de março de 1994.

O art. 31, do RIOF, a seu turno, veicula regra de incidência do imposto a 0,25% ao dia sobre o valor do resgate de quotas de fundos de investimento antes de completado o prazo de carência do investimento. Conforme o parágrafo único, o imposto "fica limitado à diferença entre o valor da cota, no dia do resgate, multiplicado pelo número de cotas resgatadas, deduzido o valor do imposto de renda, se houver, e o valor pago ou creditado ao cotista". Trata-se de norma cujo objetivo é estimular investimento de prazos mais longos, onerando os resgates antecipados.

O art. 32-B, do RIOF, tratava da tributação dos derivativos. A norma fora revogada, regulando a matéria hoje o art. 32-C, do regulamento. Dispõe:

> Art. 32-C. O IOF será cobrado à alíquota de um por cento, sobre o valor nocional ajustado, na aquisição, venda ou vencimento de contrato de derivativo financeiro celebrado no País que, individualmente, resulte em aumento da exposição cambial vendida ou redução da exposição cambial comprada.

A norma trata especificamente de operações que afetem a **exposição cambial**, em que haja ganho em virtude de valorização da moeda nacional. Mais detalhamentos pertencem ao direito cambial, sendo incompatível com os limites deste trabalho. Vale dizer, contudo, que o objetivo da norma é a regulação da oferta e demanda de moeda (câmbio) no Brasil. Vale a leitura do § 4º:

> Art. 32-C, do RIOF
>
> § 4º Para os fins do disposto neste artigo, entende-se por:
>
> I – valor nocional ajustado – o valor de referência do contrato – valor nocional – multiplicado pela variação do preço do derivativo em relação à variação do preço da moeda estrangeira, sendo que, no caso de aquisição, venda ou vencimento parcial, o valor nocional ajustado será apurado proporcionalmente;
>
> II – exposição cambial vendida – o somatório do valor nocional ajustado dos contratos de derivativos financeiros do titular que resultem em ganhos quando houver apreciação da moeda nacional relativamente à moeda estrangeira, ou perdas quando houver depreciação da moeda nacional relativamente à moeda estrangeira;
>
> III – exposição cambial comprada – o somatório do valor nocional ajustado dos contratos de derivativos financeiros do titular que resultem em perdas quando houver apreciação da moeda nacional relativamente à moeda estrangeira, ou ganhos quando houver depreciação da moeda nacional relativamente à moeda estrangeira;
>
> VII – contrato de derivativo financeiro – contrato que tem como objeto taxa de câmbio de moeda estrangeira em relação à moeda nacional ou taxa de juros associada a moeda estrangeira em relação à moeda nacional;

A **base de cálculo** da obrigação é **apurada em dólares dos Estados Unidos da América** e convertida em moeda nacional para fins de incidência do imposto, conforme taxa de câmbio de fechamento do dia de sua apuração. Se a operação não evolver a moeda norte americana, haverá a conversão nesta moeda para posterior conversão em reais (art. 32-C, §§ 2º e 3º, do RIOF).

A alíquota básica de 1% fica reduzida a zero nas operações com contratos de derivativos para cobertura de riscos, inerentes à oscilação de preço da moeda estrangeira, decorrentes de contratos de exportação firmados por pessoa física ou jurídica residente ou domiciliada no País; e com contratos de derivativos financeiros não incluídos no *caput* (art. 32-C, § 5º, do RIOF).

O Decreto 8.027/2013 reduziu a zero da alíquota prevista pelo caput do art. 32-C, do RIOF, a partir de 13.6.13.

Para fechar o capítulo da base de cálculo e da alíquota do IOF/TVM, o art. 33, do RIOF prevê redução a zero para as demais operações, não expressas nos art. 28 a 32-C, inclusive no resgate de cotas do Fundo de Aposentadoria Programada Individual – FAPI.

### 5.5. Hipóteses de isenção

Assim como nas demais modalidades do imposto, o IOF/TVM também conta com hipóteses de isenção.

São isentas as operações em que o adquirente do título seja a entidade binacional Itaipu, aquelas realizadas com recursos dos Fundos Constitucionais de Financiamento do Norte (FNO) do Nordeste (FNE) e do Centro-Oeste (FCO), as negociações com Cédula de Produto Rural realizadas nos mercados de bolsas e de balcão e com Certificado de Depósito Agropecuário – CDA e com Warrant Agropecuário – WA, além das operações com títulos adquiridos por missões diplomáticas e repartições consulares de carreira, ou seus funcionários estrangeiros, não residentes no país.

## 6. IOF/OURO ATIVO FINANCEIRO

### 6.1. Noções gerais

A Constituição prevê para o ouro ativo financeiro incidência única do IOF, na primeira aquisição, e a destinação do produto arrecadado para o estado (30%) e para o município (70%) em que o mineral fora extraído.

A regra de repartição também vale para o ouro importado, quando os recursos arrecadados são destinados ao estado e ao município brasileiro onde o ouro ingressar.

A negociação do ouro como ativo financeiro são privativas de instituições autorizadas pelo Banco Central, sujeitas aos registros próprios.

Destinando-se a outras finalidades, o ouro está sujeito ao ICMS.

O art. 36, do RIOF assim disciplina o fato gerador do imposto sobre o ouro ativo financeiro:

> Art. 36. O ouro, ativo financeiro, ou instrumento cambial sujeita-se, exclusivamente, à incidência do IOF (Lei 7.766/89, art. 4º).
>
> § 1º Entende-se por ouro, ativo financeiro, ou instrumento cambial, desde sua extração, inclusive, o ouro que, em qualquer estado de pureza, em bruto ou refinado, for destinado ao mercado financeiro ou à execução da política cambial do País, em operação realizada com a interveniência de instituição integrante do Sistema Financeiro Nacional, na forma e condições autorizadas pelo Banco Central do Brasil.
>
> § 2º Enquadra-se na definição do § 1º deste artigo o ouro:
>
> I – envolvido em operações de tratamento, refino, transporte, depósito ou custódia, desde que formalizado compromisso de destiná-lo ao Banco Central do Brasil ou à instituição por ele autorizada;
>
> II – adquirido na região de garimpo, onde o ouro é extraído, desde que, na saída do Município, tenha o mesmo destino a que se refere o inciso I;
>
> III – importado, com interveniência das instituições mencionadas no inciso I.
>
> § 3º O fato gerador do IOF é a primeira aquisição do ouro, ativo financeiro, ou instrumento cambial, efetuada por instituição autorizada integrante do Sistema Financeiro Nacional (Lei 7.766/89, art. 8º).
>
> § 4º Ocorre o fato gerador e torna-se devido o IOF:
>
> I – na data da aquisição;
>
> II – no desembaraço aduaneiro, quando se tratar de ouro físico oriundo do exterior.

Em síntese, ocorre o fato gerador na data da primeira aquisição do ouro, ainda que importado, destinado a servir como ativo financeiro, inclusive para fins cambiais, mesmo que deva passar por processos de refinamento, desde que a finalidade não seja desviada.

> ▸ **Como esse assunto foi cobrado em concurso?**
>
> **(ESAF/Analista da Receita Federal/2012)** O ouro, quando não for considerado como simples metal, mas definido em lei como ativo financeiro ou instrumento cambial, sujeita-se exclusivamente à incidência do _____. Esse imposto é devido na operação _____. Está sujeito à alíquota _____, já estabelecida na Constituição. O produto da arrecadação pertence _____.
>
> a) ICMS / de origem / máxima / ao Estado,
> b) ICMS / de destino / máxima / ao Estado de destino,
> c) IOF / de origem / mínima / ao Estado e ao Município de origem,
> d) IOF / de origem / máxima / À União e, compartilhadamente, ao Estado e Município de origem,
> e) IOF / de destino / mínima / ao Estado e ao Município de destino.
>
> A questão baseia-se no art. 153, § 5º, da CF/88, com a seguinte redação: O ouro, quando definido em lei como ativo financeiro ou instrumento cambial, sujeita-se exclusivamente à incidência do imposto de que trata o inciso V do "caput" deste artigo, devido na operação de origem; a alíquota mínima será de um por cento, assegurada a transferência do montante da arrecadação nos seguintes termos: trinta por cento para o Estado, o Distrito Federal ou o Território, conforme a origem; setenta por cento para o Município de origem.
>
> **Gabarito:** D.

O ouro a que nos referimos somente pode ser adquirido por instituições autorizadas pelo Banco Central e tais instituições serão os contribuintes do imposto, que o recolherão aos cofres públicos tomando como base o preço de aquisição, à alíquota de 1%.

A lei não aceita, porém, que a base de cálculo seja inferior à cotação mínima do ouro na bolsa de valores no dia em que for realizado o negócio jurídico.

## 7. RESUMO

| Princípio da Legalidade | Mitigado, apenas para alteração de alíquotas, por ato do Poder Executivo, dentro dos limites estabelecidos pela lei |
|---|---|

| | |
|---|---|
| Princípio da anterioridade do exercício | Dispensado |
| Princípio da anterioridade nonagesimal | Dispensado |
| Aspecto material na Constituição e no CTN | IOF/Crédito = operações de crédito, inclusive *factoring* e mútuo entre pessoas jurídicas ou pessoa jurídica mutuante e pessoa física mutuária<br>IOF/Câmbio = operações de câmbio, inclusive escritural<br>IOF/Seguros = operações de seguro de toda natureza e de reseguro<br>IOF/TVM = operações com títulos e valores mobiliários (ações, debêntures, derivativos e papéis de oferta pública) |
| Aspecto material na Constituição e no CTN | IOF/Ouro = aprimeira operação de venda de ouro, para servir como ativo financeiro |
| Aspecto espacial | Território nacional |
| Aspecto temporal | IOF/Crédito<br>Momento da concessão ou da renovação do crédito<br>IOF/Câmbio<br>Momento de realização do câmbio<br>IOF/Seguros<br>Momento da contratação do seguro<br>IOF/TVM<br>Momento da compra ou do resgate do papel<br>IOF/Ouro<br>Momento da primeira venda do ouro para servir como ativo financeiro, tendo como comprador instituição autorizada pelo Banco Central |
| Aspecto quantitativo (Base de cálculo e alíquota) | IOF/Crédito<br>Base de cálculo = valor do crédito<br>Alíquota máxima =1,5% ao dia, limitada a 365 dias.<br>IOF/Câmbio<br>Base de cálculo = valor da operação<br>Alíquota máxima = 25%<br>IOF/Seguros<br>Base de cálculo = valor do prêmio<br>Alíquota máxima = 25%<br>IOF/TVM<br>Base de cálculo = valor do negócio jurídico<br>Alíquota máxima = 1,5% ao dia, podendo ser regressiva no tempo<br>IOF/Ouro<br>Base de cálculo = valor do ouro<br>Alíquota = 1% |

| | |
|---|---|
| Aspecto pessoal | IOF/Crédito<br>Contribuinte = tomador do empréstimo<br>Responsável = instituição financeira e empresa de *factoring*<br>IOF/Câmbio<br>Contribuinte = pessoa interessada na troca de moeda<br>Responsável = instituição autorizada<br>IOF/Seguros<br>Contribuinte = tomador do seguro<br>Responsável = instituição autorizada<br>IOF/TVM<br>Contribuinte = adquirente, alienante etc do papel<br>Responsável = instituição que opera no mercado, bolsa de valores etc<br>IOF/Ouro<br>Contribuinte = vendedor do ouro<br>Responsável = instituição adquirente |
| Observações | 1. Pode haver incidência cumulativa das modalidades de IOF numa mesma operação, se caracterizada mais de hipótese (ex: câmbio e crédito), exceto para as modalidades IOF/Crédito e IOF/TVM, que se excluem.<br>2. Arrecadação destinada ao orçamento geral da União. Art. X, do CTN não recepcionado pelo art. 167, X da CF/88; IOF/Ouro: 30% para o estado e 70% para o município de origem. |

## 8. SÚMULAS

### Súmula do STF

**Súmula 664:** É inconstitucional o inciso V do art. 1º da Lei 8.033/1990, que instituiu a incidência do imposto nas operações de crédito, câmbio e seguros – IOF sobre saques efetuados em caderneta de poupança.

### Súmula do STF

**Súmula 185:** Nos depósitos judiciais, não incide o imposto sobre operações financeiras.

Capítulo 5

# Imposto de Renda na Constituição e no CTN

## 1. INTRODUÇÃO

O IR é um dos mais antigos e mais sofisticados tributos e conta com a melhor adequação ao princípio da capacidade contributiva, dado seu caráter pessoal. Conforme preconiza o art. 145, § 1º, da Constituição:

> Art. 145. [...]
> § 1º – Sempre que possível, os impostos terão caráter pessoal e serão graduados segundo a capacidade econômica do contribuinte, facultado à administração tributária, especialmente para conferir efetividade a esses objetivos, identificar, respeitados os direitos individuais e nos termos da lei, o patrimônio, os rendimentos e as atividades econômicas do contribuinte.

São poucos os dispositivos constitucionais expressos aplicáveis ao IR.

Na **Carta** encontramos a norma de **competência** do imposto (art. 153, III) e os **princípios** da generalidade, universalidade e progressividade (art. 153, § 2º, I), da legalidade estrita (art. 150, I), da irretroatividade (art. 150, III, a) e da anterioridade do exercício (art. 15, III, b), não se lhe aplicando a anterioridade nonagesimal (art. 150, § 1º, segunda parte).

A propósito, embora o imposto seja da competência da União, pertencem aos Estados, ao Distrito Federal e aos Municípios, "o produto da arrecadação do imposto da União sobre renda e proventos de qualquer natureza, incidente na fonte, sobre rendimentos pagos, a qualquer título, por eles, suas autarquias e pelas fundações que instituírem e mantiverem" (art. 157, I e 158, I, da CF/88). A arrecadação do Imposto de Renda também compõe o FPM e o FPE (art. 159, I, da CF/88).

> **Como esse assunto foi cobrado em concurso?**
> (CESPE/Juiz Federal TRF2/2013). Assinale certo ou errado acerca do Sistema Tributário Nacional.
>
> O produto da arrecadação do imposto sobre renda e proventos de qualquer natureza, incidente na fonte, pertence à União, mesmo que recaia sobre rendimentos pagos pelos estados.
>
> *Gabarito:* Errado. Parte da arrecadação do imposto de renda pertence aos Estados, ao Distrito Federal e aos municípios, como é o caso do imposto retido na fonte dos servidores da administração direta e indireta (autarquias e fundações) estaduais e municipais (art. 157 e 158, da CF/88).

Abaixo da Constituição, no **CTN**, encontramos as **normas gerais** do imposto. **A legislação** esparsa é responsável por sua criação e pela definição de suas regras, e o **Regulamento** do Imposto de Renda, por sua consolidação (art. 212, do CTN) e seu detalhamento. Há, ainda, diversas Portarias do Ministério da Fazenda e principalmente diversas Instruções Normativas da Secretaria da Receita Federal sobre o tema.

A título de introdução, antes de adentrarmos no estudo específico do Imposto de Renda da Pessoa Física e do Imposto de Renda da Pessoa Jurídica, vamos abordar as normas constitucionais e complementares do imposto, válidas para todos os sujeitos passivos.

Cabe, também, uma observação inicial importante, quanto a duas expressões que vamos utilizar muito: **exercício e ano calendário. Ano calendário** é o ano ou período de apuração em que ocorreram os fatos (é o período base) e **exercício** é o ano da entrega da declaração.

## 2. ASPECTO MATERIAL

### 2.1. Conceito de renda

A Constituição não define expressamente o conceito de renda tributável, limitando-se a apresentar a norma de competência do imposto. Assim, surgiram muitas discussões – de resto existente em outros países – acerca de um conceito constitucional implícito de renda. Em termos práticos, o debate gira em torno dos **limites impostos ao legislador para estabelecer a incidência do tributo**.

A menção da Carta à renda afasta, segundo a literatura proveniente desses debates, a incidência sobre o capital, sobre o faturamento ou receita bruta, sobre heranças etc. Leciona Misabel Derzi, que "será inconstitucional, então, a lei federal que tribute a receita representativa de mera reposição de bens patrimoniais (por terem sido objeto de aplicação de capital da pessoa), como pagamento de capital ou reembolso das despesas feitas para produção da receita, inclusive Royalties. Nem se pode tributar o preço de alienação do bem, que é mera reposição do capital investido, se não há ganho real. Muito menos é tributável a verdadeira e própria indenização, que é simples recomposição de perdas patrimoniais (in. BALEEIRO, 2003, p. 287).

De fato, pode-se dizer que há um **conceito constitucional** de renda, útil para eximir incidências sobre fatos efetivamente distintos. Contudo, há fenômenos que se confundem e outros que, dependendo da teoria adotada, podem coadunar com o conceito de renda ou dele se distanciar.

**Para a economia**, renda é a soma de consumo e poupança (y = c + s, onde y = renda, c = consumo e s = poupança), conceito que identifica a renda pelo enfoque da **demanda**, segundo o qual se perquire pela **destinação** da renda. Pelo lado da **oferta**, ao revés, a mesma renda (y) é obtida pela soma de salários, lucros, juros e aluguéis (identificados em economia pelas letras w+p+ i + r), perquirindo-se pela **origem** da renda.

A partir do conceito econômico, o **direito tributário** se debruçou na identificação da renda como fato gerador, bem como na fundamentação desta incidência tributária. Segundo Baleeiro, a incidência do imposto de renda sobre o resultado do trabalho não gerava dificuldades, mas surgiram 'percalços em relação à incidência sobre os rendimentos do capital. De acordo com o autor, duas teorias, frequentemente incorporadas pelas legislações, resumem os debates sobre o tema. Segundo Baleeiro, "a) renda é atributo quase sempre periódico, da fonte permanente da qual promana, como elemento novo criado e que com ela não se confunde (Struz, Fuisting, Cohn); b) renda é o acréscimo de valor pecuniário do patrimônio entre dois momentos (Schanz, Haig, Fisher)" (2003, p. 282).

O autor expõe, de forma sintética, a teoria da fonte e a teoria do acréscimo patrimonial, que disputam a hegemonia na definição de renda para efeitos tributários, incluindo como variação da teoria do acréscimo patrimonial a identificação da renda como "a soma algébrica do valor, a preço de mercado, dos direitos exercidos sob forma de consumo e da modificação do valor do acervo patrimonial entre o começo e o fim período determinado" (BALEEIRO, 2003, p. 283).

Analisando o enunciado temos: "a soma algébrica do valor, a preço de mercado, dos direitos exercidos sob forma de consumo" = consumo e "da modificação do valor do acervo patrimonial entre o começo e o fim período determinado" = poupança, daí renda ser igual a consumo mais poupança, conforme a fórmula econômica antes enunciada.

O autor argentino Dino Jarach expõe que "as doutrinas econômicas e financeiras conhecem diferentes conceitos de renda ou receita, às vezes com pequenas variações. Entre elas são dignas de nota três teorias fundamentais: a) a teoria das fontes; b) teoria do incremento patrimonial líquido acrescida do consumo; c) a teoria de Irving Fisher. A teoria das fontes assimila o conceito de renda ou receita ao produto líquido periódico, pelo menos potencialmente de uma fonte permanente, deduzidas as despesas necessárias para produzir e preservar intacta a fonte produtiva. Se se adota na estrutura jurídica do imposto a dedução do mínimo de subsistência e custos de família e despesas de saúde e educação em quantidades significativas, resta limitada, de fato, a imposição sobre a renda poupada e apenas parcialmente consumida, o que cria uma flagrante contradição com a doutrina que examinaremos no parágrafo seguinte, segundo a qual é a poupança que deveria ser excluída do conceito de lucro ou receita tributável. O conceito de receita ou lucro que segundo a teoria do incremento patrimonial líquido compreende em seu alcance, além de produtos regulares fontes permanentes, todas as receitas provenientes de ganhos eventuais ou ocasionais, os chamados de 'ganhos de capital' e os provenientes de jogo. É aí que reside o aspecto mais importante da diferença entre o conceito da teoria das fontes e da teoria do incremento patrimonial líquido. A essência da teoria de Fisher consiste em que a receita ou a renda se define como o fluxo de serviços que a propriedade de uma pessoa lhe proporcionam num certo período. Se trata, pois, de utilidade direta que os bens proporcionam ao seu possuidor, seja se se trate de bens anteriormente em seu poder ou adquiridos no período com o dinheiro obtido de bens vendidos e serviços prestadora terceiros" (1996, p. 472).

Em linhas gerais, estas teorias apresentam a limitação constitucional imposta ao legislador, para definir a renda tributável.

No Brasil, o art. 43, do CTN, define renda de maneira ampla, mas consentânea com a Constituição, e é este o conceito de renda válido no país. De acordo com a norma, "o imposto, de competência da União, sobre a renda e proventos de qualquer natureza tem como fato gerador a aquisição da disponibilidade econômica ou jurídica: de renda, assim entendido o produto do capital, do trabalho ou da combinação de ambos; de proventos de qualquer natureza, assim entendidos os acréscimos patrimoniais não compreendidos no inciso anterior".

Conforme o Código, será renda a remuneração do trabalho (como o salário), do capital (como os juros e os aluguéis), ou da combinação de ambos (como o lucro).

Misabel Derzi apresenta uma síntese das correntes que investigam o conceito de renda, separando-as conforme se ajustem a tributação da pessoa jurídica ou da pessoa física. De acordo com a autora "do ponto de vista econômico-fiscal, classicamente, também são duas as principais correntes que buscam apreender o conceito de renda: 1. como excedente, ou acréscimo de riqueza, considerando o fluxo de satisfações e serviços consumidos (Irving Fisher) ou meramente disponíveis (Hewett), representados por seu valor monetário, fluxo que engloba as entradas e saídas em um período determinado de tempo. É conceito que melhor se ajusta àquele empregado pelo legislador na apuração da renda da pessoa física. 2. como acréscimo de valor ou de poder econômico, apurada a renda pela comparação dos balanços de abertura e encerramento de determinado período. É conceito utilizado na apuração da renda da pessoa jurídica, especialmente sociedades comerciais (in. BALEEIRO, 2003. p. 288-289)

Assim, para as **pessoas físicas**, renda será o acréscimo de riqueza no período, decorrente da aplicação do capital ou do trabalho, seja este acréscimo consumido ou poupado, sem possibilidade de compensações entre os períodos de apuração.

Os proventos, também eleitos como fato gerador do imposto, serão os frutos futuros da aplicação do capital e do trabalho ou o fruto de atividades ilícitas. Explica a autora que " provento é a forma específica de rendimento tributário, tecnicamente compreendida como o que é "fruto não da realização imediata e simultânea de um patrimônio, mas sim, do acréscimo patrimonial resultante de uma atividade que já cessou, mas que ainda produz rendimentos" (in. BALEEIRO, 2003, p.291), como os benefícios de origem previdenciária, pensões e aposentadoria. Já proventos em acepção ampla como acréscimos patrimoniais não resultantes do capital ou do trabalho, são todos aqueles de "origem ilícita e bem aqueles cuja origem não seja identificável ou comprovável" (in. BALEEIRO, 2003, p.291).

Para a **pessoa jurídica**, renda será o resultado líquido da atividade no período, apurado mediante o somatório das receitas e a subtração das despesas. Como a atividade é contínua, a apuração do imposto também deverá ser, permitindo-se a compensação de prejuízos nos anos posteriores.

Frise-se, ainda, que STF, acolhendo as teorias econômicas, tem se manifestado sistematicamente pela existência de um conceito constitucional de renda, limitando o legislador na configuração do imposto (ex. RE 117.887 e ADI 2.588 / DF).

> ▸ **Como esse assunto foi cobrado em concurso?**
>
> **(ESAF/Procurador da Fazenda Nacional – PGFN/2012)** Sobre o Imposto sobre a Renda e Proventos de qualquer Natureza, julgue os itens a seguir, para então assinalar a opção que corresponda às suas respostas.
>
> I. Como renda deve-se entender a aquisição de disponibilidade de riqueza nova, na forma de um acréscimo patrimonial, ao longo de um determinado período de tempo.
>
> II. Tanto a renda quanto os proventos de qualquer natureza pressupõem ações que revelem mais-valias, isto é, incrementos na capacidade contributiva.
>
> III. Limitações temporais ou quantitativas com relação às despesas e provisões não necessariamente guardam estrita compatibilidade com a teoria do acréscimo patrimonial e com a atividade do contribuinte.
>
> IV. Embora haja diversas teorias que se destinem a delinear o conceito de renda, em todas prevalece a ideia de que haja a necessidade de seu confronto com o conjunto de desembolsos efetivados relativamente ao conjunto das receitas.
>
> V. Pode-se afirmar, a partir de alguns julgados do Supremo Tribunal Federal, que o conceito legalista/fiscalista de renda, assim considerado aquilo que a legislação do imposto de renda estabelecer que é, está ultrapassado.
>
> **Gabarito:** Estão corretos apenas os itens: I, II, IV e V. O item I está correto, de acordo com o art. 43, do CTN. O item II também está correto. Tanto a renda, melhor, o rendimento quanto o provento devem constituir acréscimos, mais valia (mais valor) para a incidência do imposto, que é informado pela capacidade contributiva (art. 145, § 1º, da CF/88).

Errado o item III. A delimitação do tempo é importante para se definir a base de cálculo do imposto. De outro turno, as limitações quantitativas devem guardar compatibilidade com a teoria do acréscimo patrimonial, sob pena de tributação do patrimônio, não da renda. O item IV não guarda dificuldades. O imposto de renda é tributo complexo, cuja base é apurada pelo somatório de fatos ocorridos durante um período de tempo, não por fatos isolados, que podem gerar apenas antecipações. A tributação exclusiva é exceção. Por fim, correto o item V, pois o STF reconhece a existência de um conceito constitucional de renda, que limita o legislador.

## 2.2. Disponibilidade da renda

Não basta, porém, a existência da renda. Apenas ocorre o fato gerador com sua disponibilidade. Dispõe o art. 43, do CTN, que o fato gerador do imposto é a aquisição da disponibilidade econômica ou jurídica da renda.

Com a disponibilidade econômica ou jurídica, está o legislador brasileiro livre para tributar a renda a partir do momento em que seu titular possa utilizá-la, ainda que não tenha recebido o numerário.

O imposto incidirá desde que o contribuinte receba dinheiro ou qualquer outro meio circulante, título de crédito, bem móvel ou imóvel ou, ainda, que sua atividade possa, de qualquer forma, se materializar em instrumento jurídico de cobrança, passível de circulação ou cessão.

O tema ganhou maior destaque quando o imposto de renda brasileiro deixou a incidência com base exclusiva no princípio da territorialidade (apenas a renda produzida no país) para incluir em sua incidência toda a renda dos residentes, com base no princípio da renda mundial (incidência sobre toda a renda produzida no país e sobre a renda de residente, ainda que produzida no exterior).

Visando implementar o princípio da renda mundial, o legislador complementar incluiu o § 2º, no art. 43, do CTN, segundo o qual, "na hipótese de receita ou de rendimento oriundos do exterior, a lei estabelecerá as condições e o momento em que se dará sua disponibilidade, para fins de incidência do imposto".

A lei, a seu turno, definiu que os lucros de empresas pertencentes a pessoas nacionais ou a elas relacionadas estaria disponível no momento do fechamento do balanço da empresa estrangeira, independente de a pessoa jurídica haver distribuído seus lucros.

A questão que se coloca é a possibilidade de a lei definir o momento da disponibilidade por presunção, pois, o lucro das empresas estrangeiras, em princípio, apenas está disponível para o sócio, nacional ou estrangeiro, quando a própria empresa distribui formalmente os lucros. Antes disso, haverá presunção ou, ao menos, antecipação do legislador.

No julgamento do RE 611.586, no STF afastou a possibilidade de se tributar a renda simplesmente apurada no balanço de empresa estrangeira **coligada** situada em **país de tributação normal** (que não seja considerado paraíso fiscal ou país de tributação favorecida). De outro lado, entendeu constitucional a presunção, se presente dois fatores: a empresa estrangeira seja **controlada** direta ou indiretamente por empresa brasileira e esteja **situada em país que não tribute a renda ou que tribute a alíquota inferior a 20%**.

Seguindo as linhas definidas no julgamento do STF, a matéria é regida pela Lei 12.973/14, como veremos mais adiante.

### 2.3. Generalidade, universalidade e progressividade

Uma vez definido o conceito de renda, a Constituição determina que o imposto atenda os critérios de generalidade, universalidade e progressividade (art. 153, § 2º, I, da CF/88).

A **generalidade** impõe que o tributo incida sobre todas as pessoas que aufiram renda, não mais se aceitando que certas categorias privilegiadas sejam isentas do imposto.

A **universalidade** diz respeito à base de cálculo do imposto, que não é limitada por modalidades de renda. O imposto incide sobre todas as rendas, "independe da denominação da receita ou do rendimento, da localização, condição jurídica ou nacionalidade da fonte, da origem e da forma de percepção" (§ 1º, do art. 43, do CTN, incluído pela LC 104/2001).

> **Como esse assunto foi cobrado em concurso?**
> (CESPE/Juiz Federal TRF1/2013). No que se refere às espécies tributárias, aos impostos federais e às receitas públicas, assinale certo ou errado.
> Para a incidência do imposto de renda das pessoas físicas, considera-se, independentemente da denominação dos rendimentos e da nacionalidade da fonte, o benefício do contribuinte, por qualquer forma e a qualquer título.
> *Gabarito:* Certo. Este é o conteúdo do princípio da universalidade, presente no § 1º, do art. 43, do CTN.

Interessante lembrar que, em outros tempos, o imposto de renda era cedular e incidia de maneira isolada por categorias de receita especificadas em lei. O IR universal distingue-se do IR cedular, pois neste a lei prevê as categorias de renda sujeitas ao imposto, enquanto no IR universal toda renda, de acordo com os conceitos constitucionais e complementares, está sujeita ao imposto.

Ainda há **resquícios do imposto cedular**, no IR brasileiro. Algumas espécies de renda estão sujeitas a tributação exclusiva na fonte, como o 13º salário ou o rendimento de aplicações em fundos de renda fixa, ou a tributação definitiva (sem retenção, como o pagamento realizado pelo próprio contribuinte), como no caso do ganho de capital. Mencione-se, ainda, que algumas formas de incidência sobre aplicações financeiras de renda variável permitem a compensação de perdas apenas com ganhos da mesma natureza.

As exceções não invalidam, contudo, a regra geral da universalidade do imposto de renda no Brasil.

O art. 153, § 2º, I, da CF/88 determina, também, que o imposto de renda seja instruído pelo princípio da **progressividade**.

Tal comando é seguido mais intensamente pelo Imposto de Renda da Pessoa Física – IRPF, que conta com cinco faixas, uma de isenção, seguida de quatro faixas de alíquotas crescentes na medida em que se eleva a base de cálculo.

No Imposto de Renda da Pessoa Jurídica, não há faixa de isenção e há apenas duas alíquotas, a alíquota básica de 15% e a alíquota adicional de 10%.

> **Como esse assunto foi cobrado em concurso?**
> (CESPE/Juiz Federal TRF5/2013). Assinale certo ou errado de acordo com a CF, as normas gerais de direito tributário e a jurisprudência do STJ e do STF.
> O IR será norteado pelos critérios da generalidade, da seletividade e da progressividade, na forma da lei.
> *Gabarito:* Errado. O art. 153, § 2º, I, da CF/88 determina que o imposto seja geral, seletivo e progressivo, não podendo a lei desobedecer este comando.

### 2.4. Fato gerador complexo, anualidade princípio da irretroatividade – aspecto temporal

Fato gerador do IR é apurado por um conjunto de operações realizadas no ano. A renda é considerada como **fato gerador complexo**, e se diferencia do fato gerador simples, sem desdobramentos, como a propriedade.

Importante não confundir o fato gerador complexo com o continuado ou o fato gerador simples com o instantâneo. Instantaneidade e continuidade se referem ao momento de ocorrência do fato gerador. O fato gerador **contínuo** é aquele que se prolonga no tempo (e não tem sido eleito pelo legislador). O fato gerador **instantâneo**, por sua vez, aquele que ocorre em apenas um momento especificado pelo legislador. Hoje, o ITR por exemplo, tem fato gerador simples e instantâneo, que corresponde a propriedade rural em 1º de janeiro. A propriedade é continuada, mas o fato gerador do imposto não. Se o fato gerador fosse contínuo, o contribuinte que pagasse o imposto integral e vendesse a propriedade no meio do ano, teria direito à restituição do imposto, o que não ocorre.

Segundo esta classificação, o IR tem, como **regra geral**, fato gerador complexo, que corresponde a um conjunto de operações, e **instantâneo**, que ocorre no dia 31 de dezembro de cada ano. Apura-se, pois, o conjunto de fatos ocorridos em um ano e, ao final deste exercício, ocorre o fato gerador do imposto. Os pagamentos realizados no decorrer do exercício são, portanto, antecipações face ao fato gerador que ainda irá ocorrer.

Há, porém, exceções do próprio imposto de renda, que apresenta **fatos geradores simples e instantâneos**, como no caso da **tributa-**

**ção definitiva do ganho de capital** e no caso da **retenção exclusiva na fonte**, sobre os quais falaremos adiante.

Para fins aplicação da lei no tempo, a lei que institui ou majora o imposto deve seguir a regra geral e, para ser aplicada num exercício, deve ser publicada até o último dia do ano anterior, em respeito ao **princípio da anterioridade,** embora o STF acolhe a tese de que a lei que majore o imposto sobre a renda possa ser publicada até o dia 31 de dezembro do ano em que ocorre o fato gerador (RE 232.084/SP).

Nada impede, porém, que a lei entre em vigor durante o ano calendário ou o exercício, se vier a reduzir a obrigação, como é comum no reajuste das tabelas do imposto da pessoa física.

A propósito, neste aspecto, quando o art. 150, III, "b" da CF/88 impede a cobrança de impostos "no mesmo exercício financeiro em que haja sido publicada a lei que os instituiu ou aumentou", a Carta não se refere a "exercício" como ano da entrega da declaração, mas ao "ano" em que a lei foi publicada.

Não se aplica ao imposto a regra da anterioridade nonagesimal.

> **Como esse assunto foi cobrado em concurso?**
>
> (CESPE/Juiz Federal TRF1/2015) Lei federal referente ao imposto de renda publicada em 25/11/2014 introduziu majoração da alíquota do imposto, entretanto não dispôs sobre o início de sua vigência. Nessa situação hipotética, a nova norma teria eficácia a partir de
>
> a) 23/2/2015, aplicando-se os princípios da anterioridade anual e da anterioridade nonagesimal,
>
> b) 9/1/2015, aplicando-se o princípio da anterioridade anual e desconsiderando-se o princípio da anterioridade nonagesimal,
>
> c) 1.º/1/2016, aplicando-se o princípio da anterioridade anual a partir do início da vigência da norma,
>
> d) 1.º/1/2015, aplicando-se o princípio da anterioridade anual e sem se considerar o princípio da anterioridade nonagesimal,
>
> e) 23/2/2015, aplicando-se o princípio da anterioridade nonagesimal e desconsiderado o princípio da anterioridade anual.
>
> **Gabarito:** A questão exige lembrar que o IR não se subordina à anterioridade nonagesimal, mas somente à anterioridade "anual" ou do "exercício". Exercício, neste caso, não se refere ao ano de entrega das declarações do imposto, mas a exercício financeiro, que vem a ser o ano em que a lei foi publicada. Assim, publicada a lei em um "exercício" (ou em um ano), ela pode ter eficácia no primeiro dia do "exercício" (ou ano) seguinte.

Cabe ainda observar que o IR preserva **o princípio da anualidade**, segundo o qual o conjunto de fatos relevantes para o imposto deve ser apurado no período de tempo de 12 meses (no Brasil, entre 1º de janeiro e 31 de dezembro de cada ano).

Não se exige mais a autorização orçamentária para a cobrança do imposto, o que deu origem ao princípio. Este, porém, permanece vigente por força da tradição, bem como dos efeitos sazonais da economia e suas consequências sobre o fato gerador do imposto, a renda.

## 3. ASPECTO QUANTITATIVO

### 3.1. Base de cálculo

A base de cálculo do imposto de renda é, em princípio, a **renda real**. Vale dizer, corresponde à renda efetivamente auferida pela pessoa física ou jurídica.

Contudo, por razões de praticidade ou de impossibilidade de apurar a **renda real**, a renda pode ser **presumida ou arbitrada**, nos termos do art. 44, do CTN.

> ▸ **Como esse assunto foi cobrado em concurso?**
> (TRF4/Juiz Federal TRF4/2014). Assinale certo ou errado, considerando o disposto no Código Tributário Nacional:
> A base de cálculo do imposto sobre a renda e os proventos de qualquer natureza é o montante real, arbitrado ou presumido, da renda ou dos proventos tributáveis.
> **Gabarito:** Certo, nos termos do art. 44, do CTN.

Para a pessoa física, a **renda real** é o somatório dos rendimentos tributáveis auferidos no ano, deduzidas as despesas necessárias para obter o rendimento. Para a pessoa jurídica, a renda é o somatório das receitas, deduzidas as despesas, que equivale ao lucro apurado no encerramento do exercício, do qual se pode, ainda, deduzir os prejuízos dos exercícios anteriores apurados no balanço.

A renda também pode ser **presumida**, por opção, para a pessoa jurídica ou em certas circunstâncias, para a pessoa física.

As **empresas** em geral podem optar pela tributação da renda presumida, direito que não se estende a pessoas que exploram certas atividades e aquelas que auferem receitas brutas elevadas. Feita a opção, o lucro é apurado segundo um percentual da receita, não sendo relevante as despesas.

A opção é realizada segundo o interesse do contribuinte. Imagine que a lei estabeleça que o lucro presumido seja 32% das receitas. Por sua contabilidade, o contribuinte verifica que sua margem de lucro real é de 40% da receita. Assim, o contribuinte tende a optar pela tributação pelo lucro presumido.

Para a **pessoa física**, a renda poderá ser presumida em algumas circunstâncias. Uma delas também é opcional e se refere ao **desconto simplificado**. O contribuinte declara suas receitas tributáveis e suas despesas dedutíveis reais, que devem ser documentalmente comprovadas. Contudo, pode optar pelo desconto simplificado, que corresponde a 20% de suas receitas, limitados a um valor especificado pela lei, sem a necessidade de comprovação.

A renda tributada, neste caso, será presumida em 80% das receitas, independente das despesas dedutíveis efetivamente ocorridas.

Também há tributação presumida sem opção da pessoa física, nos casos de **sinais exteriores de riqueza, de aumento patrimonial a descoberto e de depósitos bancários não identificados**. Os sinais exteriores de riqueza impõem a tributação da renda presumidamente necessária para a manutenção dos bens do contribuinte (IPTU, IPVA, Taxas, condomínio, seguro obrigatório etc.). O aumento patrimonial a descoberto ocorre quando a variação patrimonial positiva é superior à renda declarada. Presume-se, portanto, que o contribuinte auferiu a renda necessária para adquirir o patrimônio e omitiu a renda. Esta renda é mensurada indiretamente, por presunção, que pode ser afastada por prova em contrário, de que a variação patrimonial decorreu de doações, herança, distribuição isenta de lucros etc.

Também se presumem renda os depósitos bancários de origem não identificada. Ao contribuinte cabe demonstrar a origem dos depósitos e oferecê-los a tributação, se constituírem renda. Não o fazendo, a fiscalização considera, por presunção, que os depósitos são renda tributável, podendo o contribuinte, assim como no caso de variação patrimonial a descoberto, provar que os depósitos não se referem a renda tributável.

A **renda** também pode ser **arbitrada**, nos termos do art. 148, do CTN:

> Art. 148. Quando o cálculo do tributo tenha por base, ou tome em consideração, o valor ou o preço de bens, direitos, serviços ou atos jurídicos, a autoridade lançadora, mediante processo regular, arbitrará aquele valor ou preço, sempre que sejam omissos ou não mereçam fé as declarações ou os esclarecimentos prestados, ou os documentos expedidos pelo sujeito passivo ou pelo terceiro legalmente obrigado, ressalvada, em caso de contestação, avaliação contraditória, administrativa ou judicial.

O arbitramento, pois, é forma de apuração da renda (ou da base de cálculo de qualquer outro fato gerador) quando seu valor real não pode ser apurado e quando não se mostra presente hipótese de presunção.

### 3.2. Alíquotas

São muitas as alíquotas aplicáveis ao IR pessoa física, pessoa jurídica e fonte.

Neste momento, vamos estudar as alíquotas básicas do imposto, definidas em função da progressividade.

Para a **pessoa física**, as alíquotas são apresentadas pela lei em uma tabela mensal, para as antecipações e uma tabela anual, esta utilizada para a declaração de ajuste.

Tabela Progressiva para o **cálculo mensal** do Imposto sobre a Renda da Pessoa Física para o exercício de 2016, ano-calendário de 2015.

| Base de cálculo mensal em R$ | Alíquota % |
|---|---|
| Até 1.903,98 | - |
| De 1.903,99 até 2.826,65 | 7,5 |
| De 2.826,66 até 3.751,05 | 15 |
| De 3.751,06 até 4.664,68 | 22,5 |
| Acima de 4.664,68 | 27,5 |

Tabela Progressiva para o **cálculo anual** do Imposto sobre a Renda da Pessoa Física para o exercício de 2016, ano-calendário de 2015.

| Base de cálculo anual em R$ | Alíquota % |
|---|---|
| Até 22.499,13 | - |
| De 22.499,14 até 33.477,72 | 7,5 |
| De 33.477,73 até 44.476,74 | 15 |
| De 44.476,75 até 55.373,55 | 22,5 |
| Acima de 55.373,55 | 27,5 |

Para a **pessoa jurídica**, a lei prevê uma alíquota de 15% sobre o lucro e uma alíquota adicional de 10%, para parcela do lucro que exceder mensalmente a R$20.000,00.

São, porém, muitas as alíquotas aplicáveis às hipóteses de retenção na fonte, entre outras obrigações e podem variar de 0,005% a 35%.

## 4. ASPECTO SUBJETIVO

### 4.1. Contribuinte e responsável

**Contribuinte** do imposto de renda é a pessoa que aufere a renda e **responsável** é a terceira pessoa a quem a lei atribui a obrigação de realizar o pagamento do imposto.

O art. 45, do CTN, define o contribuinte como o titular da disponibilidade de rendas ou proventos, sem prejuízo de atribuir a lei essa condição ao possuidor, a qualquer título, dos bens produtores de renda ou dos proventos tributáveis.

A **responsabilidade**, nos termos do art. 128, do CTN, pode ser atribuída pela lei "a terceira pessoa, vinculada ao fato gerador da respectiva obrigação, excluindo a responsabilidade do contribuinte ou atribuindo-a a este em caráter supletivo" pelo cumprimento total ou parcial da obrigação.

Destaca-se como requisito da responsabilidade a vinculação do terceiro com o fato gerador, expressão utilizada pelo Código em sentido amplo, pois abrange todos os aspectos da hipótese de incidência, seja o aspecto material ou o subjetivo.

Assim, nos termos do art. 129 e seguintes do CTN, podem ser responsáveis os **sucessores**, em decorrência de relação de sucessão subjetiva (ex. o espólio, os herdeiros, os adquirentes do fundo de comércio), os **terceiros**, por relação subjetiva com o contribuinte (ex. avós pais, pelos tributos devidos por seus filhos menores), por relação subjetiva decorrente de atribuição legal (ex. o síndico, pelos tributos devidos pela massa falida), ou por relação objetiva com o fato gerador (ex. os tabeliães, pelos tributos devidos sobre os atos praticados por eles, ou perante eles, em razão do seu ofício). Também há a **responsabilidade por infração**, em que há relação objetiva entre o infrator e a ocorrência do fato gerador.

Há, porém, outra hipótese de responsabilidade aplicável ao IR, de **retenção na fonte**, prevista pelo parágrafo único do art. 45, do CTN. De acordo com a norma, "a lei pode atribuir à fonte pagadora da renda ou dos proventos tributáveis a condição de responsável pelo imposto cuja retenção e recolhimento lhe caibam".

Na retenção na fonte há relação subjetiva, pois é a fonte que pagará valores ao contribuinte. A lei pode, portanto, nos termos do art. 128, do CTN, atribuir à fonte pagadora o dever, supletivo ou exclusivo de recolhimento do imposto.

Neste caso, se a fonte dever ao contribuinte o valor de R$ 10.000,00, mas estiver obrigada à retenção e recolhimento de imposto pela alíquota de 15%, deverá pagar ao contribuinte a quantia líquida de R$ 8.500,00 e recolher aos cofres públicos R$ 1.500,00 a título de imposto devido pelo contribuinte.

### 4.2. Domicílio e residência

Outro conceito extremamente importante no IR é o de domicílio. Não nos referimos, aqui, às regras de determinação do domicílio fiscal, do art. 127, do CTN, pois o imposto é nacional e incide igualmente sobre todas as pessoas no território nacional, de modo que a eleição de domicílio tem implicações apenas formais. Nos referimos, contudo, à ideia de **pessoas domiciliadas (residentes) no país ou no exterior**.

O tema tem repercussão tanto no IRPF quanto no IRPJ e voltaremos a ele adiante. Por hora, em virtude da adoção brasileira à tributação da renda mundial, devemos frisar que o residente no país está sujeito ao imposto sobre as rendas que auferir no país e no exterior. Por outro lado, o residente no exterior está sujeito ao imposto de renda brasileiro sobre todas as rendas que auferir de fonte situada no Brasil.

Em síntese: **ao residente no Brasil aplica-se o princípio da renda mundial; ao residente no exterior aplica-se o princípio da territorialidade ou da fonte.**

## 5. RESUMO

| | |
|---|---|
| **Princípio da Legalidade** | Deve obedecer |
| **Princípio da anterioridade do exercício** | Deve obedecer |
| **Princípio da anterioridade nonagesimal** | Dispensado |
| **Princípios constitucionais específicos** | Generalidade<br>Universalidade<br>Progressividade |
| **Aspecto material na Constituição e no CTN** | Renda = produto do capital, do trabalho ou da combinação de ambos.<br>Proventos = acréscimos patrimoniais.<br>Renda para a pessoa física = acréscimo patrimonial<br>Renda para a pessoa jurídica = lucro real, presumido ou arbitrado |
| **Aspecto espacial** | Território nacional |
| **Aspecto temporal** | 31 de dezembro<br>Pessoa física = antecipações mensais do pagamento do imposto<br>Pessoa jurídica = período de apuração anual com antecipações mensais ou trimestral<br>Retenções na fonte e carnê leão (pessoa física) = antecipações do imposto<br>Pagamento definitivo retenção na fonte de aplicações financeiras (pessoa física e pessoa jurídica isenta), 13º salário (pessoa física), ganho de capital (pessoa física) |
| **Aspecto quantitativo (Base de cálculo e alíquota)** | Base de cálculo<br>Pessoa física = rendimento do capital e do trabalho, assalariado ou não assalariado e proventos<br>Pessoa jurídica = lucro real, presumido ou arbitrado<br>Alíquotas<br>Pessoa física 0%, 7,5%, 15%, 22,5%, 27,5%.<br>Pessoa jurídica<br>Alíquota básica 15%<br>Adicional 10%<br>CSLL 15% (instituições financeiras); 9% (demais empresas) |

| Aspecto pessoal | Contribuinte = quem aufere renda<br>Responsável = quem paga as remunerações |
|---|---|
| Observações | Lançamento por homologação |

## 6. SÚMULAS

### Súmula do STF

**Súmula 587:** Incide imposto de renda sobre o pagamento de serviços técnicos contratados no exterior e prestados no Brasil. DJ de 03/01/1977

**Súmula 586:** Incide imposto de renda sobre os juros remetidos para o exterior, com base em contrato de mútuo. DJ de 03/01/1977

**Súmula 585:** Não incide o imposto de renda sobre a remessa de divisas para pagamento de serviços prestados no exterior, por empresa que não opera no Brasil. DJ de 03/01/1977

**Súmula 584:** Ao imposto de renda calculado sobre os rendimentos do ano-base, aplica-se a lei vigente no exercício financeiro em que deve ser apresentada a declaração. DJ de 03/01/1977 (SÚMULA SUPERADA)

**Súmula 493:** O valor da indenização, se consistente em prestações periódicas e sucessivas, compreenderá, para que se mantenha inalterável na sua fixação, parcelas compensatórias do imposto de renda, incidente sobre os juros do capital gravado ou caucionado, nos termos dos arts. 911 e 912 do código de processo civil. DJ de 10/12/1969

### Súmula do STJ

**Súmula 598:** É desnecessária a apresentação de laudo médico oficial para o reconhecimento judicial da isenção do Imposto de Renda, desde que o magistrado entenda suficientemente demonstrada a doença grave por outros meios de prova. DJe de 20/11/2017.

**Súmula 590:** Constitui acréscimo patrimonial a atrair a incidência do imposto sobre a renda, em caso de liquidação de entidade de previdência privada, a quantia que couber a cada participante, por rateio do patrimônio, superior ao valor das respectivas contribuições à entidade em liquidação, devidamente atualizadas e corrigidas. DJe de 18/9/2017.

**Súmula 498:** Não incide imposto de renda sobre a indenização por danos morais. DJe de 13/8/2012

**Súmula 394:** É admissível, em embargos à execução, compensar os valores de imposto de renda retidos indevidamente na fonte com os valores restituídos apurados na declaração anual. DJe de 7/10/2009

**Súmula 262:** Incide o imposto de renda sobre o resultado das aplicações pelas cooperativas. DJ 7/5/2002

**Súmula 184:** A microempresa de representação comercial é isenta do imposto de renda. DJ 31/3/1997

Capítulo 6

# IRPF

## 1. INTRODUÇÃO

O imposto de renda da pessoa física é regulado por uma série de leis e atos normativos com status de lei ordinária, dentre os quais se destacam o DL 5.884/43, a Lei 4.506/64, a Lei 7.713/88, a Lei 8.134/90 e a Lei 9.250/95.

Tendo em vista que a legislação ordinária é esparsa, mostra-se difícil segui-la como roteiro de exposição. O Decreto 3.000/99, que veicula o Regulamento do Imposto de Renda – RIR, a seu turno, traz uma compilação das normas aplicáveis ao imposto de forma bastante sistemática e com menção constante à lei ordinária, embora não esteja totalmente atualizado.

Assim, a partir de agora, seguiremos o Regulamento para fins didáticos, reservando a citação da lei ordinária atualizada para as questões mais importantes e controversas, especialmente aquelas que foram enfrentadas pela jurisprudência.

## 2. SISTEMA DE APURAÇÃO, DECLARAÇÃO E PAGAMENTO DO IMPOSTO

O imposto de renda da pessoa física consiste no **pagamento mensal** do imposto ou na retenção na fonte, ambos a título de antecipação (salvo as hipóteses de tributação definitiva ou exclusiva na fonte) baseada nas receitas decorrentes de trabalho assalariado, de trabalho não assalariado, de trabalho rural não assalariado e de rendimentos do capital e no **pagamento ou restituição** do imposto a partir da **declaração de ajuste anual**.

A lei permite a **dedução mensal** de certas despesas, como previdência oficial, pagamentos de pensão alimentícia e despesas registradas no livro caixa. **Outras** são deduzidas apenas na **declaração de ajuste**, como as despesas médicas e as despesas com educação.

As despesas do livro caixa são deduzidas apenas das receitas auferidas pelas atividades do contribuinte que não forem remuneradas por salário. Assim, a pessoa física que tem um emprego assalariado e uma atividade não assalariada, apenas poderá deduzir as despesas incorridas nesta atividade, até o limite da receita com ela auferida. Se as despesas do livro caixa superarem as receitas da atividade, não poderão ser utilizadas para deduzir a receita de salário.

As receitas e despesas do trabalho rural deverão ser apuradas separadamente, pois possuem regras próprias e excepcionais de tributação, destacando-se a possibilidade de compensação de prejuízos anteriores com os resultados positivos que se sucederem (típico do IRPJ), bem como a utilização do método do resultado presumido (à 20% das receitas com a atividade rural, sem a necessidade de comprovação das despesas rurais, hipótese comum no IRPJ).

Apurada a base de cálculo mensal, aplica-se a tabela também mensal do imposto, que contém as faixas de renda e suas respectivas alíquotas.

Na declaração de ajuste, deverá o contribuinte informar toda a renda auferida e todas as despesas dedutíveis incorridas.

Aplica-se, neste momento, a tabela anual do imposto, que consiste, basicamente, na tabela mensal, com o mesmo número de faixas de renda e as mesmas alíquotas. Contudo, os valores das faixas correspondem ao valor da tabela mensal multiplicado por 12, os meses do ano.

Não vamos esquecer: **ano calendário** é o ano em que ocorreram os fatos e **exercício** é o ano da entrega da declaração.

A aplicação da alíquota encontrada na tabela sobre a base de cálculo, fornece o imposto devido. Os pagamentos mensais (carnê leão) e o imposto retido na fonte são deduzidos do imposto devido. O saldo positivo será o imposto complementar a pagar. O resultado negativo será o valor do imposto a restituir.

O contribuinte deve declarar, também, as rendas e o imposto pago por operações sujeitas a tributação definitiva (como a do ganho de capital) ou exclusiva na fonte (como o 13º salário), bem como os rendimentos isentos e não tributáveis. Estas rendas e este imposto, porém, não irão afetar o saldo do imposto anual, mas podem justificar o acréscimo patrimonial do contribuinte.

A declaração anual do imposto de renda da pessoa física também é uma declaração de bens. Assim, o contribuinte deve declarar todos os seus bens. A variação patrimonial positiva presente em uma declaração do imposto face a declaração anterior deve ser justificada por renda compatível, por herança ou doações.

Não havendo justificativa, considera-se que houve variação patrimonial a descoberto e omissão de receita, que revela renda tributável. Neste caso, o contribuinte está sujeito a autuação fiscal bem como ao pagamento de multa por descumprimento da obrigação tributária.

## 3. ASPECTO SUBJETIVO

### 3.1. Contribuinte

O contribuinte do imposto é a pessoa física, que em regra corresponde à pessoa natural, no direito civil (art. 2º, do RIR).

A pessoa natural é obrigada a se registrar no cadastro das pessoas físicas – CPF (art. 33, do RIR), e a prova do cadastro é realizada pelo cartão de identificação do contribuinte – CIC (art. 35, do RIR).

Também é contribuinte o espólio (art. 11, do RIR) pelo imposto devido até a partilha. O espólio será responsável pelo tributo devido pelo *de cujos*, assim como serão responsáveis os sucessores, pelo imposto devido pelo *de cujos* e pelo espólio (art. 23, do RIR).

O espólio será contribuinte, por exemplo, em virtude de aluguéis de imóveis ou mesmo por salários recebidos em atraso. Será responsável pelos rendimentos auferidos pelo de cujos e não oferecidos à tributação.

A responsabilidade é, sempre, limitada ao valor da herança.

Os menores de idade são contribuintes do imposto e possuem número próprio de CPF (art. 4º, do RIR). Se seus rendimentos forem inferiores ao limite de isenção, o imposto pode ser apurado em conjunto com aquele devido por seu responsável.

A sociedade conjugal, bem como a união estável, não cria contribuinte novo, mas abre espaço para a tributação conjunta do rendimento de ambos os cônjuges ou companheiros na declaração de apenas um destes (art. 8º, do RIR).

O regulamento traz, também, regras de divisão do rendimento de cada cônjuge ou companheiro gerado por bens comuns.

## 3.2. Responsável

Também são responsáveis pelo imposto as pessoas definidas nos art. 134 e 135, do CTN, especialmente os pais pelo imposto devido pelos filhos menores, os tutores e curadores pelos tutelados e curatelados, os administradores de bens de terceiros pelo imposto devido por estes, e o inventariante pelo imposto devido pelo espólio.

> ▸ **Como esse assunto foi cobrado em concurso?**
>
> **(ESF/Analista Tributário da Receita Federal/2012)** É pessoalmente responsável pelo pagamento do Imposto de Renda da Pessoa Física
>
> a) o sucessor a qualquer título quando se apurar, na abertura da sucessão, que o *de cujos* não apresentou declaração de rendimentos de exercícios anteriores, caso em que responde por toda a dívida,
>
> b) o espólio, pelo tributo devido pelo *de cujos*, quando se apurar que houve falta de pagamento de imposto devido até a data da abertura da sucessão, sendo que, nesse caso, não serão cobrados juros moratórios e multa de mora,
>
> c) o cônjuge meeiro, quando se apurar, na abertura da sucessão, que o *de cujos* apresentou declaração de exercícios anteriores com omissão de rendimentos, mesmo que a declaração tenha sido em separado,
>
> d) o sucessor a qualquer título, pelo tributo devido pelo *de cujos* até a data da partilha ou da adjudicação, limitada esta responsabilidade ao montante do quinhão, do legado ou da herança,
>
> e) o sucessor a qualquer título e o cônjuge meeiro quando se apurar, na abertura da sucessão, que o *de cujos* não apresentou declaração de rendimentos de exercícios anteriores ou o fez com omissão de rendimentos, caso em que respondem por toda a dívida.
>
> **Gabarito:** D. O espólio, por uma ficção, é contribuinte, não responsável, nada obstando que o imposto pretérito devido pelo *de cujos* seja pago com os bens ainda não transferidos. O responsável, de toda sorte, é o sucessor, que não será obrigado a pagar mais imposto devido pelo *de cujos* do que os bens por este deixados.

## 3.3. Responsabilidade por retenção

No âmbito do IRPF, estão obrigados à retenção na fonte todas as pessoas físicas e jurídicas que pagarem rendimentos de trabalho assalariado. As pessoas jurídicas estão obrigadas à retenção na fonte de qualquer pagamento ou creditamento a pessoa física, aplicando-se a alíquota mensal do imposto para o somatório dos pagamentos ou creditamentos no mês (art. 7º, da Lei 7.713/88), de modo que somente há a retenção por pessoa física de pagamentos que superem o valor da isenção mensal, da primeira faixa do imposto.

Também há responsabilidade por retenção nas hipóteses de tributação exclusiva, como no caso do pagamento do 13º salário e nos rendimentos de aplicação em renda fixa.

Nos pagamentos decorrentes de decisão judicial na Justiça Federal, normalmente decorrentes de precatório, a responsabilidade pela retenção recai sobre a instituição financeira (art. 27, da Lei 10.833/03). Em geral, a responsabilidade pela retenção é da fonte pagadora (art. 45, da Lei 8.541/92).

Os art. 96 a 98 do DL 5.884/43, bem como o art. 7º, da Lei 7.713/88, definem o dever de retenção na fonte, sem mencionar a responsabilidade do contribuinte.

Os art. 103, do DL 5.884/43, a seu turno, preveem que, se a fonte ou o procurador não tiver efetuado a retenção do imposto, responderá pelo recolhimento deste, como se o houvesse retido.

Cabe ao contribuinte, contudo, declarar o valor recebido, para ter direito a compensar o valor que deveria ter sido retido pela fonte, conforme o art. 55, da Lei 7.450/85 e art. 87, IV e § 2º, do RIR. Neste caso, a fonte será responsável pelo pagamento do imposto, recalculado nos termos do art. 725, do RIR.

Caso o contribuinte não informe o valor recebido em sua declaração de ajuste, não poderá deduzir o imposto que deveria ter sido retido e arcará com o ônus de seu pagamento.

Haverá responsabilidade solidária do beneficiário, caso este seja sócio ou diretor da empresa que deixou de efetuar a retenção (art. 8º, do DL 1.736/79).

Esta hipótese é bastante comum nos grandes contratos, em que a pessoa contratada, que pode ser um(a) atleta, um ator, uma atriz ou um(a) executivo (a) renomado(a), exige receber o valor combinado livre de imposto. A fonte pagadora deverá pagar o imposto devido pela pessoa contratada. Se não houver o pagamento, abrem-se as seguintes **possibilidades**:

- se a pessoa contratada declarar o recebimento, a Receita somente poderá cobrar da fonte pagadora;
- se a pessoa contratada não declarar o recebimento, a Receita poderá cobrar de ambos;
- se a pessoa contratada for sócia ou diretora da contratante, a Receita também poderá cobrar o imposto de ambos, independente da declaração.

O **residente no exterior** pode ser contribuinte do imposto, desde que aufira renda de fonte localizada no Brasil. Para algumas fontes, deve o contribuinte constituir procurador, que será responsável pelo pagamento do imposto devido, por exemplo, em decorrência do recebimento de aluguéis.

### 3.4. Princípios da territorialidade e da renda universal

A **residência** no país, não a nacionalidade do contribuinte, define a aplicação do princípio da **renda universal**. Em virtude do princípio, a pessoa física **residente no país** deverá oferecer à tributação a renda que auferir de fonte no Brasil, bem como de fonte no exterior.

> ▸ **Como esse assunto foi cobrado em concurso?**
> 
> **(CESPE/Juiz Federal TRF1/2013)** No que se refere às espécies tributárias, aos impostos federais e às receitas públicas, assinale certo ou errado.
> 
> Para a incidência do imposto de renda das pessoas físicas, considera-se, independentemente da denominação dos rendimentos e da nacionalidade da fonte, o benefício do contribuinte, por qualquer forma e a qualquer título.
> 
> *Gabarito:* Certo. De acordo com o princípio da universalidade ou da renda universal.

Assim, se o contribuinte recebe salários no Brasil, mas também aufere aluguéis e juros de fonte situada no exterior, deverá pagar o imposto brasileiro pelo somatório de todas as fontes.

> ▸ **Como esse assunto foi cobrado em concurso?**
> 
> **(ESF/Analista Tributário da Receita Federal/2012)** São contribuintes do Imposto de Renda da Pessoa Física
> 
> a) as pessoas físicas domiciliadas ou residentes no Brasil, titulares de disponibilidade econômica ou jurídica de renda ou proventos de qualquer natureza,

b) as pessoas físicas domiciliadas ou residentes no Brasil, e aquelas que mesmo sem serem residentes no País, sejam titulares de disponibilidade econômica ou jurídica de renda ou proventos de qualquer natureza percebidos no exterior;

c) as pessoas físicas brasileiras domiciliadas ou residentes no Brasil, titulares de disponibilidade econômica ou jurídica de renda ou proventos de qualquer natureza,

d) as pessoas físicas domiciliadas ou residentes no Brasil, titulares de disponibilidade econômica ou jurídica de renda ou proventos de qualquer natureza que percebam os rendimentos somente de fontes situadas no País;

e) as pessoas físicas brasileiras domiciliadas ou residentes no Brasil, titulares de disponibilidade econômica ou jurídica de renda ou proventos de qualquer natureza, que percebam rendimentos, independentemente da localização da fonte.

*Gabarito:* A. A letra C não está propriamente errada, mas coloca como requisito para que a pessoa seja contribuinte a nacionalidade brasileira, o que reduz indevidamente a amplitude do conceito. Basta ser residente para ser auferir renda para ser contribuinte. Por outro lado, o residente em qualquer país que aufira renda no Brasil também é contribuinte do imposto brasileiro.

O imposto pago no exterior poderá ser deduzido do imposto devido no Brasil. A regra se aplica somente às fontes estrangeiras, nos termos e nos limites da lei, desde que haja acordo internacional e reciprocidade, vale dizer, se o país estrangeiro também aceitar a dedução do imposto retido no Brasil e devido por seus residentes.

O **residente no exterior** somente será contribuinte do imposto devido por rendimentos pagos por fontes no Brasil. Será o caso da pessoa, ainda que brasileira, mas residente no exterior, que tenha aplicações de renda fixa no Brasil. Os rendimentos da aplicação estão sujeitos à tributação brasileira, pela aplicação do princípio da territorialidade.

A legislação do IRPF permite o domicílio de eleição e os art. 28 a 32, do RIR disciplinam a matéria.

Como o imposto é federal, as regras de domicílio não têm reflexos na sujeição ativa do tributo, ao contrário do que ocorre com as regras da residência.

A residência é definida pelo ânimo da pessoa de permanecer no país ou dele sair.

Fácil perceber que o brasileiro que viva no Brasil é residente no país, ainda que possua negócios no exterior. Ao revés, não será residente no Brasil o estrangeiro que venha ao país eventualmente, ainda que para tratar de negócios.

As regras, porém, se fazem necessárias para outros casos.

**Deixa de ser residente** a pessoa que sair do país em caráter definitivo (art. 16, do RIR).

Contudo, **considera-se residente** no país aquela pessoa que tenha se retirado do Brasil **em caráter temporário**. A residência, neste caso, persiste por até 12 meses, mas cessa se o residente permanecer fora do território nacional por período maior (art. 16, § 3º, do RIR).

A residência no país cessa antes dos 12 meses, caso o visto de residência em outro país seja obtido neste período.

Permanecerá **residente no Brasil** a pessoa ausente **no exterior à serviço do país** (art. 17, do RIR).

O **estrangeiro** com **visto permanente** será considerado **residente** a partir de sua chegada ao Brasil (art. 18, do RIR).

O **estrangeiro** com **visto temporário** será considerado **residente** a partir do momento que ingressar no país, para trabalhar com **vínculo empregatício** (art. 19, I, do RIR) ou se permanecer no país por **183 dias** num período de 12 meses a contar de qualquer de suas chegadas ao território nacional (art. 19, II, do RIR).

Se o não-residente chegar ao país, por exemplo, num dia 1º de março, ainda que se retire do Brasil por várias vezes, será considerado residente para fins do imposto de renda se a soma dos dias de permanência no país for igual a 183 dias, até 1º de março do ano seguinte.

Se a soma for 182 dias, a pessoa não será considerada residente e a nova contagem se fará a partir da próxima chegada. Se a soma chegar a 183 dias em qualquer data, a pessoa estará sujeita ao imposto brasileiro a partir do dia seguinte.

Não será considerado residente a pessoa que ingressar no país a serviço de país estrangeiro.

| Deixa de ser residente | Passa a ser residente | Permanece residente | Não será residente |
|---|---|---|---|
| Saída definitiva do país 12 meses após saída temporária Obtenção de visto permanente após saída temporária | Chegada ao país com visto permanente Chegada no país com visto temporário e com vínculo empregatício Permanência no país por 183 dias no período de 12 meses. | Por 12 meses no caso de saída temporária No exterior a serviço no país. | Permanência no país menos de 183 dias a cada 12 meses No Brasil a serviço de país estrangeiro. |

Em síntese, a pessoa natural residente no Brasil é contribuinte do imposto de renda da pessoa física, sujeita ao regime da renda universal e a pessoa natural não residente é contribuinte do imposto pelo regime da territorialidade, isto é, pelos rendimentos gerados por fonte no Brasil.

### 3.5. Equiparação à pessoa jurídica

A pessoa física pode se sujeitar às regras do imposto de renda da pessoa jurídica. Isso pode ocorrer por **opção do contribuinte** que explora atividade econômica (o assalariado não tem esta opção) e registra sua firma individual no cadastro nacional das pessoas jurídicas – CNPJ (art. 150, § 1º, I, do RIR).

Também é equiparada à pessoa jurídica, a pessoa física que em nome individual explore, habitual e profissionalmente, qualquer atividade econômica de natureza civil ou comercial, com o fim especulativo de lucro, mediante venda de bens ou prestação de serviços a terceiros (art. 150, § 1º, II, do RIR). Não há a equiparação para profissionais liberais, como médicos e engenheiros; profissionais que atuem em áreas não comerciais; representantes de terceiros, que não pratiquem atos em nome próprio; serventuários da justiça; corretores, leiloeiros e despachantes; pessoas que explorem individualmente contratos de empreitada exclusivamente de trabalho; e artistas, cientistas e outras pessoas que explorem obras próprias de caráter criativo (art. 150, § 2º, do RIR).

São **obrigatoriamente equiparadas** às pessoas jurídicas as pessoas físicas que promovam incorporação de prédios em condomínio ou loteamento de terrenos (art. 150, § 1º, II, do RIR). Neste caso, porém, as regras de tributação sofrem peculiaridades àquelas do IRPJ, nos termos dos art. 151 e seg., do RIR.

A equiparação tem início na data do arquivamento da incorporação ou loteamento no registro imobiliário, na data da primeira alienação de unidade imobiliária antes de 60 meses do registro ou na data do desmembramento de imóvel rural em mais de 10 lotes ou da alienação do 11º quinhão ou fração ideal do mesmo imóvel.

As pessoas físicas responsáveis pela incorporação ou loteamento devem inscrever-se no CNPJ, manter escrituração contábil e guarda de documentos próprios de pessoas jurídicas e efetuar retenções na fonte da mesma forma que as pessoas jurídicas.

A pessoa física deverá apurar como lucro o resultado obtido ao término de cada período nas operações realizadas com todos os loteamentos e incorporações de que for titular, fazendo incluir, inclusive, as atualizações monetárias do preço de alienação das unidades incidentes sobre as prestações e parcelas e sobre dívidas corporificadas em notas promissórias ou outros títulos utilizados como pagamento pelas unidades, bem como juros (art. 161, do RIR).

São excluídos da apuração os rendimentos de locação recebidos pelo titular da empresa individual decorrente da incorporação ou loteamento, bem como outros rendimentos recebidos pelo titular da empresa individual, que estarão sujeitos à tributação segundo as regras da pessoa física (art. 162, do RIR).

O lucro apurado pela pessoa equiparada à empresa individual em razão de operações imobiliárias será considerado, após a dedução da provisão para o imposto de renda, como automaticamente distribuído no período de apuração (art. 165, do RIR).

A equiparação não subsiste se o interessado averbar, a tempo e modo, a desistência da incorporação ou o cancelamento da inscrição do loteamento (art. 159, do RIR).

Termina a equiparação se a pessoa física não efetuar nenhuma venda durante o prazo de 36 meses (art. 166, do RIR) ou, por óbvio, após vendidas todas às unidades do empreendimento e pagos todos os impostos.

## 4. ASPECTO MATERIAL

O IRPF incide sobre a renda. Constituem renda tributável pelo IRPF todos os rendimentos auferidos pela pessoa física que se enquadrem no conceito do art. 43, do CTN. A legislação ordinária, consolidada no RIR, apresenta lista dos rendimentos tributáveis e dos rendimentos não tributáveis.

Como regra geral, o rendimento que se reconheça no conceito do CTN será tributado, independente de sua denominação, ainda que não esteja elencado no regulamento. De outro lado, bens e valores que não se identifiquem com o conceito do Código estarão excluídos da tributação, mesmo que o regulamento deixe de listá-los como rendimento isento ou não tributáveis.

A tributação do IRPF obedece ao regime de caixa, vale dizer, incide o imposto no momento em que o rendimento é recebido, ao contrário da regra aplicável para as pessoas jurídicas, do regime de competência, segundo o qual os rendimentos são tributados no período em que são contabilmente registrados, ainda que o valor seja recebido posteriormente.

Veremos, na análise da base de cálculo do imposto, a disciplina legal dos rendimentos da pessoa física.

## 5. ASPECTO QUANTITATIVO

O aspecto quantitativo do IRPF envolve a base de cálculo e a alíquota.

A apuração da **base de cálculo** demanda verificação dos rendimentos tributáveis, a exclusão dos rendimentos isentos e não tributáveis e a dedução de despesas permitidas pela legislação.

A **alíquota** aplicável é obtida de duas tabelas progressivas por faixa de valor, uma tabela mensal e outra anual.

Alguns rendimentos com tributação exclusiva na fonte obedecem a tabela mensal de retenção, para outros, há previsão de alíquotas próprias. Em geral, aos rendimentos sujeitos a tributação definitiva aplicam-se alíquotas específicas para cada tipo de ganho.

A tabela anual é utilizada na declaração de ajuste.

Obtido o resultado final do imposto devido, este pode ser deduzido das antecipações, do imposto pago no exterior e dos benefícios fiscais de dedução.

Veremos com detalhes cada um desses elementos pertinentes ao aspecto quantitativo do imposto.

## 5.1. Base de cálculo

### 5.1.1. Renda tributável

O RIR sistematiza o tema em seis grupos principais: 1. rendimentos provenientes do trabalho assalariado; 2. rendimentos do trabalho não assalariado; 3. rendimentos de aluguéis, arrendamentos e *royalties*, decorrentes de uso, fruição ou exploração de direitos; 4. rendimentos de pensão alimentícia; 5. rendimentos da atividade rural; e 6. outros rendimentos.

A regra é a tributação de todos os rendimentos. Assim, o que passaremos a ver são detalhamentos e peculiaridades aplicáveis a cada rendimento, bem como questões relativas à tributação na fonte, sujeita a ajuste (regra) ou exclusiva (exceção), às antecipações de pagamento (regra) e à tributação definitiva (exceção).

Dadas as suas peculiaridades, trataremos do rendimento da atividade rural em separado.

### Trabalho assalariado

O art. 43, do RIR, trata dos rendimentos do trabalho assalariado e assemelhados, elencando como renda tributável salários, ordenados, soldos, subsídios, honorários, bolsas de ensino e pesquisa, férias, ainda que transformadas em pecúnia ou indenizadas, licenças, inclusive quando convertidas em pecúnia, gratificações, participações, prêmios, comissões, corretagens. Também é rendimento tributado o valor do aluguel de bens do empregador cedidos ao empregado, o valor dos tributos devidos pelo empregado e pagos pelo empregador, o prêmio do seguro de vida pago pelo empregador.

A propósito, o STJ entende que **incide o imposto sobre o adicional de férias**, que gera acréscimo patrimonial.

> ▶ **Entendimento do STJ**
>
> 1. A jurisprudência tradicional do STJ é pacífica quanto à incidência do imposto de renda sobre o adicional (1/3) de férias gozadas. Precedentes: [...].
>
> 2. A conclusão acerca da natureza do terço constitucional de férias gozadas nos julgamentos da Pet 7.296/PE e do REsp 1.230.957/RS, por si só, não infirma a hipótese de incidência do imposto de renda, cujo fato gerador não está relacionado com a composição do salário de contribuição para fins previdenciários ou com a habitualidade de percepção dessa verba, mas, sim, com a existência, ou não, de acréscimo patrimonial, que, como visto, é patente quando do recebimento do adicional de férias gozadas.
>
> (STJ, S1, REsp 1.459.779/MA, Min. BENEDITO GONÇALVES, DJe de 18/11/2015)

Como o STF tem julgado que esta discussão cinge-se ao âmbito infraconstitucional, a matéria encontra-se definitivamente julgada (ARE 818.684 AgR/DF).

Igualmente, constitui renda tributável a remuneração por serviços de representante comercial, conselheiro fiscal e de administração da empresa, diretor ou administrador das empresas, bem como os benefícios e vantagens concedidos a administradores, diretores, gerentes das empresas.

Todos estes valores estão sujeitos a retenção na fonte, se superiores à faixa de isenção e são levados ao ajuste anual.

São também tributáveis as pensões, civis ou militares, e os valores pagos por entidades de previdência privada. Neste último caso, pode o contribuinte optar pela tributação exclusiva na fonte, nos termos dos art. 1º e 2º, da Lei 11.053/2004.

O 13º salário está sujeito à tributação definitiva na fonte.

### Trabalho não assalariado

No art. 45, do RIR, encontram-se exemplos de rendimentos do trabalho não assalariado, como **honorários** de profissionais liberais, remuneração de serviços profissionais não comerciais, **emolumentos e custas** dos serventuários da Justiça, como tabeliães, notários, oficiais públicos quando não forem remunerados exclusivamente pelos cofres públicos, **corretagens e comissões** dos corretores, leiloeiros e despachantes, **lucro** na empreitada de trabalho, **direitos autorais** de obras artísticas, didáticas, científicas, urbanísticas, projetos técnicos pagos ao titular do direito.

Nestes casos, o pagamento realizado por pessoa jurídica deve sofrer a retenção na fonte e tanto o valor recebido quanto o imposto retido devem constar da declaração de ajuste.

Se o pagamento for realizado por pessoa física, não há a retenção na fonte, mas o contribuinte deve antecipar o pagamento (carnê leão) e declarar os rendimentos e o valor pago no ajuste.

As despesas do livro caixa (art. 75 e 76, do RIR) podem ser deduzidas mensalmente, mas somente aquelas despesas necessárias à atividade da qual decorre a renda e até o limite das receitas mensais da mesma atividade. Se o contribuinte explora duas atividades distintas, não pode utilizar as despesas de uma atividade para reduzir a base de cálculo da outra atividade. Com mais razão ainda, não se pode utilizar as despesas do livro caixa para deduzir a base de cálculo dos rendimentos auferidos pelo trabalho assalariado.

### Tratamento especial

Recebem tratamento especial 1) o rendimento do trabalho assalariado recebidos, em moeda estrangeira, por **ausentes no exterior a serviço do País**, considera-se tributável 25% da remuneração (art. 44, do RIR); 2) o rendimento de prestação de **serviços de transporte e de serviços com máquinas de construção e agricultura**, considera-se tributável 10% do rendimento (o percentual era de 40%), decorrente do transporte de carga e de prestação de serviços com trator, máquina de terraplenagem, colheitadeira e assemelhados e 60% do rendimento decorrente do transporte de passageiros (art. 47, do RIR); e 3) o rendimento percebido por **garimpeiros** na venda, a empresas legalmente habilitadas, de metais preciosos, pedras preciosas e semipreciosas por eles extraídos, considera-se tributável 10% do rendimento bruto (art. 48, do RIR).

> ▶ **Como esse assunto foi cobrado em concurso?**
>
> **(ESAF – Procurador da Fazenda Nacional/2015)** São isentos ou não se sujeitam ao imposto sobre a renda os seguintes rendimentos originários do trabalho e assemelhados, exceto:
>
> a) até 50% (cinquenta por cento) dos rendimentos de transporte de passageiros,
>
> b) 75% (setenta e cinco por cento) dos rendimentos do trabalho assalariado recebidos, em moeda estrangeira, por servidores de autarquias ou repartições do Governo brasileiro no exterior,
>
> c) até 90% (noventa por cento) dos rendimentos de transporte de carga e serviços com trator, máquina de terraplenagem, colheitadeira e assemelhados,
>
> d) salário-família,
>
> e) rendimentos pagos a pessoa física não residente no Brasil, por autarquias ou repartições do Governo brasileiro situadas fora do território nacional e que correspondam a serviços prestados a esses órgãos.
>
> **Gabarito:** A questão lembra hipóteses de tratamento especial de determinadas rendas, bem como a não incidência sobre o salário-família. O erro está na letra A, pois os rendimentos de transporte de passageiros tributáveis estão limitados a 60%, não 50%.

## Aluguéis

Os **aluguéis** estão previstos no art. 49, do RIR, e, conforme esta regra, os rendimentos decorrentes de ocupação, uso ou exploração de bens corpóreos são tributáveis.

No caso de **imóvel cedido gratuitamente**, há incidência do imposto nos termos do art. 23, VI, da Lei 4.506/64. O valor anual do rendimento é presumido em 10% do valor venal do imóvel constante no IPTU (art. 49, § 1º, do RIR). A presunção pode ser afastada pela prova do valor de mercado do aluguel anual.

São tributáveis os rendimentos de aluguéis de imóveis. Destes, **podem ser deduzidos**: 1. o valor dos impostos incidentes sobre o bem e pagos pelo locador, 2. o aluguel de imóvel sublocado, 3. as despesas de cobrança e 4. as despesas de condomínio (art. 50, do RIR).

De outro lado, os pagamentos realizados pelo locatário, em favor de terceiro e em nome do locador, que reflitam no valor do aluguel; as luvas e prêmios recebidos pelo locador; as benfeitorias realizadas no bem locado, se, de acordo com o contrato, fizerem parte da compensação pelo uso do bem ou direito; e a indenização por rescisão do contrato, todos estes constituem rendimento tributável (art. 53, do RIR).

Os rendimentos de aluguel estão sujeitos a **retenção do imposto na fonte**, se **pagos por pessoa jurídica** e ao **carnê leão**, se **pagos por pessoa física** e, em qualquer caso, deve constar do ajuste anual do imposto.

Estão sujeitas a tributação apenas na declaração de ajuste os rendimentos decorrentes de uso, fruição ou exploração de direitos, tais como de colher ou extrair recursos vegetais, inclusive florestais; de pesquisar e extrair recursos minerais; de uso ou exploração de invenções, processos e fórmulas de fabricação e de marcas de indústria e comércio (art. 52, do RIR).

## Alimentos

Dispõe o art. 54, do RIR, que "são tributáveis os valores percebidos, em dinheiro, a título de **alimentos ou pensões**, em cumprimento de decisão judicial ou acordo homologado judicialmente, inclusive a prestação de alimentos provisionais".

Os rendimentos **pagos por pessoa jurídica** sofrem **retenção na fonte**. Se **pagos por pessoa física**, o **beneficiário deve antecipar o pagamento** do imposto. Em qualquer caso, as pensões entram no cômputo do imposto no ajuste anual.

### Outros rendimentos

**Também se consideram rendimentos tributáveis**, conforme o art. 55, do RIR, o perdão de dívidas, os juros, algumas indenizações, os lucros cessantes, os rendimentos recebidos em bens ou direitos, as multas ou vantagens recebidas de pessoa física no caso de rescisão de contratos, o resultado de atividades ilícitas (sem prejuízo das sanções legais), o acréscimo patrimonial não justificado, o salário-educação e auxílio-creche recebidos em dinheiro, e os lucros e dividendos pagos a sócios ou titular de empresa individual, que ultrapassarem o valor do lucro presumido nos termos das regras aplicáveis.

Estes rendimentos seguem a **regra geral de retenção**, se pagos por pessoa jurídica e antecipação pelo próprio contribuinte, se pagos por pessoa física.

Adiante trataremos das questões dos juros decorrentes de pagamentos em atraso, especialmente em sede de ações reclamatórias na Justiça do Trabalho e das indenizações, por dano material e moral e do denominado lucro cessante.

> ▸ **Como esse assunto foi cobrado em concurso?**
>
> **(ESAF/AFRF/2012).** Os seguintes valores são onerados pelo Imposto sobre a Renda devido pelas pessoas físicas, exceto:
>
> a) os lucros do comércio e da indústria, auferidos por todo aquele que não exercer, habitualmente, a profissão de comerciante ou industrial,
>
> b) as importâncias recebidas a título de juros e indenizações por lucros cessantes,
>
> c) os valores correspondentes a bolsas de estudo e de pesquisa caracterizadas como doação, quando recebidas exclusivamente para proceder a estudos ou pesquisas e desde que os resultados dessas atividades não representem vantagem para o doador, nem importem contraprestação de serviços,
>
> d) o valor do laudêmio recebido,
>
> e) os rendimentos derivados de atividades ou transações ilícitas ou percebidos com infração à lei.

> *Gabarito:* Os lucros são tributados, independente da habitualidade do contribuinte. Juros e lucros cessantes também são renda. O laudêmio é igualmente onerado, assim como a renda auferida em decorrência de atividades ilícitas. Correta a letra C, que contém hipótese de não incidência do imposto de renda.

**São ainda tributáveis** os rendimentos de aplicações em renda variável (trataremos do tema adiante), os rendimentos de aplicações em renda fixa, os prêmios de concursos e sorteios, como as loterias e os juros sobre capital próprio (todos sujeitos a tributação exclusiva na fonte), os prêmios em competições meritórias (sujeitos a retenção na fonte e ao ajuste anual), e os rendimentos obtidos no exterior (sujeitos a antecipação pelo carnê leão e ao ajuste anual).

Os rendimentos de aplicação em **fundos de previdência** também são tributados. Conforme o art. 1º, da Lei 11.053/04, a tributação pode ser regressiva no tempo.

> Art. 1º É facultada aos participantes que ingressarem a partir de 1º de janeiro de 2005 em planos de benefícios de caráter previdenciário, estruturados nas modalidades de contribuição definida ou contribuição variável, das entidades de previdência complementar e das sociedades seguradoras, a opção por regime de tributação no qual os valores pagos aos próprios participantes ou aos assistidos, a título de benefícios ou resgates de valores acumulados, sujeitam-se à incidência de imposto de renda na fonte às seguintes alíquotas:
>
> I – 35% (trinta e cinco por cento), para recursos com prazo de acumulação inferior ou igual a 2 (dois) anos;
>
> II – 30% (trinta por cento), para recursos com prazo de acumulação superior a 2 (dois) anos e inferior ou igual a 4 (quatro) anos;
>
> III – 25% (vinte e cinco por cento), para recursos com prazo de acumulação superior a 4 (quatro) anos e inferior ou igual a 6 (seis) anos;
>
> IV – 20% (vinte por cento), para recursos com prazo de acumulação superior a 6 (seis) anos e inferior ou igual a 8 (oito) anos;
>
> V – 15% (quinze por cento), para recursos com prazo de acumulação superior a 8 (oito) anos e inferior ou igual a 10 (dez) anos; e
>
> VI – 10% (dez por cento), para recursos com prazo de acumulação superior a 10 (dez) anos.

Trata-se de estímulo fiscal à poupança de longo prazo, na forma de plano de previdência complementar, pois ao interessado é facultado optar por plano sob o regime que lhe permite deduzir as contribuições pagas da base de cálculo do IRPF, cuja alíquota máxima é de 27,5% e sofrer a incidência do imposto reduzida a 10%, no resgate ou recebimento de benefícios lastreados em recursos que permanecerem aplicados por 10 anos.

### 5.1.2. Rendimentos isentos e não tributados

O art. 39, do RIR, contempla **hipóteses de isenção e hipóteses de não incidência**, conforme a interpretação do Poder Executivo. Na longa lista do artigo, constam valores como:

ajuda de custo; alimentação, transporte e uniformes;
- auxílio-alimentação e auxílio-transporte em pecúnia a servidor público federal civil;
- benefícios percebidos por deficientes mentais; bolsas de estudo, caracterizadas como doação;
- cessão gratuita de imóvel para uso do cônjuge ou parentes de primeiro grau;
- contribuições empresariais para o PAIT;
- resgate do PAIT;
- contribuições patronais para programa de previdência privada;
- contribuições patronais para o plano de incentivo à aposentadoria programada individual;
- diárias;
- dividendos do FND;
- doações e heranças; resgate do fundo de aposentadoria programada individual;
- FAPI;
- salário-família;
- seguro-desemprego e auxílios diversos; seguro e pecúlio;
- seguros de previdência privada decorrentes de morte ou invalidez permanente;
- serviços médicos pagos, ressarcidos ou mantidos pelo empregador;
- pecúlio do INSS;
- PIS e PASEP;

- • proventos de aposentadoria e pensão recebida por pessoa portadora de doença grave;
- proventos e pensões de maiores de 65 anos, até o limite de valor definido em lei;
- proventos e pensões da FEB.

Selecionamos alguns rendimentos isentos ou não tributáveis mencionados pela norma, para maiores esclarecimentos.

### Juros, rendimentos de cadernetas de poupança e de letras hipotecárias

Os juros são definidos como a remuneração do capital e estão sujeitos à incidência do imposto de renda. Assim, define o Dicionário Houaiss da Língua Portuguesa:

> **Juros**
> 1 quantia que remunera um credor pelo uso de seu dinheiro por parte de um devedor durante um período determinado, ger. uma percentagem sobre o que foi emprestado
> 2 renda ou rendimento de capital investido

Não paira dúvidas, pois, que os juros se enquadram no conceito do art. 43, do CTN.

Contudo, o legislador, visando estimular a **poupança**, previu isenção do imposto de renda para os juros produzidos em determinadas condições. É o caso das cadernetas de poupança e das letras hipotecárias, nos termos dos incisos VIII e XXV, do art. 39, do RIR (Lei nº 8.981, de 1995, art. 68, inciso III).

Com a isenção, os rendimentos da caderneta de poupança e das letras hipotecárias ganham uma vantagem tributária sobre o resultado de outros investimentos.

Em outra ordem de análise, o Poder Judiciário tem entendido que os juros, percebidos na situação especial de pagamentos de verbas trabalhistas em atraso, em ações reclamatórias, não devem sofrer a incidência do IRPF.

O STJ tem firmado o entendimento de que os **juros sobre as verbas trabalhistas** possuem natureza acessória e seguem a classificação jurídica do valor principal pago em atraso. Dessa forma, os juros sobre **parcelas indenizatórias** ou, de uma forma geral, isentas do imposto, também são **isentos**.

> ▸ **Entendimento do STJ**
>
> 1. O fato gerador do imposto de renda é a aquisição de disponibilidade econômica ou jurídica decorrente de acréscimo patrimonial (art. 43 do CTN).
>
> 2. A jurisprudência desta Corte, a partir da análise do art. 43 do CTN, firmou entendimento de que estão sujeitos à tributação do imposto de renda, por não possuírem natureza indenizatória, as seguintes verbas:
>
> [...]
>
> 3. Diferentemente, o imposto de renda não incide sobre:
>
> [...]
>
> f) juros moratórios oriundos de pagamento de verbas indenizatórias decorrentes de condenação em reclamatória trabalhista;
>
> [...]
>
> (STJ, T2, REsp 910.262/SP, Min. ELIANA CALMON, DJe de 8/10/2008)

A matéria se consolidou no STJ, no julgamento do REsp 1.089.720/RS, realizado na sistemática do art. 543-C do CPC. Embora a ementa seja longa, vale transcrevê-la, pois é muito didática.

> ▸ **Entendimento do STJ**
>
> 2. Regra geral: incide o IRPF sobre os juros de mora, a teor do art. 16, caput e parágrafo único, da Lei n. 4.506/64, inclusive quando reconhecidos em reclamatórias trabalhistas, apesar de sua natureza indenizatória reconhecida pelo mesmo dispositivo legal (matéria ainda não pacificada em recurso representativo da controvérsia).
>
> 3. Primeira exceção: são isentos de IRPF os juros de mora quando pagos no contexto de despedida ou rescisão do contrato de trabalho, em reclamatórias trabalhistas ou não. Isto é, quando o trabalhador perde o emprego, os juros de mora incidentes sobre as verbas remuneratórias ou indenizatórias que lhe são pagas são isentos de imposto de renda. A isenção é circunstancial para proteger o trabalhador em uma situação sócio-econômica desfavorável (perda do emprego), daí a incidência do art. 6º, V, da Lei n. 7.713/88. Nesse sentido, quando reconhecidos em reclamatória trabalhista, não basta haver a ação trabalhista, é preciso que a reclamatória se refira também às verbas decorrentes da perda do emprego, sejam indenizatórias, sejam remuneratórias (matéria já pacificada no recurso representativo da controvérsia REsp. n.º 1.227.133 – RS, Primeira Seção, Rel. Min. Teori Albino Zavascki, Rel .p/ acórdão Min. Cesar Asfor Rocha, julgado em 28.9.2011).

3.1. Nem todas as reclamatórias trabalhistas discutem verbas de despedida ou rescisão de contrato de trabalho, ali podem ser discutidas outras verbas ou haver o contexto de continuidade do vínculo empregatício. A discussão exclusiva de verbas dissociadas do fim do vínculo empregatício exclui a incidência do art. 6º, inciso V, da Lei n. 7.713/88.

3.2. . O fator determinante para ocorrer a isenção do art. 6º, inciso V, da Lei n. 7.713/88 é haver a perda do emprego e a fixação das verbas respectivas, em juízo ou fora dele. Ocorrendo isso, a isenção abarca tanto os juros incidentes sobre as verbas indenizatórias e remuneratórias quanto os juros incidentes sobre as verbas não isentas.

4. Segunda exceção: são isentos do imposto de renda os juros de mora incidentes sobre verba principal isenta ou fora do campo de incidência do IR, mesmo quando pagos fora do contexto de despedida ou rescisão do contrato de trabalho (circunstância em que não há perda do emprego), consoante a regra do "accessorium sequitur suum principale".

5. Em que pese haver nos autos verbas reconhecidas em reclamatória trabalhista, não restou demonstrado que o foram no contexto de despedida ou rescisão do contrato de trabalho (circunstância de perda do emprego). Sendo assim, é inaplicável a isenção apontada no item "3", subsistindo a isenção decorrente do item "4" exclusivamente quanto às verbas do FGTS e respectiva correção monetária FADT que, consoante o art. 28 e parágrafo único, da Lei n. 8.036/90, são isentas.

6. Quadro para o caso concreto onde não houve rescisão do contrato de trabalho:

Principal: Horas-extras (verba remuneratória não isenta) = Incide imposto de renda;

Acessório: Juros de mora sobre horas-extras (lucros cessantes não isentos) = Incide imposto de renda;

Principal: Décimo-terceiro salário (verba remuneratória não isenta) = Incide imposto de renda;

Acessório: Juros de mora sobre décimo-terceiro salário (lucros cessantes não isentos) = Incide imposto de renda;

Principal: FGTS (verba remuneratória isenta) = Isento do imposto de renda (art. 28, parágrafo único, da Lei n. 8.036/90);

Acessório: Juros de mora sobre o FGTS (lucros cessantes) = Isento do imposto de renda (acessório segue o principal).

7. Recurso especial parcialmente conhecido e, nessa parte, parcialmente provido.

(STJ, S1, REsp 1.089.720/RS Min. MAURO CAMPBELL MARQUES, DJe de 28/11/2012)

Se as parcelas pagas em atraso decorrem de ação de servidor público estatutário, na Justiça Estadual ou na Justiça Federal, incide o imposto sobre os juros de mora, de acordo com a jurisprudência do STJ, por ausência de norma isentiva específica.

> ▶ **Entendimento do STJ**
>
> 1. A Primeira Seção do STJ, ao julgar, como recurso repetitivo, o REsp 1.227.133/RS (DJe de 19.10.2011), proclamou que não incide Imposto de Renda sobre os juros moratórios vinculados a verbas trabalhistas reconhecidas em decisão judicial, quando pagos tais juros em contexto de rescisão do contrato de trabalho. No julgamento do REsp 1.089.720/RS (DJe de 28.11.2012), a Primeira Seção do STJ reafirmou a orientação do recurso repetitivo acima, ocasião em que deixou consignado que é legítima a tributação dos juros de mora pelo Imposto de Renda, salvo a existência de norma isentiva específica (art. 6º, V, da Lei 7.713/1988, que desobriga do imposto de renda inclusive os juros de mora devidos no contexto de rescisão do contrato de trabalho) ou a constatação de que a verba principal, a que se referem os juros, é isenta ou fora do campo de incidência do imposto de renda (tese em que o acessório segue o principal).
>
> 2. No caso, em que se trata de juros de mora devidos pelo pagamento extemporâneo de verbas remuneratórias de servidores públicos, incide imposto de renda sobre tais juros.
>
> (STJ, T2, AgInt no AREsp 897.171/SP, Min. HERMAN BENJAMIN, DJe de 6/9/2016)

O formalismo não justifica a distinção e a quebra da isonomia é patente.

**Na legislação, os juros permanecem previstos como renda**, sujeitos à incidência do imposto. De fato, os juros são considerados acessórios no direito privado, onde comporta classificações como moratórios, compensatórios etc. No direito tributário, os juros são tratados como renda independente, sem o caráter acessório ao capital remunerado, de forma que são tributados, mesmo em virtude do pagamento em atraso de verbas indenizatórias.

Como a legislação que prevê a incidência do IRPF sobre os juros no caso em análise não foi revogada nem excluída do ordenamento jurídico, há dois entendimentos sobre a matéria: o da lei, para a qual os juros decorrentes de pagamentos de verbas trabalhistas indenizatórias em atraso é renda tributável, e o entendimento do Judiciário, capitaneado pelo STJ, segundo o qual tais juros têm a mesma natureza de indenização do valor principal e não sofre a incidência do tributo.

Recentemente, contudo, foi recebido recurso extraordinário com repercussão geral, para discutir a matéria: o RE 855.091 RG/RS.

Como o recurso aborda a própria constitucionalidade da incidência, a interpretação da matéria será uniformizada pelo STF.

### Juros de mora em ações previdenciárias

Em **tese similar**, mas também com **resultado diverso**, o STJ apreciou a incidência do imposto de renda não em reclamatória trabalhista, mas em ação previdenciária.

Entendeu o STJ que sobre os juros devidos **pelo pagamento em atraso de direitos previdenciários incide o IRPF**, mesmo que se trate de juros incidentes sobre indenizações, isentas do imposto (EDcl no AgRg no REsp 1.494.279/RS).

### Indenizações, juros e o conceito de renda

O tema nos remete ao conceito de renda e à natureza dos vários direitos ou pagamentos que se denominam indenizatórios.

Na **teoria geral do direito**, a indenização, digamos, pura, é a recomposição patrimonial por um dano sofrido. Dessa forma, distingue-se completamente da renda, que é o acréscimo patrimonial decorrente da aplicação do capital e do trabalho.

Nos casos de **efetiva indenização**, as regras do imposto de renda reconhecem a não incidência do tributo. No art. 39, do RIR, consta previsão de diversas indenizações que, realmente, não se coadunam com o conceito de renda do art. 43, do CTN, por constituírem recomposição patrimonial:

- indenização decorrente de acidente;
- indenização por acidente de trabalho;
- indenização por danos patrimoniais;
- indenização por desligamento voluntário de servidores públicos civis;
- indenização por rescisão de contrato de trabalho e FGTS;
- indenização paga na desapropriação para fins de reforma agrária;
- indenização relativa a objeto segurado;
- indenização reparatória a desaparecidos políticos;
- indenização de transporte a servidor público da União.

Contudo, **alguns valores tidos como indenização no direito civil, ou simplesmente denominados indenização, geram dúvidas** quanto a sua natureza para os fins do direito tributário.

A legislação disciplina algumas dessas hipóteses.

O inciso XVI, do art. 39, do RIR, **limita a não incidência** da indenização por acidente ao **valor do prejuízo material** até o limite fixado em sentença. O inciso XX, do mesmo artigo, por sua vez, limita a indenização e o aviso prévio pagos por despedida ou rescisão de contrato de trabalho, ao **valor garantido pela legislação trabalhista**; e o art. 55, VI, do RIR estabelece a **tributação dos lucros cessantes**.

A incidência do imposto sobre verbas trabalhistas foi objeto de súmulas do STJ:

> ▶ **Entendimento do STJ**
>
> **Súmula 125.** O pagamento de férias não gozadas por necessidade do serviço não está sujeito a incidência do imposto de renda. (STJ, DJ de 15/12/1994)
>
> **Súmula 136.** O pagamento de licença – prêmio não gozada por necessidade do serviço não está sujeito ao imposto de renda. (STJ, DJ de 16/05/1995)
>
> **Súmula 215.** A indenização recebida pela adesão a programa de incentivo à demissão voluntária não está sujeita à incidência do imposto de renda. (STJ, DJ de 04/12/1998)
>
> **Súmula 386.** São isentas de imposto de renda as indenizações de férias proporcionais e o respectivo adicional. (STJ, DJe de 01/09/2009)
>
> **Súmula 463.** Incide imposto de renda sobre os valores percebidos a título de indenização por horas extraordinárias trabalhadas, ainda que decorrentes de acordo coletivo.(STJ, DJe de 08/09/2010)

A decisão no **REsp 910.262/SP sintetiza o tema**, segundo o entendimento do Judiciário:

> ▶ **Entendimento do STJ**
>
> TRIBUTÁRIO – IMPOSTO DE RENDA – ART. 43 DO CTN – VERBAS: NATUREZA INDENIZATÓRIA X NATUREZA REMUNERATÓRIA.
>
> 1. O fato gerador do imposto de renda é a aquisição de disponibilidade econômica ou jurídica decorrente de acréscimo patrimonial (art. 43 do CTN).
>
> 2. A jurisprudência desta Corte, a partir da análise do art. 43 do CTN, firmou entendimento de que **estão sujeitos à tributação do imposto de renda**, por não possuírem natureza indenizatória, as seguintes verbas:

a) "indenização especial" ou "gratificação" recebida pelo empregado quando da rescisão do contrato de trabalho por liberalidade do empregador; b) verbas pagas a título de indenização por horas extras trabalhadas; c) horas extras; d) férias gozadas e respectivos terços constitucionais; e) adicional noturno; f) complementação temporária de proventos; g) décimo-terceiro salário; h) gratificação de produtividade; i) verba recebida a título de renúncia à estabilidade provisória decorrente de gravidez; e j) verba decorrente da renúncia da estabilidade sindical.

3. Diferentemente, o imposto de renda **não incide sobre**: a) APIP's (ausências permitidas por interesse particular) ou abono-assiduidade não gozados, convertidos em pecúnia; b) licença-prêmio não-gozada, convertida em pecúnia; c) férias não-gozadas, indenizadas na vigência do contrato de trabalho e respectivos terços constitucionais; d) férias não-gozadas, férias proporcionais e respectivos terços constitucionais, indenizadas por ocasião da rescisão do contrato de trabalho; e) abono pecuniário de férias; f) juros moratórios oriundos de pagamento de verbas indenizatórias decorrentes de condenação em reclamatória trabalhista; g) pagamento de indenização por rompimento do contrato de trabalho no período de estabilidade provisória (decorrente de imposição legal e não de liberalidade do empregador).

[...]

(STJ, T2, REsp 910.262/SP, Min. ELIANA CALMON, DJe de 8/10/2008)

Ausente lei isentiva específica, o STJ entendeu que incide o imposto sobre valores pagos a título de licença para tratamento de saúde (AgInt no REsp 1.591.648/MG ).

Quanto ao **dano moral**, o STJ sumulou o entendimento de que não há incidência do imposto de renda.

▸ **Entendimento do STJ**

**Súmula 498.** Não incide imposto de renda sobre a indenização por danos morais. (STJ; DJe de 13/08/2012)

Nas decisões que levaram à edição da súmula, verificam-se fundamentos vários, como: a indenização não decorre de aplicação do capital ou do trabalho; a indenização por dano moral não corresponde a proventos, pois estes devem guardar correlação com o capital e o trabalho; a indenização não gera aumento patrimonial, pois recompõe o patrimônio moral; a indenização por dano moral deve seguir a mesma regra da indenização por danos patrimoniais; a incidência do imposto reduziria a indenização por dano moral.

De outro turno, incide imposto de renda sobre indenização e juros pagos a título de **lucros cessantes**, como se verifica dos seguintes julgados do STJ: REsp 142.402/SP, no EREsp 695.499/RJ e no REsp 1.089.720/RS.

Esta é a regra básica sobre a incidência do imposto de renda sobre "indenizações": se a indenização visar recompor efetivo dano, não haverá renda (até o limite do valor reconhecido do dano moral ou material); de outro turno, se a indenização remunerar o trabalho ou o capital empregado, independente do nome jurídico que lhe for dado, haverá rendimento tributado.

### Isenções a ganhos de capital

A legislação prevê a incidência do IRPF no **ganho de capital**, vale dizer, sobre a diferença entre o valor da venda e do valor da aquisição. Prevê, contudo, **hipóteses de isenção**.

Está isento o ganho auferido na alienação do único imóvel que o titular possua, cujo valor de alienação seja de até R$ 440.000,00, desde que não tenha sido realizada qualquer outra alienação nos últimos cinco anos (art. 39, III, do RIR).

Bom lembrar que o art. 39, da Lei 11.196/2005 previu outra hipótese de isenção do ganho de capital relativa a imóveis residenciais, que não se confunde com a previsão do art. 39, III, do RIR.

> Art. 39. Fica isento do imposto de renda o ganho auferido por pessoa física residente no País na venda de imóveis residenciais, desde que o alienante, no prazo de 180 (cento e oitenta) dias contado da celebração do contrato, aplique o produto da venda na aquisição de imóveis residenciais localizados no País.
> 
> § 1º No caso de venda de mais de 1 (um) imóvel, o prazo referido neste artigo será contado a partir da data de celebração do contrato relativo à 1ª (primeira) operação.
> 
> § 2º A aplicação parcial do produto da venda implicará tributação do ganho proporcionalmente ao valor da parcela não aplicada.
> 
> § 3º No caso de aquisição de mais de um imóvel, a isenção de que trata este artigo aplicar-se-á ao ganho de capital correspondente apenas à parcela empregada na aquisição de imóveis residenciais.
> 
> [...]
> 
> § 5º O contribuinte somente poderá usufruir do benefício de que trata este artigo 1 (uma) vez a cada 5 (cinco) anos.

A isenção se aplica apenas a **imóveis residenciais**. A compra do novo ou dos novos imóveis deve ocorrer após a venda do imóvel ou dos imóveis antigos (até 180 dias após) e o valor do imóvel ou dos imóveis alienados pode ser superior a R$ 440.000,00, observando-se que incide o imposto sobre o valor não utilizado para a finalidade prevista dentro do prazo ou sobre a diferença do valor, caso o valor do patrimônio imobiliário adquirido seja inferior ao do patrimônio alienado.

Também há isenção para os **ganhos líquidos** auferidos por pessoa física em operações no mercado à vista de **ações nas bolsas de valores** e em operações com **ouro**, ativo financeiro, cujo valor das alienações realizadas em cada mês seja igual ou inferior 5.000 UFIR (art. 39, inciso XLVII, do RIR). Esta isenção foi praticamente absorvida pela isenção de ganhos de capital de pequena monta, relativo à venda de ações no valor mensal de até R$ 20.000,00 (art. 22, I, da Lei 9.250/95).

O ganho de capital decorrente da alienação de outros bens de pequeno valor também é isento e o limite mensal das alienações é de R$ 35.000,00 (art. 22, II, da Lei 9.250/95).

### Isenção para lucros e dividendos

A legislação do IRPF prevê **isenção** para a distribuição de lucros das pessoas jurídicas a seus sócios e titulares.

> Art. 10, da Lei 9.249/95
>
> Art. 10. Os lucros ou dividendos calculados com base nos resultados apurados a partir do mês de janeiro de 1996, pagos ou creditados pelas pessoas jurídicas tributadas com base no lucro real, presumido ou arbitrado, não ficarão sujeitos à incidência do imposto de renda na fonte, nem integrarão a base de cálculo do imposto de renda do beneficiário, **pessoa física ou jurídica**, domiciliado no País ou no exterior.
>
> § 1º No caso de quotas ou ações distribuídas em decorrência de aumento de capital por incorporação de lucros apurados, a partir do mês de janeiro de 1996, ou de reservas constituídas com esses lucros, o custo de aquisição será igual à parcela do lucro ou reserva capitalizado, que corresponder ao sócio ou acionista. (Incluído pela Lei nº 12.973, de 2014)
>
> § 2º A não incidência prevista no caput inclui os lucros ou dividendos pagos ou creditados a beneficiários de todas as

> espécies de ações previstas no art. 15 da Lei nº 6.404, de 15 de dezembro de 1976, ainda que a ação seja classificada em conta de passivo ou que a remuneração seja classificada como despesa financeira na escrituração comercial. (Incluído pela Lei nº 12.973, de 2014)
>
> § 3º Não são dedutíveis na apuração do lucro real e da base de cálculo da CSLL os lucros ou dividendos pagos ou creditados a beneficiários de qualquer espécie de ação prevista no art. 15 da Lei nº 6.404, de 15 de dezembro de 1976, ainda que classificados como despesa financeira na escrituração comercial. (Incluído pela Lei nº 12.973, de 2014)

A matéria encontra-se regulada pelos incisos XXVI a XXIX e XXXVII, do art. 39, do RIR.

O **requisito da isenção** é a existência de lucro passível de ser distribuído aos sócios. Assim, **são isentos os lucros distribuídos pelas**:

- empresas no **SIMPLES**, até o limite do lucro apurado no livro caixa;
- empresas do **lucro presumido**, até o valor do lucro presumido, podendo se estender até o lucro real, se maior e devidamente apurado;
- empresas do **lucro real**, até o valor do lucro apurado no balanço; também é isento a distribuição do lucro que estava contabilizado na conta de reserva de lucros;
- empresas do **lucro arbitrado**, até o valor do lucro arbitrado, deduzidos IRPJ, CSLL, PIS e COFINS.

A Lei 12.973/14 incluiu os §§ 2º e 3º, no art. 10, da Lei 9.249/95, dispondo que a isenção alcança pagamentos de lucros e dividendos de quaisquer modalidades de ações, mesmo que realizados a título de despesa financeira na escrituração contábil, mas que não são dedutíveis da base de cálculo do IRPJ e da CSLL.

Na parte reservada ao IRPJ, voltaremos ao tema da distribuição de lucros e dividendos, porque esta isenção alcança tanto os sócios pessoas físicas quanto os sócios pessoas jurídicas.

### Restituição de bens e direitos ao sócio

O inciso XLVI, do art. 39, do RIR, trata da isenção aplicada na hipótese em que a empresa devolve ao sócio os bens aportados na sociedade.

A matéria é muito importante, pois as empresas, que geram empregos e movimentam a economia, necessitam dos bens de seus sócios para serem abertas. Há, pois, interesse público no tratamento dado à integralização do capital das sociedades e na devolução deste capital.

O **patrimônio do sócio utilizado para integralizar o capital** da empresa pode ser avaliado pelo valor constante na declaração de bens do sócio ou pelo valor de mercado. Haverá ganho de capital apenas se o contribuinte optar pela avaliação pelo valor de mercado e este for superior ao constante na declaração.

Nos termos do art. 22, da Lei 9.249/95, o *bem ou direito devolvido* ao sócio pode também ser avaliado pelo valor contábil ou pelo valor de mercado. Caso seja escolhido o valor de mercado e este seja superior ao valor contábil, haverá ganho de capital. Este resultado, porém, será contabilizado na apuração do imposto da empresa, normalmente mais favorável que o da pessoa física, e esta não sofrerá tributação pelo ganho.

### *Isenção no resgate de contribuições de previdência privada*

Dispõe o inciso XXXVIII, do art. 39, do RIR, que "não entrarão no cômputo do rendimento bruto o valor de resgate de contribuições de previdência privada, cujo ônus tenha sido da pessoa física, recebido por ocasião de seu desligamento do plano de benefício da entidade, que corresponder às parcelas de contribuições efetuadas no período de 1º de janeiro de 1989 a 31 de dezembro de 1995".

A tributação dos **planos de previdência** privada sofreu idas e vindas no Brasil.

Inicialmente, as contribuições pagas eram dedutíveis da base de cálculo do IR e o resgate e os benefícios recebidos eram considerados rendimentos tributáveis.

A Lei 7.713/88 alterou o sistema. As contribuições deixaram de ser dedutíveis e os benefícios passaram a ser isentos.

A partir de 1996, por força da Lei 9.250/95, o sistema retornou às origens, vale dizer, contribuições dedutíveis e benefícios tributáveis.

As pessoas que contribuíram entre 1989 e 1995, mas se aposentaram e passaram a receber benefícios a partir de 1996 *não puderam* **deduzir as contribuições pagas de seu IR** naquele período **nem fruíram da isenção vigente até 1995**.

Com isso, muitas pessoas entraram com ações judiciais, alegando dupla tributação e postulando isenção para os benefícios custeados com as contribuições realizadas entre 1989 e 1995.

A situação inusitada continha uma norma que determinava a incidência do imposto de renda sobre proventos recebidos em sua vigência e um tratamento desigual, criado pelo legislador, em que os contribuintes poderiam se encontrar na pior parte de dois regimes.

A isenção total seria *contra legem*, mas a aplicação estrita da lei seria injusta.

O STJ, por sua Primeira Seção, pacificou a matéria no julgamento do REsp 1.012.903/RJ, relatado pelo Ministro Teori Albino Zavascki, decisão que resultou na restituição do imposto pago entre 1989 e 1995, limitado à data de aposentadoria dos contribuintes, se anterior a dezembro de 1995.

A interpretação vigente sobre o tema encontra-se registrada nos julgados do STJ, da seguinte forma:

> **Entendimento do STJ**
>
> 2. O art. 8º, I, da Lei nº 9.250/95 estabelece que a base de cálculo do imposto de renda compreende a soma de todos os rendimentos, exceto os isentos, os não-tributáveis, os tributáveis exclusivamente na fonte e os sujeitos à tributação definitiva.
>
> 3. Quando a decisão judicial reconhece, na esteira do recurso representativo da controvérsia REsp. Nº 1.012.903 – RJ (Primeira Seção, Rel. Min. Teori Albino Zavascki, julgado em 8.10.2008) que "é indevida a cobrança de imposto de renda sobre o valor da complementação de aposentadoria", está a considerar somente o valor do benefício previdenciário como rendimento não tributável.
>
> 4. Sendo assim, o valor correspondente às contribuições vertidas pela parte autora, no período entre 1989 e 1995 (ou até a data da sua aposentadoria se ocorrida em momento anterior), devidamente atualizado, constitui-se no crédito a ser deduzido exclusivamente do montante correspondente às parcelas de benefício de aposentadoria complementar, apurando-se a base de cálculo do imposto de renda. O limite a ser respeitado na utilização dos créditos para a dedução deve ser o do valor do benefício recebido da entidade de previdência e não o da faixa de isenção. Método de cálculo já aceito por esta Casa no REsp. nº 1.086.148-SC, Segunda Turma, Rel. Min. Mauro Campbell Marques, julgado em 15.04.2010.
>
> (STJ, T2, REsp 1.278.598/SC, Min. MAURO CAMPBELL MARQUES, DJe de 14/2/2013)

A matéria, a propósito, foi sumulada:

> ▸ **Entendimento do STJ**
>
> Súmula 556: É indevida a incidência de imposto de renda sobre o valor da complementação de aposentadoria pago por entidade de previdência privada e em relação ao resgate de contribuições recolhidas para referidas entidades patrocinadoras no período de 1º/1/1989 a 31/12/1995, em razão da isenção concedida pelo art. 6º, VII, b, da Lei n. 7.713/1988, na redação anterior à que lhe foi dada pela Lei n. 9.250/1995. (STJ, S1, DJe de 15/12/2015)

Hoje, portanto, os benefícios pagos por planos de previdência complementar são tributados.

> ▸ **Como esse assunto foi cobrado em concurso?**
>
> **(ESAF/AFRF/2014) Considere a situação hipotética narrada:**
>
> João dos Santos trabalhou, de 1990 a 2012, na Centro – Oeste Caboclo S.A., a qual, tanto quanto João e demais empregados contribuíram, durante todo o período do contrato de trabalho de João, para plano privado de previdência complementar, especialmente instituído em prol desses trabalhadores. Em 2013, João se aposentou pelo regime geral de previdência social, ao tempo em que se desligou do plano privado de previdência complementar, momento em que dele recebeu verba relativa a resgate." De acordo com a legislação tributária em vigor, avalie:
>
> **Gabarito:** Correto. João tem direito a excluir da incidência do Imposto de Renda a parcela do valor de resgate que corresponder às contribuições por ele vertidas à previdência privada entre 1990 e 1995.
>
> A questão aborda problema que ocupou o judiciário por bastante tempo. Trata-se da mudança de regime tributário da previdência complementar. Como solução, que prestigiou a incidência do imposto pelo regime de caixa, mas que levou em consideração as contribuições, digamos "isentas" dos trabalhadores entre 1990 e 1995, que puderam ser excluídas da incidência do imposto.

### Isenção de aposentadoria por moléstia grave

Dispõe o inciso XIV, do art. 6º, da Lei 7.713/88, que "ficam isentos do imposto de renda" "os proventos de aposentadoria ou reforma motivada por acidente em serviço e os percebidos pelos portadores de moléstia profissional, tuberculose ativa, alienação mental, esclerose múltipla, neoplasia maligna, cegueira, hanseníase, paralisia irreversível e incapacitante, cardiopatia grave, doença de Parkinson, espondiloartrose anquilosante, nefropatia grave, hepatopatia grave, estados avançados da doença de Paget (osteíte deformante), contaminação por radiação, síndrome da imunodeficiência adquirida, com base em conclusão da medicina especializada, mesmo que a doença tenha sido contraída depois da aposentadoria ou reforma".

Trata-se de isenção que abrange **apenas proventos de aposentadoria e pensão**, quando a **aposentadoria** é causada por **acidente do trabalho ou moléstia grave**.

**Outros rendimentos**, como de aluguéis ou ganhos de capital **não são alcançados por esta isenção**.

No caso da **moléstia grave**, esta pode ser superveniente à aposentadoria. Em outros termos, o empregado se aposenta por idade e sobre seus proventos continua a incidir o imposto. **Posteriormente, o aposentado contrai moléstia** dentre as previstas em lei, **passa a fazer jus à isenção**.

**O benefício não é transferido**, no caso de morte do aposentado, mas o pensionista que também seja portador de moléstia, tem direito à isenção.

Em regra, cabe ao interessado submeter-se a exames médicos e, diagnosticada a doença, apresentar sua documentação junto à fonte pagadora, para que suspenda a retenção na fonte. No momento da declaração, o contribuinte deve declarar seus rendimentos como isentos.

**Não há necessidade de requerimento** à Receita Federal, **salvo** no caso de **restituição de indébito**, se o contribuinte isento não tomar as providencias cabíveis e continuar sendo tributado após o diagnóstico da doença.

Também **não há necessidade de recurso ao Judiciário**, **salvo** se a fonte pagadora ou a Receita Federal, no caso de restituição, se opuserem ao interesse do contribuinte.

A principal questão relativa a esta isenção é a **prova da doença**. A este respeito, já decidiu o STJ quanto a **desnecessidade de laudo médico oficial**:

> ▸ **Entendimento do STJ**
>
> 1. A questão a ser revisitada em agravo regimental consiste no reconhecimento da isenção de imposto de renda à contribuinte acometido de cardiopatia grave.

2. O Tribunal de origem manifestou-se no mesmo sentido da jurisprudência do STJ, quanto à desnecessidade de laudo oficial para a comprovação de moléstia grave para fins de isenção de imposto de renda, desde que o magistrado entenda suficientemente provada a doença.
(STJ, T2, AgRg no AREsp 691.189/MG, Min MAURO CAMPBELL MARQUES, DJe de 27/5/2015)

O entendimento foi, a propósito, sumulado:

▶ **Entendimento do STJ**

**Súmula 598**: É desnecessária a apresentação de laudo médico oficial para o reconhecimento judicial da isenção do Imposto de Renda, desde que o magistrado entenda suficientemente demonstrada a doença grave por outros meios de prova. DJe de 20/11/2017.

A lista das doenças que conferem a isenção é exaustiva e sua interpretação deve se pautar por critérios médicos, como entendeu o STJ no REsp 1.483.971/AL (STJ, T2, Min. HERMAN BENJAMIN, DJe de 11/2/2015).

### Aposentadoria maior de 65 anos

Nos termos do inciso XV, do art. 6º, da Lei 7.713/88, "ficam isentos do imposto de renda os rendimentos provenientes de aposentadoria e pensão, de transferência para a reserva remunerada ou de reforma pagos pela Previdência Social da União, dos Estados, do Distrito Federal e dos Municípios, por qualquer pessoa jurídica de direito público interno ou por entidade de previdência privada, a partir do mês em que o contribuinte completar 65 (sessenta e cinco) anos de idade, sem prejuízo da parcela isenta prevista na tabela de incidência mensal do imposto, até o valor de R$ 1.903,98 (mil, novecentos e três reais e noventa e oito centavos), por mês, a partir do mês de abril do ano-calendário de 2015".

Se o aposentado recebe até o valor previsto em lei, seu rendimento é isento. Se recebe mais, somente é tributado o valor que exceder o valor legal.

Discute-se como o benefício deve ser aplicado, nos casos em que o aposentado recebe seus proventos de mais de uma fonte e nenhuma delas, individualmente, supera o valor da isenção.

Por exemplo, o aposentado tem duas fontes de R$ 1.500,00. Aplicar-se-ia o benefício apenas a R$ 1.500,00, incidindo o imposto sobre os demais R$ 1.500,00, ou se aplicaria o benefício ao conjunto da renda, incidindo o imposto sobre R$ 1.096,02 (=R$ 3.000,00 – 1.903,98)?

O STJ tem decidido pela segunda alternativa entendendo que "a isenção de parcela dos rendimentos provenientes de aposentadoria e pensão pagos a contribuinte com mais de 65 anos de idade prevista pelo art. 4º, VI, da Lei 9.250, de 1995, é incidente sobre a soma dos benefícios de previdência auferidos pelo contribuinte, nos termos do art. 8º, § 1º, da referida Lei, sendo perfeitamente lícito o art. 39, § 7º, do Decreto 3.000/1999" (STJ, T2, EDcl no REsp 1.462.065/RS, Min. HERMAN BENJAMIN, DJe de 30/6/2015).

Também nos parece a melhor decisão.

Para encerrar os rendimentos tributados, isentos e não tributados, incluindo o tema da renda universal e da territorialidade, vejamos uma questão.

▶ **Como esse assunto foi cobrado em concurso?**

**(ESAF/AFRF/2014)** Considere a situação hipotética narrada: Pablo é brasileiro e vive no exterior há alguns anos, em país que tributa a renda da pessoa física em percentual muito superior à tributação brasileira. Pablo mantém fortes laços com o Brasil, para onde envia, mensalmente, os produtos artesanais por ele desenvolvidos, recebendo justa contraprestação da Jeremias Artesanato Mundial Ltda., revendedora exclusiva de sua produção, com sede no município de Salvador. Além disso, Pablo possui imóvel na cidade de Manaus, em razão do qual recebe aluguéis mensais, e presta serviços de consultoria para Matias Turismo Pantanal Ltda., empresa sediada no município de Campo Grande. Ano passado, os pais de Pablo faleceram, deixando jóias e imóveis no Rio de Janeiro, tudo vendido pela sua irmã, Paola, que, em acordo com o irmão, enviou-lhe a metade da herança que lhe cabia."
De acordo com a legislação tributária em vigor, avalie:

Os valores enviados por Jeremias Artesanato Mundial Ltda., em razão da venda do artesanato, assim como os valores dos aluguéis e aqueles decorrentes da prestação de serviços à Matias Turismo Pantanal S.A., que forem remetidos a Pablo no exterior, devem sofrer incidência do Imposto de Renda na fonte, ficando a remessa do quinhão da herança pertencente a Pablo dispensada do recolhimento desse tributo.

*Gabarito:* Correto. São quatro fatos mencionados na questão: a contraprestação paga pela empresa pela compra do artesanato, o rendimento de alugueis, o pagamento pela prestação de serviços e a herança. O pagamento pelo artesanato está sujeito ao imposto, pois a renda foi gerada no Brasil, mesmo que o contribuinte seja residente no exterior.

> Pela mesma razão, incide o imposto sobre os alugueis no Brasil e os serviços prestados à empresa brasileira. Por outro lado, a herança não está sujeita ao imposto de renda.

### 5.1.3. Rendimentos pagos acumuladamente – rendimentos acumulados

Outro tema repleto de debates é o dos **rendimentos pagos acumuladamente**.

O IRPF obedece ao regime de caixa e incide sobre a renda no momento em que é auferida. Assim, se a pessoa recebeu R$ 50.000,00 em 2012, aplica-se a tributação daquele ano, não importando se o valor de R$ 50.000,00 seja composto de R$ 25.000,00 devidos em 2011 e outros R$ 25.000,00 devidos em 2012.

Dispõe o art. 12, da Lei 7.713/88, que "no caso de rendimentos recebidos acumuladamente, o imposto incidirá, no mês do recebimento ou crédito, sobre o total dos rendimentos, diminuídos do valor das despesas com ação judicial necessárias ao seu recebimento, inclusive de advogados, se tiverem sido pagas pelo contribuinte, sem indenização".

Tendo em vista o grande número de ações judiciais que postulavam a incidência separada do imposto para valores recebidos em ações trabalhistas (vale dizer, no nosso exemplo, aplicar a alíquota de 2011 para os valores que eram devidos em 2011 e a alíquota de 2012 para os rendimentos desse ano), a Lei 12.350/10 incluiu o art. 12-A, na Lei 7.713/88.

> Art. 12-A. Os rendimentos do trabalho e os provenientes de aposentadoria, pensão, transferência para a reserva remunerada ou reforma, pagos pela Previdência Social da União, dos Estados, do Distrito Federal e dos Municípios, quando correspondentes a anos-calendários anteriores ao do recebimento, serão tributados exclusivamente na fonte, no mês do recebimento ou crédito, em separado dos demais rendimentos recebidos no mês.
> 
> § 1º O imposto será retido pela pessoa física ou jurídica obrigada ao pagamento ou pela instituição financeira depositária do crédito e calculado sobre o montante dos rendimentos pagos, mediante a utilização de tabela progressiva resultante da

> multiplicação da quantidade de meses a que se refiram os rendimentos pelos valores constantes da tabela progressiva mensal correspondente ao mês do recebimento ou crédito.
> [...]
> § 7º Os rendimentos de que trata o caput, recebidos entre 1º de janeiro de 2010 e o dia anterior ao de publicação da Lei resultante da conversão da Medida Provisória no 497, de 27 de julho de 2010, poderão ser tributados na forma deste artigo, devendo ser informados na Declaração de Ajuste Anual referente ao ano-calendário de 2010.

Assim, a legislação previu hipótese excepcional de aplicação do regime de competência ao IRPF, para rendimentos do trabalho recebidos em atraso. Cabe ainda notar que a tributação é exclusiva na fonte, vale dizer, não é afetada por outros ganhos eventuais do contribuinte em cada período de competência.

Não obstante, o **STF determinou a aplicação do regime de competência** para o caso específico dos rendimentos acumulados, com a definição da alíquota a partir dos valores que deveriam ter sido recebidos em cada exercício:

> ▶ **Entendimento do STF**
> A percepção cumulativa de valores há de ser considerada, para efeito de fixação de alíquotas, presentes, individualmente, os exercícios envolvidos.
> (STF, Tribunal Pleno, RE 614.406 RG/RS, Min. Marco Aurélio, DJe de 27/11/2014)

Verifica-se, portanto, que a Corte julgou inconstitucional o art. 12, da Lei 7.713/98, por violar os princípios da isonomia e da capacidade contributiva.

> ▶ **Como esse assunto foi cobrado em concurso?**
> (ESAF/AFRF/2014) Considere a situação hipotética narrada: "Em decorrência de condenação transitada em julgado em seu favor, em 2012, pela Justiça Federal, Maria Lúcia recebeu, em 2013, quantia relativa ao pagamento de pensões que deveria ter recebido durante os meses de junho de 2008 a julho de 2011." De acordo com a legislação tributária, avalie.
> Maria Lúcia deve ter sofrido retenção do Imposto de Renda no momento do recebimento dessa quantia, calculado mediante utilização de

tabela progressiva, resultante da multiplicação da quantidade de meses relativos à pensão em atraso pelos valores constantes da tabela progressiva mensal correspondente ao mês de recebimento.

Tema que permeou o Judiciário foram os **rendimentos acumulados**. Como resultado da jurisprudência, o legislador criou uma exceção ao regime de caixa do imposto de renda das pessoas físicas, para tributar os rendimentos acumulados pelo regime de competência (art. 12-A, na Lei 7.713/88, incluído pela Lei 12.350/10).

> ▶ **Como esse assunto foi cobrado em concurso?**
>
> **(MPF/Procurador da República/2015)** Imposto de renda incidente sobre recebimento, em atraso, de diferença vencimental decorrente de discussão judicial em torno do próprio direito ao pagamento. Dito isso, é certo afirmar que:
>
> a) O imposto de renda deve ser apurado consoante o regime de competência, sob pena de violação dos princípios da legalidade, da isonomia e da capacidade contributiva;
>
> b) É lícito à Fazenda Nacional reter o imposto de renda sobre o valor integral, eis que o fato gerador surge com a disponibilidade do recebimento da verba atrasada;
>
> c) A incidência de imposto de renda sobre verbas recebidas cumulativamente deve observar o regime de caixa, á vista dos rendimentos efetivamente recebidos.
>
> d) A retenção, pela Fazenda Nacional, do imposto de renda de forma integral somente tem cabimento sobre a parcela dos juros moratórios, que são calculados a final.
>
> **Gabarito:** A. O tema aqui também são os **rendimentos acumulados**. Antes do art. 12-A, na Lei 7.713/88, incluído pela Lei 12.350/10, a jurisprudência vinha determinando a aplicação do regime de competência, nestas situações.

Questão interessante acerca dos rendimentos pagos acumuladamente é o **prazo da prescrição para restituição**.

A jurisprudência do STJ aponta para **três contagens distintas**.

Para as ações de repetição anteriores a 9/6/2005, data da entrada em vigor da LC 118/05, deve ser aplicado o prazo decenal (5+5). Para as ações posteriores, deve ser aplicado o prazo de 5 anos, contados da retenção exclusiva na fonte (REsp 1.472.182/PR).

Para os casos que não haja retenção exclusiva na fonte, em que se admite compensações e abatimentos com outros valores, o prazo começa a correr da data prevista para a entrega da declaração.

> **Entendimento do STJ**
>
> 1. Ressalvados os casos em que o recolhimento do tributo é feito exclusivamente pela retenção na fonte (rendimentos sujeitos a tributação exclusiva/definitiva), que não admite compensação ou abatimento com os valores apurados ao final do período, os juros e correção monetária (SELIC) incidentes na ação de repetição do indébito tributário fluem a partir da data prevista para a entrega da declaração de rendimentos e não a partir da retenção na fonte (antecipação), consoante o art. 16, da Lei n. 9.250/95.
>
> (STJ, T2, REsp 1.434.703/RS, Min. MAURO CAMPBELL MARQUES, DJe de 17/9/2015)

Esta interpretação não nos parece correta, pois, nos termos do art. 168, I, do CTN, o prazo para restituição começa a correr da data da extinção da obrigação, que se dá com a retenção do imposto na fonte. Ademais, nos casos em que se admite compensações e abatimentos com outros valores na declaração, esta somente beneficia o contribuinte, que já recebeu parte da restituição com a entrega da declaração ou que sequer entregou a declaração devida.

### 5.1.4. Despesas dedutíveis

Até o momento, vimos quais são os rendimentos tributáveis e os rendimentos não tributáveis. A apuração da base de cálculo do imposto, contudo, depende de mais um fator: as despesas dedutíveis.

A base de cálculo do imposto será o resultado dos rendimentos tributáveis menos as despesas dedutíveis.

No sistema do IPRF, há **despesas** que podem ser **deduzidas tanto da base de cálculo mensal quanto da base de cálculo anual** e **despesas** que **somente podem ser deduzidas na declaração de ajuste anual**.

São **deduzidas no mês e na declaração de ajuste** a contribuição previdenciária oficial e complementar (art. 74, do RIR), as despesas do livro caixa (art. 75 e 76, do RIR), a dedução de dependentes (art. 77, do RIR), a pensão alimentícia (art. 78, do RIR) e o valor estipulado para isenção de aposentadoria e pensão pago a pessoa maior de 65 anos (art. 79, do RIR).

As deduções relativas a **contribuição previdenciária** do regime geral e dos servidores públicos são realizadas pelo empregador, no cálculo da retenção na fonte.

Também podem ser deduzidas as contribuições para **planos de previdência complementar fechada** para custear benefícios similares ao do regime geral. Neste caso, a dedução mensal somente se aplica a rendimentos do trabalho com vínculo empregatício ou de administradores.

São exemplos de instituições de previdência complementar a FUNCEF, dos funcionários da Caixa Econômica Federal, a PREVI, dos funcionários do Banco do Brasil e a PETROS, dos funcionários da Petrobrás.

A dedução das contribuições de caráter previdenciário, em todas as suas modalidades, inclusive a regida pelo art. 82, do RIR (a dos planos de previdência complementar aberta como o PGBL, cuja dedução é anual), encontra-se limitada a 12% do rendimento do contribuinte.

As despesas do **livro caixa** são deduzidas mensalmente dos rendimentos do trabalho não assalariado.

São **despesas dedutíveis** escrituradas no livro caixa os **salários e remunerações**, incluídos os encargos, pagos a empregados; os **emolumentos** pagos a terceiros; e as **despesas necessárias à atividade geradora da renda**. A legislação não permite deduções de depreciação e de arrendamento; de despesas com locomoção e transporte, salvo no caso de representante comercial autônomo; e as despesas com atividades para as quais há base de cálculo presumida, como a do transportador.

O contribuinte somente pode deduzir as despesas com as receitas da própria atividade. Assim, somente pode deduzir despesas até o valor da receita do mês (regime de caixa), mas o excesso de despesa de um mês pode ser deduzido nos períodos subsequentes; o contribuinte não pode deduzir as despesas do livro caixa com receitas decorrentes de outras atividades nem das receitas decorrentes de vínculo empregatício.

A legislação estabelece um valor mensal que pode ser deduzido da base de cálculo mensal do imposto, por **cada dependente** do contribuinte, independente das despesas efetivamente realizadas. Podem ser considerados dependentes o cônjuge, o companheiro ou a companheira, os filhos e os enteados de até 21 anos de idade ou incapazes, o menor de quem o contribuinte tenha guarda judicial, pais, avós e bisavós que não auferiram renda superior ao limite de isenção, irmãos, netos e bisnetos de até 21 anos ou incapazes, de quem o contribuinte tenha guarda judicial, o tutelado e o curatelado.

Para fins de imposto de renda, o mesmo dependente somente gera a dedução para um contribuinte. Assim, o filho será dependente do pai ou da mãe, e apenas um destes poderá efetuar a dedução.

A **pensão alimentícia** segue as regras do direito civil.

De acordo com a jurisprudência do STJ, somente é dedutível a pensão paga após a sentença concessiva da pensão ou a homologação do acordo no juízo de família (REsp 1.616.424/AC).

A dedução de **proventos e pensões de maiores de 65 anos** decorrente de isenção tem valor mensal fixado por lei. Conforme o art. 4º, VI, da Lei 9.250/95 e suas alterações, o valor é de R$ 1.787,77, a partir de 2.014.

São **deduzidas apenas na apuração da base de cálculo anual do imposto** as despesas médicas (art. 80, do RIR), as despesas com educação (art. 81, do RIR) e as contribuições para o Fundo de Aposentadoria Programada Individual – FAPI cujo ônus seja da pessoa física (art. 82, do RIR).

São **despesas médicas** as efetuadas com diversos profissionais de saúde, como médicos, dentistas, fisioterapeutas, fonoaudiólogos etc, com o próprio contribuinte ou seus dependentes. Também são despesas médicas as realizadas com hospitais, clínicas e planos de saúde estabelecidos no país como pessoa jurídica. Não são dedutíveis as despesas ressarcidas nem as cobertas por contrato de seguro. Se o plano de saúde funciona como seguro e restitui o valor pago como despesa médica, apenas as prestações pagas ao plano serão dedutíveis, não as despesas médicas reembolsadas.

As despesas com **educação** do contribuinte e seus dependentes se restringem ao ensino oficial da idade pré-escolar até o terceiro grau, incluindo a pós-graduação, o mestrado e o doutorado. Não são dedutíveis despesas com cursos de língua, esportes e outros.

A dedução tem limite. R$ 3.561,50 para o contribuinte e R$ 2.275,08 para cada dependente a partir do ano calendário de 2015, ainda que a despesa tenha sido maior (art. 8º, b, da Lei 9.250/95).

Questão interessante diz respeito à **dedução cumulativa da pensão com as despesas médicas e educacionais com dependentes**.

As deduções têm pressupostos distintos. A pensão, tipicamente alimentícia, depende da sentença judicial, bem como de seus próprios requisitos de necessidade do alimentando e a possibilidade do alimentante. Em outros termos, a dependência econômica é, *juris tantum*, comprovada pelo juízo cível.

As demais despesas têm como pressuposto a dependência econômica, presumida pela lei para o cônjuge e para os filhos, que não se afasta pela separação dos pais ou pelo pagamento da pensão. Vejamos o que dispõe o art. 35, da Lei 9.250/95:

> Art. 35. Para efeito do disposto nos arts. 4º, inciso III, e 8º, inciso II, alínea c, poderão ser considerados como dependentes:
>
> I - o cônjuge;
>
> II - o companheiro ou a companheira, desde que haja vida em comum por mais de cinco anos, ou por período menor se da união resultou filho;
>
> III - a filha, o filho, a enteada ou o enteado, até 21 anos, ou de qualquer idade quando incapacitado física ou mentalmente para o trabalho;
>
> IV - o menor pobre, até 21 anos, que o contribuinte crie e eduque e do qual detenha a guarda judicial;
>
> V - o irmão, o neto ou o bisneto, sem arrimo dos pais, até 21 anos, desde que o contribuinte detenha a guarda judicial, ou de qualquer idade quando incapacitado física ou mentalmente para o trabalho;
>
> VI - os pais, os avós ou os bisavós, desde que não auferiram rendimentos, tributáveis ou não, superiores ao limite de isenção mensal;
>
> VII - o absolutamente incapaz, do qual o contribuinte seja tutor ou curador.
>
> [...]
>
> § 2º Os dependentes comuns poderão, opcionalmente, ser considerados por qualquer um dos cônjuges.
>
> § 3º No caso de filhos de pais separados, poderão ser considerados dependentes os que ficarem sob a guarda do contribuinte, em cumprimento de decisão judicial ou acordo homologado judicialmente.
>
> § 4º É vedada a dedução concomitante do montante referente a um mesmo dependente, na determinação da base de cálculo do imposto, por mais de um contribuinte.

Assim, **não é possível** cumular a dedução de pensão alimentícia ao **ex-conjuge**, ao ex-companheiro ou à ex-companheira, que não mais são considerado dependente. Contudo, **parece-nos possível** a conjugação das deduções para os **filhos** e outros dependentes (pensão alimentícia com despesas médicas e educacionais) independente da previsão em sentença judicial, pois estas deduções decorrem diretamente do direito tributário, sem a necessidade de aplicação do direito civil. Para tanto, basta que o contribuinte declare o filho (ou outra pessoa prevista na lei) como seu dependente.

Há, porém, uma **limitação**. Não é permitida a dupla dedução das mesma despesa. Dessa forma, se o alimentando é dependente de um contribuinte, o ex-cônjuge, por exemplo, não poderá ser também dependente de qualquer outra pessoa.

A **contribuição aos fundos de aposentadoria programada**, comumente administradas por bancos, como o Banco do Brasil, e oferecidas ao público em geral, segue regras similares à dos regimes previdenciários oficial e complementar, inclusive quanto ao limite de 12% da base de cálculo. A diferença é que a contribuição para estes fundos somente é dedutível na declaração de ajuste, não mensalmente.

Na declaração de ajuste, pode o contribuinte optar por declarar todas as suas despesas ou pelo **desconto simplificado** (art. 84, do RIR).

O desconto simplificado, de 20% sobre o total dos rendimentos, limitados a R$ 15.197,02, para o ano calendário de 2013, não depende de comprovação, substitui todas as despesas dedutíveis, mas presume-se efetivamente gasto e não pode ser utilizado para justificar acréscimo patrimonial.

### 5.2. Alíquota

A alíquota do imposto, salvo para os casos de tributação exclusiva e definitiva, é apurada mediante uma tabela mensal e uma tabela anual, utilizada por conta da declaração de ajuste.

Vigem hoje as tabelas previstas pela Lei 12.469/11.

Tabela mensal, a partir de abril do ano calendário de 2015:

| Base de cálculo mensal em R$ | Alíquota % |
|---|---|
| Até 1.903,98 | - |
| De 1.903,99 até 2.826,65 | 7,5 |

| Base de cálculo mensal em R$ | Alíquota % |
|---|---|
| De 2.826,66 até 3.751,05 | 15 |
| De 3.751,06 até 4.664,68 | 22,5 |
| Acima de 4.664,68 | 27,5 |

Tabela Progressiva para o **cálculo anual** do Imposto sobre a Renda da Pessoa Física para o exercício de 2016, ano-calendário de 2015.

| Base de cálculo anual em R$ | Alíquota % |
|---|---|
| Até 22.499,13 | - |
| De 22.499,14 até 33.477,72 | 7,5 |
| De 33.477,73 até 44.476,74 | 15 |
| De 44.476,75 até 55.373,55 | 22,5 |
| Acima de 55.373,55 | 27,5 |

A tabela mensal do ano base de 2015, foi utilizada para obter a alíquota do imposto em cada mês de 2015. O imposto pago conforme esta tabela deve ser informado na declaração de renda apresentada no exercício de 2016, para a qual será aplicada a tabela anual correspondente, para o ano calendário de 2015, exercício de 2016.

A tabela anual corresponde, em regra, aos valores da tabela mensal multiplicados por 12. No caso da tabela atual, como o reajuste ocorreu em abril, não em janeiro, haverá pequena diferença neste cálculo.

Cada tabela contém a faixa de valores de rendimentos anuais ou mensais, a alíquota aplicável e a parcela a deduzir.

A parcela a deduzir tem a função de corrigir o imposto devido, considerando todas as alíquotas da tabela e não somente a alíquota maior, da faixa que define a última alíquota aplicável ao contribuinte.

O cálculo da parcela a deduzir não é difícil, mas é moroso. Assim, a lei (e também o programa da Receita Federal) fornece o valor já calculado.

Cabe observar, embora a matéria não seja exigida em concursos, que os valores das faixas de renda são frequentemente alterados, assim como os limites de certas deduções, como veremos abaixo, valendo sempre uma conferida na legislação em vigor.

## 5.3. Deduções do imposto

A apuração do imposto devido no ano decorre da multiplicação da base de cálculo pela alíquota.

O imposto assim apurado na declaração de ajuste, porém, não é necessariamente o imposto que o contribuinte terá a pagar. Na verdade, em regra, não será.

**O contribuinte poderá deduzir do imposto devido** (não confundir com dedução da base de cálculo) **o imposto pago ou retido antecipadamente**, alguns incentivos fiscais e o imposto pago no exterior, por residente no Brasil que aufira renda de fonte situada em outro país.

*Imposto pago no exterior*

O contribuinte residente no Brasil, que auferiu renda proveniente de fonte no exterior, deve oferecer estes rendimentos à tributação brasileira, em obediência ao princípio da universalidade do imposto.

Contudo, é bem provável que este rendimento também tenha sido tributado no país da fonte.

Neste caso, o contribuinte pode deduzir o valor do imposto pago no exterior do imposto devido pelo mesmo rendimento no Brasil, atendidas algumas condições e limites. São eles:

- deve haver acordo internacional entre o Brasil e o país da fonte, permitindo a dedução; ou o país deve permitir a dedução, independente de acordo, na situação inversa (reciprocidade de tratamento), vale dizer, residente no exterior que aufere renda decorrente de fonte situada no Brasil deve poder deduzir o imposto aqui pago;
- o imposto não pode ter sido restituído ou compensado no exterior;
- a dedução encontra-se limitada ao valor do imposto devido no Brasil em virtude daquela fonte.

Quanto ao **limite do valor da dedução**, dispõe o § 1º, do art. 103, do RIR:

> Art. 103. As pessoas físicas que declararem rendimentos provenientes de fontes situadas no exterior poderão deduzir, do imposto apurado na forma do art. 86, o cobrado pela nação de origem daqueles rendimentos, desde que:

[...]
§ 1º A dedução não poderá exceder a diferença entre o imposto calculado com a inclusão daqueles rendimentos e o imposto devido sem a inclusão dos mesmos rendimentos.

Na prática, a norma **impede** a dedução do imposto devido em virtude de rendimentos pagos por outras fontes no Brasil ou no exterior; **impede** o duplo benefício, pois se as regras brasileiras beneficiarem o contribuinte de outra forma, a dedução não será aplicada; e **impede** a dedução do imposto incidentes no exterior com alíquota real superior à alíquota brasileira aplicada ao contribuinte.

## Incentivos

O imposto devido também pode ser deduzido por **incentivos fiscais** em favor de terceiros.

É o caso do **incentivo às atividades culturais ou artísticas** (art. 90 a 96, do RIR), do incentivo às atividades audiovisuais e cinematográficas (art. 97 a 101, do RIR) e das doações a fundos controlados pelos Conselhos dos Direitos da Criança e do Adolescente (art. 102, do RIR).

O incentivo da cultura e do audiovisual depende da existência de projeto nessas áreas aprovadas pelas autoridades competentes. O contribuinte pode, diante do projeto aprovado, realizar doações ou patrocinar o projeto.

Com isso, poderá, dentro dos limites legais, deduzir do imposto que deverá ser recolhido aos cofres públicos o valor pago ao projeto.

A diferença essencial da dedução das doações aos fundos da criança e do adolescente é que estes são fundos institucionais, pertencentes ao Poder Público, razão pela qual não dependem de aprovação ou habilitação para justificar o benefício.

As deduções não têm limites específicos, mas o somatório das deduções não pode ultrapassar 6% do imposto devido pelo contribuinte.

Todas estas deduções guardam peculiaridades e regras específicas.

Para os anos calendário de 2007 a 2015 a Lei 11.438/06 previu dedução similar para projetos aprovados no Ministério do Esporte. Leia-se o art. 1º, da lei:

> Art. 1º A partir do ano-calendário de 2007 e até o ano-calendário de 2015, inclusive, poderão ser deduzidos do imposto de renda devido, apurado na Declaração de Ajuste Anual pelas pessoas físicas ou em cada período de apuração, trimestral ou anual, pela pessoa jurídica tributada com base no lucro real os valores despendidos a título de patrocínio ou doação, no apoio direto a projetos desportivos e paradesportivos previamente aprovados pelo Ministério do Esporte.

A medida faz parte dos esforços voltados para o desempenho do país em jogos olímpicos, bem como para o estímulo ao desporto em geral, em nível recreativo e profissional.

A dedução deve se amoldar ao limite de 6% do imposto devido pela pessoa física, aplicável aos demais benefícios.

### Antecipações de pagamento, tributação exclusiva e tributação definitiva

O contribuinte pode deduzir do imposto devido os **valores pagos ou retidos na fonte antecipadamente**.

Como vimos, vários rendimentos estão sujeitos à **retenção pela fonte pagadora** no momento em que são auferidos e, para outros rendimentos, o **contribuinte deve se antecipar e recolher o imposto**, como no caso dos aluguéis recebidos ou no resultado mensal da atividade não assalariada. É o que se chama de **carnê leão**.

Estas retenções e pagamentos são antecipações do imposto devido, pois a base de cálculo do IR é anual. Os valores assim recolhidos devem ser levados à declaração de ajuste, para deduzir o imposto a ser pago nesta ocasião. Se as antecipações forem inferiores ao imposto devido, haverá imposto a pagar. Se as antecipações superarem o imposto devido apurado na declaração, haverá imposto a restituir. Dispõem os art. 106 e 107, do RIR:

> Art. 106. Está sujeita ao pagamento mensal do imposto a pessoa física que receber de outra pessoa física, ou de fontes situadas no exterior, rendimentos que não tenham sido tributados na fonte, no País, tais como:
>
> I – os emolumentos e custas dos serventuários da Justiça, como tabeliães, notários, oficiais públicos e outros, quando não forem remunerados exclusivamente pelos cofres públicos;

> II - os rendimentos recebidos em dinheiro, a título de alimentos ou pensões, em cumprimento de decisão judicial, ou acordo homologado judicialmente, inclusive alimentos provisionais;
>
> III - os rendimentos recebidos por residentes ou domiciliados no Brasil que prestem serviços a embaixadas, repartições consulares, missões diplomáticas ou técnicas ou a organismos internacionais de que o Brasil faça parte;
>
> IV - os rendimentos de aluguéis recebidos de pessoas físicas.
>
> Art. 107. Sujeitam-se igualmente à incidência mensal do imposto:
>
> I - os rendimentos de prestação, a pessoas físicas, de serviços de transporte de carga ou de passageiros, observado o disposto no art. 47;
>
> II - os rendimentos de prestação, a pessoas físicas, de serviços com trator, máquina de terraplenagem, colheitadeira e assemelhados, observado o disposto no § 1º do art. 47.

Alguns rendimentos, porém, sofrem **incidência definitiva do imposto**, quer dizer, não podem ser levados a ajuste. A incidência do imposto é cedular e isolada, não interagindo com restante dos resultados sujeitos ao imposto devido pelo contribuinte. Estes rendimentos e o imposto pago são informados na declaração, mas não interferem no cálculo final do imposto.

Esta incidência isolada é estabelecida pelo legislador, que seleciona espécies de rendimento sujeitos à tributação exclusiva na fonte pagadora ou a tributação definitiva paga pelo contribuinte.

São **exemplos de tributação exclusiva na fonte** o 13º salário, os rendimentos de aplicação financeira de renda fixa, os prêmios de loteria e valores pagos a pessoa não identificada.

No caso do 13º, o empregador aplica a tabela mensal do imposto para retenção (art. 638, do RIR). Os prêmios de loteria estão sujeitos à alíquota de 30% (art. 676, do RIR). Os pagamentos a pessoa não identificadas devem sofrer retenção de 35% do valor (art. 674, do RIR).

Nas aplicações de renda fixa a instituição financeira efetua a retenção segundo as **alíquotas** próprias de cada aplicação, no momento da incidência (art. 739, do RIR).

Na renda fixa em geral, as **alíquotas** são regressivas em relação ao tempo do investimento: 22,5% para aplicações com prazo de até 180 dias; 20,0% para aplicações com prazo de 181 até 360 dias; 17,5%

para aplicações com prazo de 361 até 720 dias; e 15,0% para aplicações com prazo acima de 720 dias.

Nas aplicações de curto prazo, as alíquotas são de 22,5% para aplicações de até 180 dias e de 20% para aplicações entre 181 e 360 dias.

É exemplo de tributação definitiva a do ganho de capital (art. 117 e seg. do RIR).

## 6. TRIBUTAÇÃO DO GANHO DE CAPITAL

### 6.1 Regras gerais

Incide o IRPF sobre os **ganhos de capital** auferidos pelas pessoas físicas. Constitui ganho de capital a diferença entre o valor de venda e o custo de aquisição de quaisquer bens e direitos, em operação realizada por qualquer forma jurídica, inclusive adjudicação, desapropriação, dação em pagamento, doação etc, independente da localização do bem e o contribuinte será o transmitente, alienante, doador, vale dizer, o proprietário do bem.

A tributação do ganho do capital não ocorre mensalmente, como na maioria das rendas, pois o fato gerador do ganho é eventual (em regra a venda de patrimônio) e o imposto é pago de uma só vez.

> ▶ **Como esse assunto foi cobrado em concurso?**
>
> **(ESAF/AFRF/2012).** As seguintes hipóteses de rendimentos estão sujeitas ao recolhimento mensal do Imposto sobre a Renda devido pelas pessoas físicas, exceto:
>
> a) os emolumentos e custas dos serventuários da Justiça, como tabeliães, notários, oficiais públicos e outros, quando não forem remunerados exclusivamente pelos cofres públicos,
>
> b) os rendimentos recebidos em dinheiro, a título de alimentos ou pensões, em cumprimento de decisão judicial, ou acordo homologado judicialmente, inclusive alimentos provisionais,
>
> c) os rendimentos recebidos por residentes ou domiciliados no Brasil que prestem serviços a embaixadas, repartições consulares, missões diplomáticas ou técnicas ou a organismos internacionais de que o Brasil faça parte,
>
> d) os ganhos de capital auferidos pela pessoa física na alienação de bens ou direitos de qualquer natureza,
>
> e) os rendimentos de aluguéis recebidos de pessoas físicas.

> **Gabarito:** D. O ganho de capital não ocorre todo mês, gerando imposto mensal devido a ser recolhido. Como a própria alternativa informa, o imposto do ganho de capital é devido "na alienação de bens ou direitos de qualquer natureza".

Importante lembrar que a doação a título de **adiantamento de legítima** e a sucessão por **herança e legado** são **isentas**, mas podem apresentar reflexos na tributação do ganho de capital.

A transmissão pode ocorrer pelo valor do bem constante na declaração do imposto do proprietário e será declarada pelo novo proprietário por este mesmo valor, hipótese em que não haverá ganho de capital na operação. Eventual ganho de capital somente ocorrerá na transmissão do bem ou direito pelo novo proprietário a terceiro (art. 119, do RIR).

O contribuinte pode optar, contudo, pela transmissão do bem pelo valor de mercado. Se este valor for superior ao custo de aquisição, o transmitente (doador ou o espólio) deverá pagar o imposto devido pelo ganho de capital (art. 119, do RIR).

Estas regras também se aplicam à partilha de bens na dissolução da sociedade conjugal.

O bem ou direito doado, fora dos casos de adiantamento de legítima, não constitui renda tributável para o donatário. Contudo, o valor da doação deve ser considerado, para fins do IRPF, pelo valor de mercado do bem ou direito doado e, se superior ao custo de aquisição, gera ganho de capital e a incidência do imposto sobre o doador.

O imposto é devido à alíquota de 15% sobre o ganho, aplicado o fator de redução previsto pelo art. 40, da Lei 11.196/05 e seu recolhimento pode ser diferido, no caso de alienações parceladas.

Pelo que se verifica, as questões mais importantes no ganho de capital são a apuração do custo de aquisição e do valor de alienação.

O art. 123, do RIR, disciplina o **valor da alienação**:

> Art. 123. Considera-se valor de alienação:
> I – o preço efetivo da operação, nos termos do § 4º do art. 117;
> II – o valor de mercado nas operações não expressas em dinheiro;

> III – no caso de alienações efetuadas a pessoa física ou jurídica residente ou domiciliada em países com tributação favorecida (art. 245), o valor de alienação será apurado em conformidade com o art. 240.

Em **regra**, o valor da alienação será o preço pago. Se a operação não for expressa em dinheiro, será considerado o valor de mercado. Por fim, o regulamento se reporta a **regras específicas** de apuração do valor aplicável aos "preços de transferência", no caso de alienações efetuadas a pessoa física ou jurídica residente ou domiciliada em países com tributação favorecida.

O custo de aquisição comporta uma apreciação temporal, em virtude do processo inflacionário vivido pelo Brasil.

Para os bens adquiridos até 31 de dezembro de 1991, o custo de aquisição será o **valor de mercado** do bem na data de aquisição, corrigido pela Tabela de Atualização do Custo de Bens e Direitos elaborada pela Secretaria da Receita Federal.

Para os bens adquiridos entre 1992 e 1995, o custo será o **valor da aquisição**, constante do documento do negócio jurídico, aplicando-se, também, a tabela de atualização.

Para os bens adquiridos a partir de 1996, o custo será o valor de aquisição, mas não se admite qualquer correção.

Há **regras específicas** para alguns bens.

Na alienação de **imóvel** adquirido até 31 de dezembro de 1988, há **redução do ganho de capital**, que varia entre 100%, para bens adquiridos até 1969 e 5%, para bens adquiridos no ano de 1988, nos termos do art. 18, da Lei 7.713/88.

Para **imóveis**, podem ser computadas no custo de aquisição o custo da construção, bem como o custo das benfeitorias.

No caso de **permuta**, apenas a "torna", o valor em dinheiro recebido por um dos contribuintes, será tributada como ganho de capital.

A **integralização de capital** da empresa pelo sócio pessoa física gera tributação pelo ganho de capital apenas se realizada pelo valor de mercado, superior ao valor constante na declaração do imposto do sócio (art. 132, do RIR).

Na **devolução do bem ou direito**, realizada pelo valor de mercado e este seja superior ao valor contábil, o ganho de capital será tributado pela empresa (art. 133, do RIR).

Os bens adquiridos em **arrendamento mercantil** terão como **custo de aquisição** o valor residual acrescido das parcelas devidas a título do arrendamento (art. 134, do RIR).

No caso **de quotas ou ações distribuídas** em decorrência de **aumento de capital** ou **incorporação de lucros** apurados a partir do mês de janeiro de 1996, ou de reservas constituídas com esses lucros, o custo de aquisição será igual à parcela do lucro ou reserva capitalizada, que corresponder ao sócio ou acionista (art. 135, do RIR).

Considera-se custo de aquisição e valor da venda do imóvel rural o valor informado no Documento de Informação e Apuração do ITR – DIAT (art. 136, do RIR).

Estão isentos do ganho de capital a alienação de único *imóvel* no valor de até R$ 440.000,00, dentro de um período de 5 anos (art. 39, III,do RIR), bem como o valor da venda de quaisquer **imóveis residenciais** aplicados na aquisição de novos imóveis residenciais, no prazo de 180 dias a contar da primeira alienação (art. 39, da Lei 11.196/2005). O valor das vendas não utilizado no prazo e na finalidade prevista é tributado proporcionalmente.

Também são isentos os ganhos de capital de pequeno valor, para alienações mensais de ações no valor de até R$ 20.000,00 e de outros bens, no valor mensal de até R$ 35.000 (art. 22, da Lei 9.250/95).

### 6.2. A lei de regularização de ativos

A Lei 13.254/16, também chamada Lei de Repatriação de Capitais ou ainda Lei de Repatriação de Ativos, que, mais formalmente, "dispõe sobre o Regime Especial de Regularização Cambial e Tributária (RERCT) de recursos, bens ou direitos de origem lícita, não declarados ou declarados incorretamente, remetidos, mantidos no exterior ou repatriados por residentes ou domiciliados no País", cria uma **hipótese peculiar de tributação sobre ganhos de capital**.

Vale notar que não se trata propriamente de uma lei de repatriação, pois não é necessário que os capitais ou os ativos pertencentes às pessoas que se valem da norma retornem ao país. Trata-se, de fato, de uma **lei de regularização**, como passamos a ver.

O objetivo da lei é criar uma forma de regularizar o capital remetido para o exterior, mediante a prática de atos que podem ser considerados crime de sonegação fiscal, lavagem de dinheiro e evasão de divisas, num contexto mundial de trocas de informações visando o combate à sonegação fiscal internacional e ao terrorismo.

O Brasil não foi o único país a tomar esta medida. Diversas outras nações editaram leis semelhantes, para promover a extinção da punibilidade de crimes cometidos no passado, com o pagamento do imposto que seria devido se os ilícitos não tivessem sido cometidos.

Para tanto, a lei brasileira, na linha de experiências internacionais, exige do residente no país a adesão ao programa de regularização voluntária, a entrega de uma declaração, e o **pagamento do imposto** de renda, a título de ganhos de capital, no percentual de 15% sobre os valores existentes no exterior em 31/12/2014, calculados pela taxa de câmbio da mesma data, **acrescido de multa** de 100% sobre o valor do imposto devido.

A opção pela incidência do imposto de renda, a título de ganhos de capital, foi criticada quanto a existência de efetivo ganho de capital, pois a regularização depende do pagamento do imposto, mesmo que o interessado tenha sofrido prejuízos com a remessa irregular, quanto natureza de imposto de renda, pois não necessariamente há correspondência entre o patrimônio regularizado e o conceito do art. 43, do CTN, bem como quanto a própria natureza tributária da cobrança, pois não há previsão constitucional de tributo ou contribuição com as características eleitas pela Lei 13.254/16.

O problema de nomenclatura ou de enquadramento acadêmico do valor devido para a regularização, contudo, não condena a medida, pois o nome não define a natureza jurídica do instituto, como assevera o art. 4º, I, do CTN. Assim, ainda que a cobrança tenha natureza meramente administrativa ou financeira, não nos parece haver nela qualquer inconstitucionalidade.

Sem a pretensão de esgotar o assunto, como a lei lhe atribuiu natureza de imposto de renda e como a lei atribuiu à Secretaria da Receita Federal do Brasil a tarefa de administrar a cobrança, tratamos do tema neste tópico.

Há algumas questões que merecem ser exploradas.

Nos termos do art. 1º, § 1º, da Lei 13.254/16, o "RERCT aplica-se aos **residentes ou domiciliados no País em 31 de dezembro de 2014** que tenham sido ou ainda sejam proprietários ou titulares de ativos, bens ou direitos em períodos anteriores a 31 de dezembro de 2014, ainda que, nessa data, não possuam saldo de recursos ou título de propriedade de bens e direitos".

Não podem aderir os não residentes na mesma data, mas os efeitos da lei, vale dizer, da extinção da punibilidade dos crimes, não são aplicados aos detentores de cargos, empregos e funções públicas de direção ou eletivas, nem ao respectivo cônjuge e aos parentes consanguíneos ou afins, até o segundo grau ou por adoção, na data de publicação do diploma legal, 13 de janeiro de 2016.

Não foram poucas as críticas a esta limitação, pois a título de evitar o beneficiamento de pessoas que poderiam influenciar na edição da lei, foram excluídos do benefício penal pessoas que se encontram na mesma situação de outras, que poderão ser beneficiadas.

O interessado deve apresentar **declaração** única de regularização, **contendo**:

- a identificação do declarante;
- as informações fornecidas pelo contribuinte necessárias à identificação dos recursos, bens ou direitos a serem regularizados, bem como de sua titularidade e origem;
- o valor, em real, dos recursos, bens ou direitos de qualquer natureza declarados;
- declaração do contribuinte de que os bens ou direitos de qualquer natureza declarados têm origem em atividade econômica lícita; e
- na hipótese de inexistência de saldo dos recursos, ou de titularidade de propriedade de bens ou direitos referidos no caput, em 31 de dezembro de 2014, a descrição das condutas praticadas pelo declarante que se enquadrem nos crimes previstos no § 1º do art. 5º desta Lei e dos respectivos recursos, bens ou direitos de qualquer natureza não declarados, remetidos ou mantidos no exterior ou repatriados, ainda que posteriormente repassados à titularidade ou responsabilidade, direta ou indireta, de trust de quaisquer espécies, fundações, sociedades despersonalizadas, fideicomissos, ou dispostos mediante a entrega a pessoa física ou jurídica, personalizada ou não, para guarda, depósito, investimento, posse ou propriedade de que sejam beneficiários efetivos o interessado, seu representante ou pessoa por ele designada.

Ademais, **deve apresentar:**

- declaração retificadora de ajuste anual do imposto de renda relativa ao ano-calendário de 2014 e posteriores, no caso de pessoa física;
- declaração retificadora da declaração de bens e capitais no exterior relativa ao ano-calendário de 2014 e posteriores, no caso de pessoa física e jurídica, se a ela estiver obrigada; e
- escrituração contábil societária relativa ao ano-calendário da adesão e posteriores, no caso de pessoa jurídica.

São **objeto de regularização** bens de origem lícita, das mais diversas naturezas, como depósitos bancários, certificados de depósitos, cotas de fundos de investimento, instrumentos financeiros, apólices de seguro, operação de empréstimo, ativos intangíveis, bens imóveis e veículos.

A **base de cálculo** da obrigação, vale dizer, do imposto de renda a título de ganho de capital e da multa, o valor dos bens em 31/12/2014, avaliados pela cotação do dólar nesta data.

Este tema também gerou dificuldades, pois o valor dos bens remetidos ao exterior poderia ser maior do que o saldo em 31/12/2014 ou mesmo nem existir nesta data. Neste caso, a Receita Federal aceita "o valor presumido em 31 de dezembro de 2014, apontado por documento idôneo que retrate o bem ou a operação a ele referente" (Disponível em: http://idg.receita.fazenda.gov.br/orientacao/tributaria/declaracoes-e-demonstrativos/dercat-declaracao-de-regularizacao-cambial-e-tributaria/perguntas-e-respostas-dercat. Acesso em 28/11/2016).

Não é necessário que o beneficiário retorne seu patrimônio para o Brasil.

O prazo para a entrega da declaração se encerrou em 31 de outubro de 2016, mas foi reaberto pela Lei 13.428/2017, por mais 120 dias, a partir de 30 de março de 2017. A lei também promoveu alguns ajustes no instituto.

## 7. TRIBUTAÇÃO DE APLICAÇÕES FINANCEIRAS – INTRODUÇÃO

A tributação das aplicações financeiras é tratada no Livro III, do RIR.

Nosso objetivo é apresentar um resumo da tributação dos rendimentos financeiros, sem qualquer pretensão de esgotar o tema.

As operações financeiras, para fins do imposto de renda, se dividem em três grupos principais: a caderneta de poupança, isenta; as operações de renda fixa e em fundos de investimento, sujeitas a tributação exclusiva na fonte; e as operações de renda variável, sujeitas a tributação definitiva, não sujeita a ajuste, mas para a qual se permite compensação de prejuízos dentro do mesmo grupo de operações.

As operações de **renda fixa** são aquelas cujo rendimento é calculado a partir de um critério de apuração do resultado, que pode ser pré ou pós fixado.

São considerados renda fixa não só os investimentos cujo resultado é realmente fixo (ex. 1% ao mês), mas também aqueles vinculados a índices, como o CDB, o DI, os fundos de inflação e mesmo fundos compostos parcialmente por ações. Estas aplicações apresentam resultado variável, que podem até ser negativos. O que importa é a existência de um critério prévio para determinação do resultado do investimento. Se o rendimento for determinado sobre um percentual da taxa de inflação, por exemplo, e esta taxa for negativa num determinado mês, não haverá rendimento, mas perda, o que não descaracteriza a aplicação como renda fixa.

Os fundos, a propósito, são condomínios organizados e administrados por instituição financeira, cujas cotas são compradas e resgatadas pelo investidor.

A base de cálculo será o rendimento da aplicação. Se o resultado é nulo ou negativo, não há a incidência do imposto. Se o resultado é positivo, sobre ele se aplicará a alíquota.

As alíquotas da renda fixa são regressivas no tempo e se dividem em dois grupos, dos fundos de longo prazo e das aplicações de renda fixa em geral e a dos fundos de curto prazo.

Para o **primeiro grupo**, as **alíquotas** são as seguintes:

- 22,5% para aplicações com prazo de até 180 dias;
- 20,0% para aplicações com prazo de 181 até 360 dias;
- 17,5% para aplicações com prazo de 361 até 720 dias; e
- 15,0% para aplicações com prazo acima de 720 dias.

Para os **fundos de curto prazo**, aplicam-se as **alíquotas** de:

- 22,5% para aplicações com prazo de até 180 dias; e
- 20,0% para aplicações com prazo acima de 180 dias;

Para os **fundos de ações**, compostos por pelo menos 67% de ações cotadas na Bovespa, a alíquota é de 15%.

As operações de **renda variável** são aquelas em que o contribuinte opera, sem o intermédio de fundos, com debêntures, ações, moedas, ouro, opções etc. Nelas, ao contrário do que ocorre com a renda fixa, não há qualquer critério que defina o rendimento da aplicação.

A **tributação** destas operações é **isolada** das demais rendas e deve ser realizada pelo contribuinte mediante apuração própria. Uma vez pago, o imposto se torna **definitivo**.

A **base de cálculo** é o ganho líquido no investimento. Vale dizer, preço de venda, do qual é deduzido o preço da compra e os custos de aquisição.

Entre os custos de aquisição estão as despesas cobradas pela pessoa autorizada a operar na bolsa.

A **bolsa de valores** é obrigada a realizar a **retenção** na fonte dos ganhos à alíquota de 0,005%, o que serve mais de controle para a fiscalização que como instrumento arrecadatório.

O resultado positivo dos investimentos em renda variável deve ser apurado mensalmente em dois grupos: operações comuns e operações de *day trade*.

O resultado mensal das operações comuns é a base de cálculo sobre a qual incidirá a alíquota de 15%. Da mesma forma, o resultado mensal das operações de *day trade*, cuja alíquota é de 20%. As operações comuns e de *day trade* também não se misturam entre si, de forma que o valor da compra, os custos de aquisição, o valor das vendas, o resultado e o imposto devido são apurados separadamente.

Separadas as operações, o contribuinte poderá deduzir do resultado mensal o prejuízo dos meses anteriores.

## 8. ATIVIDADE RURAL

Os rendimentos da **atividade rural** recebem tratamento próprio no IRPF, que prevê regras específicas para a apuração do resultado, com a possibilidade de dedução de investimentos e de compensação de prejuízos, vedados na tributação dos demais rendimentos da pessoa física.

> Nos termos do art. 58, do RIR:
>
> Considera-se atividade rural:
>
> I – a agricultura;
>
> II – a pecuária;
>
> III – a extração e a exploração vegetal e animal;
>
> IV – a exploração da apicultura, avicultura, cunicultura, suinocultura, sericicultura, piscicultura e outras culturas animais;
>
> V – a transformação de produtos decorrentes da atividade rural, sem que sejam alteradas a composição e as características do produto in natura, feita pelo próprio agricultor ou criador, com equipamentos e utensílios usualmente empregados nas atividades rurais, utilizando exclusivamente matéria-prima produzida na área rural explorada, tais como a pasteurização e o acondicionamento do leite, assim como o mel e o suco de laranja, acondicionados em embalagem de apresentação;
>
> VI – o cultivo de florestas que se destinem ao corte para comercialização, consumo ou industrialização.

O **imposto de renda** das pessoas que explorem as atividades mencionadas é apurado individualmente, ainda que a **exploração seja conjunta**.

Dispõe o art. 59, do RIR, que "os arrendatários, os condôminos e os parceiros na exploração da atividade rural, comprovada a situação documentalmente, pagarão o imposto, separadamente, na proporção dos rendimentos que couberem a cada um".

De forma similar, prevê o art. 64, do RIR, que "o resultado auferido em unidade rural comum ao casal deverá ser apurado e tributado pelos cônjuges proporcionalmente à sua parte", neste caso, facultada a opção de tributação conjunta.

O imposto é apurado pela **escrituração do livro caixa**, "que deverá abranger as receitas, as despesas de custeio, os investimentos e demais valores que integram a atividade" (art. 60, do RIR).

A falta do livro caixa implica **arbitramento** do resultado, salvo para os contribuintes que aufiram receitas anuais de até R$ 56.000,00, que poderão comprovar a apuração do imposto apenas por documentos, independentemente da escrituração do livro (§§ 2º e 3º, do art. 60, do RIR).

A receita bruta da atividade rural decorre das atividades definidas no art. 58, do regulamento e exploradas pelo próprio contribuinte, bem como de valores recebidos de órgãos públicos a título de auxílios, subvenções e subsídios, o valor da alienação de bens utilizados na atividade rural e o valor de produtos objeto de permuta, entre outros (art. 61, do RIR).

São **dedutíveis** as despesas de custeio e de investimento necessárias à percepção dos rendimentos e à manutenção da fonte produtora, relacionados com a natureza da atividade rural (art. 62, do RIR).

Incluem-se nas **despesas de investimento dedutíveis**: as benfeitorias, as culturas permanentes, os implementos agrícolas, a aquisição de animais de trabalho, de produção e de engorda, a contratação de serviços técnicos especializados, o pagamento de bolsas para formação de técnicos em atividades rurais a construção de que facilitem o acesso ou a circulação na propriedade; a instalação de aparelhagem de comunicação e de energia elétrica, entre outros.

O imposto da atividade rural obedece ao **regime de caixa**, regra geral do IRPF. Por tal razão, as vendas parceladas são computadas na data de seu recebimento e as despesas a prazo também são deduzidas no mês do pagamento. A despesa de bem adquirido por meio de financiamento rural será considerado despesa no mês do pagamento do próprio bem e não no do pagamento do empréstimo.

O contribuinte **residente no Brasil** pode optar pelo resultado presumido, correspondente a 20% da receita bruta, hipótese em que não precisará comprovar documentalmente suas despesas (art. 71, do RIR).

Para a apuração do resultado, **caso o contribuinte não opte pelo resultado presumido**, serão consideradas as receitas e as despesas de todas as propriedades rurais do contribuinte (art. 63, do RIR) e o contribuinte pode compensar o resultado positivo com prejuízos dos períodos anteriores (art. 65, do RIR).

Está **vedada a compensação do prejuízo da atividade rural** explorada no **Brasil** com o resultado positivo obtido na atividade rural no **exterior**, bem como a compensação de prejuízos para residentes no exterior, que explorem a atividade rural no Brasil.

O resultado positivo, após as deduções e compensações, integrará a base de cálculo do imposto na **declaração de rendimentos** (art. 68, do RIR).

Caso a **pessoa física seja domiciliada no exterior**, o resultado da atividade rural, tributado à **alíquota de 15%**, será apurado pelo próprio interessado ou por procurador e pago na data da ocorrência do fato gerador, vale dizer, no último dia do período de apuração, salvo se houver remessa de lucros antes de encerrado o exercício, quando o pagamento do imposto deverá ocorrer juntamente com a remessa (art. 70, do RIR).

## 9. TRIBUTAÇÃO DOS RESIDENTES NO EXTERIOR

O que dissemos até aqui diz respeito, essencialmente, a tributação dos residentes no Brasil.

Os **não residentes** se sujeitam a regras próprias, salvo em casos como o rendimento de aplicações financeiras, que é idêntica à dos residentes.

Em síntese, os não residentes estão sujeitos a **tributação exclusiva na fonte** à **alíquota** de 25% para os rendimentos do trabalho e 15% para os demais rendimentos, caso o contribuinte resida em país que tribute a renda. Se residir em país com tributação favorecida, a alíquota será de 25%.

As normas que disciplinam o rendimento de residentes ou domiciliados no exterior são basicamente o art. 97, do DL 5.844/43 e o art. 60, da Lei 12.294/10.

> O primeiro desses dispositivos prevê o fundamento da incidência do tributo. Leia-se:
>
> Art. 97. Sofrerão o desconto do impôsto à razão de 15% os rendimentos percebidos.
>
> a) pelas pessoas físicas ou jurídicas residentes ou domiciliadas no estrangeiro;
>
> b) pelos residentes no país que estiverem ausentes no exterior por mais de doze meses, salvo os referidos no art. 73;
>
> c) pelos residentes no estrangeiro que permaneceram no território nacional por menos de doze meses.
>
> [...]

> § 3º A taxa de que trata êste artigo incidirá sôbre os rendimentos brutos, salvo se provierem de capitais imobiliárias, hipótese em que será permitido deduzir, mediante comprovação, as despesas previstas no art. 16.

São **exemplos** o pagamento de serviços médicos e hospitalares, serviços de hotéis e agências de viagens, serviços educacionais, entre outros, e, nesses casos, o pagamento brasileiro é remetido para o exterior, com a retenção na fonte do ganho do prestador de serviço estrangeiro.

O art. 60, da Lei 12.249/10, a seu turno, previu hipóteses de isenção para remessas de valores para o exterior, sob certas condições.

Em sua redação original, o dispositivo, que sofreu várias alterações, isentava os valores pagos, creditados, entregues, empregados ou remetidos para pessoa física ou jurídica residente ou domiciliada no exterior, destinados à cobertura de gastos pessoais, no exterior, de pessoas físicas residentes no País, em viagens de turismo, negócios, serviço, treinamento ou missões oficiais, até 31 de dezembro de 2015, desde que respeitado o limite máximo de R$ 20.000,00, salvo em relação às agências de viagem, para as quais o limite era de R$ 10.000,00, por passageiro. A lei facultou ao Poder Executivo dispor sobre os limites, a quantidade de passageiros e as condições para utilização da isenção, conforme o tipo de gasto custeado.

Em 31 de dezembro de 2015, a isenção não foi prorrogada, passando a incidir o imposto. Em 1º de março de 2016 a MP 713/16, convertida na Lei 13.315/16, veio a dar nova redação ao dispositivo.

> Art. 60. Até 31 de dezembro de 2019, fica reduzida a 6% (seis por cento) a alíquota do imposto de renda retido na fonte incidente sobre os valores pagos, creditados, entregues, empregados ou remetidos para pessoa física ou jurídica residente ou domiciliada no exterior, destinados à cobertura de gastos pessoais, no exterior, de pessoas físicas residentes no País, em viagens de turismo, negócios, serviço, treinamento ou missões oficiais, até o limite global de R$ 20.000,00 (vinte mil reais) ao mês, nos termos, limites e condições estabelecidos pelo Poder Executivo.
>
> § 1º. O limite global previsto no caput não se aplica em relação às operadoras e agências de viagem.

> § 2º. Salvo se atendidas as condições previstas no art. 26, a redução da alíquota prevista no caput não se aplica ao caso de beneficiário residente ou domiciliado em país ou dependência com tributação favorecida ou de pessoa física ou jurídica submetida a regime fiscal privilegiado, de que tratam os arts. 24 e 24-A da Lei n. 9.430, de 27 de dezembro de 1996.
>
> § 3º. As operadoras e agências de viagem, na hipótese de cumprimento da ressalva constante do § 2º, sujeitam-se ao limite de R$ 10.000,00 (dez mil reais) ao mês por passageiro, obedecida a regulamentação do Poder Executivo quanto a limites, quantidade de passageiros e condições para utilização da redução, conforme o tipo de gasto custeado.
>
> § 4º. Para fins de cumprimento das condições para utilização da alíquota reduzida de que trata este artigo, as operadoras e agências de viagem deverão ser cadastradas no Ministério do Turismo, e suas operações deverão ser realizadas por intermédio de instituição financeira domiciliada no País.

Não **mais vigora**, portanto, **isenção**, mas a incidência do imposto à alíquota reduzida de 6%.

O **ganho de capital** do residente no exterior está sujeito à alíquota de 15%, devendo o procurador recolher o imposto de forma definitiva. Não há isenção para os ganhos de capital de pequeno valor para os não residentes.

Há algumas hipóteses de alíquota zero. São aplicáveis, contudo, apenas aos residentes em países que tributam a renda.

## 10. TRIBUTAÇÃO DE RENDIMENTOS OMITIDOS

O imposto de renda da pessoa física está sujeito ao lançamento por homologação, cabendo ao contribuinte oferecer à incidência do tributo seus rendimentos, antecipando-se à autoridade fiscal.

Contudo, a autoridade pode constituir de ofício a obrigação nos casos previstos em lei, dentre os quais se encontra a hipótese em que o contribuinte omite rendimentos (art. 841, VI, do RIR).

As receitas omitidas podem ser apuradas pela fiscalização mediante procedimentos variados, com a utilização de todos meios disponíveis à autoridade fazendária, como cruzamento de dados, informações decorrentes de outros tributos (inclusive estaduais e municipais mediante convênio) e das declarações do próprio IR, entre elas a declaração do imposto retido na fonte.

A legislação cuida, porém, de algumas hipóteses de rendimentos omitidos que se apuram por presunção. São elas: os **sinais exteriores de riqueza**, o **acréscimo patrimonial a descoberto** e os **depósitos não identificados**.

Em geral, é a fiscalização que deve instruir o processo de autuação com a prova de ocorrência do fato gerador. Nas hipóteses que passaremos a estudar, contudo, há presunção em favor do fisco. Presunção relativa, diga-se, pois pode ser afastada por prova do contribuinte.

### 10.1. Sinais exteriores de riqueza

Os sinais exteriores de riqueza são **gastos do contribuinte incompatíveis com sua renda** e fazem presumir renda tributável quando não sejam devidamente justificados (art. 846, do RIR).

Imaginemos o contribuinte que declare possuir 3 veículos esportivos importados, morar em apartamento luxuoso em bairro nobre de alguma cidade grande, possuir casa de campo e casa na praia e que transite pela alfândega em voos internacionais.

Este contribuinte deve possuir rendimentos bastantes para o pagamento de IPVA, de eventual seguro, de IPTU, de compras com cartão de crédito, de passagens aéreas etc.

Se o mesmo contribuinte declare rendimentos incompatíveis com estes gastos, dos quais a Receita Federal pode ter conhecimento via convênio (IPVA e IPTU) ou mediante informações do IOF, da alfândega ou de declarações de aluguéis recebidos, está sujeito à tributação por sinais exteriores de riqueza.

Por certo que o contribuinte pode justificar as despesas. Os impostos são pagos pelo pai, os aluguéis pela mãe e as passagens aéreas pelos amigos estrangeiros. Caso não justifique as despesas de forma inequívoca, haverá presunção de que o contribuinte omitiu receita e o valor destas despesas será considerado renda tributável na autuação fiscal.

### 10.2. Acréscimo patrimonial a descoberto

Outra presunção de renda omitida ocorre **quando o patrimônio do contribuinte cresce, no mês, mais do que seria compatível com sua renda declarada** (art. 55, XIII, do RIR).

Imagine que o contribuinte pague o IR em montante que revele renda de R$ 100.000,00. Seu patrimônio somente pode crescer, no máximo, os R$ 100.000,00.

Se a variação patrimonial positiva superar este valor, presume-se que o contribuinte auferiu mais renda do que declarou, e esta diferença está sujeita ao pagamento de imposto e a autuação fiscal.

Pode o contribuinte afastar a presunção e a incidência do imposto, bem como minimizar as penalidades aplicáveis, se justificar rendas isentas, doações etc. Do contrário, persiste a autuação.

### 10.3. Depósitos não identificados

Também se presume omissão de receita e renda tributável os depósitos não identificados (art. 848, do RIR).

O contribuinte pode receber recursos em sua conta bancária que não constituam renda tributável.

Em geral, os depósitos são identificados e, em vários casos, devem ser declarados pelo próprio contribuinte, como ocorre no caso de doações.

No caso de depósitos não identificados nem declarados, deve o contribuinte provar que não se trata de renda ou oferecer o valor à tributação. Do contrário, haverá, presumidamente, renda tributável omitida, sujeita a autuação fiscal.

Não é difícil provar a **origem dos depósitos**. O contribuinte pode, por exemplo, demonstrar que emprestou dinheiro a um amigo, que lhe devolveu o empréstimo, sem juros, via depósito bancário, hipótese em que não haverá incidência do imposto. Pode, também, comprovar tratar-se de recurso de terceiro que simplesmente transitou em sua conta.

No caso de creditamento ocorrido por engano, pode o contribuinte solicitar ao banco que estorne o valor ou devolva o valor depositado a seu real proprietário.

O que não se aceita é a pura alegação de desconhecimento do contribuinte.

Esta matéria, embora simples, se relaciona com o complexo tema do sigilo bancário.

A Receita Federal possui diversos instrumentos para apurar os depósitos não identificados, inclusive as informações da CPMF.

Contudo, acirra-se o debate acerca do **sigilo bancário** e da possibilidade de a autoridade administrativa requerer a quebra do sigilo diretamente à instituição financeira, conforme previsto pela LC 105/01.

Na jurisprudência encontram-se decisões a favor da quebra do sigilo por ato administrativo e outras que exigem a autorização judicial.

Hoje, a matéria se encontra sob análise do STF, com repercussão geral, no RE 601.314 RG/SP.

Resta aguardar o julgamento.

## 11. OBRIGAÇÕES ACESSÓRIAS – AS DECLARAÇÕES DO IRPF

A história das declarações de impostos é longa. Originariamente, as **declarações** eram meramente instrumentais e informativas e auxiliavam a Fazenda na fiscalização.

Deste DL 2.124/84, a lei autoriza o Ministro da Fazenda que estabeleça declarações de tributo com **efeito constitutivo** da obrigação tributária no âmbito federal. A lei, pois, não determinou que as declarações tenham efeito constitutivo, mas que podem apresentar este efeito, se assim determinado pela autoridade administrativa competente para estabelecer as declarações.

As **primeiras normas** estabelecendo esta característica nas declarações foram editadas somente em 1998. Hoje, contudo, todas as declarações de tributos federais são consideradas confissão de dívida e constituem a obrigação tributária nela informada, independente de qualquer ato específico da administração, com respaldo na lei e na jurisprudência.

A **principal declaração do IRPF** é a declaração de ajuste anual, a Declaração do Imposto de Renda da Pessoa Física – **DIRPF**. Todas as pessoas que fazem retenção na fonte do imposto, especialmente as pessoas jurídicas, devem apresentar a Declaração do Imposto de Renda Retido na Fonte – DIRF, largamente utilizada pela Receita Federal para cruzamento de dados.

A DIRPF não é apenas uma declaração de rendimentos ou do imposto de renda, como a Declaração de Contribuições e Tributos Federais – DCTF, mas é também uma declaração de bens e de recebíveis não tributáveis da pessoa física.

Na **DIRPF, deve** o contribuinte obrigatoriamente informar todos os valores que recebeu, inclusive os rendimentos isentos, como o ganho de capital de pequena monta, os não tributados, como heranças e doações, os sujeitos a tributação exclusiva na fonte, como o 13º salário, os sujeitos a tributação definitiva, como o ganho de capital, e os rendimentos tributáveis comuns, sujeitos a ajuste na declaração.

A declaração de todos os valores recebidos, inclusive os não tributados, é **importante** para justificar o aumento de capital do contribuinte, ainda que não afete o resultado final do imposto a pagar ou a restituir.

O contribuinte **pode** declarar todas as suas despesas, especialmente as despesas dedutíveis do imposto, como despesas médicas, inclusive com planos de saúde, educação, previdência complementar, que reduzem a base de cálculo do tributo.

**Deve**, ainda, obrigatoriamente, declarar todos os seus bens.

A omissão de qualquer das informações obrigatórias é infração à lei tributária e pode ser punida com multa aplicada pela autoridade Fiscal.

A multa pode ser aplicada, inclusive, se o contribuinte optou por não declarar alguma despesa dedutível e, com isso, justificar a variação patrimonial. Ainda que o resultado final de apuração do imposto não altere, a declaração estará incorreta e a multa será aplicada se a omissão (a despesa não declarada) for descoberta. Neste caso, o contribuinte perderá o direito à dedução não realizada oportunamente, será autuado pela omissão de receita e ainda pagará a multa agravada.

Há, ainda, **multa pela falta ou atraso na entrega da declaração**.

As multas podem variar de um valor fixo a um percentual do imposto devido (cuidado, do imposto devido no ano inteiro, não do saldo de imposto a pagar) à multa agravada no caso de lançamento de ofício (auto de infração), quando o contribuinte utiliza de artifício para cometer, intencionalmente, a infração.

Em qualquer situação, pode o contribuinte, percebendo erro na declaração original, apresentar declaração retificadora, que substitui integralmente o documento anterior.

A possibilidade de apresentar a **declaração retificadora** para corrigir erros (denúncia espontânea, art. 138, do CTN), contudo, se extingue com a notificação enviada pela Receita ao contribuinte informando que ele está sob processo de fiscalização, que ele deve pagar imposto complementar ou, simplesmente, que ele fica intimado a apresentar documentos acerca da obrigação equivocadamente declarada.

A notificação do Fisco afasta a espontaneidade da denúncia face a qualquer infração, culposa ou dolosa, de obrigação principal ou acessória, de mora ou de descumprimento total da obrigação. De outro lado, se realizada antes da notificação, a denúncia afasta a responsabilidade por qualquer infração.

**Outras duas declarações** merecem comentários: a declaração final de espólio e a declaração de saída definitiva do país.

A **declaração final de espólio** é aquela apresentada após a homologação judicial da partilha.

Existem outras declarações de espólio. Há a declaração inicial, apresentada pelo inventariante para prestar as informações do *de cujus* relativas ao ano calendário do falecimento; as declarações intermediárias, apresentadas anualmente enquanto não encerrada a sucessão; além da declaração final.

Não é declaração de espólio aquela apresentada pelo inventariante, quando o contribuinte falece antes de entregar a declaração devida no exercício. As informações do ano calendário (ano em que ocorreu o fato gerador) deveriam ser prestadas pelo contribuinte. Como este faleceu antes de entregar a declaração, deve o inventariante apresentar, em nome do *de cujus*, a declaração de ajuste comum.

A **declaração de saída definitiva do Brasil** deve ser entregue pela pessoa que deixa de ser residente no país. Notadamente aquelas que se retiram do território nacional para deixar de residir, desde logo, no país, e aquelas que saíram temporariamente no território nacional, mas que terminam ausentes por tempo bastante para deixar de ser residentes.

A declaração deve ser entregue por ocasião da saída definitiva ou, no caso da saída temporária, quando ocorre a condição de mudança na residência, seja por tempo, seja pela aquisição do visto definitivo e da residência em outro país.

Seu efeito é determinar a forma de tributação do contribuinte, caso mantenha rendimentos no país: a tributação aplicável aos residentes ou a aplicável aos não residentes.

A exigência da declaração de isentos não está mais em vigor.

A IN RFB 1571/15 previu nova declaração para as instituições financeiras, a chamada **e-financeira**, que é, em linhas gerais, uma ampliação, da Declaração de Informações sobre Movimentações Financeiras – DIMOF, que já era apresentada por instituições bancárias.

Esta declaração, a e-financeira, foi instituída como adequação a tratados internacionais de trocas de informações sobre patrimônios e operações financeiras que extrapolam fronteiras dos países, com vistas a combater a evasão fiscal internacional e também fechar as portas de financiamento ao terrorismo, como o Convênio entre Brasil e Estados Unidos (Decreto 8.506/15), chamado de *Foreing Account Tax Compliance Act – FACTA* e, em português, Lei de Conformidade Tributária de Contas Estrangeiras, bem como outros tratados bilaterais e multilaterais, que seguem o *Common Reporting Standard – CRS*, da OCDE.

Esta declaração é apresentada pelas instituições financeiras, mas pode servir como instrumento de fiscalização do IRPF.

## 12. RESUMO

| | |
|---|---|
| **Noção Geral** | O imposto de renda da pessoa física consiste no **pagamento mensal** do imposto ou na retenção na fonte, ambos a título de antecipação (salvo as hipóteses de tributação definitiva ou exclusiva na fonte) baseada nas receitas decorrentes de trabalho assalariado, de trabalho não assalariado, de trabalho rural não assalariado e de rendimentos do capital e no **pagamento ou restituição** do imposto a partir da **declaração de ajuste anual**. |
| **Contribuinte** | **Pessoa física**, que em regra corresponde à pessoa natural, no direito civil (art. 2º, do RIR). Os menores de idade também são contribuintes do imposto, possuindo próprio número de CPF.<br>**Espólio** (art. 11, do RIR) pelo imposto devido até a partilha. |
| **Responsável** | O espólio será responsável pelo tributo devido pelo *de cujus*,<br>Os sucessores, pelo imposto devido pelo *de cujus* e pelo espólio<br>Pais pelo imposto devido pelos filhos menores, os tutores e curadores pelos tutelados e curatelados, os administradores de bens de terceiros pelo imposto devido por estes, e o inventariante pelo imposto devido pelo espólio. |

| | |
|---|---|
| Responsável por retenção | Estão obrigados à retenção na fonte todas as **pessoas físicas e jurídicas** que pagarem rendimentos de trabalho assalariado;<br>Responsáveis também pela retenção nas hipóteses de tributação exclusiva;<br>**Instituições financeiras** são responsáveis pela retenção nos pagamentos decorrentes de decisão judicial na Justiça Federal<br>Se a fonte ou o procurador não tiver efetuado a retenção do imposto, responderá pelo recolhimento deste, como se o houvesse retido. (art. 103, do DL 5.884/43). |
| Territorialidade e renda universal | A pessoa física **residente no país** deverá oferecer à tributação a renda que auferir de fonte no Brasil, bem como de fonte no exterior. Há a possibilidade de dedução do imposto pago no exterior, nos termos e limites da lei, desde que haja acordo internacional e reciprocidade.<br>O **residente no exterior** somente será contribuinte do imposto devido por rendimentos pagos por fontes no Brasil. |
| Equiparação a pessoa jurídica | **Opção do contribuinte** que explora atividade econômica (o assalariado não tem esta opção) e registra sua firma individual no cadastro nacional das pessoas jurídicas – CNPJ (art. 150, § 1º, I, do RIR);<br>Pessoa física que em nome individual explore, habitual e profissionalmente, qualquer atividade econômica de natureza civil ou comercial, com o fim especulativo de lucro, mediante venda de bens ou prestação de serviços a terceiros (art. 150, § 1º, II, do RIR).<br>**Obrigatoriamente equiparadas** as pessoas físicas que promovam incorporação de prédios em condomínio ou loteamento de terrenos (art. 150, § 1º, II, do RIR). |
| Renda tributável | Todos os rendimentos auferidos pela pessoa física que se enquadrem no conceito do art. 43, do CTN. O RIR sistematiza as rendas em seis grupos:<br>- Rendimentos provenientes do trabalho assalariado (art. 43 do RIR)<br>- Rendimentos do trabalho não assalariado (art. 45 do RIR)<br>- Rendimentos de aluguéis, arrendamentos e *royalties*, decorrentes de uso, fruição ou exploração de direitos; (art. 49 do RIR)<br>- Rendimentos de pensão alimentícia (art. 54 do RIR);<br>- Rendimentos da atividade rural;<br>- Outros rendimentos (art. 55 do RIR) |
| Rendimentos isentos e não tributados | O art. 39, do RIR, contempla hipóteses de isenção e hipóteses de não incidência. |

| | |
|---|---|
| **Rendimentos pagos acumuladamente** | O IRPF obedece ao regime de caixa e incide sobre a renda no momento em que é auferida. Exceção: art. 12-A da Lei 7.713/88, para rendimentos do trabalho recebidos em atraso. Julgado do STF pela aplicação do regime de competência para o caso específico dos rendimentos acumulados, com a determinação da alíquota a partir dos valores que deveriam ter sido recebidos em cada exercício. |
| **Despesas dedutíveis** | São **deduzidas no mês e na declaração de ajuste** a contribuição previdenciária oficial e complementar (art. 74, do RIR), as despesas do livro caixa (art. 75 e 76, do RIR), a dedução de dependentes (art. 77, do RIR), a pensão alimentícia (art. 78, do RIR) e o valor estipulado para isenção de aposentadoria e pensão pago a pessoa maior de 65 anos (art. 79, do RIR). São **deduzidas apenas na apuração da base de cálculo anual do imposto** as despesas médicas (art. 80, do RIR), as despesas com educação (art. 81, do RIR) e as contribuições para o Fundo de Aposentadoria Programada Individual – FAPI, cujo ônus seja da pessoa física (art. 82, do RIR). |
| **Deduções do imposto** | O contribuinte poderá deduzir do imposto devido (não confundir com dedução da base de cálculo) o imposto pago ou retido antecipadamente, alguns incentivos fiscais e o imposto pago no exterior, por residente no Brasil que aufira renda de fonte situada em outro país. |
| **Aplicações financeiras** | **Caderneta de poupança**, isenta; **Operações de renda fixa e em fundos de investimento**, sujeitas a tributação exclusiva na fonte, sendo a base de cálculo o rendimento da aplicação; **Operações de renda variável**, sujeitas a tributação definitiva, não sujeita a ajuste, mas para a qual se permite compensação de prejuízos dentro do mesmo grupo de operações, a base de cálculo é o ganho líquido no investimento. |
| **Atividade rural** | Atividades consideradas rurais (art. 58 do RIR). Imposto de renda das pessoas que explorem as atividades mencionadas é apurado individualmente, pela escrituração do livro caixa, sendo que a ausência implica no arbitramento do resultado, salvo para os contribuintes que auferiram receitas anuais de até R$ 56.000,00, que poderão comprovar a apuração do imposto apenas por documentos. Despesas dedutíveis (art. 62 do RIR). Regime de Caixa. |

| | |
|---|---|
| Atividade rural | O contribuinte residente no Brasil pode optar pelo resultado presumido, correspondente a 20% da receita bruta caso o contribuinte não opte pelo resultado presumido, serão consideradas as receitas e as despesas de todas as propriedades rurais do contribuinte (art. 63, do RIR) e o contribuinte pode compensar o resultado positivo com prejuízos dos períodos anteriores (art. 65, do RIR). |
| Residentes no exterior | Os não residentes estão sujeitos a tributação exclusiva na fonte à alíquota de 25% para os rendimentos do trabalho e 15% para os demais rendimentos, caso o contribuinte resida em país que tribute a renda. Se residir em país com tributação favorecida, a alíquota será de 25%. |
| Rendimentos omitidos | O IRPF está sujeito ao **lançamento por homologação** e, diante de eventual omissão de rendimentos pelo contribuinte, poderá a autoridade fiscal, mediante procedimentos variados, apurar a quantia omitida e constituir de ofício a obrigação. Algumas formas de apuração do rendimento omitido são presumidas, admitindo-se prova em contrário. São elas: sinais exteriores de riqueza, o acréscimo patrimonial a descoberto e os depósitos não identificados. |
| Obrigações acessórias | **Declaração do Imposto de Renda da Pessoa Física – DIRPF:** não é apenas uma declaração de rendimentos ou do imposto de renda, mas é também uma declaração de bens e de recebíveis não tributáveis da pessoa física.<br>**Declaração do Imposto de Renda Retido na Fonte – DIRF:** apresentada por todas as pessoas que fazem retenção na fonte<br>**Declaração final de espólio:** apresentada após a homologação judicial da partilha.<br>**Declaração de saída definitiva do país:** entregue pela pessoa que deixa de ser residente no país para determinar a forma de tributação do contribuinte, caso mantenha rendimentos no país.<br>**e-financeira** (IN RFB 1571/15): declaração para as instituições financeiras |

## 13. SÚMULAS

### Súmula do STF

**Súmula 587:** Incide imposto de renda sobre o pagamento de serviços técnicos contratados no exterior e prestados no Brasil. DJ de 03/01/1977

**Súmula 586:** Incide imposto de renda sobre os juros remetidos para o exterior, com base em contrato de mútuo. DJ de 03/01/1977

**Súmula 585:** Não incide o imposto de renda sobre a remessa de divisas para pagamento de serviços prestados no exterior, por empresa que não opera no Brasil. DJ de 03/01/1977

**Súmula 584:** Ao imposto de renda calculado sobre os rendimentos do ano-base, aplica-se a lei vigente no exercício financeiro em que deve ser apresentada a declaração. DJ de 03/01/1977 (SÚMULA SUPERADA)

**Súmula 493:** O valor da indenização, se consistente em prestações periódicas e sucessivas, compreenderá, para que se mantenha inalterável na sua fixação, parcelas compensatórias do imposto de renda, incidente sobre os juros do capital gravado ou caucionado, nos termos dos arts. 911 e 912 do código de processo civil. DJ de 10/12/1969

### Súmula do STJ

**Súmula 598:** É desnecessária a apresentação de laudo médico oficial para o reconhecimento judicial da isenção do Imposto de Renda, desde que o magistrado entenda suficientemente demonstrada a doença grave por outros meios de prova. DJe de 20/11/2017

**Súmula 590:** Constitui acréscimo patrimonial a atrair a incidência do imposto sobre a renda, em caso de liquidação de entidade de previdência privada, a quantia que couber a cada participante, por rateio do patrimônio, superior ao valor das respectivas contribuições à entidade em liquidação, devidamente atualizadas e corrigidas. DJe de 18/9/2017.

**Súmula 498:** Não incide imposto de renda sobre a indenização por danos morais. DJe 13/08/2012

**Súmula 463:** Incide imposto de renda sobre os valores percebidos a título de indenização por horas extraordinárias trabalhadas, ainda que decorrentes de acordo coletivo. DJe de DJe 08/09/2010

**Súmula 447:** Os Estados e o Distrito Federal são partes legítimas na ação de restituição de imposto de renda retido na fonte proposta por seus servidores. DJe de 13/05/2010

**Súmula 394:** É admissível, em embargos à execução, compensar os valores de imposto de renda retidos indevidamente na fonte com os valores restituídos apurados na declaração anual. DJe de 07/10/2009

**Súmula 386:** São isentas de imposto de renda as indenizações de respectivo adicional. DJe 01/09/2009

**Súmula 215:** A indenização recebida pela adesão a programa de incentivo à demissão voluntária não está sujeita à incidência do imposto de renda. DJ 04/12/1998

**Súmula 136:** O pagamento de licença-prêmio não gozada por necessidade do serviço não está sujeito ao imposto de renda. DJ 16/05/1995

**Súmula 125:** O pagamento de férias não gozadas serviço não está sujeito a incidência do imposto de renda. DJ 15/12/1994

**Súmula 556:** É indevida a incidência de imposto de renda sobre o valor da complementação de aposentadoria pago por entidade de previdência privada e em relação ao resgate de contribuições recolhidas para referidas entidades patrocinadoras no período de 1º/1/1989 a 31/12/1995, em razão da isenção concedida pelo art. 6º, VII, b, da Lei n. 7.713/1988, na redação anterior à que lhe foi dada pela Lei n. 9.250/1995. DJe de 15/12/2015

Capítulo 7

# IRPJ E CSLL

## PARTE I – NOÇÕES GERAIS

### 1. INTRODUÇÃO

Todo tributo, se estudado em detalhes, pode ser muito complexo e demandar longo trabalho. O IRPJ, porém, é longo e complexo mesmo sem que se aprofunde em seus detalhes.

Além disso, o direito tributário especial, que estuda os tributos em espécie, é um "sobre direito", que se complica no IRPJ. Por "sobre direito", queremos dizer que é ramo do direito que incide sobre outros fenômenos jurídicos, estudados, a seu turno, por outros ramos do direito. O IPI, por exemplo, incide sobre a venda de produtos industrializados e a compra e venda é objeto do direito empresarial; o ITR incide sobre a propriedade, que, por sua vez, é objeto do direito civil.

O IRPJ, contudo, incide sobre a renda das pessoas jurídicas e o fato "renda" não é simples como a propriedade ou a compra e venda, mas complexo, por constituir no resultado de inúmeras ações da pessoa jurídica, regidas pelo direito empresarial e registradas pela contabilidade.

O direito empresarial e a contabilidade têm importância capital no IRPJ e, sem eles, não é possível ter uma visão completa do imposto.

E o IRPJ ainda pode ser abordado por diversos enfoques. Pode-se estudar os grandes princípios retores do direito tributário aplicáveis ao imposto; pode-se estudar as linhas gerais do imposto definidas pela lei complementar; pode-se estudar os detalhes do imposto, a partir da lei ordinária, complementada pelas normas regulamentares; pode-se estudar a jurisprudência aplicada ao imposto; pode-se estudar o fato renda conforme descrito na regras da Lei das S/A, sob o enfoque do direito empresarial; pode-se estudar os lançamentos, os registros, os demonstrativos e os livros contábeis do imposto.

De se mencionar, ainda, que a economia, a administração, a ciência das finanças, dentre outras, também cuidam do IRPJ como objeto de estudo.

Por certo, não podemos estudar tudo isso! Este livro não é um trabalho de contabilidade nem de economia, mas uma obra jurídica, de direito tributário, voltada para concursos.

Então, nossa proposta aqui é, como nos demais impostos que abordamos, apresentar uma visão geral (a partir da lei ordinária e do regulamento, sem o que não é possível compreender nenhum imposto) estudar os institutos e os conceitos que fazem parte da exação e discutir as principais questões jurídicas que envolvem o IRPJ, especialmente aquelas debatidas no STJ e no STF.

Mencionaremos algumas peculiaridades da contribuição social sobre o lucro líquido – CSLL que, sob o ponto de vista do fato gerador e da cobrança é praticamente idêntica ao IRPJ.

## 2. PRIMEIRA APROXIMAÇÃO

O IRPJ, assim como a CSLL, incide basicamente sobre o lucro da empresa.

> ▶ **Como esse assunto foi cobrado em concurso?**
> 
> **(ESAF/AFRF/2014)** Sobre a CSLL – Contribuição Social sobre o Lucro Líquido, é incorreto afirmar que:
> 
> Estão sujeitas ao pagamento da CSLL as pessoas jurídicas e as pessoas físicas a elas equiparadas, domiciliadas no País. A apuração da CSLL deve acompanhar a forma de tributação do lucro adotada para o IRPJ.
> 
> **Gabarito:** Correto, pois a CSLL é paga somente por pessoas jurídicas ou pessoas físicas equiparadas a jurídicas, e a incidência deste tributo segue os mesmos moldes do IRPJ (art. 2º da Lei 7.689/88 e art. 57, da Lei 8.981/95)

Como vimos, **lucro (renda)** é, para nós, um **conceito jurídico**, relacionado a um conceito econômico. Mas o lucro, nos termos da lei, **também é um conceito contábil** e **cabe à contabilidade a apuração do seu valor**, sobre o qual incidirá o imposto.

Nos termos da lei! Porque é a lei que define o que a contabilidade deve fazer e como deve fazer, para a apuração do imposto.

A lei define que o lucro pode ser apurado de três maneiras: a forma **real**, que retrata todas as operações da empresa que geram receitas menos todas as operações que geram despesas; o método **presumido**, em que apenas as receitas são apuradas e se presume como lucro um percentual destas receitas; e a maneira **arbitrada**, quando faltam elementos para a apuração do lucro de outra forma.

O **lucro real é a essência do IRPJ**. É a base para entender todo o imposto, inclusive os outros métodos de apuração.

Vamos, agora, imaginar o que uma empresa faz, que seja relevante para o imposto, para termos uma ideia completa do IRPJ. Em outros termos, como o lucro é o resultado das receitas menos as despesas, vamos procurar as operações que geram receitas e despesas para as sociedades empresariais.

A empresa compra (despesa) e vende (receita) mercadorias. Quando a empresa produz, ela adquire insumos (despesa) para vender seus produtos (receita).

A empresa paga aluguel, eventualmente condomínio, luz, impostos, conta de telefone etc. (despesas). A empresa também paga salários, *pro labore*, bônus, comissões, prêmios e outras remunerações aos sócios e empregados (despesas).

A empresa também pode vender um bem do seu ativo fixo, como uma máquina já depreciada ou um imóvel por valor superior ao da aquisição (receita).

Em alguns casos as empresas adquirem outras empresas ou outros estabelecimentos, se fundem, para formar um novo negócio ou se cindem. Nestes casos, os bens societários podem ser reavaliados e vendidos, revelando ganhos de capital (receita).

Por vezes, as empresas necessitam de recursos e fazem empréstimos bancários, pelos quais devem pagar juros (despesas). Outras empresas, a seu turno, emprestam dinheiro e recebem juros (receita). Quando as empresas têm saldo, podem aplicar seus recursos no mercado financeiro e, com isso, obter ganhos (receita) ou perdas (despesas).

A empresa pode obter ganho em ação judicial (receita), mas também pode sair vencida da demanda, e ser obrigada a pagar o direito discutido, além das despesas processuais e honorários advocatícios (despesas).

Os exemplos são infindáveis!

De fato, são muitas as atividades da pessoa jurídica que podem gerar receitas e despesas e, portanto, serem relevantes para o imposto de renda.

Durante todo o ano, cabe à empresa (à sua contabilidade) registrar todas as atividades que realizou, anotando o seu resultado positivo (receita) ou negativo (despesa). Ao final do exercício ou no período que a lei determinar, deve a empresa "fechar o balanço", vale dizer, cotejar as receitas e as despesas, e apurar o lucro, base de cálculo para o pagamento do imposto de renda.

> ▶ Recordando
> **Ano calendário** é o ano ou período de apuração em que ocorreram os fatos (é o período base)
> **Exercício** é o ano da entrega da declaração.

Como dissemos, a apuração de receitas e despesas é regido pela contabilidade e pelas leis comerciais. Acrescente-se, contudo, que a lei tributária possui regras próprias que obrigam ou permitem deduções ou acréscimos nesta atividade, gerando lucro tributário distinto do lucro comercial.

Esta atividade é muito complexa, trabalhosa e cara. Por isso, a lei permite que o lucro seja apurado de formas mais simplificadas, especialmente para empresas de menor porte.

Mais simples que a apuração do lucro real é a do **lucro presumido**. O contribuinte que optar por esta forma de tributação deve computar apenas as receitas e o lucro será um percentual sobre as receitas. Em outros termos, a lei presume o lucro como um percentual das receitas.

No **lucro arbitrado** também ocorre fenômeno semelhante. Adiante vamos retornar ao tema, tanto para expor melhor o mecanismo do lucro presumido, quanto do lucro arbitrado e, neste caso, distingui-lo do arbitramento no lançamento tributário, previsto pelo art. 148, do CTN.

A lei simplifica ainda mais a apuração do imposto para pequenas e micro empresas. No **SIMPLES** nacional, o IRPJ da empresa também é apurado com base num percentual sobre a receita. Neste caso, porém, diversos tributos, não só IRPJ, são apurados desta forma, unificadamente, de maneira que a distinção do que o contribuinte paga de cada imposto ou contribuição é irrelevante. O contribuinte paga, no SIMPLES, um percentual sobre a receita a título de todos os tributos abrangidos pelo sistema e assim quita sua obrigação. No mais, a lei define, deste valor pago, qual o percentual relativo a cada tributo, para fins de distribuição entre os sujeitos ativos e para fins de repartição constitucional de receitas.

Em síntese, a título de primeira aproximação, o IRPJ incide sobre o lucro, assim entendido o resultado contábil de todas as operações que geram receitas menos todas as operações que geram despesas para as empresas, com os acréscimos e deduções estabelecidos pela lei tributária (lucro real). Como esta atividade de apuração do lucro real é complexa, a lei permite a apuração do lucro de formas mais simples, conhecidas como lucro presumido, notadamente para as médias empresas, como lucro arbitrado, em determinadas condições e como SIMPLES, para micro e pequenas empresas.

## 3. NOVAS REGRAS CONTÁBEIS INTERNACIONAIS E REGIME TRIBUTÁRIO DE TRANSIÇÃO

Desde 2008, estamos passando por um momento de transição de regras tributárias, especialmente no que diz respeito ao IRPJ, à CSLL, ao PIS e à COFINS.

Isto ocorre porque as regras societárias e contábeis, pelas quais se apuram as receitas, as despesas e o lucro das empresas, foram alteradas e ainda não havia uma lei tributária que acompanhasse estas inovações.

Isso também ocorreu no passado. Com o advento da Lei 6.404/76 (Lei das S/A), a legislação do imposto de renda precisou se adequar às regras que passaram a viger e, para tanto, foi publicado o DL 1.598/77.

As regras contábeis da Lei das S/A, contudo, foram severamente alteradas pela Lei 11.638/08, antes de editada lei que ajustasse a legislação do imposto de renda às novas regras contábeis.

A opção do legislador, num primeiro momento, foi de que as alterações da Lei 11.638/08 não surtissem efeitos fiscais, o que restou expresso no § 7º, incluído no art. 177, da Lei 6.404/76. Verificando que a neutralidade não havia sido alcançada, a norma fora revogada pela MP 449/08, convertida na Lei 11.941/09, que instituiu, também, o regime tributário de transição – RTT.

O RTT, em linguagem bastante popular, diz o seguinte: enquanto a nova lei tributária não for publicada, as novas regras contábeis, trazidas pela Lei 11.638/08, não são aplicáveis para fins de apuração dos tributos federais.

A pergunta óbvia é como fazer isso. A resposta é fácil, embora a prática possa ser complicada. As empresas tiveram que fazer os lançamentos cabíveis para ajustar as receitas e despesas apuradas pelas regras novas, de modo que retratem os resultados que seriam obtidos pela aplicação dos métodos e critérios antigos. Para tanto, tiveram que utilizar um instrumento fornecido pela Receita Federal denominado Controle Fiscal Contábil de Transição – FCont.

O esquema de apuração do IRPJ (e também da CSLL, do PIS e da COFINS) **era assim**:

- A empresa escriturava a contabilidade nos termos da Lei das S/A;
- Sobre o resultado assim apurado realizava os ajustes determinados pela lei tributária.

**Ficou assim com o RTT:**

- A empresa escritura a contabilidade nos termos da Lei das S/A, alterada Lei 11.638/08;
- Após, segue o FCont para encontrar o resultado também contábil que seria obtido sem as regras da Lei 11.638/08;
- Com este controle, a empresa adequa o valor das receitas e despesas (lucro) para fins de apuração do imposto de renda;
- A partir de então, realiza os ajustes (inclusões e exclusões) a partir do valor adequado, conforme determinado pela lei tributária.

A esperada lei que adaptaria o IRPJ às novas regras contábeis foi publicada em 2014, fruto da conversão da MP 627, esta do final de 2013.

A Lei 12.973/14 revogou o RTT e trouxe diversas alterações na legislação do imposto de renda das empresas, especialmente no DL 1598/77, na Lei 9.249/95 e na Lei 9.430/96. Disciplinou conceitos novos como o de ajuste a valor presente dos investimentos em participação no capital de outras sociedades, o de avaliação a valor justo, para fins de apuração de ganho ou prejuízo na avaliação do ativo ou do passivo da empresa, de mais valia, menos valia e de *goodwill* em incorporação, fusão e cisão de companhias.

A lei disciplinou, também, as alterações pertinentes à CSLL, ao PIS e a COFINS, em decorrência das novidades contábeis, além de estabelecer novo regime de tributação em bases universais.

Em linhas gerais, dizem os contabilistas que o RTT separou a contabilidade do direito tributário e a nova lei teria refeito o casamento.

Esta união, contudo, não é absoluta e tem limites.

Dispõe a norma, que futuras modificações ou a adoções de métodos e critérios contábeis, por meio de atos administrativos emitidos com base em competência atribuída em lei comercial, que sejam posteriores à publicação desta Lei, não terão implicação na apuração dos tributos federais até que lei tributária regule a matéria.

> Veja-se o art. 58, da Lei 12.973/14:
>
> Art. 58. A modificação ou a adoção de métodos e critérios contábeis, por meio de atos administrativos emitidos com base em competência atribuída em lei comercial, que sejam posteriores à publicação desta Lei, não terá implicação na apuração dos tributos federais até que lei tributária regule a matéria.
>
> Parágrafo único. Para fins do disposto no caput, compete à Secretaria da Receita Federal do Brasil, no âmbito de suas atribuições, identificar os atos administrativos e dispor sobre os procedimentos para anular os efeitos desses atos sobre a apuração dos tributos federais.

Os atos administrativos mencionados pela norma e que regulam a contabilidade são pronunciamentos, interpretações e orientações emitidas pelo Comitê de Pronunciamentos Contábeis – CPC, as normas emitidas pela Comissão de Valores Mobiliários – CVM ou por agências reguladoras, no âmbito de sua atuação, como a ANEEL, a ANS a ANATEL etc.

A lei disciplinou os efeitos que estas normas contábeis surtem na apuração dos tributos.

Os **atos proferidos até a publicação da Lei 12.973/14** terão **efeitos fiscais** decorrentes da própria **contabilidade**, se a legislação fiscal não dispuser de forma contrária, ou terão **efeitos determinados pela legislação fiscal**, se esta dispuser especificamente sobre o tema. Contudo, a contabilização baseada em os **atos proferidos após a publicação da lei** não terão efeitos fiscais, vale dizer, os **efeitos fiscais** causados pelos novos atos baseados na legislação comercial deverão ser **anulados**, nos termos de regulamentação da Receita Federal.

Assim, eventuais novos métodos contábeis devem ser mantidos na escrituração, mas revertidos para fins fiscais, de modo que há: 1) resultados contábeis que surtem efeitos diretos na apuração dos tributos, 2) resultados contábeis que surtem efeitos fiscais, conforme disciplinados pela lei (ajuste do lucro líquido para o lucro real) e 3) resultados contábeis que devem ser anulados, para que não surtam efeitos fiscais.

De outro lado, a aplicação da lei não é imediata nem uniforme. Ao revés, apresenta regras de transição e permite opção do contribuinte em determinados aspectos.

O art. 119, da Lei 12.973/14 determinou a vigência da lei a partir de 1 de janeiro de 2015, exceto para os art. 3º (isenção do IRPJ para rendimentos de condomínios), art. 72 a 75 (as regras de transição do RTT, que por lógica deveriam ter mesmo vigência imediata), o art. 93 (sobre parcelamento) e 94 a 119 (disposições finais), vigentes desde a publicação do normativo.

Nos termos do art. 75, da Lei 12.973/14, porém, pôde o contribuinte optar pela aplicação dos art. 1º e 2º e 4º a 70, que versam efetivamente sobre as adaptações tributárias à nova realidade contábil e às novas leis comerciais, no ano calendário de 2014.

> Art. 75. A pessoa jurídica poderá optar pela aplicação das disposições contidas nos arts. 1º e 2º e 4º a 70 desta Lei para o ano-calendário de 2014.

Assim, o RTT vigorou até 31 de dezembro de 2014 para as empresas não optantes e vigorou até 31 de dezembro de 2013 e para as empresas optantes pelo novo regime já em 2014. Iniciado o regime, aplicam-se as regras do art. 64 e seg, da Lei 12.973/14, relativas a adoção inicial.

Vale a pena a leitura dos art. 64 a 67, da Lei 12.973/14.

Ademais, o art. 96, da Lei 12.973/14 também permitiu que os contribuintes optassem pelas novas regras de tributação universal, previstas nos art. 76 a 92, da norma, a partir de 1 de janeiro de 2014.

Enfim, a partir de janeiro de 2015 a apuração do lucro real volta ao sistema de apuração do lucro contábil e posterior ajuste do lucro tributável, vigendo, porém, as novas regras do IRPJ.

## 4. A APURAÇÃO DO IMPOSTO – VISÃO GERAL

Tudo o que falarmos a partir de agora é válido para o lucro real, forma completa de apuração do imposto. As regras específicas do lucro presumido e do lucro arbitrado serão destacadas expressamente.

Lucro real não significa o resultado obtido pela empresa, mensurado em um valor financeiro de que os sócios podem se apropriar.

A lei tributária estabelece regras de apuração, que acabam por gerar um valor diferente daquele que a contabilidade apurara livremente, vale dizer, apenas pelas regras contábeis, sem os acréscimos impostos e as deduções permitidas pelo direito tributário.

São exemplos as perdas e a depreciação de máquinas e equipamentos. A lei limita a dedução de perdas e se as perdas reais forem maiores que as aceitas pela lei tributária, o lucro contábil será menor que o lucro real do imposto de renda.

No caso da depreciação, as determinações legais podem gerar lucro real maior ou menor que o lucro contábil. O contribuinte não pode deduzir em apenas um ano todo o valor de um bem de seu ativo, mas pode deduzir da base de cálculo do imposto, como despesa, a depreciação (o desgaste) deste bem. Assim, se o bem (uma máquina, por exemplo) se desgasta totalmente em 10 anos, 1/10 de seu valor será despesa a cada ano. Se a lei, contudo, definir que a depreciação somente pode ser contabilizada em 20 anos, o lucro apurado para fins do imposto de renda será maior e ao final dos 10 anos o contribuinte terá que adquirir novo maquinário, antes de lançar como despesa o valor total do equipamento substituído.

Ao contrário, se a lei previr depreciação acelerada no prazo de 5 anos, o lucro apurado neste período será menor que o lucro contábil e, após lançada toda a despesa de depreciação, o contribuinte ainda terá seu equipamento funcionando por mais 5 anos.

Assim, o lucro real é o método (ou o resultado da aplicação deste método) de apuração da base de cálculo do imposto de renda que: 1. leva em consideração todas as operações do contribuinte que geram receitas e despesas; 2. é construído sobre os métodos contábeis; 3. com os acréscimos e deduções da legislação tributária.

O lucro real distingue-se do lucro presumido. Neste são apuradas apenas as receitas e o lucro será um percentual destas. Distingue-se do lucro arbitrado, pois neste algum elemento essencial não é conhecido. O lucro presumido e o lucro arbitrado também se distinguem, pois, naquele, todos os elementos relevantes são (ou podem ser) conhecidos, mas a lei dispensa sua apuração, enquanto no lucro arbitrado os elementos importantes não são conhecidos.

> **Como esse assunto foi cobrado em concurso?**
>
> **(ESAF – Procurador da Fazenda Nacional/2015)** Sobre o Imposto sobre a Renda das Pessoas Jurídicas – IRPJ, assinale a opção correta.
>
> a) Considera-se lucro real a soma do lucro operacional e das participações,
>
> b) Considera-se lucro real a soma dos resultados não operacionais e das participações,
>
> c) Considera-se lucro real o lucro líquido apurado num exercício financeiro,
>
> d) O lucro real não pode ser obtido por arbitramento,
>
> e) O lucro arbitrado é uma forma de tributação simplificada para determinação da base de cálculo do imposto de renda das pessoas jurídicas que não estiverem obrigadas, no ano-calendário, à apuração do lucro real.
>
> **Gabarito:** A letra D está correta porque o lucro real e o lucro arbitrado são conceitos diferentes. De fato, embora o lucro real não seja o "lucro verdadeiro", pois sofre ajustes da legislação tributária, procura retratar a realidade, enquanto o lucro arbitrado somente tem lugar quando esta apuração "real" não é possível.

O percentual que define o lucro arbitrado quando a receita bruta é conhecida é 20% mais elevado que a do lucro presumido (art. 16, da Lei 9.249/95). Quando a receita bruta não é conhecida o imposto é arbitrado por outros critérios, que veremos adiante.

No capítulo destinado ao aspecto quantitativo do imposto e nos capítulos seguintes, veremos com mais detalhes a apuração do imposto de renda pelo lucro real e, em capítulo próprio, veremos o imposto de renda pelo lucro arbitrado e presumido.

No capítulo destinado ao lançamento, trataremos dos livros e documentos de apuração e constituição do imposto. Por hora, vale mencionar que, entre os livros comerciais e tributários relevantes para o IRPJ estão: o livro **Diário**, onde são registradas as operações da empresa em ordem cronológica; o livro **Razão**, que contém todos os lançamentos do livro diário, mas organizado por contas (caixa, bancos, estoque de mercadorias, ativo diferido, ações em tesouraria, ativo permanente, patrimônio líquido, receitas, despesas, etc.); o livro **Caixa**, que controla a entrada e saída de recursos financeiros da empresa; a **demonstração do resultado do exercício**, que mostra o lucro contábil da empresa (contas de resultado são as contas de receita e despesa); o **balanço patrimonial**, que mostra as contas de ativo (direitos da empresa), passivo (direito de credores) e patrimônio líquido (direitos dos sócios); os **balancetes de verificação**, cuja finalidade é verificar a correção dos lançamentos contábeis, e o Livro de Apuração do lucro Real – **LALUR**, que é a demonstração do resultado do exercício com os ajustes determinados pela lei tributária e o Livro de Apuração das Contribuições Sociais – **LACS**.

### 5. ASPECTO SUBJETIVO

No aspecto subjetivo do IRPJ, devemos nos perguntar quem está sujeito ao imposto.

De um modo geral, são as empresas (art. 148, do RIR, DL 5.844/43, art. 27, Lei 4.131/62, art. 42, e Lei nº 6.264/75, art. 1º). Entretanto, as pessoas naturais também podem ser equiparadas às pessoas jurídicas e recolher IRPJ, ao invés de IRPF. Isso ocorre por opção do contribuinte, quando a pessoa física "abre firma individual" (art. 150, do RIR), ou por imposição da lei, como nos casos de incorporação de imóveis (art. 151 e seg. do RIR).

Também estão sujeitas ao IRPJ as sociedades em conta de participação (art. 148, do RIR, DL 2.303/86, art. 7º, e DL 2.308/86, art. 3º).

Dado o princípio da generalidade, todas as pessoas (salvo isentas ou imunes) são contribuintes do imposto de renda. A pessoa que não for contribuinte do IRPF será contribuinte do IRPJ.

A pessoa jurídica residente no exterior também será contribuinte eventual do imposto brasileiro se obtiver renda no Brasil (princípio da territorialidade ou do país da fonte).

São contribuintes regulares do imposto no Brasil, contudo, as filiais, sucursais, agências ou representações no País das pessoas jurídicas com sede no exterior (art. 147, II, do RIR, Lei 3.470/58, art. 76, Lei 4.131/62, art. 42, e Lei 6.264/75, art. 1º) e os comitentes domiciliados no exterior, quanto aos resultados das operações realizadas por seus mandatários ou comissários no País (art. 147, III, do RIR e Lei 3.470/58, art. 76). Nos termos do art. 146, do RIR, também são contribuintes do IRPJ:

- As entidades submetidas aos regimes de liquidação extrajudicial e de falência, enquanto perdurarem os procedimentos para a realização de seu ativo e o pagamento do passivo (Lei 9.430/96, art. 60);

- As sociedades civis de prestação de serviços profissionais relativos ao exercício de profissão legalmente regulamentada (Lei 9.430/96, art. 55);
- As empresas públicas e as sociedades de economia mista, bem como suas subsidiárias (Lei nº 6.264/75, art. 1º a 3º);
- As sociedades cooperativas de consumo, que tenham por objeto a compra e fornecimento de bens aos consumidores (Lei 9.532/97, art. 69);
- O Fundo de Investimento Imobiliário, nas condições previstas no regulamento (Lei 9.779/99, art. 2º).

Ao IRPJ aplicam-se as **regras de responsabilidade** do CTN.

A par das normas gerais, a **responsabilidade por sucessão** é expressamente disciplinada pela lei ordinária.

> Dispõe o art. 5º, do DL 1.598/77:
>
> Art. 5º – Respondem pelos tributos das pessoas jurídicas transformadas, extintas ou cindidas:
>
> I – a pessoa jurídica resultante da transformação de outra;
>
> II – a pessoa jurídica constituída pela fusão de outras, ou em decorrência de cisão de sociedade;
>
> III – a pessoa jurídica que incorporar outra ou parcela do patrimônio de sociedade cindida;
>
> IV – a pessoa física sócia da pessoa jurídica extinta mediante liquidação que continuar a exploração da atividade social, sob a mesma ou outra razão social, ou sob firma individual;
>
> V – os sócios com poderes de administração da pessoa jurídica que deixar de funcionar sem proceder à liquidação, ou sem apresentar a declaração de rendimentos no encerramento da liquidação.
>
> § 1º – Respondem solidariamente pelos tributos da pessoa jurídica:
>
> a) as sociedades que receberem parcelas do patrimônio da pessoa jurídica extinta por cisão;
>
> b) a sociedade cindida e a sociedade que absorver parcela do seu patrimônio, no caso de cisão parcial;
>
> c) os sócios com poderes de administração da pessoa extinta, no caso do item V.
>
> Sobre a responsabilidade por retenção na fonte, trataremos adiante.

Devemos afastar, desde logo, uma confusão sobre os regimes de tributação (lucro real, presumido ou arbitrado) e os regimes de apuração e recolhimento do imposto. A matéria não pertence exatamente ao aspecto subjetivo do IRPJ, mas é conexa, pois se relaciona com dados particulares do contribuinte, de modo que podemos tratar dela neste momento.

### Regimes de tributação

Os **regimes de tributação** são estabelecidos em lei com certa margem de escolha para o contribuinte, em função de sua receita bruta ou de sua atividade.

De fato, qualquer contribuinte pode apurar o lucro segundo os métodos do **lucro real**. Contudo, estão **obrigadas** a este método (art. 246, do RIR e Lei 9.718/98, art. 14) as empresas que:

- obtiveram receita total, no ano-calendário anterior, maior que setenta e oito milhões de reais, ou proporcional ao número de meses do período, quando inferior a doze meses (o valor até a vigência da Lei 12.814/13 era de quarenta e oito milhões de reais);
- exerçam atividades de bancos comerciais, bancos de investimentos, bancos de desenvolvimento, caixas econômicas, sociedades de crédito, financiamento e investimento, sociedades de crédito imobiliário, sociedades corretoras de títulos, valores mobiliários e câmbio, distribuidoras de títulos e valores mobiliários, empresas de arrendamento mercantil, cooperativas de crédito, empresas de seguros privados e de capitalização e entidades de previdência privada aberta;
- tiverem lucros, rendimentos ou ganhos de capital oriundos do exterior;
- autorizadas pela legislação tributária, usufruam de benefícios fiscais relativos à isenção ou redução do imposto;
- no decorrer do ano-calendário, tenham efetuado pagamento mensal pelo regime de estimativa (veremos o pagamento por estimativa adiante);
- explorem as atividades *factoring*.

▶ **Como esse assunto foi cobrado em concurso?**

**(ESAF – Procurador da Fazenda Nacional/2015) Estão obrigadas à apuração do lucro real as pessoas jurídicas, exceto aquelas:**

a) cuja receita total no ano-calendário anterior seja superior ao limite de R$ 78.000.000,00 (setenta e oito milhões de reais) ou proporcional ao número de meses do período, quando inferior a 12 (doze) meses,

b) cujas atividades sejam de empresas de seguros privados,
c) que, autorizadas pela legislação tributária, usufruam de benefícios fiscais relativos à isenção ou redução do imposto,
d) que tiverem lucros, rendimentos ou ganhos de capital oriundos do exterior,
e) que, no decorrer do ano-calendário, não tenham efetuado pagamento mensal pelo regime de estimativa.

**Gabarito:** A letra E não corresponde às hipóteses de obrigatoriedade de apuração do IRPJ pelo lucro real, constantes no art. 14, da Lei 9.718/98. Vamos lembrar que o pagamento por estimativa é um direito do contribuinte que está já no lucro real. Se não pagou o imposto por estimativa, pode ter pago pela apuração normal do lucro real, mas também pode ter pago pelo regime do lucro presumido ou arbitrado, de sorte que "não pagar pelo regime de estimativa" não permite qualquer conclusão acerca do regime do contribuinte. Resposta letra E.

Qualquer empresa que obtiver receita inferior a R$ 78.000.000,00 (ou R$ 6.500.000,00 multiplicados pelo número de meses que funcionou) no ano-calendário anterior e que não exerça as atividades para as quais a lei exige a apuração do imposto pelo lucro real pode **optar** pela tributação **pelo lucro presumido** (art. 516, do RIR e Lei 9.718/98, art. 13).

A opção é realizada no pagamento da primeira parcela do imposto do ano e é irretratável para todo o ano calendário (Lei 9.718/98, art. 13, § 1º).

O imposto será determinado pelos critérios do **lucro arbitrado** (art. 530, do RIR, Lei 8.981/95, art. 47, e Lei 9.430/96, art. 1º), quando:

- o contribuinte, obrigado à tributação com base no lucro real, não mantiver escrituração na forma das leis comerciais e fiscais, ou deixar de elaborar as demonstrações financeiras exigidas pela legislação fiscal;
- a escrituração a que estiver obrigado o contribuinte revelar evidentes indícios de fraudes ou contiver vícios, erros ou deficiências que a tornem imprestável para identificar a efetiva movimentação financeira, inclusive bancária ou para determinar o lucro real;
- o contribuinte, sujeito ao lucro real ou presumido, deixar de apresentar à autoridade tributária os livros e documentos da escrituração comercial e fiscal, ou o Livro Caixa;
- o contribuinte optar indevidamente pela tributação com base no lucro presumido;

- o comissário ou representante da pessoa jurídica estrangeira deixar de escriturar e apurar o lucro da sua atividade separadamente do lucro do comitente residente ou domiciliado no exterior;
- o contribuinte não mantiver, em boa ordem e segundo as normas contábeis recomendadas, Livro Razão ou fichas utilizadas para resumir e totalizar, por conta ou subconta, os lançamentos efetuados no Diário.

▶ **Como esse assunto foi cobrado em concurso?**

(TRF4 – Juiz Federal Substituto 4ª Região/2014) Dadas as assertivas abaixo, assinale a alternativa correta.

I. O Imposto de Renda Pessoa Jurídica, na forma da legislação vigente, possui base de cálculo diferente para cada método de tributação, podendo ser por meio de apuração por lucro real, lucro presumido ou arbitramento, sendo, em todos os casos, incidente a mesma alíquota.

II. O contribuinte tem livre escolha do método de tributação do Imposto de Renda Pessoa Jurídica – lucro real, lucro presumido e arbitramento –, independentemente do ramo de atividade e faturamento da pessoa jurídica.

III. A Autoridade Fiscal, por meio do devido processo administrativo, possui prerrogativa de proceder ao arbitramento do lucro de determinada pessoa jurídica quando não dispuser de elementos fidedignos nos registros contábeis e nas obrigações acessórias de responsabilidade do contribuinte.

IV. O Imposto de Renda de Pessoa Jurídica é tributo sujeito ao lançamento por homologação, cabendo à Autoridade Fiscal proceder ao lançamento de ofício na hipótese de declaração a menor pelo contribuinte.

V. É vedado às pessoas jurídicas utilizarem prejuízo fiscal acumulado para a compensação com débitos de Imposto de Renda de Pessoa Jurídica próprio.

*Gabarito:* O item I está mais confuso do que errado. De toda sorte, o imposto não possui base diferente para cada método de tributação. Ao contrário, cada método de tributação (lucro real, presumido ou arbitrado) tende a gerar bases diferentes. O item II realmente está errado. Há limitações para que o contribuinte opte pelo regime de tributação do IRPJ. Também errado o item V, pois o prejuízo fiscal acumulado poder reduzir o lucro tributável do exercício seguinte. Corretos os itens III e IV, acerca da possibilidade de arbitramento do lucro e do lançamento do imposto por homologação.

Lembremos, ainda, que as empresas que obtiverem receita bruta de até R$ 4.800.000,00 podem optar pelo **SIMPLES**, hipótese em que o IRPJ, assim como os demais impostos, será apurado de forma especial, não se aplicando a matéria que estamos estudando neste momento (LC 123/2006, art. 3º).

**Não pode optar pelo SIMPLES** a empresa obrigada a apuração do imposto de renda pelo lucro real, que tenha sócio domiciliado no exterior; de cujo capital participe entidade da administração pública, direta ou indireta, federal, estadual ou municipal; que possua débito com o Instituto Nacional do Seguro Social – INSS, ou com as Fazendas Públicas Federal, Estadual ou Municipal, cuja exigibilidade não esteja suspensa; com ausência de inscrição ou com irregularidade em cadastro fiscal federal, municipal ou estadual, quando exigível (LC 123/2006, art. 17).

**Também fica vedada a opção em função da atividade,** para as empresas que preste serviço de transporte intermunicipal e interestadual de passageiros; que seja geradora, transmissora, distribuidora ou comercializadora de energia elétrica; que exerça atividade de importação ou fabricação de automóveis e motocicletas; que exerça atividade de importação de combustíveis; que exerça atividade de produção ou venda no atacado de: cigarros, cigarrilhas, charutos, filtros para cigarros, armas de fogo, munições e pólvoras, explosivos e detonantes; e certas bebidas (alcoólicas; refrigerantes, inclusive águas saborizadas gaseificadas; preparações compostas, não alcoólicas; e cervejas sem álcool; que tenha por finalidade a prestação de serviços decorrentes do exercício de atividade intelectual, de natureza técnica, científica, desportiva, artística ou cultural, que constitua profissão regulamentada ou não, bem como a que preste serviços de instrutor, de corretor, de despachante ou de qualquer tipo de intermediação de negócios; que realize cessão ou locação de mão--de-obra; que realize atividade de consultoria; que se dedique ao loteamento e à incorporação de imóveis; que realize atividade de locação de imóveis próprios, exceto quando se referir a prestação de serviços tributados pelo ISS (LC 123/2006, art. 17).

> ▸ **Como esse assunto foi cobrado em concurso?**
>
> **(ESAF/PGFN/2015)** Sobre o Simples Nacional previsto na Lei Complementar n. 123/2006, é correto afirmar:
>
> A microempresa ou a empresa de pequeno porte que exerça atividade de produção ou venda no atacado de refrigerantes pode recolher impostos e contribuições na forma do Simples Nacional.
>
> **Gabarito:** Errado, pois não pode aderir ao regime a empresa que exerça atividade de produção ou venda no atacado de refrigerantes (art. 17, X, da LC 123/06).

Em conclusão:

> - todos os contribuintes podem apurar o imposto segundo o lucro real, desde que mantenha sua contabilidade em ordem. Do contrário, a lei impõe a apuração arbitrada do lucro.
> - alguns contribuintes são obrigados à apuração do imposto pelo lucro real, em função da receita obtida ou da atividade exercida.
> - os demais contribuintes podem optar pelo lucro presumido. A opção incorreta também leva à apuração do imposto pelo lucro arbitrado.

### Regime de apuração e pagamento

Independente do regime de tributação, **o imposto é apurado trimestralmente** (períodos de apuração trimestrais, encerrados nos dias 31 de março, 30 de junho, 30 de setembro e 31 de dezembro de cada ano-calendário, conforme o art. 220, do RIR e o art. 1º, da Lei 9.430/96).

Nos casos de incorporação, cisão, fusão ou extinção da pessoa jurídica o imposto devido também deve ser apurado.

O imposto apurado deve ser **pago até o último dia útil do mês subsequente** em cota única ou em três cotas iguais, a serem **pagas até o último dia útil dos três meses subsequentes**, sendo que a **segunda e a terceira** cotas **são corrigidas pela SELIC**. As cotas não podem ser inferiores a R$ 1.000,00 e o imposto apurado de até R$ 2.000,00 deve ser pago em cota única (art. 1º e 5º, da Lei 9.430/96).

O contribuinte sujeito à incidência do imposto pelo **lucro real** possui ainda uma opção: a **apuração mensal por estimativa**. O contribuinte pode apurar o imposto devido aplicando as alíquotas do regime do lucro presumido às suas receitas mensais e, ao final do exercício, apurar o lucro real para realizar o acerto (art. 2º, da Lei 9.430/96).

> Na base de cálculo do pagamento por estimativa são incluídas as receitas de vendas e de prestações de serviços, **acrescidas** dos aluguéis, dos juros recebidos, dos descontos financeiros obtidos, dos ganhos de capital auferidos, entre outros e **deduzidas** das vendas canceladas, dos descontos incondicionados, das devoluções de mercadoria, do IPI, dos rendimentos de renda fixa e de renda variável com retenção do imposto na fonte e dos juros sobre o capital próprio.
>
> Atividades específicas recebem tratamento também específico, como as instituições financeiras, que podem deduzir da base de cálculo da estimativa as despesas de captação de recurso, de cessão de crédito, de câmbio etc.
>
> Os percentuais são aplicáveis por atividade, de modo que a empresa que possui receitas de atividades sujeitas a alíquotas distintas deve apurar as receitas separadamente por atividades.

O eventual saldo a pagar referente a cada mês e apurado no acerto será quitado em cota única até o último dia útil de março do ano subsequente (corrigido pela SELIC) e o eventual saldo a restituir será compensado com o imposto a partir do vencimento da primeira cota do imposto ou restituído, após a entrega da declaração de rendimentos (art. 6º, da Lei 9.430/96).

O saldo a pagar do mês de dezembro deve ser quitado até o último dia útil de janeiro do ano seguinte (§ 3º, do art. 6º, da Lei 9.430/96).

O contribuinte pode, contudo, suspender ou reduzir o pagamento por estimativa, quando demonstrar pelo seu balanço ou balancete mensal que o valor do imposto supera o valor devido pelo lucro real (art. 35, da Lei 8.981/95).

Em resumo, são **regimes de tributação do IRPJ**: o lucro **real**, o lucro **presumido** e o lucro **arbitrado**. O **regime de apuração é trimestral**, mantido o regime de tributação do contribuinte. Para o optante do lucro real, o regime de apuração pode ser **mensal por estimativa**, hipótese em que o contribuinte estima mensalmente o lucro, sujeitando-se ao ajuste anual.

> O ajuste anual a que está sujeito o contribuinte do lucro real que apura o imposto mensalmente por estimativa não se confunde com a declaração de tributos (DCTF). Todos os contribuintes do IRPJ devem apresentar a DCTF. A opção do contribuinte do lucro real é apurar o lucro pelo método do lucro real trimestralmente e com base no lucro real efetuar

> os pagamentos, hipótese em que não haverá ajuste, pois o lucro real será o somatório do lucro dos quatro trimestres; ou apurar o lucro por estimativa mensal, hipótese em que o lucro real deve ser apurado no final do exercício. Neste caso, haverá ajuste, pois o lucro estimado dificilmente será igual ao lucro real.

Estas regras e classificações se aplicam à CSLL, com pequenas variações. Uma delas, a título de curiosidade neste ponto do pagamento por estimativa, base do IRPJ permite a dedução dos ganhos em operações de renda fixa e de renda variável, que sofrem retenção na fonte do imposto. Como não há retenção na CSLL, a base da contribuição não pode ser deduzida dos ganhos nas operações.

## 6. ASPECTO TEMPORAL

### Princípio da anualidade

Diz-se que o imposto de renda possui fato gerador complexo apurado anualmente. Em outros termos, significa dizer que o fato gerador do IRPJ constitui um conjunto de fatos: 1. que representam receitas e despesas, 2. realizados no período entre 1º de janeiro e 31 de dezembro de cada ano.

O fato gerador do imposto é mesmo complexo, pois o lucro, apurado no último dia do trimestre ou do ano, é, na verdade, o resultado de inúmeras ações da empresa.

A **anualidade, opera como período de apuração do imposto**, mas a assertiva merece ponderações.

No que toca ao regime do lucro presumido, o princípio perde força, pois a apuração trimestral se torna definitiva. No que toca ao regime do lucro real, a anualidade é mais forte. Contudo, a possibilidade de compensação de prejuízos nos exercícios seguinte, embora limitada a 30% dos lucros (art. 42 e 58 da Lei 8.981/95), dá ao imposto caráter de continuidade que ultrapassa o ano civil.

A propósito, os contribuintes procuram afastar o limite de compensação do prejuízo, para permitir a dedução do prejuízo, até o valor do lucro obtido nos períodos anteriores.

Se vencedora a tese, o IRPJ seria imposto contínuo e fluido, fazendo pouco sentido se falar em anualidade. Entretanto, a tese não tem logrado êxito, desde a decisão no RE 344.994/PR.

> **Entendimento do STF**
> 1. O direito ao abatimento dos prejuízos fiscais acumulados em exercícios anteriores é expressivo de benefício fiscal em favor do contribuinte. Instrumento de política tributária que pode ser revista pelo Estado. Ausência de direito adquirido
> 2. A Lei nº 8.981/95 não incide sobre fatos geradores ocorridos antes do início de sua vigência. Prejuízos ocorridos em exercícios anteriores não afetam fato gerador nenhum. Recurso extraordinário a que se nega provimento.
> (STF, Tribunal Pleno, RE 344.994/PR, Relator Min. MARCO AURÉLIO Relator p/ Acórdão Min. EROS GRAU, DJe de 28/8/2009)

A matéria será novamente apreciada pelo STF no RE 591.340 RG/SP, que aguarda julgamento com repercussão geral reconhecida.

Os pagamentos mensais ou trimestrais do imposto, ainda que a título de antecipação do dever, também mitigam a força do princípio também para a apuração pelo lucro real (RE 218.346 ED/RS, RE 225.015/MG, RE 255.379 AgR/RS). O STJ, a seu turno, entende que o pagamento mensal do imposto encontra-se em consonância com o ordenamento jurídico (REsp 76.935/PR, REsp 105.938/RS, AgRg no Ag 258.897/MG).

Assim, pode-se dizer que o imposto de renda da pessoa jurídica é regido pela anualidade, mitigada pelas antecipações do imposto e o princípio pode ser afastado por opção do contribuinte, especialmente na adesão ao regime de tributação do lucro presumido.

A seu turno, a **anualidade como garantia do contribuinte**, contra os efeitos sazonais da atividade econômica, mantém-se em vigor, pois não há, no Brasil, exercício financeiro que se inicie em data diversa de 1º de janeiro ou se finde em outro momento que não 31 de dezembro, salvo nos casos de empresas que iniciem ou encerram suas atividades no curso do ano.

### Princípios da anterioridade e da irretroatividade

O aspecto temporal do fato gerador do IRPJ também é relevante para a aplicação dos princípios da **irretroatividade** e da **anterioridade** da lei tributária.

A par do princípio da anualidade, duas teorias disputam o momento em que o fato gerador complexo se aperfeiçoa, para fins da aplicação da lei: o primeiro dia (1º de janeiro) ou o último dia (31 de dezembro) do ano base.

Na **posição já superada, do STF**, consignada na Súmula 584, a lei tributária aplicável seria aquela vigente no exercício financeiro em que deveria ser apresentada a declaração. De acordo **com a Súmula 584** "ao imposto de renda calculado sobre os rendimentos do ano-base, aplica-se a lei vigente no exercício financeiro em que deve ser apresentada a declaração" (STF, Tribunal Pleno, DJ de 15/12/1976).

O entendimento, de fato, não é compatível com a Constituição de 1988 e o próprio **Supremo vem afastando a aplicação da súmula**:

> **▸ Entendimento do STF**
>
> 1. O alcance da Súmula da Jurisprudência Dominante do Supremo Tribunal Federal é definido de acordo com os precedentes que lhe deram origem.
>
> 2. A Súmula 584/STF tomou por base precedentes relativos (i) ao imposto de renda devido por pessoas físicas (magistrados) e (ii) à subscrição compulsória de letras imobiliárias do Banco Nacional de Habitação, em valor calculado com base na renda auferida da cobrança de aluguéis, tudo com base nas regras de tributação e apuração vigentes nas respectivas quadras temporais.
>
> 3. Não há nas razões de agravo regimental indicação de que os modelos de tributação e de apuração permaneceram inalterados, de modo a justificar a aplicação do enunciado sumular. Em sentido semelhante, não há indicação sequer da proximidade dos regimes de tributação e de apuração relativos às pessoas físicas e às pessoas jurídicas que justificasse o mesmo tratamento.
>
> (STF, T2, RE 244.003 AgR/SC, Min. JOAQUIM BARBOSA, DJe de 28/5/2010)

O posicionamento antigo do STF extrapolava as teorias do momento do fato gerador, e fora superada, acolhendo-se a proposta de ocorrência em 31 de dezembro.

A posição atual começou a ser construída no RE 232.084/SP.

> **▸ Entendimento do STF**
>
> Diploma normativo que foi editado em 31.12.94, a tempo, portanto, de incidir sobre o resultado do exercício financeiro encerrado. Descabimento da alegação de ofensa aos princípios da anterioridade e da irretroatividade, relativamente ao Imposto de Renda, o mesmo não se dando no tocante à contribuição social, sujeita que está à anterioridade nonagesimal prevista no art. 195, § 6º da CF, que não foi observado. Recurso conhecido, em parte, e nela provido.
>
> (STF, T1, RE 232.084 / SP, Min. ILMAR GALVÃO, DJ de 16/6/2000)
>
> No mesmo sentido, sobreveio o RE 250.521/SP

Com base nestes precedentes, "o Supremo Tribunal Federal possui o entendimento consolidado no sentido de que o fato gerador do imposto sobre a renda se materializa no último dia do ano-base, isto é, em 31 de dezembro. Assim, a lei que entra em vigor antes do último dia do período de apuração poderá ser aplicada a todo o ano-base, sem ofensa ao princípio da anterioridade da lei tributária" (STF, T2, RE 553.508 AgR/PR, Min. ELLEN GRACIE, DJe de 17/5/2011).

Contudo, em geral, as leis que alteram o imposto sobre a renda têm sido publicadas até o dia 31 de dezembro do ano anterior ao da ocorrência do fato gerador, venha este a ocorrer no dia 1º de janeiro ou 31 de dezembro, prática que nos parece a mais adequada.

Regras diversas são aplicadas para as leis que revogam benefícios fiscais e que disciplinam a correção monetária do imposto.

Com precedente na **Súmula 615, do STF**, segundo a qual a revogação de norma isentiva não equivale à majoração de tributo, o Judiciário entende que a lei que revoga isenção pode vigorar e surtir efeitos no mesmo ano em que publicada (RE 562.669 AgR/MG).

Também vigora no mesmo exercício financeiro a lei que estabelece correção monetária do imposto, pois, conforme o entendimento do STF, a correção não constitui majoração do tributo (RE 200.844 AgR/PR, RE 227.047 AgR-ED/RS).

### Regime de apropriação de receitas e despesas (regime de caixa e regime de competência)

Outra questão temporal de grande relevância diz respeito ao momento de apropriação das receitas e despesas da pessoa jurídica, para a apuração do imposto. Há, como vimos no IRPJ, duas formas de se apropriar as receitas e despesas, o momento em que ocorre o ingresso ou a saída do numerário (regime de caixa) ou o momento em que as operações ocorrem, ainda que posterior seja o recebimento do numerário pela receita ou o pagamento da despesa (**regime de competência**).

O IRPJ segue a legislação comercial, que determina a apuração do lucro líquido pelo regime de competência, no art. 7º, do DL 1.598/77.

A legislação comercial define a aplicação do regime de competência nos art. 177 e 187, da Lei 6.404/76 (Lei das S/A).

> Art. 177. A escrituração da companhia será mantida em registros permanentes, com obediência aos preceitos da legislação comercial e desta Lei e aos princípios de contabilidade geralmente aceitos, devendo observar métodos ou critérios contábeis uniformes no tempo e registrar as mutações patrimoniais segundo o regime de competência.
>
> Art. 187. A demonstração do resultado do exercício discriminará:
>
> [...]
>
> § 1º Na determinação do resultado do exercício serão computados:
>
> a) as receitas e os rendimentos ganhos no período, independentemente da sua realização em moeda; e
>
> b) os custos, despesas, encargos e perdas, pagos ou incorridos, correspondentes a essas receitas e rendimentos.

O **regime de competência** impõe, por exemplo, que as compras de mercadorias em 2013 e também as vendas das mercadorias ocorridas igualmente em 2013 sejam computadas como despesas e receitas do ano de 2013, ainda que o pagamento tanto da compra quanto da venda ocorra em 2014.

É o caso das vendas de Natal em cartão de crédito, em que o comerciante vende a mercadoria em dezembro, mas recebe os valores da administradora do cartão apenas no ano seguinte. As receitas pertencem ao exercício de 2013, independente do prazo que a administradora do cartão levar para transferir os valores para a conta do comerciante.

> ▸ **Como esse assunto foi cobrado em concurso?**
>
> **(ESF/Analista Tributário da Receita Federal/2012)** Em relação ao Imposto de Renda da Pessoa Jurídica, avalie.
>
> A incerteza quanto ao período de apuração de escrituração de rendimento somente constitui fundamento para lançamento de diferença de imposto quando dela resultar a redução indevida do lucro real.
>
> *Gabarito:* Correto. Eventual incorreção quanto ao período do lançamento, seja por divergência do regime (caixa e competência), seja por imprecisão da contabilidade do contribuinte, pode gerar imposto menor a pagar, surgindo hipótese de lançamento complementar.

Como toda boa regra, o **regime de competência** do IRPJ tem **exceções**.

Um exemplo é a possibilidade de contabilizar os **ganhos e as perdas com variações cambiais** pelo regime de caixa. A empresa que possui contratos em moeda estrangeira, tanto na posição de credor quanto de devedor, está sujeita a variações cambiais, que podem ser considerados como receita ou despesa do IRPJ pelo regime de caixa (momento da liquidação) ou pelo regime de competência (período a que se refere a prestação), à escolha do contribuinte (art. 30, da MP 2.135-35/01).

Se o contribuinte brasileiro é credor, ele ganha em reais com a desvalorização da moeda brasileira, pois recebe mais reais pela moeda estrangeira valorizada. Ao contrário, com a valorização da moeda brasileira, o contribuinte brasileiro recebe menos reais na conversão da moeda estrangeira desvalorizada. Se o contribuinte brasileiro é devedor, ocorre a situação inversa.

Nestes casos, a legislação permite ao contribuinte contabilizar os ganhos ou as perdas pelo regime de caixa, quando deverá lançar os valores no momento em que a obrigação for liquidada, ou pelo regime de competência, em que a contabilização do resultado respeitará o período a que se refere a receita ou a despesa, ainda que liquidada posteriormente.

Também na **venda a prazos longos**, notadamente de bens do ativo imobilizado, a receita somente é apropriada quando recebida cada parcela (regime de caixa) e não no momento da operação de venda, para fins de tributação do ganho de capital.

**A exceção, porém, pode virar a regra**, pois o **contribuinte pode optar pelo regime de caixa ou pelo regime de competência** quando adere à tributação pelo **lucro presumido**. Explicando melhor: 1. no lucro presumido, o contribuinte pode optar pelo regime de apropriação (caixa ou competência); 2. a grande maioria das empresas que apuram o IRPJ são optantes pelo lucro presumido. Assim, na prática, 3. A maioria dos contribuintes do imposto pode optar pelo regime de caixa.

> ▸ **Como esse assunto foi cobrado em concurso?**
>
> (ESF/Analista Tributário da Receita Federal/2012) Em relação ao Imposto de Renda da Pessoa Jurídica, avalie.
>
> O regime de competência foi adotado pela lei tributária para todas as empresas que estão obrigadas ou optarem em apurar os seus resultados com base no lucro presumido.
>
> *Gabarito:* Errado, pois as empresas do lucro presumido podem optar pelo regime de caixa.

## 7. ASPECTO MATERIAL

O núcleo do fato gerador do IRPJ está previsto no art. **43, do CTN**, que autoriza a incidência do imposto sobre a aquisição da disponibilidade econômica ou jurídica de renda, assim entendido o produto do capital, do trabalho ou da combinação de ambos e de proventos de qualquer natureza.

A definição do CTN decorre de teorias sobre a renda da pessoa jurídica, desenvolvidas inicialmente pela economia, com base na ideia de acréscimo patrimonial e na ideia de lucro.

Como vimos, a lei tributária brasileira adotou a apuração do lucro a partir da contabilidade, regida pelas leis comerciais, com as alterações (acréscimos e exclusões) definidas pela própria lei tributária.

A seguir, veremos como tal lucro é apurado.

## 8. ASPECTO QUANTITATIVO

### 8.1. Base de cálculo

Nos termos do art. 44, do CTN, "a base de cálculo do imposto é o montante, real, arbitrado ou presumido, da renda ou dos proventos tributáveis".

Veremos, a partir de agora, as receitas e despesas que formam o lucro real da pessoa jurídica. Do lucro arbitrado e do lucro presumido trataremos adiante.

Nos termos do art. 6º, do DL 1.598/77, o "lucro real é o lucro líquido do exercício ajustado pelas adições, exclusões ou compensações prescritas ou autorizadas pela legislação tributária".

O **lucro líquido do exercício**, conforme o § 1º, do art. 6º, do mesmo decreto-lei, "é a soma algébrica de lucro operacional, dos resultados não operacionais, do saldo da conta de correção monetária e das participações, e deverá ser determinado com observância dos preceitos da lei comercial".

Da norma, verificamos que a base de cálculo do IRPJ (e também da CSLL), o lucro líquido do exercício, demanda a apuração 1. do lucro ou resultado operacional; 2. do saldo da conta de correção monetária; 3. do resultado das participações e das atividades não operacionais da empresa, como os ganhos e as perdas de capital.

> **Como esse assunto foi cobrado em concurso?**
>
> (ESAF/AFRF/2013) Sobre a Contribuição Social para o Lucro Líquido (CSLL), instituída pela Lei n° 7.689/88, julgue os itens abaixo, classificando-os como verdadeiros (V) ou falsos (F).
>
> I.  a sua base de cálculo é a mesma do imposto de renda das pessoas físicas, sendo que as deduções e compensações admissíveis para a apuração de um correspondem àquelas admitidas para fins de apuração da base de cálculo do outro;
>
> II. a sua base de cálculo é o valor do resultado do exercício antes da provisão para o imposto de renda;
>
> III. a CSLL poderá incidir sobre o resultado presumido ou arbitrado, quando tal seja o regime de apuração a que a pessoa jurídica se submete relativamente ao imposto de renda.
>
> *Gabarito:* Estão corretos os itens II e III. Errado o item I. A base de cálculo da CSLL é a mesma do imposto de renda das pessoas jurídicas, não das pessoas físicas. Dessa forma, sua base de cálculo é o valor do resultado do exercício antes da provisão para o imposto de renda, pois se fosse o resultado após a provisão, sua base seria menor que a do IRPJ. Pela mesma razão, como o IRPJ pode incidir sobre o lucro presumido ou arbitrado, a CSLL também poderá incidir sobre estas bases. Não é permitido, porém, a apuração da base da CSLL e do IRPJ por métodos diferentes.

> **Como esse assunto foi cobrado em concurso?**
>
> (ESAF/AFRF/2014) Sobre a CSLL – Contribuição Social sobre o Lucro Líquido, é incorreto afirmar que:
>
> As entidades sujeitas à CSLL poderão ajustar o resultado do período com as adições determinadas e exclusões admitidas, conforme legislação vigente, para fins de determinação da base de cálculo da contribuição.
>
> *Gabarito:* Errado, porque o contribuinte é obrigado a ajustar o resultado do período com as adições determinadas, não simplesmente facultado, como sugere a expressão "poderão", constante do enunciado. "c" do § 1º do artigo 2º da Lei 7.689/88.

A partir da Lei 11.941/09, também são necessários os ajustes relativos ao RTT, até sua vigência, que se encerra no exercício de 2014, com reflexos para a apuração do imposto no ano de 2015.

Dispõe e art. 11, do DL 1.598/77, que "será classificado como lucro operacional o resultado das atividades, principais ou acessórias, que constituam objeto da pessoa jurídica".

O **resultado operacional** é constituído por todas as receitas e despesas relacionadas com a manutenção da empresa bem como à realização das compras e das vendas ou prestações de serviço, de modo que abrangem os custos administrativos, os custos de aquisição de mercadorias e insumos, o pagamento de salários, aluguéis, tributos, juros pela realização de empréstimos de capital de investimento ou capital de giro etc.

Mais detalhada, a Lei 4.506/64 define o **resultado operacional**, descreve a composição da receita operacional e estabelece os requisitos das despesas operacionais que compõem a base de cálculo do imposto. Vejamos seus artigos 43, 44 e 47:

> Art. 43. O lucro operacional será formado pela diferença entre a receita bruta operacional e os custos, as despesas operativas, os encargos, as provisões e as perdas autorizadas por esta lei.
>
> Art. 44. Integram a receita bruta operacional:
>
> I – O produto da venda dos bens e serviços nas transações ou operações de conta própria;
>
> II – O resultado auferido nas operações de conta alheia;
>
> III – As recuperações ou devoluções de custos, deduções ou provisões;
>
> IV – As subvenções correntes, para custeio ou operação, recebidas de pessoas jurídicas de direito público ou privado, ou de pessoas naturais.
>
> Art. 47. São operacionais as despesas não computadas nos custos, necessárias à atividade da emprêsa e a manutenção da respectiva fonte produtora.
>
> § 1º São necessárias as despesas pagas ou incorridas para a realização das transações ou operações exigidas pela atividade da emprêsa.
>
> § 2º As despesas operacionais admitidas são as usuais ou normais no tipo de transações, operações ou atividades da emprêsa.

O **saldo da conta correção monetária** a que menciona o art. 6º, § 1º, do DL 1.598/77 está regulado pelos art. 51 e seg. do decreto-lei.

> Art. 51 – O saldo credor da conta de correção monetária de que trata o item II do artigo 39 será computado na determinação do lucro real, mas o contribuinte terá opção para diferir, com observância do disposto nesta Subseção, a tributação do lucro inflacionário não realizado.
>
> Art. 52 Considera-se lucro inflacionário, em cada exercício social, o saldo credor da conta de correção monetária ajustado pela diminuição das variações monetárias e das correções monetárias prefixadas computadas no lucro líquido do exercício.

A **correção monetária** das demonstrações financeiras foi **revogada** da legislação do imposto de renda e não é feita **desde 1996**. Não se tributa mais o lucro inflacionário.

Há, como veremos, outras receitas e despesas financeiras, que compõem o resultado operacional.

De outro turno, o **resultado não operacional**, disciplinado pelos art. 31 e seg., do DL 1.598/77, são aqueles não vinculados à atividade da empresa, e se constituem, notadamente, nos ganhos e perdas de capital, relacionados com a venda de bens do antigo ativo permanente (hoje ativo não circulante), tais quais imóveis, máquinas e direitos que não são adquiridos pela empresa para serem colocados ordinariamente à venda.

Sob o ponto de vista contábil, o imposto é apurado de acordo com o seguinte esquema:

**Demonstração do resultado do exercício**
RECEITA OPERACIONAL BRUTA
Vendas de Produtos
Vendas de Mercadorias
Prestação de Serviços
(-) DEDUÇÕES DA RECEITA BRUTA
Devoluções de Vendas
Abatimentos
Impostos e Contribuições Incidentes sobre Vendas
= RECEITA OPERACIONAL LÍQUIDA
(-) CUSTOS DAS VENDAS
Custo dos Produtos Vendidos
Custo das Mercadorias

> Custo dos Serviços Prestados
> = RESULTADO OPERACIONAL BRUTO
> (-) DESPESAS OPERACIONAIS
> Despesas Com Vendas
> Despesas Administrativas
> (-) DESPESAS FINANCEIRAS LÍQUIDAS
> Despesas Financeiras
> (-) Receitas Financeiras
> Variações Monetárias e Cambiais Passivas
> (-) Variações Monetárias e Cambiais Ativas
> OUTRAS RECEITAS E DESPESAS
> Resultado da Equivalência Patrimonial
> Venda de Bens e Direitos do Ativo Não Circulante
> (-) Custo da Venda de Bens e Direitos do Ativo Não Circulante
> = RESULTADO OPERACIONAL ANTES DO IMPOSTO DE RENDA E DA CONTRIBUIÇÃO SOCIAL E SOBRE O LUCRO
> (-) Provisão para Imposto de Renda e Contribuição Social Sobre o Lucro
> = LUCRO LÍQUIDO ANTES DAS PARTICIPAÇÕES
> (-) Debêntures, Empregados, Participações de Administradores, Partes Beneficiárias, Fundos de Assistência e Previdência para Empregados
> (=) RESULTADO LÍQUIDO DO EXERCÍCIO
>
> *(fonte: http://www.portaldecontabilidade.com.br/guia/demonstracaodoresultado.htm)*

Vejamos, agora, sob o prisma jurídico, os itens que compõem o resultado do exercício.

### 8.1.1. Resultado operacional

#### 8.1.1.1. Receitas operacionais

As **receitas operacionais** são as receitas de venda de mercadorias, de prestação de serviços, os resultados de investimentos no Brasil e no exterior e as receitas financeiras, como variações monetárias ativas (ex. ganhos cambiais), os juros recebidos (por empréstimos a terceiros, por remuneração do capital próprio, por aplicações financeiras) e os descontos financeiros obtidos.

As **receitas financeiras** podem ser receitas operacionais de qualquer empresa, independente da sua área de atuação. Um exemplo clássico de receita financeira é o **desconto financeiro** ou desconto condicionado obtido.

Desconto incondicionado é aquele concedido pelo vendedor e obtido pelo comprador no momento da compra, e não depende de qualquer outro fator.

Desconto condicionado (que gera receita financeira pelo comprador e despesa financeira para o vendedor) é aquele concedido pelo vendedor e obtido pelo comprador, pelo pagamento antecipado da obrigação.

Outro caso de receita financeira são os **juros contratuais** por atraso no cumprimento da obrigação pelo fornecedor. Comum que os contratos prevejam o pagamento de juros por atraso na entrega, o contribuinte que adquire as mercadorias tem o direito de receber juros e este valor é considerado como receita operacional pela legislação do IRPJ.

Estes valores, contudo, tem sido objeto de **discussão judicial**. Pretendem os contribuintes que os juros recebidos em função do atraso no cumprimento da obrigação de seus fornecedores, bem como aqueles obtidos em decisões judiciais favoráveis (especialmente em matéria tributária), sejam considerados como indenizações e, portanto, excluídos da base de cálculo do imposto de renda.

A tese parece-nos incorreta. Nela, procura-se sobrepor a classificação cível dos juros à classificação tributária, bem como resgatar a noção de causa no direito tributário, não acolhida pelo direito brasileiro, pelo fato de não se poder deixar a critério dos cidadãos o dever de pagar tributo. Não por outra razão vigora o princípio da tributação da renda, ainda que decorrente de atos ilícitos.

Ademais, tese apresenta dois problemas estruturais. Mesmo que os juros sejam decorrentes de descumprimento de contrato (ato ilícito que suscita o pagamento de indenização), a indenização busca exatamente compensar o lucro que a pessoa jurídica deixou de ter, em função do atraso. Assim, neste caso, a indenização (no direito civil ou empresarial) equivale à renda (no direito tributário).

Outro problema de elevada gravidade é a contrapartida da não incidência do imposto sobre os juros. No sistema da lei, os **juros recebidos** compõem a renda tributável como **receita**, enquanto os **juros pagos** reduzem a renda tributável, pois são considerados como despesas. Para equacionar a tese proposta, se os juros recebidos não forem considerados como receita tributável, os juros pagos não poderiam ser considerados como despesa dedutível.

> ▶ **Entendimento do STJ**
>
> 2. Os juros incidentes na devolução dos depósitos judiciais possuem natureza remuneratória e não escapam à tributação pelo IRPJ e pela CSLL, na forma prevista no art. 17, do Decreto-Lei nº 1.598/77, em cuja redação se espelhou o art. 373, do Decreto nº 3.000/99 – RIR/99, e na forma do art. 8º, da Lei nº 8.541/92, como receitas financeiras por excelência. Precedentes [...]
>
> 3. Quanto aos juros incidentes na repetição do indébito tributário, inobstante a constatação de se tratarem de juros moratórios, se encontram dentro da base de cálculo do IRPJ e da CSLL, dada a sua natureza de lucros cessantes, compondo o lucro operacional da empresa, a teor do art. 17, do Decreto-Lei nº 1.598/77, em cuja redação se espelhou o art. 373, do Decreto nº 3.000/99 – RIR/99, assim como o art. 9º, § 2º, do Decreto-Lei nº 1.381/74 e art. 161, IV do RIR/99, estes últimos explícitos quanto à tributação dos juros de mora em relação às empresas individuais.
>
> 4. Por ocasião do julgamento do REsp. nº 1.089.720 – RS (Primeira Seção, Rel. Min. Mauro Campbell Marques, julgado em 10.10.2012) este Superior Tribunal de Justiça definiu, especificamente quanto aos juros de mora pagos em decorrência de sentenças judiciais, que, muito embora se tratem de verbas indenizatórias, possuem a natureza jurídica de lucros cessantes, consubstanciando-se em evidente acréscimo patrimonial previsto no art. 43, II, do CTN (acréscimo patrimonial a título de proventos de qualquer natureza), razão pela qual é legítima sua tributação pelo Imposto de Renda, salvo a existência de norma isentiva específica ou a constatação de que a verba principal a que se referem os juros é verba isenta ou fora do campo de incidência do IR (tese em que o acessório segue o principal). Precedente: EDcl no REsp. nº 1.089.720 – RS, Primeira Seção, Rel. Min. Mauro Campbell Marques, julgado em 27.02.2013.
>
> [...]
>
> (STJ, S1, REsp 1.138.695/SC, Min. MAURO CAMPBELL MARQUES, DJe de 31/05/2013)

Incide, pois, o imposto, sobre os juros decorrentes de mora.

As **variações monetárias ativas** são o resultado positivo da conversão em reais de créditos em moedas estrangeiras e as vendas de moedas estrangeiras. Podem incidir tanto na venda direta da moeda estrangeira pertencente à empresa, quando nas vendas para o exterior, quando o valor recebido em reais é superior ao valor do negócio jurídico, por força de valorização da moeda estrangeira.

Os **juros do capital próprio** ou os juros pagos a título de remuneração do capital próprio constituem forma de remunerar os sócios. A empresa pode remunerar seus sócios distribuindo lucros e pagando dividendos ou pagando juros sobre o capital do sócio utilizado pela empresa. Veremos, adiante, os reflexos dos juros sobre capital próprio, como despesa, pagos pela empresa a seus sócios.

Nos interessa agora dizer que a empresa, contribuinte do IRPJ, também pode ser sócia de outra empresa e receber desta o pagamento de juros pelo capital próprio. Neste caso, a empresa que recebe os juros deve contabilizá-los como receita operacional e, assim, inseri-lo na base de cálculo do imposto de renda e da contribuição social sobre o lucro.

Os **lucros e dividendos** recebidos de outra pessoa jurídica também integram o lucro operacional. Contudo, nos termos e nos limites da legislação brasileira, estes valores não compõem a base de cálculo do IRPJ, quando tributados pela pessoa jurídica que paga os lucros.

O pagamento de juros sobre o capital próprio é, na verdade, exceção. A forma tradicional de remuneração dos sócios, pessoa física ou pessoa jurídica, é a distribuição dos lucros. E tanto a empresa que aufere lucro, quanto o sócio (empresa ou pessoa física), em tese, podem ser chamados a pagar imposto de renda. Quer dizer, a empresa aufere lucros e este lucro é renda, de sorte que pode ser tributado; a pessoa que recebe a distribuição dos lucros também recebe renda e também pode ser tributada.

No caso brasileiro, o que a lei faz é excluir a dupla tributação, determinando que a empresa que distribui os lucros paga imposto e o sócio é isento. Vamos repetir, nos termos e nos limites que a própria lei impõe, como vimos ao tratar do IRPF.

Dispõe o art. 9º, da Lei 9.249/95, sobre o pagamento de **juros sobre o capital próprio** (norma a qual faremos referência diversas vezes neste livro):

> Art. 9º A pessoa jurídica poderá deduzir, para efeitos da apuração do lucro real, os juros pagos ou creditados individualizadamente a titular, sócios ou acionistas, a título de remuneração

do capital próprio, calculados sobre as contas do patrimônio líquido e limitados à variação, pro rata dia, da Taxa de Juros de Longo Prazo - TJLP.

§ 1º O efetivo pagamento ou crédito dos juros fica condicionado à existência de lucros, computados antes da dedução dos juros, ou de lucros acumulados e reservas de lucros, em montante igual ou superior ao valor de duas vezes os juros a serem pagos ou creditados.

§ 2º Os juros ficarão sujeitos à incidência do imposto de renda na fonte à alíquota de quinze por cento, na data do pagamento ou crédito ao beneficiário.

§ 3º O imposto retido na fonte será considerado:

I - antecipação do devido na declaração de rendimentos, no caso de beneficiário pessoa jurídica tributada com base no lucro real;

II - tributação definitiva, no caso de beneficiário pessoa física ou pessoa jurídica não tributada com base no lucro real, inclusive isenta, ressalvado o disposto no § 4º;

§ 5º No caso de beneficiário sociedade civil de prestação de serviços, submetida ao regime de tributação de que trata o art. 1º do Decreto-Lei nº 2.397, de 21 de dezembro de 1987, o imposto poderá ser compensado com o retido por ocasião do pagamento dos rendimentos aos sócios beneficiários.

§ 6º No caso de beneficiário pessoa jurídica tributada com base no lucro real, o imposto de que trata o § 2º poderá ainda ser compensado com o retido por ocasião do pagamento ou crédito de juros, a título de remuneração de capital próprio, a seu titular, sócios ou acionistas.

§ 7º O valor dos juros pagos ou creditados pela pessoa jurídica, a título de remuneração do capital próprio, poderá ser imputado ao valor dos dividendos de que trata o art. 202 da Lei nº 6.404, de 15 de dezembro de 1976, sem prejuízo do disposto no § 2º.

§ 8º Para fins de cálculo da remuneração prevista neste artigo, serão consideradas exclusivamente as seguintes contas do patrimônio líquido:

I - capital social;

II - reservas de capital;

III - reservas de lucros;

IV - ações em tesouraria; e

V - prejuízos acumulados.

> § 9º Revogado
>
> § 10 Revogado
>
> § 11. O disposto neste artigo aplica-se à Contribuição Social sobre o Lucro Líquido.
>
> § 12. Para fins de cálculo da remuneração prevista neste artigo, a conta capital social, prevista no inciso I do § 8º deste artigo, inclui todas as espécies de ações previstas no art. 15 da Lei nº 6.404, de 15 de dezembro de 1976, ainda que classificadas em contas de passivo na escrituração comercial.

Embora não se trate de distribuição de lucros, cabe mencionar a disciplina do **pagamento** de serviços prestados por empregados **baseado em ações**. Dispõe o art. 33, da Lei 12.973/14:

> Art. 33. O valor da remuneração dos serviços prestados por empregados ou similares, efetuada por meio de acordo com pagamento baseado em ações, deve ser adicionado ao lucro líquido para fins de apuração do lucro real no período de apuração em que o custo ou a despesa forem apropriados.
>
> § 1º A remuneração de que trata o caput será dedutível somente depois do pagamento, quando liquidados em caixa ou outro ativo, ou depois da transferência da propriedade definitiva das ações ou opções, quando liquidados com instrumentos patrimoniais.
>
> § 2º Para efeito do disposto no § 1º, o valor a ser excluído será:
>
> I – o efetivamente pago, quando a liquidação baseada em ação for efetuada em caixa ou outro ativo financeiro; ou
>
> II – o reconhecido no patrimônio líquido nos termos da legislação comercial, quando a liquidação for efetuada em instrumentos patrimoniais.
>
> Art. 34. As aquisições de serviços, na forma do art. 33 e liquidadas com instrumentos patrimoniais, terão efeitos no cálculo dos juros sobre o capital próprio de que trata o art. 9º da Lei nº 9.249, de 26 de dezembro de 1995, somente depois da transferência definitiva da propriedade dos referidos instrumentos patrimoniais.

A lei não veda o pagamento em ações, mas determina a adição de seu valor no cálculo do imposto da pessoa jurídica.

Os **lucros distribuídos por pessoa jurídica estrangeira**, da qual a empresa brasileira é sócia, são tributados. Trata-se de aplicação do princípio da renda universal. O tratamento não é idêntico, pois a pessoa jurídica no exterior não paga imposto para o Brasil. Assim, a renda recebida pela empresa nacional não vem tributada, como ocorre nos lucros distribuídos por empresa nacional.

Trataremos do tema adiante, mas não é demais adiantar que o lucro distribuído pela pessoa jurídica estrangeira à empresa nacional é, em regra, tributado pelo país de origem. Neste caso, também nos termos e nos limites da lei brasileira e de eventual tratado internacional, o imposto pago no exterior pode ser deduzido da obrigação no Brasil.

O principal objetivo é tributar os lucros distribuídos por empresas sediadas em países que não tributam a renda: os paraísos fiscais. Como lá não se paga imposto, a distribuição de lucros para nacionais é tributada e não há imposto a compensar.

Os **juros recebidos em aplicações financeiras** têm tratamento específico. Como toda aplicação financeira de renda fixa e de renda variável, o imposto é retido na fonte e eventuais perdas podem ser compensadas com ganhos da mesma natureza (aplicações em geral e investimentos em *day trade*). Trataremos mais do tema, em outra parte deste livro.

As **subvenções** também influenciam o resultado operacional. Subvenções são ajudas financeiras recebidas de pessoas jurídicas de direito público ou privado, ou de pessoas naturais, as importâncias levantadas das contas vinculadas do FGTS e as recuperações ou devoluções de custos, deduções ou provisões dedutíveis.

A **Lei 12.973/14 alterou o tratamento das subvenções para investimento**, incluindo o inciso V, no art. 19, do DL 1.598/77, que dispõe: "considera-se lucro da exploração o lucro líquido do período-base, ajustado pela exclusão dos seguintes valores", dentre eles, "as subvenções para investimento, inclusive mediante isenção e redução de impostos, concedidas como estímulo à implantação ou expansão de empreendimentos econômicos, e as doações, feitas pelo poder público".

Tais subvenções, portanto, são excluídas do cômputo do resultado.

Como veremos a seguir, as despesas reduzem a base de cálculo do IRPJ. Algumas despesas, contudo, são "revertidas" e esta reversão é lançada como receita. Quando a empresa paga ao empregado todo o valor do FGTS a que o trabalhador tem direito, ela levanta o valor depositado na conta vinculada. O pagamento realizado ao trabalhador é despesa da pessoa jurídica, mas o levantamento do FGTS depositado na conta reduz a despesa e é lançado como receita.

De forma similar, a legislação permite que sejam deduzidas despesas como **provisões**, de férias, por exemplo. Se o empregado perde o direito às férias, a despesa não ocorrerá e a reversão da despesa é feita por um lançamento contábil de receita. Outro exemplo são os créditos não recebidos. Com a venda, o contribuinte lança a receita. Se o comprador não paga, atendidas as exigências legais, o contribuinte pode lançar o prejuízo como despesa. Se, mais tarde, o comprador efetuar o pagamento, o contribuinte deve lançar novamente a receita.

Como **regra geral, todas as receitas são tributadas.** Não serão tributadas as receitas nomeadamente afastadas pela Constituição (imunidades) ou pela lei (isenções) ou que não coincidam com o conceito de renda, como a indenização.

A propósito da aplicação da regra geral, procurou-se **afastar da tributação do imposto** de renda lançamentos de receita decorrentes de **crédito do ICMS não compensados** na sistemática do art. 155, II, § 2º, I e II, da Constituição. Entendeu, porém, o STJ, pela incidência do imposto.

> ▸ **Entendimento do STJ**
>
> 4. "Não se deve confundir disponibilidade econômica com disponibilidade financeira da renda ou dos proventos de qualquer natureza. Enquanto esta última se refere à imediata 'utilidade' da renda, a segunda está atrelada ao simples acréscimo patrimonial, independentemente da existência de recursos financeiros. Não é necessário que a renda se torne efetivamente disponível (disponibilidade financeira) para que se considere ocorrido o fato gerador do imposto de renda, limitando-se a lei a exigir a verificação do acréscimo patrimonial (disponibilidade econômica)." [...].
>
> 5. A impossibilidade de aproveitamento integral dos créditos de ICMS em virtude de aspectos negociais e de óbices à transferência a terceiros não autoriza a dedução da base de cálculo do IRPJ e da CSLL. [...]
>
> (STJ, T2, AgRg no REsp 1.266.868 / PR, Min. HERMAN BENJAMIN, DJe de 10/5/2013)

As receitas das empresas decorrem de suas atividades empresariais, de venda de bens e prestação de serviços, do recebimento de juros relativos a estas transações ou de aplicações financeiras ou ainda de atividades eventuais, não operacionais.

Em alguns casos, porém, a empresa faz **lançamentos de receita** em sua contabilidade **que não decorrem diretamente de suas operações**, mas que estão **relacionadas com atividade ou objeto principal da pessoa jurídica** (art. 12, IV, do DL 1.598/77, com redação dada pela Lei 12.973/14. É o caso das subvenções, expressamente excluídas da apuração do resultado, nos termos do inciso V, no art. 19, do DL 1.598/77.

Também há lançamentos de receita nos **benefícios fiscais**, baseados na concessão de créditos tributários.

Ocorre que, neste caso, **não há norma geral que determine a exclusão destas receitas** da apuração do lucro, podendo ser, em tese, tributadas. E por constituir "receita", nos termos da lei, estão igualmente sujeitas a incidência de tributos como o PIS, a COFINS e a Contribuição Substitutiva, cujas bases é a receita bruta.

De outro turno, há um **argumento** bastante robusto **para afastar a inclusão destas receitas da base de cálculo dos tributos: a incidência dos tributos sobre os benefícios fiscais reduz o próprio benefício** que o legislador quis conceder ao contribuinte.

Não há, porém, nenhuma solução uniforme que abranja todos os benefícios fiscais e a questão é tratada em normas específicas ou pela jurisprudência que examina cada situação.

Vejamos alguns **casos**.

A legislação apresenta diversas hipóteses de **crédito presumido do IPI**. Créditos nas exportações, conferidos pela Lei 9.363/96, e pela Lei 12.546/11 (Reintegra), crédito do programa Inovar-Auto (Lei 12.715/12) etc.

A jurisprudência tem oscilado quanto a tributação destes créditos, havendo julgados do STJ que entendem pela incidência dos tributos, outros que entendem pela não incidência.

A Lei 12.715/2012, que institui o Inovar-Auto, prevê expressamente que os créditos do programa não sofrem a incidência do PIS e da COFINS e não compõe a base de cálculo do IRPJ e da CSLL. Nos termos do art. 41, § 7º, desta lei, os créditos presumidos de IPI de que trata o artigo "não estão sujeitos a incidência da Contribuição para o PIS/Pasep e da Cofins; e não devem ser computados para fins de apuração do Imposto de Renda da Pessoa Jurídica e da Contribuição Social sobre o Lucro Líquido".

Como se trata de dispositivo de lei, a norma pode ser considerada verdadeira exoneração do imposto de renda e das demais contribuições.

A Lei 12.546/11, que estabelece o **Reintegra**, não possui igual dispositivo, o que alimentou muitas demandas judiciais. Em 2015, porém, foi editado o Decreto 8.425/15, que em seu art. 2º, § 5º, afasta a tributação dos créditos do programa. Determina que "o valor do crédito apurado conforme o disposto neste artigo não será computado na base de cálculo da Contribuição para o PIS/Pasep, da Cofins, do Imposto sobre a Renda da Pessoa Jurídica – IRPJ e da Contribuição Social sobre o Lucro Líquido – CSLL".

Esta norma, **ao contrário daquela que rege o Inovar-Auto**, deve ser entendida como **regra interpretativa**, tendo em vista que não é legítimo ao Poder Executivo exonerar a tributação prevista em lei. Diga-se de passagem, em nenhum tributo, pois a Constituição autoriza, apenas, a redução e a elevação de alíquotas para alguns tributos, como o IPI e o IOF, não havendo autorização, mesmo para estes tributos, a possibilidade de redução da base de cálculo ou de isenção por ato infralegal.

Surge, assim, a questão de como equacionar a norma interpretativa expressamente dirigida ao Reintegra, com outros casos de benefícios fiscais, especialmente aqueles concedidos por Estados e Municípios, que não têm competência para dispor sobre IRPF, CSLL, PIS e COFINS, nem podem interpretar as normas destes tributos.

Se aplicada interpretação analógica, estes tributos não poderiam incidir em nenhum benefício fiscal. Por outro lado, se prestigiada a **autonomia dos entes federados**, a **União não estaria vinculada a benefícios concedidos por outras esferas**.

Sem apreciar esta questão, o STJ tem decidido pela não incidência de qualquer destes tributos, sobre os créditos presumidos de ICMS.

> ▶ **Entendimento do STJ**
>
> 1. O Superior Tribunal de Justiça assentou o entendimento de que o crédito presumido de ICMS configura incentivo voltado à redução de custos, com vistas a proporcionar maior competitividade no mercado para as empresas de um determinado estado-membro, não assumindo

> natureza de receita ou faturamento, motivo por que não compõe a base de cálculo da contribuição ao PIS e da COFINS.
>
> 2. A Primeira Turma desta Corte assentou o entendimento de que o crédito presumido de ICMS não se inclui na base de cálculo do IRPJ e da CSLL. Não há dúvida alguma que a aplicação desse sistema de incentivo aos exportadores amplia os lucros das empresas exportadoras. Se não ampliasse, não haveria interesse nem em conceder, nem em utilizar. O interesse é que move ambas as partes, o Fisco e o contribuinte; neste caso, o Fisco tem o interesse de dinamizar as exportações, por isso concede o benefício, e os exportadores têm o interesse de auferir maiores lucros na atividade exportadora, por isso correm reivindicam o benefício. Isso é absolutamente básico e dispensável de qualquer demonstração.
>
> 3. Nesse sentido, deve o legislador haver ponderado que, no propósito de menor tributação, a satisfação do interesse público primário – representado pelo desenvolvimento econômico, pela geração de emprego e de renda, pelo aumento de capacidade produtiva, etc. – preponderaria sobre a pretensão fiscal irrestrita, exemplo clássico de interesse público secundário.
>
> (STJ, T1, AgRg no REsp 1.461.415/SC Min. NAPOLEÃO NUNES MAIA FILHO, (DJe 26/10/2015)

No mesmo sentido, o REsp 1.227.519/RS e o REsp 1.247.255/RS.

A Segunda Turma do STJ apresenta pequena divergência, ao afirmar que os benefícios do ICMS devem compor o cálculo do lucro tributável, para empresas do lucro presumido STJ, T2, AgRg no REsp 1.522.729/RN, Min. ASSUSETE MAGALHÃES, DJe 16/9/2015.

▶ **Entendimento do STJ**

No julgamento do EREsp 1.151.492, o STJ firmou o entendimento de que o crédito presumido de ICMS não compõe a base de cálculo do IR e da CSLL.

(STJ, S1, EREsp 1.151.492, Min. Regina Helena Costa, Julgamento em 8/11/2017)

A matéria é objeto de recurso extraordinário no **STF**, com repercussão geral reconhecida, mas **ainda não julgado** (RE 835.818 RG/PR), mas no julgamento do RE 1.052.277RG/SC, entendeu o STF que a inclusão dos créditos presumidos na base de cálculo do IRPJ e da CSLL teria natureza infraconstitucional.

Tema correlato é **inclusão dos créditos de PIS e COFINS não-cumulativos na apuração da base de cálculo do IRPJ e da CSLL**. As turmas do STJ entendem que tais créditos são computados para fins de incidência dos tributos.

> **Entendimento do STJ**
>
> 1. Ambas as Turmas da Primeira Seção possuem precedentes com entendimento de que os créditos escriturais de PIS e Cofins decorrentes do sistema não-cumulativo adotado pela Lei 10.833/03 não podem ser excluídos da base de cálculo do IRPJ e da CSLL.
>
> (STJ, T1, AgRg no REsp 1.213.374/RS Min. BENEDITO GONÇALVES, DJe 25/10/2013)

No mesmo sentido, o AgRg no AREsp 374.470/AL.

Neste caso, a nosso ver, os créditos de PIS e COFINS não são benefícios fiscais, de modo que não há incompatibilidade com as decisões acerca dos créditos presumidos de IPI e ICMS, nem possibilidade de aplicação analógica, embora possa haver divergência quanto a natureza dos créditos das contribuições e discordância quanto ao próprio mérito das decisões.

### 8.1.1.2. Despesas operacionais

#### Aspectos gerais

As despesas operacionais são muito mais variadas que as receitas. As pessoas jurídicas possuem despesas de toda natureza, o que torna a matéria mais detalhada.

Ademais, a lei estabelece **requisitos** para que a despesa possa ser aceita na apuração da base de cálculo do IRPJ.

Nos termos do art. 47, da Lei 4.506/64 e do art. 299 do RIR, a despesa, para ser computada na apuração do lucro, deve ser **necessária e usual**. Ademais, deve ser devidamente **contabilizada**.

**Necessária** é a despesa utilizada para a consecução da renda. Assim, por exemplo, os custos do veículo para entrega de mercadorias, do veículo do representante comercial, do veículo utilizado pela equipe de manutenção de máquinas e equipamentos vendidos etc, são necessários à aquisição da renda, de modo que são considerados despesas dedutíveis. Nada impede que a pessoa jurídica adquira veículo de luxo para o lazer dos sócios no final de semana ou veículo que venha a ser usado pelos filhos dos sócios, que não trabalham na empresa. Os custos com tais veículos, contudo, são despesas desnecessárias e, portanto, não podem ser considerados na apuração do lucro.

As despesas também devem ser **usuais**, no sentido de que os gastos efetuados se refiram a bens e serviços normalmente utilizados pela empresa em sua atividade produtiva e a preços de mercado.

Nada impede a dedução de despesas com materiais novos, utilizados em novos processos produtivos da empresa, nem de insumos adquiridos em valor muito superior ao usualmente praticado, em casos de elevação do preço por escassez do produto no mercado.

Não se aceitam, por outro lado, as despesas com mercadorias, insumos ou serviços irrelevantes à atividade empresarial ou aquelas realizadas em valor desproporcional aos preços de mercado.

Ricardo Lobo Torres menciona, ainda, como condição para as despesas, o respeito ao princípio da causalidade. Segundo o autor, "o princípio aponta no sentido de que as despesas podem ser deduzidas se puderem se caracterizar como causa do aumento de receita ou se tiverem por finalidade promover o desenvolvimento da atividade empresarial. Se a despesa operacional gera o incremento de ingressos e, conseguintemente, do próprio montante futuro do imposto, deverá ser deduzida" (TORRES, Vol, IV, 2007, p. 1310

Assim, podem ser consideradas como **despesas operacionais**, se necessárias e usuais, diversos gastos da empresa, dentre eles:

- **Despesas administrativas**
- Pessoal – salários e encargos
- Tributos
- Energia elétrica
- Telefone
- Água
- Telefone
- Diárias e passagens
- Provisões
- Encargos de depreciação, amortização e exaustão
- Conservação de bens e instalações
- Assistência médica, odontológica e farmacêutica de empregados
- Despesas de pesquisa científica e tecnológica

- **Despesas com vendas**
- Aquisição de mercadorias e insumos
- Propaganda e publicidade
- Provisão para créditos de liquidação duvidosa
- Perdas em operações de crédito
- Royalties e assistência técnica
- Encargos de depreciação, amortização e exaustão
- Despesas com pessoal – salários e encargos
- Seguros de mercadorias
- Comissões e corretagens sobre venda
- Fretes, transporte, combustíveis, manutenção de veículos
- Devoluções de mercadorias
- **Despesas financeiras**
- Juros passivos
- Descontos financeiros concedidos
- Deságio na colocação de debêntures ou títulos de crédito
- Variações monetárias passivas
- Juros pagos para remunerar capital próprio (dos sócios)

Algumas destas despesas atendem ao senso comum e não demandam maiores esclarecimentos. Outras, contudo, são menos conhecidas ou sofrem regramentos e restrições próprias da legislação do imposto de renda e merecem alguns comentários.

### Tipos de despesas operacionais

### Custo das mercadorias vendidas

Vamos imaginar que o contribuinte tenha iniciado suas atividades com um estoque de 10 camisas, adquiridas a R$ 10,00 cada. No decorrer do período de apuração do imposto, comprou mais 5 camisas a R$ 15,00 e 10 camisas a R$ 20,00. No final do período de apuração, verificou que vendeu 15 camisas, ao preço fixo de R$ 50,00.

A receita é fácil de se apurar: 15 x R$ 50,00 = R$ 750,00 (se o preço de venda for variável, bastaria fazer a soma do valor de cada operação).

A despesa, vale dizer, o custo das mercadorias vendidas, não é tão fácil assim, pois o custo de aquisição não foi uniforme. Se considerarmos camisas vendidas foram as adquiridas em primeiro lugar, o custo seria de R$ 175,00 (10 x R$ 10,00 + 5 x 15,00); se considerarmos que as camisas vendidas foram as últimas adquiridas, o custo seria de R$ 275,00; se considerarmos o custo médio de cada camisa adquirida até a data da venda, de R$ 15,00 = (R$ 100,00 + R$ 75,00 + R$ 200,00)/25 camisas, teríamos o custo de R$ 225,00 (15 x R$ 15,00). Por fim, se pensarmos em combinações aleatórias, o custo de aquisição das mercadorias vendidas pode ser muito variado.

O custo aleatório não é conveniente nem para o Fisco nem para o contribuinte, pois é impossível de ser controlado. O custo das últimas mercadorias adquiridas é melhor para o contribuinte e pior para o Fisco, especialmente em períodos de inflação, pois a despesa sobe sensivelmente. De outro lado, o custo das primeiras mercadorias é melhor para o Fisco e pior para o contribuinte, pois a despesa diminui e o imposto a pagar tende a ser maior. O custo médio, como o próprio nome diz, fica no meio do caminho entre o Fisco e o contribuinte.

Para solucionar o problema, a lei rejeita o custo aleatório e o custo das últimas mercadorias e permite ao contribuinte adotar o **custo médio** ou o **custo dos bens adquiridos em primeiro lugar** (art. 14, do DL 1.598/77).

O contribuinte pode, também, rejeitar os métodos de apuração do custo das mercadorias vendidas com base valor efetivamente pago e optar pela definição do custo pelo preço de venda, subtraída a margem de lucro da empresa (art. 14, § 2º, do DL 1.598/77).

Estes métodos valem tanto para a aquisição de mercadorias para revenda quanto para a aquisição de matérias primas e insumos para industrialização.

### Depreciação, amortização e exaustão

As mercadorias, os insumos e as matérias primas, classificadas no ativo circulante da empresa, são compradas para posterior revenda. Os bens do ativo não circulante, ao contrário, são adquiridos para permanecer na empresa, não sendo vendidos. A venda pode ocorrer, mas esta não é, normalmente, a intenção do contribuinte e a eventual venda não ocorre na mesma frequência que as mercadorias destinadas ao comércio.

Estes bens do ativo são prédios, máquinas, equipamentos, veículos sujeitos a desgaste, são bens intangíveis ou investimentos prévios, a serem recuperados a médio ou longo prazo pela empresa, ou são minas, jazidas e fontes não renováveis sujeitas a exploração limitada.

De outro turno, estes bens também representam despesas para a pessoa jurídica e refletem na apuração do imposto de forma gradual e constante. Os prédios, máquinas, equipamentos e veículos geram despesa na medida da depreciação que sofrem ao serem utilizados no processo produtivo; os investimentos pré-operacionais geram despesa denominada amortização, durante a fase operacional; e os recursos não renováveis promovem despesa à taxa de exaustão, conforme são explorados.

É preciso abordar, neste momento, a avaliação do ativo pelo seu valor justo e os efeitos na depreciação, na amortização e na exaustão.

A mudança ocorrida na lei comercial, a contabilidade passou a aceitar a avaliação do ativo imobilizado e do ativo intangível pelo valor justo e, portanto, hipótese de redução do valor do ativo, quando o valor do bem no mercado sofreu alteração.

Dessa forma, o bem que perdeu valor de mercado pode ser reavaliado, lançando-se a perda de valor, que não é computada para fins de apuração do lucro real (art. 19, VI, do DL 1.598/77, com redação dada pela Lei 12.973/14).

O que importa, contudo, para o tópico é o fato de que a depreciação passa a correr pelo novo valor do bem, após a redução.

### Depreciação

O art. 57, da Lei 4.506/64 permitiu que a pessoa jurídica lance a depreciação como custo, pela "importância correspondente à diminuição do valor dos bens do ativo resultante do desgaste pelo uso, ação da natureza e obsolescência normal". O art. 13, § 1º, do DL 1.598/77 também incluiu como despesas dedutíveis do imposto de renda os encargos de depreciação, amortização e exaustão.

Assim, todos os bens do ativo sujeitos a desgaste pelo uso e pelo tempo podem ser depreciados, inclusive imóveis. Não se admite a depreciação de terrenos não construídos; de prédios que pertençam ao contribuinte, mas que não sejam utilizados no processo produtivo nem sejam alugados; e bens que aumentam o valor com o tempo, como obras de arte e antiguidades.

A depreciação é lançada como despesa a uma taxa fixa, conforme a natureza do bem. Esta taxa de depreciação nada mais é que a proporção calculada a partir da expectativa de vida útil do bem. Os imóveis se depreciam em 25 anos, de forma que a taxa de depreciação anual é de 4% sobre o valor do bem; os equipamentos se depreciam em 10 anos, com a taxa anual de 10% e os semoventes e os veículos em 5 anos, à taxa de 20%.

A taxa é anual. Caso o contribuinte lance a depreciação em períodos menores, trimestralmente, por exemplo, deverá contabilizá-la proporcionalmente. Para um imóvel, a depreciação será de 4% no ano ou de 1% no trimestre.

Há bens que depreciam mais rapidamente. O contribuinte pode demonstrar que a depreciação no seu caso concreto é mais intensa; pode haver a depreciação acelerada por turnos; bem como a depreciação incentivada.

A **depreciação incentivada** é um benefício fiscal. Quando o legislador pretende incentivar a renovação do parque industrial, ele estimula o contribuinte a adquirir novas máquinas e equipamentos, reduzindo seu custo fiscal pela depreciação em tempo mais reduzido.

A **depreciação acelerada** não é benefício e é aplicada regularmente, para bens utilizados no processo produtivo em turnos (Lei 3.470/58, art. 69). Para a utilização em um turno de oito horas a depreciação é normal; para a utilização em dois turnos de oito horas, a taxa de depreciação é multiplicada por 1,5; e para três turnos de oito horas, a taxa é dobrada, isto é, multiplicada por 2.

A depreciação, seja qual for a modalidade, fica limitada ao valor do ativo.

A legislação não reconhecia a possibilidade de lançamento de depreciação de bem objeto de arrendamento mercantil. Apenas o encargo do contrato era considerado despesa, da mesma forma que os aluguéis.

A contabilidade e a legislação comercial passaram a distinguir duas modalidades de arrendamento mercantil: o *leasing* operacional, regido pela Lei 6.099/74 e o *leasing* financeiro, que se aproxima da compra financiada de um bem.

Assim, para a legislação comercial, o *leasing* operacional gera despesas dedutíveis do lucro contábil e o *leasing* financeiro, por ser registrado no ativo permanente, gera despesas de depreciação, também para fins do lucro contábil.

A **Lei 12.973/14**, contudo, não acompanhou a legislação comercial e **vedou a dedução de despesas de depreciação do *leasing*, seja financeiro ou operacional**, ao incluir novos dispositivos no DL 1.598/77 e na Lei 9.249/95.

> Art. 13 – O custo de aquisição de mercadorias destinadas à revenda compreenderá os de transporte e seguro até o estabelecimento do contribuinte e os tributos devidos na aquisição ou importação.
>
> § 1º – O custo de produção dos bens ou serviços vendidos compreenderá, obrigatoriamente:
>
> [...]
>
> c) os custos de locação, manutenção e reparo e os encargos de depreciação dos bens aplicados na produção;
>
> d) os encargos de amortização diretamente relacionados com a produção;
>
> e) os encargos de exaustão dos recursos naturais utilizados na produção.
>
> [...]
>
> § 3º O disposto nas alíneas "c", "d" e "e" do § 1º não alcança os encargos de depreciação, amortização e exaustão gerados por bem objeto de arrendamento mercantil, na pessoa jurídica arrendatária (incluído pela Lei 12.973/2014)
>
> § 4º No caso de que trata o § 3º, a pessoa jurídica deverá proceder ao ajuste no lucro líquido para fins de apuração do lucro real, no período de apuração em que o encargo de depreciação, amortização ou exaustão for apropriado como custo de produção (incluído pela Lei 12.973/2014)

Dessa forma, a lei veda a dedução dos encargos de depreciação de quaisquer bens arrendados, independentemente do tipo de contrato de *leasing* e de sua forma de contabilização, devendo os lançamentos contábeis de despesas de depreciação de bem objeto de *leasing* financeiro ser ajustados na apuração do lucro líquido.

O art. 13, da Lei 9.249/95 reforça, afirmando que "para efeito de apuração do lucro real e da base de cálculo da contribuição social sobre o lucro líquido, são vedadas as seguintes deduções, independentemente do disposto no art. 47 da Lei nº 4.506, de 30 de novembro de 1964", entre elas, as "de despesas de depreciação, amortização e exaustão geradas por bem objeto de arrendamento mercantil pela arrendatária, na hipótese em que esta reconheça contabilmente o encargo".

As operações de *leasing*, portanto, continuam a surtir os mesmos efeitos tributários do regime anterior, vale dizer, a dedução apenas da contraprestação, que veremos adiante.

### Amortização

A **amortização** é o lançamento de despesa pela aquisição de bem ou direito ou pelo investimento que contribuam para a formação do resultado de mais de um período de apuração ou que tenham duração limitada (Lei 4.506/64, art. 58, e DL 1598/77, art. 15, § 1º).

Vamos imaginar que a empresa faça um investimento de R$ 500.000.000,00 para iniciar suas atividades, mas espere obter faturamento anual de R$ 100.000.000,00. O investimento inicial será superior à receita do primeiro ano e, mesmo que o contribuinte quisesse, não poderia lançá-lo como despesa de uma só vez. Por outro lado, o investimento vai durar muitos exercícios fiscais. Assim, a legislação permite que o investimento seja lançado como despesa (amortizado) em diversos exercícios e, de outro lado, impede que seja lançado muito rapidamente.

Outro caso de amortização se aplica aos **bens intangíveis**. Uma patente, por exemplo, não se desgasta com o tempo e não pode ser depreciada. Mas representa despesa, quando a pessoa jurídica a adquire. Vamos supor que a empresa adquiriu a patente por 5 anos. A lei permite que o custo da **patente** seja amortizado neste período.

**Poderão ser amortizados**

- o capital aplicado na aquisição de direitos cuja existência ou exercício tenha duração limitada, ou de bens cuja utilização pelo contribuinte tenha o prazo legal ou contratualmente limitado, tais como:
- patentes de invenção, fórmulas e processos de fabricação, direitos autorais
- investimento em bens que devem reverter ao poder concedente, ao fim do prazo da concessão, sem indenização
- custos das construções ou benfeitorias em bens locados ou arrendados, ou em bens de terceiros, quando não houver direito ao recebimento de seu valor;

- valor dos direitos contratuais de exploração de florestas.
- os custos, encargos ou despesas, registrados no ativo diferido, que contribuirão para a formação do resultado de mais de um período de apuração, tais como:
- as despesas de organização pré-operacionais ou pré-industriais;
- as despesas com pesquisas científicas ou tecnológicas;
- as despesas com prospecção e cubagem de jazidas ou depósitos, realizadas por concessionárias de pesquisa ou lavra de minérios;
- os juros durante o período de construção e pré-operação;
- os juros pagos ou creditados aos acionistas durante o período que anteceder o início das operações sociais ou de implantação do empreendimento inicial;
- os custos, despesas e outros encargos com a reestruturação, reorganização ou modernização da empresa.

A Lei 12.973/14 acrescentou as seguintes disposições acerca da amortização do intangível:

> Art. 41. A amortização de direitos classificados no ativo não circulante intangível é considerada dedutível na determinação do lucro real, observado o disposto no inciso III do caput do art. 13 da Lei nº 9.249, de 26 de dezembro de 1995.
>
> Art. 42. Poderão ser excluídos, para fins de apuração do lucro real, os gastos com desenvolvimento de inovação tecnológica referidos no inciso I do caput e no § 2º do art. 17 da Lei nº 11.196, de 21 de novembro de 2005, quando registrados no ativo não circulante intangível, no período de apuração em que forem incorridos e observado o disposto nos arts. 22 a 24 da referida Lei.
>
> Parágrafo único. O contribuinte que utilizar o benefício referido no caput deverá adicionar ao lucro líquido, para fins de apuração do lucro real, o valor da realização do ativo intangível, inclusive por amortização, alienação ou baixa

A taxa anual de amortização será fixada em função do número de anos restantes de existência do direito (para bens intangíveis) ou do prazo estabelecido em lei, normalmente de 5 a 10 anos, para os investimentos de longo prazo.

A despesa com amortização fica limitada ao valor do investimento ou do direito.

### Exaustão

A **exaustão**, prevista pelo art. 59, da Lei 4.506/64, é a despesa decorrente da diminuição do valor de recursos minerais, pela sua exploração. Uma mina de ouro a ser explorada em 5 anos, permitirá o lançamento de 20% do seu custo ao ano. Se o ritmo de exploração diminuir, para 10 anos, por exemplo, a despesa lançada será de 10% do custo da mina.

Não geram despesa de exaustão os recursos inesgotáveis.

Para os bens sujeitos a depreciação ou a exaustão, cabe ao contribuinte escolher uma das duas formas de lançamento, sendo vedado lançar despesa de exaustão e depreciação cumuladamente, em razão de um mesmo bem.

### Despesas de Conservação de Bens e Instalações

Também são custos **dedutíveis** as **despesas com reparo, manutenção e conservação de bens** (Lei 4.506/64, art. 48).

Quando estes custos simplesmente mantêm o bem em funcionamento, será tratada como despesa comum. Quando a ação aumentar a vida útil do bem em mais de 1 ano, as despesas são capitalizadas, lançadas na conta de ativo não circulante, e este valor capitalizado irá gerar despesas de depreciação.

### Despesas financeiras

A empresa pode deduzir, como despesa, o pagamento de juros de empréstimos, utilizados pela pessoa jurídica como capital de giro ou para investimentos, de descontos de títulos e outros DL 1.598/77, art. 17).

Os empréstimos junto a terceiros não suscitam dúvidas. Os juros pagos aos bancos ou outros mutuantes são efetivas despesas da pessoa jurídica.

Também são despesa os juros pagos antecipadamente, os descontos de títulos de crédito, e o deságio concedido na colocação de debêntures ou títulos de crédito.

O problema surge quando a empresa, em certas condições, toma recursos emprestados dos sócios.

Nos termos da legislação tributária, **não serão dedutíveis** os juros, pagos ou creditados a empresas controladas ou coligadas, domiciliadas no exterior, relativos a empréstimos contraídos, quando, no balanço da coligada ou controlada, constar a existência de lucros não disponibilizados para a controladora ou coligada no Brasil (art. 1º, § 3º, da Lei 9.532/97).

Os encargos das dívidas com sócios ou acionistas, de outro turno, são dedutíveis quando pagos durante o período que anteceder o início das operações sociais ou de implantação do empreendimento inicial.

Também são dedutíveis os juros pagos pelas cooperativas a seus associados, de até doze por cento ao ano sobre o capital integralizado.

O art. 17, do DL 1.598/77 sofreu alterações relativas à dedutibilidade dos juros e a norma agora tem a seguinte redação:

> Art. 17 – Os juros, o desconto, a correção monetária prefixada, o lucro na operação de reporte e o prêmio de resgate de títulos ou debêntures, ganhos pelo contribuinte, serão incluídos no lucro operacional e, quando derivados de operações ou títulos com vencimento posterior ao encerramento do exercício social, poderão ser rateados pelos períodos a que competirem.
>
> § 1º Sem prejuízo do disposto no art. 13 da Lei nº 9.249, de 26 de dezembro de 1995, os juros pagos ou incorridos pelo contribuinte são dedutíveis como custo ou despesa operacional, observadas as seguintes normas:
>
> a) os juros pagos antecipadamente, os descontos de títulos de crédito, a correção monetária prefixada e o deságio concedido na colocação de debêntures ou títulos de crédito deverão ser apropriados, pro rata tempore, nos exercícios sociais a que competirem; e
>
> b) os juros e outros encargos, associados a empréstimos contraídos, especificamente ou não, para financiar a aquisição, construção ou produção de bens classificados como estoques de longa maturação, propriedade para investimentos, ativo imobilizado ou ativo intangível, podem ser registrados como custo do ativo, desde que incorridos até o momento em que os referidos bens estejam prontos para seu uso ou venda.
>
> § 2º Considera-se como encargo associado a empréstimo aquele em que o tomador deve necessariamente incorrer para fins de obtenção dos recursos.

§ 3º Alternativamente, nas hipóteses a que se refere a alínea "b" do § 1º, os juros e outros encargos poderão ser excluídos na apuração do lucro real quando incorridos, devendo ser adicionados quando o respectivo ativo for realizado, inclusive mediante depreciação, amortização, exaustão, alienação ou baixa.

Outra situação é a dos **juros sobre o capital próprio**. Vimos o tratamento destes juros como receita da pessoa jurídica que os recebe, a sócia de outra empresa. Para a empresa que paga os juros, estes são despesa, mas devem observar regras específicas (Lei 9.249/95, art. 9º).

Os juros pagos somente serão dedutíveis: 1. se creditados individualizadamente aos sócios, a título de juros sobre o capital próprio; 2. se a empresa que paga os juros possuir lucro presente ou acumulado em valor maior ou igual ao dobro dos juros pagos; 3. se os juros estiverem dentro do limite calculado pela variação da Taxa de Juros de Longo Prazo sobre as contas do patrimônio líquido, limitado a variação da TJLP.

Estes requisitos são cumulativos e, se não atendidos, os juros não serão dedutíveis da base de cálculo do IRPJ.

Discute-se se os juros sobre o capital próprio são dedutíveis se pagos ao usufrutuário das ações ou quotas, ou apenas se pagos ao nu-proprietário, em virtude do texto do caput do art. 9º, da Lei 9.249/95.

Vale lembrar, também, que os juros sobre o capital próprio não decorrem de empréstimos, mas da integralização do capital pelo sócio. Não obstante, seu tratamento é o mesmo das despesas, não o da distribuição de lucros.

Este, porém, é um ponto sensível. Por entenderem que os juros sobre capital próprio são forma alternativa, mas equivalente, de distribuição de lucros, os contribuintes defendem que é possível a dedução dos juros pagos em exercícios posteriores.

As empresas, por razões comerciais, podem deixar de pagar os juros sobre capital próprio em determinado ano e, no ano seguinte, pretenderem pagar a remuneração de dois períodos e deduzir o valor acumulado como despesa do exercício.

Haveria, assim, uma "duplicação" do limite de dedução dos juros sobre capital próprio pagos em um exercício, como "compensação" pelo não pagamento no ano anterior.

A jurisprudência administrativa do CARF, contudo, entende que os juros sobre capital próprio são despesas e, como tais, estão sujeitas ao regime de competência, não podendo ser deduzidas em períodos posteriores.

A interpretação administrativa parece estar de acordo com a jurisprudência da Segunda Seção do STJ que, em dissídios entre empresas e acionistas, julga possível o **pagamento acumulado de juros sobre o capital próprio e de dividendos**, justamente em virtude da diferença de natureza dos institutos, aquele uma despesa e este distribuição dos lucros (veja-se, por exemplo, o julgamento do AgRg no REsp 1.202.693/RS e do REsp 1.373.438/RS, este último sob o rito do art. 543-C, do CPC).

Noticia-se, contudo, pelo menos uma decisão a favor dos contribuintes, nos Tribunais Regionais Federais, a AC 08011273620134058300, julgada pelo TRF4.

Lembremos, ainda, que o pagamento de juros sobre o capital próprio somente aproveita a empresas do lucro real, pois estas podem deduzir o pagamento como despesa. As demais empresas não levam em conta a despesa para apurar o imposto devido. Assim, o pagamento destes juros em nada altera o resultado do imposto das empresas optantes pelo lucro presumido, arbitrado ou pelo SIMPLES.

### Variações monetárias e cambiais

Refletem no resultado operacional as variações **monetárias e cambiais** (DL 1.598/77, art. 18 e Lei 9.249/95, art. 8º).

Os contratos podem estar sujeitos, pela vontade das partes ou por força de lei, à indexação.

Assim, o pagamento da obrigação assumida ou o recebimento do crédito da obrigação podem representar, em reais, valor diferente do assumido na assinatura do contrato.

Os contratos podem ser corrigidos por índices inflacionários, pela variação cambial, pela cotação da bolsa de valores etc. Os exemplos mais comuns são os contratos de comércio exterior: importações, exportações, *leasings* internacionais e outros.

Quando o índice é positivo, o valor a pagar será maior do que o valor ajustado inicialmente em reais, de modo que o credor obterá receita e o devedor terá despesa. De outro lado, se o índice for negativo, o valor a pagar será menor, de modo que o credor terá perda e o devedor terá ganho.

Estas variações devem compor o lucro operacional também para fins tributários. Os ganhos (variações monetárias ativas) serão considerados receita e as perdas (variações monetárias passivas) despesa.

Desde o julgamento do REsp 1.274.038/SC, tanto a Primeira quanto a Segunda Turma do STJ têm decidido pela **incidência da variação cambial positiva inclusive no regime do lucro presumido**, sistema em que, por não se apurar as despesas reais, não se permite a dedução das variações cambiais negativas.

Como dissemos anteriormente, as variações cambiais podem ser apropriadas pelo regime de caixa ou pelo regime de competência, à opção do contribuinte. A opção irá valer para todo o ano base.

### Provisões

**Provisões** são os lançamentos de despesas prováveis que deverão se realizar no próprio exercício.

Ocorre com as férias, com o décimo terceiro salário, com o próprio imposto de renda, que podem ou devem ser pagos de uma só vez, mas que decorrem das atividades da empresa durante o ano. Assim, enquanto a empresa não paga as férias ou o décimo terceiro salário, lança como despesa mensal uma provisão de 1/12 do valor que deverá ser pago ao empregado.

Também é dedutível a provisão técnica das companhias de seguro e de capitalização e das entidades de previdência privada. Nestes casos, a provisão será uma reserva de recursos, uma margem, exigida pela legislação específica, para que a companhia possa honrar compromissos.

A empresa pode contabilizar outras provisões indedutíveis do imposto de renda. Neste caso, deverá reverter o lançamento na apuração do lucro real, mediante lançamento no LALUR. Também deverá ser revertido o lançamento da provisão se a despesa não ocorrer.

A lei tributária não permite mais a dedução de provisões para devedores duvidosos. A Lei 9.430/96 estabeleceu novas regras para a dedução de créditos não recebidos, como veremos.

## Perdas no recebimento de créditos

É comum que as compras não sejam honradas. O comprador pode se colocar em situação financeira difícil, pode falir ou pode perder o controle de seus débitos.

Contudo, o IRPJ segue o regime de competência, de tal forma que a venda é lançada como receita no momento em que é realizada, independente do pagamento da operação.

Assim, quando o comprador não paga o débito, o contribuinte se coloca na situação de pagar o imposto por receita que não recebeu.

Pensando nesta situação, o legislador estabeleceu regras para dedução da receita, de modo que a obrigação com do IRPJ seja compatibilizada com as perdas no recebimento dos créditos. Dispõe o art. 9º, da Lei 9.430/96:

> Art. 9º As perdas no recebimento de créditos decorrentes das atividades da pessoa jurídica poderão ser deduzidas como despesas, para determinação do lucro real, observado o disposto neste artigo.
>
> § 1º Poderão ser registrados como perda os créditos:
>
> I – em relação aos quais tenha havido a declaração de insolvência do devedor, em sentença emanada do Poder Judiciário;
>
> II – sem garantia, de valor:
>
> a) até R$ 5.000,00 (cinco mil reais), por operação, vencidos há mais de seis meses, independentemente de iniciados os procedimentos judiciais para o seu recebimento;
>
> b) acima de R$ 5.000,00 (cinco mil reais) até R$ 30.000,00 (trinta mil reais), por operação, vencidos há mais de um ano, independentemente de iniciados os procedimentos judiciais para o seu recebimento, porém, mantida a cobrança administrativa;
>
> c) superior a R$ 30.000,00 (trinta mil reais), vencidos há mais de um ano, desde que iniciados e mantidos os procedimentos judiciais para o seu recebimento;
>
> III – com garantia, vencidos há mais de dois anos, desde que iniciados e mantidos os procedimentos judiciais para o seu recebimento ou o arresto das garantias;
>
> IV – contra devedor declarado falido ou pessoa jurídica declarada concordatária, relativamente à parcela que exceder o valor que esta tenha se comprometido a pagar.

A lei estabeleceu, assim, critérios para que as perdas reduzissem a obrigação tributária.

A perda também se estende aos encargos financeiros não recebidos, mas lançados como receita, a partir do segundo mês após o vencimento da obrigação (art. 11, da Lei 9.430/96).

De se observar que o lançamento destas perdas se dá como uma "despesa imprópria", pois reduz a conta de receita, impactando, assim, tanto a apuração do lucro real quanto a do lucro presumido e de outras formas de apuração de impostos e contribuições incidentes sobre a receita.

De outro turno, conforme determina o art. 12, da Lei 9.430/96, deve haver o lançamento da receita, se o crédito for recebido.

*Aluguéis Royalties, Assistência Técnica, Científica ou Administrativa, Arrendamento Mercantil*

Os aluguéis, relativos a **móveis ou imóveis** necessários à produção, vendas e prestação de serviços também são **dedutíveis** (Lei 4.506/64, art. 71).

**Não são dedutíveis**, porém, os aluguéis "disfarçados", que representem, na verdade, distribuição de lucros ou aplicação de recursos na aquisição de bens ou direitos. Também não são dedutíveis os aluguéis de móveis ou imóveis desvinculados da atividade da empresa nem o valor dos aluguéis que exceder o valor de mercado, quando pagos a sócios ou seus parentes.

Sob o mesmo fundamento, os *royalties* são dedutíveis.

| | Não são dedutíveis |
|---|---|
| Limitação subjetiva | os *royalties* pagos a sócios, pessoas físicas ou jurídicas, ou dirigentes de empresas, e a seus parentes ou dependentes |
| | os *royalties* pelo uso de patentes de invenção, processos e fórmulas de fabricação, ou pelo uso de marcas de indústria ou de comércio, quando: <br> a) pagos pela filial no Brasil de empresa com sede no exterior, em benefício de sua matriz; <br> b) pagos pela sociedade com sede no Brasil a pessoa com domicílio no exterior que mantenha, direta ou indiretamente, controle do seu capital com direito a voto |
| Limitação material | as importâncias pagas a terceiros para adquirir os direitos de uso de um bem ou direito sujeitos a amortização |

| Não são dedutíveis | |
|---|---|
| Limitação formal | os *royalties* pelo uso de patentes de invenção, processos e fórmulas de fabricação bem como aqueles pelo uso de marcas de indústria e comércio pagos ou creditados a beneficiário domiciliado no exterior: a) que não sejam objeto de contrato registrado no Banco Central do Brasil; ou b) cujos montantes excedam aos limites periodicamente fixados pelo Ministro de Estado da Fazenda para cada grupo de atividades ou produtos, segundo o grau de sua essencialidade, e em conformidade com a legislação específica sobre remessas de valores para o exterior. |

Não raro, a pessoa jurídica necessita contratar **assistência técnica, científica ou administrativa** e as despesas destes contratos são dedutíveis do IRPJ.

Quando o **contrato** é realizado com **empresa sediada no exterior**, a dedução apresenta os seguintes **requisitos e limites** (Lei 4.506/64, art. 52):

- contrato registrado no Banco Central do Brasil
- corresponderem a serviços efetivamente prestados à empresa através de técnicos, desenhos ou instruções enviadas ao País, ou estudos técnicos realizados no exterior por conta da empresa;
- o montante anual dos pagamentos não exceder ao limite fixado por ato do Ministro de Estado da Fazenda, de conformidade com a legislação específica.

O **arrendamento mercantil ou *leasing*** é contrato que apresenta elementos da locação e da compra e venda. O arrendatário paga um valor (de natureza similar ao do aluguel) ao arrendante e adquire, assim, o direito ao uso do bem arrendado. O arrendatário adquire, também, o direito à compra do bem (opção de compra) e o exerce conforme seu interesse.

A aplicação pura das regras do IRPJ sobre aluguéis não permitiria a dedução das parcelas do *leasing*, dado o direito à compra gerado por este contrato (Lei 4.506/64, art. 71, parágrafo único).

Contudo, normas específicas permitem a dedução, desde que o contrato atenda ao disposto na Lei 6.099/74, que dispõe sobre o tratamento tributário das operações de arrendamento mercantil.

A Lei 12.973/14 trouxe novas regras para o arrendamento mercantil, além daquelas que vedam a utilização das despesas de depreciação do leasing financeiro para a dedução do lucro tributável, para as operações não alcançadas pela Lei 6.099/74.

Dispõe a lei acerca da pessoa jurídica arrendadora:

> Art. 46. Na hipótese de operações de arrendamento mercantil que não estejam sujeitas ao tratamento tributário previsto pela Lei nº 6.099, de 12 de setembro de 1974, as pessoas jurídicas arrendadoras deverão reconhecer, para fins de apuração do lucro real, o resultado relativo à operação de arrendamento mercantil proporcionalmente ao valor de cada contraprestação durante o período de vigência do contrato.
>
> § 1º A pessoa jurídica deverá proceder, caso seja necessário, aos ajustes ao lucro líquido para fins de apuração do lucro real, no livro de que trata o inciso I do caput do art. 8º do Decreto-Lei nº 1.598, de 26 de dezembro de 1977.
>
> § 2º O disposto neste artigo aplica-se somente às operações de arrendamento mercantil em que há transferência substancial dos riscos e benefícios inerentes à propriedade do ativo.
>
> § 3º Para efeitos do disposto neste artigo, entende-se por resultado a diferença entre o valor do contrato de arrendamento e somatório dos custos diretos iniciais e o custo de aquisição ou construção dos bens arrendados.
>
> § 4º Na hipótese de a pessoa jurídica de que trata o caput ser tributada pelo lucro presumido ou arbitrado, o valor da contraprestação deverá ser computado na determinação da base de cálculo do imposto sobre a renda.

O art. 47, da Lei 12.973/14 reitera a possibilidade da empresa arrendatária deduzir as contraprestações do contrato de *leasing* (operacional ou financeiro) da apuração do lucro real, à exceção das despesas financeiras da arrendatária (art. 48) e o art. 49 confere "aos contratos não tipificados como arrendamento mercantil que contenham elementos contabilizados como arrendamento mercantil por força de normas contábeis e da legislação comercial", o tratamento tributário do *leasing*.

**A remuneração dos sócios, diretores ou administradores e titulares de empresas individuais e conselheiros fiscais e consultivos** também é dedutível (Lei 4.506/64, art. 47).

**Não serão, porém, dedutíveis na determinação do lucro:**

> - as retiradas não debitadas em custos ou despesas operacionais, ou contas subsidiárias, e as que, mesmo escrituradas nessas contas, não correspondam à remuneração mensal fixa por prestação de serviços.

> - as percentagens e ordenados pagos a membros das diretorias das sociedades por ações, que não residam no País.
>
> Também é dedutível a remuneração indireta, vale dizer, benefícios concedidos pela empresa a seus administradores (Lei 8.383/91, art. 74).
>
> A dedução se aplica, desde que as despesas sejam pagas a beneficiários identificados e individualizados:
>
> - à contraprestação de arrendamento mercantil ou o aluguel ou, quando for o caso, os respectivos encargos de depreciação de veículo utilizado no transporte de administradores, diretores, gerentes e seus assessores ou de terceiros em relação à pessoa jurídica; de imóvel cedido para uso dessas pessoas;
> - às despesas com benefícios e vantagens concedidos pela empresa pagas diretamente ou através da contratação de terceiros, tais como: alimentos, clubes e assemelhados, empregados postos a sua disposição e a conservação, o custeio e a manutenção de veículos e imóveis.

Quando as vantagens indiretas são pagas a beneficiários não identificados ou beneficiários identificados e não individualizados, são indedutíveis na apuração do lucro real.

Também são indedutíveis como custos ou despesas operacionais as gratificações ou participações no resultado, atribuídas aos dirigentes ou administradores de pessoa jurídica (art. 44, § 3º, da Lei 4.506/64).

### Participação dos trabalhadores nos lucros das empresas

Também é dedutível a participação dos trabalhadores no lucro da empresa (MP 1.769-55/99, art. 3º, § 1º).

### Serviços assistenciais e benefícios previdenciários (Lei 9.249/95, art. 13, V)

São despesas operacionais dedutíveis os gastos realizados pelas empresas com **serviços de assistência médica, odontológica, farmacêutica e social**, destinados **indistintamente** a todos os empregados e dirigentes da empresa, sejam prestados por terceiro ou pela própria empresa.

São dedutíveis, também, as **contribuições não compulsórias** destinadas a custear planos de benefícios complementares assemelhados aos da previdência social, instituídos em favor dos empregados e dirigentes da pessoa jurídica.

A dedução das contribuições previdenciárias está, porém, limitada a vinte por cento do total dos salários dos empregados e da remuneração dos dirigentes da empresa. O valor que exceder este percentual deve ser adicionado ao lucro líquido para efeito de determinação do lucro real.

### Despesas de Propaganda (Lei 4.506/64, art. 54, e Lei 7.450/85, art. 54):

São admitidas despesas de propaganda, incluindo o valor pago a profissional independente ou a empresa de publicidade. As despesas devem estar diretamente relacionadas com as atividades exploradas pela empresa e deve ser respeitado o regime de competência.

### Formação profissional de empregados, vale transporte e alimentação

São dedutíveis os gastos realizados com a *formação profissional* de empregados, bem como as despesas de vale-transporte e de *alimentação*, esta última, se fornecida pela pessoa jurídica, *indistintamente*, a todos os empregados.

### PRONAC e Audiovisual

O IRPJ possui benefícios fiscais que permitem a dedução de valores pagos a projetos culturais e cinematográficos do valor do imposto devido. Sem adentrar nos detalhes dos benefícios, as despesas realizadas em operações de caráter cultural e artístico (PRONAC) e audiovisual também são computadas na apuração do imposto como despesa operacional, sem prejuízo da dedução do imposto devido.

> ▶ **Como esse assunto foi cobrado em concurso?**
>
> **(ESAF/AFRF/2012)** De acordo com a legislação tributária em vigor, assinale a opção incorreta.
>
> a) as contraprestações de arrendamento mercantil somente serão dedutíveis pela pessoa jurídica arrendatária quando o bem arrendado estiver relacionado intrinsecamente com a produção e comercialização dos bens e serviços,
>
> b) não são dedutíveis, como custos ou despesas operacionais, as gratificações ou participações no resultado, atribuídas aos dirigentes ou administradores da pessoa jurídica,
>
> c) regra geral, são dedutíveis, na determinação do lucro real da pessoa jurídica, as remunerações pagas aos sócios ou dirigentes,

d) para efeito de apuração do lucro real, a pessoa jurídica poderá deduzir, como despesa operacional, as participações atribuídas aos empregados nos lucros ou resultados, dentro do próprio exercício de sua constituição,

e) o valor correspondente a aluguel de imóvel cedido pela pessoa jurídica para uso de seu administrador, diretor, gerente e assessor, assim como outras espécies de remuneração indireta, é despesa indedutível para efeito de apuração do lucro real, ainda que sejam individualizados a operação e o beneficiário da despesa.

**Gabarito:** E. Nos termos do art. 47, da Lei 4.506/64, a despesa, para ser computada na apuração do lucro, deve ser necessária e usual. Assim, deve estar relacionada com a atividade da empresa. As gratificações ou participações no resultado, atribuídas aos dirigentes ou administradores da pessoa jurídica não são dedutíveis como custos ou despesas operacionais (art. 44, § 3o, da Lei 4.506/64). A remuneração paga a sócios e dirigentes, inclusive de forma indireta, como o aluguel de imóvel para diretor, é, em geral, dedutível (art. 47, da Lei 4.506/64 e Lei 8.383/91, art. 74)

### 6.8.1.2. Resultados não operacionais

Receitas e despesas não operacionais são aquelas decorrentes de fatos distintos da atividade comercial do contribuinte, como da alteração de valor de bens do ativo permanente, vale dizer, aqueles que a pessoa adquire para servir à sua atividade, mas que não são objeto de negociação usual pela empresa.

A empresa que fabrica tecidos, possui máquinas de tecelagem. Sua atividade é produzir e vender tecidos. As máquinas servem à atividade de produzir tecido, mas elas, as máquinas, são utilizadas no processo produtivo, não levadas ao comércio.

Por certo, que a empresa pode vender as máquinas pelas mais variadas razões. As vendas podem cair, de modo que se torne justificável a redução do parque industrial; novas máquinas mais eficientes podem surgir, justificando, assim, a venda das máquinas antigas; o empresário pode se ver em situação de dificuldade financeira e ser obrigado a vender as máquinas; pode, ao contrário, vislumbrar ramo mais lucrativo e vender as máquinas (e todo o estabelecimento), para mudar sua atividade.

A máquina pode ser entregue ao sócio a título de devolução de sua parte no capital social. Se avaliada pelo valor contábil, não haverá ganho ou perda. Se avaliada pelo valor de mercado, poderá haver resultado, se este divergir do valor escriturado.

A empresa pode, também, utilizar as máquinas até o desgaste total ou até que não tenham mais utilidade ou capacidade produtiva. Pode ocorrer, ainda, que as máquinas sejam destruídas, perdendo completamente seu valor.

Em todos estes casos, pode haver ganho ou perda na venda ou baixa das máquinas e estes ganhos ou perdas compõem o resultado não operacional.

Raciocínio similar pode ser estendido para bens imóveis ou para participações societárias. O imóvel pode perder ou ganhar valor no mercado e, em qualquer destes casos, ser reavaliado voluntariamente, vendido, devolvido ao sócio ou desapropriado. A empresa da qual a pessoa jurídica é sócia pode decretar falência, perder valor ou ganhar valor.

Em todos estes casos poderá haver **resultado não operacional**. Dispõe o art. 31, do DL 1.598/77, com redação dada pela Lei 12.973/14:

> Art. 31. Serão classificados como ganhos ou perdas de capital, e computados na determinação do lucro real, os resultados na alienação, inclusive por desapropriação (§ 4º), na baixa por perecimento, extinção, desgaste, obsolescência ou exaustão, ou na liquidação de bens do ativo não circulante, classificados como investimentos, imobilizado ou intangível.
>
> § 1º Ressalvadas as disposições especiais, a determinação do ganho ou perda de capital terá por base o valor contábil do bem, assim entendido o que estiver registrado na escrituração do contribuinte, diminuído, se for o caso, da depreciação, amortização ou exaustão acumulada e das perdas estimadas no valor de ativos.
>
> § 2º Nas vendas de bens do ativo não circulante classificados como investimentos, imobilizado ou intangível, para recebimento do preço, no todo ou em parte, após o término do exercício social seguinte ao da contratação, o contribuinte poderá, para efeito de determinar o lucro real, reconhecer o lucro na proporção da parcela do preço recebida em cada período de apuração.

Se o preço de venda for superior ao preço de aquisição, haverá receita tributada.

A receita, porém, não é sempre computada no mesmo ano em que ocorre a venda, em mais uma exceção ao regime de competência. Dispõe o art. 421, do RIR apuração (DL 1.598/77, art. 31, § 2º), que as vendas a longo prazo, cujo preço é recebido no todo ou em parte nos exercícios seguintes, a receita é computada somente no período em que o preço é recebido.

**Nem todas as receitas não operacionais são tributadas.** Serão excluídos do lucro líquido os seguintes valores: as contribuições de subscritores de valores mobiliários a título de ágio na emissão das ações e outros títulos; as subvenções para investimento como estímulo à implantação ou expansão de certos empreendimentos econômicos; o capital de apólice de seguro ou pecúlio em favor da empresa pela morte do sócio; e o acréscimo de patrimônio líquido de investimento, decorrente de ganho de capital, por redução na percentagem do contribuinte na participação em empresa coligada ou controlada.

As receitas lançadas como contrapartida da avaliação de investimentos pelo método da equivalência patrimonial – MEP (veremos esta matéria adiante) não são tributados (art. 23 c/c art. 22 e 20, I, do DL 1.598/77, para o IRPJ e art. 2º, § 1º, "c", 4, da Lei 7.689/88, para a CSLL), mas somente as receitas decorrentes da realização do ganho na alienação do investimento.

Isso vale, inclusive, para a contrapartida lançada na contabilidade da empresa brasileira controladora de empresa no exterior, em relação ao uso do MEP por esta empresa controlada (REsp 1.211.882/RJ, AgRg no AREsp 531.112/BA).

Outra dedução permitida é a **amortização do ágio** pago na aquisição de participações societárias em empresas controladas e coligadas que devem ser avaliadas pelo método da equivalência patrimonial, tema que será abordado mais adiante.

Por outro lado, há **limites na dedução de prejuízos não operacionais**.

Somente podem ser deduzidas perdas não operacionais com ganhos da mesma natureza (Lei 9.249/95, art. 22, § 1º), de forma que a dedução fica limitada às empresas que também obtiverem ganhos não operacionais, respeitado, ainda, o limite de 30% do lucro do novo período.

Para que haja perda não operacional, deve haver valor residual do ativo. Se o bem já fora totalmente depreciado, exaurido ou amortizado, não há perda a ser deduzida.

Também não será dedutível a perda apurada na alienação de bem que vier a ser tomado em arrendamento mercantil pela própria vendedora ou com pessoa jurídica a ela vinculada (Lei 6.099/74, art. 9º, parágrafo único, e Lei 7.132/83, art. 1º, II).

Limita-se também a dedução de perdas relativas a bens adquiridos com benefícios fiscais (DL 1.648/78, art. 6º).

Os ganhos de capital de empresa brasileira em operações no exterior compõem o lucro real. As perdas, ao contrário, não são dedutíveis.

Na fusão, incorporação ou cisão de sociedades com extinção de ações ou quotas de capital de uma possuída por outra, conforme dispõe o art. 43, do DL 1.798/77, a diferença entre o valor contábil das ações ou quotas extintas e o valor de acervo líquido que as substituir será computado na determinação do lucro real. Somente será dedutível como perda de capital a diferença entre o valor contábil e o valor de acervo líquido avaliado a preços de mercado, e o contribuinte poderá, para efeito de determinar o lucro real, optar pelo tratamento da diferença como ativo diferido amortizável no prazo máximo de 10 anos. Será computado como ganho de capital o valor pelo qual tiver sido recebido o acervo líquido que exceder o valor contábil das ações ou quotas extintas, mas o contribuinte poderá, nos termos da lei, diferir a tributação sobre a parte do ganho de capital em bens do ativo permanente, até que esse seja realizado.

O ativo diferido foi extinto pela Lei 11.638/08 e existirá como conta temporária, até que seu saldo seja esgotado.

A lei societária previa a possibilidade de reavaliação voluntária do bem do ativo imobilizado. A Lei 11.638/08 vedou esta reavaliação. De toda sorte, a tributação continua a ocorrer somente com a alienação do bem.

Também são dedutíveis as vendas de ações, títulos ou quotas de capital com deságio superior a 10%, salvo se a venda for realizada em bolsa de valores ou em leilão público e houver prova de que o valor da alienação do título corresponde ao preço de mercado do papel ou ao patrimônio que ele representa (art. 84, da Lei 3.470/58).

### 6.8.1.3. Compensação de prejuízos

O imposto de renda da pessoa física corretamente apurado, declarado e pago se aperfeiçoa irreparavelmente no período de um ano. No imposto de renda da pessoa jurídica, ao contrário, os fatos ocorridos em um ano podem surtir efeitos em exercícios seguintes.

Vimos, anteriormente, que os investimentos pré-operacionais podem ser deduzidos em 5 a 10 anos subsequentes após o início das operações. Outro fato que apresenta reflexo em períodos de apuração subsequentes é o prejuízo obtido.

Quando a empresa sofre prejuízo num período, ou em vários períodos seguintes, vale dizer, quando as despesas superam as receitas, ela pode utilizar este valor negativo acumulado para reduzir a base de cálculo de períodos seguintes, no limite máximo de 30% do lucro de cada período seguinte (Lei 9.065/95, art. 15).

O limite de compensação de 30% dos lucros futuros foi severamente debatido nos tribunais.

O STF, contudo, tem acolhido a limitação.

> **▶ Entendimento do STF**
> A Lei 8981/95, resultante da conversão da Medida Provisória 812/94, que impôs limite à dedução de prejuízos da base de cálculo sujeita à incidência do imposto de renda das pessoas jurídicas. Legitimidade, dado que a alteração legislativa ocorreu antes de encerrado o ano-calendário da apuração. Violação aos princípios constitucionais da anterioridade e da irretroatividade da lei tributária. Inexistência.
> (STF, T2, RE 232.713 AgR/SP, Min. MAURÍCIO CORRÊA, DJ de 14/11/2002)

A matéria não deve sofrer alteração, mas pende julgamento o RE 591.340 RG/SP sobre o tema, com repercussão geral reconhecida.

A mudança de controle societário ou mudança de atividade veda a compensação de prejuízos (DL 2.341/87, art. 32).

Na incorporação, a empresa incorporadora não pode compensar os prejuízos acumulados pela empresa incorporada (DL 2.341/87, art. 33).

O mesmo impedimento vigora nos casos de cisão e fusão (DL 2.341/87, art. 33).

Na incorporação, a empresa pode continuar compensando seus próprios prejuízos. Na cisão parcial, a empresa que continuar existindo poderá manter a compensação dos prejuízos, na proporção do capital que lhe couber. Na fusão, não há esta possibilidade (DL 2.341/87, art. 33).

### Prejuízos Não Operacionais

Os prejuízos não operacionais somente poderão ser compensados com lucros não operacionais, observado o limite de 30% do lucro do período (Lei 9.249/95, art. 31).

Assim, a pessoa jurídica deve contabilizar separadamente os lucros e prejuízos operacionais e não operacionais, para proceder a compensação separadamente.

De outro lado, nas vendas de bens com parcelas a receber nos anos seguintes ao da alienação, o imposto somente incide no período de apuração em que o valor é recebido. Vale dizer, não incide de uma só vez (DL 1.598/77, art. 31, § 2º).

### Prejuízo na alienação de ações

Não se pode deduzir, contudo, o prejuízo em alienação de participações societárias com deságio superior a 10% do valor de aquisição. Vejamos o que dispõe o RIR:

> Art. 393. Não são dedutíveis os prejuízos havidos em virtude de alienação de ações, títulos ou quotas de capital, com deságio superior a dez por cento dos respectivos valores de aquisição, salvo se a venda houver sido realizada em bolsa de valores, ou, onde esta não existir, tiver sido efetuada através de leilão público, com divulgação do respectivo edital, na forma da lei, durante três dias no período de um mês (Lei 3.470/58, art. 84).
>
> Parágrafo único. As disposições deste artigo não se aplicam às sociedades de investimentos fiscalizadas pelo Banco Central do Brasil, nem às participações permanentes (Lei 3.470/58, art. 84, parágrafo único).

A norma visa evitar fraudes. Assim, a limitação não é aplicada para perdas ocorridas em vendas públicas, como ocorre na bolsa de valores, ou em operações controladas, como ocorre nas sociedades de investimento, cujas transações são controladas pelo Banco Central.

## Atividade Rural

A pessoa jurídica que explora atividade rural pode compensar seus prejuízos sem a limitação de 30% do lucro (Lei 8.023/90, art. 14).

### 6.8.1.4. Omissão de receitas

O contribuinte tem o direito de apresentar suas despesas para reduzir a obrigação com o IRPJ, mas tem o dever de oferecer suas receitas à tributação. Não o fazendo, há omissão de receitas, que enseja, se descoberta, a autuação pelo Fisco.

Ocorre a omissão de receitas sempre que o contribuinte deixar de emitir documentos fiscais de suas receitas ou emiti-los com subfaturamento, em valor menor que o real.

Alguns exemplos de omissão de receita são categóricos no IRPJ, de forma similar ao que ocorre no IRPF. No IRPJ, contudo, estes casos vão ocorrer na contabilidade da empresa.

Um destes exemplos é o chamado **passivo fictício**. No passivo, estão as contas da empresa que representam obrigações com terceiros. O passivo fictício, assim, é uma conta de obrigação falsa. A empresa lança em seu balanço a dívida, mas a dívida não existe.

A primeira vista, não parece que o passivo fictício represente omissão de receitas. A final, ninguém "ganha" nada ao dizer que possui uma dívida!

Contudo, a contabilidade segue o método das partidas dobradas, de forma que a cada lançamento de débito deve haver um lançamento de crédito e vice-versa. Assim, o outro lado do lançamento do passivo fictício é a receita omitida. Sem adentrar na técnica dos lançamentos contábeis, o lançamento da dívida falta substitui, mascara, compensa o lançamento da receita.

Vamos pensar, também, de outra maneira. Imagine que o contribuinte recebeu algum recurso, mas não quer contabilizá-lo, para não pagar o imposto. Ele utiliza, então, o recurso para pagar uma de suas dívidas. Contudo, se ele baixar a dívida, terá que mostrar o recurso com o qual fez o pagamento. Assim, ele mantém a dívida em sua contabilidade e não lança a partida dobrada do recebimento do recurso.

Outra hipótese de omissão de receita é o **saldo credor da conta caixa**. Mais uma vez, um pouco de contabilidade. A conta caixa representa dinheiro em espécie e é uma conta de ativo. Ela pode receber lançamentos a débito (aumenta seu valor) ou a crédito (diminui seu valor). Assim, se está escrito na contabilidade saldo devedor de R$ 1.000,00 na conta caixa, deve haver R$ 1.000,00 em espécie no caixa da empresa.

Supondo que a empresa faça uma compra de mercadorias em dinheiro em seguida, no valor de R$ 300,00, irá creditar a conta caixa neste valor e debitar a conta mercadorias no mesmo valor. O saldo das duas contas de ativo (caixa e mercadorias) irá continuar igual.

O máximo de compras em dinheiro que a empresa pode fazer é, naturalmente, o valor em dinheiro que possui. Ela pode fazer compras com cheque, cartão, títulos etc, mas com dinheiro, fica limitada ao valor em caixa. Assim, se o saldo devedor (saldo positivo) da conta caixa é R$ 1.000,00, o lançamento máximo que pode ser realizado é de R$ 1.000,00, para que a conta fique com saldo zero. Esta conta nunca poderá ter saldo credor!

Imaginemos, contudo, que a empresa tenha saldo devedor de R$ 5.000,00 na conta caixa e não contabilizou o recebimento de R$ 10.000,00 em espécie, pois pretende sonegá-lo. Em seguida, um dos sócios faz um pagamento em dinheiro no valor de R$ 15.000,00. Após, por descuido, o outro sócio faz o lançamento contábil no livro diário do valor pago em dinheiro.

No dia seguinte, chega a fiscalização e pede os livros do contribuinte. Ao fechar o livro caixa a partir da informação do livro diário, o fiscal verifica que o saldo da conta é credor, quer dizer, o saldo contábil é negativo. A única explicação para isso é a omissão de receita.

Claro que a fiscalização não chega "no dia seguinte". Na realidade, o que pode ser feito é a verificação do histórico da conta caixa a partir do diário e de outras informações e em momento algum a conta poderá ter saldo credor. Se a fiscalização verificar este saldo credor em qualquer momento, efetuará o lançamento do imposto por omissão de receita.

Em linguagem ainda mais usual, o saldo credor na conta caixa equivale a colocar R$ 5,00 num bolso em que não havia nada e tirar R$ 50,00.

> **Como esse assunto foi cobrado em concurso?**
> (ESF/Analista Tributário da Receita Federal/2012) Em relação ao Imposto de Renda da Pessoa Jurídica, avalie.
> Caracteriza-se como omissão de receita a indicação na escrituração de saldo credor de caixa.
> **Gabarito:** Correto, como acabamos de analisar.

A **diferença de estoque** também é hipótese de omissão de receita.

Vamos imaginar que o contribuinte tenha 1000 pares de sapato em estoque. Visando reduzir sua obrigação tributária, vende 100 pares sem nota fiscal. O estoque real, então, baixa para 900 pares, mas na contabilidade continuam os 1000 pares originais.

Para a fiscalização, os 100 pares de diferença são presumidos como vendas (receitas) não informadas (omitidas).

Todos estes casos são, efetivamente, presunções, e admitem prova em contrário.

Se o lançamento decorre de erro, cabe ao contribuinte corrigi-lo assim que o detectar. Se fizer a correção e complementar a obrigação tributária, não terá problemas com a fiscalização.

Não percebendo o erro em tempo hábil, deverá provar que não omitiu receita. No caso do passivo fictício, deverá demonstrar que a contabilidade não fecha pelo valor exato da dívida, pois lançou a receita e esqueceu de retirar a dívida. Na hipótese de saldo credor de caixa, deve demonstrar que pagou a obrigação por outros meios, cheque, por exemplo, e a diferença será perfeitamente localizada na conta "bancos". Por fim, na diferença de estoque, poderá demonstrar, imaginemos, que recebeu apenas parte da compra realizada e a remessa do estoque faltante pode ser apurada na contabilidade do fornecedor.

Não havendo prova do erro por parte do contribuinte, a presunção irá gerar o lançamento fiscal, imputando a receita omitida ao cálculo do imposto.

> **Como esse assunto foi cobrado em concurso?**
> (ESAF/AFRF/2014). Caracteriza omissão de receita, e não mera presunção de omissão de receita, constituindo prova suficiente para o lançamento do Imposto de Renda em desfavor da pessoa jurídica:

a) falta de emissão de nota fiscal ou documento equivalente por ocasião da efetivação das vendas de mercadorias,
b) falta de escrituração de pagamentos efetuados,
c) manutenção de obrigações já pagas registradas no passivo,
d) divergência entre a quantidade de matéria-prima registrada na entrada e a soma da quantidade de mercadorias registradas na saída com os produtos em estoque,
e) diferença de valores no confronto entre a movimentação bancária contabilizada e a receita auferida registrada.

*Gabarito:* A. A falta de emissão de nota fiscal é prova da omissão de receita. Os demais fatos são indícios, que podem levar à comprovação da omissão de receita, juntamente com outros elementos probatórios.

### 8.2. Alíquotas

Depois desta longa abordagem da base de cálculo do IRPJ – lucro real, uma boa notícia: o imposto possui apenas uma alíquota básica e uma alíquota adicional!

A alíquota básica do imposto é de 15%. A alíquota adicional é de 10%, para lucro mensal apurado a partir de R$ 20.000,00.

Estas alíquotas valem também para as empresas optantes do lucro presumido bem como as sujeitas ao lucro arbitrado.

Assim, o dever tributário será definido pela multiplicação da base de cálculo, vale dizer, o lucro real, presumido ou arbitrado, pela alíquota básica e pela alíquota adicional.

A CSLL apresenta duas alíquotas, 9% para as empresas em geral e 15% para as instituições financeiras. Não há adicional.

A Lei 13.169/15 alterou a redação do art. 3º, da Lei 7.689/88 para diferenciar as instituições financeiras e elevar as alíquotas da contribuição.

Para as cooperativas de crédito a alíquota foi elevada para 17% entre 1/10/2015 a 31/12/2018, retornando a alíquota de 15% em 2019. Para as demais instituições (bancos de qualquer espécie, distribuidoras de valores mobiliários; corretoras de câmbio e de valores mobiliários; sociedades de crédito, financiamento e investimentos; sociedades de crédito imobiliário; administradoras de cartões de crédito; sociedades de arrendamento mercantil; administradoras de mercado de balcão organizado; associações de poupança e empréstimo) a alíquota foi elevada para 20% entre 1/10/2015 a 31/12/2018, retornando também para 15% em 2019.

Às bolsas de valores, mercadorias e futuros, às entidades de liquidação e compensação e outras não previstas pela norma, aplica-se a regra geral da alíquota de 9%.

## 9. RETENÇÃO NA FONTE

São muitas as hipóteses de retenção na fonte no IRPJ, mas **raras** as hipóteses de **tributação exclusiva na fonte** do IRPJ, ao contrário do que ocorre no IRPF, em que a tributação exclusiva é bastante comum.

São exemplos de retenção na fonte a título de **tributação exclusiva** por pagamento a pessoa jurídica os prêmios de loteria (é improvável, mas pode acontecer!) e pagamentos de juros sobre o capital próprio e de partes beneficiárias a pessoas jurídicas isentas (apenas das pessoas isentas!).

Em geral, porém, a retenção na fonte no IRPJ é considerada antecipação do pagamento e é levado em conta na apresentação da DCTF e na apuração do saldo de imposto a pagar ou, eventualmente, a restituir, quando a retenção supera o valor do imposto devido. Assim, o contribuinte que recebe o valor com imposto retido lança a receita pelo seu valor total, para posterior dedução do imposto a pagar, pelo imposto retido.

> ▶ **Como esse assunto foi cobrado em concurso?**
>
> **(ESF/Analista Tributário da Receita Federal/2012)** Em relação ao Imposto de Renda da Pessoa Jurídica, avalie.
>
> Quando o rendimento foi percebido com retenção na fonte, a empresa beneficiada fará a escrituração como receita pela respectiva importância bruta, ou seja, sem considerar o desconto.
>
> *Gabarito:* Correto. A receita é lançada integralmente e o valor do imposto a pagar será deduzido do imposto retido posteriormente.

## PARTE II – NOÇÕES ESPECIAIS (RESULTADOS NÃO OPERACIONAIS, REORGANIZAÇÕES SOCIETÁRIAS, OPERAÇÕES INTERNACIONAIS COM EMPRESAS LIGADAS, OPERAÇÕES NO MERCADO FINANCEIRO)

Nesta parte ainda cuidaremos do aspecto quantitativo do IRPJ, relacionado, porém, com ganhos e perdas não operacionais, com atividades internacionais da empresa e com ganhos e perdas no mercado financeiro.

### 10. RESULTADOS NÃO OPERACIONAIS

As empresas adquirem bens como insumos para venda do produto final ou como mercadoria para revenda. Adquirem, igualmente, outros bens ou direitos que não são destinados ao comércio. São prédios, instalações, máquinas, equipamentos, veículos, patentes, marcas e até cotas ou ações de outras sociedades.

Estes bens e direitos são contabilizados no ativo permanente (ou não circulante) da empresa e, lá permanecendo, não geram ganhos tributados. Contudo, os bens podem sofrer desapropriação ou a empresa pode resolver pela venda, baixa, transferência ou devolução dos bens e direitos. Nestes casos, pode haver ganho ou perda de capital, vale dizer, resultado positivo ou negativo que não envolve mercadorias ou serviços do ativo circulante, mas bem ou direito que a empresa não adquiriu para comerciar.

As razões para a venda dos ativos são várias: o equipamento pode ter se tornado inútil ou obsoleto, a empresa pode ter mudado de atividade, necessitando adaptar suas instalações, um sócio pode se retirar da empresa, levando consigo alguns dos bens da empresa em devolução do capital, a participação societária pode não se mostrar mais lucrativa etc. Pode, também, aparecer, simplesmente, um bom negócio.

Vamos, agora, verificar o tratamento tributário destas operações.

O art. 418, do RIR, define o ganho e perda de capital como os resultados obtidos com bens do ativo permanente, afirmando que "serão classificados como ganhos ou perdas de capital, e computados na determinação do lucro real, os resultados na alienação, na desapropriação, na baixa por perecimento, extinção, desgaste, obsolescência ou exaustão, ou na liquidação de bens do ativo permanente (DL 1.598/77, art. 31)".

O *caput* do art. 31, do DL 1.598/77, sofreu pequeno ajuste, que deve se sobrepor à norma regulamentar:

> Art. 31. Serão classificados como ganhos ou perdas de capital, e computados na determinação do lucro real, os resultados na alienação, inclusive por desapropriação (§ 4º), na baixa por perecimento, extinção, desgaste, obsolescência ou exaustão, ou na liquidação de bens do ativo não circulante, classificados como investimentos, imobilizado ou intangível.

A seu turno, a classificação dos bens como ativo circulante ou como ativo permanente (ativo não circulante, nos termos da Lei 11.638/08) depende, prioritariamente, da atividade da empresa interpretada pela contabilidade (ex. um veículo será contabilizado como ativo permanente da empresa de construção, mas será classificado como ativo circulante da concessionária de veículos) e de algumas definições legais.

O resultado não operacional será o valor de venda deduzido do valor contábil.

Este valor contábil, em regra, será o valor pelo qual a empresa adquiriu o bem do ativo imobilizado.

Como vimos no IRPF, há alguns ajustes permitidos, por exemplo, para bens adquiridos antes do Plano Real, também aplicáveis se o proprietário for pessoa jurídica.

A regra geral do valor contábil do bem do ativo imobilizado para as pessoas jurídicas é o valor registrado na escrituração do contribuinte, deduzido da depreciação, amortização ou exaustão. Conforme definido no art. 418, § 1º do RIR, "ressalvadas as disposições especiais, a determinação do ganho ou perda de capital terá por base o valor contábil do bem, assim entendido o que estiver registrado na escrituração do contribuinte e diminuído, se for o caso, da depreciação, amortização ou exaustão acumulada" (DL 1.598/77, art. 31, § 1º).

### Depreciação incentivada

O dispositivo deve vigorar com o acréscimo dado pela nova redação do art. 31, § 1º, do DL 1.598/77, segundo o qual "ressalvadas as disposições especiais, a determinação do ganho ou perda de capital terá por base o valor contábil do bem, assim entendido o que estiver registrado na escrituração do contribuinte, diminuído, se for o caso, da depreciação, amortização ou exaustão acumulada e das perdas estimadas no valor de ativos".

Se o bem tiver sofrido depreciação acelerada incentivada, vale dizer, depreciação por força de benefício fiscal, o valor deste benefício deve ser adicionado ao lucro líquido para ser tributado. É o que dispõe o no art. 418, § 2º do RIR:

> Art. 418. [...]
> § 2º O saldo das quotas de depreciação acelerada incentivada, registradas no LALUR, será adicionado ao lucro líquido do período de apuração em que ocorrer a baixa.

A norma faz sentido. A depreciação incentivada era um benefício fiscal para a aquisição do bem, barateado pela depreciação mais rápida do que a normal. Se o contribuinte não deseja permanecer com o bem até o momento em que fosse ocorrer depreciação normal, deve devolver o benefício. O benefício da depreciação acelerada incentivada é um benefício para adquirir o bem, não para revendê-lo. A mesma razão instrui o art. 429, do RIR:

> Art. 429. Não será dedutível na determinação do lucro real a perda apurada na alienação ou baixa de investimento adquirido mediante dedução do imposto devido pela pessoa jurídica (DL 1.648/78, art. 6º).

Se o investimento fora adquirido com favor fiscal, não há que se considerar a perda para nova dedução do imposto.

### Retiradas dos sócios

O art. 419, do RIR traz norma relativa à saída de sócio da empresa, que também diz respeito aos ganhos de capital da pessoa jurídica.

> Art. 419. Os bens e direitos do ativo da pessoa jurídica, que forem transferidos ao titular ou a sócio ou acionista, a título de devolução de sua participação no capital social, poderão ser avaliados pelo valor contábil ou de mercado (Lei 9.249/95, art. 22).
> Parágrafo único. No caso de a devolução realizar-se pelo valor de mercado, a diferença entre este e o valor contábil dos bens ou direitos transferidos será considerada ganho de capital, que será computado nos resultados da pessoa jurídica tributada com base no lucro real (Lei 9.249/95, art. 22, § 1º).

Segundo a norma, o sócio que se retira da empresa pode receber sua parte em bens da empresa. Estes bens podem ser avaliados pelo valor contabilizado ou pelo valor de mercado. A decisão tomada livremente pelos sócios da empresa.

Contudo, imaginemos, porém, que a empresa resolva restituir ao sócio bem ao valor de mercado de R$ 2.000.000,00 contabilizado a R$ 1.000.000,00. Se a transferência ocorre a R$ 2.000.000,00 e o bem fosse baixado da contabilidade da empresa pelo valor escriturado de R$ 1.000.000,00, nem a empresa nem o ex-sócio pagariam imposto pela valorização.

Assim, permite a lei que o bem seja transmitido ao sócio retirante pelo valor escritural de R$ 1.000.000,00, sem o pagamento de imposto, e este sócio, pessoa física ou jurídica, pagará o imposto pelo ganho de capital, quando alienar o bem pelo valor de mercado.

Ao revés, se a opção for transmitir o bem pelo valor de mercado, caberá à empresa incluir a diferença apurada no cálculo do imposto, como ganho de capital. O sócio, assim, receberá o bem no valor atualizado de R$ 2.000.000,00, e se o alienar por até este valor não terá imposto a pagar por ganho de capital.

### Vendas parceladas e momento da tributação

Os ganhos não operacionais são tributados no mesmo ano, salvo se vendidos parceladamente ou para recebimento futuro, de sorte que os valores são tributados somente à medida em que recebidos. É o que encontramos no art. 421, do RIR.

O art. 31, § 2º, do DL 1.598/77 também foi alterado pela Lei 12.973/14, sobrepondo-se à norma regulamentar. Dispõe que "nas vendas de bens do ativo não circulante classificados como investimentos, imobilizado ou intangível, para recebimento do preço, no todo ou em parte, após o término do exercício social seguinte ao da contratação, o contribuinte poderá, para efeito de determinar o lucro real, reconhecer o lucro na proporção da parcela do preço recebida em cada período de apuração.

### Perdas não operacionais

As perdas não operacionais somente poderão ser compensadas com lucros não operacionais, observado o limite de 30% do lucro do período (Lei 9.249/95, art. 31 e RIR, art. 420).

Para deduzir perdas não operacionais, pois, o contribuinte deve possuir lucros não operacionais. Imaginemos, porém, que o contribuinte tenha R$ 1.000,00 em perdas não operacionais, e tenha R$ 1.000,00 em ganhos também não operacionais. Se o contribuinte não auferir lucros operacionais, somente poderá deduzir das perdas de R$ 1.000,00, R$ 300,00, 30% do lucro de R$ 1.000,00.

Para deduzir toda a perda não operacional de R$ 1.000,00 no ano, além de obter ganho não operacional de R$ 1.000,00, deverá auferir lucro operacional de pelo menos R$ 2.333,34, totalizando R$ 3.333,34.

Vejamos, agora, casos específicos de resultados não operacionais disciplinados pela legislação tributária.

### Desapropriação

O art. 422, do RIR prevê a possibilidade de **diferimento da tributação**, nos ganhos auferidos em desapropriação de imóveis.

> Art. 422. O contribuinte poderá diferir a tributação do ganho de capital obtido na desapropriação de bens, desde que (DL 1.598/77, art. 31, § 4º):
> 
> I – transfira o ganho de capital para reserva especial de lucros;
> 
> II – aplique, no prazo máximo de dois anos do recebimento da indenização, na aquisição de outros bens do ativo permanente, importância igual ao ganho de capital;
> 
> III – discrimine, na reserva de lucros, os bens objeto da aplicação de que trata o inciso anterior, em condições que permitam a determinação do valor realizado em cada período de apuração.
> 
> § 1º A reserva será computada na determinação do lucro real nos termos do art. 435, ou quando for utilizada para distribuição de dividendos (DL 1.598/77, art. 31, § 5º).

A norma prevê tanto a hipótese do diferimento quanto o procedimento a ser adotado pelo contribuinte. Por fim, estabelece o momento da incidência do imposto, quando a reserva de lucros é baixada para o pagamento de dividendos.

No caso de desapropriação por reforma agrária, há isenção do imposto, conforme dispõe o art. 423, do RIR, em regulamentação à norma constitucional (CF, art. 184, § 5º).

O regulamento acolhe o termo utilizado pela Carta.

> Art. 184. Compete à União desapropriar por interesse social, para fins de reforma agrária, o imóvel rural que não esteja cumprindo sua função social, mediante prévia e justa indenização em títulos da dívida agrária, com cláusula de preservação do valor real, resgatáveis no prazo de até vinte anos, a partir do segundo ano de sua emissão, e cuja utilização será definida em lei.
>
> [...]
>
> § 5º - São isentas de impostos federais, estaduais e municipais as operações de transferência de imóveis desapropriados para fins de reforma agrária.

Embora os efeitos sejam idênticos, a previsão constitucional é denominada, no direito tributário, de **imunidade**. De outro giro, poder-se-ia alegar que a imunidade atingiria somente a transferência, não o ganho, decorrente do valor recebido pelo bem.

A discussão seguiria, nesta linha de argumentos, para o termo "indenização", utilizada pelo *caput* do art. 184, da CF/88. Havendo indenização, assim entendida como recomposição de dano, não há renda, definida como a remuneração do capital ou do trabalho. Assim, também não teríamos isenção, mas não incidência do imposto.

Tecnicamente, contudo, não há, ou pelo menos não deve haver, dano na desapropriação, mas pagamento do justo preço, de forma que a Constituição poderia ter utilizado o termo "indenização" de maneira imprópria.

Para evitar os debates, em interpretação plausível, o ato regulamentar entendeu por não ser cabível a tributação na espécie.

### Subvenções para investimento

Cabe mencionar, também, os resultados auferidos com subvenções para investimento. O art. 30, da Lei 12.973/14 passou a disciplinar a matéria, constante no art. 443, do RIR:

> Art. 30. As subvenções para investimento, inclusive mediante isenção ou redução de impostos, concedidas como estímulo à implantação ou expansão de empreendimentos econômicos e as doações feitas pelo poder público não serão computadas na determinação do lucro real, desde que seja registrada em reserva de lucros a que se refere o art. 195-A da Lei nº 6.404, de 15 de dezembro de 1976, que somente poderá ser utilizada para:

> I – absorção de prejuízos, desde que anteriormente já tenham sido totalmente absorvidas as demais Reservas de Lucros, com exceção da Reserva Legal; ou
>
> II – aumento do capital social.
>
> § 1º Na hipótese do inciso I do caput, a pessoa jurídica deverá recompor a reserva à medida que forem apurados lucros nos períodos subsequentes.
>
> § 2º As doações e subvenções de que trata o caput serão tributadas caso não seja observado o disposto no § 1º ou seja dada destinação diversa da que está prevista no caput, inclusive nas hipóteses de:
>
> I – capitalização do valor e posterior restituição de capital aos sócios ou ao titular, mediante redução do capital social, hipótese em que a base para a incidência será o valor restituído, limitado ao valor total das exclusões decorrentes de doações ou subvenções governamentais para investimentos;
>
> II – restituição de capital aos sócios ou ao titular, mediante redução do capital social, nos 5 (cinco) anos anteriores à data da doação ou da subvenção, com posterior capitalização do valor da doação ou da subvenção, hipótese em que a base para a incidência será o valor restituído, limitada ao valor total das exclusões decorrentes de doações ou de subvenções governamentais para investimentos; ou
>
> III – integração à base de cálculo dos dividendos obrigatórios.
>
> § 3º Se, no período de apuração, a pessoa jurídica apurar prejuízo contábil ou lucro líquido contábil inferior à parcela decorrente de doações e de subvenções governamentais e, nesse caso, não puder ser constituída como parcela de lucros nos termos do caput, esta deverá ocorrer à medida que forem apurados lucros nos períodos subseqüentes.

Procura a norma afastar a tributação de ganhos decorrentes de incentivos fiscais, o que seria um contrassenso, pois o incentivo seria reduzido pela tributação, mas não é exagero exigir o controle formal dos valores e seu registro em conta de reserva de capital.

### Ágio na emissão de ações e prêmio na emissão de debêntures

Certos ganhos da empresa não transitam por contas de receita e não são tributados. Tais valores, como ágio na subscrição de ações e prêmio na emissão de debêntures também são contabilizados em contas de reserva de capital. Leia-se o art. 38, do DL 1598/77:

Art. 38. Não serão computadas na determinação do lucro real as importâncias, creditadas a reservas de capital, que o contribuinte com a forma de companhia receber dos subscritores de valores mobiliários de sua emissão a título de:

I – ágio na emissão de ações por preço superior ao valor nominal, ou a parte do preço de emissão de ações sem valor nominal destinadas à formação de reservas de capital;

II – valor da alienação de partes beneficiárias e bônus de subscrição;

III – prêmio na emissão de debêntures;

IV – lucro na venda de ações em tesouraria.

§ 1º – O prejuízo na venda de ações em tesouraria não será dedutível na determinação do lucro real.

§ 2º – As subvenções para investimento, inclusive mediante isenção ou redução de impostos concedidas como estímulo à implantação ou expansão de empreendimentos econômicos, e as doações, feitas pelo Poder Público, não serão computadas na determinação do lucro real, desde que:

a) registradas como reserva de capital, que somente poderá ser utilizada para absorver prejuízos ou ser incorporada ao capital social, observado o disposto nos §§ 3º e 4º do artigo 19; ou

b) feitas em cumprimento de obrigação de garantir a exatidão do balanço do contribuinte e utilizadas para absorver superveniências passivas ou insuficiências ativas.

Art. 38-A. Os custos associados às transações destinadas à obtenção de recursos próprios, mediante a distribuição primária de ações ou bônus de subscrição contabilizados no patrimônio líquido, poderão ser excluídos, na determinação do lucro real, quando incorridos.

Art. 38-B. A remuneração, os encargos, as despesas e demais custos, ainda que contabilizados no patrimônio líquido, referentes a instrumentos de capital ou de dívida subordinada, emitidos pela pessoa jurídica, exceto na forma de ações, poderão ser excluídos na determinação do lucro real e da base de cálculo de Contribuição Social sobre o Lucro Líquido quando incorridos.

§ 1º No caso das entidades de que trata o § 1º do art. 22 da Lei nº 8.212, de 24 de julho de 1991, a remuneração e os encargos mencionados no caput poderão, para fins de determinação da base de cálculo das contribuições para o PIS/Pasep e Cofins, ser excluídos ou deduzidos como despesas de operações de intermediação financeira.

> § 2º O disposto neste artigo não se aplica aos instrumentos previstos no art. 15 da Lei nº 6.404, de 15 de dezembro de 1976.
>
> § 3º Na hipótese de estorno por qualquer razão, em contrapartida de conta de patrimônio líquido, os valores mencionados no caput e anteriormente deduzidos deverão ser adicionados nas respectivas bases de cálculo.

A lei prevê, portanto, o afastamento da tributação destes valores registrados em contas de reserva de capital, disciplinando as formalidades para tanto. Dispõe, também, sobre possibilidade de dedução de certas despesas envolvidas no processo de emissão de ações.

Sobre o prêmio na emissão de debêntures, dispõe expressamente o art. 31, da Lei 12.973/14:

> Art. 31. O prêmio na emissão de debêntures não será computado na determinação do lucro real, desde que:
>
> I - a titularidade da debênture não seja de sócio ou titular da pessoa jurídica emitente; e
>
> II - seja registrado em reserva de lucros específica, que somente poderá ser utilizada para:
>
> a) absorção de prejuízos, desde que anteriormente já tenham sido totalmente absorvidas as demais Reservas de Lucros, com exceção da Reserva Legal; ou
>
> b) aumento do capital social.
>
> § 1º Na hipótese da alínea "a" do inciso II do caput, a pessoa jurídica deverá recompor a reserva à medida que forem apurados lucros nos períodos subsequentes.
>
> § 2º O prêmio na emissão de debêntures de que trata o caput será tributado caso não seja observado o disposto no § 1º ou seja dada destinação diversa da que está prevista no caput, inclusive nas hipóteses de:
>
> I - capitalização do valor e posterior restituição de capital aos sócios ou ao titular, mediante redução do capital social, hipótese em que a base para a incidência será o valor restituído, limitado ao valor total das exclusões decorrentes do prêmio na emissão de debêntures;
>
> II - restituição de capital aos sócios ou ao titular, mediante redução do capital social, nos 5 (cinco) anos anteriores à data da emissão das debêntures, com posterior capitalização do valor do prêmio na emissão de debêntures, hipótese em que a base

> para a incidência será o valor restituído, limitada ao valor total das exclusões decorrentes de prêmio na emissão de debêntures; ou
>
> III – integração à base de cálculo dos dividendos obrigatórios.
>
> § 3º Se, no período de apuração, a pessoa jurídica apurar prejuízo contábil ou lucro líquido contábil inferior à parcela decorrente de prêmio na emissão de debêntures e, nesse caso, não puder ser constituída como parcela de lucros nos termos do caput, esta deverá ocorrer à medida que forem apurados lucros nos períodos subsequentes.
>
> § 4º A reserva de lucros específica a que se refere o inciso II do caput, para fins do limite de que trata o art. 199 da Lei nº 6.404, de 15 de dezembro de 1976, terá o mesmo tratamento dado à reserva de lucros prevista no art. 195-A da referida Lei.
>
> § 5º Para fins do disposto no inciso I do caput, serão considerados os sócios com participação igual ou superior a 10% (dez por cento) do capital social da pessoa jurídica emitente.

Trata, portanto, da exclusão do prêmio da emissão de debêntures do cômputo do lucro real, estabelecendo as condições para tal exclusão.

## 11. REAVALIAÇÃO DE BENS

### 11.1. Introdução

A Lei 6.404/64 previa a possibilidade de reavaliação dos bens do ativo imobilizado (art. 182, § 3º). O valor da reavaliação que superasse o valor contábil, deveria ser registrado como reserva de reavaliação (art. 178, § 2º, 'd' e art. 182, § 3º), e o lucro decorrente desta reavaliação somente poderia ser distribuído aos sócios após ser realizado (art. 187, § 2º).

A legislação tributária, baseada na legislação comercial revogada, previa o **diferimento** da tributação do ganho de capital, bem como o primeiro procedimento que devia ser adotado pelo contribuinte, e envolvia o registro em conta de reserva de reavaliação, nas avaliações voluntárias.

Com a Lei 11.638/07, todas estas normas comerciais foram revogadas ou alteradas, não existindo mais previsão para a conta de reserva de reavaliação de bens. De fato, a Lei 11.638/07 não mais permite a adoção da Reavaliação de ativos como forma de recompor o imobilizado – ou o patrimônio líquido" (http://www.crcdf.org.br/crcdf/index.php?option=com_content&view=article&id=255: ativoimobilizado&catid=17:ultimas-noticias&Itemid=32).

Por conseguinte, salvo se desrespeitada a lei comercial, não haverá mais reavaliação de bens do ativo imobilizado, nem ganho por esta reavaliação, menos ainda tributação sobre este ganho, a ser diferida para a venda do bem.

Isso não significa a impossibilidade absoluta de reavaliação, que continua a ocorrer, com mecanismos contábeis distintos.

Para a contabilidade, pode haver avaliação a valor presente de direitos e obrigações, teste de recuperabilidade (*impairment*), bem como reavaliação de bens e direitos, para adequar o valor justo do ativo e a diferença apurada na reavaliação não mais é registrada em conta de reserva, mas direto na conta de resultado.

> IFRS (International Financial Reporting Standards – "Normas Internacionais de Contabilidade") Valor Justo é: "o preço que seria recebido na venda de um ativo ou pago para transferir um passivo em uma transação ordinária entre participantes de mercado na data da mensuração".

### 11.2. Avaliação a valor presente

As inovações da contabilidade trazidas pela lei comercial incluem a avaliação de elementos do ativo e do passivo a valor presente. Leiam-se os art. 183, VIII e 184, III, da Lei 6.404/76:

> Art. 183. No balanço, os elementos do ativo serão avaliados segundo os seguintes critérios:
> 
> [...]
> 
> VIII – os elementos do ativo decorrentes de operações de longo prazo serão ajustados a valor presente, sendo os demais ajustados quando houver efeito relevante.
> 
> Art. 184. No balanço, os elementos do passivo serão avaliados de acordo com os seguintes critérios:
> 
> [...]
> 
> III – as obrigações, os encargos e os riscos classificados no passivo não circulante serão ajustados ao seu valor presente, sendo os demais ajustados quando houver efeito relevante.

A lei fala de avaliação a valor presente de elementos do ativo decorrentes de operações de longo prazo e de obrigações, encargos e riscos do passivo não circulante.

O ajuste a valor presente não é propriamente uma reavaliação, mas a apuração de um valor que não pode ser conhecido com precisão de imediato, pois decorre de sucessivas operações. O valor presente é, portanto, uma estimativa do valor atual de um fluxo de caixa de direitos e obrigações relacionados a um determinado ativo ou passivo.

A lei comercial procurou dar mais fidedignidade às operações a prazo, para que os juros, entre outros fatores, embutidos nas negociações fossem evidenciados. Assim, uma venda a prazo não contém apenas o valor da mercadoria ou do bem, mas inclui juros que não seriam cobrados na operação a vista. Dessa maneira, tanto na compra quanto na venda a prazo, a contabilidade deve registrar os valores relativos aos bens e aos juros presentes no negócio.

O tratamento tributário do ajuste a valor presente é dado pelos art. 4º e 5º, da Lei 12.973/14.

No caso de aquisições ajustadas a valor presente, o contribuinte adquire um bem a prazo, mas também contabiliza juros. Se a operação totaliza o valor de R$ 100,00, apenas R$ 90,00, por hipótese, referem-se ao valor do bem e o restante são juros a pagar.

Estes juros são considerados despesa, mas apenas serão despesas dedutíveis do imposto de renda na alienação ou baixa do bem (art. 183, VIII, da Lei das S/A e art. 5º, da Lei 12.973/2014).

Não haverá a dedução do ajuste (os juros e outros valores do ajuste a valor presente) nas hipóteses em que a alienação ou baixa não seja dedutível, que a própria despesa não seja dedutível, ou que os valores não estejam devidamente evidenciados na contabilidade.

Para o vendedor, os juros a receber (e outros ajustes) serão considerados receita na medida em que a operação como um todo deva ser oferecida a tributação (art. 183, III, da Lei das S/A e art. 4º, da Lei 12.973/2014).

Observe-se que as variações cambiais de valores a apropriar decorrentes de ajuste a valor presente são excluídas do cálculo do imposto, nos termos do art. 12, da Lei 12.973/14.

O ajuste a valor presente também afeta a apuração do lucro presumido e do lucro arbitrado, conforme determinam os art. 25 e 27, da Lei 9.430/96, com redação dada pela Lei 12.973/14.

### 11.3. Avaliação a valor justo

Hoje os elementos do ativo e também do passivo podem, ou mesmo devem ser avaliados a valor justo, nos termos do art. 183, da Lei 6.404/76. Não se trata de reavaliação voluntária, mas de revisão dos valores lançados na contabilidade, para retratar a realidade da empresa.

São avaliados obrigatoriamente pelo valor justo, os elementos indicados no art. 183, da Lei das S/A, adiante transcritos:

> Art. 183. No balanço, os elementos do ativo serão avaliados segundo os seguintes critérios:
>
> I – as aplicações em instrumentos financeiros, inclusive derivativos, e em direitos e títulos de créditos, classificados no ativo circulante ou no realizável a longo prazo:
>
> a) pelo seu valor justo, quando se tratar de aplicações destinadas à negociação ou disponíveis para venda; e (Redação dada pela Lei nº 11.941, de 2009)
>
> b) pelo valor de custo de aquisição ou valor de emissão, atualizado conforme disposições legais ou contratuais, ajustado ao valor provável de realização, quando este for inferior, no caso das demais aplicações e os direitos e títulos de crédito; (Incluída pela Lei nº 11.638, de 2007)

A lei comercial menciona a avaliação a valor justo, para matérias primas, material de almoxarifado, bens destinados a venda, investimentos e ativos financeiros. Não obstante, os pronunciamentos contábeis números 27, 28 e 46 do CPC permitem a avaliação a valor justo de outros bens, inclusive do ativo imobilizado. Como estes pronunciamentos são anteriores à publicação da Lei 12.973/14, as regras tributárias relativas a esta avaliação são aplicadas também ao ativo imobilizado. Sem maiores debates, contudo, pois os dispositivos pertinentes, como veremos, buscam a neutralidade e o diferimento da tributação.

Dessa maneira, se da avaliação a valor justo decorrer ganho, aplica-se o art. 13, da Lei 12.973/14.

Determina a norma que o **ganho** decorrente da avaliação a **valor justo não será tributado no período de apuração em que avaliação ocorrer**, desde que o aumento do valor do ativo ou a diminuição do passivo sejam evidenciados contabilmente. Evidenciado significa registrado e devidamente demonstrado.

Na contabilidade, o lançamento da receita (diferença do valor original para o valor justo) é imediato, mas a tributação fica diferida para o momento em que o valor for realizado, seja pelo pagamento ou baixa do passivo, seja na mediante depreciação, amortização, exaustão, alienação ou baixa.

A **tributação é imediata** se o valor não for devidamente evidenciado e **não haverá tributação**, no caso de avaliação do ativo, se a despesa gerada pela depreciação, amortização, exaustão, alienação ou baixa for indedutível do imposto.

Se da avaliação a valor justo decorrer perda, aplica-se o art. 14, da Lei 12.973/14. Neste caso, a despesa decorrente da avaliação a valor justo não é imediatamente dedutível da apuração do lucro real, mas acompanha a realização do ativo ou a baixa do passivo. A despesa (diferença entre o valor original e o valor justo) **não será dedutível se não restar devidamente evidenciada ou se o valor realizado** do próprio ativo **não for dedutível** (ex. depreciação no *leasing* financeiro).

A despesa decorrente da avaliação a valor justo não é imediatamente dedutível da apuração do lucro real, mas acompanha a realização do ativo ou a baixa do passivo. A despesa (diferença entre o valor original e o valor justo) **não será dedutível se não restar devidamente evidenciada ou se o valor realizado do próprio ativo não for dedutível** (ex. depreciação no *leasing* financeiro).

Aplica-se, portanto, o mesmo princípio destinado ao ganho.

Nos termos do art. 19, do DL 1.598/77:

> Art. 19. Considera-se lucro da exploração o lucro líquido do período-base, ajustado pela exclusão dos seguintes valores:
> [...]
> VI - ganhos ou perdas decorrentes de avaliação de ativo ou passivo com base no valor justo.

Pode ocorrer que a empresa seja tributada pelo lucro presumido e realize avaliação de ativo ou passivo. Neste caso, dispõe o art. 25,

§ 3º, da Lei 9.430/96, com redação dada pela Lei 12.973/14, que os ganhos (apenas os ganhos, pois no lucro presumido apuram-se apenas as receitas, presumindo-se as despesas) "decorrentes de avaliação de ativo ou passivo com base no valor justo não integrarão a base de cálculo do imposto, no momento em que forem apurados", diferindo-se a tributação.

Mas o art. 16, da Lei 12.973/14 estabelece disposição específica, para o caso da empresa do lucro presumido que realiza a avaliação a valor justo e passa para o lucro real.

A norma prevê os procedimentos a serem adotados e os efeitos fiscais da avaliação no período em que a empresa passou a ser tributada pelo lucro real. A expressão "em período imediatamente posterior", não se refere ao ano em que foi realizada a avaliação a valor justo, que pode ter ocorrido em qualquer período anterior, mas ao ano que ocorreu a mudança do regime de tributação.

Assim, no ano em que a empresa passar para o lucro real "deverá incluir na base de cálculo do imposto apurado pelo lucro presumido os ganhos decorrentes de avaliação com base no valor justo, que façam parte do valor contábil, e na proporção deste, relativos aos ativos constantes em seu patrimônio", e assim pagar o imposto pelo ganho.

A empresa pode, contudo, diferir a tributação, se observadas as regras do art. 13, da Lei 12.973/14 (sobre ganho na avaliação a valor justo). Da mesma forma, as perdas, em regra, irrelevantes na apuração do lucro presumido, poderão ser deduzidas nos períodos seguintes, se observadas as regras do art. 14, da Lei 12.973/14 (sobre perdas na avaliação a valor justo).

### 11.4. Redução do valor recuperável – Impairment

O art. 183, § 3º, da Lei 6.404/76 determina que os bens do ativo imobilizado e do intangível sejam revisados e ajustados para que não apresentem valores superiores ao que possa ser efetivamente recuperável pelo ativo.

Assim, se o valor do ativo na contabilidade não puder ser recuperado mediante venda ou uso da empresa, tal valor deve ser reduzido. É o que se denomina *impairment*.

Este procedimento não é exclusivo do imobilizado e do intangível, mas pode ser aplicado a qualquer ativo, em obediência ao princípio contábil de que o balanço deve apresentar o menor valor do ativo. Portanto, se o ativo estiver contabilizado pelo custo, mas o valor de mercado for inferior, este último deve prevalecer.

O valor recuperável não é de plano conhecido, pois se refere a bem de uso da empresa ou, se destinado à venda, logicamente não foi vendido. Dessa forma, o valor recuperável é estimado por testes contábeis e econômicos, que apresentarão o valor a ser reduzido no ativo.

Caso a estimativa se mostre incorreta ou se cessarem as causas de redução do valor, esta redução deve ser revertida.

Esta redução de valor é lançada como despesa, que como regra, da contabilidade, não é dedutível da apuração do imposto de renda.

Não obstante, o art. 32, da Lei 12.973/14 permite a dedução da despesa decorrente da redução do valor do ativo, no momento da alienação ou baixa do bem, salvo se a previsão da perda de valor do ativo tiver sido revertida, isto é, se as causas que levaram à expectativa de redução do valor do bem deixaram de existir.

O parágrafo único, do art. 32, da Lei 12.973/14 cuida do ativo que compõe uma unidade geradora de caixa. Isso ocorre quando o bem objeto de redução do valor não puder ser considerado individualmente. É o caso do motor de um veículo, quando a redução de valor se refere apenas ao motor, não ao veículo todo. Assim, a unidade geradora de caixa será o veículo, mas a dedução do imposto deve guardar relação com a parte do bem que perdeu valor.

Para que a despesa seja dedutível, porém, é necessário verificar o regramento específico do bem ou direito reavaliado.

### 11.5. Comentários ao regime anterior ao da Lei 12.973/14

As regras tributárias anteriores à Lei 12.973/14 ainda merecem comentários, pois têm aplicação residual, vale dizer, enquanto perdurarem as reservas de reavaliação realizadas enquanto permitidas pela legislação comercial. De acordo com o art. 60, da Lei 12.973/14 "as disposições contidas na legislação tributária sobre reservas de reavaliação aplicam-se somente aos saldos remanescentes na escrituração comercial em 31 de dezembro de 2013, para os optantes conforme o art. 75, ou em 31 de dezembro de 2014, para os não optantes, e até a sua completa realização".

Como dissemos, a Lei 6.404/64 previa a possibilidade de reavaliação dos bens do ativo imobilizado (art. 182, § 3º). O valor da reavaliação que superasse o valor contábil, deveria ser registrado como reserva de reavaliação (art. 178, § 2º, 'd' e art. 182, § 3º), e o lucro decorrente desta reavaliação somente poderia ser distribuído aos sócios após ser realizado (art. 187, § 2º).

A legislação tributária, baseada na legislação comercial revogada, previa o **diferimento** da tributação do ganho de capital para o momento de realização ou baixa do ativo, bem como o procedimento que devia ser adotado pelo contribuinte e envolvia o registro em conta de reserva de reavaliação, nas avaliações voluntárias.

Para entendermos as regras aplicáveis, devemos estudar o art. 435, do RIR, compatibilizado com a norma do art. 4º, da Lei 9.959/99, que disciplina o momento de realização do ganho de capital.

> Lei 9.959/2000
> Art. 4º A contrapartida da reavaliação de quaisquer bens da pessoa jurídica somente poderá ser computada em conta de resultado ou na determinação do lucro real e da base de cálculo da contribuição social sobre o lucro líquido quando ocorrer a efetiva realização do bem reavaliado
>
> RIR
> Art. 435. O valor da reserva referida no artigo anterior será computado na determinação do lucro real (DL 1.598/77, art. 35, § 1º, e DL 1.730/79, art. 1º, inciso VI):
>
> I – no período de apuração em que for utilizado para aumento do capital social, no montante capitalizado, ressalvado o disposto no artigo seguinte;
>
> II – em cada período de apuração, no montante do aumento do valor dos bens reavaliados que tenha sido realizado no período, inclusive mediante:
>
> a) alienação, sob qualquer forma;
>
> b) depreciação, amortização ou exaustão;
>
> c) baixa por perecimento.
>
> d) revogado.

A alienação é a forma mais corriqueira de realização, principalmente se se imagina "realizar" neste caso, como haver o valor em dinheiro. Contudo, as demais hipóteses previstas pela alínea 'a' do inciso II, do art. 435, do RIR, são hipóteses contábeis de realização, pois se exclui o valor do bem dos registros da empresa pela depreciação, amortização ou exaustão que, como vimos, representam despesas dedutíveis da base de cálculo do imposto.

No perecimento, o bem também se realiza. Havendo perda no perecimento, a perda e o ganho se compensam, sem violação ao art. 4º, da Lei 9.959/99.

A hipótese do inciso I, do art. 435, do RIR é um pouco mais complicada. Neste caso, a empresa não se desfaz do bem, mas utiliza o ganho da reavaliação, para aumentar seu patrimônio.

O problema deixa de existir quando o bem reavaliado é **imóvel ou patente**, conforme dispõem os art. 436 e 437, do RIR, pois, a utilização da reserva de reavaliação de imóveis e de patentes pode ser utilizada para aumento de capital sem que haja a tributação, que fica diferida até a ocorrência das hipóteses de alienação, perecimento, depreciação, amortização e exaustão.

O problema persiste, contudo, se o bem reavaliado é móvel, uma máquina, por exemplo.

Opera-se um lançamento contábil de baixa da reserva e aumento do capital social, mas o bem continua presente nos registros da empresa, fato que não se coaduna com o disposto no art. 4º, da Lei 9.959/99, que exige a baixa deste.

Outro tema relacionado com a reavaliação de bens é a subscrição de capital de outra pessoa jurídica com o valor decorrente da reavaliação.

Vale lembrar que o recebimento de ágio na subscrição de capital da empresa é tratado como reserva de capital, não compondo o resultado do exercício, nos termos do art. 38, § 1º, do DL 1.598/77 e do o art. 442, do RIR.

Pode ocorrer, contudo, que uma empresa subscreva capital de outra com o valor decorrente da avaliação dos ativos da adquirente. Dispõe sobre o tema o art. 36, do DL 1.598/77 (e o art. 439, do RIR) que "a contrapartida do aumento do valor de bens do ativo incorporados ao patrimônio de outra pessoa jurídica, na subscrição em bens de capital social, ou de valores mobiliários emitidos por companhia, não será computada na determinação do lucro real enquanto mantida em conta de reserva de reavaliação". Prossegue seu parágrafo único determinando que "o valor da reserva deverá ser computado na determinação do lucro real: a) na alienação ou liquidação da participação societária ou dos valores mobiliários, pelo montante realizado; b) quando a reserva for utilizada para aumento do capital social, pela importância capitalizada; c) em cada período-base, em montante igual à parte dos lucros, dividendos, juros ou participações recebidos pelo contribuinte, que corresponder à participação ou aos valores mobiliários adquiridos com o aumento do valor dos bens do ativo; ou d) proporcionalmente ao valor realizado, no período-base em que a pessoa jurídica que houver recebido os bens reavaliados realizar o valor dos bens, na forma do 1º, letra b, do artigo 35, ou com eles integralizar capital de outra pessoa jurídica".

A regra, portanto, é similar ao ganho da reavaliação, que pode ser diferido, desde que mantido o registro do valor em reserva de reavaliação.

Esta norma tem correspondente no novo regime comercial, que extinguiu a reavaliação voluntária e a reserva de reavaliação. Trata-se dos art. 17 e 18, da Lei 12.973/14, que estabelecem novas regras e condições para o diferimento da tributação.

## 12. INVESTIMENTOS, PARTICIPAÇÕES SOCIETÁRIAS E REORGANIZAÇÕES SOCIETÁRIAS

### 12.1. Introdução

No tópico anterior, cuidamos dos aspectos fiscais da avaliação dos bens registrados no ativo imobilizado da pessoa jurídica, quer dizer, os bens por ela utilizados em sua atividade. Na verdade, antes da Lei 11.638/08 (lei comercial) e da Lei 12.973/14 (lei tributária) falava-se em reavaliação voluntária de bens do ativo imobilizado e, após estes diplomas legais, fala-se em avaliação de bens, direitos e obrigações a valor presente, de avaliação a valor justo e de *impairment*, institutos também aplicáveis a bens do ativo imobilizado das empresas.

Neste tópico, cuidaremos dos **investimentos das empresas**, que ocorrem, normalmente, em propriedades para investimentos e **em participações permanentes em outras sociedades** (as participações eventuais, especulativas, são consideradas como aplicação no mercado financeiro). Na verdade, como as **propriedades para investimento** estão sujeitas a **avaliação pelo custo** e aos ajustes comuns aos demais bens, nossos esforços serão dirigidos as participações permanentes em outras sociedades, notadamente aquelas avaliadas pelo método da equivalência patrimonial.

Cuidaremos, também, das operações que implicam **reorganização societária**, a fusão, a cisão e a incorporação, por se tratar de matéria correlacionada.

Mas de que exatamente estamos tratando? No tópico anterior, cuidamos da neutralidade de lançamentos contábeis de receita e despesa relativos aos bens e do momento da tributação de fatos relacionados a estes bens. Agora trataremos da neutralidade de lançamentos contábeis de receitas e despesas relativos a investimentos e também da tributação dos resultados obtidos por estes investimentos.

Vale lembrar que o imposto de renda da pessoa jurídica incide sobre o lucro, que, por sua vez, é apurado mediante o cotejo de receitas e despesas da empresa apuradas pela contabilidade, mas nem todas estas receitas e despesas são, nem devem ser, consideradas na apuração do lucro real.

Para que as receitas e despesas registradas pela contabilidade sejam excluídas da apuração do lucro real (ou para que surjam efeitos em momento diverso daquele em que registradas), a lei tributária deve disciplinar especificamente os lançamentos contábeis. Em regra, todos os lançamentos contábeis da empresa são computados para apuração do lucro real do período de competência a que se referem. Para que receitas e despesas específicas sejam excluídas desta regra, se faz necessária disciplina legal também específica em sentido contrário.

Os investimentos avaliados pelo método da equivalência patrimonial – MEP, núcleo deste tópico, ilustram o que queremos dizer. O MEP, como veremos a seguir, pretende que o valor do investimento registrado na empresa investidora retrate a situação patrimonial da empresa investida, com finalidades essencialmente comerciais, de interesse dos sócios e investidores. Contudo, o MEP obriga a empresa investidora a realizar lançamentos de receitas e despesas para *ajustar* o valor de seu investimento, de acordo com as mutações patrimoniais da empresa investida e não faz sentido oferecer a tributação resultados registrados apenas com a finalidade de *ajuste*, sem que representem efetiva renda disponível.

Vejamos, agora, a disciplina fiscal dos investimentos das empresas. Sempre que se mostrar possível e adequado, trataremos também da disciplina fiscal destes fenômenos do lado das empresas investidas.

## 12.2. Investimentos avaliados pelo custo e investimentos avaliados pela equivalência patrimonial

### 12.2.1. Os investimentos e o método aplicável

De uma forma geral, as atividades das empresas são registradas em sua contabilidade pelo método do custo que adota o valor efetivamente praticado na transação (que pode ser desmembrado na avaliação a valor presente ou revisto, como vimos, para registrar o valor justo).

A exceção é a avaliação pelo MEP, muito mais complexa e custosa, apenas se justificando em situações especiais. Dispõe o art. 183, III, da LSA, para os investimentos, excetuados aqueles em coligadas, em controladas, em sociedades do mesmo grupo ou sob controle comum, que serão avaliados pelo método da equivalência patrimonial:

> Art. 183. No balanço, os elementos do ativo serão avaliados segundo os seguintes critérios:
> 
> [...]
> 
> III - os investimentos em participação no capital social de outras sociedades, ressalvado o disposto nos artigos 248 a 250, pelo custo de aquisição, deduzido de provisão para perdas prováveis na realização do seu valor, quando essa perda estiver comprovada como permanente, e que não será modificado em razão do recebimento, sem custo para a companhia, de ações ou quotas bonificadas;
> 
> IV - os demais investimentos, pelo custo de aquisição, deduzido de provisão para atender às perdas prováveis na realização do seu valor, ou para redução do custo de aquisição ao valor de mercado, quando este for inferior;

Aplicam-se, portanto, aos **investimentos avaliados pelo custo**, as regras de avaliação em geral e seus respectivos efeitos tributários. Também de regra, incide o imposto sobre ganho de capital na venda do investimento com lucro, apurado pela subtração do preço de venda pelo preço de custo registrado.

A propósito, a lei comercial determina que o investimento adquirido seja avaliado pelo custo, "deduzido de provisão para perdas prováveis na realização do seu valor". Esta provisão, contudo, que reduz o valor do bem na contabilidade da empresa, não é dedutível do imposto de renda, nos termos do art. 13, I, da Lei 9.249/95.

As maiores complicações referem-se, de fato, aos **investimentos avaliados pelo método da equivalência patrimonial**, como veremos adiante. Por ora, cabe-nos identificar quais são estes investimentos.

Mais uma vez, é a legislação comercial que define os investimentos avaliados pelo MEP.

O **método era obrigatório para investimentos:**

- em sociedades controladas; e
- relevantes, desde que realizados:
- em sociedades coligadas, em que a investidora possuísse influência na administração; ou
- em sociedades coligadas, em que participasse com 20% ou mais do capital social.

Nos termos do art. 248, da Lei 6.404/76, vigente, alterado pela Lei 11.638/08, e novamente alterado pela Lei 11.941/09, **o MEP é obrigatório para:**

- investimentos em controladas;
- investimentos em coligadas;
- investimentos em outras sociedades que façam parte de um mesmo grupo ou estejam sob controle comum.

Empresa **controlada** é aquela "na qual a controladora, diretamente ou através de outras controladas, é titular de direitos de sócio que lhe assegurem, de modo permanente, preponderância nas deliberações sociais e o poder de eleger a maioria dos administradores" (art. 243, § 2º, da LSA). Há controle direto, quando a empresa detém mais de 50% do capital votante da companhia investida ou a maioria das cotas, com poder de voto, de sociedades limitadas. O controle indireto, ao revés, se dá quando a empresa investidora controla a empresa investida por meio de outras empresas, das quais possui a maioria do capital votante.

A lei comercial retirou, da previsão de investimentos avaliados pelo MEP, a regra de participação mínima de 20% na sociedade investida. Manteve, contudo, a exigência do método para empresas **coligadas**, nos termos do art. 243, § 1º, da LSA, "as sociedades nas quais a investidora tenha influência significativa". Por sua vez, "há influência significativa quando a investidora detém ou exerce o poder de participar nas decisões das políticas financeira ou operacional da investida, sem controlá-la" (art. 243, § 4º, da LSA). Esta influência significativa é presumida, "quando a investidora for titular de 20% ou mais do capital votante da investida" (art. 243, § 5º, da LSA).

A presunção é relativa. É possível que a investidora detenha mais de 20% do capital votante da investida e não tenha influência significativa (na hipótese de outra companhia possuir sozinha 80% do capital votante da investida ou no caso de limitação contratual da influência), mas também se reconhece influência significativa apta a caracterizar a investida como coligada, a depender das circunstâncias comerciais (contratuais, por exemplo), mesmo que a investidora possua menos de 20% de seu capital.

Sem adentrarmos nas complexas discussões acerca do grupo econômico, dispõe o art. 265, da LSA, que "a sociedade controladora e suas controladas podem constituir, nos termos deste Capítulo, grupo de sociedades, mediante convenção pela qual se obriguem a combinar recursos ou esforços para a realização dos respectivos objetos, ou a participar de atividades ou empreendimentos comuns".

Constitui o grupo, a "convenção aprovada pelas sociedades que o componham" (art. 269, da LSA).

A Lei das S/A não define controle comum, que costuma decorrer de *joint ventures*.

A *joint venture* decorre do contrato entre duas empresas para explorar determinada atividade econômica por certo período de tempo, nada impedindo que as empresas envolvidas criem uma empresa nova, com esta mesma finalidade. Esta nova empresa é constituída pelas pessoas contratantes e o investimento nela realizado deve ser avaliado pelo MEP.

A legislação fiscal não deve criar hipóteses distintas acerca de quais investimentos devam ser avaliados pelo MEP e se as normas regulamentares emitidas pelo fisco o fizer, deve prevalecer a legislação comercial, por força do art. 67, XI, do DL 1.598/77, segundo o qual o lucro líquido do exercício deverá ser apurado, a partir do primeiro exercício social iniciado após 31 de dezembro de 1977, com observância das disposições da Lei nº 6.404, de 15 de dezembro de 1976.

### 12.2.2. *Aquisição do investimento e operações registradas pelo MEP*

#### 1) Normas comerciais

A avaliação do investimento em coligadas e controladas pelo método da equivalência patrimonial não é uma exigência tributária, mas comercial. Seu objetivo é a representação do efetivo valor patrimonial do investimento na empresa investidora para os diversos fins empresariais, como a proteção de acionistas minoritários, a avaliação da empresa nas relações comerciais e bancárias etc.

Na legislação comercial, a avaliação do investimento é regida pelos incisos e parágrafos do art. 248 Lei das S/A, cuja leitura fica recomendada.

A norma não esgota os registros pertinentes ao MEP, detalhados no Pronunciamento CPC 18, acolhido com força obrigatória para as sociedades anônimas de capital aberto, pela Deliberação CVM 696/2012, com fundamento no art. 184-A.

Embora a CVM regule apenas as sociedades anônimas abertas, a regra é aplicável a todas as sociedades.

### 2) Aquisição do investimento

Seguindo a regulamentação comercial aplicável, o DL 1.598/77 foi alterado. A norma revogada, ainda presente no Regulamento do Imposto de Renda, disciplinava o desmembramento do custo de aquisição (o valor pelo qual o investimento fosse adquirido) pelo valor do patrimônio líquido e o ágio ou deságio. Ágio é o valor pago pelo investimento que excedesse o valor patrimonial do investimento e deságio a diferença a menor, presente na hipótese de aquisição do investimento por valor inferior ao registrado no patrimônio da investida.

Com a alteração da norma comercial pela Lei 11.638/07 e pela Lei 11.941/09 e com a adoção do CPC 18, o art. 20, do DL 1.598/77 passou a disciplinar o desdobramento do investimento em três itens: o valor do patrimônio líquido do investimento na época da aquisição, a mais ou menos valia, com relação ao valor pago a maior ou a menor em relação ao valor patrimonial do investimento, com base em ativos específicos e o ágio por rentabilidade futura (*goodwill*), com relação não a ativos específicos, mas à rentabilidade futura do investimento, também chamado em direito de fundo do comércio.

O *caput* e os incisos I a III do art. 20, do DL 1.598/77, confirma no âmbito tributário o desdobramento do custo de aquisição em patrimônio líquido proporcional ao investimento, mais ou menos valia e ágio por rentabilidade futura (*goodwill*), previsto pela lei comercial.

O patrimônio líquido registrado, como diz a norma, deve ser proporcional. O registro contábil do valor do patrimônio da investida deve corresponder à proporção do investimento nesta empresa investida. Assim, se a investidora adquire 30% da investida, 30% do capital desta será registrado como investimento em coligada. Esta proporção deve ser constantemente respeitada, sob pena de erro na aplicação do MEP.

O § 1º, do art. 20, do DL 1.598/77 trata da contabilização dos itens desdobrados do preço de aquisição em contas distintas, medida essencial à preservação do MEP e necessária para garantir efeitos tributários futuros, especialmente na hipótese de reorganização societária.

Embora o termo ágio seja utilizado apenas no inciso III, do *caput*, sobre o *goodwill*, a mais valia não deixa de ser uma espécie de ágio e a menos valia, uma espécie de deságio. É, na verdade, o que se verifica do § 2º, do art. 20, do DL 1.598/77, que trata do fundamento do ágio.

Se o fundamento do ágio ou deságio for a diferença do valor de mercado para o valor registrado na contabilidade da investida de algum bem específico, o ágio ou o deságio terá o nome (e o tratamento) de mais ou menos valia (letra a). Se o fundamento do ágio for a expectativa de resultados futuros, decorrente das mais diversas razões econômicas, que podem incluir o fundo do comércio, a propriedade imaterial e intangível de marcas e patentes, a capacidade administrativa da empresa, etc, o ágio receberá o nome (e o tratamento) do *goodwill*. Havendo mais de uma razão para ágio e deságio, todas elas devem ser explicitadas, primeiro a mais ou menos valia e posteriormente o *goodwill*, não podendo a empresa simplesmente informar que o ágio decorre de outras razões. A indeterminação das "outras razões" previstas pela lei acaba com a realização do negócio, quanto tais razões devem ser registradas especificamente pela empresa.

O § 2º, do art. 20, do DL 1.598/77 trata do laudo que documenta a mais ou menos valia. O § 6º, do art. 20, do DL 1.598/77 trata da compra vantajosa, que nada mais é que a aquisição de investimento por valor menor que o de mercado (deságio), determinando a norma a incidência do imposto sobre tal vantagem "no período de apuração da alienação ou baixa do investimento".

Nada impede que a empresa investidora registre o investimento adquirido desdobrando o custo de aquisição em valor patrimonial, mais valia e *goodwill*, mesmo que o MEP não seja obrigatório, por exemplo, na aquisição de 5% do capital de uma empresa, que não se torna coligada. Este desdobramento pode favorecer a apuração fiscal do investidor nos casos de eventual fusão ou incorporação do investimento adquirido (art. 20 a 22, da Lei 12.973/14) ou ser relevante no caso de aquisição de participação societária em estágios (art. 37, da Lei 12.973/14).

O ágio ou o deságio na aquisição de participação societária surtiram efeitos fiscais em 2014, por força da redação original do art. 25, do DL 1.598/77.

A norma fora logo revogada em 1979 e, desde então, o ágio e o deságio não são computados na apuração do lucro real, salvo na alienação ou na liquidação do investimento, conforme se depreende do vigente art. 25, do DL 1.598/77, com redação dada pela Lei 12.973/14, segundo o qual "a contrapartida da redução dos valores de que tratam os incisos II e III do caput do art. 20 não será computada na determinação do lucro real, ressalvado o disposto no art. 33" (Redação dada pela Lei nº 12.973, de 2014).

Vale ressaltar que o texto vigente do dispositivo difere daquele que vigorou entre 1980 e 2014, porque esta previa apenas ágio e deságio, enquanto a norma atual prevê a exclusão da mais e menos valia e do *goodwill* do cômputo do lucro real.

### 3) Operações registradas

Diversas operações, porém, são registradas por conta da avaliação do investimento pelo método da equivalência patrimonial. São exemplos a apuração de lucro ou prejuízo pela investida, o pagamento de lucros e dividendos pela investida, a aquisição de maior participação da investidora na investida (integralização de capital), a alteração do percentual de participação da investidora na investida, a subscrição de ações com ágio por outros sócios, que aumenta o valor do capital da empresa investida, o ajuste das contas de ágio e deságio em virtude de reavaliação de bens e direitos da companhia investida e o ajuste de resultados não realizados de operações intersocietárias (entre a investidora e a investida).

Deveras, com fundamento na lei comercial, o art. 21, do DL 1.598/77, com redação dada pela Lei 12.973/14, determina a avaliação constante dos investimentos em coligadas e controladas.

Prossegue o DL 1.598/77 reconhecendo que os fatos relevantes que afetarem o valor do investimento em seus desdobramentos (patrimônio, ágio ou deságio) devem ser registrados, sem efeitos fiscais, nem pelo lançamento do fato relevante, nem pelo eventual lançamento de sua contrapartida em conta de resultado. Leiam-se os art. 22 e 23, do DL 1.598/77, com redação dada pela Lei 12.973/14 (sobre a matéria, ver os art. 388 e 389, do RIR).

Em linhas gerais, os lançamentos contábeis relativos ao MEP ou são realizados em contas patrimoniais (que não afetam as receitas e as despesas, logo o lucro, das empresas) ou são realizados em contas de resultado, mas neutralizados para fins fiscais.

Lembrando que o objetivo do MEP é apresentar o valor patrimonial da investida na contabilidade da empresa investidora, vejamos alguns registros que afetam a avaliação do investimento e seu tratamento fiscal.

A empresa investida irá apurar lucros ou prejuízos. Ao apurar lucros, o valor do investimento irá aumentar e ao apurar prejuízos, diminuir. A empresa investidora lançará, face ao lucro da investida, o acréscimo patrimonial da conta investimento em coligada ou controlada e em contrapartida, lançará o mesmo valor à conta de receita do método da equivalência patrimonial.

Esta receita, como vimos nos art. 22 e 23, do DL 1.598/77, não é tributada.

Na hipótese de prejuízo da investida, a conta patrimonial do investimento em coligada ou controlada é reduzida, em contrapartida da conta de despesa do MEP, indedutível para fins do IRPJ.

Quando a investida distribui os dividendos, o pagamento do lucro à investidora faz reduzir a conta de investimento em coligadas ou controladas. O registro contábil desta operação envolve apenas contas patrimoniais, e a distribuição dos lucros não é tributada na empresa investidora, por força do art. 10, da Lei 9.249/95 (art. 654, do RIR).

Também é registrada na conta do investimento novas integralizações de capital da investidora na investida. Supondo que a investida aumente seu capital e a investidora resolva subscrever e integralizar o capital da investida, na mesma proporção de seu investimento. O registro da operação envolverá apenas contas patrimoniais, sem efeitos nas contas de resultado.

Neste caso, a investidora manteve a mesma proporção de seu investimento no capital da empresa coligada ou controlada. Pode ocorrer, contudo, que a participação relativa da investidora na empresa investida seja alterada, por não subscrever o capital da investida na mesma proporção do aumento de capital ou por subscrever o capital em proporção maior que a participação anterior, por haver diluição ou concentração do capital (aumento ou redução do número de ações que representam o mesmo capital) ou pela subscrição de novas ações por outros sócios com ágio.

Esta variação do percentual de participação da investidora na coligada ou controlada irá afetar, assim, a participação daquela em direitos como a reserva de lucros, cujo valor não se altera com a alteração no quadro societário. Se a investidora possuía 20% das ações da investida, faria jus a 20% da reserva de lucro, no valor, vamos supor, de R$ 200.000,00 (20% de R$ 1.000.000,00). Se a participação relativa da investidora na investida sobe para 30%, também a participação nesta reserva de lucros irá subir, no caso em R$ 100.000,00 para R$ 300.000,00.

Para fins fiscais, não é relevante a razão que levou a mudança do percentual de participação. Havendo registro de receita ou despesa em virtude da variação percentual, estas são excluídas do cômputo do lucro real, nos termos do art. 33, do DL 1.598/77, reproduzida no art. 428, do RIR.

O art. 24, do DL 1.598/77 (e o art. 390, do RIR), tratam da reavaliação voluntária de bens do ativo imobilizado da investida.

Como vimos, não há mais reavaliação voluntária para elevar o valor do ativo imobilizado, mas ainda pode haver saldos em reservas de reavaliação. De toda sorte, a primeira regra relativa ao MEP no caso de reavaliação de bens da investida era a compensação pela baixa do ágio na aquisição do investimento com fundamento no valor de mercado dos bens reavaliados. Se a aquisição do investimento ocorrera com *ágio* em virtude do **bem subavaliado, com a reavaliação, o** *ágio deve ser baixado.*

Se outro bem, não o que justificou o ágio, for reavaliado ou se a avaliação superar o valor do ágio, há ganho de capital e imposto devido pela empresa investidora, salvo se ela mesma registrar a contrapartida do ajuste como reserva de reavaliação, postergando-se a tributação para o momento da liquidação ou baixa do investimento ou para o momento em que a investidora utilizar a reserva de reavaliação para aumento do seu capital.

Não haverá incidência do imposto para a investidora, na hipótese de a investida computar a reserva de reavaliação do bem reavaliado na apuração de seu lucro real (ou na redução de seu prejuízo), caso em que a incidência na investidora implicaria bitributação.

Com a extinção da reavaliação voluntária, o art. 24, do DL 1.589/77 perde interesse, mas ganha importância a avaliação a valor justo, disciplinados pelos art. 24-A e B, do diploma normativo, incluídos pela Lei 12.973/77.

Na **hipótese de ganho** (ajuste positivo na participação societária) decorrente do aumento do valor justo de ativo da investida ou de diminuição do valor justo de passivo da investida, em relação ao valor registrado na contabilidade, a primeira regra continua sendo a compensação com a baixa do saldo da mais valia (ágio com fundamento em ativo específico).

A avaliação recaindo sobre outros bens ou superando o saldo da conta da mais valia, o valor deve ser computado na determinação do lucro real, podendo tributação da investidora pelo ganho ser diferido na investidora, para o momento de alienação ou liquidação do investimento ou mesmo afastada, pela incidência na investida.

Para que haja o diferimento, é necessário que o ganho seja "evidenciado contabilmente em subconta vinculada à participação societária, com discriminação do bem, do direito ou da obrigação da investida objeto de avaliação com base no valor justo, em condições de permitir a determinação da parcela realizada, liquidada ou baixada em cada período" (§ 1º). Significa dizer que o excedente do valor da reavaliação não poderá simplesmente acrescer o valor do investimento, mas deverá ser registrado em outra conta, subordinada ao investimento, que mantenha correlação com o bem avaliado na empresa investida.

Nesta subconta, deverão ser registrados os eventos de depreciação, amortização, exaustão, alienação ou baixa do bem na investida ou a liquidação ou baixa do passivo da investida, o que reduz ou mesmo zera o saldo da subconta na investidora. O ganho da investidora, parcial ou integral, relativo a tais apurações não é considerado no cômputo de seu lucro real, se a investida computar o ganho na determinação do seu lucro real.

O que muda do art. 24, para o art. 24-A, do DL 1.598/77 é essencialmente a exigência da contabilização em reserva de reavaliação, naquele caso, e a contabilização da diferença do valor justo para o valor originário em subconta específica vinculada ao investimento neste caso, para o diferimento da tributação.

No mais, a tributação da investidora pelo ganho na reavaliação do bem da investida pode, em ambos os casos, ser diferida para o momento da alienação ou baixa do investimento, se antes da alienação a própria investida não houver computado o "sobre valor" no seu próprio imposto de renda, quando não poderá haver nova incidência sobre a investidora.

A seu turno, o art. 24-B, do DL 1.598/77 trata da dedutibilidade de despesa lançada pela investidora, como contrapartida da redução do valor justo do ativo ou aumento do valor justo do passivo da investida.

A primeira regra é a compensação desta perda com a menos valia registrada na aquisição do investimento. As condições para que a investidora compute a perda como despesa dedutível do lucro real, o que pode ocorrer somente na alienação do investimento, são a contabilização do valor na subconta vinculada ao investimento e não ter a investida deduzido a despesa, ela mesma, na apuração de seu lucro real.

Se a perda decorrente da avaliação a valor justo na investida não for contabilizada na subconta específica e se a investida deduzir a perda, a investidora não poderá deduzir a mesma perda da apuração de seu lucro real, quando alienar ou baixar o investimento.

Em todos os casos, há um requisito formal, da escrituração da subconta vinculada e um limite material, seja para evitar a bitributação, seja para evitar a dupla dedução da despesa.

Subsiste ainda regra específica para a reavaliação de todo o investimento, vale dizer, de toda a participação societária avaliada pelo MEP, constante do art. 35, § 3º do DL 1.598/77 (e do art. 438, do RIR), segundo o qual "será computado na determinação do lucro real o aumento de valor resultante de reavaliação de participação societária que o contribuinte avaliar pelo valor de patrimônio líquido, ainda que a contrapartida do aumento do valor do investimento constitua reserva de reavaliação".

Se a investidora reavaliar o investimento, há ganho de capital tributável para a investidora, mesmo que o valor da reavaliação seja contabilizado em conta de reserva.

A propósito, o art. 28, da Lei 12.973/14 dispõe que a redução do ágio por rentabilidade futura não será computada na apuração do lucro real.

Assim, em regra, o pagamento de ágio por rentabilidade futura não gera obrigação tributária nem para a empresa adquirente nem para a investida e a redução deste ágio também não surte efeitos fiscais.

### 12.2.3. Alienação do investimento

A tributação do eventual ganho de capital nos investimentos, salvo nas hipóteses mencionadas no item anterior, como na avaliação de bens da investida avaliada pelo MEP, é diferida para o momento da alienação do ativo e o ganho é determinado pelo preço de venda deduzido o valor contábil, de acordo com o § 3º, do art. 31, do DL 1.598/77.

Quando o investimento é avaliado pelo custo, não há ajustes a fazer (salvo o relativo a provisão para perdas, que tenha sido computada na apuração do lucro real até 1995), e o ganho de capital é apurado pela diferença do valor de venda e o valor do ativo, registrado na contabilidade.

Se o investimento é avaliado pelo MEP, o ganho de capital também é apurado pela diferença do valor de venda e o valor do ativo, mas este não é determinado simplesmente pelo valor constante da contabilidade, fazendo-se necessário diversos ajustes para se apurar o valor a ser deduzido do preço de venda.

Como vimos, o valor investimento avaliado pelo MEP sofre diversos ajustes para retratar a situação econômica da investida. Assim, o valor do investimento registrado na contabilidade na data da alienação não será o valor da aquisição (embora tenda a este valor), mas o valor da investida naquela data.

O valor contábil do investimento a ser levado em conta na apuração do ganho de capital, contudo, não será nem o custo do investimento na data da aquisição nem o valor patrimonial do investimento na data da alienação. Este valor contábil é apurado nos termos do art. 33, do DL 1.598/77 (art. 426, do RIR).

Nos termos da norma, o valor contábil do investimento (a ser deduzido do valor da venda para se apurar o ganho de capital) é o somatório do valor do patrimônio líquido do investimento registrado na contabilidade, do valor da mais ou da menos valia e do valor do *goodwill*, mesmo que tenham sido realizados na escrituração contábil, e a provisão para perdas, que tiver sido computada na determinação do lucro real.

Neste somatório, o **valor patrimonial do investimento** é mantido, conforme escriturado (inciso I), salvo se retratar ganho ou perda por variação na porcentagem de participação do contribuinte no capital social da investida, pois os ganhos ou perdas decorrentes destas variações devem ser excluídos do valor contábil, para não surtirem efeitos fiscais (§ 2º).

O **ágio ou deságio** em relação a bens específicos da investida ou o ágio por expectativa de resultados futuros são computados não pelo seu valor registrado no momento da venda, pois podem ter sido baixados. Se foram baixados, total ou parcialmente, tais valores devem ser 'recompostos', para a apuração do valor contábil (inciso II). Sobremais, estes valores, para investimentos antigos, são corrigidos monetariamente (§ 1º), até a data que a legislação permitia a correção (até 1994).

Num exemplo simplificado, vamos imaginar que o investimento esteja registrado na data da venda com valor patrimonial de R$ 850.000, ágio por expectativa de resultados futuros de R$ 100.000, mais valia pelo imóvel x de R$ de 100.000 e menos valia pelo imóvel w de R$ 50.000.

O investimento é avaliado da seguinte maneira:

| Investimento (patrimônio líquido) | R$ 850.000 |
|---|---|
| Goodwill | R$ 100.000 |
| Mais valia | R$ 100.000 |
| Menos valia | (R$ 50.000) |

Deixando de lado os diversos lançamentos possíveis no investimento, o valor contábil para a soma dos valores acima, R$ 850.000 + R$ 100.000 + R$ 100.000 – R$ 50.000 (a menos valia tem sinal negativo) = R$ 1.000.000 (mais a correção devida).

Se o valor do investimento tiver sido alterado por uma variação no percentual de participação da empresa na investida (vamos supor que o valor patrimonial antes da variação era de **R$ 1.000.000**), a diferença de valor deve ser ajustada (vale dizer, os R$ 150.000). Assim, o valor contábil seria R$ **1.000.000** + R$ 100.000 + R$ 100.000 − R$ 50.000 = R$ 1.150.000.

Se a menos valia em decorrente do bem w tiver sido alterada por lançamentos anteriores, estes devem ser revertidos. Supondo que a menos valia original seja de **R$ 80.000**. Então, teríamos: R$ 1.000.000 + R$ 100.000 + R$ 100.000 − **R$ 80.000** = R$ 1.120.000.

No regime anterior, não se falava em mais ou menos valia nem em *goodwill*, mas no correspondente ágio ou deságio, disciplinado pela norma vigente antes da edição da Lei 12.973/14.

Soma-se (subtrai-se, na verdade, pois a provisão tem sinal negativo, como a menos valia), também, o valor da **provisão para perdas** (inciso IV), constituída até 1995, que havia reduzido o valor do investimento, também corrigida monetariamente (§ 1º). O investidor constitui a provisão (conta redutora do investimento) lançando a despesa pelas perdas esperadas (conta de resultado). Se lançou esta despesa no cômputo do lucro real em algum momento, na venda do investimento deverá deduzir o valor contábil do investimento no valor correspondente, constante da provisão.

Vamos supor um investimento de R$ 1.000.000 em 1990, deixando de lado a correção monetária, para simplificação. O contribuinte lança R$ 100.000 a crédito, para constituir a provisão (redutora do investimento) e a despesa correspondente. Se utilizou a despesa no cômputo do lucro real, no momento da alienação, o valor contábil do investimento será de R$ 1.000.000 menos R$ 100.000, somando R$ 900.000.

Se não utilizou a despesa correspondente da provisão para deduzir o imposto no período, ou se a provisão foi constituída a partir de 1996, não sendo mais dedutível, o valor contábil do investimento a ser vendido não se altera pela provisão.

Em resumo: o valor patrimonial do investimento é mantido, salvo se tiver sido alterado por questões relativas ao percentual de participação da investidora na investida. O efeito da variação deve ser corrigido para apurar o valor contábil.

O ágio, em qualquer das suas formas, acresce o valor contábil. Se tiver sido baixado, deve ser recomposto.

O deságio (menos valia) diminui o valor contábil. Se tiver sido baixado, deve ser recomposto.

A provisão para perdas do investimento, se foi utilizada para reduzir o imposto do período, deve diminuir o valor contábil. Se não foi utilizada para reduzir o imposto, não afeta o valor contábil.

O ganho de capital é apurado pelo preço de venda do investimento menos o valor contábil.

### 12.4. Ações em tesouraria

Tratamos aqui da aquisição de participações societárias por uma empresa em outra, vale dizer, do investimento que uma empresa faz em ações de outra empresa.

Em geral, a empresa não pode negociar com suas próprias ações, nos termos do art. 30, da Lei das S/A. Mas esta regra também possui exceções, presentes no mesmo dispositivo.

Cuidamos, aqui, especialmente das letras b e c do § 1º, do art. 30, da LSA, segundo o qual a companhia pode adquirir suas próprias ações "para permanência em tesouraria ou cancelamento, desde que até o valor do saldo de lucros ou reservas, exceto a legal, e sem diminuição do capital social, ou por doação" e a aliená-las.

Quando a companhia compra (ou resgata) suas próprias ações, não está fazendo um investimento, mas realizando operações comerciais decorrentes de direitos de minorias dissidentes, fechamento do capital, ou outra operação, que poderá ser definitiva ou provisória, para posterior venda aos acionistas remanescentes ou novos acionistas.

Ao comprar suas próprias ações, na hipótese da letra b do § 1º, do art. 30, da LSA, não há qualquer efeito tributário para a companhia, que lança contabilmente a aquisição das ações a débito na conta caixa e, se pretende retirá-las de circulação, reduz seu próprio patrimônio debitando as contas reserva de ágio na emissão de ações, reserva de prêmio na emissão de debêntures e lucros acumulados. Vale dizer, movimenta apenas contas patrimoniais, que não afetam a apuração do imposto de renda.

Ao vender as ações, também não são movimentadas contas patrimoniais, mesmo que a venda ocorra com ágio ou deságio. No caso de venda das ações com ágio, o ganho é utilizado para compor a conta de reserva de capital e eventual prejuízo é debitado também na conta de reserva.

A legislação fiscal também afasta a incidência do tributo, conforme disciplina o art. 38, do DL 1.598/77.

Em outros termos, a legislação tributária acolhe, também para fins fiscais, o procedimento contábil.

## 12.5. Reorganização societária e combinação de negócios: fusão, cisão e incorporação

### 12.5.1. Visão geral

As empresas, especialmente as maiores, realizam com frequência atos de reorganização societária, seja no âmbito do mesmo grupo econômico, seja entre partes independentes.

São muitas as razões que levam a tais atos. Entre elas, podemos citar a divisão de empresas com vistas na especialização, reunião de empresas que atuam no mesmo segmento, perspectivas de ganho de escala ou aumento da produtividade, ou aumento do poder econômico, para conquistar mercado nacional ou internacional ou mesmo para fazer frente a concorrentes com poder econômico maior.

Em direito, costuma-se falar em reorganização societária, como gênero do qual são espécies a fusão, a cisão, a incorporação (inclusive a incorporação de ações) e a alienação de controle de companhia, sem que se apresente um conceito, mas uma disciplina cada uma de suas espécies, na Lei 6.404/76, preocupado com a formalização da pessoa jurídica e com os direitos dos minoritários.

Nos termos do art. 227, da Lei das S/A, a incorporação é a operação em que uma ou mais sociedades são absorvidas por outra. A empresa incorporada deixa de existir e a incorporadora sucede a empresa extinta em todos os seus direitos e obrigações.

O art. 252, da LSA disciplina também a incorporação de ações, em que uma empresa adquire todas as ações de outra, que se torna sua subsidiária integral.

Neste caso, não há desaparecimento da pessoa jurídica dita incorporada, mas o surgimento da figura da subsidiária integral.

Na fusão, duas ou mais empresas se unem, formando uma nova pessoa jurídica, que sucede as anteriores em seus direitos e obrigações. Difere-se a fusão da incorporação, pois nesta uma empresa continua a existir (a incorporadora), enquanto na fusão todas as empresas fundidas são extintas e deixam lugar a uma empresa nova, com preconiza o art. 228, da LSA.

A cisão, prevista no art. 229, da LSA, difere-se dos demais institutos, pois nela há a divisão de empresas, com ou sem a extinção da empresa anterior. Da cisão pode decorrer a divisão total do patrimônio da empresa cindida, que desaparece, dando lugar a duas ou mais novas empresas, ou a divisão parcial do patrimônio da empresa cindida, que continua a existir com patrimônio menor, surgindo uma ou mais novas empresas com o restante do patrimônio.

A lei comercial disciplina, ainda, a alienação de controle da companhia, que também pode ser vista como modalidade de reorganização societária, ou como uma etapa de aquisição total da própria companhia. A alienação de controle pode ocorrer por meios contratuais ou pela aquisição de ações, que passa do poder de gestão da empresa a terceiro. Nos termos da lei, o adquirente do controle obriga-se a fazer oferta para comprar as ações não adquiridas na transferência de controle e pertencentes a pessoas não integrantes do grupo de controle das empresas envolvidas.

Esta obrigação pode se formalizar como condição suspensiva ou resolutiva do negócio, como prevê o art. 254-A, da LSA. Se a condição for suspensiva, a transferência de controle somente se aperfeiçoa se o adquirente fizer a oferta de compra das demais ações, se a condição for resolutiva, o negócio se desfaz se o adquirente não fizer a oferta até o fim do prazo estipulado na condição.

Há efeitos contábeis e tributários típicos de cada operação, mas também há efeitos disciplinados especificamente pela legislação tributária, como a vedação de aproveitamento de prejuízos fiscais nas reorganizações, exceto no caso de cisão com permanência da empresa cindida, em que o aproveitamento do prejuízo é proporcional.

Esta é, em síntese, a visão jurídica da reorganização societária.

Para a matéria que tratamos neste tópico, também é relevante a compreensão contábil da matéria, denominada nesta área do conhecimento por combinação de negócios. A contabilidade distingue o tratamento de reorganizações societárias não por sua forma, mas pela presença de partes independentes ou de partes ligadas.

Havendo partes independentes, o pronunciamento 15, do CPC, aprovado pelas deliberações CVM 580/09 e 665/11 determina o **reco-**

nhecimento e a mensuração de ativos e passivos, bem como a apuração de ágio e deságio nas operações, pois tais ajustes dão início a novos negócios, ou a negócios de novas pessoas, extinguindo-se a participação antiga.

Vejamos o que o pronunciamento entende por negócio e por combinação de negócios:

> **Negócio** é um conjunto integrado de atividades e ativos capaz de ser conduzido e gerenciado para gerar retorno, na forma de dividendos, redução de custos ou outros benefícios econômicos, diretamente a seus investidores ou outros proprietários, membros ou participantes.
>
> **Combinação de negócios** é uma operação ou outro evento por meio do qual um adquirente obtém o controle de um ou mais negócios, independentemente da forma jurídica da operação. Neste Pronunciamento, o termo abrange também as fusões que se dão entre partes independentes (inclusive as conhecidas por 'true mergers ou merger of equals'). (CPC 15 R1, Apêndice A)

No mesmo sentido, o pronunciamento afasta sua aplicação a combinação de negócios puramente formais, vale dizer, realizados entre partes sob controle comum:

> Este Pronunciamento não se aplica a combinação de negócios de entidades ou negócios sob controle comum. A combinação de negócios envolvendo entidades ou negócios sob controle comum é uma combinação de negócios em que todas as entidades ou negócios da combinação são controlados pela mesma parte ou partes, antes e depois da combinação de negócios, e esse controle não é transitório. (CPC 15 R1, Apêndice B)

Neste trabalho, utilizaremos as expressões reorganização societária e cominação de negócios com o mesmo sentido.

### 12.5.2. Efeitos tributários

#### 1) Apuração do imposto devido

Como vimos, a apuração do imposto de renda é trimestral. Contudo, nos casos de fusão, cisão e incorporação, o imposto deve ser apurado na data da reorganização societária, como dispõe o § 1º, do art. 1º, da Lei 9.430/96 (art. 220, do RIR).

O dispositivo faz referência ao art. 21, da Lei 9.249/95, que por sua vez determina o levantamento de balanço específico, nos termos da lei comercial, como exigência para a apuração do imposto.

A lei, portanto, não distingue as partes envolvidas nas operações, se há ou não transferência de controle, partes vinculadas ou partes independentes, mostrando-se obrigatória a apuração do imposto na data da reorganização societária.

### 2) Ágio e deságio x mais valia, menos valia e *goodwill* nas reorganizações societárias

A disciplina do ágio e do deságio foi sensivelmente alterada, como vimos no tópico anterior.

A legislação sobre os efeitos fiscais do ágio e do deságio, por sua vez sofreu algumas alterações para se adaptar à própria disciplina do ágio e do deságio.

A matéria encontrava-se condensada no art. 7º, da Lei 9.532/97, com vigência até 31/12/2017, como veremos mais adiante.

A norma determina o registro do ágio ou deságio relativo a **bem do ativo imobilizado** da empresa adquirida a conta do bem, para depreciação, amortização ou exaustão; do **ágio por rentabilidade futura** como ativo diferido para amortização mensal em 1/60 do valor, no máximo (vale dizer, como despesa para redução da base de cálculo do imposto de renda); e do **deságio por rentabilidade futura** como passivo diferido, para inclusão no lucro real na proporção de 1/60 do valor do deságio, no mínimo, por mês.

Determina, também, que os valores de ágio e deságio devem compor o preço de custo para apuração de ganho de capital, cuja tributação não ocorre na data da reorganização societária, mas fica diferida até a ocorrência de evento futuro, como a venda do bem que deu ensejo ao ágio ou o deságio.

Determina, ainda, que o ágio pago em virtude de **ativo intangível** da empresa adquirida seja considerado custo de aquisição, para efeito de apuração de ganho ou perda de capital na alienação do direito que lhe deu causa ou na sua transferência para sócio ou acionista, na hipótese de devolução de capital e possa ser deduzido como perda, no encerramento das atividades da empresa, se comprovada, nessa data, a inexistência do fundo de comércio ou do intangível que lhe deu causa.

A Lei 12.973/14 apresentou novo regime para o ágio e o deságio, que passaram a ser denominados mais valia, menos valia e *goodwill* e também para compra vantajosa, nas reorganizações societárias. Além da adaptação da disciplina específica dos institutos, agora renovados, a lei **estendeu os efeitos fiscais** aplicáveis aos casos em que a empresa investidora, que possui a participação em outra, adquire a investida àquelas hipóteses em que a empresa **investida adquire a investidora** na reorganização societária (art. 24, da Lei 12.973/14), mas **vedou a dedutibilidade** da mais valia ou do *goodwill* do imposto de renda, nos casos de operações **entre partes ligadas**.

Tal disciplina encontra-se nos art. 20 e seg., da Lei 12.973/14.

A mais e a menos valia (relativas a bens específicos da investida, que passa a ser incorporada e fusionada) continuam a fazer parte integrante do custo do bem para efeito de determinação de ganho ou perda de capital e do cômputo da depreciação, amortização ou exaustão.

No caso de cisão, se o bem ou direito que deu causa à **mais valia** não for transferido para o patrimônio da sucessora, a nova empresa poderá deduzir o valor da mais valia em quotas fixas mensais e no prazo mínimo de 5 anos contados da data da cisão.

A **menos valia**, a seu turno, na mesma hipótese de cisão em que o bem ou direito que deu lhe causa não houver sido transferido para o patrimônio da sucessora, esta sucessora poderá diferir o reconhecimento do valor, oferecendo-o à tributação em quotas fixas mensais no prazo máximo de 5 anos contados da data da cisão.

Sobremais, a utilização da mais valia como custo do bem ou direito para apuração de futuro ganho de capital ou prejuízo não operacional, bem como para fins de cálculo da depreciação, amortização ou exaustão tem como requisitos:

- tratar-se de operação entre partes independentes (veremos mais sobre isso adiante);
- protocolar ou registrar o interessado o laudo de avaliação previsto pelo art. 20, do DL 1.598/77 (exigência vigente para participações adquiridas a partir de 2015, ou de 2014, por opção da empresa ao regime da Lei 12.973/14);
- garantir que o saldo da mais valia seja plenamente identificável em sua contabilidade.

A **mais valia** aumenta o custo contábil de aquisição do bem, aumentando, assim o valor da depreciação, amortização ou exaustão, e que reduz o resultado obtido no caso de venda do bem. A **menos valia**, ao revés, é um ganho contábil, pois representa um valor pago a menor por um ativo da empresa investida, em relação ao valor que o ativo se encontrava na contabilidade desta. Diminui, portanto, a base da depreciação, exaustão ou amortização, e aumenta o resultado da alienação do bem.

O art. 21, da Lei 12.973/14 determina que este valor da menos valia reduza a base da depreciação, amortização ou exaustão do bem, mas permite que o ganho contábil (pelo pagamento de valor menor que o valor contábil do bem) seja diferido (regras do ganho de capital). Contudo, o diferimento desta tributação está condicionado à elaboração e protocolo ou registro do laudo de avaliação e do devido controle do saldo de menos valia, na contabilidade da empresa adquirente.

O art. 22, aborda o tratamento *goodwill* registrado na investidora, por ocasião da reorganização societária.

O *goodwill*, assim como a mais-valia, gera uma vantagem tributária para a investidora, que participa da reorganização societária. Como não se refere a um bem específico, não se reflete na amortização ou exaustão, nem pode ser considerada como custo de bem determinado pertencente a empresa incorporada, fundida ou cindida.

A lei permite, pois, a dedução do *goodwill* da apuração do lucro real de outra forma. Pode o contribuinte deduzir, nos períodos de apuração subsequentes ao da reorganização societária, o saldo do referido ágio existente na contabilidade na data da aquisição da participação societária, à razão de 1/60, no máximo, para cada mês do período de apuração.

A dedutibilidade do saldo da conta do *goodwill* está condicionada aos mesmos requisitos para a dedução da mais valia, quais sejam: 1. partes independentes, 2. laudo de avaliação apropriado e tempestivo e 3. controle contábil do saldo da própria conta.

Tanto o art. 20, sobre mais valia, quanto o art. 22, sobre *goodwill*, condicionam o tratamento fiscal favorável à empresa decorrente do processo de incorporação, fusão, ou cisão, à negociação entre **partes não dependentes**. Vale dizer, se a empresa incorporada fosse parte dependente da incorporadora no ato da aquisição da participação societária (no passado, antes da incorporação) a mais valia ou o *goodwill* registrados não podem beneficiar a incorporadora.

Pode parecer, em princípio, que a mais valia e o *goodwill* nunca surtirão efeitos tributários, nos casos de reorganização societária, porque o registro desta forma de ágio é típico do MEP, que por sua vez somente é aplicado a empresas ligadas.

Contudo, a conceituação da lei fiscal para dependência não coincide com a regra da influência significativa que caracteriza a empresa coligada, nos termos da lei comercial (art. 243, da LSA). Para fins fiscais, vale o art. 25, da Lei 12.973/14, que define o que se consideram partes dependentes.

Nos termos da legislação tributária, o *goodwill* e a mais valia não surtirão efeitos fiscais na reorganização societária entre empresas controladora e controlada e entre empresas do mesmo grupo, mas podem surtir efeitos no caso de empresas coligadas, desde que as outras limitações do art. 25, da Lei 12.973/14 não estejam presentes.

A lei trata, em seu art. 23, do ganho por compra vantajosa.

Se o preço pago pela participação é menor que valor (proporcional) dos ativos da companhia investida, e este deságio não está relacionado à menos valia de algum bem específico, vale dizer, o valor pago pela participação é menor que o valor do conjunto dos ativos da investida avaliados a valor justo, há compra vantajosa.

A compra vantajosa, por não se referir a nenhum bem específico, distancia-se da menos-valia, e se assemelha ao inverso do *goodwill*.

Como o adquirente adquiriu a participação por valor menor que o valor justo, auferiu um ganho, denominado ganho por compra vantajosa, que deve ser registrada nos termos do § 6º, do art. 20, do DL 1.598/77 e sofrer tributação apenas na venda do investimento.

Nos termos do art. 23, da Lei 12.973/14, a tributação deste ganho, pela pessoa jurídica que absorver patrimônio de outra, em virtude de incorporação, fusão ou cisão, na qual detinha participação societária adquirida com ganho proveniente de compra vantajosa, pode ser gradual, facultando-se à sucessora fazer computar na apuração de seu lucro real 1/60 do valor do ganho, por mês, no mínimo, a partir do mês seguinte ao da reorganização societária.

### 3) Participação Extinta em Fusão, Incorporação ou Cisão

Tema conexo, mas não idêntico ao tratamento do ágio ou deságio nas reorganizações societárias é o ganho ou prejuízo na extinção de participação societária nas reorganizações.

A matéria é regida pelo art. 34, do DL 1.598/77, que ainda vige em sua redação original, contendo termos que não mais existem na legislação comercial e na contabilidade, como o "ativo diferido".

O art. 430, do RIR reproduz a norma e apresenta sua regulamentação.

Para entender melhor o tema, vamos imaginar que a empresa A irá incorporar a empresa B, mas A possui 10% das ações de B, em investimento não relevante. O valor contábil de cada ação de B é de R$ 10,00 e o total do valor patrimonial das ações de B é de R$ 1.000,00. Assim, A possui R$ 100,00 em ações de B, ações estas que serão extintas com a incorporação.

Se não falássemos de incorporação, mas de venda do investimento, haveria incidência do imposto no caso de ganho de capital ou prejuízo não operacional, no caso de venda abaixo do valor contábil.

Na incorporação, porém, não há venda das ações, mas o pagamento do preço pedido pelos proprietários de B, a reunião dos negócios, a extinção das ações de B pertencentes a empresa A e a transferência do patrimônio de B para A.

Neste caso, a lei manda que o resultado desta extinção das ações seja computado no lucro real e, de fato, as ações extintas poderão apresentar valor superior ou inferior ao acervo de B, transferido para A, avaliado a valor de mercado.

Em nosso exemplo, as ações extintas estão registradas na contabilidade a R$ 100,00. Se o acervo for transferido a R$ 800,00 (na proporção das ações R$ 80,00), há uma perda de R$ 20,00, tratada como prejuízo não operacional. E se o acervo for transferido a R$ 1.200,00 (na proporção das ações R$ 120,00), há um ganho de R$ 20,00, tratado como ganho de capital.

No **caso de perda**, a lei determina o cômputo deste resultado no lucro real, mas permite que a **perda seja deduzida no período ou amortizada no prazo máximo de 10 anos**.

O requisito para a dedução amortizada é o registro do valor como ativo diferido, classificação contábil revogada na legislação comercial.

Para as reorganizações societárias regidas pela legislação comercial anterior, aplica-se o dispositivo da lei tributária em sua integralidade. Para as reorganizações posteriores, parece-nos que o requisito de contabilização da diferença como ativo diferido não pode ser exigido, devendo o contribuinte realizar os registros contábeis segundo as normas vigentes e o controle da despesa nos livros próprios.

No **caso de ganho de capital**, a lei também permite o **diferimento da tributação**. O ganho correspondente a bens do ativo permanente pode ser diferido se os bens do acervo líquido recebido a que corresponder o ganho de capital diferido estiver devidamente discriminado, de modo a permitir a determinação do valor realizado em cada período de apuração; e se o contribuinte mantiver no LALUR, controle do ganho de capital ainda não tributado.

O valor do ganho de capital relativo a bens do acervo líquido se pode parecer com a mais ou menos valia e o restante como *goodwill*, mas os institutos não se confundem.

O valor de que trata o art. 34, do DL 1.598/77 refere-se à diferença entre o valor contábil das **ações ou cotas** da sucedida, pertencentes à sucessora, que serão extintas e o **valor de mercado do acervo** que será recebido pela sucedida, enquanto a mais ou menos valia e o *goodwill* é a diferença entre o **valor patrimonial da sucedida** e o **valor pago pela sucessora na aquisição** da participação.

Ademais, o **ágio e o deságio** são **apurados na aquisição da participação, no passado em relação à reorganização societária**, enquanto a **diferença do valor da ação extinta e o valor do acervo transferido** é apurada **no momento da reorganização**.

Por fim, **ágio e deságio, mais ou menos valia e *goodwill*** são **institutos** próprios do método da equivalência patrimonial – **MEP**, enquanto a **diferença** entre o **valor contábil da ação** extinta e o **valor do acervo** correspondente pode ser apurada **também** nos investimentos avaliados pelo **método do custo**.

### 4) Reavaliação na Fusão, Incorporação ou Cisão

A disciplina dos efeitos fiscais da reavaliação voluntária de bens realizadas enquanto permitidas pela legislação comercial, também alcança operações de reorganização societária.

> Dispõe o art. 37, do DL 1.598/77 (art. 440, do RIR):
>
> Art. 37. A contrapartida do aumento do valor de bens do ativo em virtude de reavaliação na fusão, incorporação ou cisão não será computada para determinar o lucro real enquanto mantida em reserva de reavaliação na sociedade resultante da fusão ou incorporação, na sociedade cindida ou em uma ou mais das sociedades resultantes da cisão.
>
> Parágrafo único – O valor da reserva deverá ser computado na determinação do lucro real de acordo com o disposto nos §§ 1º e 2º do artigo 35.

Nos termos do dispositivo, a reavaliação de bens da empresa sucedida recebe o mesmo tratamento na empresa sucessora, como esclarece o art. 441, do RIR, que "as reservas de reavaliação transferidas por ocasião da incorporação, fusão ou cisão terão, na sucessora, o mesmo tratamento tributário que teriam na sucedida".

Em outros termos, a tributação é diferida para o momento da alienação ou baixa do bem, pela sucessora.

### 5) Vigência das normas sobre os efeitos tributários das reorganizações societárias

Vale lembrar que as normas tributárias relativas a reorganizações societárias passam por momento de transição. Leia-se o art. 65, da Lei 12.973/14:

> Art. 65. As disposições contidas nos arts. 7º e 8º da Lei nº 9.532, de 10 de dezembro de 1997, e nos arts. 35 e 37 do Decreto-Lei nº 1.598, de 26 de dezembro de 1977, continuam a ser aplicadas somente às operações de incorporação, fusão e cisão, ocorridas até 31 de dezembro de 2017, cuja participação societária tenha sido adquirida até 31 de dezembro de 2014.

Assim, continuam aplicáveis as **regras antigas** para o tratamento do ágio e das reavaliações de **participações societárias adquiridas até dezembro de 2014**, se a **reorganização societária ocorrer até 2017**. As **novas regras**, ao revés, são aplicadas para as **reorganizações societária que ocorrerem após 2017**, *independente da data de aquisição da participação*, bem como para as **reorganizações societárias ocorridas a partir de 2015**, para **participações ocorridas também a partir de 2015**.

## 13. LUCRO DISTRIBUÍDO E LUCRO CAPITALIZADO

Os art. 462 e seg. do RIR contém disposições acerca da participação no **lucro**, tanto as dedutíveis quanto as indedutíveis da base de cálculo do imposto, bem como da distribuição disfarçada de lucros.

De fato, uma vez obtido o lucro, este pode ser: 1. distribuído aos sócios e outros titulares de direitos face a pessoa jurídica, como os debenturistas e os empregados, bem como 2. capitalizado, vale dizer, utilizado para aumentar o capital social da empresa.

Sob o prisma de **quem recebe o lucro distribuído (dividendos)**, há isenção, como vimos anteriormente (art. 10, da Lei 9.249/95).

Sob o prisma da **empresa que realiza pagamentos com base no lucro** (que não sejam dividendos, isto é, pagamentos a pessoas com vínculo diverso de sócio), o pagamento pode ter natureza de despesa dedutível da base de cálculo do IRPJ. Deveras, o art. 462, do RIR afirma que "podem ser deduzidas do lucro líquido do período de apuração as participações nos lucros da pessoa jurídica (DL 1.598/77, art. 58) asseguradas a debêntures de sua emissão; atribuídas a seus empregados segundo normas gerais aplicáveis, sem discriminações, a todos que se encontrem na mesma situação, por dispositivo do estatuto ou contrato social, ou por deliberação da assembleia de acionistas ou sócios quotistas; e atribuídas aos trabalhadores da empresa", nos termos da Lei 10.101/00, que dispõe sobre a participação dos trabalhadores nos lucros ou nos resultados da empresa.

A lei, portanto, trata de **3 hipóteses** em que os **pagamentos realizados com base** no lucro podem ser considerados **despesa**, que reduz a base de cálculo do imposto:

- pagamento de **debêntures** que prevejam participação nos resultados,
- pagamentos previstos por **norma geral**, no estatuto ou no contrato social ou por deliberação de órgãos societários competentes, a todos os empregados que estejam na mesma condição;
- pagamentos de **participação nos lucros e nos resultados aos empregados**, com fundamento em **regra especial** (Lei 10.101/00)

Naturalmente que os valores recebidos pelos debenturistas ou pelos empregados são tributados, pois a isenção que mencionamos acima se aplica apenas aos dividendos pagos aos sócios.

De outro giro, **não podem ser deduzidas** da apuração do lucro real outras participações. De acordo com o art. 463, do RIR "serão adicionadas ao lucro líquido do período de apuração, para efeito de determinar o lucro real, as participações nos lucros da pessoa jurídica atribuídas a partes beneficiárias de sua emissão e a seus administradores (DL 1.598/77, art. 58, parágrafo único)" não sendo dedutíveis também "as participações no lucro atribuídas a técnicos estrangeiros, domiciliados ou residentes no exterior, para execução de serviços especializados, em caráter provisório (DL 691/69, art. 2º, parágrafo único)".

Após a tributação, o lucro pode ser capitalizado ou distribuído aos sócios.

Para evitar que os lucros sejam distribuídos sem o pagamento do imposto, a legislação tributária contempla um conjunto de normas que regem a "**distribuição disfarçada de lucros**". Dispõe o art. 464, do RIR:

> Art. 464. Presume-se distribuição disfarçada de lucros no negócio pelo qual a pessoa jurídica (DL 1.598/77, art. 60, e DL 2.065/83, art. 20, inciso II):
> 
> I – aliena, por valor notoriamente inferior ao de mercado, bem do seu ativo a pessoa ligada;
> 
> II – adquire, por valor notoriamente superior ao de mercado, bem de pessoa ligada;
> 
> III – perde, em decorrência do não exercício de direito à aquisição de bem e em benefício de pessoa ligada, sinal, depósito em garantia ou importância paga para obter opção de aquisição;
> 
> IV – transfere a pessoa ligada, sem pagamento ou por valor inferior ao de mercado, direito de preferência à subscrição de valores mobiliários de emissão de companhia;
> 
> V – paga a pessoa ligada aluguéis, royalties ou assistência técnica em montante que excede notoriamente ao valor de mercado;
> 
> VI – realiza com pessoa ligada qualquer outro negócio em condições de favorecimento, assim entendidas condições mais vantajosas para a pessoa ligada do que as que prevaleçam no mercado ou em que a pessoa jurídica contrataria com terceiros.
> 
> § 1º O disposto nos incisos I e IV não se aplica nos casos de devolução de participação no capital social de titular, sócio ou

acionista de pessoa jurídica em bens ou direitos, avaliados a valor contábil ou de mercado (Lei 9.249/95, art. 22).

§ 2º A hipótese prevista no inciso II não se aplica quando a pessoa física transferir a pessoa jurídica, a título de integralização de capital, bens e direitos pelo valor constante na respectiva declaração de bens (Lei nº 9.249/95, art. 23, § 1º).

§ 3º A prova de que o negócio foi realizado no interesse da pessoa jurídica e em condições estritamente comutativas, ou em que a pessoa jurídica contrataria com terceiros, exclui a presunção de distribuição disfarçada de lucros (DL 1.598/77, art. 60, § 2º).

Considera-se pessoa ligada à pessoa jurídica o sócio ou acionista desta, mesmo se este sócio for outra pessoa jurídica; o administrador ou o titular da pessoa jurídica; o cônjuge e os parentes até o terceiro grau, inclusive os afins, do sócio pessoa física (RIR, art. 465, DL 1.598/77, art. 60, § 3º e DL 2.065/83, art. 20, IV).

A seu turno, valor de mercado é definido pela lei como "a importância em dinheiro que o vendedor pode obter mediante negociação do bem no mercado" (RIR, art. 465, § 4º e DL 1.598/77, art. 60, § 4º).

▶ **Como esse assunto foi cobrado em concurso?**

(ESAF/AFRF/2014) Julgue o item abaixo.

As hipóteses legalmente previstas como distribuição disfarçada de lucros constituem presunção relativa, isto é, a pessoa jurídica pode obter a revisão da presunção se lograr comprovar que o negócio supostamente fraudulento, simulado ou inexistente foi realizado no seu interesse e em condições estritamente comutativas.

**Gabarito:** A afirmativa sobre distribuição disfarçada de lucros, está correta, de acordo com o art. 60, § 2º, do DL 1.598/77.

O lucro distribuído disfarçadamente será incluído na base de cálculo do imposto, segundo as regras do art. 467, do RIR.

## 14. PREÇOS DE TRANSFERÊNCIA

As regras sobre preços de transferências no Brasil, foram estabelecidas pelos art. 18 e seg. da Lei 9.430/96, com as alterações da Lei 12.715/12.

Antes de adentrar no tema, contudo, precisamos ver que o que se entende por preços de transferência.

Vamos começar com um exemplo. Imaginemos que uma empresa no Brasil controle uma empresa no exterior. A controlada produz insumo que é exportado para a empresa, no Brasil, e aqui vende o produto final. No país em que se localiza a controlada, vamos supor, a renda é tributada a 20%, enquanto no Brasil a alíquota total (base + adicional + CSLL) é de 34%.

Vamos supor ainda, que o resultado final da operação seja lucrativo, vale dizer, que o preço final de venda do produto acabado permita que a produção e exportação seja lucrativa, bem como a venda no Brasil.

Neste caso, empresa brasileira, que controla a empresa no exterior, pode determinar onde o lucro será realizado, definindo o preço pelo qual o insumo será importado. Em termos comparativos, se o preço de mercado do insumo for R$ 1.000,00 e a empresa brasileira o importar por R$ 2.000,00 irá elevar o lucro da controlada no exterior e reduzir o lucro da controladora no Brasil e, com isso, obter vantagens tributárias.

Assim, o legislador define que, para fins de incidência do imposto de renda, o valor das transações comerciais entre pessoas ligadas deve ser desconsiderado, para a aplicação do valor de transação equivalente, como se fosse realizada entre pessoas desvinculadas, cada qual pretendendo maximizar os lucros de sua atividade.

Daí, a propósito, a ideia do princípio do *arm's length*, expressão em inglês, que significa a distância de um braço, além da qual pessoas estranhas não se aproximam. Segundo Schoueri "o princípio do *arm's length* consiste, em síntese, em tratar os membros de um grupo multinacional como se eles atuassem como entidades separadas, não como partes inseparáveis de um negócio único. Devendo-se tratá-los como entidades separadas (*separate entity approach*), a atenção volta-se à natureza dos negócios celebrados entre os membros daquele grupo" (1999, p. 26).

Encontrar este valor, contudo, nem sempre é fácil. As transações são, por vezes, muito específicas ou não encontram parâmetros de comparação. Em qualquer circunstância, há dificuldade em procurar um preço que seria praticado entre pessoas estranhas, quando a transação foi realizada entre pessoas que não o são.

Assim, a lei define métodos, alternativos, que constituem critérios de aceitação do preço praticado entre pessoas vinculadas e o valor máximo (ou mínimo) a ser aceito pela administração tributária.

Dissemos valor máximo ou mínimo, pois a situação inversa ao exemplo acima também pode ocorrer e a empresa no Brasil ser a exportadora. Neste caso, quanto menor for o preço de venda para o exterior, menor o lucro no Brasil.

As pessoas vinculadas são definidas pelo art. 23, da Lei 9.430/96. São elas, sempre residentes ou domiciliadas no exterior,

- a matriz, da qual a empresa brasileira seja filial;
- a filial ou sucursal da empresa brasileira;
- a pessoa física ou jurídica, cuja participação no capital social da empresa caracterize aquela como sua controladora ou coligada da empresa brasileira, segundo as regras societárias;
- pessoa jurídica que seja controlada ou coligada da empresa brasileira;
- a pessoa jurídica sob controle societário ou administrativo da empresa brasileira ou quando pelo menos dez por cento do capital social de cada uma pertencer a uma mesma pessoa física ou jurídica;
- a pessoa física ou jurídica, que, em conjunto com a pessoa jurídica domiciliada no Brasil, tiver participação societária no capital social de uma terceira pessoa jurídica, cuja soma as caracterizem como controladoras ou coligadas nos termos da lei societária;
- a pessoa física ou jurídica que seja associada à empresa brasileira, na forma de consórcio ou condomínio;
- a pessoa física que for parente ou afim até o terceiro grau, cônjuge ou companheiro de qualquer de seus diretores ou de seu sócio ou acionista controlador em participação direta ou indireta;
- a pessoa física ou jurídica, que goze de exclusividade, como agente, distribuidor ou concessionário, para a compra e venda de bens, serviços ou direitos;
- a pessoa física ou jurídica em relação à qual a pessoa jurídica domiciliada no Brasil goze de exclusividade, como agente, distribuidora ou concessionária, para a compra e venda de bens, serviços ou direitos.

▶ **Como esse assunto foi cobrado em concurso?**

(ESAF/AFRF/2014) Julgue os itens abaixo.

A dedução dos custos e encargos relativos a bens importados de pessoa jurídica domiciliada no exterior para fins de determinação do lucro real está limitada a montante que não exceda o preço determinado pela aplicação de um dos métodos previstos em lei para determinação dos preços de transferência, sob pena de o excedente ser adicionado ao lucro líquido, para determinação do lucro real da pessoa jurídica domiciliada no Brasil.

**Gabarito:** Errado. A afirmativa estaria correta se mencionasse pessoas vinculadas, nos termos do art. 18, da Lei 9.430/96. Contudo, as regras de preços de transferência não são aplicadas a qualquer importação, como sugere texto, mas somente com pessoas vinculadas.

As regras também dizem respeito a serviços ou outros custos e despesas, bem assim a juros pagos a pessoa vinculada. No caso brasileiro, também há regras de preços de transferência quando a empresa nacional negocia com empresa localizada em país com tributação favorecida, é dizer, não tributa o lucro ou o tributa a alíquota menor que 20%.

### 14.1. Importações

Para bens, serviços e direitos adquiridos no exterior, o art. 18, da Lei 9.430/96 limita a dedução do custo até o limite do maior valor, apurado pela aplicação dos seguintes métodos:

- Método dos Preços Independentes Comparados – PIC;
- Método do Preço de Revenda menos Lucro – PRL;
- Método do Custo de Produção mais Lucro – CPL.

Segundo Schoueri, "o método de preço de revenda surge, na sistemática da OCDE, como um dos três métodos tradicionais para a apuração das condições de uma transação *arm's length*. A OCDE apresenta o método da seguinte maneira: ele parte do preço pelo qual um produto adquirido de uma empresa associada é revendido a uma empresa independente. Este preço (o preço de revenda) é então reduzido de uma margem de lucro bruto apropriada (a margem de revenda), que representa o montante do qual o revendedor buscaria cobrir suas despesas operacionais e de venda e, conforme as funções executadas (levando em conta os ativos empregados e os riscos assumidos), alcançar um lucro apropriado. O que sobre depois de deduzir a margem bruta pode ser considerado, depois de ajustes por outros custos associados à compra do produto (por exemplo, taxas alfandegárias), como um preço *arm's length* para transferência original de propriedade entre as empresas associadas". Prossegue o autor, afirmando que "pela conceituação acima, vê-se que o método do preço de revenda requer a existência de três partes, quais sejam: o vendedor no exterior, o comprador no País (ambos pertencentes ao mesmo grupo) e um terceiro, o qual adquire do comprado no País. O parâmetro objetivo fica, assim, na última transação efetuada entre o comprador no país e o terceiro independente. É este o ponto de partida que traz a referência ao mercado. Este dado se extrai da própria empresa". Conclui, então que "a comparação, nesse método, não está, portanto, na questão dos preços praticados. Ela surge na segunda etapa, i.e., na fixação da margem de revenda. Semelhante ao método dos preços independentes comparados, também aqui importa localizar uma transação compatível (direta ou indiretamente, neste caso com os ajustes necessários), na qual uma empresa revendedora adquire produtos de pessoas não ligadas" (1999, p. 87).

Eis a **definição dos métodos**, nos termos do art. 18, da Lei 9.430/96, já com a redação dada pela Lei 12.715/12:

- Método dos Preços Independentes Comparados – PIC: definido como a média aritmética ponderada dos preços de bens, serviços ou direitos, idênticos ou similares, apurados no mercado brasileiro ou de outros países, em operações de compra e venda empreendidas pela própria interessada ou por terceiros, em condições de pagamento semelhantes;
- Método do Preço de Revenda menos Lucro – PRL: definido como a média aritmética ponderada dos preços de venda, no País, dos bens, direitos ou serviços importados, em condições de pagamento semelhantes, calculados conforme a metodologia a seguir:
    a) preço líquido de venda: a média aritmética ponderada dos preços de venda do bem, direito ou serviço produzido, diminuídos dos descontos incondicionais concedidos, dos impostos e contribuições sobre as vendas e das comissões e corretagens pagas;
    b) percentual de participação dos bens, direitos ou serviços importados no custo total do bem, direito ou serviço vendido: a relação percentual entre o custo médio ponderado do bem, direito ou serviço importado e o custo total médio ponderado do bem, direito ou serviço vendido, calculado em conformidade com a planilha de custos da empresa;
    c) participação dos bens, direitos ou serviços importados no preço de venda do bem, direito ou serviço vendido: aplicação do percentual de participação do bem, direito ou serviço importado

no custo total, apurada conforme a alínea b, sobre o preço líquido de venda calculado de acordo com a alínea a;

d) margem de lucro: a aplicação dos percentuais previstos no § 12, conforme setor econômico da pessoa jurídica sujeita ao controle de preços de transferência, sobre a participação do bem, direito ou serviço importado no preço de venda do bem, direito ou serviço vendido, calculado de acordo com a alínea c; e

e) preço parâmetro: a diferença entre o valor da participação do bem, direito ou serviço importado no preço de venda do bem, direito ou serviço vendido, calculado conforme a alínea c; e a "margem de lucro", calculada de acordo com a alínea d; e

- Método do Custo de Produção mais Lucro – CPL: definido como o custo médio ponderado de produção de bens, serviços ou direitos, idênticos ou similares, acrescido dos impostos e taxas cobrados na exportação no país onde tiverem sido originariamente produzidos, e de margem de lucro de 20% (vinte por cento), calculada sobre o custo apurado.

Dispõe a norma, ainda, que os preços e custos médios levarão em conta as operações de todo o período de apuração do imposto, vamos recordar, que pode ser trimestral ou anual.

Os preços praticados no mercado por terceiros também deverão ser apurados no período do negócio realizado entre o contribuinte brasileiro e a empresa ligada no exterior.

Apenas servem como parâmetros de definição do preço as operações realizadas entre pessoas independentes, pelo simples fato de que operações entre outras pessoas vinculadas padecem dos mesmos vícios.

Como dissemos, o contribuinte pode deduzir o maior valor obtido pela aplicação dos três métodos.

A propósito, a jurisprudência do CARF é pacífica no sentido de que a liberdade de escolha do contribuinte não pode ser limitada por norma infralegal (Acórdão 9101001.429).

Pode ocorrer que o valor do método seja maior que o preço praticado. Neste caso a dedução se limita ao valor.

A parcela do valor da operação, entre as partes que exceder o custo calculado segundo as regras dos preços de transferência, deve ser adicionada ao lucro líquido para a determinação do lucro real. E valor do preço de transferência apurado pelos métodos legais, igualmente limitado ao preço da transação, servirá de base para os lançamentos de despesa de depreciação ou amortização dos bens importados.

Nos termos do § 10, do art. 18, da Lei 9.430/96 as operações utilizadas para fins de cálculo do preço de referência devem representar, ao menos, 5% do valor das operações controladas, na hipótese em que os dados utilizados para fins de cálculo digam respeito às suas próprias operações. Ademais, os preços utilizados devem ser independentes e realizados no mesmo ano-calendário. Na falta de tal preço no ano-calendário, permite o § 11 que seja utilizado preço independente relativo ao ano-calendário anterior.

Outras normas são particulares do método do **preço de revenda menos lucro**.

Este, a propósito, é o mais difícil de ser assimilado. Entender a fórmula ajuda um pouco.

Vamos antes ter em mente que as regras de preços de transferência procuram controlar o preço pago em uma operação entre pessoas vinculadas – no caso, de importação – para verificar se este preço pode ser deduzido como custo na base de cálculo do IRPJ ou se algum ajuste é cabível. Se o preço praticado for superior aos apurados pelos métodos de controle, a diferença (preço da importação – preço de controle) deverá ser incluído na tributação do imposto.

Para simplificar, vamos pensar somente em mercadoria para revenda. No método PRL são importantes alguns valores:

O **preço líquido de venda da mercadoria** no mercado interno (ou externo – reexportação), a final, o método procura o preço de revenda menos a margem de lucro. O preço é líquido, pois deve representar o que o vendedor realmente recebe pela mercadoria.

Também é importante apurar, **em termos percentuais, quanto a mercadoria importada representa no custo da revenda**. Isso é importante porque na revenda – mais ainda na produção – inclui outros custos, como aluguéis, salários etc, que não podem servir de base para o controle.

A **relação percentual entre o custo de revenda e o preço de venda** dão outro índice importante no cálculo do controle.

Em seguida, a lei determina a aplicação de **margem de lucro presumida** sobre o preço de venda do bem. Mas não sobre todo o preço, apenas sobre o percentual de participação da mercadoria importada no preço de venda.

Por fim, o preço parâmetro é o preço de revenda (apenas na parte referente à mercadoria importada, à proporção do custo da mercadoria importada no preço de revenda) menos a margem de lucro.

Nesta explicação omiti as "ponderações" e os "preços médios" que devem ser incluídos na fórmula, para facilitar o entendimento. Na prática, os preços não podem ser "escolhidos" pelo contribuinte. Este deverá utilizar vários preços referentes a várias operações, devendo apurar o preço para controle pela operação matemática da média ponderada.

O uso da média ponderada fora determinado inicialmente pela IN SRF 432/02, cuja legalidade fora amplamente reconhecida pelo CARF e referendada por decisões do TRF3 (AMS 00236931220094036100 e AMS 00061259020034036100).

Incluída a determinação na lei, certamente cessarão as demandas neste ponto.

Se o contribuinte eleger o PRL como método de controle, o preço parâmetro assim obtido será o valor máximo que poderá ser lançado como custo da mercadoria importada. Se este valor for inferior ao custo da importação, deverá haver o ajuste na contabilidade do contribuinte.

As especificidades trazidas pelos § 6º e § 6º-A, do art. 18, da Lei 9.430/96 aplicáveis ao método dizem respeito ao frete, ao seguro e aos tributos incidentes na importação, para fins de cálculo do preço de referência.

Quanto maior for o preço de referência, mais chance o preço da operação tem de ser mantido. Contudo, a lei determina que os tributos incidentes na importação e os gastos no desembaraço aduaneiro integram o custo para fins do cálculo (§ 6º-A, do art. 18, da Lei 9.430/96) e determina regras para a inclusão do frete e dos seguros (§ 6º, do art. 18, da Lei 9.430/96).

As margens de lucro são outro elemento importante e específico do PRL. No regime anterior, tais margens eram definidas em função da finalidade do bem importado, revenda ou industrialização. Com a Lei 12.715/12, que deu nova redação ao § 12, do art. 18, da Lei 9.430/96, as margens de lucro são definidas por setores da economia, independente de haver processo produtivo no Brasil.

Os métodos Independentes Comparados – PIC e Custo de Produção mais Lucro – CPL não demandam maiores explicações, pois são compreensíveis com a leitura da lei.

### Commodities

As alterações legislativas incluíram nova forma de determinação dos preços de transferências de commodities, que deve ser realizada pelo Método do Preço sob Cotação na Importação – PCI, nos termos do art. 18-A, da Lei 9.430/96:

### 14.2. Exportações

O art. 19, da Lei 9.430/96 define o preço de transferência inverso, vale dizer, das exportações.

Dispõe a norma que as receitas nas operações efetuadas com pessoa vinculada ficam sujeitas a arbitramento quando o preço médio de venda dos bens, serviços ou direitos, nas exportações for inferior a 90% do preço médio praticado na venda dos mesmos bens, serviços ou direitos, no mercado brasileiro, durante o mesmo período, em condições de pagamento semelhantes.

Caso a empresa não efetue operações de venda no mercado interno, a determinação dos preços médios será efetuada com dados de outras empresas.

Se o preço das exportações for inferior ao limite definido pela norma, a receita (mínima) de venda será determinada por métodos, assim como se passa na definição do preço (máximo) das importações. São os **métodos**:

- Método do Preço de Venda nas Exportações – PVEx: definido como a média aritmética dos preços de venda nas exportações efetuadas pela própria empresa, para outros clientes, ou por outra exportadora nacional de bens, serviços ou direitos, idênticos ou similares, durante o mesmo período de apuração da base de cálculo do imposto de renda e em condições de pagamento semelhantes;

- Método do Preço de Venda por Atacado no País de Destino, Diminuído do Lucro – PVA: definido como a média aritmética dos preços de venda de bens, idênticos ou similares, praticados no mercado atacadista do país de destino, em condições de pagamento semelhantes, diminuídos dos tributos incluídos no preço, cobrados no referido país, e de margem de lucro de quinze por cento sobre o preço de venda no atacado;
- Método do Preço de Venda a Varejo no País de Destino, Diminuído do Lucro – PVV: definido como a média aritmética dos preços de venda de bens, idênticos ou similares, praticados no mercado varejista do país de destino, em condições de pagamento semelhantes, diminuídos dos tributos incluídos no preço, cobrados no referido país, e de margem de lucro de trinta por cento sobre o preço de venda no varejo;
- Método do Custo de Aquisição ou de Produção mais Tributos e Lucro – CAP: definido como a média aritmética dos custos de aquisição ou de produção dos bens, serviços ou direitos, exportados, acrescidos dos impostos e contribuições cobrados no Brasil e de margem de lucro de quinze por cento sobre a soma dos custos mais impostos e contribuições.

▶ **Como esse assunto foi cobrado em concurso?**
(ESAF/AFRF/2014) Julgue o item abaixo.
Se o preço médio dos bens exportados por empresa domiciliada no Brasil a pessoa controlada no exterior for superior ao preço médio praticado na venda dos mesmos bens no mercado interno, considerando havida identidade de períodos e similaridade de condições de pagamento, a receita assim auferida fica sujeita a arbitramento, presumindo – se que os preços foram manipulados.
**Gabarito:** Errado. As regras de preço de transferência da exportação são aplicáveis quando o preço de exportação é inferior a noventa por cento do preço médio. Se o preço for superior, não há prejuízo para a arrecadação brasileira.

### Commodities

O preço de transferência das *commodities* exportadas também passou a receber tratamento específico, previsto pelo art. 19-A, da Lei 9.430/96, baseado nos valores médios diários da cotação de bens ou direitos sujeitos a preços públicos em bolsas de mercadorias e futuros internacionalmente reconhecidas.

## 14.3. Estabilidade e praticidade nos métodos de preços de transferência

Os art. 20-A e 20-B, da Lei 9.430/96 possuem regras de estabilidade e praticidade na utilização dos métodos de preços de transferência.

O contribuinte pode utilizar quaisquer dos métodos legais para controlar seus preços de importação e exportação. A opção por um dos métodos para cada bem, serviço ou direito o vincula por todo o ano-calendário e esta opção não pode ser alterada pelo contribuinte com o início do procedimento fiscal.

O contribuinte pode utilizar métodos diferentes para bens, serviços ou direitos distintos.

Não pode, contudo, apurar o preço referência por conjunto de bens, serviços e direitos, embora seja prática comercial definir preços da cesta de ativos adquiridos, em que o preço de um ativo compensa o preço de outro. Malgrado a prática comercial, o controle desse tipo de negociação se mostra impossível, pois somente as partes envolvidas têm o conhecimento da essência do ajuste. De mais a mais, o ajuste desta natureza também só interessa às partes, sendo perfeitamente legítimo ao legislador desconsiderar a prática para fins tributários.

Neste caso, as empresas ligadas devem ponderar o interesse comercial de realizar a negociação considerada como um pacote com os eventuais custos tributários, pois os valores dos bens negociado a preços incompatíveis com as regras de preços de transferência não poderão ser compensados com outras operações a preços compatíveis.

A fiscalização poderá desqualificar **motivadamente** o método utilizado. Nesta situação, deverá notificar o contribuinte para apresentar novo cálculo, por outro método.

Se o contribuinte não tiver os elementos de cálculo ou não atender a notificação, o preço de transferência será definido pela fiscalização.

## 14.4. Flexibilização dos percentuais e margens

As margens e os percentuais definidos por lei são, indiscutivelmente, **presunções**. Não se apura, por exemplo, a real margem de lucro do contribuinte, mas se aplicam os percentuais definidos pela lei.

Pode ocorrer, contudo, que estes percentuais estejam em desacordo com a realidade do sujeito passivo. Assim dispõe o art. 20, da Lei 9.430/96, que o Ministro de Estado da Fazenda poderá, em circunstâncias justificadas, alterar os percentuais utilizados nos métodos de apuração de preços de transferência na importação e na exportação, de ofício ou mediante requerimento.

A aplicação do percentual diverso do previsto em lei, contudo depende de prova do contribuinte, a teor do art. 21, § 2º, da Lei 9.430/96.

### 14.5. Juros

Também se aplicam regras de controle a juros pagos ou creditados a pessoa vinculada, nos termos do art. 22, da Lei 9.430/96.

> Art. 22. Os juros pagos ou creditados a pessoa vinculada somente serão dedutíveis para fins de determinação do lucro real até o montante que não exceda ao valor calculado com base em taxa determinada conforme este artigo acrescida de margem percentual a título de spread, a ser definida por ato do Ministro de Estado da Fazenda com base na média de mercado, proporcionalizados em função do período a que se referirem os juros.
>
> § 1º No caso de mútuo com pessoa vinculada, a pessoa jurídica mutuante, domiciliada no Brasil, deverá reconhecer, como receita financeira correspondente à operação, no mínimo o valor apurado segundo o disposto neste artigo.
>
> § 2º Para efeito do limite a que se refere este artigo, os juros serão calculados com base no valor da obrigação ou do direito, expresso na moeda objeto do contrato e convertida em reais pela taxa de câmbio, divulgada pelo Banco Central do Brasil, para a data do termo final do cálculo dos juros.
>
> § 3º O valor dos encargos que exceder o limite referido no caput e a diferença de receita apurada na forma do parágrafo anterior serão adicionados à base de cálculo do imposto de renda devido pela empresa no Brasil, inclusive ao lucro presumido ou arbitrado.

A norma impede que pessoas vinculadas pratiquem taxas de juros elevadas entre si e, dessa forma, deduzam despesas financeiras irreais da apuração do lucro real.

▶ **Como esse assunto foi cobrado em concurso?**

**(ESAF/AFRF/2014)** Julgue o item abaixo.

Se uma empresa domiciliada no Brasil obtém empréstimo de sua matriz domiciliada no exterior, poderá deduzir os juros a ela pagos, para fins de determinação do lucro real, desde que estejam de acordo com o contrato registrado no Banco Central do Brasil, não se admitindo prova de que os juros pagos são inferiores aos contratados.

*Gabarito:* Errado, pois se baseia na previsão do § 4º, do art. 22, da Lei 9.430/96, revogado em 2012. A dedução de juros no caso enunciado obedece a limite imposto pelo Ministro da Fazenda, com base na taxa de mercado.

## 14.6. Paraísos fiscais

Vamos lembrar que as regras de preços de transferência se aplicam tanto nas operações entre pessoas ligadas quanto entre contribuinte brasileiro e pessoa, ainda que não seja ligada, residente ou domiciliada em país com tributação favorecida, vale dizer, aquele que não tribute a renda ou que a tribute a alíquota máxima inferior a vinte por cento.

▶ **Como esse assunto foi cobrado em concurso?**

**(ESAF/Procurador da Fazenda Nacional-PGFN/2012)** O termo "preço de transferência" tem sido utilizado para identificar os controles a que estão sujeitas as operações comerciais ou financeiras realizadas entre partes relacionadas, sediadas em diferentes jurisdições tributárias, ou quando uma das partes está sediada em paraíso fiscal. Sobre este, assinale a opção incorreta.

a) em razão das circunstâncias peculiares existentes nas operações realizadas entre essas pessoas, o preço praticado nessas operações pode ser artificialmente estipulado e, consequentemente, divergir do preço de mercado negociado por empresas independentes, em condições análogas,

b) diversos países vêm instituindo esse controle como medida de salvaguarda de seus interesses fiscais, haja vista a constatação de manipulação dos preços por empresas interdependentes em transações internacionais, com o inequívoco objetivo de usufruir de regimes tributários mais favoráveis,

c) no âmbito da legislação sobre o "preço de transferência", considera-se legislação tributária favorecida a do país, aplicável às pessoas físicas ou às pessoas jurídicas, conforme a natureza do ente com o qual houver sido praticada a operação, considerando-se separadamente a tributação do trabalho e do capital, bem como as dependências do país de residência ou domicílio, que não tribute a renda, ou que a tribute em qualquer alíquota inferior às aplicadas no Brasil,

d) Uma empresa do tipo trading, que realiza diversos tipos de importações e exportações de produtos, inclusive negociando também com empresas concorrentes, poderia vir a ser caracterizada como interposta pessoa, e por esta razão estar sujeita aos controles de preço de transferência,

e) a legislação de "preço de transferência" somente se aplica ao imposto de renda e à contribuição social sobre o lucro líquido.

**Gabarito:** C. As regras de preços de transferência se aplicam tanto nas operações entre pessoas ligadas quanto entre contribuinte brasileiro e pessoa, ainda que não seja ligada, residente ou domiciliada em país com tributação favorecida, vale dizer, aquele que não tribute a renda ou que a tribute a alíquota máxima inferior a vinte por cento. Assim, não basta que a tributação do país seja inferior à brasileira.

## 14.7. Acordos internacionais

Por fim, cabe mencionar que os acordos internacionais para evitar a dupla tributação contemplam regra sobre preços de transferência.

Vejamos o **artigo 9, do modelo da OCDE**:

ARTIGO 9 Empresas associadas

Quando:

a) uma empresa de um Estado Contratante participar direta ou indiretamente da direção, controle ou capital de uma empresa do outro Estado Contratante, ou

b) as mesmas pessoas participarem direta ou indiretamente da direção, controle ou capital de uma empresa de um Estado Contratante e de uma empresa do outro Estado Contratante, e em ambos os casos, as duas empresas estiverem ligadas, nas suas relações comerciais ou financeiras, por condições aceitas ou impostas que difiram das que seriam estabelecidas entre empresas independentes, os lucros que, sem essas condições, teriam sido obtidos por uma das empresas, mas não o foram por causa dessas condições, podem ser incluídos nos lucros dessa empresa e tributados como tal.

Com certa frequência, os contribuintes alegaram administrativamente a incompatibilidade entre as regras de preços de transferência da Lei 9.430/96 com a previsão no art. 9º, dos acordos internacionais, que, por sua vez, se sobrepõem à lei interna. O tema não foi apreciado pelos tribunais superiores, mas a jurisprudência administrativa entende haver compatibilidade entre as regras legais internas e as regras convencionais sobre preços de transferência (CARF, Acórdão 1402001.028, e Acórdão 1401000.810).

### 15. ATIVIDADES NO EXTERIOR

A tributação do imposto de renda no Brasil seguia exclusivamente o princípio da territorialidade ou princípio da fonte até o ano de 1995. A renda obtida por nacionais decorrente de fontes estrangeiras não eram tributados

Contudo, o Brasil passou a adotar o princípio da universalidade do rendimento a com a edição da Lei 9.249/95 e, a partir de 1996, os resultados positivos das empresas brasileiras obtidos no exterior passaram a ser tributados pelo IRPJ.

Nos termos do art. 394, do RIR, "os lucros, rendimentos e ganhos de capital auferidos no exterior serão computados na determinação do lucro real das pessoas jurídicas correspondente ao balanço levantado em 31 de dezembro de cada ano" (Lei nº 9.249/95, art. 25).

#### 15.1. Rendimentos tributáveis auferidos de fonte no exterior

**Lucros** são o resultado positivo de empresas estrangeiras das quais a empresa nacional seja sócia; **rendimentos** são quaisquer receitas resultados positivos obtidos diretamente pela empresa nacional, em atividade no exterior; e **ganhos de capital** os resultados positivos decorrentes de alienação de bens do ativo imobilizado da empresa no exterior.

Nos termos do art. 25, da Lei 9.249/95, os **rendimentos e ganhos de capital** auferidos no exterior serão computados na apuração do lucro líquido das pessoas jurídicas, convertidos em reais na data em que forem contabilizados no Brasil e os **lucros auferidos** por **filiais, sucursais ou controladas**, no exterior, de pessoas jurídicas domiciliadas no Brasil, bem assim os lucros **realizados** por **coligada** no exterior, serão adicionados ao lucro líquido da matriz, controladora ou coligada, na proporção de sua participação acionária, para apuração do lucro real, devidamente convertidos em moeda nacional, pela cotação do dia das demonstrações financeiras em que tenham sido apurados os lucros da filial, sucursal, controlada ou coligada. Se a **pessoa jurídica se extinguir** no curso do exercício, deverá adicionar ao seu lucro líquido os lucros auferidos por filiais, sucursais ou controladas ou apurado por coligadas, até a data do balanço de encerramento. Os **prejuízos e perdas** decorrentes das operações referidas no artigo não serão compensados com lucros auferidos no Brasil.

### 15.2. Filiais, sucursais, controladas e coligadas

A legislação distingue o tratamento do lucro apurado por filiais, sucursais e controladas no exterior do lucro realizado por coligadas.

De fato, o lucro distribuído por pessoa jurídica sediada no exterior, da qual a empresa brasileira seja sócia minoritária, se rege pelas regras gerais, sem presunções ou tratamentos específicos. Pago o lucro, incide o imposto. Nas participações relevantes, contudo, em que a empresa nacional decide ou, ao menos, influencia o momento e a forma de distribuição dos lucros, o legislador opta pelo estabelecimento de regras e presunções.

O art. 1º, da Lei 9.532/97 passou a reger a matéria. Com redação dada pela MP 2013-4/99, convertida na Lei 9.959/2000, a norma criou novas hipóteses de incidência, com destaque para: 1. a hipótese de contratação de operações de mútuo, se a mutuante, coligada ou controlada, possuir lucros ou reservas de lucros (se há lucros devidos a empresa nacional, entendeu o legislador brasileiro por não considerar o empréstimo); e 2. de adiantamento de recursos, efetuado pela coligada ou controlada, por conta de venda futura, cuja liquidação, pela remessa do bem ou serviço vendido, ocorra em prazo superior ao ciclo de produção do bem ou serviço.

A norma também vetou que os juros relativos a empréstimos, pagos ou creditados a **empresa controlada ou coligada** fossem deduzidos da base de cálculo do IRPJ e da CSLL enquanto houvesse lucro não disponibilizado para a empresa controladora ou coligada no Brasil.

A MP 2.158-35/01 alterou esta regra. Assim o art. 1º, § 3º da Lei 9.532/97 determina que "não serão dedutíveis na determinação do lucro real e da base de cálculo da Contribuição Social sobre o Lucro

Líquido os juros, relativos a empréstimos, pagos ou creditados a empresa controlada ou coligada, independente do local de seu domicílio, incidentes sobre valor equivalente aos lucros não disponibilizados por empresas controladas, domiciliadas no exterior". (Redação dada pela Medida Provisória nº 2158-35/01)

Maior polêmica, contudo, ficou reservada para o aspecto temporal da incidência do imposto por renda paga por fonte no exterior.

### 15.3. Aspecto temporal

No que toca ao aspecto temporal, dispôs o art. 1º, § 1º, da Lei 9.532/97, que "para efeito do disposto neste artigo [incidência do imposto], os lucros serão considerados disponibilizados para a empresa no Brasil a) no caso de filial ou sucursal, na data do balanço no qual tiverem sido apurados, b) no caso de controlada ou coligada, na data do pagamento ou do crédito em conta representativa de obrigação da empresa no exterior".

A filial e a sucursal seguem as determinações da empresa nacional, razão pela qual a disponibilidade dos lucros na data do balanço não se mostra problemática. Para a controlada e para a coligada, a lei manteve a regra da disponibilidade na data do pagamento ou do crédito.

O aspecto temporal da incidência do IRPJ sobre lucro apurado por empresa controlada e coligada no exterior estava por sofrer, contudo, substancial alteração.

Inicialmente, a LC 104/01 incluiu nova regra ao art. 43, do CTN. O § 2º dispôs que "na hipótese de receita ou de rendimento oriundos do exterior, a lei estabelecerá as condições e o momento em que se dará sua disponibilidade, para fins de incidência do imposto".

Em seguida, o art. 74, da MP 2.158-35/01 determinou a incidência do IRPJ da empresa nacional sobre os lucros das **coligadas e controladas no exterior** na **data do balanço** de apuração. De acordo com seu texto, "para fim de determinação da base de cálculo do imposto de renda e da CSLL, nos termos do art. 25 da Lei nº 9.249, de 26 de dezembro de 1995, e do art. 21 desta Medida Provisória, os lucros auferidos por controlada ou coligada no exterior serão considerados disponibilizados para a controladora ou coligada no Brasil na data do balanço no qual tiverem sido apurados, na forma do regulamento".

O **momento presumido da disponibilidade da renda** de empresas coligadas e controladas no exterior, coincidente com a elaboração do balanço, independente da distribuição dos lucros por deliberação societária, passou a ser objeto de severa discussão judicial.

A **tese**: o lucro não disponibilizado não se enquadra no conceito de renda adotado pela Constituição Federal, mormente para o lucro apurado por empresas coligadas.

A alegação não foi acolhida pelo STJ.

> **▶ Entendimento do STJ**
>
> 1. "Para que haja a disponibilidade econômica, basta que o patrimônio resulte economicamente acrescido por um direito, ou por um elemento material, identificável como renda ou como proventos de qualquer natureza. Não importa que o direito ainda não seja exigível (um título de crédito ainda não vencido), ou que o crédito seja de difícil e duvidosa liquidação (contas a receber). O que importa é que possam ser economicamente avaliados e, efetivamente, acresçam ao patrimônio." (Zuudi Sakakihara in "Código Tributário Nacional Comentado", coordenador Vladimir Passos de Freitas, Ed. RT, p. 133).
>
> 2. "Não se deve confundir disponibilidade econômica com disponibilidade financeira da renda ou dos proventos de qualquer natureza. Enquanto esta última se refere à imediata 'utilidade' da renda, a segunda está atrelada ao simples acréscimo patrimonial, independentemente da existência de recursos financeiros." (REsp 983.134/RS, Rel. Min. Castro Meira, Segunda Turma, julgado em 3.4.2008, DJe 17.4.2008.)
>
> 3. "Não é necessário que a renda se torne efetivamente disponível (disponibilidade financeira) para que se considere ocorrido o fato gerador do imposto de renda, limitando-se a lei a exigir a verificação do acréscimo patrimonial (disponibilidade econômica). No caso, o incremento patrimonial verificado no balanço de uma empresa coligada ou controlada no exterior representa a majoração, proporcionalmente à participação acionária, do patrimônio da empresa coligada ou controladora no Brasil." (REsp 983.134/RS, Rel. Min. Castro Meira, Segunda Turma, julgado em 3.4.2008, DJe 17.4.2008.)
>
> 4. O julgamento do REsp 1.211.882/RJ, relatoria do Min. Mauro Campbell Marques, reiterou a legalidade de tributação do IRPJ e da CSLL sobre os lucros auferidos por empresas brasileiras investidoras, sobre empresas investidas no exterior, destacando a ilegalidade somente quanto ao art. 7º da IN SRF 213/02, ao determinar a incidência tributária sobre a integralidade da variação positiva, pois a existência de balanço patrimonial positivo não acarreta, necessariamente, em lucro.
>
> (STJ, T2, ADREsp 1.232.796, Min. HUMBERTO MARTINS, DJe de 9/2/2012)

A matéria, contudo, foi objeto da Ação Direta de Inconstitucionalidade – ADI 2.588/DF, do RE 611.586/PR e do RE 541.090/SC. Vejamos a ementa das decisões na ADI 2.588/DF e no RE 541.090/SC, que explicitam a jurisprudência do STF:

> **Entendimento do STF**
> 1. Ao examinar a constitucionalidade do art. 43, § 2º do CTN e do art. 74 da MP 2.158/2001, o Plenário desta Suprema Corte se dividiu em quatro resultados: 1.1. Inconstitucionalidade incondicional, já que o dia 31 de dezembro de cada ano está dissociado de qualquer ato jurídico ou econômico necessário ao pagamento de participação nos lucros; 1.2. Constitucionalidade incondicional, seja em razão do caráter antielisivo (impedir "planejamento tributário") ou antievasivo (impedir sonegação) da normatização, ou devido à submissão obrigatória das empresas nacionais investidoras ao Método de de Equivalência Patrimonial – MEP, previsto na Lei das Sociedades por Ações (Lei 6.404/1976, art. 248); 1.3. Inconstitucionalidade condicional, afastada a aplicabilidade dos textos impugnados apenas em relação às empresas coligadas, porquanto as empresas nacionais controladoras teriam plena disponibilidade jurídica e econômica dos lucros auferidos pela empresa estrangeira controlada; 1.4. Inconstitucionalidade condicional, afastada a aplicabilidade do texto impugnado para as empresas controladas ou coligadas sediadas em países de tributação normal, com o objetivo de preservar a função antievasiva da normatização. 2. Orientada pelos pontos comuns às opiniões majoritárias, a composição do resultado reconhece: 2.1. A inaplicabilidade do art. 74 da MP 2.158-35 às empresas nacionais coligadas a pessoas jurídicas sediadas em países sem tributação favorecida, ou que não sejam "paraísos fiscais"; 2.2. A aplicabilidade do art. 74 da MP 2.158-35 às empresas nacionais controladoras de pessoas jurídicas sediadas em países de tributação favorecida, ou desprovidos de controles societários e fiscais adequados ("paraísos fiscais", assim definidos em lei); 2.3. A inconstitucionalidade do art. 74 par. ún., da MP 2.158-35/2001, de modo que o texto impugnado não pode ser aplicado em relação aos lucros apurados até 31 de dezembro de 2001. Ação Direta de Inconstitucionalidade conhecida e julgada parcialmente procedente, para dar interpretação conforme ao art. 74 da MP 2.158-35/2001, bem como para declarar a inconstitucionalidade da clausula de retroatividade prevista no art. 74, par. ún., da MP 2.158/2001.
>
> (STF, Tribunal Pleno, ADI 2.588/DF, Min. JOAQUIM BARBOSA, DJe de 10/2/2014)
>
> 1. No julgamento da ADI 2.588/DF, o STF reconheceu, de modo definitivo, (a) que é legítima a aplicação do art. 74 da Medida Provisória nº 2.158-35/2001 relativamente a lucros auferidos por empresas controladas

> localizadas em países com tributação favorecida (= países considerados "paraísos fiscais"); e (b) que não é legítima a sua aplicação relativamente a lucros auferidos por empresas coligadas sediadas em países sem tributação favorecida (= não considerados "paraísos fiscais"). Quanto às demais situações (lucros auferidos por empresas controladas sediadas fora de paraísos fiscais e por empresas coligadas sediadas em paraísos fiscais), não tendo sido obtida maioria absoluta dos votos, o Tribunal considerou constitucional a norma questionada, sem, todavia, conferir eficácia erga omnes e efeitos vinculantes a essa deliberação.
>
> 2. Confirma-se, no presente caso, a constitucionalidade da aplicação do caput do art. 74 da referida Medida Provisória relativamente a lucros auferidos por empresa controlada sediada em país que não tem tratamento fiscal favorecido. Todavia, por ofensa aos princípios constitucionais da anterioridade e da irretroatividade, afirma-se a inconstitucionalidade do seu parágrafo único, que trata dos lucros apurados por controlada ou coligada no exterior até 31 de dezembro de 2002.
>
> 3. Recurso extraordinário provido, em parte.
>
> (STF, Tribunal Pleno, RE 541.090/SC, Min. TEORI ZAVASCKI, DJe de 30/10/2014)

Assentou o Tribunal, de forma inequívoca, pela **inconstitucionalidade** da incidência do imposto brasileiro no dia 31 de dezembro do ano em que o lucro for apurado por empresa meramente **coligada** em **país de tributação normal** e pela **constitucionalidade** da incidência, no caso de empresa **controlada** situada em **país de tributação favorecida**. No mais, as regras foram consideradas constitucionais, mas sem que o quórum de maioria absoluta fosse alcançado na ADIN.

O art. 74, da MP 2.158-35/01 foi revogado pela **Lei 12.973/14, mudando substancialmente o regime da tributação dos resultados obtidos no exterior** que (art. 77 e seg.), mas respeitando a essência dos julgamentos do STF.

A norma oferece tratamento distinto para o lucro obtido por controladas (equiparadas a controladas, filiais e sucursais) e por coligadas e considera também a forma de tributação do país onde a empresa ligada atua. A lei prevê o tratamento das deduções permitidas na apuração do imposto e da contribuição sobre o lucro e disciplina o pagamento do débito que, a critério do contribuinte, pode ser diluído em até 8 anos.

**Vejamos a nova sistemática**, com vigência opcional a partir de 2014 e obrigatória para todas as empresas a partir de 1 de janeiro de 2015.

O art. 76, da Lei 12.973/14, determina que as empresas controladoras no Brasil mantenham em sua contabilidade no Brasil o resultado contábil das empresas controladas no exterior.

Como vimos, a distribuição de lucros da empresa controlada para empresa controladora reflete na contabilidade da empresa no país, justamente na conta em que está registrado a participação na empresa no exterior.

Dessa forma, a tributação dos lucros da empresa controlada no exterior, pode ser apurada a partir da contabilidade da empresa no Brasil.

A Exposição de Motivos da Medida Provisória 627/13, convertida na Lei 12.973/14, explicita as razões da contabilização, no Brasil, do investimento na controlada no exterior bem como a sistemática de tributação, incluindo a parte que toca ao reconhecimento de prejuízo da empresa controlada.

> 74. O art. 72 da Medida Provisória [art. 77, da Lei 12.973/14] estabelece a obrigatoriedade de a pessoa jurídica controladora brasileira explicitar, de forma individualizada, os resultados das parcelas de investimentos que afetaram o resultado de suas controladas diretas no exterior, observando-se o percentual de participação em cada investimento.
> 
> 75. A individualização visa a estabelecer procedimento que explicite, nos registros do contribuinte, as parcelas que influenciaram o resultado contábil na variação de seus investimentos no exterior independentemente do pagamento ou não de tributos no Brasil ou da consolidação ou não de empresas situadas no exterior, conforme será visto no art. 74 [art. 78, da Lei 12.973/14]. Trata-se, assim, de detalhar os valores que compuseram o resultado reconhecido pelo investidor brasileiro, os quais, pelo método de equivalência patrimonial, são demonstrados apenas de forma agregada.
> 
> 76. Para evitar que o lucro seja considerado duas vezes, o que implicaria dupla tributação do acréscimo patrimonial decorrente de participação em lucros auferidos no exterior por uma mesma controlada ou coligada indireta, o legislador prevê que deverão ser expurgados dos resultados das controladas diretas ou indiretas, os resultados auferidos por outra pessoa jurídica sobre a qual a pessoa jurídica controladora domiciliada no Brasil mantenha controle.

> 77. A norma prevê que a tributação alcança os lucros tanto de controladas diretas quanto de indiretas. Essa é a sistemática também utilizada em outros países, mesmo que adotem modelo tributário diverso, como aquele que distingue rendas ativas de rendas passivas.
>
> 78. A Subseção I da Seção I do Capítulo VIII trata da tributação de controladas. Em seu art. 73 [art. 77, da Lei 12.973/14], define-se a base de cálculo que deverá ser computada na determinação do lucro real do Imposto sobre a Renda da Pessoa Jurídica – IRPJ e da Contribuição Social sobre o Lucro Líquido – CSLL, que deverá levar em consideração a individualização de que trata o art. 72. No seu § 1º, o legislador respeita o prejuízo acumulado no exterior anterior ao início de vigência dessa Medida Provisória, permitindo a compensação desse prejuízo com os lucros futuros da própria pessoa jurídica sem limite temporal.

Assim, a Lei 12.973/14 altera a forma de tributação no Brasil do lucro das empresas controladas no exterior, tributando-se o lucro refletido na conta da empresa no Brasil, não toda e qualquer operação da referida conta, como ressalva o § 1º, do art. 77, da Lei.

Nos termos do art. 78, da Lei 12.973/14, até o ano calendário de 2022, a empresa controladora no Brasil poderá **consolidar o resultado** (lucro ou prejuízo) do investimento na controlada no exterior, desde que todas as rendas estejam devidamente demonstradas na contabilidade. O resultado não poderá ser consolidado nas hipóteses em que a controlada esteja situada em país com o qual o Brasil não mantenha tratado ou ato com cláusula específica para troca de informações para fins tributários (que impede o acesso a informações necessárias para eventual necessidade de desdobramento do resultado consolidado), esteja localizadas em país ou dependência com tributação favorecida, ou sejam beneficiárias de regime fiscal privilegiado, ou se enquadre em outras condições previstas pela norma.

**Se não houver a consolidação**, conforme determina o art. 79, da Lei 12.973/14, a parcela do ajuste do valor do investimento em controlada, direta ou indireta, domiciliada no exterior equivalente aos lucros ou prejuízos por ela auferidos deverá ser considerada de forma individualizada na determinação do lucro real e da base de cálculo da CSLL da pessoa jurídica controladora domiciliada no Brasil. É dizer, cada parcela, cada resultado, positivo ou negativo, deverá ser considerado individualmente.

O ajuste do investimento deve ser igual, seja utilizando-se as parcelas individualizadas, seja as parcelas consolidadas. A *questão essencial é de forma*, e está relacionada com controle e confiança. Se autoridade brasileira tiver acesso às informações necessárias à apuração do resultado consolidado, permitindo a apuração correta do imposto devido, sem riscos de evasão, a lei faculta a consolidação pela empresa, do contrário, ou a empresa não se valendo da faculdade de utilizar o método consolidado, utiliza-se a individualização das parcelas que irão afetar o dever tributário no Brasil.

Os art. 78 e 79 também definem o momento da incidência, especialmente no caso de resultado positivo, determinando a lei que o resultado seja adicionado ao lucro líquido relativo ao balanço de 31 de dezembro do ano-calendário em que os lucros tenham sido apurados pelas empresas domiciliadas no exterior para fins de determinação do lucro real e da base de cálculo da CSLL.

A solução legislativa, cumpre lembrar, não contraria o julgado na ADI 2.588/DF.

Podem receber o mesmo tratamento do lucro das controladas aquele proveniente de empresas equiparadas a controladas e para as filiais e sucursais no exterior, conforme os art. 83 e 92, da Lei 12.973/14.

De outro turno, o momento da tributação foi alterado, para as empresas **coligadas**, desde que não sediadas em paraísos fiscais, em países de tributação favorecida ou reduzida da renda.

Nos termos do art. 81, da Lei 12.973/14, o **lucro das coligadas** somente será computado na determinação do lucro real e da base de cálculo da CSLL no balanço levantado no dia 31 de dezembro do ano-calendário em que tiverem sido efetivamente disponibilizados para a pessoa jurídica domiciliada no Brasil.

Assim, **em regra**, nas condições normais de tributação, o lucro da empresa coligada no exterior somente será tributado no Brasil quando representar disponibilidade econômica ou jurídica da renda para a sócia nacional. Não é apenas a distribuição do lucro (disponibilidade econômica) que suscita a incidência do imposto brasileiro, mas também outros fatores presuntivos de disponibilidade jurídica da renda, como a hipótese de contratação de operações de mútuo, se a mutuante, coligada, possuir lucros ou reservas de lucros.

Descumpridos os requisitos da norma, o lucro da empesa no exterior deve ser adicionado ao balanço do ano em que o resultado for apurado (art. 82, da Lei 12.973/14).

Os art. 85 e seg., da Lei 12.973/14 disciplinam hipóteses de dedução da base de cálculo ou do próprio imposto.

O art. 85 prevê a dedução do lucro da empresa controlada no exterior a ser tributado no Brasil como lucro da controladora, se a controlada também tem lucros no Brasil.

Este lucro que a empresa sediada no exterior obteve já fora tributado no Brasil, pela aplicação do princípio da territorialidade e do método da retenção na fonte. Seu cômputo na apuração do lucro tributável da controladora no Brasil, portanto, é medida para evitar a dupla tributação.

O art. 87, da lei, tem regra no mesmo sentido, dirigida porém ao imposto pago, não à base de cálculo da exação. Dispõe que "a pessoa jurídica poderá deduzir, na proporção de sua participação, o imposto sobre a renda pago no exterior pela controlada direta ou indireta, incidente sobre as parcelas positivas computadas na determinação do lucro real da controladora no Brasil, até o limite dos tributos sobre a renda incidentes no Brasil sobre as referidas parcelas".

O art. 86 permite a dedução das adições espontâneas de valores em função das regras de preço de transferência.

A norma reforça a efetividade das regras de preço de transferência e uniformiza o tratamento fiscal destes preços e da renda em geral.

Cabe também mencionar, nos termos do art. 88, da Lei 12.973/14, que "a pessoa jurídica coligada domiciliada no Brasil poderá deduzir do imposto sobre a renda ou da CSLL devidos o imposto sobre a renda retido na fonte no exterior incidente sobre os dividendos que tenham sido computados na determinação do lucro real e da base de cálculo da CSLL, desde que sua coligada no exterior se enquadre nas condições previstas no art. 81, observados os limites previstos nos §§ 4º e 8º do art. 87". Ademais, conforme o parágrafo único do artigo, "na hipótese de a retenção do imposto sobre a renda no exterior vir a ocorrer em momento posterior àquele em que tiverem sido considerados no resultado da coligada domiciliada no Brasil, a dedução de que trata este artigo somente poderá ser efetuada no balanço correspondente ao ano-calendário em que ocorrer a retenção, e deverá respeitar os limites previstos no caput".

Ainda quanto a dedução do imposto, dispõe o art. 89, da lei que "a matriz e a pessoa jurídica controladora ou a ela equiparada, nos termos do art. 83, domiciliadas no Brasil poderão considerar como imposto pago, para fins da dedução de que trata o art. 87, o imposto sobre a renda retido na fonte no Brasil e no exterior, na proporção de sua participação, decorrente de rendimentos recebidos pela filial, sucursal ou controlada, domiciliadas no exterior". Esta dedução somente é permitida se "for reconhecida a receita total auferida pela filial, sucursal ou controlada, com a inclusão do imposto retido" e "o valor do imposto a ser considerado está limitado ao valor que o país de domicílio do beneficiário do rendimento permite que seja aproveitado na apuração do imposto devido pela filial, sucursal ou controlada no exterior".

Por fim, quanto à tributação com bases universais da pessoa jurídica, a lei cria opção de pagamento parcelado do IRPJ e da CSLL nos art. 90 e 91.

De acordo com o art. 90, os tributos podem ser pagos em até 8 anos. No primeiro ano deve ser pago o percentual mínimo de 12,5%, as parcelas são corrigidas pela Libor a partir do 2º ano e o saldo, deve ser quitado no 8º ano ou no ano que ocorrer a fusão, cisão ou incorporação da empresa no Brasil.

O pagamento do IRPJ e da CSLL nestas condições depende de apresentação de declaração com efeitos constitutivos do crédito pelo contribuinte.

O contribuinte somente pode fazer a opção se a empresa controlada no exterior não se sujeitar a regime de subtributação, não se localizada em país ou dependência com tributação favorecida, não ser beneficiária de regime fiscal privilegiado, não tenha renda ativa própria inferior a 80% da sua renda total.

> ▸ **Como esse assunto foi cobrado em concurso?**
>
> **(ESAF/AFRF/2014)** Sobre recente alteração efetuada na legislação sobre tributação de lucros auferidos no exterior por empresas controladas por pessoa jurídica investidora domiciliada no Brasil, julgue as alternativas abaixo.

I. Os lucros auferidos por intermédio de controladas no exterior são tributados pelo regime de competência.

II. Permite-se a utilização de prejuízo da mesma empresa no exterior para compensar lucros nos exercícios subsequentes, limitados a cinco anos.

III. Permite-se crédito sobre tributos retidos no exterior sobre dividendos recebidos pela investidora no Brasil.

IV. Permite-se a consolidação de lucros com prejuízos no exterior, por um período experimental de quatro anos, desde que a investida esteja localizada em país que mantenha acordo para troca de informações tributárias e não seja paraíso fiscal.

*Gabarito:* Todos os itens estão corretos, de acordo com o art. 76, I; art. 77, § 20, art. 88 e art. 78, da Lei 12.973/14. Vale conferir nossas explicações sobre a tributação de rendimentos no exterior e os art. 76 e seg., da Lei 12.973/14.

### 15.4. Equivalência patrimonial – MEP

O acréscimo de valor lançado como receita em virtude da avaliação do investimento no Brasil pelo método da equivalência patrimonial não acresce a base de cálculo do IRPJ (art. 23 c/c art. 22 e 20, I, do DL 1.598/77) nem da CSLL (art. 2º, § 1º, "c", 4, da Lei 7.689/88).

Contudo, a IN SRF 213/02, que dispõe sobre a tributação de lucros, rendimentos e ganhos de capital auferidos no exterior pelas pessoas jurídicas domiciliadas no País, previa a tributação da contrapartida do MEP, utilizado pela empresa controlada no exterior. Leia-se o art. 7º, § 1º, da Instrução:

> Art. 7º A contrapartida do ajuste do valor do investimento no exterior em filial, sucursal, controlada ou coligada, avaliado pelo método da equivalência patrimonial, conforme estabelece a legislação comercial e fiscal brasileira, deverá ser registrada para apuração do lucro contábil da pessoa jurídica no Brasil.
>
> § 1º Os valores relativos ao resultado positivo da equivalência patrimonial, não tributados no transcorrer do ano-calendário, deverão ser considerados no balanço levantado em 31 de dezembro do ano-calendário para fins de determinação do lucro real e da base de cálculo da CSLL.

A jurisprudência do STJ entendeu que esta norma excedia o poder regulamentar, julgando-a ilegal.

> **Entendimento do STJ**
> [...] 3. É ilícita a tributação, a título de IRPJ e CSLL, pelo resultado positivo da equivalência patrimonial, registrado na contabilidade da empresa brasileira (empresa investidora), referente ao investimento existente em empresa controlada ou coligada no exterior (empresa investida), previsto no art. 7º, §1º, da Instrução Normativa SRF n. 213/2002, somente no que exceder a proporção a que faz jus a empresa investidora no lucro auferido pela empresa investida, na forma do art. 1º, §4º, da Instrução Normativa SRF n. 213, de 7 de outubro de 2002.
> 
> 4. Muito embora a tributação de todo o resultado positivo da equivalência patrimonial fosse em tese possível, ela foi vedada pelo disposto no art. 23, caput e parágrafo único, do Decreto-Lei n. 1.598/77, para o Imposto de Renda da Pessoa Jurídica – IRPJ, e pelo art. 2º, §1º, "c", 4, da Lei n. 7.689/88, para a Contribuição Social sobre o Lucro Líquido – CSLL, mediante artifício contábil que elimina o impacto do resultado da equivalência patrimonial na determinação do lucro real (base de cálculo do IRPJ) e na apuração da base de cálculo da CSLL, não tendo essa legislação sido revogada pelo art. 25, da Lei n. 9.249/95, nem pelo art. 1º, da Medida Provisória n. 1.602, de 1997 (convertida na Lei n. 9.532/97), nem pelo art. 21, da Medida Provisória n. 1.858-7, de 29, de julho de 1999, nem pelo art. 35, Medida Provisória n. 1.991-15, de 10 de março de 2000, ou pelo art. 74, da Medida Provisória n. 2.158-34, de 2001 (edições anteriores da atual Medida Provisória n. 2.158-35, de 24 de agosto de 2001). 5. Recurso especial não provido.
> (STJ, T2, REsp 1.211.882/RJ, Min. MAURO CAMPBELL MARQUES, DJe de 14/4/2011)
> 
> No mesmo sentido: STJ, T1, AgRg no AREsp 531.112/BA, Min. BENEDITO GONÇALVES, DJe de 28/8/2015.

O STF, a seu turno, tem entendido que se trata de matéria infraconstitucional, cabendo a última palavra ao STJ (RE 653.921 ED/DF).

Dessa forma, a contrapartida do ajuste do valor do investimento no exterior em filial, sucursal, controlada ou coligada, avaliado pelo método da equivalência patrimonial, não é tributada no Brasil, salvo quando da alienação do investimento.

### 15.5. Tratamento da renda paga por fonte no exterior a pessoa jurídica no Brasil

Os rendimentos, lucros e ganhos de capital auferidos no exterior por pessoa jurídica brasileira são tributáveis no Brasil, tanto pelo IRPJ quanto pela CSLL, pelo lucro real.

A incidência pela contribuição vige desde o último trimestre de 1999, por força do art. 19, da MP 1858-6/99, consolidado pelo art. 21, da MP 2.158-35/2000, enquanto a do IRPJ desde 1996, com a vigência da Lei 9.249/95. De outro giro, o lucro real é o regime obrigatório para as empresas que auferem resultados fora do país (art. 27, da Lei 9.249/95), salvo as optantes do REFIS, nos termos do art. 4º, da Lei 9.964/2000.

Os rendimentos e os ganhos de capital obtidos diretamente pela pessoa jurídica nacional em atuação no exterior são receitas e deverão compor a base de cálculo, sendo acrescidas às receitas tributáveis obtidas no Brasil.

As perdas experimentadas no exterior, contudo, não são dedutíveis da base de cálculo do imposto e da contribuição brasileiras (art. 25, § 5º, da Lei 9.549/95).

Os lucros obtidos por empresas no exterior das quais a pessoa jurídica nacional seja sócia ou proprietária são acrescidos diretamente ao lucro tributável auferido no Brasil.

Os prejuízos das empresas no exterior não são compensáveis com lucros da proprietária ou da sócia brasileira (art. 25, § 5º, da Lei 9.549/95), mas os prejuízos das empresas no exterior são compensáveis com os lucros da própria empresa, sem a limitação imposta à compensação de prejuízos acumulados no Brasil a 30% do lucro de cada período.

Permite-se, porém, a compensação do imposto pago no exterior, segundo as regras e os limites estabelecidos pela legislação tributária, nos termos dos art. 26, da lei 9.249/95, art. 15, da Lei 9.430/96 e art. 1º, da Lei 9.532/97, consolidados no art. 395, do RIR.

As normas limitam a compensação do imposto pago no exterior: 1. ao valor do imposto pago; e 2. ao valor dos tributos devidos pela adição, ao cálculo do lucro tributável no país, dos resultados obtidos no exterior. 3. Se o lucro não for computado no Brasil em dois anos de sua apuração no exterior, o imposto pago em virtude de tal apuração não poderá mais ser utilizado para fins de compensação. Também há limitações probatórias descritas no art. 396, do RIR, cuja leitura integral recomendamos.

### 15.6. Operações de cobertura em bolsa no exterior

Os ganhos obtidos no exterior pela pessoa jurídica domiciliada no Brasil são, em geral, tributados, desde a edição da Lei 9.249/95, inclusive os ganhos em aplicações financeiras, em que, como vimos, os resultados positivos são tributados no Brasil, mas os prejuízos não são dedutíveis.

A lei nacional, contudo, estabeleceu previsão específica para as operações de *hedge*, tendo em vista sua natureza simultânea de custo de proteção contra o risco, como o seguro, e investimento no mercado financeiro, passível de gerar lucros (art. 17, da Lei 9.430/96 e art. 396, do RIR)

Assim, no caso do *hedge*, excepcionalmente, as perdas no exterior são consideradas despesas para fins da tributação no Brasil. As operações denominadas de *hedge* que não caracterizem cobertura, não receberão o tratamento favorecido.

## 15.7. Outras regras

O art. 16, da Lei 9.430/96 apresenta outras regras aplicáveis aos resultados da pessoa jurídica obtidos no exterior.

Cabe também mencionar o papel dos tratados internacionais para evitar a dupla tributação internacional da renda.

Estes tratados, firmados, em geral, entre duas nações (são bilaterais e não multilaterais), podem estabelecer regras específicas, eventualmente distintas das regras gerais previstas, para a tributação da renda decorrente de operações que envolvam contribuintes, fatos e bens relacionados às duas partes, com o objetivo de que a renda gerada nestas operações seja tributada uma única vez.

Estes tratados definem a qual dos países cabe o direito de tributar a renda e, para evitar a dupla tributação, conferem competência: 1. com exclusividade ao país onde se encontra a fonte do rendimento; 2. com exclusividade ao país onde reside ou é domiciliado o destinatário da renda; 3. ou limita a competência do país da fonte, ao determinar alíquotas máximas de incidência, e, eventualmente compartilhando esta competência – limitada do país da fonte – com o país da residência.

Existe, verdadeiramente, um direito convencional (das convenções, tratados e acordos internacionais), com princípios gerais e, é claro, suas exceções. Nessa seara, destaca-se o modelo de convenção proposto pela OCDE, que goza de prestígio tanto entre os países membros da organização quanto entre os demais países, como o Brasil.

Os acordos firmados pelo Brasil estão disponíveis na página da Receita Federal, que oscilam entre acolher o modelo da OCDE e dele divergir.

Recomendo, a título de informação, a leitura de pelo menos um destes documentos (http://www.receita.fazenda.gov.br/Legislacao/AcordosInternacionais/AcordosDuplaTrib.htm), que tratam da tributação de pessoas físicas e pessoas jurídicas; de atletas e artistas; de lucros e dividendos; de *royalties* e aluguéis etc.

### 16. OPERAÇÕES NO MERCADO FINANCEIRO

A legislação do imposto de renda sobre aplicações financeiras também tem sido bastante alterada, variando, embora baseada na retenção na fonte, entre 1. o regime de tributação isolada da Lei 8.541/92, em que os resultados não compunham a base de cálculo do IRPJ (os ganhos não eram adicionados ao lucro e as perdas não eram dedutíveis) e o imposto retido na fonte não era dedutível do imposto final apurado e 2. o regime de tributação parcialmente unificado a, da Lei 8.941/95, Lei 9.430/96, da Lei 9.959/99, da Lei 9.779/99 e da Lei 11.033/04, em que o imposto retido é considerado antecipação para qualquer regime do IRPJ e as perdas são dedutíveis (apenas da apuração do lucro real).

Cuidado na leitura das leis, porque a sucessão legislativa deixou a matéria confusa. O RIR trata da matéria, mas a norma mais atualizada sobre a tributação das aplicações financeiras é a IN RFB 1.022/10, que fornece material mais seguro.

Aqui, vamos apresentar a lei vigente.

Não vamos abordar a legislação revogada, mas vale mencionar a jurisprudência do STJ, consolidada do julgamento do REsp 939.527/MG, que referendou a legalidade da Lei 8.541/92 e o sistema da tributação totalmente isolada das aplicações financeiras, pois constitui precedente para legitimar exceções à tributação unificada.

Tradicionalmente, a incidência do imposto de renda no mercado financeiro é dividida em dois grupos principais, o das aplicações de renda fixa e o das aplicações de renda variável (com as operações de *day trade* recebendo tratamento particular), ao que se pode somar, como um terceiro grupo, as aplicações em cadernetas de poupança, isentas.

Veremos em geral as formas de tributação, quanto a retenção na fonte, dedução do imposto retido e dedução de perdas nas aplicações de pessoas jurídicas e, após, mudando o enfoque, sintetizar as regras tributárias por modalidade de aplicação. Vale a ressalva de que há muitas regras específicas para investimentos específicos. Maiores detalhes sobre a tributação destas aplicações podem ser encontrados na IN RFB 1.022/10.

## 16.1. Retenção na fonte

O regime geral das operações financeiras é a retenção na fonte, conforme determinam o art. 5º, da Lei 9.777/99 e o art. 1º, da Lei 11.033/04.

De acordo com as normas, os chamados fundos de curto prazo, cuja aplicação tem prazo máximo de até 1 ano, a alíquota de 22,5% (até 180 dias) e de 20% (de 181 a 360 dias), enquanto os fundos de longo prazo (aplicação tem prazo superior a 1 ano) ficam sujeitas a alíquotas regressivas em função do tempo em que o recurso permanece aplicado, iniciando com os mesmos 22,5% do curto prazo, mas chegando a alíquota de 15%, para aplicações mais longas.

| Até 180 dias | 22,5% |
|---|---|
| 181 a 360 dias | 20% |
| 361 a 720 dias | 17,5% |
| Acima de 720 dias | 15% |

As operações em bolsa, sempre de renda variável, recebem tratamento distinto. Em geral, há retenção na fonte de apenas 0,005% e os rendimentos são tributados a 15% na apuração do imposto da pessoa jurídica. Vale dizer, sobre estes rendimentos não incide o adicional do IRPJ de 10%.

Norma específica vige para as operações diárias, de *day trade*, para as quais a retenção na fonte sofre a alíquota de 1% e a tributação final sofre a alíquota de 20% (art. 2º, da Lei 11.033/04 e art. 8º, da Lei 9.959/99).

Vejamos, agora, o tratamento desta retenção na fonte.

## 16.2. Tributação na apuração do imposto (dedução do IRRF e das perdas)

Em geral, **o imposto retido é considerado antecipação para pessoas jurídicas** e tributação definitiva para pessoas físicas e pessoas jurídicas isentas, nos termos do art. 76, da Lei 8.981/95.

A norma determina a inclusão dos rendimentos de aplicações financeiras na base de cálculo do imposto e permite a dedução do imposto retido apenas na tributação pelo lucro real. Contudo, o tratamento foi estendido para o lucro presumido e arbitrado pelos art. 25 e 51, da Lei 9.430/96.

A **regra geral** é a **inclusão dos resultados de aplicações financeiras na apuração do imposto** da empresa, permitindo-se a **dedução do imposto retido do valor a pagar**.

O art. 2º, § 7º, da Lei 11.033/04 dá opções à pessoa jurídica quanto a utilização dos valores retidos na fonte no percentual de 0,005% de operações de renda variável.

Pode, portanto, o contribuinte deduzir o imposto retido face aos ganhos do mês; não havendo ganhos suficientes no mês, pode deduzir o imposto retido face aos ganhos dos meses seguintes. Havendo imposto retido e ainda não deduzido, este pode ser deduzido na declaração de ajuste. Outra opção do contribuinte é deduzir o imposto retido no ganho de capital de alienação de ações.

As **perdas**, porém, somente são dedutíveis da base de cálculo do imposto apurado pelo lucro real, pois os lançamentos de despesa não são levados em conta na apuração do lucro presumido e arbitrado.

Os §§ 4º e 5º, do art. 76, da Lei 8.981/95 impõe limitação à dedução das perdas nas aplicações de renda variável previstas pelos art. 72 a 74 da mesma lei (art. 72, bolsas de valores, de mercadorias, de futuros e assemelhadas; art. 73, fundos de ações, de *commodities*, de investimento no exterior, clube de investimento e outros fundos da espécie; e art. 74, operações de *swap*).

Segundo as normas, a dedução de perdas se limita aos ganhos auferidos no mesmo ano, também com operações de renda variável. As perdas excedentes podem ser deduzidas, também de ganhos com o mesmo tipo de investimento, nos anos seguintes.

Assim, as perdas recebem tratamento bastante limitado em relação ao imposto retido, embora bastante mais amplo que aquele previsto pelo regime revogado da Lei 8.541/92, que previa a tributação totalmente isolada.

A limitação não se aplica às perdas em investimentos de renda fixa (por falta de previsão legal da norma, que menciona apenas as operações de renda variável), às operações de cobertura (hedge) realizadas em bolsa de valores, de mercadoria e de futuros ou no mercado de balcão (art. 77, V, da Lei 8.981/95, pois estas operações têm função similar a dos seguros, justificando, assim o tratamento diferenciado), nem às instituições financeiras (art. 77, I e III, da Lei 8.981/95 e art. 9º, da Lei 9.959/99, o que faz sentido, pois as operações financeiras são produtos, objetos primários da atividade econômica destas instituições).

▶ **Entendimento do STJ**

1. No regime do art. 29, da Lei n. 8.541/92, para os contratos de swap e outros derivativos, indiferente haver o objetivo de cobertura de risco (hedge) ou não, vigia o regime de tributação em separado que submetia o resultado positivo (ganho líquido) a uma alíquota de 25% (vinte e cinco) por cento de Imposto de Renda, excluindo o ganho líquido do Lucro Líquido para efeito de apuração do Lucro Real, e impedia que o resultado negativo (perda líquida) das aludidas operações fosse deduzida do Lucro Real.

2. Com o advento do art. 77, V e §3º, da Lei n. 8.981/95, as diversas operações realizadas no mercado de derivativos (inclusive as de swap) que tivessem o objetivo de cobertura (hedge) tiveram seus rendimentos e "ganhos líquidos" compondo o Lucro Real, em exceção à regra geral de tributação com retenção na fonte e abatimento na declaração de ajuste vigente para as demais operações financeiras prevista nos arts. 72 a 74 e 76, da Lei n. 8.981/95. Quanto a isso, de observar que a lei não falou em "perdas líquidas". Desse modo, somente houve autorização para levar ao Lucro Real os resultados positivos das operações, nunca os resultados negativos, da mesma forma que no regime anterior.

3. A superveniência do art. 5º, da Lei n. 9.779/90 apenas confirmou essa constatação ao inserir na regra geral de tributação vigente para as demais operações financeiras prevista nos arts. 72 a 74 e 76, da Lei n. 8.981/95, os rendimentos auferidos nas operações de cobertura (hedge), chamando a aplicação do art. 76, §4º, da Lei n. 8.981/95, que trata "Das Disposições Comuns à Tributação das Operações Financeiras", e que determinou que as perdas apuradas nas operações realizadas no mercado de derivativos somente poderiam ser dedutíveis na determinação do Lucro Real até o limite dos ganhos auferidos nas

> mesmas operações, ou seja, reforçou que somente houve autorização para levar ao Lucro Real os resultados positivos das operações, nunca os resultados negativos.
>
> 4. Desse modo, considerando que em nenhum dos regimes mencionados houve autorização para levar ao Lucro Real os resultados negativos das operações, é lícita a aplicação da limitação prevista no art. 772, do RIR-99 às operações de swap que tenham o objetivo de cobertura (hedge).
>
> 5. Recurso especial não provido.
>
> (STJ, T2, REsp 1474902 / RS, Min. MAURO CAMPBELL MARQUES, DJe de 14/12/2015)

As operações de *day trade*, de compra e venda num mesmo dia, por serem notadamente especulativas, recebem tratamento distinto, embora em regime menos severo que o previsto pelo art. 76, § 3º, da Lei 8.981/95, segundo o qual "as perdas incorridas em operações iniciadas e encerradas no mesmo dia (*day trade*), realizadas em mercado de renda fixa ou de renda variável, não serão dedutíveis na apuração do lucro real".

> **Day Trade**
>
> Art. 8º, da Lei 9.959/99; § 1º Para efeito do disposto neste artigo: I – considera-se: a) day trade: a operação ou a conjugação de operações iniciadas e encerradas em um mesmo dia, com o mesmo ativo, em uma mesma instituição intermediadora, em que a quantidade negociada tenha sido liquidada, total ou parcialmente; [...]

Conforme o art. 8º, da 9.959/99 seus parágrafos, o saldo de imposto retido, compensado com o imposto incidente sobre ganhos líquidos apurado nos meses subsequentes. Ademais, o imposto retido poderá ser deduzido do devido no encerramento de cada período de apuração ou na data de extinção, para pessoas jurídicas tributadas com base no lucro real, presumido ou arbitrado.

O saldo não compensado nas operações diárias de *day trade* ou no imposto devido mensalmente pelas mesmas operações, nos termos do art. 8º, § 8º, II da Lei 9.959/99, será definitivo para pessoas físicas, pessoas jurídicas isentas e optantes pelo Simples. Não obstante, o § 5º dispõe: "se, ao término de cada ano-calendário, houver saldo de imposto retido a compensar, fica facultado à pessoa física ou às pessoas jurídicas [...] pedido de restituição, na forma e condições estabelecidas pela [...] SRF".

Quanto as perdas, permite a norma a compensação com ganhos nas operações também de *day trade* realizadas no mesmo dia (§ 2º) ou no mesmo mês (§ 6º). O resultado mensal após a compensação, se positivo, integrará a base de cálculo do IRPJ e, se negativo, poderá ser compensado com os resultados positivos de operações de *day trade* apurados nos meses subsequentes (§ 8º).

As perdas em *day trade* não são dedutíveis do lucro real.

Vejamos um pouco mais das operações de renda fixa e de renda variável.

### 16.3. Aplicações de renda fixa

No regime tributário do mercado de renda fixa, a legislação do imposto de renda inclui outras operações como o mútuo entre pessoas jurídicas não financeiras e operações conjugadas em bolsa de valores.

A base de cálculo, definida nos termos do art. 65, §§ 1º e 3º, da Lei 8.981/95, é a diferença entre o valor de venda e o valor de compra do título bem como os rendimentos periódicos do investimento.

As aplicações de renda fixa sofrem retenção na fonte pela instituição financeira por alíquotas regressivas no tempo (art. 1º, da Lei 11.033/04), e estas retenções são consideradas antecipações do pagamento do imposto da pessoa jurídica tanto do lucro real quanto presumido ou arbitrado, pois os ganhos são tributados por todos os regimes.

As operações equiparadas estão sujeitas às mesmas regras. No mútuo, contudo, em que o tomador é pessoa física, o recolhimento fica a cargo da própria pessoa jurídica mutuante.

As perdas são dedutíveis da tributação pelo lucro real, sem limitações. Não são dedutíveis, porém, da tributação pelo lucro presumido ou arbitrado.

Para as pessoas jurídicas isentas, a tributação na fonte é definitiva. As pessoas imunes não sofrem retenção.

As pessoas residentes no exterior, em geral, estão sujeitas à retenção na fonte da mesma forma que os residentes no Brasil. Os investimentos em renda fixa de não residentes realizados de acordo com as normas do Conselho Monetário Nacional sujeitam-se à retenção de 15%, independente do prazo da aplicação, benefício este não estendido aos países de tributação favorecida.

### 16.4. Aplicações de renda variável

As aplicações de renda variável são definidas pelo objeto negociado, como as ações, e pela instituição intermediadora, vale dizer, as operações realizadas nas bolsas de valores, de mercadorias, de futuros e assemelhadas, como o mercado de balcão organizado.

No Brasil, há apenas uma bolsa de valores, mercadorias e futuros, a B3 (antiga BM&F Bovespa, que é uma empresa privada autorizada a operar pela CVM), e algumas dezenas de empresas que operam com ações e outros títulos também autorizadas pela CVM, que se enquadram no conceito de mercado de balcão organizado.

> **O QUE É O MERCADO DE BALCÃO ORGANIZADO?**
>
> O mercado de balcão organizado é um ambiente administrado por instituições auto-reguladoras que propiciam sistemas informatizados e regras para a negociação de títulos e valores mobiliários. Estas instituições são autorizadas a funcionar pela CVM e por ela são supervisionadas.
>
> Tradicionalmente, o mercado de balcão é um mercado de títulos sem local físico definido para a realização das transações que são feitas por telefone entre as instituições financeiras. O mercado de balcão é chamado de organizado quando se estrutura como um sistema de negociação de títulos e valores mobiliários podendo estar organizado como um sistema eletrônico de negociação por terminais, que interliga as instituições credenciadas em todo o Brasil, processando suas ordens de compra e venda e fechando os negócios eletronicamente.
>
> Disponível em: http://www.cvm.gov.br/port/protinv/caderno7.asp#mdb, acesso em 29.5.2013.

Os ganhos no mercado de renda variável compõem o lucro real, presumido e arbitrado e a retenção na fonte, à alíquota de 0,005% (1% para operações de *day trade*), é considerada antecipação do imposto. A retenção para pessoas jurídicas isentas é considerada tributação definitiva e as pessoas imunes, que assim se declararem, não sofrem a retenção.

Para pessoas residentes ou domiciliadas no exterior, há isenção sobre os ganhos das operações realizadas em bolsa de mercadorias e futuros e nas negociações com ouro ativo financeiro, ainda que fora de bolsa. Incide a alíquota de 10% sobre rendimentos de *swap* em bolsa ou fora de bolsa, e nas operações em mercados futuros fora de bolsa.

> **Mercado de Swaps**
>
> Aquele em que as partes trocam um índice de rentabilidade por outro, com o intuito de fazer hedge, casar posições ativas com posições passivas, equalizar preços, arbitrar mercados ou até alavancar sua exposição ao risco.
>
> Disponível em: http://www.cvm.gov.br/port/protinv/caderno9.pdf, acesso em 29.5.2013.
>
> **Mercado Futuro**
>
> O mercado futuro pode ser entendido como uma evolução do mercado a termo. Nele, os participantes se comprometem a comprar ou vender certa quantidade de um ativo por um preço estipulado para a liquidação em data futura.
>
> A definição é semelhante, tendo como principal diferença a liquidação de seus compromissos. Enquanto no mercado a termo os desembolsos ocorrem somente no vencimento do contrato, no mercado futuro os compromissos são ajustados diariamente. Todos os dias são verificadas as alterações de preços dos contratos para apuração das perdas de um lado e dos ganhos do outro, realizando-se a liquidação das diferenças do dia. Além disso, os contratos futuros são negociados somente em bolsa.
>
> Disponível em: http://www.portaldoinvestidor.gov.br/menu/Menu_Investidor/derivativos/mercado_futuro.html, acesso em 29.5.2013.

As perdas nas aplicações de renda variável (mercado a vista, a termo, futuro, e de opções) somente são compensáveis com ganhos também obtidos em operações de mesma natureza. Estão excluídas desta regra as operações de *swap*, cujas perdas não podem ser compensadas com ganhos em outras operações de renda variável; operações diárias, de *day trade*, cujas perdas também não podem ser compensadas; e operações de *hedge*, cujas perdas podem ser deduzidas sem limitação.

A base de cálculo do imposto, em geral, é o ganho líquido: a diferença entre o preço de venda e o preço de compra, deduzidas as despesas de corretagem na compra.

Vale observar algumas regras de apuração do **custo do ativo**, para definição do ganho líquido.

No mercado à vista, o custo é apurado pela média ponderada das aquisições de cada papel.

Nos casos em que o alienante não tenha comprado os títulos, há outras regras. Para as hipóteses de sucessão, o custo é o valor pelo qual o ativo foi avaliado; na conversão de debêntures em ações, o custo será o valor da ação definido pela empresa.

No **mercado a termo**, há liquidação do investimento em data futura. Assim, pode haver diferença de cotação do papel entre o dia do negócio e o dia da liquidação. Esta diferença de preço é considerada para a definição do ganho, vale dizer, da base de cálculo do imposto.

No mercado futuro em que, além da liquidação em data futura, as partes negociam promessas de compra e venda, a base de cálculo é a soma algébrica dos ajustes diários entre a data de abertura e de encerramento no negócio.

No **mercado de opções**, em que não negociados direitos de compra e venda de papéis e commodities, há outras variações. O vendedor da opção cobra um prêmio, que é sempre considerado para a definição da base de cálculo do imposto. Se a opção não é realizada, apenas o prêmio representará ganho. Se a opção é exercida, há ganho ou perda quando o preço da opção é, respectivamente, menor ou maior que o do papel ou bem negociado.

As operações de *hedge* recebem tratamento diferenciado.

A lei fiscal considera como "cobertura (*hedge*) as operações destinadas, exclusivamente, à proteção contra riscos inerentes às oscilações de preço ou de taxas, quando o objeto do contrato negociado destinar-se à proteção de direitos ou obrigações da pessoa jurídica" (art. 77, § 1º, b, da Lei 8.981/95).

Estas operações, mais que operações financeiras, exercem papel similar ao dos seguros. Ao tratarmos do IOF, já havíamos apresentado uma noção de *hedge*.

Operações de *hedge* ou de cobertura são um conjunto de contratos por meio dos quais alguém procura eliminar ou reduzir riscos de atividade futura. Exemplo clássico dessas operações ocorre na agricultura, devido à grande variação de preços dos alimentos, especialmente dos grãos. Assim, o agricultor, para evitar os riscos da flutuação, negocia antecipadamente a venda da safra a ser colhida no futuro, a um determinado preço. Há, porém, operações de cobertura de diversos negócios, envolvendo mercadorias, ações e moedas.

A principal diferença da tributação destas operações, para as demais aplicações em renda variável, é a possibilidade de dedução integral das perdas na apuração do lucro real.

Aplica-se a retenção na fonte do imposto, no caso de ganhos, como nas demais aplicações de renda variável. Alegam os contribuintes não se tratar de ganho tributável, mas de mera recomposição patrimonial. O STJ, contudo, entende pela incidência do imposto:

> **▸ Entendimento do STJ**
>
> Conforme jurisprudência pacífica nesta Corte, "a partir da Lei nº 9.779/99, todas as operações financeiras de renda fixa ou de renda variável, inclusive aquelas com cobertura hedge, passaram a ser tributadas na fonte, suprimidas as isenções antes existentes na Lei nº 8.981/95, ainda que o contrato tenha sido celebrado sob a regência de lei anterior. Precedentes" (AgRg no Ag 1.266.275/RJ, Rel. Ministro Castro Meira, Segunda Turma, DJe 26/03/2010).
>
> (STJ, T2, AgRg no Ag 1.345.005/SP, Min. CESAR ASFOR ROCHA, DJe de 5/4/2011)

No STF, pende julgamento o RE 596.286 RG/RJ, com repercussão geral reconhecida.

Por fim, cabe ressaltar que o art. 16, da lei 13.043/14 criou nova hipótese de isenção de ganhos decorrentes de negociação de ações no mercado a vista, como forma de estimular a pratica de boa gestão por companhias de capital aberto.

## PARTE III – APURAÇÃO, PAGAMENTO E LANÇAMENTO

### 17. RETENÇÃO NA FONTE

A pessoa jurídica está obrigada à retenção na fonte do imposto de renda em boa parte dos pagamentos que realiza, tanto a pessoas físicas quanto a outras pessoas jurídicas.

A retenção na fonte dos pagamentos a pessoas físicas vimos ao tratar do IRPF. Agora, passaremos em breve revista à retenção na fonte de pagamentos a pessoas jurídicas.

O pagamento pela prestação de serviços profissionais está sujeito a retenção na fonte à 1,5% do valor do contrato (art. 647, do RIR).

Caso a prestadora de serviços seja empresa ligada ao tomador, a retenção segue a tabela aplicável às pessoas físicas, com alíquotas que chegam a 27,5% (art. 648, do RIR).

Para os serviços de limpeza, conservação, segurança, vigilância e locação de mão-de-obra, a alíquota da retenção é de 1% (art. 649, do RIR).

A distribuição de lucros, nos termos e nos limites da lei, não sofre retenção (art. 654 a 666, do RIR), ainda que o sócio seja residente no exterior (art. 692 e 694, do RIR).

Os juros sobre o capital próprio, calculados sobre o patrimônio líquido, são tributados a 15% (art. 668, do RIR), assim como as partes beneficiárias (art. 670, do RIR), se não estiverem presentes as hipóteses de dispensa de retenção, neste último caso.

Os pagamentos por fonte nacional a pessoas jurídicas estrangeiras estão, em geral, sujeitos a retenção no percentual de 15%, podendo, em casos específicos, chegar a 25%, como nos pagamentos por prestação de serviços (art. 682 e seg., do RIR).

Há hipóteses de isenção e de redução do dever de retenção (art. 687 e seg., do RIR), bem como a curiosa hipótese de alíquota zero na retenção (art. 691, do RIR). Difícil explicar porque o legislador escolheu a alíquota zero e não retirou o comando de retenção do ordenamento.

Como dissemos, os lucros distribuídos a empresa estrangeira não estão sujeitos a retenção. Os rendimentos pagos por aplicações financeiras a estrangeiros, a seu turno, estão sujeitos às mesmas alíquotas aplicáveis aos investimentos dos nacionais.

As aplicações de renda fixa e de renda variável em geral, estão sujeitas à retenção na fonte.

O imposto retido na fonte em função de ganhos em operações financeiras também irá deduzir o imposto devido no encerramento de cada período de apuração independente do regime de apuração da pessoa jurídica (art. 773, I, do RIR), com as limitações que vimos acerca das operações de *day trade*.

## 18. APURAÇÃO PELO LUCRO REAL E PAGAMENTO POR ESTIMATIVA

A apuração do imposto de renda pelo lucro real corresponde à complexa escrituração contábil societária, com os ajustes determinados pela lei tributária. Com as alterações da lei societária que mudaram radicalmente as regras contábeis, com reflexos substanciais na apuração do lucro líquido, também se mostram necessários os ajustes previstos pela Lei 11.941/09, denominado regime tributário de transição – RTT, até o exercício de 2014, para as empresas que não anteciparam a opção pela Lei 12.973/14.

Numa visão esquemática, são os seguintes os passos para a apuração do imposto pelo lucro real:

- Apuração lucro ou prejuízo líquido antes do IR conforme as regras societárias novas;
- Adequação do lucro líquido ou do prejuízo com os acréscimos e expurgos determinados pelo RTT (até 2014);
- Ajuste do lucro ou prejuízo pelas adições e exclusões determinadas pela lei tributária;
- Compensação de prejuízos fiscais, na hipótese de haver lucro real apurado;
- Aplicação das alíquotas básica e adicional;
- Deduções do imposto pago antecipadamente ou retido na fonte e dos benefícios fiscais.

A adequação do lucro contábil para fins tributários (RTT) era realizado pelo sistema eletrônico disponibilizado pela Receita Federal denominado Controle Fiscal Contábil de Transição – FCont e em 2014 será realizado pelo novo sistema que congrega toda a escrituração fiscal do IRPJ e da CSLL.

As adições e exclusões da lei tributária são realizadas no Livro de Apuração do Lucro Real – LALUR (na modalidade eletrônica – E-LALUR) e no Livro de Apuração das Contribuições – LACS, também eletrônico.

O LALUR não é um livro contábil, mas livro fiscal. O LALUR é dividido em duas partes (A e B). Na parte A são lançadas as adições e exclusões do resultado líquido do período de apuração; na parte B, é registrado o controle dos valores que vão afetar o resultado de exercícios futuros.

Feitos os ajustes, chega-se ao chamado **lucro da exploração**. Vejamos o que dispõe o art. 544, do RIR:

> Art. 544. Considera-se lucro da exploração o lucro líquido do período de apuração, antes de deduzida a provisão para o imposto de renda, ajustado pela exclusão dos seguintes valores (DL 1.598/77, art. 19, e Lei 7.959/89, art. 2º):

> I - a parte das receitas financeiras que exceder às despesas financeiras, observado o disposto no parágrafo único do art. 375;
> II - os rendimentos e prejuízos das participações societárias; e
> III - os resultados não operacionais.
>
> § 1º No cálculo do lucro da exploração, a pessoa jurídica deverá tomar por base o lucro líquido apurado, depois de ter sido deduzida a contribuição social instituída pela Lei nº 7.689, de 15 de dezembro de 1988.
>
> § 2º O lucro da exploração poderá ser ajustado mediante adição ao lucro líquido de valor igual ao baixado de reserva de reavaliação, nos casos em que o valor realizado dos bens objeto da reavaliação tenha sido registrado como custo ou despesa operacional e a baixa da reserva tenha sido efetuada em contrapartida à conta de:
> I - receita não operacional; ou
> II - patrimônio líquido, não computada no resultado do mesmo período de apuração.

Necessário, então apurar a provisão para o pagamento do próprio imposto de renda e da CSLL, bem como das participações no lucro.

O problema, neste ponto, é que a base de cálculo das participações é o lucro antes do IRPJ e da CSLL (lei tributária) e a base de cálculo do IRPJ e da CSLL é o mesmo lucro antes das participações (lei comercial).

Dispõe, a propósito, o art. 189, da Lei das S/A:

> Art. 189. Do resultado do exercício serão deduzidos, antes de qualquer participação, os prejuízos acumulados e a provisão para o Imposto sobre a Renda.

De outro lado, conforme a lei tributária, algumas participações são dedutíveis da base de cálculo do IRPJ e da CSLL.

A solução é realizar conjuntamente os cálculos, buscando, por equações matemáticas (uma para cada valor que se pretende encontrar) ponderadas pela alíquota dos tributos e pelo percentual da participação, processo denominado de cálculo circular.

Não vamos, aqui, fazer cálculos! Por certo, os livros de contabilidade vão demonstrar melhor como se faz a conta, com exemplos mais claros e melhor elaborados.

Nosso objetivo é somente indicar o direito aplicável e a lógica da solução encontrada.

A propósito, a impossibilidade de excluir o IRPJ da base de cálculo da CSLL e vice-versa foi referendada pelo STJ.

> **Entendimento do STJ**
>
> 3. A Lei 9.316, de 22 de novembro de 1996, vedou a dedução do valor da contribuição social sobre o lucro líquido (exação instituída pela Lei 7.689/88) para efeito de apuração do lucro real, bem como para a identificação de sua própria base de cálculo, [...]."
> [...]
> 5. A interpretação sistemática dos dispositivos legais supracitados conduz à conclusão de que inexiste qualquer ilegalidade/inconstitucionalidade da determinação de indedutibilidade da CSSL na apuração do lucro real.
> 6. É que o legislador ordinário, no exercício de sua competência legislativa, tão-somente estipulou limites à dedução de despesas do lucro auferido pelas pessoas jurídicas, sendo certo, outrossim, que o valor pago a título de CSSL não caracteriza despesa operacional da empresa, mas, sim, parcela do lucro destinada ao custeio da Seguridade Social, o que, certamente, encontra-se inserido no conceito de renda estabelecido no artigo 43, do CTN (produto do capital, do trabalho ou da combinação de ambos)
>
> (STJ, S1, REsp 1.113.15/AM, Min. LUIZ FUX, DJe de 25/11/2009)

O STF julgou a matéria, mantendo a incidência dos tributos:

> **Entendimento do STF**
>
> 1. O valor pago a título de contribuição social sobre o lucro líquido – CSLL não perde a característica de corresponder a parte dos lucros ou da renda do contribuinte pela circunstância de ser utilizado para solver obrigação tributária.
> 2. É constitucional o art. 1º e par. ún. da Lei 9.316/1996, que proíbe a dedução do valor da CSLL para fins de apuração do lucro real, base de cálculo do Imposto sobre a Renda das Pessoas Jurídicas – IRPJ.
> Recurso extraordinário conhecido, mas ao qual se nega provimento.
>
> (STF, Tribunal Pleno, RE 582.525 RG/SP, Min. JOAQUIM BARBOSA, DJe de 7/2/2014)

> **Como esse assunto foi cobrado em concurso?**
>
> (ESAF/AFRF/2014) Sobre a CSLL – Contribuição Social sobre o Lucro Líquido, é incorreto afirmar que:
>
> O valor pago a título de CSLL não perde a característica de corresponder a parte dos lucros ou da renda do contribuinte pela circunstância de ser utilizado para solver obrigação tributária.
>
> **Gabarito:** É constitucional dispositivo de lei que proíbe a dedução do valor da CSLL para fins de apuração do lucro real, base de cálculo do Imposto sobre a Renda das Pessoas Jurídicas. Corretas, nos termos do julgamento do RE 582.525/SP, pelo STF.

De volta à apuração do imposto pelo lucro real!

Para o contribuinte, abrem-se duas opções: **apurar** o lucro real 1. **trimestralmente** ou 2. **anualmente**. Conforme o art. 220, do RIR: "o imposto será determinado com base no lucro real, presumido ou arbitrado, por períodos de apuração trimestrais, encerrados nos dias 31 de março, 30 de junho, 30 de setembro e 31 de dezembro de cada ano-calendário (Lei 9.430/96, art. 1º)", além da apuração do nos casos de incorporação, fusão, cisão e liquidação da empresa.

De outro turno, prevê o art. 221, do RIR, que a pessoa jurídica pode optar pelo pagamento do imposto por estimativa e apurar o lucro real em 31 de dezembro de cada ano (Lei 9.430/96, art. 2º, § 3º), além, é claro, da apuração nos casos de incorporação, fusão, cisão e liquidação da empresa.

Optando pela apuração trimestral (1), a empresa levanta a cada três meses as demonstrações necessárias, apura o lucro real e o imposto devido, que pode ser pago no mês seguinte ao da apuração ou nos três meses subsequentes, de forma parcelada.

A empresa do lucro real pode, ainda, optar pela apuração anual (2) e pelo pagamento mensal do imposto calculado sobre base estimada a partir da aplicação dos percentuais do lucro presumido sobre a receita de venda de mercadoria e prestação de serviços, com alguns acréscimos e deduções (RIR, art. 223, Lei 8.981/95, art. 31 e Lei 9.430/96, art. 2º). Neste caso, a empresa não é obrigada a elaborar as demonstrações trimestralmente, embora possa fazê-lo a qualquer momento. A opção pode se mostrar vantajosa, pois as demonstrações são caras e trabalhosas.

Os **acréscimos à base de cálculo** são os valores das receitas não abrangidas pela **estimativa** (RIR art. 225, Lei 8.981/95, art. 32, e Lei 9.430/96, art. 2º). São eles:

- aluguéis;
- juros recebidos;
- descontos financeiros obtidos;
- ganhos de capital auferidos;
- realização do lucro diferido;

Ao revés, são **deduzidos os valores** de (Lei 8.981/95, art. 31, parágrafo único e art. 32, § 1º):

- vendas canceladas;
- descontos concedidos;
- devoluções de mercadorias;
- IPI;
- rendimentos de aplicações financeiras com retenção na fonte;
- juros sobre o capital próprio;
- lucros, dividendos ou resultado positivo decorrente da avaliação de investimentos pela equivalência patrimonial.

▶ **Como esse assunto foi cobrado em concurso?**

**(ESF/Analista Tributário da Receita Federal/2012)** Em relação ao Imposto de Renda da Pessoa Jurídica, avalie.

A receita líquida de vendas e serviços será a receita bruta diminuída das vendas canceladas, dos descontos concedidos incondicionalmente e dos impostos incidentes sobre vendas.

*Gabarito:* Correto, pois a receita líquida é a receita bruta deduzida do custo de vendas e das vendas não concretizadas

O pagamento mensal estimado, a propósito, não ofende o conceito de renda, conforme jurisprudência do STF:

▶ **Entendimento do STF**

2. A orientação firmada por esta Corte considera válida a cobrança do IRPJ pela modalidade de antecipação conhecida como "duodécimos" (Decreto-Lei 2.354/1987 e Lei 7.787/1989). A suposta violação do princípio da vedação do uso de tributo com efeito confiscatório depende do exame de provas específicas, relativas ao caso concreto. Ausente quadro probatório capaz de confirmar a alegação da parte-agravante.

> Impossibilidade de revisão de fatos e provas (Súmula 279/STF). Agravo regimental ao qual se nega provimento.
>
> (STF, T2, RE 255.379 AgR/RS, Min. JOAQUIM BARBOSA, DJe de 30/03/2011)

Vale mencionar, que **atividades específicas** recebem tratamento **também específico**, no cálculo do imposto estimado. As instituições financeiras, por exemplo, podem deduzir ,da base de cálculo da estimativa, as despesas de captação de recurso, de cessão de crédito, de câmbio.

Nos termos do art. 226, do RIR (Lei 8.981/95, art. 29, § 1º), **são dedutíveis da base de cálculo estimada**:

> I - no caso das instituições financeiras, sociedades corretoras de títulos, valores mobiliários e câmbio, e sociedades distribuidoras de títulos e valores mobiliários:
>
> a) as despesas incorridas na captação de recursos de terceiros;
>
> b) as despesas com obrigações por refinanciamentos, empréstimos e repasses de recursos de órgãos e instituições oficiais e do exterior;
>
> c) as despesas de cessão de créditos;
>
> d) as despesas de câmbio;
>
> e) as perdas com títulos e aplicações financeiras de renda fixa;
>
> f) as perdas nas operações de renda variável realizadas em bolsa, no mercado de balcão organizado, autorizado pelo órgão competente, ou através de fundos de investimento, para a carteira própria das entidades citadas neste inciso I;
>
> II - no caso de empresas de seguros privados: o cosseguro e resseguro cedidos, os valores referentes a cancelamentos e restituições de prêmios e a parcela dos prêmios destinada à constituição de provisões ou reservas técnicas;
>
> III - no caso de entidades de previdência privada abertas e de empresas de capitalização: a parcela das contribuições e prêmios, respectivamente, destinada à constituição de provisões ou reservas técnicas.

O art. 227, do RIR disciplina a base estimada das **atividades imobiliárias**:

> Art. 227. As pessoas jurídicas que explorem atividades imobiliárias relativas a loteamento de terrenos, incorporação imobiliária, construção de prédios destinados a venda, bem como a venda de imóveis construídos ou adquiridos para revenda,

> deverão considerar como receita bruta o montante recebido, relativo às unidades imobiliárias vendidas.
>
> Parágrafo único. O disposto neste artigo aplica-se, inclusive, aos casos de empreitada ou fornecimento contratado nas condições do art. 409, com pessoa jurídica de direito público ou empresa sob seu controle, empresa pública, sociedade de economia mista ou sua subsidiária.

A partir do valor obtido das receitas mais os acréscimos menos as deduções, aplica-se o **percentual de estimativa** (1,6%, 8%, 16% ou 32%, dependendo da atividade) para definir a **base de cálculo** sobre a qual alíquota básica e a alíquota adicional, para apuração do imposto devido no mês, além da alíquota da CSLL.

**Do imposto devido, podem ser deduzidos** (RIR, art. 229; Lei 8.981/95, art. 34, Lei 9.065/95, art. 1º, Lei 9.430/96, art. 2º, e Lei 9.532/97, art. 82, II, "f"):

> - o imposto pago ou retido na fonte sobre as receitas que integraram a base de cálculo;
> - os incentivos de dedução do imposto relativos ao Programa de Alimentação do Trabalhador;
> - as doações aos Fundos da Criança e do Adolescente, Atividades Culturais ou Artísticas, Atividade Audiovisual.
>
> O contribuinte também pode deduzir:
>
> - o imposto pago indevidamente ou a maior em períodos anteriores;
> - o saldo negativo do imposto de períodos anteriores;
> - as compensações (art. 73 e 74, da Lei 9.430/95).

O valor retido na fonte que superar o valor devido pode se acumulado para deduzir a obrigação nos meses seguintes.

Assim, se o imposto devido conforme as regras da estimativa equivale a R$ 1.000,00, mas a empresa sofreu retenção de R$ 1.500,00, não deverá pagar o imposto no mês e terá R$ 500,00 para deduzir a obrigação do mês seguinte.

Ademais, a legislação permite deduções do imposto devido mensalmente.

Se o contribuinte verificar que o lucro estimado é superior ao lucro real, havendo pago pelas regras da estimativa imposto em valor superior ao que seria devido pelas regras do lucro real ou que obteve prejuízo fiscal, também segundo as regras do lucro real poderá, conforme o caso, suspender ou reduzir o imposto mensal (Lei 8.981/95, art. 35, Lei 9.065/95, art. 1º, e Lei 9.430/96, art. 2). Dispõe o art. 230, do RIR, literalmente, que "a pessoa jurídica poderá suspender ou reduzir o pagamento do imposto devido em cada mês, desde que demonstre, através de balanços ou balancetes mensais, que o valor acumulado já pago excede o valor do imposto, inclusive adicional, calculado com base no lucro real do período em curso".

Imaginemos que o contribuinte tenha recolhido R$ 1.000,00 por mês de imposto calculado sobre a base estimada de janeiro a maio, totalizando R$ 5.000,00. Em junho, o contribuinte verifica que o imposto devido, se calculado conforme as regras do lucro real, seria de R$ 4.500,00. Se o imposto devido no período de apuração junho for de R$ 1.000,00, o contribuinte poderá pagar apenas R$ 500,00, vale dizer, reduzir o imposto a ser recolhido. Se o imposto devido for, ao revés, R$ 500,00, poderá suspender o pagamento do imposto.

O contribuinte também suspenderá o pagamento do imposto se verificar que obteve prejuízo fiscal, embora a base do lucro estimado seja positiva.

A lei também prevê deduções que impactam o saldo do imposto anual a pagar (art. 231, do RIR e Lei 9.430/96, art. 2º, § 4º). A empresa poderá deduzir os valores:

- dos incentivos fiscais de dedução do imposto;
- dos incentivos fiscais de redução e isenção do imposto, calculados com base no lucro da exploração;
- do imposto pago ou retido na fonte, incidente sobre receitas computadas na determinação do lucro real;
- do imposto pago com base no lucro estimado.

Por derradeiro, cabe registrar que as opções do contribuinte pela apuração trimestral ou anual e pelo pagamento por estimativa é obrigatória para todo o ano calendário.

### 19. LUCRO PRESUMIDO, LUCRO ARBITRADO E SIMPLES

Se a forma mais completa de apuração do imposto de renda da pessoa jurídica é o lucro real, a maioria das empresas brasileiras, salvo as optantes pelo SIMPLES, é tributada pelo lucro presumido.

## 19.1. Lucro presumido

Optando pelo lucro presumido, a empresa não é obrigada a apurar o lucro líquido (contábil), menos ainda o lucro real, pois está dispensada de apurar e comprovar as despesas incorridas. O lucro presumido, como o próprio nome diz, decorre de uma presunção: aqui, o lucro será um percentual da receita, definido em lei, conforme a atividade da empresa.

Os percentuais de presunção (art. 15, § 1º, da Lei 9.249/95) são os seguintes:

| Atividades | Percentuais (%) |
|---|---|
| Atividades em geral | 8,0 |
| Revenda de combustíveis | 1,6 |
| Serviços de transporte (exceto o de carga) | 16,0 |
| Serviços de transporte de cargas | 8,0 |
| Serviços em geral (exceto serviços hospitalares e de auxílio diagnóstico e terapia, patologia clínica, imagenologia, anatomia patológica e citopatologia, medicina nuclear e análises e patologias clínicas, desde que a prestadora destes serviços seja organizada sob a forma de sociedade empresária e atenda às normas da Agência Nacional de Vigilância Sanitária – Anvisa)1 | 32,0 |
| Serviços hospitalares e outros serviços na área de saúde | 8,0 |
| Intermediação de negócios | 32,0 |
| Administração, locação ou cessão de bens e direitos de qualquer natureza (inclusive imóveis) | 32,0 |

Disponível em: http://www.receita.fazenda.gov.br/pessoajuridica/ dipj/2005/pergresp2005/ pr517a555.htm, acesso em 12.5.2013.

Enquanto no IRPJ vigoram diversos percentuais de presunção, entre 1,6% e 32%, os percentuais aplicáveis à CSLL são apenas (art. 20, da Lei 8.249/95): 12% para atividades em geral; e 32% para serviços, exceto serviços hospitalares e de auxílio diagnóstico e terapia, patologia clínica, imagenologia, anatomia patológica e citopatologia, medicina nuclear e análises e patologias clínicas.

Já começamos aqui com uma grande polêmica. A Lei 9.249/95, determinava o **percentual 8% para serviços hospitalares e de 32%**

para clínicas, laboratórios, etc.

Os contribuintes alegavam que não havia diferença entre o serviço médico, clínico ou laboratorial prestado em hospital ou em clínica médica e postulavam o percentual de 8% para a definição do lucro presumido.

O STJ passou a acolher a tese de que se tratava de benefício fiscal que não se pautava pela estrutura da pessoa jurídica, sendo relevante apenas a natureza do serviço. Assim, irrelevante que o prestador do serviço fosse hospital, clínica ou laboratório.

> **Entendimento do STJ**
>
> 1. O art. 15, § 1º, III, "a", da Lei nº 9.249/95 explicitamente concede o benefício fiscal de forma objetiva, com foco nos serviços que são prestados, e não no contribuinte que os executa. Observação de que o Acórdão recorrido é anterior ao advento da Lei nº 11.727/2008.
>
> 2. Independentemente da forma de interpretação aplicada, ao intérprete não é dado alterar a mens legis. Assim, a pretexto de adotar uma interpretação restritiva do dispositivo legal, não se pode alterar sua natureza para transmudar o incentivo fiscal de objetivo para subjetivo.
>
> 3. A redução do tributo, nos termos da lei, não teve em conta os custos arcados pelo contribuinte, mas, sim, a natureza do serviço, essencial à população por estar ligado à garantia do direito fundamental à saúde, nos termos do art. 6º da Constituição Federal.
>
> 4. Qualquer imposto, direto ou indireto, pode, em maior ou menor grau, ser utilizado para atingir fim que não se resuma à arrecadação de recursos para o cofre do Estado. Ainda que o Imposto de Renda se caracterize como um tributo direto, com objetivo preponderantemente fiscal, pode o legislador dele se utilizar para a obtenção de uma finalidade extrafiscal.
>
> 5. Deve-se entender como "serviços hospitalares" aqueles que se vinculam às atividades desenvolvidas pelos hospitais, voltados diretamente à promoção da saúde. Em regra, mas não necessariamente, são prestados no interior do estabelecimento hospitalar, excluindo-se as simples consultas médicas, atividade que não se identifica com as prestadas no âmbito hospitalar, mas nos consultórios médicos.
>
> 6. Duas situações convergem para a concessão do benefício: a prestação de serviços hospitalares e que esta seja realizada por instituição que, no desenvolvimento de sua atividade, possua custos diferenciados do simples atendimento médico, sem, contudo, decorrerem estes necessariamente da internação de pacientes.
> [...]
> (STJ, S1, REsp 951.251/PR, Min. CASTRO MEIRA, DJe de 3/6/2009)

Com o julgamento do **REsp 1.116.399/BA, o STJ** consolidou o entendimento de que o percentual de 8% para a definição da base de cálculo constitui benefício fiscal objetivo, voltado à atividade de saúde, que não pode ser restringido a estabelecimentos destinados ao atendimento global ao paciente, mediante internação e assistência médica integral.

Mister observar, contudo, que os percentuais de presunção se afastam dos melhores instrumentos de implementação de benefícios fiscais e de extrafiscalidade no imposto de renda.

A presunção do lucro deve buscar a melhor aproximação do lucro real, levando em consideração os custos do setor bem como os custos ínsitos à estrutura do contribuinte, em prestígio ao princípio da capacidade contributiva, sem perder a generalidade e abstração, típicas da norma jurídica geral.

De outro turno, nos benefícios fiscais, o legislador deve especificar a atividade que pretende estimular, afastando-se da generalidade e da pessoalidade do imposto de renda, e da abstração da norma jurídica em geral. Assim, pode superar a noção da capacidade contributiva e alcançar o fim normativo tanto para atividades lucrativas, para as quais o Estado pretende acrescer estímulo, quanto para as atividades que não seriam lucrativas pelas regras gerais do mercado.

Em resumo, a presunção da base de cálculo do imposto deve buscar aproximação com a base real, por força do princípio da capacidade contributiva, não se constituindo meio adequado para criar benefícios fiscais. O STJ interpretou a matéria de outra forma.

De toda sorte, com a Lei 11.727/08, os **serviços médicos prestados em tanto em hospitais, quanto em clínicas e laboratórios** passaram a ter o **lucro presumido** em 8% sobre a receita bruta.

Para as pessoas jurídicas exclusivamente prestadoras de serviço, que obtiverem **receita bruta anual de até R$ 120.000,00**, o percentual de presunção cai de 32% para 16% (art. 40, da Lei 9.250/95).

Quando o contribuinte exerce **mais de uma atividade**, deve contabilizar separadamente as receitas e aplicar às receitas de cada uma delas o percentual próprio da atividade (art. 15, § 2º, da Lei 9.249/95), sendo vedado a utilização de um só percentual.

A **possibilidade de opção pelo lucro presumido** é bastante ampliada. Apenas não podem optar as empresas que obtiveram no exercício anterior receita bruta anual superior a R$ 78.000.000,00 (ou, para empresas que entraram em atividade no decorrer do exercício, receita bruta mensal equivalente a R$ 6.500.000,00 vezes o número de meses de atividade) (receita apurada pelo regime de caixa ou pelo regime de competência, conforme opção do contribuinte, conforme art. 13, § 2º, da Lei 9.718/98), bem como aquelas obrigadas ao lucro real.

Além do critério de valor, são obrigadas ao lucro real as empresas que:

- exerçam atividades de bancos comerciais, bancos de investimentos, bancos de desenvolvimento, caixas econômicas, sociedades de crédito, financiamento e investimento, sociedades de crédito imobiliário, sociedades corretoras de títulos, valores mobiliários e câmbio, distribuidoras de títulos e valores mobiliários, empresas de arrendamento mercantil, cooperativas de crédito, empresas de seguros privados e de capitalização e entidades de previdência privada aberta;
- tiverem lucros, rendimentos ou ganhos de capital oriundos do exterior;
- autorizadas pela legislação tributária, usufruam de benefícios fiscais relativos à isenção ou redução do imposto;
- no decorrer do ano-calendário, tenham efetuado pagamento mensal pelo regime de estimativa (veremos o pagamento por estimativa adiante);
- explorem as atividades *factoring*.

A **opção pelo lucro presumido** é realizada no primeiro pagamento do imposto apurado no ano, pela indicação do código próprio no DARF e é obrigatória para todo o ano calendário (art. 13, § 2º, da Lei 9.718/98). Vale dizer, o contribuinte não pode mudar de regime (SIMPLES ou lucro real) durante todo o ano.

O imposto será apurado trimestralmente, nos períodos encerrados nos dias 31 de março, 30 de junho, 30 de setembro e 31 de dezembro de cada ano-calendário (Lei nº 9.430/96, art. 1º e 25).

E o valor apurado no trimestre pode ser pago em três parcelas, devidamente corrigidas, a vencer nos meses subsequentes à apuração.

Ao optante pelo lucro presumido não é permitido o recolhimento mensal por estimativa. A estimativa, contudo, muito se aproxima da apuração do próprio lucro presumido, de sorte que não há prejuízo na vedação.

A base para a apuração do lucro presumido é a receita auferida pela prestação de serviço e pela venda de mercadorias (art. 518, do RIR e art. 31, da Lei 8.981/95).

A **este valor do lucro presumido, devem ser acrescidos os seguintes**, para fins de apuração da base de cálculo do imposto e do adicional:

- juros recebidos;
- descontos financeiros obtidos;
- aluguéis;
- ganhos em operações de *hedge*, realizadas em bolsa ou no mercado de balcão;
- juros de tributos a serem restituídos ou compensados;
- valores recuperados, relativos a custos e despesas deduzidas em períodos anteriores, em que a empresa tenha sido optante do lucro real;
- multas contratuais e outras recebidas pela pessoa jurídica;
- juros superiores ao definido na legislação, pagos a pessoa vinculada no exterior, se o contrato não fora registrado no Banco Central;
- valores sobre os quais a tributação tenha sido diferida, para a pessoa jurídica optante do lucro real no ano anterior;
- ganhos auferidos na devolução de capital em bens e direitos;
- ganhos de capital decorrentes da alienação de bens do ativo permanente.

**Administradoras de cartão de crédito** discutiram o tratamento dos encargos de financiamento e encargos de mora. O STJ entendeu que correção monetária, juros e multas decorrentes de operações de administração de cartões de crédito devem ser considerados produto de prestação de seus serviços (faturamento), por consistir o objeto social destas empresas.

> ▶ **Entendimento do STJ**
>
> 1. As empresas administradoras de cartão de crédito podem optar por apurar o IRPJ e a CSLL pelo lucro presumido e pela base de cálculo presumida, respectivamente, na condição de prestadoras de serviço (art. 15, §1º, III, "a"da Lei n. 9.249/95).
>
> 2. Nessa situação, os encargos de financiamento como os juros e encargos de mora integram o conceito de receita bruta (faturamento da

prestação de serviços) para todos os efeitos legais, aplicando-se o disposto no art. 25, I, da Lei n. 9.430/96 e não o art. 25, inciso II, da Lei nº 9.430/96, já que não se enquadram no conceito de "demais receitas".

3. Se a correção monetária, a multa e os juros (receitas financeiras) decorrem diretamente das operações de administração do cartão de crédito realizadas pela empresa (prestação de serviços) – operações essas que constituem o seu objeto social – tais rendimentos devem ser considerados como um produto da venda de bens e/ou serviços, ou seja, constituem faturamento. Aplica-se a lógica de que o acessório segue o principal consoante o fundamento determinante do precedente REsp. n. 1.432.952-PR, Segunda Turma, Rel. Min. Mauro Campbell Marques, julgado em 25.02.2014.

(STJ, T2, AgRg no REsp 1.260.812/RS, Min. MAURO CAMPBELL, DJe de 26/04/2016)

A base de cálculo do imposto (15%) e do adicional (10%), será o lucro presumido, acrescido dos valores acima enumerados.

Do imposto apurado, poderá ser deduzido o imposto retido na fonte, vedada a dedução de benefício fiscal (Lei 8.981/95, art. 34, Lei 9.065/95, art. 1º, Lei 9.430/96, art. 51, e Lei 9.532/97, art. 10).

### 19.2. Lucro arbitrado

O arbitramento, previsto no art. 148, do CTN, é método de apuração da base de cálculo dos tributos, aplicável quando o contribuinte não possua os elementos necessários para a apuração do valor real ou quando estes não mereçam fé.

O instituto difere da presunção, pois esta fornece valor ou método de apurar o valor, com a característica de generalidade, enquanto o arbitramento busca alcançar o valor real, por meio de elementos específicos, aplicáveis ao contribuinte.

O arbitramento não é penalidade por infração. Contudo, será aplicado em situações que, quase sempre, serão consideradas infrações a deveres acessórios do contribuinte (art. 113, § 2º, do CTN).

Nos termos do art. 530, do RIR (Lei 8.981/95, art. 47, e Lei 9.430/96, art. 1º), **o lucro será arbitrado quando**:

- o contribuinte, obrigado à tributação com base no lucro real, não mantiver escrituração na forma das leis comerciais e fiscais, ou deixar de elaborar as demonstrações financeiras exigidas pela legislação fiscal;

- a escrituração a que estiver obrigado o contribuinte revelar evidentes indícios de fraudes ou contiver vícios, erros ou deficiências que a tornem imprestável para identificar a efetiva movimentação financeira, inclusive bancária ou para determinar o lucro real;
- o contribuinte, sujeito ao lucro real ou presumido, deixar de apresentar à autoridade tributária os livros e documentos da escrituração comercial e fiscal, ou o Livro Caixa;
- o contribuinte optar indevidamente pela tributação com base no lucro presumido;
- o comissário ou representante da pessoa jurídica estrangeira deixar de escriturar e apurar o lucro da sua atividade separadamente do lucro do comitente residente ou domiciliado no exterior;
- o contribuinte não mantiver, em boa ordem e segundo as normas contábeis recomendadas, Livro Razão ou fichas utilizadas para resumir e totalizar, por conta ou subconta, os lançamentos efetuados no Diário.

Tomando como parâmetro os deveres acessórios de apuração do imposto de renda pelo lucro real, os fatos que dão ensejo à tributação pelo lucro arbitrado variam entre a ausência total de dados acerca do fato gerador ou a imprestabilidade total destes e a ausência ou imprestabilidade parcial destes dados.

Assim, pode ocorrer que a contabilidade do contribuinte, embora incompleta, permita o levantamento da receita bruta. Neste caso (art. 531 a 534, do RIR) o próprio contribuinte poderá apurar a base de cálculo arbitrada, sofrendo penalidades eventuais, apenas se a omissão ou defeito das declarações, informações e documentos do contribuinte consistir, especificadamente pela lei, infração.

> ▶ **Como esse assunto foi cobrado em concurso?**
>
> **(ESAF/AFRF/2012)** Julgue os itens abaixo, classificando-os como corretos (C) ou errados (E), de acordo com a sua correspondência com as hipóteses legais que determinam a apuração do Imposto sobre a Renda da Pessoa Jurídica (IRPJ) sobre o lucro arbitrado.
>
> I. Quando o contribuinte, obrigado à tributação com base no lucro real, não mantiver escrituração na forma das leis comerciais e fiscais, ou deixar de elaborar as demonstrações financeiras exigidas pela legislação fiscal.
>
> II. Quando a escrituração a que estiver obrigado o contribuinte revelar evidentes indícios de fraudes ou contiver vícios, erros ou deficiências que a tornem imprestável para identificar a efetiva movimentação financeira, inclusive bancária.

III. Quando a escrituração a que estiver obrigado o contribuinte revelar evidentes indícios de fraudes ou contiver vícios, erros ou deficiências que a tornem imprestável para determinar a receita bruta.

IV. Quando o contribuinte optar indevidamente pela tributação com base no lucro presumido.

V. Quando o contribuinte não mantiver, em boa ordem e segundo as normas contábeis recomendadas, Livro Razão ou fichas utilizadas para resumir e totalizar, por conta ou subconta, os lançamentos efetuados no Diário.

**Gabarito:** Os itens I, II, IV e V estão corretos.

A hipótese legal prevê que o lucro seja arbitrado caso a escrituração a que estiver obrigado o contribuinte revelar evidentes indícios de fraudes ou contiver vícios, erros ou deficiências que a tornem imprestável para identificar a efetiva movimentação financeira, inclusive bancária ou para determinar o lucro real (Lei 8.981/95, art. 47, II). É óbvio que se que se a escrituração não permitir apurar a receita bruta, também não permitirá apurar também o lucro real. Assim, tecnicamente, o item III não está errado. Contudo, o gabarito oficial considera errada a assertiva, por não corresponder literalmente ao teor do art. 47, II, "b", da Lei 8.981/95.

Dispõe o art. 531, do RIR, que, presentes as hipóteses de arbitramento, "o contribuinte poderá efetuar o pagamento do imposto correspondente com base no lucro arbitrado" "quando conhecida a receita bruta" (Lei 8.981/95, art. 47, §§ 1º e 2º, e Lei 9.430/96, art. 1º), observando que "a apuração com base no lucro arbitrado abrangerá todo o ano-calendário, assegurada, ainda, a tributação com base no lucro real relativa aos trimestres não submetidos ao arbitramento, se a pessoa jurídica dispuser de escrituração exigida pela legislação comercial e fiscal que demonstre o lucro real dos períodos não abrangidos por aquela modalidade de tributação" e "o imposto apurado na forma do inciso anterior, terá por vencimento o último dia útil do mês subseqüente ao do encerramento de cada período de apuração".

A base de cálculo do imposto será apurada mediante a aplicação dos percentuais previstos para o lucro presumido acrescidos de 20% (Lei 9.249/95, art. 16 e Lei 9.430/96, art. 27, I). Assim, para a empresa sujeita ao percentual de 8% no lucro presumido, o percentual do lucro arbitrado será de 9,6%.

Para as instituições financeiras, o percentual é de 45% (Lei 9.249/95, art. 16, parágrafo único, e Lei 9.430/96, art. 27, I). **São os percentuais:**

| Atividades | Percentuais |
|---|---|
| Atividades em geral (RIR/1999, art. 532) | 9,6% |
| Revenda de combustíveis | 1,92% |
| Serviços de transporte (exceto transporte de carga) | 19,2% |
| Serviços de transporte de cargas | 9,6% |
| Serviços em geral (exceto serviços hospitalares) | 38,4% |
| Serviços hospitalares, serviços de auxílio diagnóstico e terapia; patologia clínica, imagenologia, anatomia patológica e citopatologia, medicina nuclear e análises e patologias clínicas. | 9,6% |
| Intermediação de negócios | 38,4% |
| Administração, locação ou cessão de bens e direitos de qualquer natureza (inclusive imóveis) | 38,4% |
| Factoring | 38,4% |
| Bancos, instituições financeiras e assemelhados | 45% |
| Disponível em: http://www.receita.fazenda.gov.br/publico/perguntao/ dipj2012/ CapituloXIV-LucroArbitrado2012.pdf; acesso em 12.5.2013. ||

No caso de empresa com mais de uma atividade, serão aplicados os percentuais de cada atividade. Havendo receita omitida, esta será computada para a determinação da base do imposto. Não sendo possível identificar a atividade a que se refere a receita, no caso de empresa com mais de uma atividade, sobre ela incidirá o percentual mais elevado dentre os aplicáveis ao contribuinte (art. 24, da Lei 9.249/95)

Para as empresas que se dedicarem à venda de imóveis construídos ou adquiridos para revenda, ao loteamento de terrenos e à incorporação de prédios em condomínio, dispõe o art. 534, do RIR que seus lucros arbitrados, deduzindo-se da receita bruta trimestral o custo do imóvel devidamente comprovado" (Lei 8.981/95, art. 49, e Lei 9.430/96, art. 1º). Acrescenta que "o lucro arbitrado será tributado na proporção da receita recebida ou cujo recebimento esteja previsto para o próprio trimestre" (Lei 8.981/95, art. 49, parágrafo único, e Lei 9.430/96, art. 1º).

À **base de cálculo arbitrada**, de modo similar ao que ocorre no lucro presumido, **devem ser acrescidos os seguintes valores**, a teor do art. 536, do RIR, valores estes que se referem a receitas não alcançadas pelo arbitramento (Lei 9.430/96, art. 27, inciso II):

- juros recebidos;
- descontos financeiros obtidos;
- aluguéis;
- rendimentos de mutuo;
- ganhos em operações de hedge, realizadas em bolsa ou no mercado de balcão;
- juros de tributos a serem restituídos ou compensados;
- variações monetárias ativas;
- valores recuperados, relativos a custos e despesas deduzidas em períodos anteriores, em que a empresa tenha sido optante do lucro real;
- multas contratuais e outras recebidas pela pessoa jurídica;
- juros superiores ao definido na legislação, pagos a pessoa vinculada no exterior, se o contrato não fora registrado no Banco Central;
- valores sobre os quais a tributação tenha sido diferida, para a pessoa jurídica optante do lucro real no ano anterior;
- ganhos auferidos na devolução de capital em bens e direitos;
- ganhos de capital decorrentes da alienação de bens do ativo permanente.

Se a receita bruta não é conhecida, o imposto será lançado por arbitramento através de procedimento de ofício, com a inevitável aplicação de penalidades (Lei 8.981/95, art. 51).

Neste caso, o arbitramento uma das seguintes **alternativas** (Lei 8.981/95, art. 51):

I – um inteiro e cinco décimos do lucro real referente ao último período em que a pessoa jurídica manteve escrituração de acordo com as leis comerciais e fiscais;

II – quatro centésimos da soma dos valores do ativo circulante, realizável a longo prazo e permanente, existentes no último balanço patrimonial conhecido;

III – sete centésimos do valor do capital, inclusive a sua correção monetária contabilizada como reserva de capital, constante do último balanço patrimonial conhecido ou registrado nos atos de constituição ou alteração da sociedade;

IV – cinco centésimos do valor do patrimônio líquido constante do último balanço patrimonial conhecido;

> V – quatro décimos do valor das compras de mercadorias efetuadas no mês;
>
> VI – quatro décimos da soma, em cada mês, dos valores da folha de pagamento dos empregados e das compras de matérias-primas, produtos intermediários e materiais de embalagem;
>
> VII – oito décimos da soma dos valores devidos no mês a empregados;
>
> VIII – nove décimos do valor mensal do aluguel devido.

Também, neste caso, deverá ocorrer o acréscimo à base de cálculo dos valores não abrangidos pelos métodos de arbitramento.

O art. 538, do RIR, expressa que "o arbitramento do lucro não exclui a aplicação das penalidades cabíveis".

São dedutíveis do imposto devido pelo método do arbitramento o imposto pago ou retido na fonte sobre as receitas que integraram a base de cálculo, vedada qualquer dedução a título de incentivo fiscal (Lei 9.532/97, art. 10).

### 19.3. SIMPLES

Como dissemos em outra oportunidade, este trabalho versa sobre os impostos. E o SIMPLES, definitivamente não é um imposto, mas uma forma simplificada e consolidada de apuração de diversos tributos.

Quem apura os tributos pelo SIMPLES, não apura o IPI, o PIS, a COFINS etc. Na análise exclusiva do IRPJ, a adesão ao SIMPLES significa uma dispensa de apuração do imposto.

O IRPJ está incluído no SIMPLES, como um percentual da alíquota dessa forma especial de tributação; como este percentual pode ser 0%, nem todo contribuinte optante do SIMPLES paga o IRPJ.

Em outras palavras, o SIMPLES não está incluído da dogmática estrita do IRPJ.

Porém, silenciar sobre o SIMPLES deixa um vazio na expectativa das pessoas, especialmente daqueles que leem o art. 146, III, d, da Constituição Federal e a Lei Complementar 123/06, que "Institui o Estatuto Nacional da Microempresa e da Empresa de Pequeno Porte".

Dispõe, a propósito, a norma constitucional:

> Art. 146. Cabe à lei complementar:
> [...]
> III - estabelecer normas gerais em matéria de legislação tributária, especialmente sobre:
> [...]
> d) definição de tratamento diferenciado e favorecido para as microempresas e para as empresas de pequeno porte, inclusive regimes especiais ou simplificados no caso do imposto previsto no art. 155, II, das contribuições previstas no art. 195, I e §§ 12 e 13, e da contribuição a que se refere o art. 239.
>
> Parágrafo único. A lei complementar de que trata o inciso III, d, também poderá instituir um regime único de arrecadação dos impostos e contribuições da União, dos Estados, do Distrito Federal e dos Municípios, observado que:
>
> I - será opcional para o contribuinte;
>
> II - poderão ser estabelecidas condições de enquadramento diferenciadas por Estado;
>
> III - o recolhimento será unificado e centralizado e a distribuição da parcela de recursos pertencentes aos respectivos entes federados será imediata, vedada qualquer retenção ou condicionamento;
>
> IV - a arrecadação, a fiscalização e a cobrança poderão ser compartilhadas pelos entes federados, adotado cadastro nacional único de contribuintes.

A LC 123/06 veio disciplinar este tratamento diferenciado e favorecido. Ela define micro e pequenas empresas, seleciona os tributos que abrange, dispõe sobre as regras e limites para opção, rege a competência de cada ente da federação e define as obrigações tributárias dos optantes.

> ▶ **Como esse assunto foi cobrado em concurso?**
>
> **(TRF4/Juiz Federal TRF4/2014).** Assinale certo ou errado. Segundo o que dispõe a Constituição Federal:
>
> Mediante lei complementar, é possível instituir um regime único de arrecadação dos impostos e das contribuições da União, dos Estados, do Distrito Federal e dos Municípios, que poderá, inclusive, estabelecer condições de enquadramento diferenciadas por Estado.
>
> **Gabarito:** Certo, de acordo com o art. 146, III, parágrafo único, II, CF/88

O art. 1º, da LC 123/2006 introduz a disciplina do Simples:

> Art. 1º Esta Lei Complementar estabelece normas gerais relativas ao tratamento diferenciado e favorecido a ser dispensado às microempresas e empresas de pequeno porte no âmbito dos Poderes da União, dos Estados, do Distrito Federal e dos Municípios, especialmente no que se refere:
>
> I – à apuração e recolhimento dos impostos e contribuições da União, dos Estados, do Distrito Federal e dos Municípios, mediante regime único de arrecadação, inclusive obrigações acessórias;
>
> II – ao cumprimento de obrigações trabalhistas e previdenciárias, inclusive obrigações acessórias;
>
> III – ao acesso a crédito e ao mercado, inclusive quanto à preferência nas aquisições de bens e serviços pelos Poderes Públicos, à tecnologia, ao associativismo e às regras de inclusão.

A norma declara reger a forma unificada de apuração e recolhimento de impostos e contribuições dos entes federados. Inicia, contudo, a disciplina de "obrigações trabalhistas e previdenciárias", não apenas as tributárias, e do acesso ao crédito, ao mercado, à tecnologia, ao associativismo e às regras de inclusão, matérias ínsitas à ordem econômica.

A definição de microempresas e de empresas de pequeno porte é dada por **faixas de valor da receita bruta**, conforme preceitua o art. 3º, da LC 123/06.

> Art. 3º Para os efeitos desta Lei Complementar, consideram-se microempresas ou empresas de pequeno porte, a sociedade empresária, a sociedade simples, a empresa individual de responsabilidade limitada e o empresário a que se refere o art. 966 da Lei nº 10.406, de 10 de janeiro de 2002 (Código Civil), devidamente registrados no Registro de Empresas Mercantis ou no Registro Civil de Pessoas Jurídicas, conforme o caso, desde que:
>
> I – no caso da microempresa, aufira, em cada ano-calendário, receita bruta igual ou inferior a R$ 360.000,00 (trezentos e sessenta mil reais); e
>
> II – no caso da empresa de pequeno porte, aufira, em cada ano-calendário, receita bruta superior a R$ 360.000,00 (trezentos e sessenta mil reais) e igual ou inferior a R$ 3.600.000,00 (três milhões e seiscentos mil reais).

Nestes termos, a empresa que auferiu até R$ 360.000,00 de receita bruta em um ano, pode aderir ao Simples como microempresa e aquela que auferiu até R$ 4.800.000,00, pode optar pelo regime como empresa de pequeno porte, sempre no ano seguinte. Para optar pelo Simples em um exercício, portanto, a empresa deverá verificar sua receita bruta no ano anterior.

> ▶ **Como esse assunto foi cobrado em concurso?**
>
> **(ESAF/PGFN/2015)** Sobre o Simples Nacional previsto na Lei Complementar n. 123/2006, é correto afirmar:
>
> Para efeito de determinação da alíquota e pagamento do valor devido mensalmente pela microempresa ou empresa de pequeno porte optante pelo Simples Nacional, o sujeito passivo utilizará a receita líquida acumulada nos 12 (doze) meses anteriores ao do período de apuração.
>
> **Gabarito:** Errado, porque a receita que referencia a micro e pequena empresa é a receita bruta, não líquida, e deve ser apurada por ano calendário, não nos últimos 12 meses (art. 3º, da LC 123/06).

Os parágrafos do art. 3º, da LC 123/06 contêm disposições importantes para a definição da receita bruta, bem como dos efeitos do enquadramento e do desenquadramento.

> Art. 3º [...]
>
> § 1º Considera-se receita bruta, para fins do disposto no caput deste artigo, o produto da venda de bens e serviços nas operações de conta própria, o preço dos serviços prestados e o resultado nas operações em conta alheia, não incluídas as vendas canceladas e os descontos incondicionais concedidos.
>
> § 2º No caso de início de atividade no próprio ano-calendário, o limite a que se refere o caput deste artigo será proporcional ao número de meses em que a microempresa ou a empresa de pequeno porte houver exercido atividade, inclusive as frações de meses.
>
> § 3º O enquadramento do empresário ou da sociedade simples ou empresária como microempresa ou empresa de pequeno porte bem como o seu desenquadramento não implicarão alteração, denúncia ou qualquer restrição em relação a contratos por elas anteriormente firmados.

> ▶ **Como esse assunto foi cobrado em concurso?**
>
> **(ESAF/Procurador da Fazenda Nacional-PGFN/2012)** A Constituição Federal permitiu o tratamento tributário diferenciado e favorecido para as

microempresas e para as empresas de pequeno porte. Assim, editou-se a Lei Complementar nº 123, de 14 de dezembro de 2006. De acordo com esta lei, analise os itens a seguir, para então assinalar a opção que corresponda às suas respostas.

I. Para a classificação como microempresa, a lei estabeleceu determinado valor máximo auferido por ano-calendário a título de receita bruta.

II. O conceito de receita bruta compreende o produto da venda de bens e serviços nas operações de conta própria, não incluídas as vendas canceladas e quaisquer descontos concedidos.

III. Também integram o conceito de receita bruta o preço dos serviços prestados e o resultado nas operações em conta alheia.

IV. O enquadramento como microempresa ou empresa de pequeno porte, bem como o seu desenquadramento, não implicarão alteração, denúncia ou qualquer restrição em relação a contratos por elas anteriormente firmados.

V. No caso de início de atividade no próprio ano calendário, o limite (valor máximo no caso de microempresa; valores mínimo e máximo no caso de empresa de pequeno porte) será proporcional ao número de meses em que a microempresa ou a empresa de pequeno porte houver exercido atividade, inclusive as frações de meses.

**Gabarito:** Estão corretos os itens I, III, IV e V. Apenas o item II está errado, pois diverge do § 1º, do art. 3º, da LC 123, ao contrário do item III, que corresponde ao dispositivo. O item confere com o art. 3º, I, o item IV, com o § 3º, do art. 3º, e o item V, como o § 2º, do art. 3º, da LC 123.

A **lei também exclui certas empresas do regime**, como aquelas (art. 3º, § 4º, da LC 123/06):

- de cujo capital participe outra pessoa jurídica,
- que seja filial, sucursal, agência ou representação, no País, de pessoa jurídica com sede no exterior, de cujo capital participe pessoa física empresária, pessoa física sócia de outra empresa ou entidade sem fins lucrativos, se o somatório da receita do empresário individual ou da pessoa jurídica com o da empresa beneficiária ultrapassar o limite de pequena empresa;
- constituída sob a forma de cooperativas, salvo as de consumo;
- constituída sob a forma de sociedade por ações;
- que participe do capital de outra pessoa jurídica;
- que exerça atividade de instituição financeira;

- resultante ou remanescente de cisão ou qualquer outra forma de desmembramento de pessoa jurídica que tenha ocorrido em um dos 5 (cinco) anos-calendário anteriores.

> **Como esse assunto foi cobrado em concurso?**
>
> **(ESAF/PGFN/2015)** Sobre o Simples Nacional previsto na Lei Complementar n. 123/2006, é correto afirmar:
>
> Não se aplica às cooperativas, salvo as de consumo.
>
> *Gabarito:* Correto, pois, de acordo com o art. 30, § 4o, da LC 123/06, as cooperativas, em regra, não podem aderir ao Simples, à exceção das cooperativas de consumo.

**Outras exclusões** estão presentes no art. 17, da LC 123/06, com alterações promovidas pela LC 155/16:

> Art. 17. Não poderão recolher os impostos e contribuições na forma do Simples Nacional a microempresa ou a empresa de pequeno porte:
>
> I – que explore atividade de prestação cumulativa e contínua de serviços de assessoria creditícia, gestão de crédito, seleção e riscos, administração de contas a pagar e a receber, gerenciamento de ativos (asset management), compras de direitos creditórios resultantes de vendas mercantis a prazo ou de prestação de serviços (factoring);
>
> II – que tenha sócio domiciliado no exterior;
>
> III – de cujo capital participe entidade da administração pública, direta ou indireta, federal, estadual ou municipal;
>
> IV – (REVOGADO)
>
> V – que possua débito com o Instituto Nacional do Seguro Social – INSS, ou com as Fazendas Públicas Federal, Estadual ou Municipal, cuja exigibilidade não esteja suspensa;
>
> VI – que preste serviço de transporte intermunicipal e interestadual de passageiros, exceto quando na modalidade fluvial ou quando possuir características de transporte urbano ou metropolitano ou realizar-se sob fretamento contínuo em área metropolitana para o transporte de estudantes ou trabalhadores;
>
> VII – que seja geradora, transmissora, distribuidora ou comercializadora de energia elétrica;
>
> VIII – que exerça atividade de importação ou fabricação de automóveis e motocicletas;

> IX – que exerça atividade de importação de combustíveis;
>
> X – que exerça atividade de produção ou venda no atacado de:
>
> a) cigarros, cigarrilhas, charutos, filtros para cigarros, armas de fogo, munições e pólvoras, explosivos e detonantes;
>
> b) bebidas não alcoólicas a seguir descritas:
>
> 1 – alcoólicas;
>
> 2 – refrigerantes, inclusive águas saborizadas gaseificadas;
>
> 3 – preparações compostas, não alcoólicas (extratos concentrados ou sabores concentrados), para elaboração de bebida refrigerante, com capacidade de diluição de até 10 (dez) partes da bebida para cada parte do concentrado;
>
> 4 – cervejas sem álcool;
>
> c) bebidas alcoólicas, exceto aquelas produzidas ou vendidas no atacado por:
>
> 1. micro e pequenas cervejarias;
>
> 2. micro e pequenas vinícolas
>
> 3. produtores de licores;
>
> 4. micro e pequenas destilarias;
>
> XII – que realize cessão ou locação de mão-de-obra;
>
> XIV – que se dedique ao loteamento e à incorporação de imóveis.
>
> XV – que realize atividade de locação de imóveis próprios, exceto quando se referir a prestação de serviços tributados pelo ISS.
>
> XVI – com ausência de inscrição ou com irregularidade em cadastro fiscal federal, municipal ou estadual, quando exigível.

Interessa-nos, mais, a **parte da tributação**, regida pelo art. 12, da LC 123/06 e seguintes.

> Art. 12. Fica instituído o Regime Especial Unificado de Arrecadação de Tributos e Contribuições devidos pelas Microempresas e Empresas de Pequeno Porte – Simples Nacional.

▶ **Como esse assunto foi cobrado em concurso?**

**(ESAF/PGFN/2015) Sobre o Simples Nacional previsto na Lei Complementar n. 123/2006, é correto afirmar:**

O contribuinte deverá considerar, destacadamente, para fim de pagamento, as receitas decorrentes da venda de mercadorias industrializadas pelo contribuinte.

> *Gabarito:* Errado, por supor que o contribuinte deverá destacar as receitas de venda de mercadorias industrializadas, pois o Simples é um regime unificado (art. 12, da LC 123/06).

O art. 13 define quais tributos são excluídos pelo SIMPLES e quais não são excluídos. **Incluem-se** o IRPJ, o IPI, a CSLL, a COFINS, o PIS/PASEP, a Contribuição Patronal Previdenciária – CPP [...], o ICMS e o ISS. **Não se incluem** o IOF, o II, o IE, o ITR, o Imposto de Renda, relativo aos rendimentos ou ganhos líquidos auferidos em aplicações de renda fixa ou variável e relativo aos ganhos de capital auferidos na alienação de bens do ativo permanente, o FGTS, a Contribuição da Seguridade Social, relativa ao trabalhador, a Contribuição para a Seguridade Social, relativa à pessoa do empresário, na qualidade de contribuinte individual, o Imposto de Renda relativo aos pagamentos ou créditos efetuados pela pessoa jurídica a pessoas físicas, o PIS/PASEP, a COFINS e o IPI incidentes na importação, o ICMS e o ISS em circunstâncias particulares.

> ▶ **Como esse assunto foi cobrado em concurso?**
>
> **(ESAF/PGFN/2015)** Sobre o Simples Nacional previsto na Lei Complementar n. 123/2006, é correto afirmar:
>
> Implica o recolhimento mensal, mediante documento único de arrecadação, do IPI e da Contribuição para o Fundo de Garantia do Tempo de Serviço – FGTS, entre outros tributos.
>
> *Gabarito:* Errado, porque o FGTS não está incluído no Simples (art. 13, da LC 123/06).

O **valor devido** que substitui as obrigações tributárias específicas é apurado na forma do art. 18, da LC 123/06, que contém regras para as atividades do comércio, da indústria, do setor de serviços etc. Destacamos a seguinte parte:

> Art. 18. O valor devido mensalmente pela microempresa e empresa de pequeno porte comercial, optante pelo Simples Nacional, será determinado mediante aplicação da tabela do Anexo I desta Lei Complementar.
>
> § 1º Para efeito de determinação da alíquota, o sujeito passivo utilizará a receita bruta acumulada nos 12 (doze) meses anteriores ao do período de apuração.
>
> § 2º Em caso de início de atividade, os valores de receita bruta acumulada constantes das tabelas dos Anexos I a V desta Lei

Complementar devem ser proporcionalizados ao número de meses de atividade no período.

§ 3º Sobre a receita bruta auferida no mês incidirá a alíquota determinada na forma do caput e dos §§ 1º e 2º deste artigo, podendo tal incidência se dar, à opção do contribuinte, na forma regulamentada pelo Comitê Gestor, sobre a receita recebida no mês, sendo essa opção irretratável para todo o ano-calendário.

[...]

§ 5º As atividades industriais serão tributadas na forma do Anexo II desta Lei Complementar.

A alíquota encontrada nas tabelas da LC 123/06 é aplicada sobre a receita bruta mensal, para apurar o valor da obrigação.

Destacamos, a seguir, o anexo II, que contém as alíquotas do setor industrial:

### Anexo II da Lei Complementar 123/06

### Alíquotas e partilha do Simples Nacional – Indústria

| Receita Bruta em 12 meses | Alíquo-ta | IRPJ | CSLL | COFINS | PIS/PASEP | CPP | ICMS | IPI |
|---|---|---|---|---|---|---|---|---|
| Até 180.000,00 | 4,50% | 0,00% | 0,00% | 0,00% | 0,00% | 2,75% | 1,25% | 0,50% |
| De 180.000,01 a 360.000,00 | 5,97% | 0,00% | 0,00% | 0,86% | 0,00% | 2,75% | 1,86% | 0,50% |
| [...] | [...] | [...] | [...] | [...] | [...] | [...] | [...] | [...] |
| De 3.240.000,01 a 3.420.000,00 | 12,01% | 0,53% | 0,53% | 1,60% | 0,38% | 4,56% | 3,91% | 0,50% |
| De 3.420.000,01 a 3.600.000,00 | 12,11% | 0,54% | 0,54% | 1,60% | 0,38% | 4,60% | 3,95% | 0,50% |

Podemos verificar que a obrigação das menores empresas não gera arrecadação do IRPJ, da CSLL, do PIS e da COFINS e o percentual, da alíquota de 4,5%, relativo ao IPI é de 0,5%.

Ao final no anexo, os contribuintes sujeitos à alíquota de 12,11% geram arrecadação de IRPJ de 0,54% da receita.

Cabe, ainda, mencionar a **isenção do imposto de renda** dos valores efetivamente pagos ou distribuídos ao titular ou sócio da microempresa ou empresa de pequeno porte optante pelo Simples Nacional, salvo os que corresponderem a pró-labore, aluguéis ou serviços prestados, nos termos do art. 14, da LC 123/06.

> Art. 14. Consideram-se isentos do imposto de renda, na fonte e na declaração de ajuste do beneficiário, os valores efetivamente pagos ou distribuídos ao titular ou sócio da microempresa ou empresa de pequeno porte optante pelo Simples Nacional, salvo os que corresponderem a pró-labore, aluguéis ou serviços prestados.
>
> § 1º A isenção de que trata o caput deste artigo fica limitada ao valor resultante da aplicação dos percentuais de que trata o art. 15 da Lei nº 9.249, de 26 de dezembro de 1995, sobre a receita bruta mensal, no caso de antecipação de fonte, ou da receita bruta total anual, tratando-se de declaração de ajuste, subtraído do valor devido na forma do Simples Nacional no período.
>
> § 2º O disposto no § 1º deste artigo não se aplica na hipótese de a pessoa jurídica manter escrituração contábil e evidenciar lucro superior àquele limite.

Em suma, o SIMPLES não equivale ao IRPJ ou a qualquer outro tributo. Ele substitui a apuração analítica dos tributos por uma apuração concentrada e exclui a incidência dos tributos em espécie, ainda que o percentual da alíquota dos tributos que substitua seja zero.

## 20. IMUNIDADES E ISENÇÕES

As imunidades aplicáveis ao IRPJ são aquelas previstas pelo art. 150, VI, 'a', 'b' e 'c' da Constituição, que alcançam as rendas dos entes federativos, dos templos religiosos, dos partidos políticos, entidades sindicais, e instituições de educação e de assistência social.

Para que sejam imunes, as instituições de educação e de assistência social sem fins lucrativos não podem distribuir lucros, aplicar seus recursos no país e na manutenção de seus objetivos institucionais e manter hígida sua escrita contábil, nos termos do art. 14, do CTN. Eis o texto da norma:

> Art. 14. O disposto na alínea c do inciso IV do artigo 9º é subordinado à observância dos seguintes requisitos pelas entidades nele referidas:

I – não distribuírem qualquer parcela de seu patrimônio ou de suas rendas, a qualquer título;

II – aplicarem integralmente, no País, os seus recursos na manutenção dos seus objetivos institucionais;

III – manterem escrituração de suas receitas e despesas em livros revestidos de formalidades capazes de assegurar sua exatidão.

§ 1º Na falta de cumprimento do disposto neste artigo, ou no § 1º do artigo 9º, a autoridade competente pode suspender a aplicação do benefício.

§ 2º Os serviços a que se refere a alínea c do inciso IV do artigo 9º são exclusivamente, os diretamente relacionados com os objetivos institucionais das entidades de que trata este artigo, previstos nos respectivos estatutos ou atos constitutivos.

Também há imunidade da CSLL as entidades beneficentes de assistência social que atendam aos mesmos requisitos, por força de disposição expressa do art. 195, § 7º, da Constituição.

Art. 195.
[...]
§ 7º – São isentas de contribuição para a seguridade social as entidades beneficentes de assistência social que atendam às exigências estabelecidas em lei.

Traremos dos aspectos gerais desta imunidade no tópico específico das contribuições.

O STF entende que as **entidades de previdência privada não** se caracterizam como entidades de **assistência social** e, por conseguinte, não gozam de imunidade.

### ▶ Entendimento do STF

RECURSO EXTRAORDINÁRIO. CONSTITUCIONAL. PREVIDÊNCIA PRIVADA. IMUNIDADE TRIBUTÁRIA. INEXISTÊNCIA.

1. Entidade fechada de previdência privada. Concessão de benefícios aos filiados mediante recolhimento das contribuições pactuadas. Imunidade tributária. Inexistência, dada a ausência das características de universalidade e generalidade da prestação, próprias dos órgãos de assistência social.

2. As instituições de assistência social, que trazem ínsito em suas finalidades a observância ao princípio da universalidade, da generalidade e concede benefícios a toda coletividade, independentemente de contraprestação, não se confundem e não podem ser comparadas com as entidades fechadas de previdência privada que, em decorrência da relação contratual firmada, apenas contempla uma categoria específica, ficando o gozo dos benefícios previstos em seu estatuto social dependente do recolhimento das contribuições avençadas, conditio sine qua non para a respectiva integração no sistema. Recurso extraordinário conhecido e provido.
(STF, Tribunal Pleno, RE 202.700/DF, Min. MAURÍCIO CORRÊA, DJ de 1/3/2002)

A matéria, a propósito, foi registrada em súmula.

▶ **Entendimento do STF**

**Súmula 730** – A imunidade tributária conferida a instituições de assistência social sem fins lucrativos pelo art. 150, VI, "c", da Constituição, somente alcança as entidades fechadas de previdência social privada se não houver contribuição dos beneficiários. (STF, Tribunal Pleno, Súmula 730, DJ de 9/12/2003)

Contudo, o art. 5º, da MP 209/04, convertida na Lei 11.053/04, afastou a tributação do imposto de renda sobre os rendimentos e ganhos auferidos nas aplicações de recursos das provisões, reservas técnicas e fundos de planos de benefícios de entidade de previdência complementar, sociedade seguradora e FAPI, bem como de seguro de vida com cláusula de cobertura por sobrevivência.

Art. 5º A partir de 1º de janeiro de 2005, ficam dispensados a retenção na fonte e o pagamento em separado do imposto de renda sobre os rendimentos e ganhos auferidos nas aplicações de recursos das provisões, reservas técnicas e fundos de planos de benefícios de entidade de previdência complementar, sociedade seguradora e FAPI, bem como de seguro de vida com cláusula de cobertura por sobrevivência.

Parágrafo único. Aplica-se o disposto no caput deste artigo aos fundos administrativos constituídos pelas entidades fechadas de previdência complementar e às provisões, reservas técnicas e fundos dos planos assistenciais de que trata o art. 76, da Lei Complementar no 109, de 29 de maio de 2001.

Vige, portanto, isenção do IRPJ nesta hipótese.

Nos termos do art. 175, do RIR, também "estão isentas do imposto as entidades de previdência privada fechadas e as sem fins lucrativos, referidas, respectivamente, na letra "a" do item I e na letra "b" do item II do art. 4º da Lei 6.435/77", por força do art. 6º, do DL 2.065/83.

O regulamento descreve outras hipóteses de isenção do IRPJ, como se vê:

> Art. 174. Estão isentas do imposto as instituições de caráter filantrópico, recreativo, cultural e científico e as associações civis que prestem os serviços para os quais houverem sido instituídas e os coloquem à disposição do grupo de pessoas a que se destinam, sem fins lucrativos (Lei 9.532/97, arts. 15 e 18).
> 
> [...]
> 
> Art. 176. Estão isentas do imposto as companhias estrangeiras de navegação marítima e aérea se, no país de sua nacionalidade, as companhias brasileiras de igual objetivo gozarem da mesma prerrogativa (Decreto-Lei nº 5.844, de 1943, art. 30).
> 
> Parágrafo único. A isenção de que trata este artigo alcança os rendimentos auferidos no tráfego internacional por empresas estrangeiras de transporte terrestre, desde que, no país de sua nacionalidade, tratamento idêntico seja dispensado às empresas brasileiras que tenham o mesmo objeto, observado o disposto no parágrafo único do art. 181 (DL 1.228/72, art. 1º).
> 
> Art. 177. Estão isentas do imposto as Associações de Poupança e Empréstimo, devidamente autorizadas pelo órgão competente, constituídas sob a forma de sociedade civil, tendo por objetivo propiciar ou facilitar a aquisição de casa própria aos associados, captar, incentivar e disseminar a poupança, que atendam às normas estabelecidas pelo Conselho Monetário Nacional (DL 70/66, art. 1º e 7º).

Na vasta legislação sobre o imposto de renda, encontram-se várias hipóteses de isenção, à exemplo do art. 7º, do DL 70/66, segundo o qual "as associações de poupança e empréstimo são isentas de imposto de renda; são também isentas de imposto de renda as correções monetárias que vierem a pagar a seus depositantes". Como a lei não prevê isenção para a CSLL, o benefício não é automaticamente concedido à contribuição.

> ▶ **Como esse assunto foi cobrado em concurso?**
>
> **(ESAF/AFRF/2014)** Sobre a CSLL – Contribuição Social sobre o Lucro Líquido, é incorreto afirmar que:
>
> As associações de poupança e empréstimo estão isentas do imposto sobre a renda, mas são contribuintes da contribuição social sobre o lucro líquido.
>
> **Gabarito:** Correto, pois o art. 7º, do DL 70/66 confere isenção às associações de poupança e empréstimo apenas quanto ao imposto de renda, não havendo norma expressa quanto à CSLL.

Por fim, mencionam-se as isenções subjetivas do imposto que beneficia a entidade binacional ITAIPU (DL 23/73, art. XII, e Decreto 72.707/73); e o Fundo Garantidor de Crédito – FGC (Lei 9.710/98, art. 4º).

## 21. LANÇAMENTO

O lançamento do IRPJ segue a sistemática da homologação, vale dizer, o contribuinte deve apurar e pagar o imposto e ao Fisco cabe, ao verificar a atividade do contribuinte, homologá-la, se estiver correta, ou efetuar lançamento de ofício complementar, se o contribuinte deixou de cumprir integralmente a obrigação. Neste processo, o contribuinte é obrigado a emitir documentos, escriturar livros e apresentar declarações.

O principal documento é a nota fiscal. Entre os livros, destacam-se o diário, o razão, o caixa, os livros de entrada e saída de mercadorias, o livro de controle de estoque e, é claro, o LALUR entre outros. Entre as demonstrações, a mais importante é a demonstração do lucro real.

A partir da vigência da Lei 12.973/14, a escrituração do imposto deverá ser entregue em meio digital ao Sistema Público de Escrituração Digital – SPED, incluindo o LALUR, também digital e agora o LACS, para apuração da CSLL.

As declarações prestadas pela pessoa jurídica são: a Declaração de Informações Econômico-Fiscais da Pessoa Jurídica – DIPJ; a Declaração de Contribuições e Impostos Federais – DCTF; a Declaração de Inatividade; e a Declaração do Imposto de Renda Retido na Fonte – DIRF.

Vejamos o que o RIR dispõe sobre os livros:

**Diário:** "sem prejuízo de exigências especiais da lei, é obrigatório o uso de Livro Diário, encadernado com folhas numeradas seguidamente, em que serão lançados, dia a dia, diretamente ou por reprodução, os atos ou operações da atividade, ou que modifiquem ou possam vir a modificar a situação patrimonial da pessoa jurídica (DL 486/69, art. 5º)" (art. 258, do RIR).

**Razão:** "a pessoa jurídica tributada com base no lucro real deverá manter, em boa ordem e segundo as normas contábeis recomendadas, Livro Razão ou fichas utilizados para resumir e totalizar, por conta ou subconta, os lançamentos efetuados no Diário, mantidas as demais exigências e condições previstas na legislação (Lei 8.218/91, art. 14, e Lei 8.383/91, art. 62)" (art. 259, do RIR).

Os **livros relativos a mercadorias e estoque** são regidos com detalhes pelo **Regulamento do IPI**:

> Art. 456. O livro Registro de Entradas, modelo 1, destina-se à escrituração das entradas de mercadorias a qualquer título.
>
> § 1º As operações serão escrituradas individualmente, na ordem cronológica das efetivas entradas das mercadorias no estabelecimento ou na ordem das datas de sua aquisição ou desembaraço aduaneiro, quando não transitarem pelo estabelecimento adquirente ou importador.
>
> [...]
>
> Art. 459. O livro Registro de Saídas, modelo 2, destina-se à escrituração das saídas de produtos, a qualquer título, do estabelecimento.
>
> § 1º Serão também escriturados os documentos fiscais relativos à transmissão de propriedade e à transferência dos produtos que não tenham transitado pelo estabelecimento.
>
> [...]
>
> Art. 461. O livro Registro de Controle da Produção e do Estoque, modelo 3, destina-se ao controle quantitativo da produção e do estoque de mercadorias e, também, ao fornecimento de dados para preenchimento do documento de prestação de informações à repartição fiscal.
>
> § 1º Serão escriturados no livro os documentos fiscais relativos às entradas e saídas de mercadorias, bem como os documentos de uso interno, referentes à sua movimentação no estabelecimento.
>
> [...]

Art. 472. O livro Registro de Inventário, modelo 7, destina-se a arrolar, pelos seus valores e com especificações que permitam sua perfeita identificação, as matérias-primas, os produtos intermediários, os materiais de embalagem, os produtos acabados e os produtos em fase de fabricação, existentes em cada estabelecimento à época do balanço da firma.

§ 1º Serão também arrolados, separadamente:

I – as matérias-primas, os produtos intermediários, os materiais de embalagem e os produtos manufaturados pertencentes ao estabelecimento, em poder de terceiros; e

II – as matérias-primas, os produtos intermediários, os materiais de embalagem, os produtos acabados e produtos em fabricação pertencentes a terceiros, em poder do estabelecimento.

De **volta ao RIR**, vejamos o que o art. 275 dispõe sobre o **LALUR**:

Art. 262. No LALUR, a pessoa jurídica deverá (DL 1.598/77, art. 8º, inciso I):

I – lançar os ajustes do lucro líquido do período de apuração;

II – transcrever a demonstração do lucro real;

III – manter os registros de controle de prejuízos fiscais a compensar em períodos de apuração subseqüentes, do lucro inflacionário a realizar, da depreciação acelerada incentivada, da exaustão mineral, com base na receita bruta, bem como dos demais valores que devam influenciar a determinação do lucro real de períodos de apuração futuros e não constem da escrituração comercial;

IV – manter os registros de controle dos valores excedentes a serem utilizados no cálculo das deduções nos períodos de apuração subseqüentes, dos dispêndios com programa de alimentação ao trabalhador, vale-transporte e outros previstos neste Decreto.

Art. 263. O LALUR poderá ser escriturado mediante a utilização de sistema eletrônico de processamento de dados, observadas as normas baixadas pela Secretaria da Receita Federal (Lei 8.218/91, art. 18).

O art. 275, do RIR, rege a **demonstração do lucro real**:

Art. 275. O contribuinte deverá elaborar demonstração do lucro real, discriminando (DL 1.598/77, art. 8º, § 1º, e Lei 9.430/96, arts. 1º e 2º):

> I – o lucro líquido do período de apuração;
>
> II – os lançamentos de ajuste do lucro líquido, com a indicação, quando for o caso, dos registros correspondentes na escrituração comercial ou fiscal;
>
> III – o lucro real.
>
> Parágrafo único. A demonstração do lucro real deverá ser transcrita no LALUR (DL 1.598/77, art. 8º, inciso I, alínea "b").

Estes livros e a demonstração são deveres acessórios, embora obrigatórios, cuja função é auxiliar a apuração do imposto devido e permitir a fiscalização. Outras são as declarações do imposto.

### DIPJ

A DIPJ é o documento que consolida informações da pessoa jurídica relativas ao IRPJ, ao IPI, à CSLL, ao PIS e à COFINS. Assim, apresenta informações sobre toda a atividade da empresa, incluindo informações econômicas, como transações internacionais, preços de transferência, *royalties* pagos e recebidos, operações de incorporação, fusão, cisão e extinção, bem como informações fiscais, de apuração dos tributos que abrange.

A DIPJ é anual e deve ser entregue até o último dia de junho de cada ano, por praticamente todas as pessoas jurídicas, inclusive pessoas imunes e isentas. Estão dispensadas apenas as optantes pelo SIMPLES, as empresas inativas, e os órgãos públicos.

### Declaração de Inativo

Se a pessoa jurídica não realizar qualquer atividade no ano calendário, deverá apresentar a declaração de inativo, ou Declaração Simplificada da Pessoa Jurídica (DSPJ) – Inativa, até o último dia útil do mês de março.

### DCTF

A DCTF é a principal declaração tributária federal e deve conter informações fiscais (não econômicas) do IRPJ, do IRRF, do IPI, do IOF, da CSLL, do PIS, da COFINS, da CIDE-Combustíveis, da CIDE-Royalties, Contribuição do Plano de Seguridade do Servidor Público (PSS) e da Contribuição Previdenciária sobre a Receita Bruta (CPRB)

A DCTF contém a síntese da apuração dos tributos e deve ser entregue pela generalidade dos contribuintes até o 15º dia útil do 2º mês subsequente ao mês de ocorrência dos fatos geradores.

**Estão dispensados de apresentar a DCTF:**
- As pessoas optantes pelo Simples;
- As pessoas inativas;
- Os grupos de sociedades;
- Os consórcios que não atuem em nome próprio;
- Os clubes de investimento registrados em bolsa;
- Os fundos de investimento imobiliários;
- As embaixadas e representações internacionais;

A DCTF e a DIPJ constituem confissão de dívida e possuem efeito constitutivo, vale dizer, o valor do tributo devido nelas declarado e não pago pelo contribuinte pode ser cobrado judicialmente, sem a necessidade da realização de qualquer procedimento administrativo.

O fundamento para que a declaração tributária federal tenha efeito constitutivo é o art. 5º, do DL 2.124/84. Leia-se:

> Art. 5º O Ministro da Fazenda poderá eliminar ou instituir obrigações acessórias relativas a tributos federais administrados pela Secretaria da Receita Federal.
>
> § 1º O documento que formalizar o cumprimento de obrigação acessória, comunicando a existência de crédito tributário, constituirá confissão de dívida e instrumento hábil e suficiente para a exigência do referido crédito.
>
> § 2º Não pago no prazo estabelecido pela legislação o crédito, corrigido monetariamente e acrescido da multa de vinte por cento e dos juros de mora devidos, poderá ser imediatamente inscrito em dívida ativa, para efeito de cobrança executiva, observado o disposto no § 2º do artigo 7º do Decreto-Lei nº 2.065, de 26 de outubro de 1983.

Contudo, apenas em 1998 foi conferido o efeito constitutivo às declarações. À DIPJ pela IN SRF 127/98 e à DCTF pela IN SRF 73/88.

Hoje, há uma aceitação generalizada de que as declarações constituem as obrigações tributárias, dada a massiva jurisprudência sobre o tema, consolidada no julgamento do EREsp 795.992/RS pela Corte Especial do STJ.

> ▸ **Entendimento do STJ**
>
> Nos tributos sujeitos a lançamento por homologação, ocorrendo a declaração do contribuinte desacompanhada do pagamento no vencimento,

> não se aguarda o decurso do prazo decadencial para o lançamento. A declaração do contribuinte elide a necessidade da constituição formal do débito, podendo este ser imediatamente inscrito em dívida ativa, tornando-se exigível, independentemente de qualquer procedimento administrativo ou de notificação ao contribuinte.
> [...]
> (STJ, Corte Especial, AgRg no EREsp 795.992/RS, Min. NANCY ANDRIGHI, DJe de 23/06/2008)

O efeito constitutivo das declarações tributárias, contudo, não decorre da natureza das coisas, das decisões do Poder Judiciário, nem do CTN, mas da lei ordinária. Assim, faltando a lei que confira à declaração o efeito constitutivo, voltaria a ser necessário o lançamento de ofício para permitir a cobrança do crédito declarado.

### DIRF

A DIRF é a declaração de retenção na fonte, em que a pessoa jurídica informa à Receita Federal, como o próprio nome diz, todo o imposto que reteve na fonte em virtude dos pagamentos que realizou.

Sua função é permitir o controle da dedução do imposto pago pelo contribuinte que sofreu a retenção, além de fornecer indícios para a fiscalização.

Contudo, não apresenta efeito constitutivo.

### E-financeira

A IN RFB 1571/15 previu nova declaração para as instituições financeiras, a chamada e-financeira, que é, em linhas gerais, uma ampliação, da Declaração de Informações sobre Movimentações Financeiras – DIMOF, que já era apresentada por instituições bancárias.

Esta declaração, a e-financeira, foi instituída como adequação a tratados internacionais de trocas de informações sobre patrimônios e operações financeiras que extrapolam fronteiras dos países, com vistas a combater a evasão fiscal internacional e também fechara as portas de financiamento ao terrorismo, como o Convênio entre Brasil e Estados Unidos (Decreto 8.506/15), chamado de *Foreing Account Tax Compliance Act – FACTA* e, em português, Lei de Conformidade Tributária de Contas Estrangeiras, bem como outros tratados bilaterais e multilaterais, que seguem o *Common Reporting Standard – CRS*, da OCDE.

## SPED

O Decreto 6.022/07 instituiu o Sistema Público de Escrituração Digital – SPED.

Nos termos do art. 2º, do próprio Decreto, "o Sped é instrumento que unifica as atividades de recepção, validação, armazenamento e autenticação de livros e documentos que integram a escrituração contábil e fiscal dos empresários e das pessoas jurídicas, inclusive imunes ou isentas, mediante fluxo único, computadorizado, de informações".

> **Como informa a Receita Federal**, na página do SPED na internet:
>
> De modo geral, consiste na modernização da sistemática atual do cumprimento das obrigações acessórias, transmitidas pelos contribuintes às administrações tributárias e aos órgãos fiscalizadores, utilizando-se da certificação digital para fins de assinatura dos documentos eletrônicos, garantindo assim a validade jurídica dos mesmos apenas na sua forma digital.
>
> - Iniciou-se com três grandes projetos: Escrituração Contábil Digital, Escrituração Fiscal Digital e a NF-e – Ambiente Nacional.
> - Representa uma iniciativa integrada das administrações tributárias nas três esferas governamentais: federal, estadual e municipal.
> - Mantém parceria com 20 instituições, entre órgãos públicos, conselho de classe, associações e entidades civis, na construção conjunta do projeto.
> - Firma Protocolos de Cooperação com 27 empresas do setor privado, participantes do projeto-piloto, objetivando o desenvolvimento e o disciplinamento dos trabalhos conjuntos.
> - Possibilita, com as parcerias fisco-empresas, planejamento e identificação de soluções antecipadas no cumprimento das obrigações acessórias, em face às exigências a serem requeridas pelas administrações tributárias.
> - Faz com que a efetiva participação dos contribuintes na definição dos meios de atendimento às obrigações tributárias acessórias exigidas pela legislação tributária contribua para aprimorar esses mecanismos e confira a esses instrumentos maior grau de legitimidade social.
> - Estabelece um novo tipo de relacionamento, baseado na transparência mútua, com reflexos positivos para toda a sociedade
>
> (Disponível em: http://sped.rfb.gov.br/pagina/show/964. Acesso em 28/11/2016)

O SPED conta com diversos módulos, relativos a diversos tributos e obrigações administrados pela Receita Federal e fiscos de outras entidades da federação, dentre eles o de notas fiscais eletrônicas – NFe, da e-financeira, do e-social etc.

Em conclusão, o lançamento do IRPJ ocorre por homologação, conferido e reconhecido o efeito constitutivo das declarações DIPJ e DCTF. As demais declarações não possuem efeito constitutivo e, assim como os livros, demonstrativos e documentos fiscais, embora obrigatórios, têm função auxiliar na apuração, fiscalização e constituição do tributo.

## PARTE IV – RESUMO E SÚMULAS

## 22. RESUMO

### PARTE I

| | |
|---|---|
| Visão geral | O imposto incide sobre o lucro real, presumido ou arbitrado da pessoa jurídica. Lucro real é o lucro contábil (receitas menos despesas) com as adições (obrigatórias) e as deduções (facultativas) previstas pela lei tributária. Não existe um "lucro verdadeiro". Lucro real é obrigatório para determinadas empresas, segundo critérios de valor da receita anual (R$ 78.000.000), atividade (instituições financeiras) e determinados fatos (benefício fiscal ou rendimentos do exterior). Lucro presumido, arbitrado e Simples são calculados a partir da receita bruta (não importando as despesas). Lucro presumido e Simples são opcionais para o contribuinte, que se enquadram nos permissivos legais. Lucro arbitrado tem lugar quando os demais métodos não podem ser aplicados. A tributação da CSLL segue o mesmo método do IRPJ. Apuração do lucro é trimestral e o pagamento pode ser dividido em três parcelas. As empresas do lucro real podem efetuar pagamentos por estimativa. |
| Aspecto subjetivo | Pessoa jurídica ou pessoa física equiparada a pessoa jurídica. Sociedade em conta de participação é considerada pessoa jurídica para fins de imposto de renda. |
| Aspecto temporal | O IRPJ é anual. Pagamentos trimestrais ou mensais são antecipações, sujeitas a ajuste anual. As retenções na fonte, por ocasião dos pagamentos recebidos, em regra, também são antecipações sujeitas a ajuste. A regra do IRPJ é o regime de competência. O regime de caixa é exceção, mas pode ser adotado pelo contribuinte optante pelo lucro presumido. |

| | |
|---|---|
| Aspecto material | Aquisição de disponibilidade jurídica ou econômica de renda. |
| Aspecto quantitativo | Aplicação da alíquota sobre o lucro real, presumido ou arbitrado<br>No lucro real, adota-se a demonstração do resultado do exercício<br>Demonstração do resultado do exercício<br>RECEITA OPERACIONAL BRUTA<br>Vendas de Produtos<br>Vendas de Mercadorias<br>Prestação de Serviços<br>(-) DEDUÇÕES DA RECEITA BRUTA<br>Devoluções de Vendas<br>Abatimentos<br>Impostos e Contribuições Incidentes sobre Vendas<br>= RECEITA OPERACIONAL LÍQUIDA<br>(-) CUSTOS DAS VENDAS<br>Custo dos Produtos Vendidos<br>Custo das Mercadorias<br>Custo dos Serviços Prestados<br>= RESULTADO OPERACIONAL BRUTO<br>(-) DESPESAS OPERACIONAIS<br>Despesas Com Vendas<br>Despesas Administrativas<br>(-) DESPESAS FINANCEIRAS LÍQUIDAS<br>Despesas Financeiras<br>(-) Receitas Financeiras<br>Variações Monetárias e Cambiais Passivas<br>(-) Variações Monetárias e Cambiais Ativas<br>OUTRAS RECEITAS E DESPESAS<br>Resultado da Equivalência Patrimonial<br>Venda de Bens e Direitos do Ativo Não Circulante<br>(-) Custo da Venda de Bens e Direitos do Ativo Não Circulante<br>= RESULTADO OPERACIONAL ANTES DO IMPOSTO DE RENDA E DA CONTRIBUIÇÃO SOCIAL E SOBRE O LUCRO<br>(-) Provisão para Imposto de Renda e Contribuição Social Sobre o Lucro<br>= LUCRO LÍQUIDO ANTES DAS PARTICIPAÇÕES<br>(-) Debêntures, Empregados, Participações de Administradores, Partes Beneficiárias, Fundos de Assistência e Previdência para Empregados<br>(=) RESULTADO LÍQUIDO DO EXERCÍCIO<br>(fonte: http://www.portaldecontabilidade.com.br/guia/demonstracaodoresultado.htm) |
| Receitas operacionais | Receitas decorrentes da atividade empresarial do contribuinte |
| Despesas operacionais | Despesas usuais e necessárias para a atividade empresarial do contribuinte |

| | |
|---|---|
| **Resultados não operacionais** | Resultados (lucro ou prejuízo) de fatos que não correspondem à atividade empresarial do contribuinte (ex. venda de bem do ativo imobilizado) |
| **Compensação de prejuízos** | Os prejuízos acumulados em exercícios anteriores pode deduzir a base de cálculo do imposto de renda, no ano em que se apura lucro.<br>Limite = 30% do lucro do exercício |
| **Omissão de receitas** | Passivo fictício<br>Saldo credor no livro caixa<br>Diferenças de estoque |
| **Alíquotas** | Alíquota básica = 15%<br>Adicional = 10%<br>CSLL = 9% (em regra) |
| **Retenção na fonte** | Diversas hipóteses.<br>A lei determina que a fonte pagadora (de um contrato) realize o pagamento pelo bem ou serviço descontado do imposto de renda. O valor descontado é retido pela fonte (pagadora) que recolhe o valor diretamente ao Fisco, em nome do contribuinte, que recebe o restante do preço do bem ou do serviço.<br>As alíquotas de retenção são usualmente bem mais baixas que as alíquotas do imposto (ex. 1,5%).<br>A retenção na fonte é, em regra, antecipação do imposto devido. |

**PARTE II**

| | |
|---|---|
| **Resultados não operacionais** | Ganho e perda de capital decorrente de resultados obtidos com bens do ativo permanente. |
| **Ganhos não operacionais** | Ganhos não operacionais são tributados no mesmo ano, salvo se vendidos parceladamente ou para recebimento futuro. |
| **Perdas não operacionais** | As perdas não operacionais somente poderão ser compensadas com lucros não operacionais, observado o limite de 30% do lucro do período |
| **Hipóteses previstas em lei** | Desapropriação (diferimento da tributação dos ganhos; isenção na desapropriação para reforma agrária).<br>Subvenções para investimento (não serão computados na determinação do lucro real, nas condições legais).<br>Ágio na emissão de ações e prêmio na emissão de debêntures (não há tributação destes valores, se registrados em contas de reserva de capital e obedecidas as formalidades legais). |

| | |
|---|---|
| **Avaliação de bens, direitos e obrigações** | Não há mais reavaliação de bens do ativo imobilizado, nem ganho por esta reavaliação, menos ainda tributação sobre este ganho.<br>A avaliação dos bens não é mais estática, mas constante, com vistas a retratar seu valor real.<br>Métodos: avaliação a valor presente, avaliação a valor justo, redução do valor recuperável. |
| **Avaliação a valor presente** | Os elementos do ativo decorrentes de operações de longo prazo serão ajustados a valor presente. O valor total da operação é dividido entre valor do bem e valor de juros a pagar. Os juros podem ser deduzidos como despesa na alienação do bem.<br>Juros não serão dedutíveis se o bem também não o for.<br>As obrigações, os encargos e os riscos classificados no passivo não circulante serão ajustados ao seu valor presente.<br>O valor da operação é dividido entre valor do bem e juros a receber. Os juros são tributados. |
| **Avaliação a valor justo** | Avaliação do bem de acordo com seu valor real de mercado.<br>Devem ser avaliados pelo valor justo matérias primas, material de almoxarifado, bens destinados a venda, investimentos e ativos financeiros, mas também podem ser avaliados desta forma bens do ativo imobilizado.<br>Ganho: valor evidenciado na contabilidade, tributação na baixa contábil. Valor não evidenciado, tributação imediata.<br>Perda: valor evidenciado na contabilidade, dedução da base de cálculo na baixa do bem; valor não evidenciado não é dedutível.<br>Valor não será dedutível como despesa se o bem também não o for. |
| **Redução do valor recuperável – *Impairment*** | Bens do ativo imobilizado e do intangível devem ser revisados e ajustados para que não apresentem valores superiores ao que possa ser efetivamente recuperável pelo ativo.<br>Método aplicável apenas na hipótese de redução do valor recuperável do bem. Se o valor for maior, o fato será refletido naturalmente na sua alienação com ganho de capital.<br>A Lei permite a dedução da despesa decorrente da redução do valor do ativo, no momento da alienação ou baixa do bem, salvo se a previsão da perda de valor do ativo tiver sido revertida. |
| **Investimentos, participações e reorganizações societárias** | Investimentos das empresas, que ocorrem, normalmente, em propriedades (bens imóveis) para investimento e em participações permanentes em outras sociedades. |

| | |
|---|---|
| Métodos de avaliação | Custo de aquisição - o investimento é registrado pelo valor pelo qual foi adquirido, sem sofrer alterações em função do valor da empresa investida.<br>Método da equivalência patrimonial - MEP - registra-se o investimento desmembrando valor contábil, mais-valia, menos-valia e *goodwill*, e o investimento é ajustado constantemente para representar o valor de mercado da empresa investida. |
| Conceitos | Mais-valia - valor pago pelo investimento que supera seu valor patrimonial, pela existência de ativos subavaliados na empresa investida.<br>Menos-valia - diferença entre o valor patrimonial do investimento e o valor pago por ele, em razão de ativos superavaliados na empresa investida.<br>*Goodwill* - valor pago a mais (ágio) ou a menos (deságio) investimento, em relação a seu valor patrimonial, em virtude da expectativa de ganhos futuros. |
| Investimentos avaliados pelo MEP | O MEP é obrigatório para:<br>1. investimentos em controladas;<br>2. investimentos em coligadas;<br>3. investimentos em outras sociedades que façam parte de um mesmo grupo ou estejam sob controle comum. |
| Alienação do investimento | Os ajustes do MEP não são tributados.<br>Em regra, os efeitos fiscais de tributação por ganho e dedução das despesas pelas perdas ocorrem na alienação do investimento. |
| Fusão, cisão e incorporação: efeitos tributários | Exigem a apuração do imposto de renda quando ocorrem, independente da apuração trimestral.<br>Dedução do ágio e da mais-valia contabilizadas em 1/60 do valor, no máximo, por mês, e tributação do deságio em no mínimo 1/60 do valor por mês.<br>O ágio somente é dedutível como despesa pela empresa incorporadora, fundida ou cindida, se gerado entre partes independentes. |
| Preços de transferência | Definição, pelo legislador, do valor das transações comerciais entre pessoas ligadas uma no Brasil e outra no exterior, para fins de incidência do imposto de renda. Estes preços procuram reproduzir o valor de transação equivalente realizada entre pessoas desvinculadas, cada qual pretendendo maximizar os lucros de sua atividade. |
| Preços de transferência nas importações da empresa brasileira | O importador brasileiro pode deduzir como custo de suas importações o maior valor apurado a partir dos seguintes métodos:<br>Método dos Preços Independentes Comparados - PIC;<br>Método do Preço de Revenda menos Lucro - PRL;<br>Método do Custo de Produção mais Lucro - CPL.<br>*Commodities*: valor médio diário da cotação em bolsa |

| | |
|---|---|
| Exportações da empresa brasileira | As receitas nas operações efetuadas com pessoa vinculada ficam sujeitas a arbitramento quando o preço médio de venda dos bens, serviços ou direitos, nas exportações for inferior a 90% do preço médio praticado na venda dos mesmos bens, serviços ou direitos, no mercado brasileiro, durante o mesmo período, em condições de pagamento semelhantes.<br>Caso a empresa não efetue operações de venda no mercado interno, a determinação dos preços médios será efetuada com dados de outras empresas.<br>Se o preço das exportações for inferior ao limite definido pela norma, a receita (mínima) de venda será determinada pelos seguintes métodos:<br>Método do Preço de Venda nas Exportações – PVEx;<br>Método do Preço de Venda por Atacado no País de Destino, Diminuído do Lucro – PVA;<br>Método do Preço de Venda a Varejo no País de Destino, Diminuído do Lucro – PVV;<br>Método do Custo de Aquisição ou de Produção mais Tributos e Lucro – CAP.<br>Commodities: valor médio diário da cotação em bolsa |
| Flexibilização dos percentuais e margens | As margens e os percentuais definidos por lei são presunções, que podem ser afastadas pelo contribuinte se este demonstrar que as regras legais levam a resultados diversos dos preços de mercado. |
| Juros | Os juros pagos a pessoas ligadas no exterior, dedutíveis como despesa na apuração do IRPJ no Brasil e o os juros recebidos de pessoas ligadas no exterior, como receita tributável também estão sujeitos a regras de preços de transferência. |
| Paraísos fiscais | As regras de preços de transferência são aplicáveis nas operações entre empresa brasileira e empresa domiciliada em paraíso fiscal, mesmo se não forem partes ligadas. |
| Acordos internacionais | O Brasil é signatário de diversos acordos internacionais para evitar a dupla tributação, seguindo o modelo da OCDE, em que constam regras de preços de transferência.<br>A jurisprudência administrativa brasileira entende haver compatibilidade entre as regras nacionais e as regras dos tratados. |
| Rendimentos tributáveis auferidos de fonte no exterior | A partir de 1996, o Brasil adotou o princípio da renda mundial para o imposto de renda, de forma que as rendas obtidas por empresas brasileiras no exterior, incluindo o lucro de empresas filiais, controladas e coligadas, passaram a ser tributadas pelo IRPJ brasileiro. |

| | |
|---|---|
| **Rendimentos tributáveis auferidos de fonte no exterior** | A MP 2.158-35/01 presumiu que os lucros estariam disponíveis para a empresa brasileira (matriz ou investidora) no dia 31 de dezembro do ano de levantamento do balanço da empresa no exterior. A norma gerou críticas.<br>Entendimento do STF, por maioria absoluta:<br>Presunção de disponibilidade da renda de empresa coligada, situada em país de tributação normal = **Inconstitucional**.<br>Presunção de disponibilidade da renda de empresa controlada, situada em país de tributação favorecida = Constitucional.<br>Entendimento do STF, por maioria simples:<br>Presunção de disponibilidade da renda de empresa controlada, situada em país de tributação normal = Constitucional.<br>Presunção de disponibilidade da renda de empresa coligada, situada em país de tributação favorecida = Constitucional. |
| **Regras vigentes** | A tributação do lucro de empresas controladas e coligadas no exterior foi alterado pela Lei 12.973/14<br>As empresas **controladoras** no Brasil mantenham em sua contabilidade no Brasil o resultado contábil das empresas controladas no exterior, de modo que a tributação pode ser realizada a partir da contabilidade no Brasil.<br>Até o ano calendário de 2022, a empresa **controladora** no Brasil poderá **consolidar o resultado** (lucro ou prejuízo) do investimento na controlada no exterior, desde que todas as rendas estejam devidamente demonstradas na contabilidade.<br>A consolidação só é possível se a empresa controlada estiver em país com tratado de troca de informações com o Brasil.<br>A tributação no Brasil ocorre em 31 de dezembro do ano-calendário em que os lucros tenham sido apurados pelas empresas domiciliadas no exterior.<br>O lucro das **coligadas** somente será computado na determinação do lucro real e da base de cálculo da CSLL no balanço levantado no dia 31 de dezembro do ano-calendário em que tiverem sido **efetivamente disponibilizados** para a pessoa jurídica domiciliada no Brasil. |
| **Ajuste do valor do investimento pela aplicação do MEP** | O ajuste do valor do investimento em empresa coligada ou controlada no exterior não é tributado pelo IRPJ no Brasil, de acordo com a jurisprudência do STJ (AgRg no AREsp 531.112/BA). Apenas o lucro é tributado. |
| **Tratamento da renda paga por fonte no exterior à pessoa jurídica no Brasil** | Os prejuízos das empresas no exterior não são compensáveis com lucros da proprietária ou da sócia brasileira, mas os prejuízos das empresas no exterior são compensáveis com os lucros da própria empresa, sem a limitação imposta à compensação de prejuízos acumulados no Brasil a 30% do lucro de cada período.<br>Permite-se, porém, a compensação do imposto pago no exterior, segundo as regras e os limites estabelecidos pela legislação tributária. |

| | |
|---|---|
| Tratados internacionais | Há outras regras específicas sobre a tributação internacional O Brasil possui tratados com diversos países para evitar a dupla tributação internacional da renda. Em geral, tais acordos seguem o modelo elaborado pela OCDE. Estes tratados conferem competência: 1. com exclusividade ao país onde se encontra a fonte do rendimento; 2. com exclusividade ao país onde reside ou é domiciliado o destinatário da renda; 3. ou limita a competência do país da fonte, ao determinar alíquotas máximas de incidência, e, eventualmente compartilhando esta competência – limitada do país da fonte – com o país da residência. |
| Operações no mercado financeiro | As empresas podem realizar operações no mercado financeiro, nas suas diversas modalidades, inclusive a compra de ações. No caso das ações, se a participação for significativa e com a intenção de participar na outra empresa, a compra será tratada como investimento, não como aplicação financeira. |
| Retenção na fonte | A regra das aplicações financeiras é a retenção na fonte. Renda fixa Curto prazo máximo de 1 ano, a alíquota de 22,5% (até 180 dias) e de 20% (de 181 a 360 dias) Longo prazo, mais de 1 ano, a alíquota é de 22,5% até 180 dias, reduzida em 2,5% a cada 180 dias adicionais, até 15%, para aplicações de mais de 720 dias. Renda variável Retenção de 0,005% Day Trade, 1% |
| Tributação na apuração do imposto (dedução do IRRF e das perdas) | Regra geral = inclusão dos resultados de aplicações financeiras na apuração do imposto de empresa, permitindo-se a dedução do imposto retido do valor a pagar. Imposto retido pode ser deduzido do imposto devido pelos ganhos do mês, pelos ganhos dos meses seguintes ou na declaração de ajuste. As perdas somente são dedutíveis da base de cálculo do imposto apurado pelo lucro real, no encerramento do ano, até o limite dos ganhos nas operações financeiras. Havendo perda não compensada no exercício, poderá ser compensada nos exercícios seguintes. A limitação não se aplica às perdas em investimentos de renda fixa, às operações de cobertura (hedge) realizadas em bolsa, nem às instituições financeiras. Day trade = ganhos sujeitos a tributação definitiva de 20% e as perdas somente podem ser compensadas com ganhos de aplicação da mesma natureza no dia ou no mês. Não podem ser deduzidas da apuração do IRPJ. |

## PARTE III

| | |
|---|---|
| **Retenção na fonte** | O pagamento pela prestação de serviços profissionais está sujeito a retenção na fonte à 1,5% do valor do contrato.<br>Há alíquotas especiais se a prestadora de serviços for empresa ligada ao tomador e para os serviços de limpeza, conservação, segurança, vigilância e locação de mão-de-obra.<br>A distribuição de lucros, não sofre retenção.<br>O pagamento de juros sobre o capital próprio está sujeito a retenção de 15%, assim como as partes beneficiárias, se não estiverem presentes as hipóteses de dispensa de retenção, neste último caso.<br>Os pagamentos por fonte nacional a pessoas jurídicas estrangeiras estão, em geral, sujeitos a retenção no percentual de 15%, podendo, em casos específicos, chegar a 25%, como nos pagamentos por prestação de serviços.<br>Há hipóteses de isenção e de redução do dever de retenção. |
| **Apuração pelo lucro real e pagamento por estimativa** | O contribuinte pode apurar o lucro real 1. trimestralmente ou 2. Anualmente.<br>Se optar pelo levantamento de balanço anual, a empresa realiza pagamentos mensais por estimativa, com base no percentual de estimativa (de 1,6% a 32%) sobre a receita bruta (mais acréscimos menos deduções).<br>A empresa pode efetuar levantamentos periódicos e suspender ou reduzir o pagamento do imposto por estimativa, se o imposto já recolhido superar o valor devido pelas regras do lucro real.<br>Este imposto recolhido a maior pela estimativa, em relação ao lucro real, não é indébito, pois decorre da opção do contribuinte. |
| **Lucro presumido** | Permite à empresa apuração do lucro com base apenas nas receitas, por procedimento mais simples e mais barato que a apuração do lucro real.<br>Trata-se de uma opção do contribuinte, que não for obrigado a apuração do imposto pelo lucro real.<br>O procedimento de apuração do lucro presumido é similar ao do pagamento por estimativa, mas não há a opção de suspender o pagamento ou de mudar de regime no mesmo ano calendário.<br>Apura-se as receitas (com acréscimos e deduções permitidas em lei, que não são todos idênticos ao da estimativa), em seguida aplica-se o percentual de lucro presumido e por fim as alíquotas do IRPJ e da CSLL.<br>Os percentuais de presunção variam de 1,6% a 32%, para o IRPJ, e para a CSLL os percentuais são 12% ou 32%, dependendo da atividade. |

| | |
|---|---|
| Lucro arbitrado | O lucro arbitrado, com fundamento no art. 148, do CTN, é método de apuração da base de cálculo dos tributos, aplicável quando o contribuinte não possua os elementos necessários para a apuração do valor real ou quando estes não mereçam fé.<br>Não é uma penalidade, mas também não é uma opção do contribuinte.<br>A lei estabelece as hipóteses específicas de arbitramento do lucro.<br>O método de apuração é similar ao da estimativa e do lucro presumido, baseado na receita bruta, com variações ao que deve ser acrescido e o que pode ser deduzido da receita e com variações do percentual de arbitramento do lucro (nunca inferior ao do lucro presumido), que variam de 9,6% a 45%. |
| SIMPLES | Não é método específico de apuração do IRPJ, mas de diversos tributos de maneira consolidada, com base na receita bruta.<br>Fundamento: art. 146, III, d, da Constituição Federal e a Lei Complementar 123/06.<br>Para microempresas – ME e empresas de pequeno porte – EPP.<br>ME – receita bruta anual de até R$ 360.000,00<br>EPP – receita bruta anual de até R$ 4.800.000,00<br>Opção do contribuinte. Há limitação para optar pelo regime quanto à atividade, estrutura e participação societária da empresa.<br>Inclui o IRPJ, o IPI, a CSLL, a COFINS, o PIS/PASEP, a Contribuição Patronal Previdenciária – CPP [...], o ICMS e o ISS. Não inclui o IOF, o II, o IE, o ITR, o FGTS, a Contribuição da Seguridade Social, relativa ao trabalhador, entre outros.<br>Apuração do Simples: alíquota variável por atividade e pela receita da empresa nos últimos 12 meses, incidente sobre a receita bruta mensal.<br>Distribuição da arrecadação: a alíquota é desmembrada em tantas parcelas quantas forem os tributos abrangidos pelo sistema. O percentual cabível ao IRPJ e a CSLL varia, no caso de empresas industriais, de 0%, para ME até 0,54%, no limite da EPP. |
| Imunidades e isenções | Imunidades<br>IRPJ – art. 150, VI, 'a', 'b' e 'c' da Constituição.<br>CSLL – art. 195, § 7º, da Constituição.<br>Isenções: diversas hipóteses legais. |
| Lançamento | Por homologação<br>Principal documento obrigatório – nota fiscal<br>Principais livros – diário, razão, caixa, livros de entrada e saída de mercadorias, livro de controle de estoque e LALUR |

| | |
|---|---|
| Lançamento | Escrituração digital – Sistema Público de Escrituração Digital – SPED, incluindo o LALUR, e o LACS, para apuração da CSLL.<br>IPJ – a DIPJ é o documento que consolida informações da pessoa jurídica relativas ao IRPJ, ao IPI, à CSLL, ao PIS e à COFINS.<br>Declaração de Inativo – para empresas que não realizarem atividades no ano calendário<br>DCTF – a DCTF é a principal declaração tributária federal e deve conter informações fiscais (não econômicas) do IRPJ, do IRRF, do IPI, do IOF, da CSLL, do PIS, da COFINS entre outros.<br>DIRF – declaração de retenção na fonte, em que a pessoa jurídica informa à Receita Federal<br>E-financeira – nova declaração para as instituições financeiras. Amplia a Declaração de Informações sobre Movimentações Financeiras – DIMOF, que já era apresentada por instituições bancárias.<br>Sped – instrumento que unifica as atividades de recepção, validação, armazenamento e autenticação de livros e documentos que integram a escrituração contábil e fiscal dos empresários e das pessoas jurídicas, inclusive imunes ou isentas, mediante fluxo único, computadorizado, de informações. |

## 23. SÚMULAS

### Súmula do STF

**Súmula 587:** Incide imposto de renda sobre o pagamento de serviços técnicos contratados no exterior e prestados no Brasil. DJ de 03/01/1977

**Súmula 586:** Incide imposto de renda sobre os juros remetidos para o exterior, com base em contrato de mútuo. DJ de 03/01/1977

**Súmula 585:** Não incide o imposto de renda sobre a remessa de divisas para pagamento de serviços prestados no exterior, por empresa que não opera no Brasil. DJ de 03/01/1977

**Súmula 584:** Ao imposto de renda calculado sobre os rendimentos do ano-base, aplica-se a lei vigente no exercício financeiro em que deve ser apresentada a declaração. DJ de 03/01/1977 (SÚMULA SUPERADA)

**Súmula 493:** O valor da indenização, se consistente em prestações periódicas e sucessivas, compreenderá, para que se mantenha inalterável na sua fixação, parcelas compensatórias do imposto de renda, incidente sobre os juros do capital gravado ou caucionado, nos termos dos arts. 911 e 912 do código de processo civil. DJ de 10/12/1969

**Súmula do STJ**

**Súmula 598:** É desnecessária a apresentação de laudo médico oficial para o reconhecimento judicial da isenção do Imposto de Renda, desde que o magistrado entenda suficientemente demonstrada a doença grave por outros meios de prova. DJe de 20/11/2017.

**Súmula 590:** Constitui acréscimo patrimonial a atrair a incidência do imposto sobre a renda, em caso de liquidação de entidade de previdência privada, a quantia que couber a cada participante, por rateio do patrimônio, superior ao valor das respectivas contribuições à entidade em liquidação, devidamente atualizadas e corrigidas. DJe de 18/9/2017.

**Súmula 498:** Não incide imposto de renda sobre a indenização por danos morais. DJe 13/08/2012

**Súmula 394:** É admissível, em embargos à execução, compensar os valores de imposto de renda retidos indevidamente na fonte com os valores restituídos apurados na declaração anual. DJe de 07/10/2009

**Súmula 262:** Incide o imposto de renda sobre o resultado das aplicações pelas cooperativas. DJ 07/05/2002

**Súmula 184:** A microempresa de representação comercial é isenta do imposto de renda. DJ 31/03/1997

Capítulo 8

# PIS e Cofins

## 1. INTRODUÇÃO

O **PIS e a COFINS**, contribuições hoje **praticamente uniformizadas** salvo pela existência de uma modalidade de PIS sobre folha de salários, ausente na COFINS, e da diferente destinação do produto arrecadado por cada exação, a COFINS para a seguridade social em geral (art. 194, da CF/88) e o PIS, para o pagamento de seguro desemprego e do abono anual, e para investimentos do BNDES (art. 239, da CF/88), **são, talvez, os tributos mais complexos do ordenamento jurídico brasileiro**.

A complexidade se inicia da própria natureza jurídica das contribuições e na sua classificação na teoria do tributo e termina, se é que termina, nas peculiaridades do sistema de não-cumulatividade recentemente previsto para estes tributos.

O reconhecimento da natureza tributária das contribuições é um fato que trouxe, ao mesmo tempo, garantias [as do regime tributário] e incertezas [pela novidade] para as contribuições. Ainda hoje jurisprudência e pesquisas jurídicas oscilam quanto a definição do número de espécies tributárias existentes no Brasil [a par das figuras clássicas, impostos, taxas e contribuições de melhoria], bem como quanto aos critérios para distinguir as modalidades de tributos.

Dentre os critérios utilizados, o que parece ser o mais aceito é o da finalidade, da destinação ou da afetação do produto arrecadado, também conhecido como aspecto finalístico do tributo. Segundo tal critério, a contribuição será econômica, se sua arrecadação estiver vinculada a finalidade econômica. Será contribuição social, se, ao revés, a arrecadação do tributo se vincular a objetivo social, como a seguridade social.

Contudo, esta classificação, que tem surtido poucos reflexos na dogmática tributária, apresenta falhas, pois há contribuições sociais com grandes repercussões econômicas e, se observarmos a Constituição, há matérias de cunho econômico versadas no título da ordem social [como a ciência e a tecnologia e o meio ambiente] e matérias de relevância social tratadas no título da ordem econômica [como a reforma agrária].

No caso específico do PIS, que tem destinação mista [custeio do seguro desemprego e do abono anual – de índole social (art. 239, *caput*, da CF/88); e financiamento de programas de desenvolvimento econômico (art. 239, § 1º, da CF/88)], há, ao menos, posição firme do STF de que se trata de contribuição social, reduzindo, assim, as incertezas acerca da exação.

De outro giro, a arrecadação das contribuições tem se tornado cada vez mais relevante, bem como a cobrança da matéria em concursos, especialmente da Receita Federal.

Sob o ponto de vista do fato gerador, PIS e COFINS também apresentam incertezas jurídicas e dúvidas quanto ao futuro. De um lado, a legislação vigente tem suscitado múltiplas demandas judiciais, de modo que as contribuições começam a ter seu regime jurídico cada vez mais definido pela jurisprudência, não apenas pela lei. De outro, discute-se a unificação destes tributos, por lei nova, que revogaria todo o normativo vigente e, com isso, também a jurisprudência em construção.

Dito isso, tentaremos apresentar um esquema didático e resumido das contribuições, bem como abordar as principais discussões jurídicas que se relacionem com o PIS e a COFINS, talvez os tributos com o maior número de recursos com repercussão geral reconhecida pelo STF.

## 2. PIS E COFINS COMO CONTRIBUIÇÕES SOCIAIS

O PIS e a COFINS encontram norma geral de competência no art. 149, da CF/88 e normas de competência específica no art. 195, inciso I, alíneas "a" (PIS-folha) e "b" (PIS e COFINS sobre receia e faturamento) e inciso IV (PIS e COFINS-importação), e no art. 239 (PIS), da Constituição.

A COFINS é típica contribuição social para a seguridade social, como indica seu próprio nome e sua receita é destinada à toda a seguridade social (art. 195, *caput*, da CF/88).

O PIS, a seu turno, tem finalidades diversas, servindo suas receitas para custear o programa do seguro-desemprego, o abono anual de empregados que recebem até 2 salários mínimos e o financiamento programas de desenvolvimento econômico, através do BNDES (art. 239, da CF/88).

Esta **divergência no aspecto finalístico**, contudo, **não interfere no regime jurídico das contribuições**, que, salvo pela existência de uma modalidade de PIS sobre folha de salários, inexistente para a COFINS, **seguem as mesmas regras**.

São exemplos a obediência aos princípios da igualdade, da legalidade, da irretroatividade e da anterioridade nonagesimal. As contribuições não se subordinam à anterioridade do exercício.

> ▶ **Como esse assunto foi cobrado em concurso?**
>
> **(FCC/TJ/PE/Juiz/2011). Assinale certo ou errado:**
>
> A regra da anterioridade, que veda cobrar tributos no mesmo exercício financeiro em que haja sido publicada a lei que os instituiu ou aumentou, se aplica às contribuições sociais.
>
> *Gabarito:* Certo. As contribuições, em regra, submetem-se apenas à anterioridade nonagesimal (não à anterioridade do exercício) e o PIS e a COFINS não são exceções.

> ▶ **Como esse assunto foi cobrado em concurso?**
>
> **(FCC/TCE/SP/Procurador/2011) Assinale certo ou errado:**
>
> É aplicação do princípio da igualdade sob o aspecto material, em âmbito tributário, a disposição constitucional segundo a qual compete à União estabelecer normas gerais sobre a instituição de contribuições sociais, de intervenção no domínio econômico e de interesse das categorias profissionais ou econômicas, como instrumento de sua atuação nas respectivas áreas.
>
> *Gabarito:* Errado. O enunciado indica norma de competência da União para instituir contribuições sociais, como o PIS e a COFINS, não regra de igualdade na tributação.

A partir de agora, trataremos do PIS e da COFINS seguindo a mesma metodologia que utilizamos para os impostos.

## 3. ASPECTO SUBJETIVO

Existem **três formas distintas de incidência da COFINS** e **quatro do PIS**, definidas inicialmente por questões ligadas à pessoa do contribuinte e, secundariamente, pela área de atuação e pelos bens negociados pela empresa. São elas: **sobre folha** (exclusiva do PIS), **incidência cumulativa, incidência não-cumulativa e incidência da importação** (tanto do PIS quanto da COFINS).

Assim, convém iniciar a exposição pelo aspecto subjetivo das contribuições, vinculando, desde logo, o regime de apuração a cada contribuinte.

Serão **contribuintes do PIS e da COFINS** as pessoas jurídicas ou equiparadas nos termos da legislação do Imposto de Renda.

As pessoas incluídas no **Simples** pagam as contribuições conforme o regime da LC 123/06 e alterações posteriores, em conjunto com as demais obrigações tributárias que o sistema abrange.

Os contribuintes optantes do Simples têm alegado que este regime englobaria, também, a incidência do PIS e da COFINS na importação. O STJ, a exemplo do AgRg no REsp 1.434.314/PE, do REsp 1.039.325/PR, do REsp 1.219.109/SC e do AgRg no REsp 1.217.931/RS, tem decidido que o Simples não abrange tais contribuições, ao fundamento que as exações foram criadas após a instituição do benefício do Simples. O STF, por sua vez, já decidiu que a questão é infraconstitucional (RE 647.179 AgR/DF).

Parece-nos que, realmente, o Simples não alcança o PIS e a COFINS na importação, mas pelo fato de não haver previsão legal expressa e pelo fato de tais contribuições serem regidas por diplomas normativos especiais, de modo que a norma geral (Simples) não revoga a norma especial (Lei 10.865/04).

O recolhimento individualizado do PIS e da COFINS se define, para as demais empresas, de acordo com o regime de tributação a que se submetem no IRPJ.

As empresas que estiverem no regime do **lucro real** devem recolher as contribuições no regime **não-cumulativo**. Significa dizer, a base de cálculo das contribuições para estas empresas será o valor da receita bruta, deduzidas as despesas permitidas em lei.

Estão sujeitas à incidência **não-cumulativa** das contribuições as **empresas optantes pela apuração do IRPJ pelo lucro real, exceto instituições financeiras**, como bancos comerciais, bancos de investimentos, bancos de desenvolvimento, caixas econômicas, sociedades de crédito, financiamento e investimento, sociedades de crédito imobiliário, sociedades corretoras, distribuidoras de títulos e valores mobiliários, empresas de arrendamento mercantil, cooperativas de crédito, empresas de seguros privados e de capitalização, agentes autônomos de seguros privados e de crédito e entidades de previdência privada abertas e fechadas, que ficam no regime cumulativo.

Veremos adiante que a legislação exclui da incidência não-cumulativa receitas específicas de empresas, ainda que sejam optantes pelo lucro real.

Assim, a **empresa do lucro real**, que não seja instituição financeira, **pode sofrer a incidência das contribuições pelo método cumulativo** se auferir somente **receitas excluídas do regime não-cumulativo**, como serviços de telecomunicação e radiodifusão, receita de vendas de jornais e periódicos, receitas de transportes de passageiros, receitas de serviços hospitalares, de clínicas médicas e odontológicas, receitas de vendas de *free shopings*, receitas de *call centers*, telemarketing, telecobrança e de teleatendimento em geral, receitas de parques temáticos, de hotelaria e de organização de feiras e eventos, receita de prestação de serviços de educação infantil, ensinos fundamental e médio e educação superior, receitas de venda de álcool para fins carburantes; receitas do mercado atacadista de energia elétrica, receitas de serviços postais da ECT, receitas de prestação de serviços públicos de concessionárias operadoras de rodovias, receitas da prestação de serviços das agências de viagem e turismo etc.

De outro turno, **poderão pagar as contribuições pelos dois regimes**, se auferirem receitas excluídas do regime não-cumulativo e receitas que permanecem no regime não-cumulativo.

Por certo que a matéria é confusa! Mas não é só confusa, é difícil mesmo!

As **empresas optantes pelo lucro presumido ou pelo lucro arbitrado** pagarão PIS e COFINS no regime **cumulativo**, existente desde a LC 7/70 e a LC 70/91, em que a base de cálculo é todo o faturamento da empresa.

Na **modalidade importação**, o contribuinte do PIS e da COFINS será o importador.

O PIS reconhece outro grupo de contribuintes, sujeitos a regras próprias e que devem recolher o **PIS sobre a folha de pagamentos**.

São eles (art. 13, da MP 1.858-6/99, e reedições e art. 2º, § 1º, da Lei 9.715/98):

**Contribuintes do PIS sobre folha**
- templos de qualquer culto;
- partidos políticos;
- instituições de educação e de assistência social imunes a impostos;
- instituições de caráter filantrópico, recreativo, cultural, científico e as associações isentas a impostos;
- sindicatos, federações e confederações;
- serviços sociais autônomos, criados ou autorizados por lei;
- conselhos de fiscalização de profissões regulamentadas;
- fundações de direito privado e fundações públicas instituídas ou mantidas pelo Poder Público;
- condomínios de proprietários de imóveis residenciais ou comerciais;
- a Organização das Cooperativas Brasileiras – OCB e suas unidades estaduais;
- as cooperativas, sem prejuízo da contribuição cumulativa ou não cumulativa, conforme o caso, em relação às receitas decorrentes de operações praticadas com não associados.

Em síntese, as empresas sujeitas a apuração do IRPJ pelo **lucro real**, submetem-se ao regime **não-cumulativo** do PIS e da COFINS, podendo também se submeter ao regime cumulativo, se auferir apenas receitas que a legislação determina a incidência cumulativa ou aos dois regimes, se auferir receitas da incidência cumulativa e outras receitas não disciplinadas pela lei. As empresas **do lucro presumido** submetem-se ao regime **cumulativo** das contribuições.

O contribuinte de direito dos tributos são as empresas, o que não as impede **de repassar o custo do tributo, no preço, para o consumidor final**.

No caso dos serviços de **telefonia e energia elétrica**, a jurisprudência do STJ foi expressa:

> **Entendimento do STJ**
>
> ADMINISTRATIVO. SERVIÇO PÚBLICO CONCEDIDO. ENERGIA ELÉTRICA. TARIFA. REPASSE DAS CONTRIBUIÇÕES DO PIS E DA COFINS. LEGITIMIDADE.
>
> 1. É legítimo o repasse às tarifas de energia elétrica do valor correspondente ao pagamento da Contribuição de Integração Social – PIS e da Contribuição para financiamento da Seguridade Social – COFINS devido pela concessionária.

2. Recurso Especial improvido. Acórdão sujeito ao regime do art. 543-C do CPC e da Resolução STJ 08/08.
(STJ, S1, REsp 1.185.070/RS, Min. TEORI ALBINO ZAVASCKI, DJe 27/9/2010)
Sobre as telefônicas, no mesmo sentido, ver STJ, S1, REsp 976.836/RS, Min. LUIZ FUX, DJe de 5/10/2010.

Nestes casos, portanto, além do repasse dos tributos no preço, este repasse se dá de maneira expressa, o que podemos conferir verificando as contas de luz e telefone de nossas casas.

▶ **Como esse assunto foi cobrado em concurso?**

**(CESPE/Juiz Federal TRF5/2013) Assinale certo ou errado:**

Não é admissível o **repasse, na fatura** de energia elétrica, do encargo financeiro relativo à contribuição de integração social e à contribuição para o financiamento da seguridade social devidas pela concessionária.

*Gabarito:* Errado. O STJ entende possível o repasse das contribuições ao consumidor na conta de luz e de telefone (REsp 1.185.070/RS e REsp 976.836/RS)

Quanto a **responsabilidade** tributária o PIS e a COFINS do mercado interno obedecem às regras gerais do CTN, havendo, também, normas sobre substituição tributária (que veremos adiante)

As **contribuições na importação**, contudo, são regidas também por **normas específicas**. Leiam-se os art. 5º e 6º, da Lei 10.685/03:

> Art. 5º **São contribuintes:**
>
> I – o importador, assim considerada a pessoa física ou jurídica que promova a entrada de bens estrangeiros no território nacional;
>
> II – a pessoa física ou jurídica contratante de serviços de residente ou domiciliado no exterior; e
>
> III – o beneficiário do serviço, na hipótese em que o contratante também seja residente ou domiciliado no exterior.
>
> Parágrafo único. Equiparam-se ao importador o destinatário de remessa postal internacional indicado pelo respectivo remetente e o adquirente de mercadoria entrepostada.
>
> Art. 6º **São responsáveis solidários:**
>
> I – o adquirente de bens estrangeiros, no caso de importação realizada por sua conta e ordem, por intermédio de pessoa jurídica importadora;

> II – o transportador, quando transportar bens procedentes do exterior ou sob controle aduaneiro, inclusive em percurso interno;
>
> III – o representante, no País, do transportador estrangeiro;
>
> IV – o depositário, assim considerado qualquer pessoa incumbida da custódia de bem sob controle aduaneiro; e
>
> V – o expedidor, o operador de transporte multimodal ou qualquer subcontratado para a realização do transporte *multimodal*.

Como vemos, a Lei 10.685/03 detalha a figura do contribuinte (importador, contratante ou beneficiário do serviço) e do responsável solidário (a exemplo do adquirente na aquisição de mercadoria por sua conta e ordem, o transportador, o depositário etc).

## 4. ASPECTO MATERIAL

No **PIS-folha**, o fato gerador é o pagamento de folha de salários. No **PIS** e na **COFINS-Importação**, o fato gerador é importar. Para as **demais modalidades**, o fato gerador é auferir receita, de qualquer modalidade (operacional e não operacional). Na modalidade não-cumulativa das contribuições, o fato gerador, assim como a base de cálculo, se limita ao faturamento, vale dizer não alcança receitas não operacionais das empresas.

> ▸ **Como esse assunto foi cobrado em concurso?**
>
> **(ESAF/AFRF/2005) Leia cada um dos assertos abaixo e assinale (V) ou (F), conforme seja verdadeiro ou falso:**
>
> É legítima a cobrança da COFINS e do PIS sobre as operações relativas à energia elétrica, serviços de telecomunicações, derivados de petróleo, combustíveis e minerais do País.
>
> A Contribuição para o Financiamento da Seguridade Social – COFINS, com a incidência não-cumulativa, tem como fato gerador o faturamento mensal, assim entendido o total das receitas auferidas pela pessoa jurídica, independentemente de sua denominação ou classificação contábil.
>
> Foram instituídas a Contribuição para o PIS/PASEP Importação e a Contribuição para a COFINS, devida pelo importador de bens estrangeiros ou serviços do exterior.
>
> *Gabarito:* Todas as afirmativas são verdadeiras. Em regra, PIS e COFINS incidem sobre todas as pessoas jurídicas, não havendo isenções para as operações mencionadas na primeira frase. A segunda afirmativa

reproduz o texto revogado do art. 1º, da Lei 10.833/03. O novo texto não traz mais a expressão "tem como fato gerador", optando pelo termo "incide sobre, acrescido de "o total das receitas auferidas no mês pela pessoa jurídica, independentemente de sua denominação ou classificação contábil". A afirmativa, contudo, continua correta. Por fim, a terceira afirmativa também está correta, pois a obrigação foi instituída pela Lei 10.865/03.

PIS e COFINS foram criados com previsão de incidência sobre o faturamento, vale dizer, sobre a receita operacional, de venda de mercadorias e da prestação de serviços.

Por ao menos duas oportunidades, o legislador procurou alargar a hipótese de incidência do PIS e, consequentemente, a base de cálculo da contribuição (no chamado PIS decreto, disciplinado pelos Decretos Lei 2.445/88 e 2.449/88 e na Lei 9.718/98) e uma oportunidade, a COFINS (Lei 9.718/98).

A ideia central das medidas era ampliar a base de cálculo de faturamento (receita de vendas de mercadorias e de prestação de serviços) para receita bruta (somatório de todas as receitas, sejam elas operacionais, como as receitas de faturamento, ou não operacionais, como as receitas financeiras).

Os decretos-lei foram julgados inconstitucionais por vício de forma e a Lei 9.718/98, por vício material, pois entrou em vigor antes da EC 20/98, quando a Constituição ainda não previa o custeio da seguridade social por contribuições sobre a receita bruta. Vejamos a alteração constitucional:

> Redação original
> 
> Art. 195. A seguridade social será financiada por toda a sociedade, de forma direta e indireta, nos termos da lei, mediante recursos [...] das seguintes contribuições sociais:
> 
> I – dos empregadores, incidente sobre a folha de salários, o faturamento e o lucro;
> 
> II – [...]
> 
> Redação após a EC 20/98
> 
> Art. 195. A seguridade social será financiada por toda a sociedade, de forma direta e indireta, nos termos da lei, mediante recursos [...] das seguintes contribuições sociais:

> I - do empregador, da empresa e da entidade a ela equiparada na forma da lei, incidentes sobre: (Redação dada pela Emenda Constitucional nº 20, de 1998)
>
> [...]
>
> b) a receita ou o faturamento;
>
> [...]

Leis posteriores que previram a incidência tanto do PIS quanto da COFINS sobre a receita bruta são constitucionais, como é o caso da Lei 10.637/02 e da Lei 10.833/03.

A partir da Lei 12.973/2014, o conceito de receita passou a acompanhar expressamente a legislação do imposto de renda (art. 12, do DL 1.598/77), tendo em vista a nova redação conferida aos art. 3º, caput, da Lei 9.718/98 e do art. 1º, § 1º, das Lei 10.637/02 e 10.833/03.

De toda sorte, a legislação mantém a incidência das contribuições na modalidade não cumulativa sobre o total das receitas e limita a incidência das exações na modalidade cumulativa à receita de venda de mercadorias e prestação de serviços.

No mesmo contexto que alterou o tratamento tributário do *leasing* para o imposto de renda, o art. 57, da Lei 12.973/2014 determinou que no arrendamento mercantil não sujeito ao tratamento tributário previsto na Lei 6.099/74, em que haja transferência substancial dos riscos e benefícios inerentes à propriedade do ativo, o valor da contraprestação deverá ser computado na base de cálculo das contribuições da pessoa jurídica arrendadora, podendo descontar créditos calculados sobre o valor do custo de aquisição ou construção dos bens arrendados proporcionalmente ao valor de cada contraprestação durante o período de vigência do contrato.

Não obstante, muitas **teses discutem o aspecto material das contribuições**.

Talvez a mais frequente destas teses seja a **exclusão do ICMS e do ISS da base de cálculo do PIS e da COFINS**.

Embora a tese seja conhecida como "exclusão da base de cálculo" dirige-se efetivamente ao aspecto material, ao fato gerador das exações, pois pretendem que o ICMS (e também o ISS) não constituam "receita" do contribuinte, mas receita do estado federado ou do município.

De toda sorte, aspecto material e aspecto quantitativo estão sempre ligados, pois a base de cálculo nada mais é que a medida econômica da hipótese de incidência. Por esta razão, trataremos de algumas destas matérias ao abordarmos o aspecto quantitativo das contribuições.

No que toca à **exclusão do ICMS do PIS e da COFINS** na modalidade **importação**, os contribuintes obtiveram ganho de causa no STF, no recente julgamento do RE 559.937/RS.

> ▸ **Entendimento do STF**
>
> Tributário. Recurso extraordinário. Repercussão geral. PIS/COFINS – importação. Lei nº 10.865/04. Vedação de bis in idem. Não ocorrência. Suporte direto da contribuição do importador (arts. 149, II, e 195, IV, da CF e art. 149, § 2º, III, da CF, acrescido pela EC 33/01). Alíquota específica ou ad valorem. Valor aduaneiro acrescido do valor do ICMS e das próprias contribuições. Inconstitucionalidade. Isonomia. Ausência de afronta.
>
> 4 Ao dizer que a contribuição ao PIS/PASEP- Importação e a COFINS-Importação poderão ter alíquotas ad valorem e base de cálculo o valor aduaneiro, o constituinte derivado circunscreveu a tal base a respectiva competência.
>
> 5. A referência ao valor aduaneiro no art. 149, § 2º, III, a , da CF implicou utilização de expressão com sentido técnico inequívoco, porquanto já era utilizada pela legislação tributária para indicar a base de cálculo do Imposto sobre a Importação.
>
> 6. A Lei 10.865/04, ao instituir o PIS/PASEP -Importação e a COFINS -Importação, não alargou propriamente o conceito de valor aduaneiro, de modo que passasse a abranger, para fins de apuração de tais contribuições, outras grandezas nele não contidas. O que fez foi desconsiderar a imposição constitucional de que as contribuições sociais sobre a importação que tenham alíquota ad valorem sejam calculadas com base no valor aduaneiro, extrapolando a norma do art. 149, § 2º, III, a, da Constituição Federal.
>
> 7. Não há como equiparar, de modo absoluto, a tributação da importação com a tributação das operações internas. O PIS/PASEP -Importação e a COFINS -Importação incidem sobre operação na qual o contribuinte efetuou despesas com a aquisição do produto importado, enquanto a PIS e a COFINS internas incidem sobre o faturamento ou a receita, conforme o regime. São tributos distintos.
>
> 8. O gravame das operações de importação se dá não como concretização do princípio da isonomia, mas como medida de política tributária tendente a evitar que a entrada de produtos desonerados tenha efeitos predatórios relativamente às empresas sediadas no País, visando, assim, ao equilíbrio da balança comercial.

9. Inconstitucionalidade da seguinte parte do art. 7º, inciso I, da Lei 10.865/04: "acrescido do valor do Imposto sobre Operações Relativas à Circulação de Mercadorias e sobre Prestação de Serviços de Transporte Interestadual e Intermunicipal e de Comunicação – ICMS incidente no desembaraço aduaneiro e do valor das próprias contribuições , por violação do art. 149, § 2º, III, a, da CF, acrescido pela EC 33/01.

10. Recurso extraordinário a que se nega provimento.

(STF, Tribunal Pleno, RE 559.937/RS, Min. DIAS TOFFOLI, DJe de 17/10/2013)

▶ **Como esse assunto foi cobrado em concurso?**

**(ESAF/AFRF/2014)** Recentemente, o Supremo Tribunal Federal exarou importante decisão sobre a base de cálculo do PIS/ PASEP-Importação e da COFINS-Importação, conforme se verifica do julgamento do Recurso Extraordinário n 559.937/Rio Grande do Sul. De acordo com essa paradigmática decisão, analise os itens a seguir.

I. A referência ao "valor aduaneiro" no art. 149, § 2º, III, "a", da Constituição Federal implicou utilização de expressão com sentido técnico inequívoco, porquanto já era utilizada pela legislação tributária para indicar a base de cálculo do Imposto de Importação.

II. A Lei nº 10.865, de 30 de abril de 2004, ao instituir o PIS/PASEP-Importação e a COFINS-Importação, alargou, inovou, alterou o conceito de valor aduaneiro, de modo que passasse a abranger, para fins de apuração de tais contribuições, outras grandezas nele não contidas.

III. O gravame das operações de importação se dá como concretização do princípio da isonomia.

IV. A Corte julgou inconstitucional a seguinte parte do art. 7º, inciso I da Lei nº 10.865, de 30 de abril de 2004: "acrescido do valor do Imposto sobre Operações Relativas à Circulação de Mercadorias e sobre Prestação de Serviços de Transporte Interestadual e Intermunicipal e de Comunicação – ICMS incidente no desembaraço aduaneiro e do valor das próprias contribuições.

*Gabarito:* Estão corretos somente os itens I e IV. No julgamento do **RE 559.937/RS** o STF, basicamente, entendeu que o conteúdo da expressão valor aduaneiro não poderia ser alterado pelo legislador ordinário, para nele fazer incluir, por exemplo, o ICMS, por se tratar de conceito de direito privado inequívoco presente na Constituição. Corretas as afirmativas I e IV. A afirmativa II não está correta pois o legislador não alargou ou alterou diretamente o conceito de valor aduaneiro. Apenas tentou incluir o ICMS neste conceito. Quanto ao item III, a incidência não necessariamente concretiza, no mundo real, o princípio da isonomia.

A tese relativa às **operações nacionais** fora julgada no RE 240.785/MG, após longo período de suspensão, em favor dos contribuintes, com efeitos exclusivos para os autores da demanda.

Pendia o julgamento da ADC 18/DF e do RE 574.706 RG/PR, ambos sobre a matéria, com efeito *erga omnes*.

Não sem surpresa, o **RE 574.706 RG/PR** foi julgado a favor dos contribuintes, acolhendo o STF pouca ou nenhuma importância à técnica tributária e interpretando mal conceitos de outras áreas do direito, como o direito civil, que disciplina a propriedade e o direito empresarial, que rege as receitas. Deveras, o ICMS está incluído no preço das mercadorias e serviços e somente se torna receita dos entes federativos após o recolhimento do tributo aos Estados (primeiro integra a propriedade do empresário e apenas num segundo momento se torna receita pública) e assim a operação é registrada da contabilidade dos contribuintes (nos termos da legislação empresarial).

Fixou-se a **tese** de que **"o ICMS não compõe a base de cálculo para incidência do PIS e da Cofins"** (STF, Plenário, 15.3.2017).

Sob o ponto de vista político, a decisão peca, tendo em vista que a escolha da base de cálculo das contribuições que custeiam a seguridade social cabe à sociedade, representada pelo legislador e a escolha deste, compatível com o direito tributário, foi rejeitada sem discussão com o povo brasileiro.

Embora esteja definida a exclusão do ICMS da base de cálculo do PIS e da COFINS, o tema ainda suscita mais perguntas do que resposta.

A União postula modulação de efeitos do acórdão, de modo que, sob o ponto de vista temporal, não está definido a partir de quando o valor do tributo será excluído da base das contribuições.

Eventual valor a ser restituído aos contribuintes também não é claro. De acordo com a Constituição, o ICMS é não cumulativo, deduzindo-se do débito do imposto, apurado pelas vendas, o crédito pelas compras. Ademais, o imposto ainda deve ser recolhido aos cofres públicos. Assim, pode-se questionar qual será o parâmetro de cálculo do direito dos contribuintes: apenas o valor apurado pelo débito decorrente das vendas, ignorando-se a determinação constitucional de não cumulatividade do imposto? O saldo devedor do imposto, vale dizer, débito pelas saídas menos o crédito pelas entradas de mercadoria? Ou ainda o valor efetivamente recolhido aos Estados?

A primeira opção nos parece inconstitucional, por ignorar a não cumulatividade do ICMS. A segunda opção é factível, mas transforma o não pagamento do imposto em apropriação indébita, pois seu valor, na dicção do STF, não pertence ao contribuinte, mas ao Estado. A última alternativa também é viável, mas gera dificuldades nas hipóteses de lançamento complementar do imposto pela autoridade estadual, reduzindo retroativamente o valor das contribuições devidas e nas hipóteses de restituição do imposto, que irá resultar no aumento das obrigações com a União.

Por derradeiro, a decisão do STF, por alterar as bases do sistema tributário, poderá repercutir em diversas obrigações tributárias, em que o ICMS ou outros tributos sejam considerados como receita.

A propósito, pende julgamento o RE 592.616 RG/RS, igualmente com repercussão geral reconhecida, sobre o ISS na base de cálculo das contribuições, tese idêntica à do ICMS.

Cuidado para não confundir a tese da exclusão do ICMS (e do ISS) da base de cálculo das contribuições com a exclusão legal do ICMS Substituição Tributária – ST, já prevista em lei, nem com a discussão da incidência das contribuições sobre créditos presumidos do ICMS, matéria também objeto de recurso extraordinário com repercussão geral, o RE 835.818 RG/PR.

Em outro ponto, decidiu a Corte pela inconstitucionalidade da incidência da contribuição ao PIS e da COFINS não cumulativas sobre os valores auferidos por empresa exportadora em razão da transferência a terceiros de créditos de ICMS (RE 606.107 RG/RS), embora a legislação excluísse tais valores da incidência desde 2009 (art. 3º, § 2º, V, da Lei 9.718/98, com redação dada pela Lei 11.945/09). Trata-se, especificamente, dos créditos de ICMS que não puderem ser aproveitados no sistema de não-cumulatividade pelo próprio contribuinte e são transferidos para outro contribuinte.

Também se discutiu a incidência das contribuições sobre **atos cooperados** próprios ou típicos (realizados entre a cooperativa e seus filiados) e sobre os atos da cooperativa com terceiros. No RE 599.362 RG/RJ, a Corte firmou o entendimento de que não há imunidade a favor das cooperativas, incidindo as contribuições sobre atos praticados pela cooperativa com tomadores de serviço. No RE 598.085 RG/RJ a Corte julgou constitucional a norma que revogou a isenção das contribuições para atos cooperados.

Outro recurso com repercussão geral, o RE 609.096 RG/RS discute a incidência das contribuições sobre as **receitas financeiras de instituições financeiras**. A discussão se limita à incidência sobre as receitas financeiras, não a outras receitas das instituições financeiras, decorrentes dos serviços por elas prestados.

O STJ tem entendido que a **receita de locação** constitui fato gerador das contribuições (Súmula 423, do STJ). A matéria, contudo, é objeto de discussão no STF, em recursos ainda não julgados, o RE 659412 RG/RJ e o RE 599.658 RG/SP.

Podemos mencionar outras teses que procuram reduzir a hipótese de incidência das contribuições.

Em uma das teses, os contribuintes visam afastar a incidência das contribuições sobre as **taxas e comissões pagas a administradoras de cartão de crédito**, sob alegação de que não se trata de receita das empresas, mas valores a serem repassados a terceiros. No RE 816.363 AgR/SC o STF decidiu pela impossibilidade da exclusão.

As **concessionárias de veículos** também postularam reduzir incidência das contribuições. Alegavam que os tributos deveriam incidir apenas sobre a **margem da concessionária na revenda do veículo**, não sobre o preço total da venda, pois sua atividade se aproxima da intermediação entre a montadora e o consumidor final.

A tese, contudo, fora rejeitada no julgamento do REsp 1.339.767/SP, pela Primeira Seção do STJ, recurso que tramitou pelo rito do art. 543-C, do CPC (NCPC art. 1036).

De uma forma geral, conforme decidido no AgRg nos EREsp 529.034/RS, incidem as contribuições nos valores repassados a terceiros.

Entende o STF que a matéria é infraconstitucional, como se depreende do julgamento do RE 483.132 AgR/MG.

Os contribuintes têm obtido êxito, no entanto, na tese que se refere ao tratamento de **créditos presumidos** de outros tributos, como o IPI e o ICMS. Tais créditos são lançados como receita na contabilidade, levando a autoridade fiscal a incluí-los como receita, também para incidência do PIS e da COFINS. O STJ tem afastado a incidência, ao fundamento de que os **benefícios** fiscais não podem ser considerados receita para fins da incidência das contribuições, mas tomados como recuperação de custos, sob pena, inclusive, de se reduzir o incentivo pretendido pela lei exonerativa. Neste sentido, as decisões no AgRg no REsp 1.329.781/RS e no AgRg no Ag 1.357.791/SC, que também fazem eco em matéria de IRPJ e CSLL (v.g. REsp 1.210.941/RS). A matéria é objeto do RE 593.584 RG/RS.

Também as **sociedades seguradoras** procuram afastar a incidência das contribuições sobre **rendimentos auferidos em aplicações no mercado financeiro.**

Sustentam que os rendimentos financeiros não podem ser incluídos no conceito de faturamento, que englobaria apenas o prêmio dos seguros por elas vendidos. Em um dos julgamentos sobre a matéria, entendeu o TRF2, contudo, que "os investimentos financeiros realizados pela impetrante fazem parte de sua atividade típica, de seu objetivo empresarial, sendo indissociável da ideia jurídica de receita operacional e, por isso, integram o seu faturamento e constituem-se em base de cálculo das contribuições mencionadas" (TRF2, Terceira Turma Especializada, APELRE 201051010222227, Desemb. GERALDINE PINTO VITAL DE CASTROE, DJF2 de 21/11/2013).

As **companhias energéticas e empresas da área de derivados de petróleo e lubrificantes**, buscaram estender a imunidade a impostos do art. 153, § 3º, da CF/88, para as contribuições. Sem sucesso, contudo, como se verifica do julgamento do RE 520.700 AgR/SP e do RE 626.936 AgR/RJ pelo STF.

> ▶ **Como esse assunto foi cobrado em concurso?**
>
> **(ESAF/PGFN/2012)** Considerando que a seguridade social será financiada por toda a sociedade, bem como o caráter tributário da contribuição social prevista no art. 195 da Constituição Federal, analise as assertivas abaixo referentes a cobrança da COFINS, PIS e FINSOCIAL sobre operações relativas a energia elétrica, nos termos da jurisprudência consolidada do Supremo Tribunal Federal, assinalando a opção correta.
>
> a) a COFINS não pode incidir sobre operações relativas a energia elétrica,
>
> b) é constitucional a cobrança do FINSOCIAL sobre as operações relativas a energia elétrica,
>
> c) o PIS não pode incidir sobre operações relativas a energia elétrica,
>
> d) novos impostos podem ser instituídos para incidir sobre operações relativas a energia elétrica,
>
> e) a imunidade relativa a impostos evita a incidência da COFINS sobre as operações relativas a energia elétrica.
>
> **Gabarito:** B. O STF decidiu pela possibilidade da incidência das contribuições sobre operações de energia elétrica em julgamentos como o do RE 626.936 AgR/RJ e do RE 520.700 AgR/SP.

## 5. ASPECTO TEMPORAL

O fato gerador do **PIS, na modalidade folha de pagamentos**, ocorre no momento da elaboração da própria folha, nos termos da legislação trabalhista.

Na **importação**, o **fato gerador** ocorre (art. 4º, da Lei 10.865/04):

- na data do registro da declaração de importação de bens submetidos a despacho para consumo;
- no dia do lançamento do correspondente crédito tributário, quando se tratar de bens constantes de manifesto ou de outras declarações de efeito equivalente, cujo extravio ou avaria for apurado pela autoridade aduaneira;
- na data do vencimento do prazo de permanência dos bens em recinto alfandegado, se iniciado o respectivo despacho aduaneiro antes de aplicada a pena de perdimento;
- na data do pagamento, do crédito, da entrega, do emprego ou da remessa de valores como contraprestação por serviço prestado por residentes no exterior.

Para as **demais modalidades** do PIS e da COFINS sobre o faturamento, o fato gerador ocorre no momento em que se aperfeiçoa o contrato de compra e venda, sendo irrelevante a data do recebimento do preço.

> **▶ Entendimento do STF**
>
> 1. O Sistema Tributário Nacional fixou o regime de competência como regra geral para a apuração dos resultados da empresa, e não o regime de caixa. (art. 177 da Lei nº 6.404/76).
>
> 2. Quanto ao aspecto temporal da hipótese de incidência da COFINS e da contribuição para o PIS, portanto, temos que o fato gerador da obrigação ocorre com o aperfeiçoamento do contrato de compra e venda (entrega do produto), e não com o recebimento do preço acordado. O resultado da venda, na esteira da jurisprudência da Corte, apurado segundo o regime legal de competência, constitui o faturamento da pessoa jurídica, compondo o aspecto material da hipótese de incidência da contribuição ao PIS e da COFINS, consistindo situação hábil ao nascimento da obrigação tributária. O inadimplemento é evento posterior que não compõe o critério material da hipótese de incidência das referidas contribuições.
>
> (STF, Tribunal Pleno, RE 586.482/RS, Min. DIAS TOFFOLI, DJe de 19/06/2012)

A decisão registra, também, que as vendas inadimplidas não podem ser excluídas da obrigação tributária, com se tratassem de vendas canceladas. De fato, nestas, há o retorno da mercadoria, que pode ser novamente negociada.

> ▸ **Como esse assunto foi cobrado em concurso?**
>
> (ESAF/AFRF/2012) A Constituição Federal, em seu art. 195, dispõe sobre as contribuições para a seguridade social, estabelecendo as suas fontes. Sobre as contribuições incidentes sobre a receita ou faturamento, e de acordo com o entendimento recente do Supremo Tribunal Federal sobre o assunto, analise os itens a seguir, classificando-os como corretos ou incorretos.
>
> I.  O Sistema Tributário Nacional fixou o regime de competência como regra geral para a apuração dos resultados da empresa, e não o regime de caixa.
>
> II. Quanto ao aspecto temporal da hipótese de incidência da Cofins e da contribuição para o PIS, temos que o fato gerador da obrigação ocorre com o aperfeiçoamento do contrato de compra e venda (entrega do produto), e não com o recebimento do preço acordado.
>
> III. O resultado da venda, na esteira da jurisprudência da Corte, apurado segundo o regime legal de competência, constitui o faturamento da pessoa jurídica, compondo o aspecto material da hipótese de incidência da contribuição ao PIS e da Cofins, consistindo situação hábil ao nascimento da obrigação tributária.
>
> IV. No âmbito legislativo, não há disposição permitindo a exclusão das chamadas vendas inadimplidas da base de cálculo das contribuições em questão.
>
> V.  As situações posteriores ao nascimento da obrigação tributária, que se constituem como excludentes do crédito tributário, contempladas na legislação do PIS e da Cofins, ocorrem apenas quando fato superveniente venha a anular o fato gerador do tributo.
>
> **Gabarito:** Todos os itens estão corretos. O item I afirma com acerto a jurisprudência do STF quanto ao regime de competência como regra geral para apuração dos tributos, como se depreende do julgamento do RE 586.482/RS. No mesmo julgamento, nota-se o acerto do item II. Quanto ao item III, o resultado da venda, vale dizer o faturamento, é um dos pontos que nunca foram objeto de discussão no STF, ao contrário do debate acerca da incidência das contribuições sobre a receita bruta. A lei realmente não permite a dedução de vendas não adimplidas da base de cálculo dos tributos, estando correto o item IV. O item V também está correto e corresponde a hipóteses de vendas canceladas e reversão de provisões.

## 6. ASPECTO QUANTITATIVO

### 6.1. PIS Folha

No *PIS-Folha*, a base de cálculo é o total da folha de pagamentos e a alíquota é de 1%.

### 6.2. Regime cumulativo

No *regime cumulativo*, a base de cálculo das contribuições ainda é relativamente simples e se limita ao faturamento (receita de venda de mercadorias e de prestação de serviços).

> São **excluídas da base de cálculo** das contribuições os seguintes valores:
> - das receitas isentas, não tributadas ou sujeitas à alíquota 0 (zero);
> - das receitas de vendas canceladas;
> - dos descontos incondicionais;
> - das reversões de provisões;
> - das recuperações de créditos baixados como perdas, que não representem ingresso de novas receitas;
> - dos resultados positivos da avaliação de investimentos pelo valor do patrimônio líquido;
> - dos lucros e dividendos derivados de participações societárias, que tenham sido computados como receita bruta (art. 52, da Lei 12.973/14);
> - da receita decorrente da venda de bens classificados no ativo não circulante que tenha sido computada como receita bruta (art. 52, da Lei 12.973/14);
> - da receita reconhecida pela construção, recuperação, ampliação ou melhoramento da infraestrutura, cuja contrapartida seja ativo intangível representativo de direito de exploração, no caso de contratos de concessão de serviços públicos. (art. 52, da Lei 12.973/14).

A Lei 12.973/14 alterou alguns dispositivos do art. 3º, da Lei 9.718/98, acerca das receitas excluídas do conceito de receita bruta, para fins de incidência das contribuições, retirando da norma a previsão do IPI e do ICMS, destacado em nota fiscal e cobrado pelo vendedor dos bens ou prestador dos serviços na condição de substituto tributário.

Há, também, regras específicas para determinados setores da economia, que determinam a exclusão de valores ou formas específicas de apuração da base.

A Lei 9.718/98 contemplava dispositivo que excluía da base de cálculo das contribuições os valores que, computados como receita, fossem transferidos para outra pessoa jurídica, nos termos de regulamentação do Poder Executivo. Assentou-se no julgamento do RE 604.761 AgR/SC que o dispositivo legal não chegou a ser regulamentado. De toda sorte, a norma fora revogada pela MP 2.158-35/01.

A **alíquota** do PIS é de 0,65% e da COFINS 3%, reconhecida a constitucionalidade da majoração da alíquota (de 2% para 3%, pelo art. 8º, da Lei 9.718/98), no julgamento do RE 527.602/SP.

Há hipóteses de redução da alíquota a zero, como no caso de produtos farmacêuticos (art. 2º, c/c art. 1º, I, a, da Lei 10.147/00. Esta redução de alíquota, contudo, não se aplica a receita de clínicas e hospitais, mesmo quanto à parte da receita relativa ao custo dos medicamentos, como decidiu o STJ no REsp 1.457.161/PB.

As receitas decorrentes de algumas atividades possuem alíquotas próprias, como as instituições financeiras, inclusive as cooperativas de crédito, as pessoas jurídicas que atuem no ramo de securitização de créditos imobiliários, financeiros e agrícolas, empresas de arrendamento mercantil, as empresas de seguros privados e de capitalização, agentes autônomos de seguros privados e de crédito, as entidades de previdência complementar privada, abertas e fechadas e as associações de poupança e empréstimo, sujeitos à alíquota da COFINS de 4%.

A elevação da alíquota para estas empresas é objeto de discussão, face o alcance do art. 195, § 9º, da CF/88, no RE 656.089 RG/MG.

Nas operações de câmbio, vale ressaltar que a receita bruta (base de cálculo) será a diferença positiva entre o preço de venda e o preço de compra da moeda estrangeira.

Ainda no regime cumulativo, discute-se o repasse nas contas telefônicas o custo do PIS e da COFINS, especialmente sobre a necessidade de lei complementar para disciplinar o repasse (ARE 638.484 RG/RS).

Tratemos de dois outros casos específicos, o das sociedades civis prestadoras de serviço e o das corretoras de seguros.

## Sociedades civis de prestação de serviços

A LC 70/91, previa isenção da COFINS para sociedades profissionais de prestação de serviços, previsão consagrada na Súmula 276, do STJ:

> **Entendimento do STJ**
> Súmula 276 – As sociedades civis de prestação de serviços profissionais são isentas da Cofins, irrelevante o regime tributário adotado.

A isenção, contudo, fora revogada pela Lei 9.430/96, causando polêmica, pois a revogação ocorrera por lei ordinária, não por lei complementar, como a que estabeleceu a desoneração.

Os tribunais entenderam que a revogação era legítima, tendo em vista que a Constituição não prevê a exigência de lei complementar para dispor sobre a COFINS.

De fato, a Carta exige lei complementar para criar contribuições da competência residual da União, não para aquelas com previsão expressa na própria CF/88. No caso da COFINS, a previsão encontra-se no art. 195, I, 'b'.

Desta forma, a Súmula 276 do STJ, foi cancelada pelo Tribunal.

> **Como esse assunto foi cobrado em concurso?**
> (ESAF/PGFN/2012) A respeito do enunciado – "As sociedades civis de prestação de serviços profissionais são isentas da COFINS, irrelevante o regime tributário adotado" –, é correto afirmar que
> a) o enunciado de súmula foi cancelado e não está mais em vigor,
> b) o enunciado referido é do Supremo Tribunal Federal,
> c) o enunciado continua em vigor após a vigência da Lei n. 9.430/96,
> d) o STF entende que a posição jurisprudencial do STJ sobre a matéria era correta,
> e) a posição do STF e do STJ sempre foi convergente nesta matéria.
> **Gabarito:** A. A referida súmula foi cancelada pelo STJ, tendo em vista que a isenção foi revogada pela Lei 9.430/96.

## Corretoras de seguro x corretoras de valores mobiliários

O § 6º, do art. 3º, Lei 9.718/98, prevê deduções específicas da base de cálculo das contribuições para as empresas mencionadas no § 1º, do art. 22, da Lei 8.212/91, quais sejam: "bancos comerciais, bancos de investimentos, bancos de desenvolvimento, caixas econômicas, sociedades de crédito, financiamento e investimento, sociedades de crédito imobiliário, sociedades corretoras, distribuidoras de títulos e valores mobiliários, empresas de arrendamento mercantil, cooperativas de crédito, empresas de seguros privados e de capitalização, agentes autônomos de seguros privados e de crédito e entidades de previdência privada abertas e fechadas".

> Vejamos o texto do § 6º, do art. 3º, Lei 9.718/98:
>
> Art. 3º [...]
>
> § 6º Na determinação da base de cálculo das contribuições para o PIS/PASEP e COFINS, as pessoas jurídicas referidas no § 1º do art. 22 da Lei nº 8.212, de 1991, além das exclusões e deduções mencionadas no § 5º, poderão excluir ou deduzir:
>
> I – no caso de bancos comerciais, bancos de investimentos, bancos de desenvolvimento, caixas econômicas, sociedades de crédito, financiamento e investimento, sociedades de crédito imobiliário, sociedades corretoras, distribuidoras de títulos e valores mobiliários, empresas de arrendamento mercantil e cooperativas de crédito:
>
> a) despesas incorridas nas operações de intermediação financeira;
>
> b) despesas de obrigações por empréstimos, para repasse, de recursos de instituições de direito privado;
>
> c) deságio na colocação de títulos;
>
> d) perdas com títulos de renda fixa e variável, exceto com ações;
>
> e) perdas com ativos financeiros e mercadorias, em operações de hedge;
>
> II – no caso de empresas de seguros privados, o valor referente às indenizações correspondentes aos sinistros ocorridos, efetivamente pago, deduzido das importâncias recebidas a título de cosseguro e resseguro, salvados e outros ressarcimentos.
>
> III – no caso de entidades de previdência privada, abertas e fechadas, os rendimentos auferidos nas aplicações financeiras destinadas ao pagamento de benefícios de aposentadoria, pensão, pecúlio e de resgates;
>
> IV – no caso de empresas de capitalização, os rendimentos auferidos nas aplicações financeiras destinadas ao pagamento de resgate de títulos.

Por outro lado, as instituições financeiras são tributadas pela COFINS a 4%, alíquota maior que a regra geral do regime cumulativo, de 3%.

Na interpretação do Fisco, as corretoras de seguro também seriam enquadradas como instituições financeiras, aplicando-se a alíquota majorada.

A jurisprudência, contudo, rejeitou a equiparação:

> ▶ **Entendimento do STJ**
>
> 1. Não cabe confundir as "sociedades corretoras de seguros" com as "sociedades corretoras de valores mobiliários" (regidas pela Resolução BACEN n. 1.655/89) ou com os "agentes autônomos de seguros privados" (representantes das seguradoras por contrato de agência). As "sociedades corretoras de seguros" estão fora do rol de entidades constantes do art. 22, §1º, da Lei n. 8.212/91.
>
> (STJ, S1, REsp 1.400.287/RS, Min. MAURO CAMPBELL MARQUES, DJe de 3/11/2015)
>
> (No mesmo sentido REsp 1.391.092/SC)

Ademais, o entendimento foi sumulado naquela Corte

> ▶ **Entendimento do STJ**
>
> Súmula 584 do STJ
>
> As sociedades corretoras de seguros, que não se confundem com as sociedades de valores mobiliários ou com os agentes autônomos de seguro privado, estão fora do rol de entidades constantes do art. 22, § 1º, da Lei n. 8.212/1991, não se sujeitando à majoração da alíquota da Cofins prevista no art. 18 da Lei n. 10.684/2003. (STJ, S1, DJe de 1/2/2017)

Corretoras de seguro, portanto, não podem deduzir da base de cálculo das contribuições as despesas típicas de instituições financeiras, mas se submetem, de acordo com a jurisprudência do STJ, à alíquota de 3%.

### 6.3. Regime não-cumulativo

O **aspecto quantitativo** das contribuições começa a se complicar com o **regime não-cumulativo**.

As **alíquotas** são mais elevadas, 1,65% para o PIS e 7,6% para a COFINS, embora haja alíquotas específicas para certas receitas (0,8% para o PIS e 3,2% para a COFINS sobre a receita de venda de papel destinado a impressão de periódicos, imune a impostos; alíquota zero para receita de papel destinado a impressão de jornais, 3% para a COFINS e 0,65% para o PIS incidente sobre receita auferidas por pessoa estabelecida na Zona Franca de Manaus – ZFM, optante pelo lucro real, no caso de vendas para pessoa também estabelecida na ZFM ou para pessoa submetida ao regime cumulativo das contribuições etc).

As contribuições incidem sobre a **receita bruta**. Há autorização constitucional e previsão legal geral para a incidência das contribuições sobre todas as receitas do contribuinte, inclusive sobre receitas financeiras.

Para empresas de fomento mercantil (*factoring*), considera-se receita bruta o valor da diferença entre o valor de aquisição e o valor de face do título ou direito creditório adquirido.

> **Excluem-se da incidência das contribuições**, de acordo com o art. 1º, §, das Lei 10.367/02 e 10.833/03, com a redação dada pela Lei 12.973/14, **as receitas:**
> 
> - isentas ou não alcançadas pela incidência da contribuição ou sujeitas à alíquota 0 (zero);
> - de que trata o inciso IV do caput do art. 187 da Lei 6.404/76, decorrentes da venda de bens do ativo não circulante, classificado como investimento, imobilizado ou intangível;
> - auferidas pela pessoa jurídica revendedora, na revenda de mercadorias em relação às quais a contribuição seja exigida da empresa vendedora, na condição de substituta tributária;
> - referentes a:
>   a) vendas canceladas e aos descontos incondicionais concedidos;
>   b) reversões de provisões e recuperações de créditos baixados como perda que não representem ingresso de novas receitas, o resultado positivo da avaliação de investimentos pelo valor do patrimônio líquido e os lucros e dividendos derivados de participações societárias, que tenham sido computados como receita;
> - decorrentes de transferência onerosa a outros contribuintes do Imposto sobre Operações relativas à Circulação de Mercadorias e sobre Prestações de Serviços de Transporte Interestadual e Intermunicipal e de Comunicação – ICMS de créditos de ICMS originados de operações de exportação, conforme o disposto no inciso II do § 1º do art. 25 da LC 87/96.
> - financeiras decorrentes do ajuste a valor presente de que trata o inciso VIII do caput do art. 183 da Lei 6.404/76, referentes a receitas excluídas da base de cálculo da Cofins;

- relativas aos ganhos decorrentes de avaliação do ativo e passivo com base no valor justo;
- de subvenções para investimento, inclusive mediante isenção ou redução de impostos, concedidas como estímulo à implantação ou expansão de empreendimentos econômicos e de doações feitas pelo poder público;
- reconhecidas pela construção, recuperação, reforma, ampliação ou melhoramento da infraestrutura, cuja contrapartida seja ativo intangível representativo de direito de exploração, no caso de contratos de concessão de serviços públicos;
- relativas ao valor do imposto que deixar de ser pago em virtude das isenções e reduções de que tratam as alíneas "a", "b", "c" e "e" do § 1º do art. 19 do DL 1.598/77; e
- relativas ao prêmio na emissão de debêntures.

Há, também, regras específicas para determinados setores da economia, que determinam a exclusão de valores ou formas específicas de apuração da base.

Não é dedutível da base de cálculo das contribuições os valores pagos a título de juros sobre o capital próprio – JCP:

> **Entendimento do STJ**
>
> 1. A jurisprudência deste STJ já está pacificada no sentido de que não são dedutíveis da base de cálculo das contribuições ao PIS e COFINS o valor destinado aos acionistas a título de juros sobre o capital próprio, na vigência da Lei n. 10.637/2002 e da Lei n. 10.833/2003, permitindo tal benesse apenas para a vigência da Lei n. 9.718/98. Precedentes [...].
>
> 2. Tese julgada para efeito do art. 543-C, do CPC: "não são dedutíveis da base de cálculo das contribuições ao PIS e COFINS o valor destinado aos acionistas a título de juros sobre o capital próprio, na vigência da Lei n. 10.637/2002 e da Lei n. 10.833/2003".
>
> (STJ, S1, REsp 1.200.492/RS, Min. MAURO CAMPBELL MARQUES, DJe de 22/2/2016)

Sobre a base de cálculo apurada, aplicam-se as alíquotas. Como o regime é não cumulativo, há ainda as deduções dos créditos, para se apurar o valor devido das contribuições.

### PIS e Cofins sobre receitas financeiras

A história da **tributação das receitas financeiras** pelo PIS e pela COFINS é longa. Por várias vezes, o Governo Federal procurou ampliar a base de cálculo das contribuições, originariamente o faturamento, para a receita bruta, incluídas as receitas financeiras, sem sucesso.

O Judiciário referendou a medida apenas para as leis publicadas após a EC 20/98, de forma que as contribuições do regime cumulativo, regidas por leis anteriores à referida Emenda, não podem atingir a receita bruta.

A limitação, porém, não atinge as contribuições do regime não cumulativo, pois tanto a Lei 10.667/02 quanto a Lei 10.833/03, que preveem a incidência sobre a receita bruta, são posteriores à EC 20/98, o que lhes confere constitucionalidade material.

Contudo, a Lei 10.865/04, em seu art. 27, § 2º, permitiu ao Executivo reduzir e restabelecer as alíquotas das contribuições não cumulativas sobre receitas financeiras, até o limite, nos percentuais hoje vigentes, de 2,1% para o PIS e de 9,65% para a COFINS.

> Art. 27. [...]
> § 2o O Poder Executivo poderá, também, reduzir e restabelecer, até os percentuais de que tratam os incisos I e II do caput do art. 8o desta Lei, as alíquotas da contribuição para o PIS/PASEP e da COFINS incidentes sobre as receitas financeiras auferidas pelas pessoas jurídicas sujeitas ao regime de não-cumulatividade das referidas contribuições, nas hipóteses que fixar.

De fato, a alíquota das contribuições sobre receitas financeiras foi reduzida a zero pelo Decreto 5.164/04, revogado pelo Decreto 5.442/05, cujo art. 1º tinha a seguinte redação:

> Art. 1º Ficam reduzidas a zero as alíquotas da Contribuição para o PIS/PASEP e da Contribuição para o Financiamento da Seguridade Social – COFINS incidentes sobre as receitas financeiras, inclusive decorrentes de operações realizadas para fins de hedge, auferidas pelas pessoas jurídicas sujeitas ao regime de incidência não-cumulativa das referidas contribuições.

Ocorre que a norma foi revogada pelo Decreto 8.426/15, que restabeleceu parcialmente as alíquotas, 0,65% para o PIS e 4% para a COFINS.

> Art. 1º Ficam restabelecidas para 0,65% (sessenta e cinco centésimos por cento) e 4% (quatro por cento), respectivamente,

> as alíquotas da Contribuição para os Programas de Integração Social e de Formação do Patrimônio do Servidor Público – PIS/PASEP e da Contribuição para o Financiamento da Seguridade Social – COFINS incidentes sobre receitas financeiras, inclusive decorrentes de operações realizadas para fins de hedge, auferidas pelas pessoas jurídicas sujeitas ao regime de apuração não-cumulativa das referidas contribuições.
>
> § 1º Aplica-se o disposto no caput inclusive às pessoas jurídicas que tenham apenas parte de suas receitas submetidas ao regime de apuração não-cumulativa da Contribuição para o PIS/PASEP e da COFINS.

Os contribuintes passaram a alegar que o decreto implicava aumento de tributo sem lei que o estabelecesse, e que a lei não poderia delegar ao decreto o poder de aumentar ou restabelecer a alíquota das contribuições, sob pena de violação do art. 150, I, da CF/88, que dispõe:

> Art. 150. Sem prejuízo de outras garantias asseguradas ao contribuinte, é vedado à União, aos Estados, ao Distrito Federal e aos Municípios:
> I – exigir ou aumentar tributo sem lei que o estabeleça;
> [...]

A nosso ver, a alegação é improcedente. Se se considerar que o art. 27, § 2º, da Lei 10.865/04 é inconstitucional na parte que permite o restabelecimento da alíquota, por falta de autorização da Carta, também o será na parte que permite a redução da alíquota por decreto, pelo exato mesmo motivo, vale dizer, também não há autorização constitucional para redução destes tributos por ato do Poder Executivo.

Se, ao revés, se considerar que a norma é constitucional, tanto a redução da alíquota quanto seu restabelecimento se mostrarão legítimos.

Os Tribunais Regionais Federais que enfrentaram o tema, em geral, têm apontado pela **legitimidade do restabelecimento da alíquota**, baseados na autorização legal do art. 27, § 2º, da Lei 10.865/04, no fato de que o decreto não aumenta tributo sem lei que o estabeleça, pois a tributação das receitas financeiras pelo PIS e a COFINS na modalidade não cumulativa foi prevista pela Lei 10.667/02 e pela Lei 10.883/03, e ainda na constatação de que o Decreto 8.426/15 restabelece alíquotas, mas estas não excedem aquelas previstas na Lei 10.865/04.

O STJ apreciou a matéria, legitimando a majoração da alíquota no caso concreto.

> **Entendimento do STJ**
>
> 7. Hipótese em que se discute a legalidade da revogação da alíquota zero, prevista no art. 1º do Decreto n. 5.442/2005, do PIS e da COFINS sobre receitas financeiras elo art. 1º do Decreto n. 8.426/2015.
>
> 8. Considerada a constitucionalidade da Lei n. 10.865/2004, permite-se ao Poder Executivo tanto reduzir quanto restabelecer alíquotas do PIS/COFINS sobre as receitas financeiras das pessoas jurídicas, sendo certo que tanto os decretos que reduziram a alíquota para zero quanto o Decreto n. 8.426/2015, que as restabeleceu em patamar inferior ao permitido pelas Leis n. 10.637/2002 e 10.833/03, agiram dentro do limite previsto na legislação, não havendo que se falar em ilegalidade.
>
> 9. O art. 27, § 2º, da Lei n. 10.865/2004 autoriza o Poder Executivo a reduzir ou restabelecer as alíquotas nos percentuais delimitados na própria Lei, da forma que, considerada legal a permissão dada ao administrador para reduzir tributos, também deve ser admitido o seu restabelecimento, pois não se pode compartimentar o próprio dispositivo legal para fins de manter a tributação com base em redução indevida.
>
> (STJ, T1, REsp 1.586.950/RS, Min. Gurgel de Faria, DJE de 9/10/2017)

Como era de se esperar, o tema foi levado ao STF, onde aguarda julgamento o RE 986.296 RG/PR, com repercussão geral reconhecida.

Embora o Judiciário venha aprovando o restabelecimento da alíquota, a questão que se coloca é se a lei pode autorizar decreto a reduzir alíquotas de tributos, fora das previsões expressas da Constituição.

Parece-nos que a resposta é negativa, mas há de se reconhecer que não há disposição literal e expressa na Carta, que proíba ou que autorize o expediente previsto no art. 27, § 2º, da Lei 10.685/04.

Há previsão expressa de alteração de alíquotas, dentro dos limites legais, para o Imposto de Importação, o Imposto de Exportação, o IPI e o IOF, no art. 153, § 3º, da CF/88:

> Art. 153.
> [...]
> § 1º – É facultado ao Poder Executivo, atendidas as condições e os limites estabelecidos em lei, alterar as alíquotas dos impostos enumerados nos incisos I, II, IV e V.

A autorização expressa para um caso, não significa, em termos lógicos, a vedação para os demais casos. Ademais, o raciocínio *a contrario sensu* tem o mesmo valor do raciocínio analógico, que poderia equiparar o tratamento do PIS e da COFINS sobre receitas financeiras ao tratamento do IOF.

Mais concreto é o teor do art. 150, § 6º, da Constituição que exige lei específica para a concessão de subsídios, isenções, reduções de base de cálculo, créditos presumidos, não havendo razão material para exigir lei específica para estas formas de redução da obrigação tributária e dispensá-la para outras, como a redução de alíquota, que apresentam o mesmo efeito.

> Art. 150
> 
> [...]
> 
> § 6º Qualquer subsídio ou isenção, redução de base de cálculo, concessão de crédito presumido, anistia ou remissão, relativos a impostos, taxas ou contribuições, só poderá ser concedido mediante lei específica, federal, estadual ou municipal, que regule exclusivamente as matérias acima enumeradas ou o correspondente tributo ou contribuição, sem prejuízo do disposto no art. 155, § 2.º, XII, g.

Ademais, sob o ponto de vista teórico, muitos autores defendem que a redução de alíquota nada mais é que espécie de isenção parcial.

Numa análise literal, contudo, a redução de alíquota não está prevista no texto do art. 150, § 6º, da CF/88 e há quem defenda que este instituto difere da isenção.

Por outro lado, enquanto não revogado o art. 27, § 2º, da Lei 10.685/04, não nos parece possível cobrar os tributos sobre receitas financeiras em percentual maior que as alíquotas previstas pelo Decreto 5.442/05 ou pelo Decreto 8.426/15, durante suas respectivas vigências, em virtude da proteção da boa-fé e da confiança do contribuinte.

O tema chegou recentemente ao STJ, pelo REsp 1.586.950, que ainda não foi julgado. Como a matéria é eminentemente constitucional, a definição da controvérsia será dada somente pelo STF.

### Não cumulatividade do PIS e da COFINS x Não cumulatividade do IPI e do ICMS

O sistema da não-cumulatividade do PIS e da COFINS, contudo, não é idêntico ao do IPI ou do ICMS, em que os créditos, obtidos pelo método "imposto contra imposto" são, em regra, físicos, reais e condicionados.

No PIS e na COFINS alguns créditos são obtidos pela aplicação da alíquota da não-cumulatividade sobre a despesa (base contra base), fugindo assim do método "imposto contra imposto", especialmente nas aquisições de pessoas jurídicas sujeitas ao regime cumulativo. Nestas hipóteses, o sistema do PIS e da COFINS também se afasta da regra do crédito real, pois o valor a deduzir não é aquele efetivamente devido na operação anterior.

Também se permite, nas contribuições não-cumulativas, a **dedução de créditos financeiros**, como os decorrentes de **aluguéis pagos a pessoas jurídicas** e as **depreciações do ativo imobilizado**, inaceitáveis no sistema do crédito físico (vale dizer, decorrente de mercadorias e serviços que compõem os produtos vendidos, as mercadorias revendidas e os serviços prestados).

Em outra divergência em relação aos impostos, os créditos do PIS e da COFINS são, por vezes, **incondicionados**. Não por exceção, já que não há uma regra geral, mas pela base de cálculo e pela sistemática de apuração das próprias contribuições.

De fato, não seria razoável condicionar o crédito decorrente de aluguéis pagos a pessoa jurídica à tributação de todo o faturamento da empresa. O aluguel do estabelecimento está ligado à toda a atividade da empresa, não a algum produto ou serviço em especial, de modo que pudesse ficar condicionado à venda tributada do produto ou serviço.

Por fim, o sistema das contribuições se afasta completamente do sistema de não-cumulatividade do IPI e do ICMS quanto a característica do crédito condicionado à saída tributada da mercadoria ou serviço. No PIS e na COFINS geram créditos as operações tributadas na aquisição, independente da existência de tributação na venda.

As peculiaridades do sistema de não-cumulatividade das contribuições, portanto, não pode ser comparado com o dos impostos, nem as regras e princípios aplicáveis a estes podem ser emprestadas àquelas por analogia. Não há identidade nem semelhança que permitam o raciocínio analógico.

### PIS e COFINS x IRPJ

De outro turno, também não se pode pretender aproximar o PIS e a COFINS do IRPJ, de modo a permitir a dedução de créditos por todas as despesas reconhecidas para aquele imposto. Afinal, as contribuições incidem sobre a receita, não sobre o lucro.

### Não-cumulatividade própria do PIS e COFINS

A não-cumulatividade do PIS e da COFINS é própria e deve ser adequada e correspondente à natureza do fato gerador das contribuições, vale dizer, a receita bruta. De outro turno, à míngua de determinações constitucionais ou mesmo de uma teoria sólida como a dos créditos físicos, reais e condicionados, aplicáveis ao IPI e ao ICMS (malgrado também esteja sujeita a discussões), não há critério prévio que possa definir as operações aptas a gerar crédito. Neste contexto, são capazes de gerar créditos as operações definidas pelo direito positivo, vale dizer, as operações expressas pela lei e aquelas acolhidas pelo Poder Judiciário.

**Conferem créditos** mensais dedutíveis do PIS e da COFINS, nos termos da lei:

- os bens adquiridos para revenda, exceto em relação às mercadorias e aos produtos sujeitos a substituição tributária e os excluídos da tributação não-cumulativa;
- os bens e serviços, utilizados como insumo na prestação de serviços e na produção ou fabricação de bens ou produtos destinados à venda, inclusive combustíveis e lubrificantes, exceto em relação ao pagamento dos valores devidos à concessionária pela intermediação ou entrega na venda direta de veículos do fabricante ao consumidor final, quando excluídos da base de cálculo das contribuições;
- os bens e serviços adquiridos do exterior, quando sujeitos à incidência do PIS-importação e da COFINS-importação;
- a energia elétrica e a energia térmica, inclusive sob a forma de vapor, consumidas nos estabelecimentos da pessoa jurídica;
- aluguéis de prédios, máquinas e equipamentos, pagos a pessoa jurídica, utilizados nas atividades da empresa;
- o valor das contraprestações de operações de arrendamento mercantil de pessoa jurídica, exceto de optante SIMPLES;
- bens incorporados ao ativo intangível, adquiridos para utilização na produção de bens destinados à venda ou na prestação de serviços (Lei 12.973/14);

- a depreciação de máquinas, equipamentos e outros bens incorporados ao ativo imobilizado ou intangível (Lei 12.973/2014), adquiridos ou fabricados para locação a terceiros, ou para utilização na produção de bens destinados à venda ou na prestação de serviços;
- a depreciação de edificações e benfeitorias em imóveis próprios ou de terceiros, utilizados nas atividades da empresa;
- os bens recebidos em devolução cuja receita de venda tenha integrado faturamento do mês ou de mês anterior, e tributada pelas contribuições;
- a armazenagem de mercadoria e o frete na operação de venda, quando o ônus for suportado pelo vendedor;
- vale-transporte, vale-refeição ou vale-alimentação, fardamento ou uniforme fornecidos aos empregados por pessoa jurídica que explore as atividades de prestação de serviços de limpeza, conservação e manutenção, a partir da Lei 11.898/09.

Discute-se no STF, no RE 599.658 RG/SP, a possibilidade de créditos decorrentes de aluguéis pagos a pessoa física e sobre o uso de imóvel próprio (STF; Tribunal Pleno; RE 599.658 RG/SP; Min. LUIZ FUX; DJe de 26/02/2013).

Também há hipóteses de **créditos presumidos**, bem como na abertura de estoque, quando a empresa migra da tributação cumulativa para a tributação não-cumulativa.

De outro turno, **não conferem crédito**:
- o pagamento de mão-de-obra a pessoa física;
- a aquisição de bens sujeitos ao regime monofásico;
- a aquisição de bens sujeitos a substituição tributária;
- a aquisição de bens excluídos do regime não-cumulativo;
- a aquisição de bens ou serviços não sujeitos ao pagamento das contribuições (alíquota zero, não incidência, suspensão);
- as aquisições de bens isentos, quando revendidos ou utilizados como insumo em produtos ou serviços sujeitos à alíquota zero, isentos ou não alcançados pela contribuição.

Demais disso, deverá ser **estornado o crédito** de mercadorias ou insumos, que tenham sido furtados ou roubados, inutilizados ou deteriorados, destruídos em sinistro (art. 2º, § 13, da Lei 10.833/03).

Os créditos do regime não-cumulativo não são classificados como receita tributada pelas próprias contribuições.

O valor destes créditos não constitui receita bruta da pessoa jurídica, servindo somente para dedução do valor devido da contribuição.

Observe-se, ainda, que há dois tratamentos distintos do crédito. Os créditos em geral são passíveis de aproveitamento via dedução dos débitos. Os créditos decorrentes de exportação e os créditos referentes às vendas não tributadas podem ser deduzidos de eventual débito da empresa, decorrentes de outras vendas tributadas no mercado interno; ou ainda ressarcidas ou compensadas, a pedido do contribuinte.

**Créditos de aquisições com isenção,** não incidência e suspensão

Há diferença no aproveitamento de crédito de operações de aquisição abrangidas por isenção, não incidência e suspensão das contribuições.

Dispõe o § 2º, II, do art. 3º, da Lei 10.833/03, que "não dará direito a crédito o valor da aquisição de bens ou serviços não sujeitos ao pagamento da contribuição, inclusive no caso de isenção, esse último quando revendidos ou utilizados como insumo em produtos ou serviços sujeitos à alíquota 0 (zero), isentos ou não alcançados pela contribuição".

A aquisição de insumo isento gera crédito (ao contrário do que determina a regra do crédito físico e real), desde que a venda do produto pelo adquirente seja tributada. Se a venda não for tributada, a aquisição isenta não irá gerar o crédito (regra do crédito condicionado).

As **aquisições** que **não se inserem no âmbito de incidência** das contribuições, **não geram crédito**, em hipótese alguma (regra do crédito físico).

Da mesma forma, **não geram crédito aquisições com suspensão das contribuições.** Assim já decidiu o STJ:

▶ **Entendimento do STJ**

1. As aquisições de carne bovina, de frango e suína para revenda feitas pela recorrente de frigoríficos/revendedores atacadistas não se submetem a qualquer isenção, mas sim estão sob a égide de suspensão do pagamento do PIS e da COFINS, suspensão esta prevista no artigo 32 da Lei 12.058/2009, e 54 da Lei 12.350/2010.

> 2. À toda evidência, "isenção" e "suspensão do pagamento" são institutos completamente diversos. A "isenção" é situação de não-incidência da norma tributária provocada por lei. A isenção impede a ocorrência do fato gerador porque tira da hipótese de incidência da norma tributária um dado suporte fático pontualmente escolhido (dever ser) o que impossibilita a incidência da norma sobre um dado fato (ser) que por isso deixa de ser fato imponível. Já a "suspensão do pagamento" opera em momento diverso. Somente há que se falar em pagamento (e, por consequência, em sua suspensão) se houver a incidência da norma tributária (hipótese de incidência + fato imponível = fato gerador), o surgimento da obrigação tributária e a possibilidade de constituição do crédito tributário, situações que a isenção já exclui de antemão.
>
> 3. Sendo assim, os arts. 3º, §2º, II, da Lei n. 10.833/2003 e da Lei n. 10.637/2002, que permitem o creditamento por aquisições isentas, não amparam o pleito da recorrente. Em verdade, ela adquire bens não sujeitos ao pagamento da contribuição, para os quais a regra dos mesmos arts. 3º, §2º, II, da Lei n. 10.833/2003 e da Lei n. 10.637/2002, em sua parte inicial, é a de não permitir o creditamento.
>
> 4. Desse modo, se os bens que adquire não dão direito ao creditamento pela regra da não-cumulatividade prevista nas Leis ns. 10.637/2002 e 10.833/2003, qualquer creditamento que possa ter somente poderia vir a título de benefício fiscal. Tal foi o que ocorreu com o advento dos arts. 34 da Lei 12.058/2009 e 56 da Lei 12.350/2010 que lhe concederam o favor do crédito presumido.
>
> (STJ, T2, REsp 1.438.607/RS, Min. MAURO CAMPBELL MARQUES, DJe de 9/12/2015)

Isso ocorre porque o § 2º, II, do art. 3º, da Lei 10.833/03 afasta a possibilidade de aproveitamento de crédito decorrente de operações em que não há o **pagamento** das contribuições, independente do instituto jurídico aplicável para afastar este pagamento.

O aproveitamento de crédito nas aquisições isentas é, como se vê, uma exceção trazida pelo próprio inciso II, do § 2º, do art. 3º, da Lei 10.833/03.

**Dedução de créditos ordinários e créditos decorrentes de benefício fiscal.**

No REsp 1.437.568, o STJ distinguiu **créditos ordinários e créditos** presumidos, decorrentes de benefício fiscal, para tratar de demanda em que se postulava a dedução cumulativa das duas espécies de crédito.

Os **créditos ordinários**, seriam aqueles elencados nas Lei 10.637/02 e 10.833/03, que acabamos de estudar. De outro turno, os **créditos presumidos**, para o STJ, seriam aqueles decorrentes de benefício fiscal.

Como vimos, o PIS e a COFINS também apresentam créditos presumidos ordinários, de forma que o crédito presumido, neste caso, deve ser entendido como aquele concedido como incentivo.

Com esta ressalva, vejamos a decisão do STJ, que consignou, com razão, a **impossibilidade de dedução simultânea de crédito ordinário com crédito de benefícios**, decorrentes da mesma operação.

> ▸ **Entendimento do STJ**
>
> 1. Discute-se nos autos a possibilidade de aproveitamento simultâneo de **crédito ordinário** da sistemática não-cumulativa de PIS/PASEP e de COFINS, prevista no art. 3º, das Leis nº 10.637/2002 e 10.833/2003, com o **crédito presumido** previsto no art. 8º, § 1º, da Lei nº 10.925/2004, referente às aquisições feitas junto a pessoas jurídicas cerealistas, transportadoras de leite e agropecuárias que funcionam como intermediárias entre as pessoas físicas produtoras agropecuárias e as pessoas jurídicas que produzam mercadorias de origem animal ou vegetal, para o período de 1º/08/2004 a 03/04/2006.
>
> [...]
>
> 3. O crédito presumido, que corresponde a um percentual do crédito ordinário, trata de **benefício fiscal** que traduz verdadeira ficção jurídica, daí a denominação "presumido", pois concedido justamente nas hipóteses previstas no art. 3º, §2º, das Leis ns. 10.637/2002 e 10.833/2003, onde não é possível dedução de crédito ordinário pela sistemática não cumulativa, v.g., nas aquisições de insumos de pessoas físicas ou cooperados pessoa física (caput do art. 8º, da Lei n. 10.925/2004) e aquisições de insumos de pessoas jurídicas em relação às quais a lei suspendeu o pagamento das referidas contribuições (§ 1º do art. 8º, da Lei n. 10.925/2004).
>
> 4. O crédito presumido é benefício fiscal cujo objetivo é aliviar a cumulatividade nas situações onde não foi possível eliminá-la pela concessão do crédito ordinário. Desse modo, salvo disposição legal expressa, **uma mesma aquisição não pode gerar dois creditamentos simultâneos** para o mesmo tributo a título de crédito presumido e crédito ordinário, sob pena de ser concedida desoneração para além da não-cumulatividade própria dos tributos em exame.
>
> [...]

> 9. Tendo em vista que o acórdão recorrido reconheceu equivocadamente ao contribuinte o direito ao crédito ordinário pela sistemática não cumulativa no período de 1º/8/2004 a 4/4/2006, não é possível a esta Corte, à mingua de recurso da FAZENDA NACIONAL, afastar o acórdão no ponto, sob pena de incorrer em reformatio in pejus.
>
> 10. Por outro lado, uma interpretação sistemática da legislação, bem como os princípios da razoabilidade e moralidade não permitem a esta Corte conceder cumulativamente o crédito parcial (crédito presumido) onde já foi equivocadamente reconhecido o crédito total (crédito ordinário) ao contribuinte.
>
> 11. Portanto, deve ser reconhecido ao contribuinte o direito **ao aproveitamento de créditos presumidos** na forma do art. 8º da Lei nº 10.925/2004 no período de 1º/8/2004 a 4/4/2006 somente **em relação às aquisições não abrangidas pelo creditamento ordinário** de PIS e COFINS pela sistemática não-cumulativa.
>
> 12. Recurso especial parcialmente conhecido e, nessa parte, parcialmente provido.
>
> (STJ, T2, REsp 1.437.568/SC, Min. MAURO CAMPBELL MARQUES, DJe de 9/12/2015)

Vale ressaltar, ainda, que a exigência de suspensão do tributo para o aproveitamento do crédito presumido encontra-se, também, no âmbito da regulação específica e excepcional do benefício, não infirmando a regra geral de que operações com suspensão não geram direito a crédito, analisada no tópico anterior.

### Outros lançamentos contábeis de receita

Como dissemos, as contribuições incidem sobre a receita bruta, de modo que qualquer outro lançamento contábil de receita acarreta a tributação. Alguns destes lançamentos contábeis têm sido objeto de discussão judicial, com vistas a impedir a incidência das exações. É o caso do **crédito presumido do IPI**, que será apreciado no julgamento do RE593.544 RG/RS, recebido com repercussão geral.

A tese sustenta que o crédito presumido do IPI não pode ser considerado receita para fins da incidência das contribuições.

Outro lançamento contábil de receita que gera discussão é **o crédito ICMS de empresas exportadoras** que são negociados no mercado interno. Vamos lembrar que a exportação não sofre a incidência do imposto estadual e a empresa exportadora mantém o crédito pelas mercadorias e serviços adquiridos no país. Em princípio, esta empresa poderia deduzir os créditos mantidos de débitos decorrentes das vendas no mercado interno, que são tributadas. Contudo, em certos casos, a empresa exportadora não vende no mercado interno e, portanto, não tem como aproveitar o crédito do imposto em outras operações. Neste casso, ela transfere o crédito para terceiros.

O entendimento da União é de que tais operações com créditos de ICMS geram receita para a empresa exportadora e tais receitas podem ser tributadas pelo PIS e pela COFINS.

Recente decisão do STF, contudo, proferida no RE 606.107/RS, afastou a incidência das contribuições sobre as operações em comento.

As **variações cambiais** também podem ser lançadas contabilmente como receitas. Isso ocorre, por exemplo, nas exportações em que o preço recebido em moeda estrangeira sofre majoração, em virtude da valorização da moeda. O STF decidiu pela inconstitucionalidade da incidência.

> **Entendimento do STF**
>
> V - Assenta esta Suprema Corte, ao exame do leading case, a tese da inconstitucionalidade da incidência da contribuição ao PIS e da COFINS sobre a receita decorrente da variação cambial positiva obtida nas operações de exportação de produtos.
> (STF, Tribunal Pleno, RE 627.815/PR, Min. ROSA WEBER, DJe de 23/5/2013)

O STJ tem decidido que os ingressos decorrentes de **juros sobre capital próprio** constitui receita tributável pelas contribuições (AgRg no Ag 1.209.804/RS). Embora visem remunerar o capital, como forma alternativa de distribuição dos lucros em participações societárias, o Tribunal entendeu que sua natureza é de receita financeira, portanto tributável.

A matéria agora foi pacificada, com julgamentos de recursos especiais sob o rito dos recursos repetitivos, como noticia o seguinte julgado:

> **Entendimento do STJ**
>
> 1. Não incide a contribuição para o PIS e nem a COFINS sobre juros sobre capital próprio durante a vigência da Lei 9.718/98, mas referidas exações passaram a ser devidas a partir da entrada em vigor das Leis 10.637/02 e 10.833/03, que trouxeram nova disciplina sobre a matéria em referência. Precedentes: REsp 1.104.184/RS, Rel. Ministro Napoleão Nunes Maia Filho, Primeira Seção, DJe 08/03/2012; e REsp 1.200.492/RS,

Rel. para acórdão Ministro Mauro Campbell Marques, Primeira Seção, julgado em 14/10/2015 (acórdão pendente de publicação).
(STJ, T1, AgRg no REsp 1.016.849/RS, Min. SÉRGIO KUKINA, DJe de 15/12/2015)

Com mesmo fundamento, a **Corte afastou a possibilidade de aproveitamento de crédito pelo pagamento de juros sobre o capital próprio:**

▶ **Entendimento do STJ**

CONSTITUCIONAL. TRIBUTÁRIO. PIS/PASEP E COFINS NÃO-CUMULATIVOS. CREDITAMENTO. JUROS SOBRE O CAPITAL PRÓPRIO – JCP. IMPOSSIBILIDADE. ARTS. 3º, V, DAS LEIS NºS 10.637/2002 E 10.833/2003, EM SUA REDAÇÃO ORIGINAL.
[...]

4. Sendo assim, como categoria nova e autônoma, o creditamento dentro da sistemática das contribuições ao PIS/PASEP e COFINS não-cumulativos também depende de norma tributária expressa, ora inexistente.

5. A criação dos JCP teve por objetivo estimular que as matrizes estrangeiras deixassem de aportar o volátil – "capital emprestado" – para aportar valores diretamente no capital social – "capital de risco". Ou seja, a criação dos JCP se deu justamente para fazer oposição aos tradicionais contratos de mútuo entre matrizes estrangeiras e filiais brasileiras, reforçando a entrada de recursos através dos contratos sociais e substituindo as taxas de juros arbitradas pela matriz pelos JCP fixados em lei. Portanto, não há como identificar o contrato social que dá origem aos JCP com os contratos de mútuo que dão origem às demais taxas de juros, pois na própria origem os institutos se opõem.

6. O capital integralizado pelos sócios ou acionistas de determinada sociedade empresária, embora seja classificado como despesa financeira, decorre de contrato social e tem por finalidade a própria constituição da empresa, gerando JCP, não podendo ser equiparado a um empréstimo ou financiamento decorrente de contrato de mútuo concedido à pessoa jurídica, que gera juros remuneratórios.

(STJ, T2, REsp 1.425.725/RS, Min. MAURO CAMPBELL MARQUES, DJe de 9/12/2015)

O STJ entende que os juros sobre capital próprio pagos têm natureza de despesa financeira, de modo que somente geraria crédito se a lei contivesse previsão expressa. Esta previsão existia na redação original da Lei 10.637/02 e da Lei 10.833/03, mas fora revogada pela Lei 10.865/04.

### O problema dos insumos

O art. 3º, II, tanto da Lei 10.637/02 quanto da Lei 10.833/03, permite a pessoa jurídica descontar créditos calculados em relação a bens e serviços, utilizados como insumo na prestação de serviços e na produção ou fabricação de bens ou produtos destinados à venda, inclusive combustíveis e lubrificantes.

Discute-se, porém, o **conceito de insumos**, variando largamente as opiniões, inclusive no que toca à dedução como decorrência do princípio da não-cumulatividade.

Três correntes principais disputam a matéria: 1. a restrição dos créditos, com aproximação ao modelo da não-cumulatividade do IPI (que limitaria o princípio tendo em vista a base de cálculo mais larga das contribuições); 2. a ampliação dos créditos, para permitir dedução com despesas indiretas, a exemplo da taxa de administração de cartão de crédito, seguros etc, aos moldes da legislação do IR (o que levaria as contribuições a incidir sobre a renda, não sobre a receita bruta e o faturamento); e 3. a adequação dos créditos ao fato gerador das contribuições (embora sem os critérios seguros que fornecem os tradicionais IPI e IRPJ).

Em sede administrativa, vigora a limitação prevista pela **IN/SRF 404/2004**, segundo a qual são insumos capazes de gerar crédito para as contribuições os materiais que exerçam **ação direta sobre o produto** em fabricação e os serviços aplicados ou consumidos na produção ou fabricação do produto.

O **STJ**, especialmente, por sua Primeira Turma, passou a enfrentar a matéria, no que toca aos créditos de **vale-transporte, vale alimentação, uniforme e fardamento** de prestadoras de serviço.

> ▶ **Entendimento do STJ**
>
> 2. Muito embora entenda que o conceito de insumo deve ser alargado para abranger tanto os elementos diretos como indiretos de uma produção, a meu ver, as despesas com vale-transporte, vale-refeição e fardamento não possuem a natureza de insumo, nem em seu conceito mais amplo, pois não são elementos essenciais da produção, razão pela qual entendo que o inciso II do art. 3º. das Leis 10.637/02 e 10.833/03, por si só, não autorizava o creditamento pretendido pelo contribuinte.
>
> 3. Assim, apenas a partir da edição da Lei 11.898/09, que incluiu o inciso X no art. 3º. das Leis 10.637/02 e 10.833/03 equiparando as despesas com vale-transporte, vale-refeição e fardamento a insumo, possibilitou-se o creditamento na forma postulada pelo ora recorrente.

4. Não possuindo as referidas despesas natureza de insumo e não havendo expressa autorização legal ao creditamento para o período postulado pelo recorrente, não merece reparos o acórdão objurgado.
5. Agravo Regimental do contribuinte desprovido.
(STJ, T1, AgRg no REsp 1.230.441/SC, Ministro NAPOLEÃO NUNES MAIA FILHO, DJe de 18/09/2013)

Recentemente, embora tenha deixado de julgar as questões envolvendo o direito a crédito, por se tratar de matéria constitucional, decidiu no **REsp 1.526.447/RS** que são insumos "todos aqueles bens e serviços pertinentes ao, ou que viabilizam o processo produtivo e a prestação de serviços, que neles possam ser direta ou indiretamente empregados e cuja subtração importa na impossibilidade mesma da prestação do serviço ou da produção, isto é, cuja subtração obsta a atividade da empresa, ou implica em substancial perda de qualidade do produto ou serviço daí resultantes", julgando assim ilegais as IN SRF 247/02 e 404/04, por restringirem o conceito legal de insumo.

▶ **Entendimento do STJ**

3. São ilegais o art. 66, §5º, I, "a" e "b", da Instrução Normativa SRF n. 247/2002 – Pis/Pasep (alterada pela Instrução Normativa SRF n. 358/2003) e o art. 8º, §4º, I, "a" e "b", da Instrução Normativa SRF n. 404/2004 – Cofins, que restringiram indevidamente o conceito de "insumos" previsto no art. 3º, II, das Leis n. 10.637/2002 e n. 10.833/2003, respectivamente, para efeitos de creditamento na sistemática de não--cumulatividade das ditas contribuições.

4. Conforme interpretação teleológica e sistemática do ordenamento jurídico em vigor, a conceituação de "insumos", para efeitos do art. 3º, II, da Lei n. 10.637/2002, e art. 3º, II, da Lei n. 10.833/2003, não se identifica com a conceituação adotada na legislação do Imposto sobre Produtos Industrializados – IPI, posto que excessivamente restritiva. Do mesmo modo, não corresponde exatamente aos conceitos de "Custos e Despesas Operacionais" utilizados na legislação do Imposto de Renda – IR, por que demasiadamente elastecidos.

5. São "insumos", para efeitos do art. 3º, II, da Lei n. 10.637/2002, e art. 3º, II, da Lei n. 10.833/2003, todos aqueles bens e serviços pertinentes ao, ou que viabilizam o processo produtivo e a prestação de serviços, que neles possam ser direta ou indiretamente empregados e cuja subtração importa na impossibilidade mesma da prestação do serviço ou da produção, isto é, cuja subtração obsta a atividade da empresa, ou implica em substancial perda de qualidade do produto ou serviço daí resultantes.

6. Hipótese em que a recorrente é empresa fabricante de gêneros alimentícios sujeita, portanto, a rígidas normas de higiene e limpeza. No ramo a que pertence, as exigências de condições sanitárias das instalações se não atendidas implicam na própria impossibilidade da produção e em substancial perda de qualidade do produto resultante. A assepsia é essencial e imprescindível ao desenvolvimento de suas atividades. Não houvessem os efeitos desinfetantes, haveria a proliferação de microorganismos na maquinaria e no ambiente produtivo que agiriam sobre os alimentos, tornando-os impróprios para o consumo. Assim, impõe-se considerar a abrangência do termo "insumo" para contemplar, no creditamento, os materiais de limpeza e desinfecção, bem como os serviços de dedetização quando aplicados no ambiente produtivo de empresa fabricante de gêneros alimentícios.

(STJ, T2, REsp 1.246.317/MG, Min. MAURO CAMPBELL MARQUES, DJe de 29/6/2015)

A **não-cumulatividade das contribuições** está agora sob apreciação do STF, no ARE 790.928 RG/PE, recebido com repercussão geral.

As normas mencionadas na decisão tratam de créditos decorrentes de mercadorias, insumos, aluguéis, *leasing*, energia elétrica, armazenamento, frete, depreciação de bens, mercadorias devolvidas, mão de obra e operações isentas. Do inteiro teor da decisão, verifica-se a dimensão do objeto do recurso e dos efeitos que pode causar na dogmática das contribuições:

> ▸ **Entendimento do STF**
>
> Verifica-se que a controvérsia foi decidida com fundamento em norma constitucional. O texto da EC 42/03, ao cuidar da matéria quanto ao PIS e à COFINS, referiu que a lei definirá os setores de atividade econômica para os quais as contribuições incidentes na forma dos incisos I, b; e IV do caput, serão não cumulativas (CF art. 195, ß 12), deixando de registrar a fórmula que serviria de ponto de partida à exegese pontuada, ou qualquer outra.
>
> Portanto, não há, na construção, a escolha desta ou daquela técnica de incidência do princípio a nortear sua aplicação. Relevante, portanto, a definição pela Suprema Corte do núcleo fundamental do princípio da não-cumulatividade quanto à tributação sobre a receita, já que com relação aos impostos indiretos (IPI e ICMS) a corte vem assentado rica jurisprudência.

> Nesta senda, as restrições previstas nas referidas leis, a limitar o conceito de insumo na tributação sobre a receita, requerem a definição da amplitude do preceito previsto no § 12 do art. 195 da CF.
> (STF, Tribunal Pleno, ARE 790.928 RG/PE, Min. LUIZ FUX, DJe de 3/9/2014)

O STF, portanto, assumiu agora a tarefa de interpretar o princípio da não-cumulatividade das contribuições. A doutrina já vinha apontando, como lembramos linhas acima, que a Constituição não obriga que o PIS e a COFINS adotem o mesmo sistema de não-cumulatividade do IPI e do ICMS. De outro lado, não é razoável transformar o PIS e a COFINS, incidentes sobre o faturamento ou a receita bruta, portanto tributos que incidem sobre a base "consumo", conforme determina a Constituição, seja transformado numa modalidade de IRPJ ou CSLL.

Parece-nos, portanto, que o Supremo pode ampliar o conceito de insumos ou a dedução do frete, mas não deve transbordar questões que são polêmicas inclusive no âmbito do ICMS e do IPI, como o crédito de bens de consumo, nem permitir créditos por despesas como o pagamento de salários, para não aproximar as contribuições dos tributos incidentes sobre o lucro.

### A discussão sobre o frete e armazenagem

A legislação confere crédito decorrente de despesas de transportes e armazenagem de mercadorias para revenda e de insumos, quando o ônus for suportado pelo vendedor.

Dessa forma, haverá crédito quando o transporte e a armazenagem estiverem incluídos no preço dos produtos adquiridos de pessoa jurídica no país (também contribuinte do PIS e da COFINS) e nos produtos importados, sujeitos à incidência das contribuições, pelas alíquotas de 1,65% para o PIS e de 7,6% para a COFINS. No caso da importação, a base para o cálculo do crédito será o valor utilizado como base de cálculo do imposto de importação (valor aduaneiro), acrescido do IPI, se for o caso.

Nada impede que valor do frete e da armazenagem, por conta do vendedor, sejam discriminados e, ainda assim, gerem o crédito.

Também gera crédito o frete pago pelo comprador, ao entendimento de que o frete inclui o custo das mercadorias vendidas, conforme a legislação do imposto de renda, adequando-se, assim, à previsão do art. 3º, I, da Lei 10.637/02 e art. 3º, I, da Lei 10.833/03.

Não há crédito, contudo, quando o comprador: 1. realiza o transporte com frota própria; 2. paga frete e armazenagem de produtos importados, após a liberação aduaneira e 3. realiza, diretamente ou mediante a contratação de terceiros, o frete entre estabelecimentos do mesmo contribuinte.

No caso das importações, o valor aduaneiro, em geral (FOB), inclui o frete (e seguro) até o porto, de forma que o frete estará embutido no preço da mercadoria ou insumo e seu valor (suportado pelo exportador) e conferirá crédito para o contribuinte brasileiro (importador). O armazenamento e o frete do porto (ou local de desembaraço aduaneiro) no Brasil até o estabelecimento do contribuinte, por conta deste, não confere crédito, assim como não confere crédito o transporte nacional por conta do contribuinte adquirente.

Contudo, há operações de importação, cujo valor aduaneiro inclui o frete até o estabelecimento do importador e, neste caso, haveria aproveitamento do crédito por todo o frete.

O frete contratado pelo adquirente, contudo, não fora enfrentado com os devidos rigores. Um precedente neste sentido é o REsp 1.215.773/RS.

Não parece possível extrair do julgamento, contudo, uma regra geral para a questão do frete no PIS e na COFINS, pelas seguintes **razões**:

- O julgamento concluiu pela possibilidade de a concessionária se creditar pelo frete relativo ao transporte dos veículos da montadora à agência, mas pretendeu aplicar a melhor interpretação da letra da lei, e, para a lei, o frete gera crédito se o ônus recair sobre o vendedor;
- O conteúdo do julgado é muito específico e se reduz ao transporte de veículos das montadoras para as concessionárias;
- O voto condutor deixou de enfrentar, de maneira expressa, quem suportou o ônus do transporte (concessionária ou montadora), nem o que significa suportar tal ônus.

Ressalve-se, contudo, o voto do Ministro Arnaldo Esteves Lima, ao asseverar que "se a agência ou a concessionária paga, assume o ônus do frete da fábrica até a concessionária e deve ter direito a essa compensação".

No Judiciário, a impossibilidade de creditamento por despesas de frete entre estabelecimentos do mesmo contribuinte parece estar definida, desde o julgamento do REsp 1.147.902/RS e também do AgRg no REsp 1.335.014/CE.

De toda sorte, a matéria também pode ser definida no julgamento do ARE 790.928 RG/PE.

### O crédito presumido na abertura de estoque e outros créditos presumidos

A lei permite ao contribuinte que deixa o regime cumulativo e passa ao regime não-cumulativo das contribuições aproveitar crédito presumido pelo estoque existente, apurado à alíquota de 0,65% para o PIS e 3% para a COFINS, a ser utilizado em 12 parcelas mensais.

O STJ entendeu válida a norma, não verificando justificativa para concessão de crédito pelas novas alíquotas, de 1,65% e 7,6%, no REsp 1.005.598/RS, precedente reiterado pela Corte.

A matéria, contudo, fora levada à apreciação do STF, onde aguarda julgamento no RE 587.108 RG/RS, com repercussão geral reconhecida.

A legislação também prevê hipóteses específicas de crédito presumido para o PIS e a COFINS.

Há crédito presumido sobre a aquisição de insumos utilizados por pessoas jurídicas agroindustriais que produzam diversas mercadorias de origem animal ou vegetal destinadas à alimentação (art. 8º, da Lei 10.925/04) e que produzam vinhos de uvas frescas (art. 15, da Lei 10.925/04).

Também há crédito presumido na subcontratação de serviço de transporte de cargas pela empresa de serviço de transporte rodoviário de carga a pessoa física, transportador autônomo (art. 3º, §§ 19 e 20 e art. 15, II, da Lei 10.833/03).

O art. 58-R, da Lei 10.833/2004 confere crédito presumido a fabricantes de bebidas que adquirem equipamentos de controle de produção. Outro crédito presumido concedido pela legislação se refere ao ressarcimento de custos com o selo do IPI (Lei 11.196/05, art. 60).

Por fim, recebem créditos presumidos os fabricantes de medicamentos (Lei 10.147/00).

### A tese das prestadoras de serviço

As empresas prestadoras de serviço, contribuintes do imposto de renda pelo lucro real, cujas atividades não foram excluídas do regime não-cumulativo das contribuições, insurgem-se contra a nova forma de incidência.

De fato, a sistemática da não-cumulatividade previu muito mais créditos para empresas comerciais e industriais que para as empresas prestadoras de serviço, cuja principal despesa, de pessoal, é indedutível. O aumento da carga tributária é evidente, mas a alegação de isonomia é questionável.

A matéria se encontra no aguardo de decisão do STF, no RE 607.642 RG/RJ, sobre o PIS, com repercussão geral reconhecida.

Aguarda julgamento, também com repercussão geral, a própria não-cumulatividade da COFINS, no RE 570.122 RG/RS.

### 6.4. PIS e COFINS-Importação

Na **importação**, a **base de cálculo** das contribuições (art. 7º, da Lei 10.865/04) será o valor aduaneiro (que servir ou que serviria de base para o cálculo do imposto de importação), acrescido do valor do ICMS do valor das próprias contribuições, para mercadorias, e o valor pago, creditado, entregue, empregado ou remetido para o exterior, antes da retenção do ISS e do valor das próprias contribuições, para a importação de serviços.

Em julgamento recente no RE 559.937, o STF entendeu ser **inconstitucional o acréscimo do ICMS** na base de cálculo das contribuições na importação de mercadorias, pois a Carta limita a incidência sobre o valor aduaneiro, no qual não se inclui o imposto estadual.

Para a importação de serviços, a base de cálculo é o valor deste, pois não há definição de valor aduaneiro para serviços, apenas para mercadorias, sujeitas ao imposto de importação.

Cabe reiterar que o STJ entende que as contribuições devidas na importação não estão incluídas no **Simples**, a teor do AgRg no REsp 1.434.314/PE, do REsp 1.039.325/PR, do REsp 1.219.109/SC e do AgRg no REsp 1.217.931/RS, e que STF já decidiu que a questão é infraconstitucional (RE 647.179 AgR/DF).

As **alíquotas** para importação são 2,1% para o PIS e 9,65% para a COFINS, e para o pagamento, o crédito, a entrega, o emprego ou a remessa de valores a residentes ou domiciliados no exterior como contraprestação por serviço prestado são 1,65% para o PIS e 7,6% para a COFINS (art. 8º, da Lei 10.865/04, com redação dada pela Lei 13.137/15). Produtos farmacêuticos estão sujeitos às alíquotas de 2,76% e 13,3%, produtos de perfumaria às alíquotas de 3,52% e 16,48%, determinadas máquinas e veículos (códigos 84.29, 8432.40.00, 8432.80.00, 8433.20, 8433.30.00, 8433.40.00, 8433.5, 87.01, 87.02, 87.03, 87.04, 87.05 e 87.06, da Nomenclatura Comum do Mercosul – NCM) às alíquotas de 2,62% e 12,57%, pneus novos de borracha e câmeras de ar novas de borracha à alíquota de 2,68% e 12,35%, autopeças exceto quanto importadas por montadoras sujeitam-se às alíquotas de 3,12% e 14,37%, papel imune a impostos sujeitam-se à alíquota reduzida das contribuições, 0,8% e 3,2%. Há diversas hipóteses de alíquota reduzida a zero.

O § 14, do art. 8º, da Lei 10.865/04 prevê **alíquota zero** "sobre o valor pago, creditado, entregue, empregado ou remetido à pessoa física ou jurídica residente ou domiciliada no exterior, referente a aluguéis e contraprestações de arrendamento mercantil de máquinas e equipamentos, embarcações e aeronaves utilizados na atividade da empresa".

Entende o STJ que esta alíquota aplica-se somente à remessa de valores, vale dizer, o pagamento pelo serviço do arrendamento mercantil (*leasing*), a pessoa domiciliada no exterior. Não obstante, caso o arrendatário pretenda internalizar a mercadoria no país, deve pagar as contribuições pela alíquota da importação.

▸ **Entendimento do STJ**
1. A alíquota zero prevista no art. 8º, § 14, da Lei 10.865/2004, com redação dada pela Lei 10.925/2004, entre as hipóteses nele taxativamente previstas, não alcança a internalização do bem estrangeiro no território nacional, abarcando tão somente as contraprestações a serem realizadas pelo arrendatário ao arrendador estrangeiro. Precedentes.
(STJ, T1, AgRg no REsp 1.096.566/SC, Min. SÉRGIO KUKINA, DJe de 14/9/2015)

O importador aproveita o crédito das contribuições pagas pela importação e poderá deduzi-lo dos débitos pela revenda dos bens no mercado interno.

A grande questão atual da incidência das contribuições na importação refere-se ao adicional de alíquota de 1%, para os produtos mencionados no § 21, do art. 8º, da Lei 10.865/04, com redação dada pela Lei 12.844/13. As questões referem-se à constitucionalidade do adicional e à possibilidade de aproveitamento do crédito pelo pagamento do adicional, para dedução das contribuições não cumulativas no mercado interno.

A MP 774/17 revogou o adicional previsto pelo § 21, do art. 8º, da Lei 10.865/04, o que não prejudica o objeto das ações quanto ao período de vigência da norma. Resta aguardar a conversão em lei da medida provisória.

### 6.5. "Regime Misto" – ou duplicidade de regimes

O chamado regime misto de tributação, apelido dado à incidência dos regimes cumulativo e não-cumulativo das contribuições sobre a mesma empresa também é bastante complicado.

O fenômeno ocorre, principalmente, quando a empresa é optante do lucro real no IRPJ, logo sujeita ao regime não-cumulativo, mas algumas de suas receitas são tributadas pelo regime cumulativo.

Neste caso, o contribuinte deve apurar separadamente o PIS e a COFINS para cada regime.

Diversas receitas foram excluídas, por leis esparsas, do regime não-cumulativo. Na página da Receita Federal, encontramos uma síntese das receitas excluídas, vale dizer, sujeitas ao regime cumulativo.

**Receitas excluídas do regime não-cumulativo**

- de prestação de serviços de telecomunicações;
- de venda de jornais e periódicos e de prestação de serviços das empresas jornalísticas e de radiodifusão sonora e de sons e imagens;
- de prestação de serviços de transporte coletivo rodoviário, metroviário, ferroviário e aquaviário de passageiros;
- de serviços prestados por hospital, pronto-socorro, clínica médica, odontológica, de fisioterapia e de fonoaudiologia, e laboratório de anatomia patológica, citológica ou de análises clínicas; e de serviços de diálise, raios X, radiodiagnóstico e radioterapia, quimioterapia e de banco de sangue (Ver ADI SRF nº 26/2004);
- de venda de mercadorias realizadas pelas lojas francas de portos e aeroportos (*free shops*);
- de prestação de serviço de transporte coletivo de passageiros, efetuado por empresas regulares de linhas aéreas domésticas, e as decorrentes da prestação de serviço de transporte de pessoas por empresas de táxi aéreo;
- da edição de periódicos e de informações neles contidas, que sejam relativas aos assinantes dos serviços públicos de telefonia;

- de prestação de serviços com aeronaves de uso agrícola inscritas no Registro Aeronáutico Brasileiro (RAB);
- de prestação de serviços das empresas de *call center*, telemarketing, telecobrança e de teleatendimento em geral;
- da execução por administração, empreitada ou subempreitada, de obras de construção civil, até 31 de dezembro de 2008;
- auferidas por parques temáticos, e as decorrentes de serviços de hotelaria e de organização de feiras e eventos, conforme definido na Portaria MF/MT 33/05;
- de prestação de serviços de educação infantil, ensinos fundamental e médio e educação superior.
- de contratos firmados anteriormente a 31/10/03: 1. com prazo superior a 1 (um) ano, de administradoras de planos de consórcios de bens móveis e imóveis, regularmente autorizadas a funcionar pelo Banco Central; 2. com prazo superior a 1 (um) ano, de construção por empreitada ou de fornecimento, a preço predeterminado, de bens ou serviços; e 3. de construção por empreitada ou de fornecimento, a preço predeterminado, de bens ou serviços contratados com pessoa jurídica de direito público, empresa pública, sociedade de economia mista ou suas subsidiárias, bem como os contratos posteriormente firmados decorrentes de propostas apresentadas, em processo licitatório, até aquela data. 4. de revenda de imóveis, desmembramento ou loteamento de terrenos, incorporação imobiliária e construção de prédio destinado à venda, quando decorrente de contratos de longo prazo. (Ver IN SRF 468/04, para os conceitos de contrato com prazo superior a um ano e preço predeterminado);
- de venda de álcool para fins carburantes;
- das operações sujeitas à substituição tributária;
- de venda de veículos usados de que trata o art. 5º da Lei 9.716/98;
- das operações de compra e venda de energia elétrica, no âmbito do Mercado Atacadista de Energia Elétrica (MAE), pelas pessoas jurídicas submetidas ao regime especial do art. 47 da Lei 10.637/02;
- da prestação de serviços postais e telegráficos prestados pela Empresa Brasileira de Correios e Telégrafos;
- de prestação de serviços públicos de concessionárias operadoras de rodovias;
- da prestação de serviços das agências de viagem e de viagens e turismo;

> - das atividades de desenvolvimento de software e o seu licenciamento ou cessão de direito de uso, bem como de análise, programação, instalação, configuração, assessoria, consultoria, suporte técnico e manutenção ou atualização de software, compreendidas ainda como softwares as páginas eletrônicas, auferidas por empresas de serviços de informática. A exclusão da não-cumulatividade não alcança a comercialização, licenciamento ou cessão de direito de uso de software importado.
>
> (Disponível em: http://www.receita.fazenda.gov.br/PessoaJuridica/PISPasepCOFINS/Reg IncidenciaNaoCumulativa.htm; acesso em 29.3.2013.)

Estas receitas são tributadas às alíquotas de 0,65% para o PIS e 3% para a COFINS, mas não se admite a dedução de créditos.

As demais receitas da empresa optante do lucro real são tributadas pelo método não-cumulativo, podendo ser deduzidas apenas as despesas relacionadas à obtenção da receita assim tributada. A lei permite dedução de créditos apropriados diretamente ou mediante rateio proporcional (relação percentual existente entre a receita bruta sujeita à incidência não-cumulativa e a receita bruta total, auferidas em cada mês).

## 7. TRIBUTAÇÃO MONOFÁSICA OU CONCENTRADA

O art. 149, § 4º, da CF/88, acrescentado pela EC 33/01, permite que a lei defina as hipóteses em que as contribuições incidirão uma única vez. Trata-se da incidência monofásica, também denominada concentrada, do PIS e da COFINS.

Tributo monofásico é aquele que incide em apenas uma etapa da cadeia produtiva.

Alguns tributos são monofásicos por natureza, como o imposto que incide apenas sobre as vendas a consumidor final, não havendo outra fase sobre a qual possa incidir.

O termo, contudo, faz mais sentido nos tributos que podem incidir em qualquer etapa do processo produtivo e a lei restringe a incidência a apenas uma das etapas.

A legislação do PIS e da COFINS determina a **incidência única das contribuições**, com alíquotas variadas, sempre mais elevadas que o padrão do regime não-cumulativo, para a fabricação e distribuição dos seguintes produtos:

**Incidência monofásica das contribuições**

- Gasolina, exceto gasolina de aviação;
- Óleo diesel;
- Gás liquefeito de petróleo (GLP), derivado de petróleo ou de gás natural;
- Querosene de aviação;
- Biodiesel;
- Nafta petroquímica destinada à produção ou formulação de óleo diesel ou gasolina;
- Álcool hidratado para fins carburantes;
- Produtos farmacêuticos diversos;
- Produtos de perfumaria, de toucador ou de higiene pessoal diversos;
- Máquinas e veículos, classificados nos códigos 84.29, 8432.40.00, 8432.80.00, 8433.20, 8433.30.00, 8433.40.00, 8433.5 e 87.01 a 87.06, da Tipi;
- Pneus novos de borracha;
- Autopeças diversas;
- Águas, classificadas nas posições 22.01 e 22.02 da Tipi;
- Cerveja de malte;
- Cerveja sem álcool;
- Refrigerantes;
- Lata de alumínio destinadas ao envasamento de refrigerantes ou de cervejas.
- Garrafas e garrafões, destinados ao envasamento de água, refrigerantes e cerveja.

Os **fabricantes** destes produtos, se estiverem no lucro real, poderão aproveitar crédito por suas compras tributadas. Não poderão aproveitar crédito os produtores optantes pelo lucro presumido, salvo se houver previsão legal expressa e específica em contrário.

Os **comerciantes** que adquirem estes produtos não conferem direito a crédito.

É dizer: o fabricante da cerveja pode aproveitar crédito dos insumos que adquire. O supermercado, ao revés, não poderá aproveitar crédito pela cerveja que comprar do fabricante ou do distribuidor.

Contudo, quando os produtos são adquiridos por pessoa jurídica também sujeita às alíquotas mais elevadas do regime, haveria dupla tributação agravada.

Nestes casos, a pessoa jurídica adquirente pode aproveitar créditos pelas aquisições. Há, pois, uma regra de não-cumulatividade dentro da tributação concentrada e, por esta razão, fica difícil afirmar que se trata efetivamente de incidência monofásica.

Em hipóteses não prevista por lei, contudo, **a incidência monofásica não gera crédito** a ser compensado com as contribuições do regime não cumulativo como, a propósito, já decidiu o STF:

> ▶ **Entendimento do STF**
>
> 1. Não há que se falar em ofensa ao princípio da não-cumulatividade quando a tributação se dá de forma monofásica, pois a existência do fenômeno cumulativo pressupõe a sobreposição de incidências tributárias. Precedente: RE 258.470, Rel. Min. Moreira Alves, Primeira Turma, DJ de 12/5/2000.
>
> 2. O aproveitamento de créditos relativos à revenda de veículos e autopeças adquiridos com a incidência da Contribuição ao PIS e da COFINS sob o regime monofásico encerra discussão de índole infraconstitucional, de forma que eventual ofensa à Constituição seria meramente reflexa. Precedentes: RE 709.352-AgR, Rel. Min. Ricardo Lewandowski, Segunda Turma, DJe de 11/6/2014; e RE 738.521-AgR, Rel. Min. Rosa Weber, Primeira Turma, DJe de 4/12/2013.
>
> (STF, T1, RE 762.892 AgR/PE, Min. LUIZ FUX, DJe de 15/4/2015)

A tributação monofásica está em discussão no STF, porém sobre **outro enfoque**, o da isonomia face as contribuições incidentes nas importações, no RE 633.345 RG/ES.

Está em análise o princípio da isonomia bem como a possibilidade de utilização de outros tributos (as contribuições) para proteger a economia nacional, função tipicamente realizada pelo imposto de importação.

## 8. SUBSTITUIÇÃO TRIBUTÁRIA

Estão sujeitos à substituição tributária do PIS e da COFINS os fabricantes e os importadores de cigarros, que deverão recolher essas contribuições, na condição de contribuintes e substitutos dos comerciantes varejistas e atacadistas (LC 70/91, art. 3º, Lei 9.532/97, art. 53, e Lei 9.715/98, art. 5º).

A base de cálculo do PIS e da COFINS é o valor obtido pela multiplicação do preço fixado para a venda do cigarro no varejo, multiplicado por 1,98 e 1,69, respectivamente.

Também devem recolher as contribuições na qualidade de substituto tributário os fabricantes e os importadores de automóveis, em relação às vendas feitas a comerciantes varejistas. A base de cálculo será calculada sobre o preço de venda da pessoa jurídica fabricante (MP 2.158-35/2001, art. 43).

Além destas, estão sujeitas à substituição tributária as receitas de vendas de motocicletas, plantadores, transportadores e semeadores.

A **base de cálculo presumida na substituição tributária** das contribuições é objeto de discussão do STF, com repercussão geral reconhecida, no RE 605.506 RG/RS.

As operações com produtos sujeitos a substituição tributária não geram direito a crédito das contribuições na modalidade não-cumulativa.

Há repercussão geral no RE 596.832 RG/RJ, em que se discute a restituição das contribuições pagas sobre base de cálculo presumida para a substituição tributária quando o fato gerador ocorre por valor inferior à presunção.

> ▶ **Como esse assunto foi cobrado em concurso?**
>
> **(TRF4/Juiz Federal TRF4/2014)** Assinale a alternativa INCORRETA.
>
> a) a **substituição tributária** pode ocorrer como antecipação de pagamento a fato gerador futuro (progressiva), como também pela modalidade de diferimento, ocasião em que a responsabilidade pelo pagamento é transferida ao responsável tributário de fase futura da incidência do tributo,
>
> b) segundo predominante entendimento do Supremo Tribunal Federal, não cabe restituição do tributo recolhido quando o fato gerador ocorrer a menor, mas apenas quando este não se realizar, na hipótese de substituição tributária progressiva,
>
> c) as contribuições destinadas ao Programa de Integração Social (PIS) e ao financiamento da seguridade social (Cofins) incidentes sobre a receita advinda de venda de mercadorias podem estar sujeitas ao regime de substituição tributária,
>
> d) a substituição tributária desobriga o contribuinte substituído de prestar obrigações acessórias aos órgãos de controle e fiscalização,
>
> e) é imprescindível a edição de lei em sentido estrito para o estabelecimento da substituição tributária.
>
> *Gabarito:* D. A questão faz um resumo dos aspectos da substituição tributária, hipótese de responsabilidade tributária que não desobriga o contribuinte substituído a cumprir com obrigações acessórias.

## 9. ISENÇÕES E ALÍQUOTA ZERO

São **isentas** do PIS e da COFINS as **receitas** decorrentes:

- dos serviços prestados a pessoas físicas ou jurídicas residentes ou domiciliadas no exterior, cujo pagamento represente ingresso de divisas;
- do fornecimento de mercadorias ou serviços para uso ou consumo de bordo em embarcações e aeronaves em tráfego internacional, quando o pagamento for efetuado em moeda conversível;
- do transporte internacional de cargas ou passageiros;
- auferidas pelos estaleiros navais brasileiros nas atividades de construção, conservação, modernização, conversão e reparo de embarcações pré-registradas ou registradas no Registro Especial Brasileiro (REB);
- de frete de mercadorias transportadas entre o País e o exterior pelas embarcações registradas no REB;
- de vendas realizadas pelo produtor-vendedor às empresas comerciais exportadoras, desde que destinadas ao fim específico de exportação para o exterior; e
- de vendas, com fim específico de exportação para o exterior, a empresas exportadoras registradas na Secretaria de Comércio Exterior do Ministério do Desenvolvimento, Indústria e Comércio Exterior.

São isentas da COFINS as receitas relativas às atividades próprias das seguintes entidades:

- templos de qualquer culto;
- partidos políticos;
- instituições de educação e de assistência social que preencham as condições e requisitos legais;
- instituições de caráter filantrópico, recreativo, cultural, científico e as associações, que preencham as condições e requisitos legais;
- sindicatos, federações e confederações;
- serviços sociais autônomos, criados ou autorizados por lei;
- conselhos de fiscalização de profissões regulamentadas;
- fundações de direito privado;
- condomínios de proprietários de imóveis residenciais ou comerciais; e
- Organização das Cooperativas Brasileiras (OCB) e as Organizações Estaduais de Cooperativas.

(Disponível em: http://www.receita.fazenda.gov.br/PessoaJuridica/PisPasepCofins/IncidImun Isencoes.htm; acesso em 29.3.2013)

O STF pacificou o entendimento de que as isenções podem ser revogadas por lei ordinária, ainda que as contribuições tenham sido criadas por lei complementar, pois a Constituição não exige a norma qualificada para dispor sobre os tributos, mas apenas para aqueles contidos na competência residual da União (ADC 1 e RE 377.457 RG/PR).

Estão reduzidas a zero as alíquotas do PIS e da COFINS sobre a receita bruta decorrente da venda, no mercado interno, entre outros de (Lei 10.637/02; Lei 10.485/02; Lei 10.833/03; art. 1º e 2º, da Lei 10.312/01, art. 8º e 28, da Lei 10.865/04; art. 11 e 28 da Lei 11.196/05 etc).

**Alíquota zero**
- papel destinado à impressão de jornais;
- papéis destinados à impressão de periódicos;
- produtos hortícolas e frutas;
- aeronaves utilizadas no transporte comercial de cargas ou de passageiros, suas partes, peças, equipamentos e insumos de manutenção, conservação, modernização, reparo, revisão, conversão e montagem das aeronaves, seus motores, partes, componentes e equipamentos;
- sêmens e embriões;
- entrega de veículos, por concessionárias, nas vendas diretas da montadora a consumidor final;
- gás natural canalizado, destinado à produção de energia elétrica pelas usinas integrantes do Programa Prioritário de Termoeletricidade, nos termos e condições estabelecidas em ato conjunto dos Ministros de Estado de Minas e Energia e da Fazenda;
- carvão mineral destinado à geração de energia elétrica;
- livros;
- arroz, feijão, farinha de mandioca, adubos, fertilizantes agrícolas, corretivos de solo de origem mineral, vacinas para uso veterinário, defensivos agrícolas, sementes, mudas destinadas à semeadura e plantio, farinha, grãos, pintos, leite, queijos;
- equipamentos de informática especificados no art. 28 da Lei 11.196/05;
- calculadoras equipadas com sintetizador de voz
- veículos e carros blindados de combate, novos, armados ou não, e suas partes, produzidos no Brasil, com peso bruto total até 30 (trinta) toneladas;
- equipamentos de controle de produção de bebidas;

- bens relacionados em ato do Poder Executivo para aplicação nas Unidades Modulares de Saúde;
- serviços de transporte ferroviário em sistema de trens de alta velocidade (TAV), assim entendido como a composição utilizada para efetuar a prestação do serviço público de transporte ferroviário que consiga atingir velocidade igual ou superior a 250 km/h
- projetores para exibição cinematográfica;
- teclados com adaptações específicas para uso por pessoas com deficiência;
- linhas braile;
- próteses oculares;
- programas – softwares – de leitores de tela que convertem texto em voz sintetizada para auxílio de pessoas com deficiência visual;
- aparelhos contendo programas – softwares – de leitores de tela que convertem texto em caracteres braile, para utilização de surdos-cegos;
- equipamentos ou materiais listados pelo Poder Executivo destinados a uso médico, hospitalar, clínico ou laboratorial quando adquiridos pela União, pelos estados e municípios e por suas autarquias e fundações e por entidades beneficentes que atendam às disposições legais (art. 70, da Lei 13.043/14).

A lei também prevê a alíquota zero para as contribuições incidentes na importação.

Além destas hipóteses, o Poder Executivo está autorizado a reduzir a zero e a restabelecer as alíquotas de (art. 8, 23 e 27, da Lei 10.865/04), questão sobre a qual já tratamos:

- produtos químicos e farmacêuticos e produtos destinados ao uso em hospitais, clínicas e consultórios médicos e odontológicos, campanhas de saúde realizadas pelo Poder Público, laboratório de anatomia patológica, citológica ou de análises clínicas (Decreto 4.965/04; Decreto 5.062/04; Decreto 5.059/04; Decreto 5.162/04)

Algumas operações relacionadas com a Zona Franca de Manaus e a áreas de livre comércio também recebem o tratamento de alíquota zero.

Como regra geral, o contribuinte pode aproveitar créditos de insumos tributados, ainda que suas vendas estejam sujeitas a alíquota zero ou a isenção. O contrário, porém, não é verdadeiro, vale dizer, o contribuinte não pode aproveitar créditos (presumidos) das compras isentas ou sujeitas a alíquota zero, mesmo que suas vendas sejam tributadas.

## 10. LANÇAMENTO

As contribuições estão sujeitas a lançamento por homologação.

Na incidência interna, os contribuintes devem apresentar o Demonstrativo de Apuração de Contribuições Sociais – DACON e a Declaração de Contribuições e Tributos Federais – DCTF.

No mais, a fiscalização, a cobrança e a aplicação de penalidades relativas ao PIS e à COFINS seguem as regras gerais dos tributos pela SRFB.

## 11. RESUMO

| | |
|---|---|
| Princípio da Legalidade | Devem obedecer |
| Princípio da anterioridade do exercício | Dispensados |
| Princípio da anterioridade nonagesimal | Devem obedecer |
| Princípios constitucionais específicos | Seletividade, em razão da atividade econômica, da utilização intensiva de mão-de-obra, do porte da empresa ou da condição estrutural do mercado de trabalho<br>Possibilidade de incidência na importação de bens ou serviços<br>Possibilidade de incidência não cumulativa<br>Possibilidade de incidência monofásica |
| Destinação do produto arrecadado | PIS<br>Seguro desemprego<br>Abono anual<br>Investimentos do BNDES<br>COFINS<br>Seguridade social |
| Aspecto material | Pagamento de folha de salários e de prestadores de serviço<br>Faturamento ou receita bruta<br>Importação de bens ou serviços |
| Aspecto espacial | Território nacional |
| Aspecto temporal | Momento da saída da mercadoria do estabelecimento comercial ou industrial<br>Momento da prestação do serviço |

| | |
|---|---|
| Aspecto temporal | Importação:<br>data do registro da declaração de importação;<br>data do pagamento, do crédito, da entrega, do emprego ou da remessa de valores como contraprestação por serviço.<br>Data do pagamento da folha de pagamentos – PIS/Folha |
| Aspecto quantitativo (Base de cálculo e alíquota) | Mercado interno<br>Incidência cumulativa = faturamento / alíquota de 0,65% PIS e 3% COFINS<br>Incidência não cumulativa = receita bruta / alíquota de 1,65% PIS e 7,6% COFINS<br>PIS/Folha = folha de pagamentos / alíquota de 1%<br>Importação<br>Mercadorias = valor aduaneiro + acréscimos<br>Serviços = valor dos serviços<br>Alíquota de 1,65% PIS e 7,6% COFINS |
| Aspecto pessoal | Contribuinte = empregador, importador e vendedor<br>Responsável = substituição tributária e retenção na fonte |
| Observações | 1 – Lançamento por homologação<br>2 – Tributação monofásica ou concentrada<br>3 – não cumulatividade facultativa, que não coincide com a não cumulatividade do IPI e do ICMS |

## 12. SÚMULAS

### Súmula do STF

**Súmula 659:** É legítima a cobrança da COFINS, do PIS e do FINSOCIAL sobre as operações relativas a energia elétrica, serviços de telecomunicações, derivados de petróleo, combustíveis e minerais do país.

### Súmula do STJ

Súmula 584: As sociedades corretoras de seguros, que não se confundem com as sociedades de valores mobiliários ou com os agentes autônomos de seguro privado, estão fora do rol de entidades constantes do art. 22, § 1º, da Lei n. 8.212/1991, não se sujeitando à majoração da alíquota da Cofins prevista no art. 18 da Lei n. 10.684/2003.

*(STJ, S1, DJe de 1/2/2017)*

**Súmula 468:** A base de cálculo do PIS, até a edição da MP nº 1.212/1995, era o faturamento ocorrido no sexto mês anterior ao do fato gerador.

**Súmula 423:** A Contribuição para Financiamento da Seguridade Social – COFINS incide sobre as receitas provenientes das operações de locação de bens móveis.

**Súmula 276:** As sociedades civis de prestação de serviços profissionais são isentas da COFINS, irrelevante o regime tributário adotado. (*). (*) – Julgando a AR 3.761-PR, na sessão de 12/11/2008, a Primeira Seção deliberou pelo CANCELAMENTO da Súmula nº 276. DJ 02/06/2003. SÚMULA CANCELADA

**Súmula 68 do STJ:** A parcela relativa ao ICM inclui-se na base de cálculo do PIS.

Capítulo 9

# Contribuições Sociais

## 1. INTRODUÇÃO

### 1.1. As contribuições sociais como tributos e sua fi,nalidade

Na introdução deste livro, tratamos das espécies tributárias e apresentamos os precedentes do STF, que romperam com a divisão tripartida clássica das espécies tributárias.

De fato, à época da edição do CTN, eram aceitas duas teorias sobre as modalidades tributárias: a bipartida, que reconhecia a existência de impostos e taxas, e tripartida, acolhida pela legislação brasileira, segundo a qual são espécies tributárias os impostos, as taxas e as contribuições de melhoria.

Existiam contribuições sociais, mas estas não ostentavam natureza tributária. Eram conhecidas como contribuições "parafiscais", enquanto os tributos eram considerados "fiscais".

Contudo, o crescimento da arrecadação, da importância e do número destas contribuições, fez surgir a necessidade de estender a estas cobranças, de natureza administrativa, a proteção do regime do direito tributário.

Com a Constituição de 1988, as **contribuições passaram a ser consideradas tributos**, orientadas pelos princípios constitucionais tributários.

Também vimos que as **contribuições** não se distinguem dos **impostos** pelo fato gerador, mas pela especial **destinação da arrecadação** das contribuições.

Neste sentido, as contribuições sociais são os tributos cuja arrecadação custeia atuações específicas da União na área social, como se deduz da norma de competência genérica das contribuições, o art. 149, da CF/88:

> Art. 149. Compete exclusivamente à União instituir contribuições sociais, de intervenção no domínio econômico e de interesse das categorias profissionais ou econômicas, como instrumento de sua atuação nas respectivas áreas, observado o disposto nos arts. 146, III, e 150, I e III, e sem prejuízo do previsto no art. 195, § 6º, relativamente às contribuições a que alude o dispositivo.

A área social é muito ampla. Deveras, pode-se dizer que todo o direito cuida de questões da sociedade e que toda a nossa Constituição, exceto nas normas de mera organização do Estado, seja também social.

Isso não significa, contudo, que pode haver uma contribuição social para cada finalidade social do Estado.

A **primeira restrição** está no fato de que as despesas com programas sociais do Estado são, em regra, custeadas por receitas de impostos. Assim, apenas devem ser criadas contribuições para custear a atuação do Estado na área social se esta atividade for muito específica e muito importante e demande, também, recursos que não podem ser providos pela arrecadação dos impostos.

**Outra limitação** é a própria distinção entre área social e área econômica, que fazem tanto o art. 149, da CF/88, ao prever espécies tributárias distintas, a contribuição social, para a atuação na área social e a contribuição de intervenção no domínio econômico, para a atuação na área econômica, quanto nos Títulos VII (Da Ordem Econômica e Financeira) e VIII (Da Ordem Social) também da Constituição.

Como dissemos na introdução, há uma distinção topográfica, o que está disciplinado no Título VIII da Constituição é predominantemente área social e o que é regido pelo Título VII da Carta pertence à área econômica.

Há, também, uma certa concepção material do que é econômico e o que é social, mas existe uma inevitável zona de penumbra entre o econômico e o social, que exige do interprete esforço de diferenciação.

De outro lado, existem direitos sociais que estão fora do Título da Ordem Social, que podem ensejar a criação de contribuições.

## 1.2. Espécies de contribuições sociais e sua classificação

No direito vigente, as **principais contribuições sociais** são aquelas destinadas à **seguridade social**, e estão previstas no art. 195, da CF/88, com redação dada pela EC 20/98.

> Art. 195. A seguridade social será financiada por toda a sociedade, de forma direta e indireta, nos termos da lei, mediante recursos provenientes dos orçamentos da União, dos Estados, do Distrito Federal e dos Municípios, e das seguintes contribuições sociais:
>
> I – do empregador, da empresa e da entidade a ela equiparada na forma da lei, incidentes sobre:
>
> a) a folha de salários e demais rendimentos do trabalho pagos ou creditados, a qualquer título, à pessoa física que lhe preste serviço, mesmo sem vínculo empregatício;
>
> b) a receita ou o faturamento;
>
> c) o lucro;
>
> II – do trabalhador e dos demais segurados da previdência social, não incidindo contribuição sobre aposentadoria e pensão concedidas pelo regime geral de previdência social de que trata o art. 201;
>
> III – sobre a receita de concursos de prognósticos.
>
> IV – do importador de bens ou serviços do exterior, ou de quem a lei a ele e*quiparar*.

O art. 195, da Constituição apresenta as diversas fontes de custeio da seguridade social, incluindo as contribuições. Ademais, **classifica as contribuições para a seguridade social** pelo **sujeito passivo**, que pode ser o **empregador**, o **empregado** ou o segurado da previdência social e o **importador** de bens ou serviços.

Da mesma forma, a norma permite verificar as **bases de cálculo** possíveis das contribuições sociais para a seguridade social, não se lhes aplicando as limitações do art. 149, da CF/88. São elas o **salário**, para o **empregado**, a **folha de salários**, a **receita bruta** e o **lucro**, para o **empregador** e o valor das **operações de comércio internacional**, para os **importadores**.

Não podemos esquecer da contribuição sobre a receita de **concursos de prognósticos**.

> **Como esse assunto foi cobrado em concurso?**
> (CESPE/Juiz Federal TRF2/2011) Em referência ao custeio da seguridade social, avalie.
> Constitui receita da seguridade social a renda bruta dos concursos de prognósticos, excetuando-se os valores destinados ao programa de crédito educativo.
> *Gabarito:* Errado. O art. 195, III, da CF/88 não excetua os valores destinados ao programa de crédito educativo da receita da seguridade social decorrente da renda bruta dos concursos de prognósticos.

Com base neste art. 195, da Constituição, foram instituídas diversas contribuições, dentre as quais destacamos "a contribuição do empregado para o INSS", a contribuição do empregador, sobre folha de salários, a CSLL, a COFINS, o PIS e a COFINS na importação.

> **Como esse assunto foi cobrado em concurso?**
> (CESPE/Juiz Federal TRF2/2013) Conforme a CF, a seguridade social será financiada por toda a sociedade, de forma direta e indireta, nos termos da lei, mediante recursos provenientes dos orçamentos da União, dos estados, do Distrito Federal e dos municípios, e de determinadas contribuições. Nesse sentido, as contribuições sociais constitucionalmente previstas incluem a contribuição
> a) sobre o domínio econômico incidente sobre a venda de petróleo e derivados,
> b) do exportador de serviços para o exterior,
> c) do aposentado pelo RGPS,
> d) da pensionista de trabalhador falecido que se tenha aposentado pelo RGPS,
> e) da entidade equiparada a empresa, na forma da lei, incidente sobre o faturamento.
> *Gabarito:* E. O art. 195, I, da CF/88 prevê contribuição do empregador, da empresa e da entidade a ela equiparada na forma da lei, incidentes, entre outras bases, sobre: o faturamento. A CIDE-combustíveis evidentemente não é uma contribuição social, as exportações são imunes às contribuições e o art. 195, II, da CF/88 prevê imunidade sobre aposentadoria e pensão concedidas pelo regime geral de previdência social.

A **seguridade social**, contudo, é **subdividida** em nossa Constituição. Dispõe o art. 194, da Carta:

> Art. 194. A seguridade social compreende um conjunto integrado de ações de iniciativa dos Poderes Públicos e da sociedade, destinadas a assegurar os direitos relativos à saúde, à previdência e à assistência social.
>
> Parágrafo único. Compete ao Poder Público, nos termos da lei, organizar a seguridade social, com base nos seguintes objetivos:
>
> I – universalidade da cobertura e do atendimento;
>
> II – uniformidade e equivalência dos benefícios e serviços às populações urbanas e rurais;
>
> III – seletividade e distributividade na prestação dos benefícios e serviços;
>
> IV – irredutibilidade do valor dos benefícios;
>
> V – eqüidade na forma de participação no custeio;
>
> VI – diversidade da base de financiamento;
>
> VII – caráter democrático e descentralizado da administração, mediante gestão quadripartite, com participação dos trabalhadores, dos empregadores, dos aposentados e do Governo nos órgãos colegiados.

**Seguridade social**, portanto, compreende **saúde, previdência e assistência social**.

Sobre a **saúde**, dispõe o art. 196, da CF/88:

> Art. 196. A saúde é direito de todos e dever do Estado, garantido mediante políticas sociais e econômicas que visem à redução do risco de doença e de outros agravos e ao acesso universal e igualitário às ações e serviços para sua promoção, proteção e recuperação.

Enquanto a saúde é direito de todos e dever do Estado, garantido mediante políticas sociais e econômicas, a **assistência social** é deliberadamente gratuita, prestada a quem necessitar e **independente de contribuição**. Leia-se o art. 203, da CF/88:

> Art. 203. A assistência social será prestada a quem dela necessitar, independentemente de contribuição à seguridade social, e tem por objetivos:
>
> I – a proteção à família, à maternidade, à infância, à adolescência e à velhice;

> II – o amparo às crianças e adolescentes carentes;
>
> III – a promoção da integração ao mercado de trabalho;
>
> IV – a habilitação e reabilitação das pessoas portadoras de deficiência e a promoção de sua integração à vida comunitária;
>
> V – a garantia de um salário mínimo de benefício mensal à pessoa portadora de deficiência e ao idoso que comprovem não possuir meios de prover à própria manutenção ou de tê-la provida por sua família, conforme dispuser a lei.

A **previdência social**, a seu turno, é expressamente contributiva. Leia-se o art. 201, da CF/88:

> Art. 201. A previdência social será organizada sob a forma de regime geral, de caráter contributivo e de filiação obrigatória, observados critérios que preservem o equilíbrio financeiro e atuarial, e atenderá, nos termos da lei, a:
>
> I – cobertura dos eventos de doença, invalidez, morte e idade avançada;
>
> II – proteção à maternidade, especialmente à gestante;
>
> III – proteção ao trabalhador em situação de desemprego involuntário;
>
> IV – salário-família e auxílio-reclusão para os dependentes dos segurados de baixa renda;
>
> V – pensão por morte do segurado, homem ou mulher, ao cônjuge ou companheiro e dependentes, observado o disposto no § 2º.

A Constituição não diz que a seguridade social é gratuita, isenta de custo. Ao afirmar que a assistência social independe de contribuição e a previdência é contributiva, denota apenas que o destinatário da assistência não precisa contribuir para ser assistido. O destinatário da previdência, ao revés, precisa contribuir pessoalmente, para usufruir de benefícios.

Deveras, para a prestação de qualquer dos serviços da seguridade social são necessários recursos, e muitos, provenientes das diversas fontes de custeio, como vimos acima, principalmente das contribuições.

Mas há outra questão importante, quanto a destinação dos recursos das contribuições para a seguridade social: algumas contribuições podem custear quaisquer despesas da seguridade (saúde, previdência e assistência) e outras apenas despesas com previdência social. As primeiras são conhecidas simplesmente como **contribuições para a seguridade social** e as últimas como **contribuições previdenciárias**. São exemplos desta a contribuição do empregado, a contribuição do empregador, sobre folha e a contribuição substitutiva, sobre receita bruta. São exemplos daquelas a CSLL e a COFINS.

O PIS também é considerado contribuição para a seguridade social, embora sua destinação complexa. Leia-se o art. 239, da CF/88:

> Art. 239. A arrecadação decorrente das contribuições para o Programa de Integração Social, criado pela Lei Complementar nº 7, de 7 de setembro de 1970, e para o Programa de Formação do Patrimônio do Servidor Público, criado pela Lei Complementar nº 8, de 3 de dezembro de 1970, passa, a partir da promulgação desta Constituição, a financiar, nos termos que a lei dispuser, o programa do seguro-desemprego e o abono de que trata o § 3º deste artigo.
>
> § 1º Dos recursos mencionados no «caput» deste artigo, pelo menos quarenta por cento serão destinados a financiar programas de desenvolvimento econômico, através do Banco Nacional de Desenvolvimento Econômico e Social, com critérios de remuneração que lhes preservem o valor.
>
> § 2º Os patrimônios acumulados do Programa de Integração Social e do Programa de Formação do Patrimônio do Servidor Público são preservados, mantendo-se os critérios de saque nas situações previstas nas leis específicas, com exceção da retirada por motivo de casamento, ficando vedada a distribuição da arrecadação de que trata o «caput» deste artigo, para depósito nas contas individuais dos participantes.
>
> § 3º Aos empregados que percebam de empregadores que contribuem para o Programa de Integração Social ou para o Programa de Formação do Patrimônio do Servidor Público, até dois salários mínimos de remuneração mensal, é assegurado o pagamento de um salário mínimo anual, computado neste valor o rendimento das contas individuais, no caso daqueles que já participavam dos referidos programas, até a data da promulgação desta Constituição.
>
> § 4º O financiamento do seguro-desemprego receberá uma contribuição adicional da empresa cujo índice de rotatividade da força de trabalho superar o índice médio da rotatividade do setor, na forma estabelecida por lei.

Seguro desemprego é direito previdenciário (art. 201, III, da CF/88) e também direito social do trabalhador (art. 7º, II, da CF/88). Por outro lado, os recursos da contribuição para o PIS também são utilizados para "financiar programas de desenvolvimento econômico, através do Banco Nacional de Desenvolvimento Econômico e Social", o que sugeriria uma contribuição de intervenção no domínio econômico. Na prática, exceto na modalidade incidente sobre folha, o PIS acompanha a COFINS em seu regime jurídico.

Há outras **contribuições sociais não destinadas à seguridade social**. São exemplos a **contribuição para o FGTS**, instituída pela LC 110/01, as **contribuições para o "Sistema S"** e o **Salário Educação**.

O **FGTS** é direito do trabalhador e tem previsão constitucional no art. 7º, III, da Carta. Embora a contribuição ordinária para o FGTS, regida pela Lei 8.036/90, não tenha natureza tributária, mas de encargo trabalhista, as contribuições criadas pela LC 110/01 são verdadeiros tributos.

As contribuições para o **"Sistema S"** se destinam a uma série de direitos sociais, como educação, prevista no art. 212 da CF/88 e assistência social e o **Salário Educação** tem previsão constitucional expressa no art. 212, § 5º, que dispõe:

> Art. 212. [...]
> § 5º A educação básica pública terá como fonte adicional de financiamento a contribuição social do salário-educação, recolhida pelas empresas na forma da lei

Outra contribuição que se destaca é o seguro contra acidentes do trabalho – **SAT**. Na Constituição, o direito custeado não está elencado como benefício previdenciário, mas como direito social do trabalhador, o que autorizaria sua classificação como contribuição social geral. Leia-se o art. 7º, XXVIII, da CF/88:

> Art. 7º São direitos dos trabalhadores urbanos e rurais, além de outros que visem à melhoria de sua condição social:
> [...]
> XXVIII – seguro contra acidentes de trabalho, a cargo do empregador, sem excluir a indenização a que este está obrigado, quando incorrer em dolo ou culpa;

Contudo, no art. 23, II, da Lei 8.212/91, a contribuição foi instituída para custear a aposentadoria especial, a trabalhador que comprove trabalho permanente em condições especiais que prejudiquem a saúde ou a integridade física, que envolvem o contato com agentes nocivos químicos, físicos e biológicos (art. 57 e 58, da Lei 8.213/91). Na prática, portanto, trata-se de uma contribuição previdenciária.

As **contribuições previdenciárias** constituem um grupo que pertence a um conjunto maior, de **contribuições para a seguridade social**, que por sua vez formam um grupo que pertence a um conjunto de todas as **contribuições sociais**.

- São **contribuições sociais** os tributos cuja arrecadação custeia a atividade estatal em qualquer área social;
- São **contribuições para a seguridade social** as contribuições sociais cuja arrecadação custeia a atividade estatal em saúde, assistência e previdência social; e
- São **contribuições previdenciárias** as contribuições para a seguridade social cuja arrecadação custeia a atividade estatal apenas na área de previdência social.

Numa representação matemática (considerando que o símbolo ">" significa "é maior que", o conjunto contribuição social › o conjunto contribuições para a seguridade social › contribuições previdenciárias.

### 1.3. Parafiscalidade, administração pela SRF e DRU

Historicamente, as contribuições sociais eram obrigações em favor de autarquias e outras entidades paraestatais, que não a Administração direta.

Isolava-se tanto a ação estatal do ente federado, quanto a arrecadação destas contribuições do orçamento público.

Theodoro Nascimento (1977, p. 405), afirma que os "documentos oficiais, a partir dos meados deste século XX passaram a utilizar a expressão contribuição parafiscal [...] para designar tributação em favor de entidades representativas de grupos profissionais e econômicos".

Essa **destinação do produto arrecadado por tributos a "grupos"** confere a nota definitiva para a **parafiscalidade**. O sentido que o prefixo "para" esclarece. Se fiscalidade é arrecadação para o cofre do Estado, parafiscalidade deve ser a arrecadação para cofres que se situam ao lado do estatal, não contrário a ele, nem aquém, nem além. Assim, nos tributos em que o sujeito ativo é pessoa que não o ente estatal (federado, no caso brasileiro) como a autarquia INSS, ou cuja destinação esteja afetada a uma pessoa não estatal, mesmo que não seja sujeito ativo (por exemplo, a contribuição para o SENAC, pessoa jurídica de direito privado, destinatária das receitas de tributo cujo sujeito ativo é o INSS), temos a parafiscalidade: as receitas não vão para a pessoa de direito público a que se pode chamar Estado (no Estado Unitário, o Estado mesmo; nas federações a União e os entes federados), mas para terceira pessoa.

Nas palavras de Roque Antônio Carrazza (2003, p. 83), a parafiscalidade "[...] é a atribuição, pelo titular da competência tributária, mediante lei, da capacidade tributária ativa, a pessoas públicas ou privadas [...]".

Theodoro Nascimento (1977, p. 406-7) aponta alguma dissensão entre os estudiosos quanto a parafiscalidade, citando a posição de Emanuele Morselli na obra "Parafiscalidade e seu controle". Para o autor italiano, o que determina a parafiscalidade é a destinação das receitas a uma finalidade, não a pessoa jurídica autárquica ou de direito privado, pois existem contribuições afetadas a finalidades específicas, mas cujos recursos são arrecadados e geridos pelo próprio Estado.

No Brasil, esta noção de que as contribuições sociais deveriam ser administradas por entidades paralelas ao Estado vinha perdendo força e ruiu definitivamente com a edição da Lei 11.457/07 e a criação da chamada "Super Receita" (Secretaria da Receita Federal do Brasil do Ministério da Fazenda – RFB/MF), órgão que absorveu as funções arrecadadoras do Instituto Nacional do Seguro Social – INSS.

A RFB passou, portanto, a arrecadar diversas contribuições sociais (e também interventivas), em nome do INSS e de outras entidades paraestatais, a exemplo do INCRA e das componentes do "Sistema S".

Houve certa preocupação entre os tributaristas, pois se pensou que haveria confusão entre a arrecadação dos impostos e das contribuições, prejudicando a afetação de sua receita à finalidade que justificou sua criação.

A preocupação, contudo, não se concretizou, pois a destinação dos recursos arrecadados é facilmente controlada pelos códigos das guias de recolhimento e pelos métodos de contabilidade pública e pelos sistemas informatizados.

Verdadeiro golpe para a teoria jurídica da natureza das contribuições, contudo, é a **Desvinculação das Receitas da União – DRU**.

A DRU desvincula parte da arrecadação das contribuições sociais e econômicas, que passa a ser destinada ao Orçamento Geral da União – OGU, podendo ser gasta com qualquer despesa.

Leia-se o art. 76, do ADCT, com redação dada pela EC 93/16:

> Art. 76. São desvinculados de órgão, fundo ou despesa, até 31 de dezembro de 2023, 30% (trinta por cento) da arrecadação da União relativa às contribuições sociais, sem prejuízo do pagamento das despesas do Regime Geral da Previdência Social, às contribuições de intervenção no domínio econômico e às taxas, já instituídas ou que vierem a ser criadas até a referida data.
>
> § 1º Revogado.
>
> § 2º Excetua-se da desvinculação de que trata o caput a arrecadação da contribuição social do salário-educação a que se refere o § 5º do art. 212 da Constituição Federal.

Embora a DRU retire 30% da arrecadação das contribuições sociais do fim a que se destinavam originariamente, por força da lei instituidora das exações, apenas a teoria das contribuições é prejudicada. A própria DRU é reconhecida como legítima no ordenamento jurídico, devido a seu status constitucional e a as contribuições mantêm sua natureza jurídica, bem como seu regime jurídico constitucional ou legalmente previsto.

▶ **Entendimento do STF**

A jurisprudência desta Corte firmou-se no sentido de que: "(...) A desvinculação parcial da receita da União, constante do artigo 76 do Ato das Disposições Constitucionais Transitórias, não transforma as contribuições sociais e de intervenção no domínio econômico em impostos, alterando a essência daquelas, ausente qualquer implicação quanto à apuração do Fundo de Participação dos Municípios. Precedente: Ação Direta de Inconstitucionalidade nº 2.925/DF, em que fui designado redator para o acórdão" (RE 793.564-AgR/PE, Rel. Min. Marco Aurélio, 1ª Turma, DJe 1º.10.2014). Controvérsia divergente daquela em que reconhecida a repercussão geral pelo Plenário desta Casa – RE 566.007-RG/RS.

> Inadequada a aplicação da sistemática da repercussão geral (art. 543-B do CPC). Agravo regimental conhecido e não provido.
> (STF, T1, RE 793.578 AgR/CE, Min. Rosa Weber, DJe de 10/3/2015)

Melhor seria, evidentemente, que a arrecadação de impostos e contribuições fossem redimensionadas, para fazer frente às despesas ordinárias (aqueles) e especiais (estas), sem a necessidade da DRU.

### 1.4. Regime jurídico constitucional das contribuições sociais em geral e das contribuições para a seguridade social

As contribuições sociais não possuem um **regime jurídico** único e uniforme.

A **CSLL** segue o regime do IRPJ, em quase todos os aspectos arrecadatórios, salvo pela desnecessidade de lei complementar para definição de base de cálculo, fato gerador e contribuintes (o que pouco afeta o tributo), a aplicação da regra da anterioridade nonagesimal, enquanto o IRPJ é orientado pela anterioridade do exercício e uma ou outra peculiaridade.

O **PIS e a COFINS** possuem algumas regras constitucionais específicas e as duas contribuições seguem basicamente o mesmo regime jurídico.

As **contribuições previdenciárias** recebem pequeno tratamento na Constituição, mas possuem regime jurídico razoavelmente consolidado, notadamente quanto as contribuições que adotam a folha de salário como base de cálculo.

As demais **contribuições sociais**, vale dizer, aquelas que não são destinadas à seguridade social, são ainda menos disciplinadas pela Constituição, deixando seu regime jurídico variar de acordo com legislação ordinária.

Na Constituição há, basicamente, dois grupos de normas acerca das contribuições sociais: as **normas gerais**, aplicadas a quaisquer **tributos**, **normas gerais** aplicáveis a quaisquer **contribuições sociais**, e as **regras especiais**, aplicáveis às **contribuições para a seguridade social**.

Havendo regras específicas para as contribuições para a seguridade social (art. 195, da CF/88), a estas não são aplicadas as regras gerais (por exemplo, o art. 149, § 2º, III, da CF/88) como veremos adiante.

Salvo regras de competência, não há normas constitucionais especiais que disciplinem o regime jurídico de outras contribuições sociais, exceto as destinadas à seguridade.

O art. 146, da CF/88, integralmente aplicável aos impostos, contém normas pertinentes às contribuições sociais. Trata-se da **reserva de lei complementar** para tratar sobre diversas matérias, como estabelecer normas gerais de direito tributário e definição de tratamento diferenciado e favorecido para as microempresas e para as empresas de pequeno porte, entre outras.

> Art. 146. Cabe à lei complementar:
>
> I – dispor sobre conflitos de competência, em matéria tributária, entre a União, os Estados, o Distrito Federal e os Municípios;
>
> II – regular as limitações constitucionais ao poder de tributar;
>
> III – estabelecer normas gerais em matéria de legislação tributária, especialmente sobre:
>
> a) definição de tributos e de suas espécies, bem como, em relação aos impostos discriminados nesta Constituição, a dos respectivos fatos geradores, bases de cálculo e contribuintes;
>
> b) obrigação, lançamento, crédito, prescrição e decadência tributários;
>
> c) adequado tratamento tributário ao ato cooperativo praticado pelas sociedades cooperativas.
>
> d) definição de tratamento diferenciado e favorecido para as microempresas e para as empresas de pequeno porte, inclusive regimes especiais ou simplificados no caso do imposto previsto no art. 155, II, das contribuições previstas no art. 195, I e §§ 12 e 13, e da contribuição a que se refere o art. 239.
>
> Parágrafo único. A lei complementar de que trata o inciso III, d, também poderá instituir um regime único de arrecadação dos impostos e contribuições da União, dos Estados, do Distrito Federal e dos Municípios, observado que:
>
> I – será opcional para o contribuinte;
>
> II – poderão ser estabelecidas condições de enquadramento diferenciadas por Estado;
>
> III – o recolhimento será unificado e centralizado e a distribuição da parcela de recursos pertencentes aos respectivos entes federados será imediata, vedada qualquer retenção ou condicionamento;

> IV – a arrecadação, a fiscalização e a cobrança poderão ser compartilhadas pelos entes federados, adotado cadastro nacional único de contribuintes.

A reserva de **lei complementar** para dispor sobre conflitos de competência, em matéria tributária, é praticamente irrelevante para as contribuições sociais, pois somente a União pode instituí-las, a exceção das contribuições previdenciárias instituída pelos Estados e municípios.

A regulação das limitações constitucionais ao poder de tributar por lei complementar é aplicável às contribuições.

O inciso III, do art. 146, da CF/88 é mais discutido, especialmente em um ponto. Cabe a lei complementar estabelecer normas gerais em matéria de legislação tributária, para todos os tributos, mas a própria norma prevê exceções.

A lei complementar deve tratar de obrigação, lançamento, crédito, prescrição e decadência tributários; adequado tratamento tributário ao ato cooperativo praticado pelas sociedades cooperativas; definição de tratamento diferenciado e favorecido para as microempresas e para as empresas de pequeno porte, podendo abranger, inclusive, contribuições sociais (LC 123/06). O problema se refere à letra "a", que reserva à lei complementar a "definição de tributos e de suas espécies, bem como, em relação aos impostos discriminados nesta Constituição, a dos respectivos fatos geradores, bases de cálculo e contribuintes".

Como se vê a Constituição determina que normas gerais de todos os tributos sejam editadas por lei complementar, mas a definição de fatos geradores, bases de cálculo e contribuintes, somente precisam ser editadas por lei complementar para os impostos.

Em outros termos, as **contribuições sociais (e interventivas) não precisam ter fatos geradores, bases de cálculo e contribuintes definidos em lei complementar**.

**Exceção** são as contribuições para a seguridade social com base de cálculo não prevista na Carta (competência residual), de acordo com o art. 195, § 4º, da CF/88. Para que o legislador possa criar outras fontes destinadas a garantir a manutenção ou expansão da seguridade social, deverá fazê-lo por lei complementar. Ademais, eventual contribuição assim criada não poderá ser cumulativa nem ter fato gerador ou base de cálculo próprios dos impostos previstos pela Constituição (art. 154, I, da CF/88).

Em regra, as **limitações constitucionais a tributação**, do art. 150, da CF/88, também são aplicáveis às contribuições.

> Art. 150. Sem prejuízo de outras garantias asseguradas ao contribuinte, é vedado à União, aos Estados, ao Distrito Federal e aos Municípios:
>
> I – exigir ou aumentar tributo sem lei que o estabeleça;
>
> II – instituir tratamento desigual entre contribuintes que se encontrem em situação equivalente, proibida qualquer distinção em razão de ocupação profissional ou função por eles exercida, independentemente da denominação jurídica dos rendimentos, títulos ou direitos;
>
> III – cobrar tributos:
>
> a) em relação a fatos geradores ocorridos antes do início da vigência da lei que os houver instituído ou aumentado;
>
> b) no mesmo exercício financeiro em que haja sido publicada a lei que os instituiu ou aumentou;
>
> c) antes de decorridos noventa dias da data em que haja sido publicada a lei que os instituiu ou aumentou, observado o disposto na alínea b;
>
> IV – utilizar tributo com efeito de confisco;
>
> V – estabelecer limitações ao tráfego de pessoas ou bens, por meio de tributos interestaduais ou intermunicipais, ressalvada a cobrança de pedágio pela utilização de vias conservadas pelo Poder Público;

As contribuições sociais (e econômicas) se sujeitam ao **princípio da legalidade**, exigindo lei ordinária para a criação dos tributos e para sua majoração, que, em regra, não podem ser reduzidas ou reestabelecidas por ato do Poder Executivo (à exceção da CIDE-Combustíveis, nos termos do art. 177, § 4, I, 'b', da CF/88).

A vedação de tratamento desigual entre os contribuintes também informa as contribuições sociais (e econômicas) assim como a vedação de utilização de tributos com efeito de confisco e o princípio da irretroatividade.

O **princípio da não-surpresa**, a seu turno, é concretizado de forma variada nas contribuições, assim como nos impostos.

A **regra geral** é de que a lei que institui ou majora o tributo (imposto ou contribuição) somente entre em vigor no exercício seguinte ao que foi publicada – **anterioridade do exercício** (art. 150, III, 'b', da CF/88) desde que decorridos 90 desta publicação – **anterioridade nonagesimal** (art. 150, III, 'c', da CF/88). Há, assim, dois requisitos temporais cumulativos para vigência da lei tributária após sua publicação: a virada do ano e o decurso de pelo menos 90 dias.

As **contribuições para a seguridade social** (incluindo as previdenciárias) contudo, obedecem **apenas à anterioridade nonagesimal**, não se lhes aplicando art. 150, III, 'b', da CF/88.

> ▸ **Entendimento do STF**
>
> 1. A contribuição ao PIS só pode ser exigida, na forma estabelecida pelo art. 2º da EC 17/1997, após decorridos noventa dias da data da publicação da referida emenda constitucional.
>
> (STF, Tribunal Pleno, RE 848.353 RG/SP, Min. TEORI ZAVASCKI, DJe de 23/5/2016)

O art. 150, da CF/88 também apresenta o princípio que impede a limitação de tráfego por tributos estaduais e municipais, que evidentemente não se aplica às contribuições federais, e as imunidades a impostos.

As **imunidades às contribuições**, a seu turno, são previstas no art. 149, § 2º, I e as **imunidades a contribuições para a seguridade social** no art. 195, § 7º, da Carta.

> Art. 149. [...]
>
> § 2º As contribuições sociais e de intervenção no domínio econômico de que trata o caput deste artigo: (Incluído pela EC 33/01)
>
> I – não incidirão sobre as receitas decorrentes de exportação; [...]
>
> Art. 195. [...]
>
> § 7º São isentas de contribuição para a seguridade social as entidades beneficentes de assistência social que atendam às exigências estabelecidas em *lei*.

O art. 149, § 2º, I, da CF/99 prevê imunidade das contribuições sobre **receitas de exportação** para **todas as contribuições sociais, inclusive para a seguridade social**, enquanto o § 7º, do art. 195/88, da CF confere imunidade das **entidades beneficentes** de assistência social que atendam às exigências estabelecidas em lei, **apenas a contribuições para a seguridade social**, regulamentada pela Lei 12.101/09.

O art. 149, da CF/88 dispõe, ainda, sobre a possibilidade de incidência das contribuições sociais e interventivas sobre a importação de produtos e serviços estrangeiros, de algumas relações entre bases de cálculo e alíquotas das contribuições e sobre a incidência monofásica.

> Art. 149. [...]
>
> § 2º As contribuições sociais e de intervenção no domínio econômico de que trata o caput deste artigo: (Incluído pela EC 33/01)
>
> [...]
>
> II – incidirão também sobre a importação de produtos estrangeiros ou serviços; (Redação dada pela EC 42/03)
>
> III – poderão ter alíquotas:
>
> a) ad valorem, tendo por base o faturamento, a receita bruta ou o valor da operação e, no caso de importação, o valor aduaneiro;
>
> b) específica, tendo por base a unidade de medida adotada.
>
> § 3º A pessoa natural destinatária das operações de importação poderá ser equiparada a pessoa jurídica, na forma da lei.
>
> § 4º A lei definirá as hipóteses em que as contribuições incidirão uma única vez.

O art. 149, § 4º, permite que a lei defina as hipóteses em que as contribuições incidirão uma única vez (chamada **incidência concentrada ou monofásica**), mas o dispositivo é relevante mesmo para o PIS e a COFINS e eventualmente à contribuição substitutiva, pois as demais contribuições sociais são, por sua natureza, monofásicas, isto é, não admitem a incidência em cascata, peculiaridade exclusiva dos tributos sobre o consumo. O dispositivo vale, porém, como norma geral aplicável a eventuais contribuições sociais ou econômicas que tenham como fato gerador o consumo.

O art. 149, § 2º, II traz **norma de competência**, permitindo a **incidência na importação** de produtos estrangeiros ou serviços, secundada pelo art. 149, § 3º, que disciplina os contribuintes possíveis desta modalidade de cobrança. Estes dispositivos também são mais importantes para o PIS e a COFINS na importação (e para a CIDE-Combustíveis).

O art. 149, § 2º, III é o mais controverso. Há quem veja no dispositivo norma limitadora do poder de tributar. De acordo com esta leitura, as contribuições sociais e econômicas, salvo aquelas com previsão constitucional específica (contribuições para a seguridade social e CIDE-Combustíveis) somente poderão ter por base o faturamento, a receita bruta ou o valor da operação e, no caso de importação, o valor aduaneiro, na hipótese de adotarem alíquota *ad valorem* (quer dizer, um percentual sobre a base de cálculo), não permitindo interpretação extensiva.

Como o dispositivo, incluído pela EC 33/2001, não prevê a incidência de contribuições sobre a folha de salários com alíquota *ad valorem*, qualquer contribuição social ou econômica (à exceção das contribuições para a seguridade social e da CIDE-Combustíveis) seriam inconstitucionais. Entre elas, as contribuições para o INCRA, para o Sistema S, o Salário Educação etc.

Não nos parece, contudo, que tal interpretação esteja correta.

A nosso ver, o art. 149, § 2º, III, da CF/88 traz norma interpretativa, que expressamente reconhece a possibilidade de certas combinações entre bases de cálculo e alíquotas, sem excluir outras possibilidades já existentes, como a incidência de contribuições sobre a folha de salários.

A interpretação literal da norma também leva a este resultado, pois afirma-se que as contribuições "poderão" ter as alíquotas que menciona, revelando intensão ampliativa da competência, não algo como "somente poderão ter" tais alíquotas ou tais bases de cálculo, o que sugeriria o acerto da tese restritiva.

Ademais, como afirma o Ministro Relator do RE 630.898 RG/RS, ao reconhecer a repercussão geral do recurso, a EC 33/2001 não alterou o *caput* do art. 149, da CF/88, onde as contribuições sobre folha encontravam fundamento.

Voltaremos ao tema ao tratarmos das CIDEs.

Por fim, cabe comentar mais algumas **regras específicas** que definem o regime jurídico das **contribuições para a seguridade social**, presentes nos §§ 8º a 13, do art. 195, da CF/88.

> Art. 195. [...]
>
> § 8º O produtor, o parceiro, o meeiro e o arrendatário rurais e o pescador artesanal, bem como os respectivos cônjuges, que exerçam suas atividades em regime de economia familiar, sem empregados permanentes, contribuirão para a seguridade social mediante a aplicação de uma alíquota sobre o resultado da comercialização da produção e farão jus aos benefícios nos termos da lei.
>
> § 9º As contribuições sociais previstas no inciso I do caput deste artigo poderão ter alíquotas ou bases de cálculo diferenciadas, em razão da atividade econômica, da utilização intensiva de mão-de-obra, do porte da empresa ou da condição estrutural do mercado de trabalho.
>
> § 10. A lei definirá os critérios de transferência de recursos para o sistema único de saúde e ações de assistência social da União para os Estados, o Distrito Federal e os Municípios, e dos Estados para os Municípios, observada a respectiva contrapartida de recursos.
>
> § 11. É vedada a concessão de remissão ou anistia das contribuições sociais de que tratam os incisos I, a, e II deste artigo, para débitos em montante superior ao fixado em lei complementar.
>
> § 12. A lei definirá os setores de atividade econômica para os quais as contribuições incidentes na forma dos incisos I, b; e IV do caput, serão não-cumulativas.
>
> § 13. Aplica-se o disposto no § 12 inclusive na hipótese de substituição gradual, total ou parcial, da contribuição incidente na forma do inciso I, a, pela incidente sobre a receita ou o faturamento.

O § 8º, do art. 195, estabelece regra específica para o **produtor, o parceiro, o meeiro e o arrendatário rurais e o pescador artesanal**, bem como os respectivos cônjuges, que exerçam suas atividades em regime de economia familiar, sem empregados permanentes.

O § 9º, do art. 195, disciplina forma especial de **seletividade**, permitindo alíquotas ou bases de cálculo diferenciadas, em razão da atividade econômica, da utilização intensiva de mão-de-obra, do porte da empresa ou da condição estrutural do mercado de trabalho.

O § 10, do art. 195 tratam da transferência de recurso da seguridade social para os entes federados (matéria de direito financeiro que não interfere no regime jurídico das contribuições) e o § 11 veda a concessão de remissão ou anistia das contribuições (inclusive o PIS e a COFINS) para débitos em montante superior ao definido complementar (norma não editada).

O § 12, do art. 195 prevê a possibilidade de **incidência não cumulativa**, ao dispor que "a lei definirá os setores de atividade econômica para os quais as contribuições incidentes na forma dos incisos I, b; e IV do caput, serão não-cumulativas".

Por fim, o § 13, do art. 195, permite a **incidência não cumulativa** nas contribuições sobre a receita ou o faturamento, estabelecidas **em substituição à incidência sobre folha de salários.**

## 1.5. Lista das contribuições

Apresentamos, agora, de forma esquemática, a lista das contribuições sociais, com sua legislação básica, sua base de cálculo, sua finalidade (que define sua natureza de contribuição social geral, securitária ou previdenciária) e suas alíquotas básicas.

Adiante apresentaremos uma tabela com a classificação das contribuições sociais e em seguida outra tabela com o regime jurídico constitucional das contribuições sociais.

### Principais contribuições sociais

| Contribuição | Legislação | Base de cálculo | Finalidade | Alíquotas |
|---|---|---|---|---|
| Contribuição do empregado. | Art. 20, da Lei 8.212/91 | Salário de contribuição | Previdência social | 8% a 11% até o limite do total da remuneração |
| Contribuição do autônomo e do facultativo | Art. 21, da Lei 8.212/91 | Salário de contribuição | Previdência social | 20% do salário de contribuição |
| Contribuição do empregador por empregados | Art. 22, I, da Lei 8.212/91 | Total da remuneração paga | Previdência social | 20% do total da remuneração paga |
| SAT/RAT | Art. 22, II, da Lei 8.212/91 | Total da remuneração paga | Previdência social (aposentadoria especial) | De 0,5 a 6% do total da remuneração paga |

| Contribuição | Legislação | Base de cálculo | Finalidade | Alíquotas |
|---|---|---|---|---|
| Contribuição do empregador por contratação de segurados individuais | Art. 22, III, da Lei 8.212/91 | Total da remuneração paga | Previdência social | 20% do total da remuneração paga |
| Empregador domestico | Art. 24, da Lei 8.212/91 | Salário registrado na CTPS | Previdência social | 8% + 0,8 de SAT |
| Agroindústria e produtor rural | Art. 22-A, da Lei 8.212/91 | Receita bruta | Previdência social | 2,5% + 0,5 de SAT |
| Empregador rural pessoa física | Art. 25, da Lei 8.212/91 | Receita bruta | Previdência social | 2% + 1% de SAT |
| Contribuição substitutiva | Lei 12.546/11 | Receita bruta | Previdência social | 1% a 4,5% |
| PIS | LC 7/70, Lei 9.718/95, Lei 10.662/02, Lei 10.865/04. | Folha Receita bruta cumulativa Receita bruta não cumulativa Importação | Seguridade social (seguro desemprego) | 1% sobre folha 0,65% sobre receita cumulativa 1,65% sobre receita não cumulativa 2,1% sobre importação |
| COFINS | LC 70/91, Lei 9.718/95, Lei 10.833/03, Lei 10.865/04. | Receita bruta cumulativa Receita bruta não cumulativa Importação | Seguridade social | 3% sobre receita cumulativa 7,6% sobre receita não cumulativa. 9,65% sobre importação |
| CSLL | Lei 9.689/88 | Lucro | Seguridade social | 10% sobre o lucro |
| Salário-Educação | Lei 4.440/64, revogada pela Lei 1.422/75 | Total da remuneração paga | Educação básica | 2,5% sobre o total da remuneração |

| Contribuição | Legislação | Base de cálculo | Finalidade | Alíquotas |
|---|---|---|---|---|
| **INCRA** (Instituto Nacional de Colonização e Reforma Agrária) | Lei 2.613/55 e DL 1.146/70 | Total da remuneração paga | Educação e assistência social (Contribuição social) | Contribuição básica: 2,5% Contribuição adicional: 0,2% |
| **Sistema S** | Diversas leis | Total da remuneração paga | Educação e assistência social (Contribuição social) | Senai 1%, Sesi 1,5%, Senac 1%, Sesc 1,5%, Senar 2,5%, Senat 1%, Sest 1,5%) |
| **FGTS** | LC 110/01 | Total da remuneração (vigência expirada) Depósitos no FGTS | FGTS (Contribuição social) | 0,5% sobre total da remuneração 10% sobre os depósitos |

**Classificação das contribuições sociais de acordo com sua destinação**

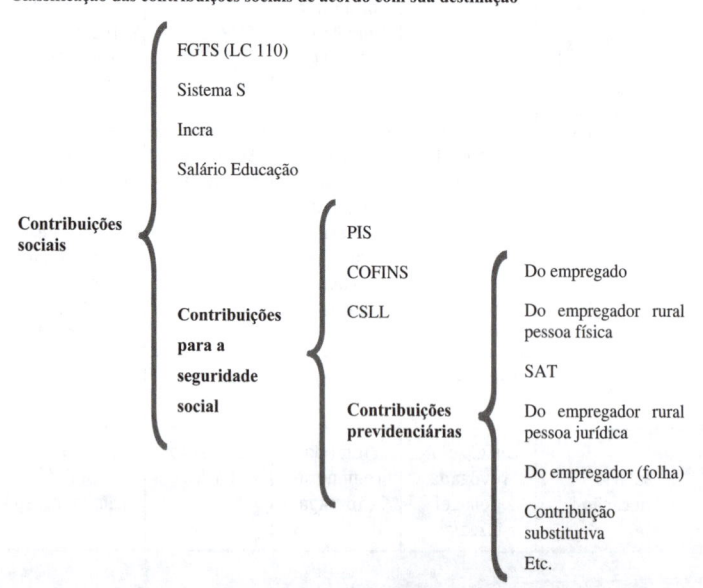

**Contribuições sociais**
- FGTS (LC 110)
- Sistema S
- Incra
- Salário Educação
- **Contribuições para a seguridade social**
  - PIS
  - COFINS
  - CSLL
  - **Contribuições previdenciárias**
    - Do empregado
    - Do empregador rural pessoa física
    - SAT
    - Do empregador rural pessoa jurídica
    - Do empregador (folha)
    - Contribuição substitutiva
    - Etc.

## Regime jurídico constitucional de acordo com a destinação das contribuições

| Contribuição \Princípio | Contribuições Sociais Gerais | Contribuições para a Seguridade Social |
|---|---|---|
| Necessidade de lei complementar | Desnecessária para contribuinte, fato gerador e base de cálculo | Desnecessária para contribuinte, fato gerador e base de cálculo (exceto para contribuições da competência residual). |
| Isonomia | Aplica-se | Aplica-se |
| Legalidade | Aplica-se | Aplica-se |
| Vedação de confisco | Aplica-se | Aplica-se |
| Anterioridade do exercício | Aplica-se | Não se aplica |
| Anterioridade nonagesimal | Aplica-se | Aplica-se |
| Imunidade recíproca e demais imunidades a impostos | Não se aplica | Não se aplica |
| Imunidade a receitas de exportação | Aplica-se | Aplica-se |
| Imunidade de entidades beneficentes de assistência social | Não se aplica | Aplica-se |

## 2. CONTRIBUIÇÕES DOS SEGURADOS: DOS EMPREGADOS, TRABALHADORES AVULSOS, EMPREGADOS DOMÉSTICOS, CONTRIBUINTES INDIVIDUAIS E CONTRIBUINTES FACULTATIVOS

### 2.1. Introdução

Até o momento, vimos noções gerais das contribuições sociais, inclusive seu regime jurídico constitucional, no mais das vezes determinado pela destinação do produto arrecadado (da afetação a uma despesa pré-estabelecida), que define sua natureza jurídica.

Sob o aspecto da arrecadação e cobrança das contribuições, contudo, devemos mudar o enfoque e estudar as contribuições por seus contribuintes, seu fato gerador, sua base de cálculo e suas alíquotas.

Neste tópico, veremos as contribuições dos segurados para a previdência social, à exceção da contribuição do empregador rural pessoa física, que também é segurado, e que trataremos juntamente com as contribuições sobre receita.

No próximo tópico, veremos as contribuições sociais do empregador, classificadas por suas bases de cálculo: folha de salários e receita bruta, independente da natureza da contribuição (social geral, securitária ou previdenciária). A única contribuição sobre o lucro é a CSLL e foi tratada no capítulo do IRPJ. As contribuições que incidem sobre importação são o PIS e a COFINS, que também serão objeto de capítulo próprio, no qual abordaremos a incidência destas exações sobre folha e receita bruta.

Em seguida, trataremos das imunidades e isenções das contribuições sociais.

Considerando que as contribuições que abordaremos nestes dois tópicos seguem o regime da Lei 8.212/91, em diversos aspectos, vamos apresentar as principais regras de cobrança, responsabilidade, constituição e administração destas contribuições

Por fim, veremos contribuições sociais sobre outras bases, que não a folha de salários e a receita bruta.

## 2.2. As contribuições

### 2.2.1. *Contribuintes*

As contribuições dos empregados, trabalhadores avulsos, empregados domésticos, contribuintes individuais e contribuintes facultativos são definidas por cada uma destas classes de **contribuintes**, discriminados pelo tipo de vínculo de segurado na previdência social.

O **empregado** é aquela pessoa contratada nos termos da CLT, cujo art. 3º, dispõe:

> Art. 3º – Considera-se empregado toda pessoa física que prestar serviços de natureza não eventual a empregador, sob a dependência deste e mediante salário.

A Lei de Custeio disciplina a matéria, para fins de caracterização do **contribuinte** empregado. Leia-se o art. 12, I, da Lei 8.212/91:

Art. 12. São segurados obrigatórios da Previdência Social as seguintes pessoas físicas:

I – como empregado:

a) aquele que presta serviço de natureza urbana ou rural à empresa, em caráter não eventual, sob sua subordinação e mediante remuneração, inclusive como diretor empregado;

b) aquele que, contratado por empresa de trabalho temporário, definida em legislação específica, presta serviço para atender a necessidade transitória de substituição de pessoal regular e permanente ou a acréscimo extraordinário de serviços de outras empresas;

c) o brasileiro ou estrangeiro domiciliado e contratado no Brasil para trabalhar como empregado em sucursal ou agência de empresa nacional no exterior;

d) aquele que presta serviço no Brasil a missão diplomática ou a repartição consular de carreira estrangeira e a órgãos a ela subordinados, ou a membros dessas missões e repartições, excluídos o não-brasileiro sem residência permanente no Brasil e o brasileiro amparado pela legislação previdenciária do país da respectiva missão diplomática ou repartição consular;

e) o brasileiro civil que trabalha para a União, no exterior, em organismos oficiais brasileiros ou internacionais dos quais o Brasil seja membro efetivo, ainda que lá domiciliado e contratado, salvo se segurado na forma da legislação vigente do país do domicílio;

f) o brasileiro ou estrangeiro domiciliado e contratado no Brasil para trabalhar como empregado em empresa domiciliada no exterior, cuja maioria do capital votante pertença a empresa brasileira de capital nacional;

g) o servidor público ocupante de cargo em comissão, sem vínculo efetivo com a União, Autarquias, inclusive em regime especial, e Fundações Públicas Federais; (Incluída pela Lei nº 8.647, de 13.4.93)

[...]

i) o empregado de organismo oficial internacional ou estrangeiro em funcionamento no Brasil, salvo quando coberto por regime próprio de previdência social; (Incluída pela Lei nº 9.876, de 1999).

j) o exercente de mandato eletivo federal, estadual ou municipal, desde que não vinculado a regime próprio de previdência social;

O trabalhador **avulso**, frequentemente conhecido como "chapa", é mencionado, mas não conceituado pela CLT. Para fins previdenciários, é previsto genericamente no art. 12, VI, da Lei 8.212/91 como a pessoa que presta serviços a diversas empresas sem vínculo empregatício e definido pelo art. 9º, VI, do Decreto 3.048/99.

> Lei 8.212/91
>
> Art. 12. São segurados obrigatórios da Previdência Social as seguintes pessoas físicas:
>
> [...]
>
> VI – como trabalhador avulso: quem presta, a diversas empresas, sem vínculo empregatício, serviços de natureza urbana ou rural definidos no regulamento;
>
> [...]
>
> Decreto 3.048/99
>
> [...]
>
> Art. 9º São segurados obrigatórios da previdência social as seguintes pessoas físicas:
>
> [...]
>
> VI – como trabalhador avulso – aquele que, sindicalizado ou não, presta serviço de natureza urbana ou rural, a diversas empresas, sem vínculo empregatício, com a intermediação obrigatória do órgão gestor de mão-de-obra, nos termos da Lei nº 8.630, de 25 de fevereiro de 1993, ou do sindicato da categoria, assim considerados:
>
> a) o trabalhador que exerce atividade portuária de capatazia, estiva, conferência e conserto de carga, vigilância de embarcação e bloco;
>
> b) o trabalhador de estiva de mercadorias de qualquer natureza, inclusive carvão e minério;
>
> c) o trabalhador em alvarenga (embarcação para carga e descarga de navios);
>
> d) o amarrador de embarcação;
>
> e) o ensacador de café, cacau, sal e similares;
>
> f) o trabalhador na indústria de extração de sal;
>
> g) o carregador de bagagem em porto;
>
> h) o prático de barra em porto;
>
> i) o guindasteiro; e
>
> j) o classificador, o movimentador e o empacotador de mercadorias em portos.

Trata-se, assim, de uma instituição jurídica entre o empregado com vínculo e o profissional autônomo, criada para situações específicas. A figura do avulso permite conceder certa proteção trabalhista ao trabalhador que não chega a ser empregado, nem possui uma atividade própria, mas realiza mais do que simples "bicos" para terceiros.

O empregado **doméstico** é conceituado pelo art. 7º, 'a', da CLT, como os empregados "que prestam serviços de natureza não-econômica à pessoa ou à família, no âmbito residencial destas".

A LC 150/15, dispõe sobre o contrato de trabalho doméstico, positivando interpretação jurisprudencial acerca da habitualidade (mais de dois dias por semana). Nos termos de seu art. 1º, "ao empregado doméstico, assim considerado aquele que presta serviços de forma contínua, subordinada, onerosa e pessoal e de finalidade não lucrativa à pessoa ou à família, no âmbito residencial destas, por mais de 2 (dois) dias por semana, aplica-se o disposto nesta Lei".

A Lei 8.212/91 adota a mesma conceituação da CLT, acrescentando apenas que o doméstico se caracteriza pela realização de atividade sem fins lucrativos. Leia-se o art. 12, II, da Lei de Custeio:

> Art. 12. São segurados obrigatórios da Previdência Social as seguintes pessoas físicas:
> [...]
> II – como empregado doméstico: aquele que presta serviço de natureza contínua a pessoa ou família, no âmbito residencial desta, em atividades sem fins lucrativos;

O art. 9º, II, do Decreto 3.048/99, acrescenta a "remuneração" como característica do empregado doméstico.

O **contribuinte individual** agrega diversas categorias de profissionais, entre elas as classificadas como empresário, autônomo e equiparado a autônomo, figuras que não existem na legislação previdenciária desde 1999.

O art. 12, V, da Lei 8.212/91, elenca os contribuintes individuais:

Art. 12. São segurados obrigatórios da Previdência Social as seguintes pessoas físicas:

V – como contribuinte individual: (Redação dada pela Lei nº 9.876, de 1999).

[...]

a) a pessoa física, proprietária ou não, que explora atividade agropecuária, a qualquer título, em caráter permanente ou temporário, em área superior a 4 (quatro) módulos fiscais; ou, quando em área igual ou inferior a 4 (quatro) módulos fiscais ou atividade pesqueira, com auxílio de empregados ou por intermédio de prepostos; ou ainda nas hipóteses dos §§ 10 e 11 deste artigo; (Redação dada pela Lei nº 11.718, de 2008).

b) a pessoa física, proprietária ou não, que explora atividade de extração mineral – garimpo, em caráter permanente ou temporário, diretamente ou por intermédio de prepostos, com ou sem o auxílio de empregados, utilizados a qualquer título, ainda que de forma não contínua; (Redação dada pela Lei nº 9.876, de 1999).

c) o ministro de confissão religiosa e o membro de instituto de vida consagrada, de congregação ou de ordem religiosa; (Redação dada pela Lei nº 10.403, de 2002).

d) revogada; (Redação dada pela Lei nº 9.876, de 1999).

e) o brasileiro civil que trabalha no exterior para organismo oficial internacional do qual o Brasil é membro efetivo, ainda que lá domiciliado e contratado, salvo quando coberto por regime próprio de previdência social; (Redação dada pela Lei nº 9.876, de 1999).

f) o titular de firma individual urbana ou rural, o diretor não empregado e o membro de conselho de administração de sociedade anônima, o sócio solidário, o sócio de indústria, o sócio gerente e o sócio cotista que recebam remuneração decorrente de seu trabalho em empresa urbana ou rural, e o associado eleito para cargo de direção em cooperativa, associação ou entidade de qualquer natureza ou finalidade, bem como o síndico ou administrador eleito para exercer atividade de direção condominial, desde que recebam remuneração; (Incluído pela Lei nº 9.876, de 1999).

g) quem presta serviço de natureza urbana ou rural, em caráter eventual, a uma ou mais empresas, sem relação de emprego; (Incluído pela Lei nº 9.876, de 1999).

h) a pessoa física que exerce, por conta própria, atividade econômica de natureza urbana, com fins lucrativos ou não; (Incluído pela Lei nº 9.876, de 1999).

Em linguagem cotidiana, é **contribuinte individual pessoa física** (nunca a pessoa jurídica):

- o pequeno produtor agropecuário,
- o pequeno garimpeiro,
- o padre, o pastor, a freira e outras pessoas dedicadas à vida religiosa,
- o brasileiro que trabalha para organismo internacional,
- o "dono" da empresa, o sócio que responde pela empresa e outras pessoas que, sem relação de emprego, exercem funções perante pessoas jurídicas como sociedades anônimas, cooperativas e associações ou entidades despersonalizadas como o condomínio
- o trabalhador eventual, que presta serviço a empresas urbanas ou rurais
- o trabalhador autônomo, que presta serviços por conta própria (lembrando que a legislação não mais utiliza o termo "autônomo".

Outro contribuinte individual é o **médico-residente**, nos termos do art. 4º, § 1º, da Lei 6.932/81, com redação dada pela Lei 12.514/11, que prevê:

> Art. 4º Ao médico-residente é assegurado bolsa no valor de R$ 2.384,82 (dois mil, trezentos e oitenta e quatro reais e oitenta e dois centavos), em regime especial de treinamento em serviço de 60 (sessenta) horas semanais.
>
> § 1º O médico-residente é filiado ao Regime Geral de Previdência Social – RGPS como contribuinte individual.

▶ **Como esse assunto foi cobrado em concurso?**

**(CESPE/Juiz Federal TRF2/2011) (adaptada)** Em relação aos segurados do RGPS e aos seus dependentes, assinale certo ou errado.

É devida a contribuição previdenciária sobre os valores recebidos a título de bolsa de estudo pelos médicos-residentes, dado que prestam serviço autônomo remunerado e enquadram-se, portanto, na qualidade de trabalhadores avulsos.

*Gabarito:* Errado. O médico-residente é contribuinte individual obrigatório, nos termos do art. 4º, § 1º, da Lei 6.932/81.

Não se enquadrando em nenhuma destas classificações, o contribuinte da previdência social é chamado **facultativo**. Trata-se da pessoa que, não obrigada a aderir ao regime geral de previdência, opta por fazê-lo, por vontade própria. Dispõe o art. 14, da Lei 8.212/91, que é "segurado facultativo o maior de 14 (quatorze) anos de idade que se filiar ao Regime Geral de Previdência Social, mediante contribuição, na forma do art. 21, desde que não incluído nas disposições do art. 12".

Há outra figura disciplinada pelo art. 12, da Lei 8.212/91 é o **segurado especial**.

> Art. 12. São segurados obrigatórios da Previdência Social as seguintes pessoas físicas:
> 
> [...]
> 
> VII – como segurado especial: a pessoa física residente no imóvel rural ou em aglomerado urbano ou rural próximo a ele que, individualmente ou em regime de economia familiar, ainda que com o auxílio eventual de terceiros a título de mútua colaboração, na condição de: (Redação dada pela Lei nº 11.718, de 2008).
> 
> a) produtor, seja proprietário, usufrutuário, possuidor, assentado, parceiro ou meeiro outorgados, comodatário ou arrendatário rurais, que explore atividade: (Incluído pela Lei nº 11.718, de 2008).
> 
> 1. agropecuária em área de até 4 (quatro) módulos fiscais; ou (Incluído pela Lei nº 11.718, de 2008).
> 
> 2. de seringueiro ou extrativista vegetal que exerça suas atividades nos termos do inciso XII do caput do art. 2º da Lei nº 9.985, de 18 de julho de 2000, e faça dessas atividades o principal meio de vida; (Incluído pela Lei nº 11.718, de 2008).
> 
> b) pescador artesanal ou a este assemelhado, que faça da pesca profissão habitual ou principal meio de vida; e (Incluído pela Lei nº 11.718, de 2008).
> 
> c) cônjuge ou companheiro, bem como filho maior de 16 (dezesseis) anos de idade ou a este equiparado, do segurado de que tratam as alíneas a e b deste inciso, que, comprovadamente, trabalhem com o grupo familiar respectivo. (Incluído pela Lei nº 11.718, de 2008).
> 
> § 1º Entende-se como regime de economia familiar a atividade em que o trabalho dos membros da família é indispensável à própria subsistência e ao desenvolvimento socioeconômico do núcleo familiar e é exercido em condições de mútua dependência e colaboração, sem a utilização de empregados permanentes.

> [...]
> § 7º Para serem considerados segurados especiais, o cônjuge ou companheiro e os filhos maiores de 16 (dezesseis) anos ou os a estes equiparados deverão ter participação ativa nas atividades rurais do grupo familiar.

O **segurado especial** é segurado obrigatório. Suas "contribuições" estão normalmente ligadas à atividade do empregador rural, garimpeiro, pescador, etc, que se apresentam como contribuintes (art. 25, da Lei 8.212/91). Não obstante, o **segurado especial pode ser segurado facultativo**, e, assim, se tornar contribuinte.

Contudo, art. 30, X, da Lei de Custeio impõe peculiar obrigação ao segurado especial.

> Art. 30. [...]
> X – a pessoa física de que trata a alínea "a" do inciso V do art. 12 e **o segurado especial** são obrigados a recolher a contribuição de que trata o art. 25 desta Lei nº prazo estabelecido no inciso III deste artigo, caso comercializem a sua produção:
> a) no exterior;
> b) diretamente, no varejo, ao consumidor pessoa física;
> c) à pessoa física de que trata a alínea "a" do inciso V do art. 12;
> d) ao segurado especial;

Assim, o **segurado especial** tem **responsabilidade, juntamente com o contribuinte individual que explora a pequena atividade agropecuária** (art. 12, V, "a", da Lei 8.212/91), de recolher a contribuição devida nos termos do art. 25, da Lei de Custeio, denominada contribuição do produtor rural, se ele, o especial, comercializar a produção.

De toda sorte, a contribuição continua sendo do produtor rural, não no segurado especial.

Estas cinco categorias de contribuintes (empregado, avulso, doméstico, individual e facultativo) são enquadrados em dois tipos de contribuição. O empregado, o avulso, e o doméstico deve recolher entre 8% a 11% do salário de contribuição e o individual e o facultativo devem recolher 20% do salário de contribuição (art. 21, da Lei 8.212/91).

| Contribuição | Contribuinte | Alíquota |
|---|---|---|
| Art. 20, da Lei 8.212/91 | Empregado, avulso, doméstico | Entre 8% e 11% |
| Art. 21, da Lei 8.212/91 | Individual e facultativo | 20% |

### 2.2.2. Contribuição dos segurados empregado, empregado doméstico e trabalhador avulso

A estrutura básica da contribuição do empregado, do avulso e do doméstico é dada pelo art. 20, da Lei 8.212/91, e consiste basicamente na aplicação de uma alíquota progressiva sobre um salário de contribuição.

> Art. 20. A contribuição do empregado, inclusive o doméstico, e a do trabalhador avulso é calculada mediante a aplicação da correspondente alíquota sobre o seu salário-de-contribuição mensal, de forma não cumulativa, observado o disposto no art. 28, de acordo com a seguinte tabela:
>
> | Salário-de-contribuição | Alíquota em % |
> |---|---|
> | até 249,80 | 8,00 |
> | de 249,81 até 416,33 | 9,00 |
> | de 416,34 até 832,66 | 11,00 |
>
> (Valores e alíquotas dados pela Lei nº 9.129, de 20.11.95)
>
> § 1º Os valores do salário-de-contribuição serão reajustados, a partir da data de entrada em vigor desta Lei, na mesma época e com os mesmos índices que os do reajustamento dos benefícios de prestação continuada da Previdência Social.
>
> § 2º O disposto neste artigo aplica-se também aos segurados empregados e trabalhadores avulsos que prestem serviços a microempresas.

O valor atualizado do salário de contribuição por alíquota pode ser verificado na tabela abaixo:

| Salário-de-contribuição | Alíquota em % |
|---|---|
| Até R$ 1.556,94 | 8,00 |
| De R$ 1.556,95 a R$ 2.594,92 | 9,00 |
| De R$ 2.594,93 até R$ 5.189,82 | 11,00 |

Fonte: http://www.previdencia.gov.br/servicos-ao-cidadao/todos-os-servicos/gps/tabela-contribuicao-mensal/

O ponto que gera mais discussões é a composição do salário de contribuição, tema que veremos adiante. Importa observar, por hora, que a base de cálculo da contribuição previdenciária não será o total da remuneração, para empregados, avulsos e domésticos que receberem mensalmente mais do que o limite do salário de contribuição. De igual forma, eventual benefício previdenciário também não será integral, mas proporcional ao valor contribuído.

Registre-se, ainda, que a **obrigação de recolher a contribuição** não é do **empregado ou do avulso**, mas **da empresa empregadora**, de acordo como o art. 30, I, "a", da Lei 8.212/91:

> Art. 30. A arrecadação e o recolhimento das contribuições ou de outras importâncias devidas à Seguridade Social obedecem às seguintes normas:
>
> I - a empresa é obrigada a:
>
> a) arrecadar as contribuições dos segurados empregados e trabalhadores avulsos a seu serviço, descontando-as da respectiva remuneração;

O **recolhimento da contribuição do empregado doméstico** também é de **responsabilidade do empregador**, juntamente com outras obrigações, como a contribuição do empregador e a contribuição para o FGTS, de acordo com as normas do Simples Doméstico, criado pelos art. 31 e seg. da LC 150/15. Para tanto, desenvolveu-se uma funcionalidade no sistema e-Social, para inscrição do empregador e o recolhimento das obrigações.

O empregador deve descontar a contribuição do empregado doméstico do valor do salário e recolher a contribuição (art. 30, V, da Lei 8.212/91, com redação dada pela LC 150/15 e art. 34, § 2º, da LC 150/15).

Vale ainda registrar que o **e-Social** não serve apenas para os recolhimentos relativos a empregados domésticos. Trata-se de sistema de escrituração digital das obrigações fiscais, previdenciárias e trabalhistas, criado pelo Decreto 8.373/14, com o objetivo de prestação unificada de informações de qualquer empregado.

### 2.2.3. *Contribuição dos segurados individual e facultativo*

Em princípio, a contribuição dos segurados individual e facultativo é de 20% sobre o limite mínimo e máximo do salário de contribuição, de acordo com o caput do art. 21, da Lei de Custeio.

> Art. 21. A alíquota de contribuição dos segurados contribuinte individual e facultativo será de vinte por cento sobre o respectivo salário-de-contribuição.

Os limites mínimo e máximo do salário de contribuição serão tratados no próximo tópico e também são expostos em uma tabela, que veremos adiante.

O fator de complexidade da contribuição do contribuinte individual e facultativo é a possibilidade de exclusão do direito ao benefício de aposentadoria por tempo de contribuição, por opção do contribuinte segurado. Leiam-se os §§ 2º e seg, do art. 21, da Lei 8.212/91:

> Art. 21. [...]
>
> § 2º No caso de opção pela exclusão do direito ao benefício de aposentadoria por tempo de contribuição, a alíquota de contribuição incidente sobre o limite mínimo mensal do salário de contribuição será de:
>
> I – 11% (onze por cento), no caso do segurado contribuinte individual, ressalvado o disposto no inciso II, que trabalhe por conta própria, sem relação de trabalho com empresa ou equiparado e do segurado facultativo, observado o disposto na alínea b do inciso II deste parágrafo;
>
> II – 5% (cinco por cento):
>
> a) no caso do microempreendedor individual, de que trata o art. 18-A da Lei Complementar nº 123, de 14 de dezembro de 2006; e
>
> b) do segurado facultativo sem renda própria que se dedique exclusivamente ao trabalho doméstico no âmbito de sua residência, desde que pertencente a família de baixa renda.
>
> § 3º O segurado que tenha contribuído na forma do § 2º deste artigo e pretenda contar o tempo de contribuição correspondente para fins de obtenção da aposentadoria por tempo de contribuição ou da contagem recíproca do tempo de contribuição a que se refere o art. 94 da Lei n. 8.213, de 24 de julho de 1991, deverá complementar a contribuição mensal mediante recolhimento, sobre o valor correspondente ao limite mínimo mensal do salário-de-contribuição em vigor na competência a ser complementada, da diferença entre o percentual pago e o de 20% (vinte por cento), acrescido dos juros moratórios de que trata o § 3º do art. 5º da Lei nº 9.430, de 27 de dezembro de 1996.

> § 4º Considera-se de baixa renda, para os fins do disposto na alínea b do inciso II do § 2º deste artigo, a família inscrita no Cadastro Único para Programas Sociais do Governo Federal – CadÚnico cuja renda mensal seja de até 2 (dois) salários mínimos.
>
> § 5º A contribuição complementar a que se refere o § 3º deste artigo será exigida a qualquer tempo, sob pena de indeferimento do benefício.

Em **resumo**, o microempreendedor individual e o facultativo de baixa renda contribuem com uma alíquota de 5% e os demais segurados individuais e facultativos com uma alíquota de 11% sobre o limite mínimo do salário de contribuição, se optarem por não ter o direito a aposentadoria por tempo de contribuição. Se não fizerem esta opção, contribuem com uma alíquota de 20% (a alíquota não é progressiva) sobre o valor do salário de contribuição, que não poderá ser inferior ao limite mínimo nem superior ao limite máximo.

A seguinte tabela sintetiza a contribuição do segurado individual e facultativo, conforme opte ou não pelo benefício da aposentadoria:

| Tabela para Contribuinte Individual e Facultativo | | |
|---|---|---|
| Salário de Contribuição (R$) | Alíquota | Valor |
| R$ 880,00 | 5% (não dá direito a Aposentadoria por Tempo de Contribuição e Certidão de Tempo de Contribuição)* | R$ 44,00 |
| R$ 880,00 | 11% (não dá direito a Aposentadoria por Tempo de Contribuição e Certidão de Tempo de Contribuição)** | R$ 96,80 |
| R$ 880,00 até R$ 5.189,82 | 20% | Entre R$ 176,00 (salário mínimo) e R$ 1037,96 (teto) |
| *Alíquota exclusiva do Microempreendedor Individual e do Facultativo Baixa Renda; **Alíquota exclusiva do Plano Simplificado de Previdência; Fonte: http://www.previdencia.gov.br/servicos-ao-cidadao/todos-os-servicos/gps/tabela-contribuicao-mensal/ | | |

Para estas contribuições, a obrigação de recolhimento recai sobre o próprio contribuinte segurado, de acordo com o art. 30, II, da Lei 8.212/91:

> Art. 30. A arrecadação e o recolhimento das contribuições ou de outras importâncias devidas à Seguridade Social obedecem às seguintes normas:
>
> [...]
>
> II – os segurados contribuinte individual e facultativo estão obrigados a recolher sua contribuição por iniciativa própria, até o dia quinze do mês seguinte ao da competência.

Não obstante, o art. 4º, da Lei 10.666/03 estabeleceu **obrigatoriedade de arrecadação e recolhimento da contribuição** do contribuinte individual **pela empresa**. Leia-se a norma com redação dada pela Lei 11.933/09:

> Art. 4º Fica a empresa obrigada a arrecadar a contribuição do segurado contribuinte individual a seu serviço, descontando-a da respectiva remuneração, e a recolher o valor arrecadado juntamente com a contribuição a seu cargo até o dia 20 (vinte) do mês seguinte ao da competência, ou até o dia útil imediatamente anterior se não houver expediente bancário naquele dia.

Ao contribuinte individual compete **complementar o recolhimento**, "até o valor mínimo mensal do salário-de-contribuição, quando as remunerações recebidas no mês, por serviços prestados a pessoas jurídicas, forem inferiores a este", de acordo com o art. 5º, da Lei 10.666/03, mantendo em parte a utilidade do art. 30, II, da Lei 8.212/91.

Por outro lado, se o contribuinte individual prestar serviços a mais de uma empresa, e as retenções realizadas por estas superarem o valor da contribuição devida com base no máximo do salário de contribuição do segurado, haverá pagamento indevido e, como tal, pode ser objeto de pedido de **restituição** (art. 89, da Lei 8.212/91).

### 2.3. Salário de contribuição

O salário de contribuição é provavelmente o tema que mais desperta discussões no âmbito das contribuições previdenciárias.

O termo serve de nome genérico para a base de cálculo da contribuição previdenciária devida por pessoas físicas ou naturais, quais sejam, o empregado, o trabalhador avulso, o doméstico, o contribuinte individual e o facultativo.

Ademais, o salário de contribuição define também a base de cálculo da contribuição da empresa prevista no art. 21, I, da Lei 8.212/91, com fundamento constitucional no art. 195, I, "a", primeira parte, da Carta.

Nos termos do art. 28, da Lei 8.212/91, existem quatro tipos de salário contribuição, segmentados por tipo de contribuinte da previdência social.

> Art. 28. Entende-se por salário-de-contribuição:
>
> I – para o empregado e trabalhador avulso: a remuneração auferida em uma ou mais empresas, assim entendida a totalidade dos rendimentos pagos, devidos ou creditados a qualquer título, durante o mês, destinados a retribuir o trabalho, qualquer que seja a sua forma, inclusive as gorjetas, os ganhos habituais sob a forma de utilidades e os adiantamentos decorrentes de reajuste salarial, quer pelos serviços efetivamente prestados, quer pelo tempo à disposição do empregador ou tomador de serviços nos termos da lei ou do contrato ou, ainda, de convenção ou acordo coletivo de trabalho ou sentença normativa;
>
> II – para o empregado doméstico: a remuneração registrada na Carteira de Trabalho e Previdência Social, observadas as normas a serem estabelecidas em regulamento para comprovação do vínculo empregatício e do valor da remuneração;
>
> III – para o contribuinte individual: a remuneração auferida em uma ou mais empresas ou pelo exercício de sua atividade por conta própria, durante o mês, observado o limite máximo a que se refere o § 5º;
>
> IV – para o segurado facultativo: o valor por ele declarado, observado o limite máximo a que se refere o § 5º.

Para o empregado e o trabalhador avulso, o salário de contribuição é, em regra, o total das remunerações recebidas ou que tem direito a receber, para o empregado doméstico, a remuneração registrada na carteira de trabalho, para o contribuinte individual, o valor da remuneração em uma ou mais empresa ou o rendimento de sua atividade autônoma mensal, e para o facultativo o valor por ele declarado.

O salário de contribuição do **empregado e do trabalhador avulso** consiste basicamente na remuneração pelo trabalho, o que inclui o salário, a gorjeta e as conquistas sociais (MARTINEZ, 2003, p. 281), a exemplo do descanso semanal remunerado.

A remuneração é definida pela CLT, em seu art. 457, da CLT.

> Art. 457 – Compreendem-se na remuneração do empregado, para todos os efeitos legais, além do salário devido e pago diretamente pelo empregador, como contraprestação do serviço, as gorjetas que receber.
>
> § 1º Integram o salário a importância fixa estipulada, as gratificações legais e de função e as comissões pagas pelo empregador. (Redação dada pela Medida Provisória nº 808, de 2017)
>
> § 2º As importâncias, ainda que habituais, pagas a título de ajuda de custo, limitadas a cinquenta por cento da remuneração mensal, o auxílio-alimentação, vedado o seu pagamento em dinheiro, as diárias para viagem e os prêmios não integram a remuneração do empregado, não se incorporam ao contrato de trabalho e não constituem base de incidência de encargo trabalhista e previdenciário. (Redação dada pela Medida Provisória nº 808, de 2017)
>
> § 3º Considera-se gorjeta não só a importância espontaneamente dada pelo cliente ao empregado, como também o valor cobrado pela empresa, como serviço ou adicional, a qualquer título, e destinado à distribuição aos empregados. (Redação dada pela Lei nº 13.419, de 2017)

O art. 28, I, da Lei 8.212/91 dispõe que o salário de contribuição incide sobre a **totalidade** dos rendimentos, mas **não a totalidade dos valores pagos** ao trabalhador, pois dentre estes pode haver quantias de natureza não remuneratória. Determina, ainda, o dispositivo, que o **título, o nome jurídico dado à parcela não é relevante**, pois importa a natureza do valor pago, de retribuição ao trabalho, para que seja considerado salário de contribuição. Inclui-se, neste conceito, portanto, independente da denominação, os **ganhos habituais** do empregado.

O salário de contribuição não é apenas o **valor pago** em espécie ao trabalhador. Também o será os valores **creditados** e mesmo os **devidos** e não transferidos no mês. A propósito, define a lei que a periodicidade de **apuração** do salário de contribuição é **mensal**.

> ▸ **Como esse assunto foi cobrado em concurso?**
> 
> **(ESAF/AFRF/2012)** Assinale certo ou errado.
>
> Os trabalhadores, de forma geral, contribuem com alíquota incidente sobre seu salário de contribuição.
>
> *Gabarito:* Certo. Art. 28, I, da Lei 8.212/91.

O art. 28, II, da Lei 8.212/91, optou por método distinto para apurar o salário de contribuição do **empregado doméstico**. Dispôs que "para o empregado doméstico" o salário de contribuição é "a **remuneração registrada na Carteira de Trabalho e Previdência Social**, observadas as normas a serem estabelecidas em regulamento para comprovação do vínculo empregatício e do valor da remuneração" (negrito acrescentado). A prática no emprego doméstico é a anotação da remuneração em salários mínimos, o que pode justificar a escolha legislativa.

> ▸ **Como esse assunto foi cobrado em concurso?**
> **(ESAF/AFRF/2012)** Assinale certo ou errado.
> O salário de contribuição dos empregados domésticos é a base de cálculo da contribuição social por eles devida.
> **Gabarito:** Certo. Art. 28, II, da Lei 8.212/91.

Para o **contribuinte individual**, pela variação de funções, profissões e atividades englobadas nesta categoria, a lei utilizou a expressão "remuneração" (recebida de uma ou mais empresas) que no caso irá coincidir com a natureza dos ganhos do segurado (art. 28, III, da Lei 8.212/91). A título de exemplo, para o pequeno produtor e o pequeno garimpeiro a remuneração será o produto de suas vendas, para o padre, o pastor, a freira e outras pessoas dedicadas à vida religiosa, os valores pagos pela instituição religiosa, para o brasileiro que trabalha para organismo internacional, o salário e demais parcelas remuneratórias, como as de qualquer empregado, para o titular de empresa individual ou EIRELI e os sócios, o pró-labore, para o prestador de serviços, o valor da nota fiscal ou dos recibos.

Por fim, para o **segurado facultativo**, o salário de contribuição é o valor por ele declarado (art. 28, IV, da Lei 8.212/91).

> ▸ **Como esse assunto foi cobrado em concurso?**
> **(ESAF/AFRF/2012)** Sobre o conceito de salário-de-contribuição, analise os itens a seguir, classificando-os como corretos ou incorretos.
> I.  Para os segurados empregado e trabalhador avulso, a remuneração auferida em uma ou mais empresas, assim entendida a totalidade dos rendimentos que lhe são pagos, devidos ou creditados a qualquer título, durante o mês, destinados a retribuir o trabalho, qualquer que seja a sua forma, inclusive as gorjetas, os ganhos habituais sob a forma de utilidades e os adiantamentos decorrentes

> de reajuste salarial, quer pelos serviços efetivamente prestados, quer pelo tempo à disposição do empregador ou tomador de serviços, nos termos da lei ou do contrato ou, ainda, de convenção ou de acordo coletivo de trabalho ou de sentença normativa, observados os limites mínimo e máximo.
> 
> II. Para o segurado empregado doméstico, a remuneração registrada em sua CTPS ou comprovada mediante recibos de pagamento, observados os limites mínimo e máximo.
> 
> III. Para o segurado contribuinte individual, independentemente da data de filiação ao RGPS, considerando os fatos geradores ocorridos desde 1º de abril de 2003, a remuneração auferida em uma ou mais empresas ou pelo exercício de sua atividade por conta própria, durante o mês, observados os limites mínimo e máximo do salário de contribuição.
> 
> IV. Para o segurado especial que usar da faculdade de contribuir individualmente, o valor por ele declarado. Estão corretos apenas os itens:
> 
> **Gabarito:** Todos os itens estão corretos, de acordo com o art. 28, incisos I a IV, da Lei 8.212/91.

O salário de contribuição, em regra apurado mensalmente, pode ser **proporcional** ao número dias trabalhados, nos casos de admissão, dispensa, afastamento ou falta do empregado ocorrer no curso do mês (art. 28, § 1º, da Lei 8.212/91). A norma pode ser aplicada ao contribuinte empregado, ao trabalhador avulso, ao doméstico e, em tese, a algumas modalidades de contribuintes individuais, como a do brasileiro que trabalha para organismo internacional. Não pode ser aplicada, porém, às hipóteses em que o segurado não é, de alguma forma, empregado, como o sócio da empresa ou o segurado facultativo.

Há que se falar, ainda, no **limite mínimo e máximo do salário de contribuição**. Nos termos da Lei de Custeio, o salário de contribuição dos contribuintes pessoas físicas não poderão ser inferiores ao piso salarial, e se não houver piso, ao salário mínimo, nem superior a um valor máximo, definido na própria Lei 8.212/91. Leiam-se os §§ 3º a 5º, do art. 28, da lei:

> Art. 28. [...]
> 
> § 3º O limite mínimo do salário-de-contribuição corresponde ao piso salarial, legal ou normativo, da categoria ou, inexistindo

> este, ao salário mínimo, tomado no seu valor mensal, diário ou horário, conforme o ajustado e o tempo de trabalho efetivo durante o mês. (Redação dada pela Lei nº 9.528, de 10.12.97)
> § 4º O limite mínimo do salário-de-contribuição do menor aprendiz corresponde à sua remuneração mínima definida em lei.
> § 5º O limite máximo do salário-de-contribuição é de Cr$ 170.000,00 (cento e setenta mil cruzeiros), reajustado a partir da data da entrada em vigor desta Lei, na mesma época e com os mesmos índices que os do reajustamento dos benefícios de prestação continuada da Previdência Social.

Estes valores são sistematicamente atualizados.

▶ **Como esse assunto foi cobrado em concurso?**

(CESPE/Juiz Federal TRF2/2011). Em referência ao custeio da seguridade social, avalie.

Para o contribuinte individual, estipula-se como salário de contribuição a remuneração auferida durante o mês em uma ou mais empresas ou pelo exercício de sua atividade por conta própria, sem limite, nesse último caso.

*Gabarito:* A base de cálculo da contribuição do contribuinte individual tem, sim, limite, que é o salário máximo de contribuição (art. 28, § 5º, da Lei 8.212/91)

Quanto ao piso salarial, este pode ser definido por lei federal e, na falta desta, por legislação dos Estados, facultando-se sua extensão para os trabalhadores domésticos do Estado, nos termos da LC 103/00. O piso definido por lei estadual não se aplica a servidores municipais.

Até agora, apresentamos o salário de contribuição de maneira mais simplificada.

Ocorre que as parcelas transferidas pelas empresas a pessoas contratadas, especialmente a empregados e avulsos, possuem natureza muito variada, surgindo **dúvidas sobre quais parcelas devem ou não compor o salário de contribuição**. Esta questão é ainda mais importante para a contribuição das empresas, pois para estas não existe limite máximo da base de cálculo do tributo. Em outros termos, a empresa recolhe suas contribuições pelo total da folha de pagamentos, não se aplicando o limite individual máximo de cada segurado que remunera.

Ademais, o salário de contribuição, como base de cálculo (tributária) das contribuições previdenciárias, sofre influências do direito do trabalho, que rege diversos valores recebidos pelo trabalhador e do próprio direito previdenciário, pois o salário de contribuição está intimamente ligado com os benefícios da Previdência Social, o que aumenta a complexidade da matéria.

Uma referência para o estudo do tema é a **teoria** que instrui o custeio das prestações previdenciárias.

Em tese, sustenta-se que a contribuição previdenciária é sinalagmática, vale dizer, deve incidir sobre parcelas que vão repercutir no benefício. Dessa forma, recomenda-se que a contribuição não incida sobre valores que não serão objeto de potencial prestação previdenciária futura.

Sustenta-se, também em teoria, que a contribuição previdenciária é destinada a custear benefícios, de maneira que não deve incidir, ao menos em regra, sobre benefícios.

Por fim, sustenta-se que a contribuição previdenciária é ligada ao trabalho, não devendo incidir sobre valores que não remunerem o próprio trabalho, como indenizações e ressarcimentos. Recomenda-se, portanto, a incidência sobre o salário, sobre as diversas formas de remuneração e sobre os direitos sociais diretamente decorrentes do trabalho.

Estas teorias orientam quase toda a legislação, mas, como teorias, **estas noções teóricas não são impositivas e não obrigam o legislador** constituinte ou o legislador ordinário, sendo possível encontrarmos exceções, por razões de política legislativa.

Em termos de **direito positivo**, é a Constituição que define os limites da incidência das contribuições.

O art. 195, II, da CF/88, que trata das contribuições dos trabalhadores, não disciplina a base de cálculo das exações.

> Art. 195 [...]
> II – do trabalhador e dos demais segurados da previdência social, não incidindo contribuição sobre aposentadoria e pensão concedidas pelo regime geral de previdência social de que trata o art. 201;

Pode-se alegar, assim, que o legislador está plenamente livre, podendo definir qualquer valor recebido pelo segurado como base de cálculo das contribuições.

Contudo, a matéria está regulada na parte das contribuições do empregador, não fazendo sentido tratar as rubricas pagas pelas empresas de forma diferente das mesmas rubricas, recebidas pelo trabalhador. Vejamos o que dispõe o art. 195, I, "a", da CF/88.

> Art. 195. [...]
> I – do empregador, da empresa e da entidade a ela equiparada na forma da lei, incidentes sobre: (Redação dada pela Emenda Constitucional nº 20, de 1998)
> a) a folha de salários e demais rendimentos do trabalho pagos ou creditados, a qualquer título, à pessoa física que lhe preste serviço, mesmo sem vínculo empregatício;

Como se vê, a Constituição não vincula as contribuições de forma absoluta às prestações previdenciárias, nem impede a incidência daquelas sobre benefícios pagos pelo sistema de previdência. Isso não significa a rejeição total ao princípio do sinalágma nem a incidência irrestrita das contribuições a todos os benefícios. Significa, apenas, que estas concepções não vinculam o legislador de modo absoluto, mas as contribuições dos segurados são, em regra, sinalagmáticas e, também em regra, não incidem sobre as prestações pagas pelo INSS.

De outro turno, a **Constituição limita a incidência das contribuições ao salário e aos demais rendimentos do trabalho**, não permitindo a cobrança destes tributos sobre verbas indenizatórias e ressarcitórias.

Surge, assim, a questão de se saber o que é salário e o que é rendimento do trabalho, sobre os quais podem incidir as contribuições, em contraposição à indenização e ao ressarcimento.

No âmbito da incidência das contribuições previdenciárias deve-se perquirir pela natureza salarial ou indenizatória das parcelas pagas aos trabalhadores, para fins de incidência do tributo, pautando-se, por evidente, nas escolhas legislativas dos fatos geradores da exação.

Como vimos, a CLT não traz conceito para salário e considera como remuneração o salário, as gorjetas, as comissões, percentagens, gratificações ajustadas, diárias para viagens e abonos pagos pelo empregador, e as diárias para viagem que excedam 50% dos demais valores remuneratórios recebidos pelo empregado.

Marcelo Moura critica a escolha legislativa de criar uma dualidade entre salário e remuneração e ensina que surgiram teorias para explicar o texto da CLT. Para a teoria subjetiva, o salário seria o valor pago pelo empregador e a remuneração paga por terceiros (como a gorjeta). Para a teoria objetiva, a remuneração seria gênero, do qual o salário seria espécie, havendo quem defenda a identidade conceitual das expressões (2016, p. 207).

Prossegue o autor apresentando a teoria do salário como prestação do trabalho, cuja falha é não explicar a natureza jurídica dos pagamentos realizados nas interrupções contratuais e a teoria do salário como contraprestação do contrato de trabalho, falhando, esta teoria, por sua vez, por considerar todos os pagamentos ao empregado como salário (2016, p. 208).

Para o direito tributário, que rege as contribuições previdenciárias, estas concepções do direito do trabalho servem para orientar o legislador, mas não para determinar o perfil das contribuições sociais. Para este fim, portanto, de acordo com o art. 195, da CF/88 e como o art. 28, da Lei 8.212/91, as classificações tipicamente trabalhistas de salário, remuneração contraprestação do trabalho ou do contrato de trabalho, não afetam a obrigação tributária, pois todas as parcelas que de alguma maneira retribuem o trabalhador podem constituir base de cálculo da exação. Assim, para nós, verba salarial ou remuneratória tem o mesmo sentido.

O **ressarcimento** não apresenta dificuldades. Será ressarcitório o valor pago ao trabalhador que adiantou despesas que competem ao empregador.

Dois critérios nos parecem razoáveis, para distinguir a remuneração pelo trabalho da **indenização**.

O primeiro é puramente normativo. Se a Constituição ou a lei que regem o pagamento, afirmarem que se trata de uma indenização, está presumido este caráter. Contudo, a lei ordinária especial, pelas regras que regem o conflito de normas, poderá determinar a incidência da contribuição sobre o referido pagamento, desde que materialmente não se trate de uma indenização. Não poderá fazê-lo, contudo, se a presunção de se tratar de verba indenizatória tiver status constitucional.

O segundo critério é material, baseado na teoria geral do direito, que define a indenização como a reparação por dano sofrido.

A indenização, segundo a teoria geral do direito, é a compensação por um dano, por uma ação contrária ao direito, por um prejuízo causado, pela negativa ou violação de um direito subjetivo.

Não nos parece pertinente o argumento de que parcelas pagas em virtude da ausência do trabalho, como férias, terço de férias, descanso semanal remunerado etc, devam ser considerados "indenizatórios", não remuneratórios, por serem pagas pelo não-trabalho.

O art. 7º da Constituição Federal é expresso em explicitar os direitos dos trabalhadores, vale dizer, os direitos decorrentes do trabalho dos empregados.

> Art. 7º São direitos dos trabalhadores urbanos e rurais, além de outros que visem à melhoria de sua condição social:
>
> I – relação de emprego protegida contra despedida arbitrária ou sem justa causa, nos termos de lei complementar, que preverá indenização compensatória, dentre outros direitos;
>
> [...]
>
> VIII – décimo terceiro salário com base na remuneração integral ou no valor da aposentadoria;
>
> [...]
>
> XIII – duração do trabalho normal não superior a oito horas diárias e quarenta e quatro semanais, facultada a compensação de horários e a redução da jornada, mediante acordo ou convenção coletiva de trabalho; (vide Decreto-Lei nº 5.452, de 1943)
>
> [...]
>
> XV – repouso semanal remunerado, preferencialmente aos domingos;
>
> XVI – remuneração do serviço extraordinário superior, no mínimo, em cinqüenta por cento à do normal; (Vide Del 5.452, art. 59 § 1º)
>
> XVII – gozo de férias anuais remuneradas com, pelo menos, um terço a mais do que o salário normal;
>
> XVIII – licença à gestante, sem prejuízo do emprego e do salário, com a duração de cento e vinte dias;
>
> [...]

> XXI – aviso prévio proporcional ao tempo de serviço, sendo no mínimo de trinta dias, nos termos da lei;
> [...]
> XXVIII – seguro contra acidentes de trabalho, a cargo do empregador, sem excluir a indenização a que este está obrigado, quando incorrer em dolo ou culpa;

A Constituição elenca os direitos dos empregados, decorrentes do trabalho, mesmo que tais direitos constituam a ausência do trabalho, como férias e final de semana remunerado.

Quando a Constituição quer identificar alguma atitude como ilegal ou causadora de dano, suscetível de ser compensada por indenização, o faz expressamente, como é o caso dos incisos I e XXVIII, do art. 7º. No mais, não há ato ilícito, não há dano, não há indenização. Há, porém, salário, sujeito a incidência das contribuições previdenciárias e FGTS.

Exemplificando, no que toca ao terço de férias, estes têm a mesma natureza das próprias férias e somente faz jus às férias aquele que trabalhou. Não por acaso o direito a férias se adquire após 12 (doze) meses de trabalho e, na hipótese de demissão, as férias são pagas proporcionalmente.

De igual maneira o aviso prévio é proporcional ao tempo de serviço, conforme explicita a Constituição.

A proporcionalidade ao tempo de serviço, a propósito, afasta completamente a tese da indenização por dano, pois o dano se mede pelos seus efeitos, enquanto o trabalho se mede pelo tempo. Vale dizer, o direito guarda proporção com o trabalho, não com a ausência do trabalho.

Essencial, contudo, é afastar a interpretação de que tudo que o empregado recebe quando não está trabalhando é indenização por dano. Há que se perquirir se há o dano, inexistente nas hipóteses discutidas, o que não existe no caso em apreço.

A própria **lei** dispõe sobre **o que integra o salário de contribuição e o que dele está excluído.**

Vamos apresentar, neste momento, as parcelas expressamente disciplinadas pelo art. 28, da Lei 8.212/91. Na contribuição sobre folha do empregador vamos apresentar as discussões judiciais, sobre as parcelas pagas ao trabalhador previstas ou não pela lei.

A lei menciona três **verbas que integram o salário de contribuição**: o salário-maternidade, o décimo-terceiro e as diárias, se excederem 50% da remuneração mensal.

De acordo com o art. 28, § 2º, da Lei 8.212/91, "o **salário-maternidade** é considerado salário-de-contribuição" (negrito acrescentado). Em outros termos, a contribuição social incide sobre o salário-maternidade. Trata-se de uma exceção, pois, em regra, as contribuições não incidem sobre as prestações previdenciárias.

> ▸ **Como esse assunto foi cobrado em concurso?**
> **(CESPE/Juiz Federal TRF2/2011)** Em referência ao custeio da seguridade social, avalie.
>
> O salário-maternidade não tem natureza remuneratória, mas indenizatória, razão pela qual não integra a base de cálculo da contribuição previdenciária devida pela segurada empregada.
>
> **Gabarito:** Errado. O salário maternidade integra a base de cálculo da contribuição previdenciária de acordo com o art. 28, § 2º, da Lei 8.212/91 e com a jurisprudência do STJ.

De igual forma, "o **décimo-terceiro salário** (gratificação natalina) integra o salário-de-contribuição, exceto para o cálculo de benefício, na forma estabelecida em regulamento" (art. 28, 7º, da Lei 8.212/91, grifos acrescentados).

> Dispõe o regulamento (art. 214, §§ 6º e 7º, do Decreto 3.048/99):
> Art. 214. [...]
> § 6º A gratificação natalina – décimo terceiro salário – integra o salário-de-contribuição, exceto para o cálculo do salário-de--benefício, sendo devida a contribuição quando do pagamento ou crédito da última parcela ou na rescisão do contrato de trabalho.
>
> § 7º A contribuição de que trata o § 6º incidirá sobre o valor bruto da gratificação, sem compensação dos adiantamentos pagos, mediante aplicação, em separado, da tabela de que trata o art. 198 e observadas as normas estabelecidas pelo Instituto Nacional do Seguro Social.

Integrava também o salário de contribuição "o total das **diárias** pagas, quando excedente a cinquenta por cento da remuneração mensal" (art. 28, 8º, "a", da Lei 8.212/91, grifos acrescentados). A norma, contudo, foi revogada pela Lei 13.467/17, de modo que **as diárias não se incluem mais no salário de contribuição**.

As **rubricas que expressamente não integram o salário de contribuição** são muito mais numerosas. Neste momento, vamos ler o longo § 9º, do art. 28, da Lei 8.212/91, com o acréscimo de alguns negritos e algumas notas. No tópico acerca da base de cálculo das contribuições do empregador sobre folha, avançaremos em discussões sobre estas e outras rubricas, em que há discussão judicial.

> Art. 28. [...]
>
> § 9º Não integram o salário-de-contribuição para os fins desta Lei, exclusivamente:
>
> a) os **benefícios da previdência social**, nos termos e limites legais, salvo o salário-maternidade;
>
> b) as **ajudas de custo e o adicional mensal** recebidos pelo **aeronauta** nos termos da Lei nº 5.929, de 30 de outubro de 1973;
>
> c) a **parcela "in natura"** recebida de acordo com os **programas de alimentação** aprovados pelo Ministério do Trabalho e da Previdência Social, nos termos da Lei nº 6.321, de 14 de abril de 1976;
>
> d) as importâncias recebidas a título de **férias indenizadas e respectivo adicional constitucional**, inclusive o valor correspondente à dobra da remuneração de férias de que trata o art. 137 da Consolidação das Leis do Trabalho-CLT;
>
> e) as importâncias:
>
> 1. previstas no inciso I do art. 10 do Ato das Disposições Constitucionais Transitórias; [**Multa do FGTS na demissão sem justa causa**]
>
> 2. relativas à **indenização por tempo de serviço**, anterior a 5 de outubro de 1988, do empregado não optante pelo Fundo de Garantia do Tempo de Serviço-FGTS;
>
> 3. recebidas a título da indenização de que trata o art. 479 da CLT; [**indenização por demissão sem justa causa em contratos por tempo determinado**]
>
> 4. recebidas a título da indenização de que trata o art. 14 da Lei nº 5.889, de 8 de junho de 1973; [**indenização por tempo de serviço do trabalhador rural**]
>
> 5. recebidas a título de **incentivo à demissão**;
>
> 6. recebidas a título de abono de férias na forma dos arts. 143 e 144 da CLT; [**conversão de 1/3 de férias em abono pecuniário – férias vendidas**]
>
> 7. recebidas a título de **ganhos eventuais** e os **abonos expressamente desvinculados do salário**;

8. recebidas a título de **licença-prêmio indenizada**;

9. recebidas a título da indenização de que trata o art. 9º da Lei nº 7.238, de 29 de outubro de 1984; [**indenização por dispensa sem justa causa nos 30 dias que antecedem a data de correção salarial**]

f) a parcela recebida a título de **vale-transporte**, na forma da legislação própria; [**Lei 7.418/85**]

g) a **ajuda de custo**, em parcela única, recebida exclusivamente em decorrência de **mudança de local de trabalho do empregado**, na forma do art. 470 da CLT;

h) as **diárias para viagens**, desde **que não excedam a 50%** (cinquenta por cento) da remuneração mensal;

i) a importância recebida a título de **bolsa de complementação educacional de estagiário**, quando paga nos termos da Lei nº 6.494, de 7 de dezembro de 1977; [**revogada e substituída pela Lei 11.788/08**]

j) a **participação nos lucros ou resultados da empresa**, quando paga ou creditada de acordo com lei específica; [**Lei 10.101/00**]

l) o **abono** do Programa de Integração Social-**PIS** e do Programa de Assistência ao Servidor Público-**PASEP**;

m) os valores correspondentes a **transporte, alimentação e habitação fornecidos pela empresa** ao empregado contratado para trabalhar em localidade distante da de sua residência, em canteiro de obras ou local que, por força da atividade, **exija deslocamento e estada**, observadas as normas de proteção estabelecidas pelo Ministério do Trabalho;

n) a importância paga ao empregado a título de **complementação ao valor do auxílio-doença**, desde que este direito seja **extensivo à totalidade dos empregados** da empresa;

o) as parcelas destinadas à assistência ao trabalhador da agroindústria canavieira, de que trata o art. 36 da Lei nº 4.870, de 1º de dezembro de 1965; [art. 36, da Lei 4.870/65 foi revogado pela Lei 12.865/13]

p) o valor das contribuições efetivamente pago pela pessoa jurídica relativo a **programa de previdência complementar**, aberto ou fechado, desde que disponível à **totalidade de seus empregados e dirigentes**, observados, no que couber, os arts. 9º e 468 da CLT; (Incluída pela Lei nº 9.528, de 10.12.97)

q) o valor relativo à assistência prestada por **serviço médico ou odontológico, próprio da empresa ou por ela conveniado**, inclusive o reembolso de despesas com medicamentos, óculos, aparelhos ortopédicos, despesas médico-hospitalares e outras similares, desde que a cobertura abranja a totalidade dos empregados e dirigentes da empresa; (Incluída pela Lei nº 9.528, de 10.12.97)

r) o valor correspondente a **vestuários, equipamentos** e outros acessórios fornecidos ao empregado e utilizados no local do trabalho **para prestação dos respectivos serviços;**

s) o **ressarcimento de despesas pelo uso de veículo do empregado** e o **reembolso creche** pago em conformidade com a legislação trabalhista, observado o limite máximo de seis anos de idade, quando devidamente comprovadas as despesas realizadas; [**art. 389, § 2º, da CLT, sobre reembolso de creche**]

t) o valor relativo a **plano educacional, ou bolsa de estudo**, que vise à **educação básica de empregados e seus dependentes** e, desde que vinculada às atividades desenvolvidas pela empresa, à **educação profissional e tecnológica de empregados**, nos termos da Lei nº 9.394, de 20 de dezembro de 1996, e: (Redação dada pela Lei nº 12.513, de 2011)

1. não seja utilizado em substituição de parcela salarial; e (Incluído pela Lei nº 12.513, de 2011)

2. o valor mensal do plano educacional ou bolsa de estudo, considerado individualmente, não ultrapasse 5% (cinco por cento) da remuneração do segurado a que se destina ou o valor correspondente a uma vez e meia o valor do limite mínimo mensal do salário-de-contribuição, o que for maior; (Incluído pela Lei nº 12.513, de 2011)

u) a importância recebida a título de **bolsa de aprendizagem** garantida ao **adolescente** até quatorze anos de idade, de acordo com o disposto no art. 64 da Lei nº 8.069, de 13 de julho de 1990;

v) os valores recebidos em decorrência da **cessão de direitos autorais;**

x) o valor da multa prevista no § 8º do art. 477 da CLT.

y) o valor correspondente ao **vale-cultura.** (Incluído pela Lei nº 12.761, de 2012)

Verifica-se que a lei exclui do salário de contribuição parcelas de diversas naturezas. Estão excluídos do salário de contribuição, portanto, os **benefícios previdenciários** (exceto o salário maternidade), **verbas indenizatórias** (v.g. férias indenizadas e indenização por dispensa sem justa causa nos 30 dias que antecedem a data de correção salarial), **verbas ressarcitórias** (ressarcimento de despesas pelo uso de veículo do empregado e o reembolso creche), **despesas estabelecidas por lei ou por interesse do empregador** (como vale-transporte e fornecimento de uniformes e equipamentos para o trabalhador) e diversas **parcelas eventuais**, que não agregam o direito remuneratório mensal do trabalhador (ex. verbas decorrentes de demissão, multa do FGTS, abonos e bolsas de aprendizagem).

> ▶ **Como esse assunto foi cobrado em concurso?**
>
> **(ESAF/AFRF/2012)** Sobre as verbas que não integram o salário-de-contribuição, analise os itens a seguir, classificando-os como corretos ou incorretos
>
> I. A ajuda de custo, em parcela única, recebida exclusivamente em decorrência de mudança de local de trabalho do empregado.
> II. A importância recebida a título de bolsa de complementação educacional de estagiário quando paga nos termos da Lei n. 6.494/77.
> III. A participação nos lucros ou resultados da empresa, quando paga ou creditada de acordo e nos limites de lei específica.
> IV. O abono do Programa de Integração Social-PIS e do Programa de Assistência ao Servidor Público-PASEP.
> V. A importância paga ao empregado a título de complementação ao valor do auxílio-doença, desde que este direito seja extensivo aos demais empregados da empresa.
>
> **Gabarito:** Todos os itens da questão estão afastados da incidência das contribuições previdenciárias, de acordo com o § 9º, do art. 28, da Lei 8.212/91.

> ▶ **Como esse assunto foi cobrado em concurso?**
>
> **(CESPE/Juiz Federal TRF2/2011)** Em referência ao custeio da seguridade social, avalie.
>
> O abono recebido em parcela única e sem habitualidade pelo segurado empregado, previsto em convenção coletiva de trabalho, não integra a base de cálculo do salário de contribuição.
>
> **Gabarito:** Correto. Abono eventual desvinculado do salário não integra o salário de contribuição, nos termos do art. 28, § 9º, "e", 7, da Lei 8.212/91.

> **Como esse assunto foi cobrado em concurso?**
> 
> **(ESAF/Procurador da Fazenda Nacional – PGFN/2015)** Assinale certo ou errado.
> 
> Integra o valor do salário-de-contribuição a quantia paga pela pessoa jurídica a programa de previdência complementar fechado, disponível apenas aos seus gerentes e diretores.
> 
> **Gabarito:** Certo. O programa de previdência complementar fechado somente é dedutível se disponível para todos os empregados (art. 28, § 9º "p", da Lei 8.212/91).

Para encerrarmos, duas observações: em muitos casos, a exclusão da parcela do salário de contribuição decorre de política legislativa, não da natureza dos valores pagos, de forma que não nos parece possível uma classificação precisa dos itens constantes do art. 28, § 9º, da Lei 8.212/91. Outra observação é que o próprio dispositivo não esgota as verbas que podem ser pagas pelo empregador ao trabalhador. Por tal razão, trataremos mais adiante de parcelas cuja sujeição às contribuições previdenciárias foram discutidas judicialmente.

## 3. CONTRIBUIÇÕES DO EMPREGADOR

Passamos agora a analisar as contribuições sociais a cargo do empregador. Aqui, vale citar o art. 15, da Lei 9.212/91, sobre o empregador. Na verdade, o artigo fala da **empresa** e das **entidades a ela equiparadas** e do **empregador doméstico**.

> Art. 15. Considera-se:
> 
> I – empresa – a firma individual ou sociedade que assume o risco de atividade econômica urbana ou rural, com fins lucrativos ou não, bem como os órgãos e entidades da administração pública direta, indireta e fundacional;
> 
> II – empregador doméstico – a pessoa ou família que admite a seu serviço, sem finalidade lucrativa, empregado doméstico.
> 
> Parágrafo único. Equiparam-se a empresa, para os efeitos desta Lei, o contribuinte individual e a pessoa física na condição de proprietário ou dono de obra de construção civil, em relação a segurado que lhe presta serviço, bem como a cooperativa, a associação ou a entidade de qualquer natureza ou finalidade, a missão diplomática e a repartição consular de carreira estrangeiras.

> **Como esse assunto foi cobrado em concurso?**
> **(ESAF/AFRF/2014)** Sobre o conceito previdenciário de empresa e empregador doméstico, assinale a opção incorreta.
> a) empregador doméstico é a pessoa ou família que admite a seu serviço, com ou sem finalidade lucrativa, empregado doméstico,
> b) Embora o empregador doméstico não se enquadre como empresa, há algumas obrigações acessórias que lhe são exigíveis,
> c) o empregador doméstico não se classifica, em virtude desta condição, como segurado obrigatório do Regime Geral de Previdência Social (RGPS),
> d) uma dona de casa, ainda que empregadora doméstica, caso não exerça qualquer atividade remunerada vinculante ao RGPS, poderá, caso deseje, filiar-se como segurada facultativa,
> e) as contribuições do empregador doméstico somente visam ao custeio das prestações previdenciárias concedidas aos empregados domésticos.
> **Gabarito:** Errada a letra A, pois, nos termos do art. 15, II, da Lei 8.212/91, somente haverá empregador e empregado doméstico se a contratação visar prestação de serviços sem finalidade lucrativa.

Nos termos do art. 195, I, da CF/88, estas contribuições se dividem em três grupos, de acordo com o fato gerador: sobre folha, sobre lucro e sobre receita. Há também contribuições sobre importação, o PIS e a COFINS na importação, mas estas foram estudadas juntamente com estes tributos e não serão vistas neste capítulo.

Da mesma forma, não estudaremos aqui o PIS e a COFINS em suas demais incidências, pois tais tributos foram objeto de capítulo próprio, nem a CSLL, que incide sobre o lucro, que foi apreciada no capítulo do IRPJ.

Vamos começar com as contribuições incidentes sobre a folha de salários e remunerações pagas a trabalhadores.

### 3.1. Contribuições do empregador sobre folha

#### 3.1.1. Introdução

As contribuições incidentes sobre folha de pagamentos a empregados e segurados individuais são muito numerosas. Distinguem-se prioritariamente pelo destinatário do pagamento (empregado, trabalhador avulso e empregado doméstico), mas também pela finalidade (a exemplo do SAT, para custear a aposentadoria especial) e pela destinação do produto arrecadado a entidades parafiscais (INCRA e Sistema S, além, é claro, das contribuições previdenciárias típicas, que custeiam os benefícios pagos pelo INSS). São elas:

| Contribuição | Legislação | Base de cálculo | Finalidade | Alíquotas |
|---|---|---|---|---|
| Contribuição do empregador por empregados | Art. 22, I, da Lei 8.212/91 | Total da remuneração paga | Previdência social | 20% do total da remuneração paga |
| SAT/RAT | Art. 22, II, da Lei 8.212/91 | Total da remuneração paga | Previdência social (aposentadoria especial) | De 0,5 a 6% do total da remuneração paga |
| Contribuição do empregador por contratação de segurados individuais | Art. 22, III, da Lei 8.212/91 | Total da remuneração paga | Previdência social | 20% do total da remuneração paga |
| Empregador doméstico | Art. 24, da Lei 8.212/91 | Salário registrado na CTPS | Previdência social | 8% + 0,8 de SAT |
| Salário-Educação | Lei 4.440/64, revogada pela Lei 1.422/75 | Total da remuneração | Educação básica | 2,5% sobre o total da remuneração |
| INCRA (Instituto Nacional de Colonização e Reforma Agrária) | Lei 2.613/55 e DL 1.146/70 | Total da remuneração paga | Educação e assistência social (Contribuição social) | Contribuição básica: 2,5% Contribuição adicional: 0,2% |
| Sistema S | Diversas leis | Total da remuneração paga | Educação e assistência social (Contribuição social) | Senai 1%, Sesi 1,5%, Senac 1%, Sesc 1,5%, Senar 2,5%, Senat 1%, Sest 1,5%) |

Podemos citar, ainda, a contribuição prevista pelo art. 22, IV, da Lei 8.212/91, de 15% sobre pagamentos realizados à cooperativas de trabalho, julgada inconstitucional, pelo STF, a contribuição do art. 2º, da LC 110/01, para o FGTS, cuja vigência encontra-se expirada e o PIS-Folha.

O ponto em comum de todas elas, bem como da contribuição para o FGTS, da Lei 8.036/90, à exceção da contribuição para o empregado doméstico, é a base de cálculo: o total da remuneração paga, dentro dos critérios que orientam o salário de contribuição dos contribuintes segurados.

Voltemos, logo, ao tema.

### 3.1.2. Base de cálculo das contribuições

Como vimos, o salário de contribuição dos segurados da previdência social é composto das verbas remuneratórias do trabalho, que consistem em salário, remunerações que agregam o direito do trabalhador e diversos direitos sociais. Excluem-se as verbas indenizatórias, ressarcitórias e em regra, as prestações previdenciárias, além de outras parcelas eventuais, por política legislativa.

Embora a lei tenha procurado disciplinar longamente as parcelas que compõem e que não compõem o salário de contribuição, não conseguiu esgotar o tema – tarefa que seria realmente difícil, tendo em vista o grande número de rubricas, com naturezas jurídicas diversas, de parcelas pagas aos empregados.

O próprio conceito de salário de contribuição é discutido judicialmente, no RE 565.160 RG/SC, recebido com repercussão geral, cujo julgamento gerou a tese de que "A contribuição social a cargo do empregador incide sobre ganhos habituais do empregado, quer anteriores ou posteriores à Emenda Constitucional nº 20/1998" (www.stf.jus.br, Tese 20, DJe de 22/8/2017).

Nem mesmo critérios teóricos e abstratos permitem distinguir inequivocamente o que é salário de contribuição, sujeito a incidência tributária sobre trabalhadores e empregadores, e o que não é salário de contribuição e, portanto, não sujeito a tributação.

Se a questão se mostra importante para os segurados da previdência, é ainda mais relevante para as empresas, pois para estas não vigora o limite máximo do salário de contribuição, incidindo as obrigações sobre o total dos pagamentos realizados.

Por tal razão, surgiram infinitas demandas, procurando afastar a incidência das contribuições sobre diversas parcelas, em geral com um argumento em comum: não constituírem remuneração pelo trabalho.

Como anunciamos, veremos a jurisprudência formada sobre as discussões mais frequentes das empresas, por cada parcela impugnada.

O **salário-maternidade** é benefício substitutivo da remuneração. O art. 28, §2º, da Lei 8.212/91 é expresso ao incluí-lo no salário de contribuição, para dizer que, a despeito de ser benefício previdenciário, é também salário de contribuição, a fim de atender ao mandamento constitucional. É que a proteção à maternidade e à gestante é um dos objetivos da Previdência Social garantidos pela Constituição (art. 201, II). Sendo benefício previdenciário, o salário-maternidade não poderia ser pago sem o correspondente custeio por contribuições. O **STJ** decidiu pela **incidência da contribuição** sobre o salário maternidade (e também sobre a licença paternidade) em sede de **recurso repetitivo**.

> ▸ **Entendimento do STJ**
>
> 1.3 Salário maternidade.
>
> O salário maternidade tem natureza salarial e a transferência do encargo à Previdência Social (pela Lei 6.136/74) não tem o condão de mudar sua natureza. Nos termos do art. 3º da Lei 8.212/91, "a Previdência Social tem por fim assegurar aos seus beneficiários meios indispensáveis de manutenção, por motivo de incapacidade, idade avançada, tempo de serviço, desemprego involuntário, encargos de família e reclusão ou morte daqueles de quem dependiam economicamente". O fato de não haver prestação de trabalho durante o período de afastamento da segurada empregada, associado à circunstância de a maternidade ser amparada por um benefício previdenciário, não autoriza conclusão no sentido de que o valor recebido tenha natureza indenizatória ou compensatória, ou seja, em razão de uma contingência (maternidade), paga-se à segurada empregada benefício previdenciário correspondente ao seu salário, possuindo a verba evidente natureza salarial. Não é por outra razão que, atualmente, o art. 28, §2º, da Lei 8.212/91 dispõe expressamente que o salário maternidade é considerado salário de contribuição. Nesse contexto, a incidência de contribuição previdenciária sobre o salário maternidade, no Regime Geral da Previdência Social, decorre de expressa previsão legal. Sem embargo das posições em sentido contrário, não há indício de incompatibilidade entre a incidência da contribuição previdenciária sobre o salário maternidade e a Constituição Federal. A Constituição Federal, em seus termos, assegura a igualdade entre homens e mulheres em direitos e obrigações (art. 5º, I). O art. 7º, XX, da CF/88 assegura proteção do mercado de trabalho da mulher, mediante incentivos específicos, nos termos da lei. No que se refere ao salário maternidade, por opção do legislador infraconstitucional, a transferência do ônus referente ao pagamento dos salários, durante o período de afastamento, constitui incentivo suficiente para assegurar a proteção ao mercado de trabalho da mulher. Não é dado

ao Poder Judiciário, a título de interpretação, atuar como legislador positivo, a fim estabelecer política protetiva mais ampla e, desse modo, desincumbir o empregador do ônus referente à contribuição previdenciária incidente sobre o salário maternidade, quando não foi esta a política legislativa. A incidência de contribuição previdenciária sobre salário maternidade encontra sólido amparo na jurisprudência deste Tribunal, sendo oportuna a citação dos seguintes precedentes: [...]

1.4 Salário paternidade. O salário paternidade refere-se ao valor recebido pelo empregado durante os cinco dias de afastamento em razão do nascimento de filho (art. 7º, XIX, da CF/88, c/c o art. 473, III, da CLT e o art. 10, § 1º, do ADCT). Ao contrário do que ocorre com o salário maternidade, o salário paternidade constitui ônus da empresa, ou seja, não se trata de benefício previdenciário. Desse modo, em se tratando de verba de natureza salarial, é legítima a incidência de contribuição previdenciária sobre o salário paternidade. Ressalte-se que "o salário-maternidade deve ser tributado, por se tratar de licença remunerada prevista constitucionalmente, não se incluindo no rol dos benefícios previdenciários" (AgRg nos EDcl no REsp 1.098.218/SP, 2ª Turma, Rel. Min. Herman Benjamin, DJe de 9.11.2009).

(STJ, S1, REsp 1.230.957/RS, Min. Mauro Campbell Marques, DJe de 18/3/2014)

Em regra, as contribuições incidem sobre os adicionais. Neste sentido, o **STJ** também pacificou a jurisprudência pela **incidência** da contribuição sobre o adicional recebido a título de **horas extras**, **adicional noturno** e **adicional periculosidade**, reconhecendo o caráter remuneratório das parcelas em **recurso repetitivo**:

> **▸ Entendimento do STJ**
>
> 1. Cuida-se de Recurso Especial submetido ao regime do art. 543-C do CPC para definição do seguinte tema: "Incidência de contribuição previdenciária sobre as seguintes verbas trabalhistas: a) horas extras; b) adicional noturno; c) adicional de periculosidade". CONTRIBUIÇÃO PREVIDENCIÁRIA A CARGO DA EMPRESA E BASE DE CÁLCULO: NATUREZA REMUNERATÓRIA
>
> 2. Com base no quadro normativo que rege o tributo em questão, o STJ consolidou firme jurisprudência no sentido de que não devem sofrer a incidência de contribuição previdenciária "as importâncias pagas a título de indenização, que não correspondam a serviços prestados nem a tempo à disposição do empregador" (REsp 1.230.957/RS, Rel. Ministro Mauro Campbell Marques, Primeira Seção, DJe 18/3/2014, submetido ao art. 543-C do CPC).

3. Por outro lado, se a verba possuir natureza remuneratória, destinando-se a retribuir o trabalho, qualquer que seja a sua forma, ela deve integrar a base de cálculo da contribuição. ADICIONAIS NOTURNO, DE PERICULOSIDADE, HORAS EXTRAS: INCIDÊNCIA

4. Os adicionais noturno e de periculosidade, as horas extras e seu respectivo adicional constituem verbas de natureza remuneratória, razão pela qual se sujeitam à incidência de contribuição

(STJ, S1, REsp 1.358.281/SP, Min. Herman Benjamin, DJe de 5/12/2014)

A jurisprudência também se aplica às horas extras pagas por trabalho em dias de feriado.

Vale ressaltar que o Enunciado nº 60 do Superior Tribunal do Trabalho já dispunha que "o **adicional noturno**, pago com habitualidade, integra o salário do empregado para todos os efeitos".

O REsp 1.358.281/SP não abrangeu o **adicional de insalubridade**, mas há precedentes das duas turmas de direito público do STJ pela incidência da contribuição.

▶ **Entendimento do STJ**

1. A orientação desta Corte é firme no sentido de que o adicional de insalubridade integra o conceito de remuneração e se sujeita à incidência de contribuição previdenciária (AgRg no AREsp 69.958/DF).
[...]
(STJ, T2, AgInt no REsp 1.615.741/RS, Min. Mauro Campbell Marques, DJe de 15/12/2016)

De resto, não se conceberia tratamento diverso entre o adicional de insalubridade, em relação ao adicional de periculosidade ou o adicional noturno.

Outra parcela que sofre a incidência é o **adicional de transferência**, de pelo menos 25% sobre a remuneração do empregado transferido, nos termos do art. 469, § 3º, da CLT.

▶ **Entendimento do STJ**

1. É assente a jurisprudência desta Corte no sentido de que incide contribuição previdenciária sobre os adicionais de insalubridade e de transferência, por possuírem natureza remuneratória. Precedentes: AgInt no REsp 1.564.543/RS, Rel. Min. Gurgel de Faria, Primeira Turma, DJe 28/4/2016; AgInt no REsp 1.582.779/SC, Rel. Min. Humberto Martins, Segunda Turma, DJe 19/4/2016.

(STJ, T1, AgInt no REsp 1.605.341/RS, Min. Benedito Gonçalves, DJE de 7/12/2016)

Vale lembrar que a **ajuda de custo**, em parcela única, recebida exclusivamente em decorrência de **mudança de local de trabalho do empregado**, na forma do art. 470 da CLT, não sofre a incidência da contribuição, por expressa determinação legal.

Sobre a incidência da contribuição previdenciária sobre o **13º salário** (gratificação natalina) está previsto no art. 28, I, §7º da Lei 8.212/91 que "o décimo-terceiro salário (gratificação natalina) integra o salário-de-contribuição, exceto para o cálculo de benefício, na forma estabelecida em regulamento.

Correto é o entendimento de que se coaduna com a jurisprudência do Supremo Tribunal Federal na súmula 688, *in verbis*:

> ▸ **Entendimento do STF**
> Súmula 688, do STF: É legítima a incidência da contribuição previdenciária sobre o 13º salário.

A jurisprudência do STJ também é uniforme, com precedentes das duas turmas da Primeira Seção pela incidência dos tributos sobre o 13º salário (AgInt AREsp 934.032/BA).

As contribuições não incidem sobre a alimentação fornecida pelo empregado, por expressa previsão legal. Nos termos do art. 22, §2º c/c art. 28, § 9º, "c", a alimentação fornecida in natura não integra a remuneração para fins de incidência da contribuição previdenciária.

Não obstante, a jurisprudência entende pela incidência dos tributos sobre o **auxílio alimentação**, pago habitualmente em dinheiro.

> ▸ **Entendimento do STJ**
> A jurisprudência firmada na Primeira Seção do Superior Tribunal de Justiça sedimentou a orientação de que a contribuição previdenciária incide sobre o auxílio-alimentação pago habitualmente em pecúnia, dada a natureza salarial.
> (STJ, T1, AgInt no REsp 1.420.078/SC, Min. Gurgel de Faria, DJe de 12/12/2016)
> 3. No que concerne ao auxílio-alimentação, não há falar na incidência de contribuição previdenciária quando pago in natura, esteja ou não a empresa inscrita no PAT. No entanto, pago habitualmente e em pecúnia, há a incidência da contribuição. Nesse sentido: [...]
> (STJ, T2, AgInt no REsp 1621787/RS, Min. Mauro Campbell Marques, DJe de 19/12/2016)

No caso das **férias gozadas**, trata-se de verba que integra o conceito de salário, e portanto, sujeita-se à incidência da contribuição previdenciária. É entendimento uniforme no STJ de que seu pagamento possui natureza remuneratória e salarial, nos termos do art. 148 da CLT.

O STJ possui precedentes da Primeira e da Segunda Turmas pela incidência da contribuição sobre férias gozadas, embora ainda não haja julgamento de recurso repetitivo sobre o tema. Leia-se um exemplo:

> **Entendimento do STJ**
>
> 1. É assente a jurisprudência desta Corte no sentido de que incide Contribuição Previdenciária sobre as férias gozadas e o adicional de insalubridade, por possuírem natureza salarial e integrarem o salário de contribuição. Precedentes: [...]
>
> (STJ, T1, AgInt no REsp 1.591.606/RS, Min. Benedito Gonçalves, DJe de 22/11/2016)

Por outro lado, o STJ pacificou o entendimento pela não incidência das contribuições sobre o **terço constitucional de férias**, o **aviso prévio indenizado** e **a primeira quinzena de afastamento do empregado por motivo de doença**.

> **Entendimento do STJ**
>
> 1.2 Terço constitucional de férias.
>
> No que se refere ao adicional de férias relativo às férias indenizadas, a não incidência de contribuição previdenciária decorre de expressa previsão legal (art. 28, § 9º, "d", da Lei 8.212/91 – redação dada pela Lei 9.528/97). Em relação ao adicional de férias concernente às férias gozadas, tal importância possui natureza indenizatória/compensatória, e não constitui ganho habitual do empregado, razão pela qual sobre ela não é possível a incidência de contribuição previdenciária (a cargo da empresa). A Primeira Seção/STJ, no julgamento do AgRg nos EREsp 957.719/SC (Rel. Min. Cesar Asfor Rocha, DJe de 16.11.2010), ratificando entendimento das Turmas de Direito Público deste Tribunal, adotou a seguinte orientação: "Jurisprudência das Turmas que compõem a Primeira Seção desta Corte consolidada no sentido de afastar a contribuição previdenciária do terço de férias também de empregados celetistas contratados por empresas privadas".
>
> [...]

2.2 Aviso prévio indenizado.

A despeito da atual moldura legislativa (Lei 9.528/97 e Decreto 6.727/2009), as importâncias pagas a título de indenização, que não correspondam a serviços prestados nem a tempo à disposição do empregador, não ensejam a incidência de contribuição previdenciária. A CLT estabelece que, em se tratando de contrato de trabalho por prazo indeterminado, a parte que, sem justo motivo, quiser a sua rescisão, deverá comunicar a outra a sua intenção com a devida antecedência. Não concedido o aviso prévio pelo empregador, nasce para o empregado o direito aos salários correspondentes ao prazo do aviso, garantida sempre a integração desse período no seu tempo de serviço (art. 487, § 1º, da CLT). Desse modo, o pagamento decorrente da falta de aviso prévio, isto é, o aviso prévio indenizado, visa a reparar o dano causado ao trabalhador que não fora alertado sobre a futura rescisão contratual com a antecedência mínima estipulada na Constituição Federal (atualmente regulamentada pela Lei 12.506/2011). Dessarte, não há como se conferir à referida verba o caráter remuneratório pretendido pela Fazenda Nacional, por não retribuir o trabalho, mas sim reparar um dano. Ressalte-se que, "se o aviso prévio é indenizado, no período que lhe corresponderia o empregado não presta trabalho algum, nem fica à disposição do empregador. Assim, por ser ela estranha à hipótese de incidência, é irrelevante a circunstância de não haver previsão legal de isenção em relação a tal verba" (REsp 1.221.665/PR, 1ª Turma, Rel. Min. Teori Albino Zavascki, DJe de 23.2.2011). [...].

2.3 Importância paga nos quinze dias que antecedem o auxílio-doença.

No que se refere ao segurado empregado, durante os primeiros quinze dias consecutivos ao do afastamento da atividade por motivo de doença, incumbe ao empregador efetuar o pagamento do seu salário integral (art. 60, § 3º, da Lei 8.213/91 com redação dada pela Lei 9.876/99). Não obstante nesse período haja o pagamento efetuado pelo empregador, a importância paga não é destinada a retribuir o trabalho, sobretudo porque no intervalo dos quinze dias consecutivos ocorre a interrupção do contrato de trabalho, ou seja, nenhum serviço é prestado pelo empregado. Nesse contexto, a orientação das Turmas que integram a Primeira Seção/STJ firmou-se no sentido de que sobre a importância paga pelo empregador ao empregado durante os primeiros quinze dias de afastamento por motivo de doença não incide a contribuição previdenciária, por não se enquadrar na hipótese de incidência da exação, que exige verba de natureza remuneratória. Nesse sentido: [...]

(STJ, S1, REsp 1.230.957/RS, Min. Mauro Campbell Marques, DJe de 18/3/2014)

A nosso ver, não há natureza indenizatória **terço constitucional de férias, primeira quinzena de afastamento do empregado por doença ou acidente do trabalho e aviso prévio indenizado**.

Não há qualquer dano a ser compensado no gozo de férias e o adicional tem a mesma natureza das próprias férias. Também não há dano causado pelo empregador no caso de doença ou acidente do trabalho. Trata-se de verba salarial tendo em vista que o benefício previdenciário, o auxílio doença, somente começa a ser pago por afastamentos em virtude de doença ou acidente por período superior a 15 dias.

Embora não exista dano no suposto aviso prévio "indenizado", o termo é utilizado pela legislação, fazendo presumir a natureza indenizatória da verba e não há norma expressa

Nos termos do art. 28, § 9º, "f" da Lei 8.212/91, não constitui salário de contribuição "a parcela recebida a título de **vale-transporte, na forma da legislação própria**".

Não obstante, pretendeu-se que o vale transporte pago em dinheiro também estivesse fora do alcance das contribuições.

O auxílio transporte foi instituído pelos art. 2º, 4º e 5º da Lei 7.418/85, abaixo transcritos:

> Art. 2º – O Vale-Transporte, concedido nas condições e limites definidos, nesta Lei, no que se refere à contribuição do empregador:
>
> a) não tem natureza salarial, nem se incorpora à remuneração para quaisquer efeitos;
>
> b) não constitui base de incidência de contribuição previdenciária ou de Fundo de Garantia por Tempo de Serviço;
>
> c) não se configura como rendimento tributável do trabalhador.
>
> [...]
>
> Art. 4º – A concessão do benefício ora instituído implica a aquisição pelo empregador dos Vales-Transporte necessários aos deslocamentos do trabalhador no percurso residência-trabalho e vice-versa, no serviço de transporte que melhor se adequar
>
> Parágrafo único – O empregador participará dos gastos de deslocamento do trabalhador com a ajuda de custo equivalente à parcela que exceder a 6% (seis por cento) de seu salário básico

> Art. 5º – A empresa operadora do sistema de transporte coletivo público fica obrigada a emitir e a comercializar o Vale-Transporte, ao preço da tarifa vigente, colocando-o à disposição dos empregadores em geral e assumindo os custos dessa obrigação, sem repassá-los para a tarifa dos serviços.
>
> § 1º Nas regiões metropolitanas, aglomerações urbanas e microrregiões, será instalado, pelo menos, um posto de vendas para cada grupo de cem mil habitantes na localidade, que comercializarão todos os tipos de Vale-Transporte.
>
> § 2º – Fica facultado à empresa operadora delegar a emissão e a comercialização do Vale-Transporte, bem como consorciar-se em central de vendas, para efeito de cumprimento do disposto nesta Lei.
>
> § 3º – Para fins de cálculo do valor do Vale-Transporte, será adotada a tarifa integral do deslocamento do trabalhador, sem descontos, mesmo que previstos na legislação local.

Pela literalidade dos dispositivos, o vale transporte que não integra a base de cálculo da contribuição previdenciária é aquele concedido nas condições e limites traçados pela Lei 7.418/85, não abrangendo sua conversão em dinheiro, pois assim a lei não previu.

Não obstante, a **jurisprudência** trilhou caminho distinto do que concluiu pela incidência das **contribuições** sobre o auxílio alimentação, e entendeu que aquelas também **não incidem sobre o vale transporte, ainda que pago em pecúnia**, ou seja, em forma distinta da prevista em lei.

▸ **Entendimento do STF e do STJ**

1. Pago o benefício de que se cuida neste recurso extraordinário em vale-transporte ou em moeda, isso não afeta o caráter não salarial do benefício.

2. A admitirmos não possa esse benefício ser pago em dinheiro sem que seu caráter seja afetado, estaríamos a relativizar o curso legal da moeda nacional.

[...]

6. A cobrança de contribuição previdenciária sobre o valor pago, em dinheiro, a título de vales-transporte, pelo recorrente aos seus empregados afronta a Constituição, sim, em sua totalidade normativa. Recurso Extraordinário a que se dá provimento.

(STF, Tribunal Pleno, RE 478.410/SP, Min. Eros Grau, DJe de 14/5/2010)

> 2. O Superior Tribunal de Justiça reviu seu entendimento para, alinhando-se ao adotado pelo Supremo Tribunal Federal, firmar compreensão segundo a qual não incide contribuição previdenciária sobre o vale-transporte devido ao trabalhador, ainda que pago em pecúnia, tendo em vista sua natureza indenizatória.
> 3. Agravo regimental parcialmente provido.
> (STJ, T1, AgRg REsp 898.932/PR, Min. Arnaldo Esteves Lima, DJe de 14/9/2011)
> 3. O STJ, adotando posicionamento do Supremo Tribunal Federal, firmou a compreensão segundo a qual não incide contribuição previdenciária sobre o vale-transporte devido ao trabalhador, ainda que pago em pecúnia, tendo em vista sua natureza indenizatória.
> 4. Recurso Especial não provido.
> (STJ, T2, REsp 1.614.585/PB, Min. Herman Benjamin, DJe de 7/10/2016)

O mesmo se passou com o **auxílio-creche**. Este auxílio somente não integraria o salário de contribuição previdenciária se fosse pago em conformidade com a legislação trabalhista, na forma de reembolso, de acordo com o art. 389, § 2º, da CLT.

> Art. 28. [...]
> § 9º Não integram o salário-de-contribuição para os fins desta Lei, exclusivamente:
> [...]
> s) o ressarcimento de despesas pelo uso de veículo do empregado e o reembolso creche pago em conformidade com a legislação trabalhista, observado o limite máximo de seis anos de idade, quando devidamente comprovadas as despesas realizadas;

Entretanto, o STJ entendeu tratar-se de indenização, não sujeito às contribuições, o auxílio creche mesmo que pago sem a comprovação da despesa, de acordo com a Súmula 310 daquele tribunal.

▶ **Entendimento do STJ**
Súmula 310 – O Auxílio-creche não integra o salário-de-contribuição.

Confirmando a jurisprudência, o STJ julgou o REsp 1.146.772/DF, pelo rito dos recursos repetitivos:

> **Entendimento do STJ**
> 2. A demanda se refere à discussão acerca da incidência ou não de contribuição previdenciária sobre os valores percebidos pelos empregados do Banco do Brasil a título de auxílio-creche.
> 3. A jurisprudência desta Corte Superior firmou entendimento no sentido de que o auxílio-creche funciona como indenização, não integrando, portanto, o salário de contribuição para a Previdência. Inteligência da Súmula 310/STJ. Precedentes:[...]
> (STJ, S1, REsp 1.146.772/DF, Min. Benedito Gonçalves, DJe de 4/3/2010)

As contribuições sobre folha não incidem, portanto, sobre o auxílio creche.

> **Como esse assunto foi cobrado em concurso?**
> (ESAF/Procurador da Fazenda Nacional – PGFN/2015) Segundo a legislação e a jurisprudência dos tribunais superiores, integra o salário-de-contribuição:
> a) o auxílio-creche,
> b) o aviso-prévio indenizado,
> c) o vale transporte pago em pecúnia ao empregado,
> d) a verba paga a título de incentivo à demissão,
> e) a verba paga pelo empregador ao pai nos primeiros cinco dias após o nascimento do filho (salário-paternidade).
> *Gabarito:* E. De acordo com o julgamento do REsp Repetitivo 1.230.957/RS. As demais verbas são afastadas da tributação, pela jurisprudência do STJ.

Outra verba discutida é a chamada **hora de repouso e alimentação**. Prevê a Consolidação das Leis do Trabalho – CLT, em seu art. 71, *caput*, que "em qualquer trabalho contínuo, cuja duração exceda de 6 (seis) horas, é obrigatória a concessão de um intervalo para repouso ou alimentação, o qual será, no mínimo, de 1 (uma) hora e, salvo acordo escrito ou contrato coletivo em contrário, não poderá exceder de 2 (duas) horas". A CLT, porém, dispõe, no § 4º, do art. 71, que na hipótese de o intervalo para repouso e alimentação não ser concedido pelo empregador, "este ficará obrigado a remunerar o período correspondente com um acréscimo de no mínimo 50% (cinquenta por cento) sobre o valor da remuneração da hora normal de trabalho".

A Primeira Turma do STJ, no REsp 1.328.326/BA, entendeu que o pagamento pela hora de repouso e alimentação não concedida é uma compensação por um direito negado, constituindo, portanto, uma indenização, excluída da incidência das contribuições previdenciárias.

Vale registrar que a discussão acerca da incidência das contribuições sobre terço de férias, horas extras, adicional noturno e insalubridade, são objeto do RE 593.068 RG/SC, com repercussão geral reconhecida, mas ainda não julgado pelo STF.

> ▶ **Entendimento do STF**
>
> 1. Recurso extraordinário em que se discute a exigibilidade da contribuição previdenciária incidente sobre adicionais e gratificações temporárias, tais como 'terço de férias', 'serviços extraordinários', 'adicional noturno', e 'adicional de insalubridade'. Discussão sobre a caracterização dos valores como remuneração, e, portanto, insertos ou não na base de cálculo do tributo. Alegada impossibilidade de criação de fonte de custeio sem contrapartida de benefício direto ao contribuinte. Alcance do sistema previdenciário solidário e submetido ao equilíbrio atuarial e financeiro (arts. 40, 150, IV e 195, § 5º da Constituição). 2. Encaminhamento da questão pela existência de repercussão geral da matéria constitucional controvertida.
>
> (STF, Tribunal Pleno, RE 593.068 RG/SC, Min. Joaquim Barbosa, DJe de 22/5/2009)

A seguir, apresentamos uma tabela com o resumo das discussões:

| VERBAS | INCIDÊNCIA / PRECEDENTES | NÃO INCIDENCIA / PRECEDENTES |
|---|---|---|
| Salário Maternidade | REsp Repetitivo 1.230.957/RS | - |
| Licença Paternidade | REsp Repetitivo 1.230.957/RS | - |
| Horas Extras | REsp Repetitivo 1.358.281/SP | - |
| Adicional Noturno | REsp Repetitivo 1.358.281/SP | - |
| Periculosidade | REsp Repetitivo 1.358.281/SP | - |
| Férias Gozadas | AgInt no REsp 1.591.606/RS<br>AgInt no REsp 1.618.584/RS | |
| Insalubridade | AgInt no REsp 1.605.341/RS<br>AgInt no REsp 1.615.741/RS | - |
| 13º Salário | Súmula 207 e 688 do STF<br>AgInt no AREsp 934.032/BA<br>AgRg no AREsp 829.993/AC | |

| VERBAS | INCIDÊNCIA / PRECEDENTES | NÃO INCIDENCIA / PRECEDENTES |
|---|---|---|
| Auxílio Alimentação pago em dinheiro | AgInt no REsp 1.420.078/SC<br>AgInt no REsp 1.621.787/RS | - |
| Adicional de transferência | AgInt no REsp 1.605.341/RS<br>AgInt no REsp 1.594.929/SC | - |
| Valores pagos em feriados | AgRg no REsp 1.562.484/PR | - |
| Terço de férias | - | REsp Repetitivo 1.230.957/RS |
| Adicional de férias (relativo às férias indenizadas) | - | REsp Repetitivo 1.230.957/RS |
| Aviso prévio indenizado | - | REsp Repetitivo 1.230.957/RS |
| 15 dias de afastamento por doença ou acidente | - | REsp Repetitivo 1.230.957/RS |
| Auxilio creche | - | Súmula 310 do STJ<br>REsp Repetitivo 1.146.772/DF |
| Vale transporte pago em pecúnia | - | RE 478.410/SP<br>REsp 1.614.585/PB<br>AgRg no REsp 898.932/PR |
| Hora de repouso e alimentação | - | REsp 1.328.326/BA |

Estas discussões são as mais frequentes. Outras, contudo, podem ser encontradas nos tribunais, a exemplo da questão relativa à incidência das contribuições sobre o adicional ou auxílio de quebra de caixa, tributação referendada pelo STJ em julgamento de recurso repetitivo (EREsp 1.467.095/PR (STJ, S1, Min. Og Fernades DJe 6/9/2017).

### 3.1.3. *Das contribuições*

As contribuições do empregador sobre folha são várias.

Uma delas é a contribuição de entidades sem fins lucrativos para o PIS, que analisamos no capítulo específico e cuja **finalidade é custear o seguro desemprego.**

São duas as contribuições de **finalidade securitária mais ampla**: a contribuição de **20%**, prevista no art. 22, I, da Lei 8.212/91, que o **empregador** paga pela remuneração dos **empregados "com carteira assinada"** que mantém e a contribuição de **20%** prevista pelo art. 22, II, da Lei 8.212/91, que o **empregador** paga pela remuneração de **segurados individuais** que contrata.

> ▶ **Como esse assunto foi cobrado em concurso?**
> **(ESAF/AFRF/2012).** Assinale certo ou errado.
>
> A base de cálculo da contribuição social devida pela empresa é a soma da remuneração paga, devida ou creditada aos segurados e às demais pessoas físicas a seu serviço, mesmo sem vínculo empregatício.
>
> ***Gabarito:*** Certo. Art. 22, I e II, da Lei 8.212/91.

Se o empregador é **instituição financeira** (nomeadamente bancos comerciais, bancos de investimentos, bancos de desenvolvimento, caixas econômicas, sociedades de crédito, financiamento e investimento, sociedades de crédito imobiliário, sociedades corretoras, distribuidoras de títulos e valores mobiliários, empresas de arrendamento mercantil, cooperativas de crédito, empresas de seguros privados e de capitalização, agentes autônomos de seguros privados e de crédito e entidades de previdência privada abertas e fechadas) é devida **contribuição adicional de 2,5%** (art. 22, § 1º, da Lei 8.212/91), com fundamento no art. 195, § 9º, da CF/88.

Havia, também, a contribuição de **15%** sobre **pagamentos a cooperativas**, prevista no art. 22, IV, da Lei 8.212/91:

> Art. 22. A contribuição a cargo da empresa, destinada à Seguridade Social, além do disposto no art. 23, é de:
> [...]
> IV – quinze por cento sobre o valor bruto da nota fiscal ou fatura de prestação de serviços, relativamente a serviços que lhe são prestados por cooperados por intermédio de cooperativas de trabalho. (Incluído pela Lei nº 9.876, de 1999). (Execução suspensa pela Resolução nº 10, de 2016)

A contribuição, contudo, foi julgada **inconstitucional** e posteriormente excluída do ordenamento pela Resolução 10/16, do Senado Federal. Vejamos a ementa do RE 595.838 RG/SP:

### ▶ Entendimento do STF

Recurso extraordinário. Tributário. Contribuição Previdenciária. Artigo 22, inciso IV, da Lei nº 8.212/91, com a redação dada pela Lei nº 9.876/99. Sujeição passiva. Empresas tomadoras de serviços. Prestação de serviços de cooperados por meio de cooperativas de Trabalho. Base de cálculo. Valor Bruto da nota fiscal ou fatura. Tributação do faturamento. Bis in idem. Nova fonte de custeio. Artigo 195, § 4º, CF.

1. O fato gerador que origina a obrigação de recolher a contribuição previdenciária, na forma do art. 22, inciso IV da Lei nº 8.212/91, na redação da Lei 9.876/99, não se origina nas remunerações pagas ou creditadas ao cooperado, mas na relação contratual estabelecida entre a pessoa jurídica da cooperativa e a do contratante de seus serviços.

2. A empresa tomadora dos serviços não opera como fonte somente para fins de retenção. A empresa ou entidade a ela equiparada é o próprio sujeito passivo da relação tributária, logo, típico "contribuinte" da contribuição.

3. Os pagamentos efetuados por terceiros às cooperativas de trabalho, em face de serviços prestados por seus cooperados, não se confundem com os valores efetivamente pagos ou creditados aos cooperados.

4. O art. 22, IV da Lei nº 8.212/91, com a redação da Lei nº 9.876/99, ao instituir contribuição previdenciária incidente sobre o valor bruto da nota fiscal ou fatura, extrapolou a norma do art. 195, inciso I, a, da Constituição, descaracterizando a contribuição hipoteticamente incidente sobre os rendimentos do trabalho dos cooperados, tributando o faturamento da cooperativa, com evidente bis in idem. Representa, assim, nova fonte de custeio, a qual somente poderia ser instituída por lei complementar, com base no art. 195, § 4º – com a remissão feita ao art. 154, I, da Constituição.

5. Recurso extraordinário provido para declarar a inconstitucionalidade do inciso IV do art. 22 da Lei nº 8.212/91, com a redação dada pela Lei nº 9.876/99.

(STF, Tribunal Pleno, RE 595.838 RG/SP, Min. Dias Toffoli, DJe de 23/4/2014)

Seguem-se outras contribuições específicas.

Uma delas, que merecerá análise mais detalhada, é o **Seguro contra Acidentes do Trabalho – SAT**, previsto no art. 22, II, da lei 8.212/91, para custear a aposentadoria especial, de que tratam os art. 57 e 58, da Lei 8.213/91 (Lei de Benefícios da Previdência Social). A contribuição também incide sobre folha e tem alíquotas de 1% a 3%, conforme o **Risco de Acidente do Trabalho – RAT** (alienas "a" a "c", do art. 22, II, da lei 8.212/91, podendo ser reduzidas à metade ou elevadas ao dobro (de 0,5% a 6%), de acordo com o **Fator Acidentário de Prevenção – FAP** (art. 10, da Lei 10.666/03).

Outra contribuição, de 8% sobre o salário registrado em carteira, é a prevista pelo art. 24, I, da Lei 8.212/91, que o **empregador doméstico** paga, pela contratação de **empregado doméstico**. Acresce o art. 24, II, a contribuição de **0,8%** para o financiamento do Seguro contra Acidentes de Trabalho – SAT.

Nos termos do parágrafo único, do art. 24, da lei 8.212/91, "presentes os elementos da relação de emprego doméstico, o empregador doméstico não poderá contratar **microempreendedor individual** de que trata o art. 18-A da Lei Complementar nº 123, de 14 de dezembro de 2006, sob pena de ficar sujeito a todas as obrigações dela decorrentes, inclusive trabalhistas, tributárias e previdenciárias".

Há ainda as contribuições para terceiros, que não são contribuições previdenciárias, mas contribuições sociais gerais: o salário educação, as contribuições sociais para o INCRA e as contribuições para o Sistema S.

Segundo Horvath Junior, "são contribuições que não se destinam especificamente ao INSS [...], mas a terceiros que pagam para que o INSS [hoje a Receita Federal], arrecade suas contribuições, utilizando-se de sua máquina fiscalizatória" (2005, p. 353). Leia-se o art. 240, da CF/88:

> Art. 240. Ficam ressalvadas do disposto no art. 195 as atuais contribuições compulsórias dos empregadores sobre a folha de salários, destinadas às entidades privadas de serviço social e de formação profissional vinculadas ao sistema sindical.

O **salário educação** é contribuição de 2,5% sobre folha, com previsão constitucional no art. 212, § 5º, da CF/88, que dispõe:

> Art. 212. [...]
> § 5º A educação básica pública terá como fonte adicional de financiamento a contribuição social do salário-educação, recolhida pelas empresas na forma da lei.

A contribuição que, como lembra Horvath Junior, foi criada pelo DL 1.422/75 e recepcionada pela Constituição (2005, p. 361), hoje tem fundamento no art. 15, da Lei 9.424/96, com o seguinte teor:

> Art. 15. O Salário-Educação, previsto no art. 212, § 5º, da Constituição Federal e devido pelas empresas, na forma em que vier

> a ser disposto em regulamento, é calculado com base na alíquota de 2,5% (dois e meio por cento) sobre o total de remunerações pagas ou creditadas, a qualquer título, aos segurados empregados, assim definidos no art. 12, inciso I, da Lei nº 8.212, de 24 de julho de 1991.

Trata-se, assim, de uma contribuição sobre a mesma base da contribuição da empresa pela folha de pagamentos de empregados (não sobre a remuneração de segurados individuais), cuja arrecadação é destinada ao Fundo Nacional de Educação, ou melhor, Fundo de Manutenção e Desenvolvimento do Ensino Fundamental e de Valorização do Magistério – FNDE, hoje Fundo de Manutenção e Desenvolvimento da Educação Básica e de Valorização dos Profissionais da Educação – FUNDEB, de acordo com a Lei 11.494/07, que revogou boa parte da Lei 9.424/96.

A exação, como as demais contribuições, é arrecadada pela Receita Federal do Brasil.

O regime jurídico do tributo encontra-se disciplinado na Lei 9.766/98 e regulamentado pelo Decreto 6.003/06, que dispõem, entre outros assuntos, sobre prazos e condições de recolhimento e sujeição às mesmas sanções administrativas, idêntica à das contribuições previdenciárias, isenções e destinação do produto arrecadado.

O Instituto Nacional de Colonização e Reforma Agrária – **INCRA**, também é beneficiado por contribuições incidentes sobre folha (art. 6º, § 4º, da Lei 2.613/55, art. 3º, do DL 1.146/1970 e art. 15, II, da LCP 11/71).

As contribuições para o INCRA sofreram muitas alterações por força da legislação ordinária e da Constituição, desde a redação original do art. 6º, da Lei 2.613/55.

Hoje, o INCRA é destinatário de uma CIDE (caput do art. 6º, da Lei 2.613/55 e art. 2º, do DL 1.146/70), de 2,5% sobre a folha de empresas ligadas a certas atividades do agronegócio; uma contribuição dupla, devida por empresas rurais e urbanas no montante de 2,6% da folha, dos quais o percentual de 0,2% é CIDE, devida ao INCRA e o restante, **2,4% é contribuição social** (art. 6º, § 4º, da Lei 2.613/55, art. 3º, do DL 1.146/70 e art. 15, II, da LC 11/71).

A arrecadação compete à Receita Federal e a contribuição também segue as mesmas regras das contribuições previdenciárias.

As finalidades da contribuição são, basicamente, assistenciais e educacionais, voltadas ao trabalhador rural.

Mais discussões sobre o INCRA apresentamos na parte relativa às contribuições de intervenção no domínio econômico, inclusive sobre a incidência das exações sobre empresas urbanas.

As instituições que compõe o **Sistema S** são beneficiários de contribuições sociais sobre folha, à exceção do SEBRAE, também destinatário de contribuição, mas que ostenta natureza de CIDE.

São as instituições beneficiárias e as alíquotas das contribuições: SENAI, 1%, SESI, 1,5%, SENAC, 1%, SESC, 1,5%, SENAR, 2,5%, SENAT, 1%, SERT, 1,5% (DL 4.048/42, Lei 9.403/46, DL 8.621/46, DL 9.853/46, Lei 8.315/91, 8.706/93, 8.706/93).

Os contribuintes das exações são definidos por sua área de atuação. As indústrias contribuem para o SENAI e para o SESI, as empresas comerciais para o SENAC e o SESC, e assim por diante.

A arrecadação compete hoje à Receita Federal, as regras aplicáveis são basicamente as das contribuições previdenciárias e as despesas custeadas são notadamente voltadas à educação e assistência social

### 3.1.4. Peculiaridades da contribuição para o SAT

O **Seguro contra Acidentes do Trabalho – SAT**, previsto no art. 22, II, da lei 8.212/91, destina-se a custear a aposentadoria especial (art. 57 e 58, da Lei de Benefícios da Previdência Social).

Como dissemos, a contribuição incide sobre folha à alíquota de 1% a 3%, conforme o **Risco de Acidente do Trabalho – RAT** (alienas "a" a "c", do art. 22, II, da Lei 8.212/91, podendo ser reduzidas à metade ou elevadas ao dobro (de 0,5% a 6%), de acordo com o **Fator Acidentário de Prevenção – FAP** (art. 10, da Lei 10.666/03).

> Dispõe o art. 22, II, da Lei 8.212/91:
>
> Art. 22. A contribuição a cargo da empresa, destinada à Seguridade Social, além do disposto no art. 23, é de:
>
> II – para o financiamento do benefício previsto nos arts. 57 e 58 da Lei nº 8.213, de 24 de julho de 1991, e daqueles concedidos em razão do grau de incidência de incapacidade laborativa

> decorrente dos riscos ambientais do trabalho, sobre o total das remunerações pagas ou creditadas, no decorrer do mês, aos segurados empregados e trabalhadores avulsos:
>
> a) 1% (um por cento) para as empresas em cuja atividade preponderante o risco de acidentes do trabalho seja considerado leve;
>
> b) 2% (dois por cento) para as empresas em cuja atividade preponderante esse risco seja considerado médio;
>
> c) 3% (três por cento) para as empresas em cuja atividade preponderante esse risco seja considerado grave.
>
> § 3º O Ministério do Trabalho e da Previdência Social poderá alterar, com base nas estatísticas de acidentes do trabalho, apuradas em inspeção, o enquadramento de empresas para efeito da contribuição a que se refere o inciso II deste artigo, a fim de estimular investimentos em prevenção de acidentes.

A **alíquota da contribuição é variável** e depende do **grau de risco** da atividade desenvolvida pela empresa. Se a atividade apresentar grau de risco **leve**, a alíquota será de 1%, se o risco for **médio**, a alíquota é de 2% e se o risco for **elevado**, a alíquota sobe para 3%.

A contribuição foi muito combatida, inclusive pelo fato de autorizar a definição e do enquadramento do grau de risco da empresa a ato do Poder Executivo. Contudo, a **exação foi legitimada pelo STF**, em jurisprudência seguida pelo STJ.

> ▶ **Entendimento do STF**
>
> I. - Contribuição para o custeio do Seguro de Acidente do Trabalho - SAT: Lei 7.787/89, art. 3º, II; Lei 8.212/91, art. 22, II: alegação no sentido de que são ofensivos ao art. 195, § 4º, c/c art. 154, I, da Constituição Federal: improcedência. Desnecessidade de observância da técnica da competência residual da União, C.F., art. 154, I. Desnecessidade de lei complementar para a instituição da contribuição para o SAT.
>
> II. - O art. 3º, II, da Lei 7.787/89, não é ofensivo ao princípio da igualdade, por isso que o art. 4º da mencionada Lei 7.787/89 cuidou de tratar desigualmente aos desiguais.
>
> III. - As Leis 7.787/89, art. 3º, II, e 8.212/91, art. 22, II, definem, satisfatoriamente, todos os elementos capazes de fazer nascer a obrigação tributária válida. O fato de a lei deixar para o regulamento a complementação dos conceitos de "atividade preponderante" e "grau de risco leve, médio e grave", não implica ofensa ao princípio da legalidade genérica, C.F., art. 5º, II, e da legalidade tributária, C.F., art. 150, I.

(STF, Tribunal Pleno, RE 343.446/SC, Min. Carlos Velloso, DJ de 4/4/2003) 1. O Plenário do Supremo Tribunal Federal, no julgamento do RE 343.446, sob a relatoria do ministro Carlos Velloso, declarou a constitucionalidade da contribuição para o SAT. 2. Agravo regimental desprovido. 3. Condenação da parte agravante a pagar à agravada multa de 5% (cinco por cento) do valor atualizado da causa, ficando a interposição de qualquer outro recurso condicionada ao depósito do respectivo valor. Isso com lastro no § 2º do art. 557 do Código de Processo Civil.

(STF, T1, RE 567.544 AgR/SP, Min. Carlos Britto, DJe de 27/2/2009)

▶ **Como esse assunto foi cobrado em concurso?**

**(CESPE/Juiz Federal TRF2/2011) Em referência ao custeio da seguridade social, avalie.**

O grau de risco — leve, médio ou grave — para a determinação da contribuição para o custeio da aposentadoria especial, partindo-se da atividade preponderante da empresa, deve ser definido por lei, sendo ilegítima a definição por mero decreto.

O STF julgou constitucional a definição, por decreto, do grau de risco da atividade da empresa, para fins da contribuição ao SAT no RE 343.446/SC e no RE 567.544 AgR/SP.

O enquadramento da empresa, bem como o grau de risco correspondente, é realizado pela Classificação Nacional de Atividades Econômicas – CNAE, da atividade da pessoa jurídica. Caso a empresa tenha mais de uma atividade, classificada em CNAE diferentes, valerá a atividade principal, assim entendida aquela que contar com o maior número de empregados.

A propósito, **sumulou o STJ:**

**Súmula 351** – A alíquota de contribuição para o Seguro de Acidente do Trabalho (SAT) é aferida pelo grau de risco desenvolvido em cada empresa, individualizada pelo seu CNPJ, ou pelo grau de risco da atividade preponderante quando houver apenas um registro. (DJe de 19/6/2008)

Ademais, a jurisprudência do STJ entende que a classificação do grau de risco deve ser realizada por estabelecimento, vedada a utilização do CNAE único para a empresa, que possui várias filiais.

▶ **Entendimento do STJ**

É firme o entendimento deste Sodalício no sentido de que a alíquota da contribuição ao SAT deve corresponder ao grau de risco de cada estabelecimento identificado por seu CNPJ (antigo CGC), e não em relação à empresa genericamente. Como bem ponderou a insigne Ministra Eliana Calmon, no julgamento do REsp 499.299/SC, DJU de 04.08.2003, "não se pode chancelar o Decreto 2.173/97 que, como os demais, veio a tentar categorizar as empresas por unidade total e não por estabelecimento isolado e identificado por CGC próprio, afastando-se do objetivo preconizado pelo art. 22, da Lei 8.212/91".

(STJ, S1, EREsp 503.275/PR, Min. Franciulli Netto, DJ de 23/5/2005)

2. A alíquota da contribuição para o Seguro de Acidentes do Trabalho (SAT) deve corresponder ao grau de risco da atividade preponderante desenvolvida em cada estabelecimento da empresa, individualizado pelo seu CNPJ (Súmula 351/STJ).

(STJ, T2, AgRg no AREsp 852.772/SP, Min Mauro Campbell Marques, DJe de 9/5/2016)

A alíquota vigente do SAT/RAT está prevista pelo Anexo V, do Decreto 6.957/2009

O legislador resolveu utilizar o SAT também com efeito extrafiscal, criando, no art. 10, da Lei 10.666/03, o **Fator Acidentário de Prevenção – FAP**, cujo objetivo é premiar a empresa que reduz os acidentes do trabalho em relação às demais empresas do mesmo CNAE e agravar a situação daquelas que, no mesmo grupo, apresentassem aumento no número de acidentes. Para tanto, criou a possibilidade de redução da alíquota da contribuição pela metade e de elevação ao dobro.

> Art. 10. A alíquota de contribuição de um, dois ou três por cento, destinada ao financiamento do benefício de aposentadoria especial ou daqueles concedidos em razão do grau de incidência de incapacidade laborativa decorrente dos riscos ambientais do trabalho, poderá ser reduzida, em até cinqüenta por cento, ou aumentada, em até cem por cento, conforme dispuser o regulamento, em razão do desempenho da empresa em relação à respectiva atividade econômica, apurado em conformidade com os resultados obtidos a partir dos índices de freqüência, gravidade e custo, calculados segundo metodologia aprovada pelo Conselho Nacional de Previdência Social (negrito acrescentado).

O FAP também tem sido legitimado pelos TRFs (TRF1, AMS 00755448420144013800; TRF2, AC 00467758420124025101, TRF3, AC 001116 27820154036100, TRF4, AC 200571000186031; TRF5, AC 00041024620134058500.

O STJ, a seu turno, entende que a matéria é estritamente constitucional, não havendo violação de lei (AgRg no AREsp 507.664/RN, AgRg no AREsp 417.936/MG, AgRg no REsp 1.367.863/PR, AgRg no REsp 1.343.220/RS, e AgRg no REsp 1.290.475/RS).

No STF, a matéria aguarda julgamento, no RE 684.261 RG/PR, recebido com repercussão geral.

Na prática, muitas empresas reclamaram que reduziram o número de acidentes e o FAP foi maior que 1, vale dizer, elevou o valor da contribuição. Parece-nos que a questão é muito mais de auditoria do cálculo, do que propriamente de ilegalidade ou inconstitucionalidade da medida.

### 3.1.5. Pecullaridades das contribuições em obras de construção civil

A incidência das **contribuições sociais sobre obras de construção civil recebe tratamento específico, mas muito pouco sistemático, na Lei 8.212/91.** A lei trata do tema de forma esparsa em diversos artigos: art. 15, I e seu parágrafo único, art. 30, incisos VI a VIII, art. 33, §§ 4º e 6º, art. 47, inciso II e §§ 1º e 2º, art. 49, § 1º.

A falta de sistematização da matéria pode ser vista, por exemplo, na previsão de que o contribuinte individual e a pessoa física, na condição de proprietário ou dono de obra de construção civil, é equiparado à empresa em relação a segurado que lhe presta serviço, encontrada no art. 15, parágrafo único da lei, e a previsão de matrícula da obra, apenas no art. 49, § 1º, da lei.

As disposições sobre obras de construção civil são tratadas como normas específicas dentro de cada tema relevante para as contribuições previdenciárias (art. 15, definição de contribuintes; art. 30, recolhimento e arrecadação; art. 33, fiscalização e cobrança; art. 47, prova de regularidade fiscal; e art. 49, matrícula da obra).

Ademais, as normas legais acerca das contribuições incidentes sobre obras de construção civil são poucas e precárias (CASTRO, LAZZARI, 2007, p. 246), havendo muito espaço para a regulação infralegal, a ponto de autores afirmarem "não existir outra área da previdência social onde mais subsistem os usos e costumes, as convenções e o poder discricionário do INSS" (MARTINEZ, 2003, p. 473) (hoje Receita Federal).

Se a lei não é sistemática, a matéria exige um esforço maior do estudante.

Para começar, é preciso entender o que se entende por obra de construção civil, no âmbito da Lei de Custeio.

**Define-se a obra de construção civil** como "a técnica industrial primária em que a matéria-prima, modificada ou não, utilizada geralmente por agregação, com o emprego de diversos materiais ou de diversos processos, dará origem a imóvel, sendo que a definição prevista neste inciso também se aplica às operações destinadas à conservação do imóvel" nos termos da IN INSS 69/02.

A partir desta norma, leciona a doutrina que o conceito de obra de construção civil é bastante amplo, compreendendo a construção originária, a demolição, a ampliação, a reforma e a conservação.

Para Martinez, "construção civil, sob o ponto de vista fiscal e em face da adoção de mão-de-obra assalariada e possível hipótese de incidência abarca a demolição, o preparo do solo, as fundações e, acabada a obra, a ampliação, a reforma e a conservação do edifício" (MARTINEZ, 2003, p. 473).

A seu turno, Castro e Lazarri afirmam "que a obra de construção civil que interessa ao Direito Previdenciário, diante da existência de fato gerador de contribuição ao sistema, é aquela que, a partir da utilização do trabalho humano, se presta a realiza alterações na propriedade imóvel, seja para edificar – de forma originária ou em ampliação à edificação já existente – , seja para demolir, seja para realizar serviços de instalações de qualquer natureza em imóvel e, ainda, em caso de reforma do edifício já construído" (2007, p. 247).

Não haverá obra, contudo, quando uma pessoa física, dona de imóvel contrata um profissional ou uma empresa para realizar uma pintura, uma impermeabilização, uma troca de piso, uma melhoria ou uma pequena reforma. Há, nestes casos, uma mera prestação de serviço ou uma aquisição de materiais com instalação, contratados por pessoas físicas não equiparadas e empresas, que não suscita responsabilidades previdenciárias.

Delimitado o tema, é necessário verificar as **pessoas físicas e jurídicas envolvidas nas obras de construção civil**, para depois analisar a **responsabilidade previdenciária de cada uma delas**.

A **principal figura previdenciária** da obra de construção civil é o seu **responsável**. Este poderá ser uma empresa, ou ainda uma pessoa física ou jurídica não empresarial equiparada à empresa. Leia-se o art. 15, I e parágrafo único, da Lei 8.212/91:

> Art. 15. Considera-se:
>
> I – empresa – a firma individual ou sociedade que assume o risco de atividade econômica urbana ou rural, com fins lucrativos ou não, bem como os órgãos e entidades da administração pública direta, indireta e fundacional;
> [...]
> Parágrafo único. Equiparam-se a empresa, para os efeitos desta Lei, o contribuinte individual e a pessoa física na condição de proprietário ou dono de obra de construção civil, em relação a segurado que lhe presta serviço, bem como a cooperativa, a associação ou a entidade de qualquer natureza ou finalidade, a missão diplomática e a repartição consular de carreira estrangeiras.

O responsável não é definido pela legislação previdenciária, mas pelo arranjo da obra, firmado entre as pessoas intervenientes. Uma pessoa física pode contratar um construtor especializado para realizar a obra. Pode, porém, realizar a obra por conta própria, sem a contratação de mão de obra (mutirão), caso específico de isenção, como veremos, ou com a contratação de mão de obra, situação em que a pessoa física será responsável previdenciário.

A construtora ou o construtor também são conhecidos como "empreiteira" ou "empreiteiro", conforme se trate de uma firma individual ou uma empresa. Os termos não caracterizam o tipo do contrato, por administração ou por empreitada, que repercutem apenas nas relações pessoais entre o contratante e a empresa que executa a obra.

No caso da construção de pessoa física, vale notar que o responsável previdenciário não é o responsável técnico pela obra, mas um engenheiro. Esta questão, porém, não é previdenciária, mas diz respeito à legislação de construção civil.

Da mesma forma, uma pessoa jurídica pode realizar a obra mediante a contratação de uma construtora, que fique responsável pela obra, ou pode ela mesma adquirir os materiais e contratar os profissionais necessários pela construção.

A lei dispõe que podem ser responsáveis pela obra o construtor, o proprietário da obra, o dono da obra, o condomínio e o incorporador. Na prática, todos podem ter responsabilidades previdenciárias, diretas ou indiretas, **mas o responsável pela obra será aquele que se apresentar como tal ao órgão fiscalizador.**

Vejamos alguns conceitos.

O **construtor** é a **pessoa** que **realiza a obra**. Pode uma **pessoa física**, com firma individual, **ou jurídica**, organizada em empresa individual de responsabilidade limitada ou alguma forma societária, que se dedique profissionalmente à construção civil. Em outros termos, uma empresa de construção civil (art. 15, I, da Lei 8.212/91).

Necessário registrar, contudo, que a empresa não especializada, a pessoa física na qualidade de dono ou proprietário da obra, a cooperativa a associação, etc, **podem ser equiparadas à empresa** (art. 15, parágrafo único, da Lei 8.212/91), se desempenharem as funções do **construtor**, hipótese em que assumem as **responsabilidades deste** (art. 30, VI, da Lei 8.212/91).

> ▶ **Como esse assunto foi cobrado em concurso?**
>
> **(CESPE/Juiz Federal TRF2/2013)** A Lei n.º 8.212/1991, que institui o plano de custeio da seguridade social, distingue as pessoas que são consideradas empresas daquelas que se equiparam a empresas. Entre as que se equiparam a empresa encontram-se as
>
> a) fundações públicas,
>
> b) cooperativas,
>
> c) firmas individuais,
>
> d) sociedades que assumam o risco de atividade econômica rural com fins lucrativos,
>
> e) autarquias.
>
> Resposta letra B, nos termos do art. 15, parágrafo único, da Lei 8.212/91.

Em geral, o proprietário da obra, o dono da obra, o condomínio etc, são os **contratantes** da obra (contratam o construtor) e a incorporadora é interessada na obra.

Segundo Martinez, "**proprietário** é a pessoa física ou jurídica empreendedora da edificação, realizada sub a sua supervisão direta e em terreno de sua propriedade" (2003, p. 476).

O **dono da obra**, a seu turno, será o empreendedor da edificação, que não é proprietário do terreno. Pode atuar como administrador do proprietário ou em nome próprio, dependendo do contrato que firmar com o titular do direito real.

O **condomínio** relacionado à obra de construção civil, parece-nos coincidir com a pluralidade de proprietários ou de donos de obra. Pode, ainda, ser **originário**, decorrendo da decisão dos múltiplos proprietários ou dos múltiplos donos da obra de construção civil, hipótese em que terá responsabilidades, ou **derivado**, e se formar com a aquisição, por pessoas independentes, das unidades vendidas por uma incorporadora.

Neste caso, aplicam-se os art. 1.331 e seg, do Código Civil e o art. 1º, da Lei 4.591/64, que dispõe sobre o condomínio em edificações e as incorporações imobiliárias.

> Art. 1º As edificações ou conjuntos de edificações, de um ou mais pavimentos, construídos sob a forma de unidades isoladas entre si, destinadas a fins residenciais ou não-residenciais, poderão ser alienados, no todo ou em parte, objetivamente considerados, e constituirá, cada unidade, propriedade autônoma sujeita às limitações desta Lei.
>
> § 1º Cada unidade será assinalada por designação especial, numérica ou alfabética, para efeitos de identificação e discriminação.
>
> § 2º A cada unidade caberá, como parte inseparável, uma fração ideal do terreno e coisas comuns, expressa sob forma decimal ou ordinária.

Ainda neste último caso, a lei dispensa o adquirente de obrigações perante a Seguridade Social. Leia-se o art. 30, VII, da Lei 8.212/91:

> Art. 30. A arrecadação e o recolhimento das contribuições ou de outras importâncias devidas à Seguridade Social obedecem às seguintes normas:
>
> [...]
>
> VII - exclui-se da responsabilidade solidária perante a Seguridade Social o adquirente de prédio ou unidade imobiliária que realizar a operação com empresa de comercialização ou incorporador de imóveis, ficando estes solidariamente responsáveis com o construtor;

O **incorporador** é definido pelo art. 29, da Lei 4.591/64:

> Art. 29. Considera-se incorporador a pessoa física ou jurídica, comerciante ou não, que embora não efetuando a construção, compromisse ou efetive a venda de frações ideais de terreno

> objetivando a vinculação de tais frações a unidades autônomas, (VETADO) em edificações a serem construídas ou em construção sob regime condominial, ou que meramente aceite propostas para efetivação de tais transações, coordenando e levando a têrmo a incorporação e responsabilizando-se, conforme o caso, pela entrega, a certo prazo, preço e determinadas condições, das obras concluídas.

Outras pessoas podem participar da obra de construção civil, como o subempreiteiro, o administrador, o engenheiro, a empresa fornecedora de materiais com colocação etc (MARTINEZ, 2003, p. 478).

Estas pessoas devem realizar certo procedimento previdenciário, que vai do cadastro ou matrícula da obra até o pagamento das contribuições, ou, ainda, até a extinção das obrigações.

A primeira **obrigação** de todo **responsável** é a **matrícula** da obra no Cadastro Específico do INSS - **CEI**, que permanece com o nome a despeito da arrecadação das contribuições pela Receita Federal. Dispõe o § 1º, do art. 49, da Lei 8.212/91:

> Art. 49. A matrícula da empresa será efetuada nos termos e condições estabelecidos pela Secretaria da Receita Federal do Brasil
> [...]
> § 1º No caso de obra de construção civil, a matrícula deverá ser efetuada mediante comunicação obrigatória do responsável por sua execução, no prazo de 30 (trinta) dias, contado do início de suas atividades, quando obterá número cadastral básico, de caráter permanente.

Segundo Castro e Lazzari, "compete ao responsável pela obra de construção civil realizar sua matrícula no prazo de 30 dias junto ao INSS, obtendo então a certificação deste ato, com número cadastral básico, denominado matrícula CEI, que deverá ser informado quando do recolhimento de contribuições devidas, bem como para obtenção da Certidão Negativa de Débito – CND" (2007, p. 248).

A inscrição pode ser realizada de ofício, no caso de omissão do responsável (art. 256, § 1º, I, do Decreto 3.048/99.

De outro lado, como informa a Receita Federal, "o responsável fica dispensado de efetuar a matrícula no cadastro CEI, caso tenha recebido comunicação da RFB informando o cadastramento automático de sua obra de construção civil, a partir das informações enviadas pelo órgão competente do município de sua jurisdição" (Disponível em: https://idg.receita.fazenda.gov.br/orientacao/tributaria/declaracoes-e-demonstrativos/diso-declaracao-e-informacoes-sobre-obras/construcao-civil. Acesso em 10/2/2017).

As demais obrigações decorrem do tipo do responsável pela obra. São dois grupos básicos de responsáveis, de acordo com a legislação, que levam a obrigações distintas: os responsáveis pessoa física e os responsáveis pessoa jurídica.

No caso de obra cujo **responsável é pessoa física**, além de providenciar a matrícula CEI, este deverá informar seus dados e os dados relativos à obra, pela Declaração e informações sobre Obra – DISO, efetuar o registro dos empregados segurados que lhe prestem serviços, elaborar folha de pagamento, manter e apresentar os documentos pertinentes à obra, realizar os descontos e os recolhimentos das contribuições devidas, apresentar mensalmente a Guia de Recolhimento do Fundo de Garantia por Tempo de Serviço e Informações à Previdência Social – GFIP e emitir o Aviso de Regularização de Obra – ARO, para regularizar a obra.

Disse-se, portanto, que a pessoa física se torna equiparada à empresa, pois, para a obra sob sua responsabilidade, deverá cumprir com diversas obrigações típicas das empresas, pelo fato de empregar mão de obra diretamente.

A pessoa física não é diretamente responsável pelas contribuições devidas pelas pessoas jurídicas que contratar para realizar a obra ou parte dela, mas se torna solidariamente responsável pelas contribuições, se estas empresas não fizerem os recolhimentos devidos, em função dos empregados que trabalharem na obra, cabendo-lhe o direito de regresso.

> É o que dispõe o art. 30, VI, da Lei 8.212/91:
> Art. 30. A arrecadação e o recolhimento das contribuições ou de outras importâncias devidas à Seguridade Social obedecem às seguintes normas:
> [...]
> VI – o proprietário, o incorporador definido na Lei nº 4.591, de 16 de dezembro de 1964, o dono da obra ou condômino da unidade imobiliária, qualquer que seja a forma de contratação

> da construção, reforma ou acréscimo, são solidários com o construtor, e estes com a subempreiteira, pelo cumprimento das obrigações para com a Seguridade Social, ressalvado o seu direito regressivo contra o executor ou contratante da obra e admitida a retenção de importância a este devida para garantia do cumprimento dessas obrigações, não se aplicando, em qualquer hipótese, o benefício de ordem; (Redação dada pela Lei 9.528, de 10.12.97)

▶ **Como esse assunto foi cobrado em concurso?**

**(ESAF/Procurador da Fazenda Nacional – PGFN/2015) Assinale certo ou errado.**

Nos contratos de cessão de mão de obra, a responsabilidade do tomador do serviço pelas contribuições previdenciárias é solidária, não comportando benefício de ordem.

*Gabarito:* Certo. No caso de empreitada total (art. 30, VI, da Lei 8.212/91) não há retenção.

Cabe também à pessoa física responsável obter a certidão negativa de débitos da obra (ou positiva com efeito de negativa), salvo no caso de isenção adiante analisada, que será necessária para a obtenção do "habite-se" da obra junto ao órgão municipal competente. Leia-se o art. 47, II, da Lei 8.212/91:

> Art. 47. É exigida Certidão Negativa de Débito-CND, fornecida pelo órgão competente, nos seguintes casos:
> [...]
> II – do proprietário, pessoa física ou jurídica, de obra de construção civil, quando de sua averbação no registro de imóveis, salvo no caso do inciso VIII do art. 30.

Deveras, há uma hipótese de isenção de contribuições previdenciárias na construção de pessoa física, presente no art. 30, VIII, da Lei 8.212/91:

> Art. 30. A arrecadação e o recolhimento das contribuições ou de outras importâncias devidas à Seguridade Social obedecem às seguintes normas:
> [...]

> VIII – nenhuma contribuição à Seguridade Social é devida se a construção residencial unifamiliar, destinada ao uso próprio, de tipo econômico, for executada sem mão-de-obra assalariada, observadas as exigências do regulamento;

Assim, a moradia modesta, para uso familiar e construída sem finalidades comerciais e sem a contratação de mão de obra (caso do mutirão), está isenta de contribuições previdenciárias.

Na obra de **responsabilidade da pessoa jurídica**, apresentam-se estas e outras obrigações.

Pode se apresentar como pessoa jurídica responsável o proprietário, o dono da obra, o incorporador ou a construtora contratada para executar obra por empreitada total.

A **construtora** também pode ser contratada por pessoa física, para realizar a obra por empreitada total, e constar como responsável pela obra. Neste caso, **a obra será de responsabilidade de pessoa jurídica**.

A empresa já possui um número CEI, mas deve obter uma nova matrícula para cada obra.

A empresa também deve apresentar a Declaração e informações sobre Obra – DISO, efetuar o registro dos empregados segurados que lhe prestem serviços, elaborar folha de pagamento, manter e apresentar os documentos pertinentes à obra, realizar os descontos e os recolhimentos das contribuições devidas, apresentar mensalmente a Guia de Recolhimento do Fundo de Garantia por Tempo de Serviço e Informações à Previdência Social – GFIP e emitir o Aviso de Regularização de Obra – ARO para regularizar a obra.

Se a pessoa jurídica for responsável por mais de uma obra, o que ocorre com frequência nas construtoras, deve ser apresentadas uma DISO e uma GFIP por obra, para permitir a verificação da regularidade de cada obra ou para determinar eventuais responsabilidades solidárias, que não podem exceder as dívidas decorrentes de cada empreendimento.

As pessoas jurídicas responsáveis também devem manter em sua contabilidade os registros identificados por obra, com a mesma finalidade. A propósito, a correta contabilidade pode comprovar a regularidade da obra, para fins de obtenção da certidão negativa necessária para o "habite-se".

Salvo se a empresa realizar a obra exclusivamente com mão de obra própria, irá contratar prestação de serviços de terceiros, em outros termos, de **cessão de mão de obra**. As empresas em geral podem contratar uma construtora ou outras empresas para serviços parciais (projetos, terraplenagem, obra civil, obra elétrica etc) e a construtora contratada para a realização da obra de empreitada total, pode contratar subempreiteiras.

Nestes casos, a nota fiscal ou o recibo de prestação de serviços deve identificar o contratante, o endereço da obra e a matrícula CEI (CASTRO, LAZZARI, 2007, p. 250).

Ademais, deve a pessoa jurídica contratante realizar a **retenção** de que trata o art. 31, § 4º, III, da Lei 8.212/91.

> Art. 31. A empresa contratante de serviços executados mediante cessão de mão de obra, inclusive em regime de trabalho temporário, deverá reter 11% (onze por cento) do valor bruto da nota fiscal ou fatura de prestação de serviços e recolher, em nome da empresa cedente da mão de obra, a importância retida até o dia 20 (vinte) do mês subsequente ao da emissão da respectiva nota fiscal ou fatura, ou até o dia útil imediatamente anterior se não houver expediente bancário naquele dia, observado o disposto no § 5º do art. 33 desta Lei.
>
> [...]
>
> § 4º Enquadram-se na situação prevista no parágrafo anterior, além de outros estabelecidos em regulamento, os seguintes serviços:
>
> [...]
>
> III - empreitada de mão-de-obra;

▶ **Como esse assunto foi cobrado em concurso?**

**(ESAF/AFRF/2014).** No tocante à responsabilidade pelo recolhimento das Contribuições Sociais Previdenciárias, avalie:

As empresas são responsáveis pela retenção de 11% (onze por cento) sobre o valor bruto da nota fiscal, da fatura ou do recibo de prestação de serviços executados mediante cessão de mão de obra ou empreitada, excetuada a hipótese de empregados em regime de trabalho temporário.

*Gabarito:* Errado. O art. 31, da Lei 8.212/91 não exclui do dever de retenção a prestação de serviços executados mediante cessão de mão de obra composta de empregados em regime de trabalho temporário.

Vale mencionar que a pessoa física responsável por obra não é obrigada a realizar esta retenção, mas somente o recolhimento das contribuições devidas pelos segurados que contratar.

No caso de empreitada total, em que o empreiteiro é o responsável previdenciário pela obra, não se considera haver cessão de mão de obra (art. 220, do Decreto 3.048/99) e não há a obrigatoriedade de retenção, mas a pessoa jurídica contratante se torna responsável solidária pelas contribuições devidas, no caso de inadimplemento da construtora.

O fundamento é o mesmo que impõe a solidariedade das pessoas físicas responsáveis por obra, vale dizer, o art. 30, VI, da Lei 8.212/91.

Quanto a certidão negativa, dispõe o art. 47, § 1º, da Lei 8.212/91:

> Art. 47. É exigida Certidão Negativa de Débito-CND, fornecida pelo órgão competente, nos seguintes casos:
> [...]
> II – do proprietário, pessoa física ou jurídica, de obra de construção civil, quando de sua averbação no registro de imóveis, salvo no caso do inciso VIII do art. 30.
> § 1º A prova de inexistência de débito deve ser exigida da empresa em relação a todas as suas dependências, estabelecimentos e obras de construção civil, independentemente do local onde se encontrem, ressalvado aos órgãos competentes o direito de cobrança de qualquer débito apurado posteriormente.

Diz a norma que a empresa que possui várias obras deve estar regular em todas elas, para obter a certidão.

A apuração do correto recolhimento das contribuições depende da análise da DISO, do CEI, da GFIP, das notas fiscais e da escrituração contábil. Caso o contribuinte não possua documentação plena, ou esta não seja fidedigna, a lei permite a apuração das contribuições de maneira indireta, mediante cálculo da mão de obra empregada pela empresa, proporcional à área construída de cada obra. Leia-se o art. 33, §§ 4º e 6º, da Lei 8.212/91:

> Art. 33. [...]
> § 4º Na falta de prova regular e formalizada pelo sujeito passivo, o montante dos salários pagos pela execução de obra de

> construção civil pode ser obtido mediante cálculo da mão de obra empregada, proporcional à área construída, de acordo com critérios estabelecidos pela Secretaria da Receita Federal do Brasil, cabendo ao proprietário, dono da obra, condômino da unidade imobiliária ou empresa corresponsável o ônus da prova em contrário. (Redação dada pela Lei nº 11.941, de 2009).
>
> [...]
>
> § 6º Se, no exame da escrituração contábil e de qualquer outro documento da empresa, a fiscalização constatar que a contabilidade não registra o movimento real de remuneração dos segurados a seu serviço, do faturamento e do lucro, serão apuradas, por aferição indireta, as contribuições efetivamente devidas, cabendo à empresa o ônus da prova em contrário.

Aponta a doutrina que o método é muito criticado, pois deveria ser exceção e teria se tornado regra (CASTRO, LAZZARI, 2007, p. 252).

### 3.2. Contribuições do empregador sobre receita

#### 3.2.1. Introdução

A Constituição prevê a possibilidade de que as contribuições para a seguridade social incidam sobre a receita.

No texto original do art. 195, I, da Carta, previa-se apenas a incidência sobre o faturamento, posteriormente estendida para a receita bruta, pela EC 20/98, como vimos ao analisar o PIS e a COFINS.

Notadamente quanto a incidência sobre o faturamento, grandeza menor que a receita bruta, pois aquela limita-se ao resultado das vendas de mercadorias e a prestação de serviços, enquanto esta atinge todas as receitas do contribuinte, as contribuições para a seguridade social com esta base são anteriores à 1988.

O PIS, criado pela LC 7/70 já incidia sobre o faturamento, as contribuições para o PRORURAL também foram instituídas na década de 70 e o Finsocial, antecedente da COFINS, previa incidência sobre a receita bruta, nos termos do DL 1.940/82.

Como o PIS e a COFINS são objeto de análise em capítulo próprio deste livro, resta-nos aqui estudar três modalidades de contribuições para a seguridade social sobre a receita bruta, a contribuição da agroindústria (art. 22-A, da Lei 8.212/91), a contribuição do empregador rural pessoa física (art. 25, da Lei 8.212/91) e a contribuição substitutiva, criada pelos art. 7º e seg, da Lei 12.546/11, embora a contribuição do art. 22-A, da Lei 8.212/91 também tenha caráter substitutivo.

Vale notar a existência de uma outra contribuição de caráter especial sobre receita, também com caráter substitutivo, qual seja, a prevista pelo art. 22, § 6º, da Lei 8.212/91.

> Art. 22. A contribuição a cargo da empresa, destinada à Seguridade Social, além do disposto no art. 23, é de:
> [...]
> § 6º A contribuição empresarial da associação desportiva que mantém equipe de futebol profissional destinada à Seguridade Social, em substituição à prevista nos incisos I e II deste artigo, corresponde a cinco por cento da receita bruta, decorrente dos espetáculos desportivos de que participem em todo território nacional em qualquer modalidade desportiva, inclusive jogos internacionais, e de qualquer forma de patrocínio, licenciamento de uso de marcas e símbolos, publicidade, propaganda e de transmissão de espetáculos desportivos.

Assim, a contribuição devida por associação desportiva que mantém time de futebol não incide sobre folha, mas sobre a receita bruta de espetáculos desportivos, à alíquota de 5%. A propósito, cabe "à entidade promotora do espetáculo a responsabilidade de efetuar o desconto de cinco por cento da receita bruta decorrente dos espetáculos desportivos e o respectivo recolhimento ao Instituto Nacional do Seguro Social, no prazo de até dois dias úteis após a realização do evento" (art. 22, § 7º, da Lei 8.212/9)

> ▶ Como esse assunto foi cobrado em concurso?
> (ESAF/AFRF/2014). No tocante à responsabilidade pelo recolhimento das Contribuições Sociais Previdenciárias, avalie:
> As empresas são responsáveis pela arrecadação, mediante desconto, e pelo recolhimento da contribuição incidente sobre a receita bruta da realização de evento desportivo, devida pela associação desportiva que mantém equipe de futebol profissional, quando se tratar de entidade promotora de espetáculo desportivo.
> As empresas são responsáveis pela arrecadação, mediante desconto, e pelo recolhimento da contribuição incidente sobre a receita bruta decorrente de qualquer forma de patrocínio, de licenciamento de uso de marcas e símbolos, de publicidade, de propaganda e transmissão

de espetáculos desportivos, devida pela associação desportiva que mantém equipe de futebol profissional.

**Gabarito:** Corretas as afirmativas.

Vejamos as contribuições mais importantes.

### 3.2.2. Contribuição do empregador rural pessoa física

O sistema previdenciário rural não era o mesmo dos trabalhadores urbanos. Vigiam contribuições destinadas ao PRORRURAL e ao FUNRURAL, para custear a previdência rural.

Com a Constituição de 1988, os regimes foram unificados, havendo regras próprias para as contribuições dos produtores rurais, na Lei 8.212/91, sempre prevendo exações sobre a produção, no art. 25, da referida lei.

O dispositivo sucessivamente alterado, pela Lei 8.540/92, pela Lei 8.870/94 e pela Lei 9.528/07, sempre prevendo como base de incidência "receita bruta proveniente da comercialização da sua produção", vale dizer, da venda da produção rural.

O STF, declarou a inconstitucionalidade destas normas pela primeira vez no RE 363.852/MG.

> **▶ Entendimento do STF**
>
> Ante o texto constitucional, não subsiste a obrigação tributária sub-rogada do adquirente, presente a venda de bovinos por produtores rurais, pessoas naturais, prevista nos artigos 12, incisos V e VII, 25, incisos I e II, e 30, inciso IV, da Lei nº 8.212/91, com as redações decorrentes das Leis nº 8.540/92 e nº 9.528/97. Aplicação de leis no tempo – considerações.
>
> (STF, Tribunal Pleno, RE 363.852/MG, Min. Marco Aurélio, DJe de 23/4/2010)

Entendeu o Tribunal que os produtores rurais pessoas físicas, mesmo que empregadores, não poderiam sofrer incidência de contribuições previdenciária com base na receita, pois o mandamento constitucional previa apenas incidência sobre faturamento, deveriam recolher a contribuição com base na folha de salários, e que eventual cobrança nos moldes estabelecidos pelo legislador até então somente poderia ser instituída por lei complementar (competência residual da União).

A jurisprudência do STF foi mantida pelos julgamentos posteriores, vários deles proferidos de acordo com as regras dos recursos repetitivos.

> ▶ **Entendimento do STF**
>
> I – Ofensa ao art. 150, II, da CF em virtude da exigência de dupla contribuição caso o produtor rural seja empregador. II – Necessidade de lei complementar para a instituição de nova fonte de custeio para a seguridade social. III – RE conhecido e provido para reconhecer a inconstitucionalidade do art. 1º da Lei 8.540/1992, aplicando-se aos casos semelhantes o disposto no art. 543-B do CPC.
>
> (STF, Tribunal Pleno, RE 596.177 RG/RS, Min. Ricardo Lewandowski, DJe de 29/8/2011)
>
> Possui repercussão geral a controvérsia acerca da constitucionalidade do artigo 25, incisos I e II, da Lei nº 8.870/94, que instituiu contribuição à seguridade social, a cargo do empregador produtor rural, pessoa jurídica, incidente sobre a receita bruta proveniente da comercialização da produção rural.
>
> (STF, Tribunal Pleno, RE 700.922 RG/ Min. Marco Aurélio, DJe de 29/5/2013)
>
> 1. O Plenário do Supremo Tribunal Federal, ao julgar o RE 363.852/MG, Rel. Min. Marco Aurélio, declarou inconstitucional o art. 1º da Lei nº 8.540/1992, que deu nova redação aos arts. 12, V e VII; 25, I e II; e 30, IV, da Lei nº 8.212/1991, com a redação atualizada até a Lei nº 9.528/1997, até que legislação nova, arrimada na Emenda Constitucional nº 20/1998, viesse a instituir a contribuição. 2. Agravo regimental a que se nega provimento.
>
> (STF, T1, RE 409.313 ARG/ Min. Roberto Barroso, DJe de 20/4/2016)

Merece ficar registrado que todos estes julgamentos, embora recentes, dizem respeito à legislação publicada até 1997, antes, portanto, da EC 20/98, que analisaremos a seguir.

Entendeu-se, portanto, que a contribuição do empregador rural pessoa física, bem como a do segurado individual trabalhador rural, eram inconstitucionais, na redação original da Constituição de 1988.

Passou-se a discutir, então, se os tais empregadores rurais, não organizados em pessoas jurídicas, deveriam contribuir com base na folha de salários, conforme a legislação anterior. Em outros termos, se da inconstitucionalidade das normas decorria a repristinação da lei que previa a incidência da contribuição sobre folha de pagamentos.

Numa primeira oportunidade, em recurso cuja coisa julgada se limitada às partes do processo, o STF manifestou-se pela repristinação.

## Cap. 9 • Contribuições Sociais

> ▶ **Entendimento do STF**
>
> O Pleno, no julgamento do Recurso Extraordinário nº 363.852/MG, proclamou a invalidade da contribuição. Subsiste norma anterior alterada ou revogada pelo dispositivo declarado inconstitucional. MULTA – AGRAVO – ARTIGO 557, § 2º, DO CÓDIGO DE PROCESSO CIVIL. Surgindo do exame do agravo o caráter manifestamente infundado, impõe-se a aplicação da multa prevista no § 2º do artigo 557 do Código de Processo Civil.
>
> (STF, T1, RE 418.958 AgR-AgR/MG Min. Marco Aurélio, DJe de 11/6/2014)

Posteriormente, em recurso com repercussão geral, o STF entendeu que a matéria é infraconstitucional, deixando a definição acerca do tema da repristinação ao STJ (RE 959.870 RG/PR).

O STJ, a seu turno, tem se manifestado pela repristinação da lei anterior, permitindo a incidência sob folha, com base na legislação revogada (AgRg no REsp 1.422.730/RS, AgRg no REsp 1.423.352/PR).

Com o objetivo de permitir as contribuições sobre a receita da comercialização da produção rural, a EC 20/98 alterou a redação do art. 195, § 8º, da CF/88.

> Art. 195. [...]
>
> § 8º O produtor, o parceiro, o meeiro e o arrendatário rurais e o pescador artesanal, bem como os respectivos cônjuges, que exerçam suas atividades em regime de economia familiar, sem empregados permanentes, contribuirão para a seguridade social mediante a aplicação de uma alíquota sobre o resultado da comercialização da produção e farão jus aos benefícios nos termos da lei. (Redação dada pela Emenda Constitucional nº 20, de 1998)

Sobreveio, então, a Lei 10.256/01, que alterou o art. 25, da Lei 8.212/91, prevendo a contribuição do empregador rural pessoa física, sobre a receita bruta proveniente da comercialização da sua produção, em substituição à contribuição sobre folha, com a seguinte redação:

> Art. 25. A contribuição do empregador rural pessoa física, em substituição à contribuição de que tratam os incisos I e II do art. 22, e a do segurado especial, referidos, respectivamente, na alínea a do inciso V e no inciso VII do art. 12 desta Lei, destinada à Seguridade Social, é de:

I – 2% da receita bruta proveniente da comercialização da sua produção;

II – 0,1% da receita bruta proveniente da comercialização da sua produção para financiamento das prestações por acidente do trabalho.

§ 1º O segurado especial de que trata este artigo, além da contribuição obrigatória referida no caput, poderá contribuir, facultativamente, na forma do art. 21 desta Lei.

§ 2º A pessoa física de que trata a alínea "a" do inciso V do art. 12 contribui, também, obrigatoriamente, na forma do art. 21 desta Lei.

§ 3º Integram a produção, para os efeitos deste artigo, os produtos de origem animal ou vegetal, em estado natural ou submetidos a processos de beneficiamento ou industrialização rudimentar, assim compreendidos, entre outros, os processos de lavagem, limpeza, descaroçamento, pilagem, descascamento, lenhamento, pasteurização, resfriamento, secagem, fermentação, embalagem, cristalização, fundição, carvoejamento, cozimento, destilação, moagem, torrefação, bem como os subprodutos e os resíduos obtidos através desses processos.

[...] (§§ 4º a 9º vetados ou revogados)

§ 10. Integra a receita bruta de que trata este artigo, além dos valores decorrentes da comercialização da produção relativa aos produtos a que se refere o § 3º deste artigo, a receita proveniente:

I – da comercialização da produção obtida em razão de contrato de parceria ou meação de parte do imóvel rural;

II – da comercialização de artigos de artesanato de que trata o inciso VII do § 10 do art. 12 desta Lei;

III – de serviços prestados, de equipamentos utilizados e de produtos comercializados no imóvel rural, desde que em atividades turística e de entretenimento desenvolvidas no próprio imóvel, inclusive hospedagem, alimentação, recepção, recreação e atividades pedagógicas, bem como taxa de visitação e serviços especiais;

IV – do valor de mercado da produção rural dada em pagamento ou que tiver sido trocada por outra, qualquer que seja o motivo ou finalidade; e

V – de atividade artística de que trata o inciso VIII do § 10 do art. 12 desta Lei.

§ 11. Considera-se processo de beneficiamento ou industrialização artesanal aquele realizado diretamente pelo próprio produtor rural pessoa física, desde que não esteja sujeito à incidência do Imposto Sobre Produtos Industrializados – IPI.

Art. 25A. Equipara-se ao empregador rural pessoa física o consórcio simplificado de produtores rurais, formado pela união de produtores rurais pessoas físicas, que outorgar a um deles poderes para contratar, gerir e demitir trabalhadores para prestação de serviços, exclusivamente, aos seus integrantes, mediante documento registrado em cartório de títulos e documentos.

§ 1º O documento de que trata o caput deverá conter a identificação de cada produtor, seu endereço pessoal e o de sua propriedade rural, bem como o respectivo registro no Instituto Nacional de Colonização e Reforma Agrária – INCRA ou informações relativas a parceria, arrendamento ou equivalente e a matrícula no Instituto Nacional do Seguro Social – INSS de cada um dos produtores rurais.

§ 2º O consórcio deverá ser matriculado no INSS em nome do empregador a quem hajam sido outorgados os poderes, na forma do regulamento.

§ 3º Os produtores rurais integrantes do consórcio de que trata o caput serão responsáveis solidários em relação às obrigações previdenciárias.

Há precedentes do STJ que se manifestam pela inconstitucionalidade do dispositivo, mantendo, como vimos, a possibilidade da incidência sob folha, pelo efeito repristinatório. Contudo, a questão, bem como a contribuição do segurado especial ligado ao produtor rural, são objeto de recursos extraordinários no STF, recebidos com repercussão geral. São eles o RE 718.874 RG/RS e o RE 761.263 RG/SC).

O RE 718.874 RG/RS foi julgado a favor da União, fixando-se a tese de que "é constitucional formal e materialmente a contribuição social do empregador rural pessoa física, instituída pela Lei 10.256/2001, incidente sobre a receita bruta obtida com a comercialização de sua produção" (STF, Plenário, 30.3.2017).

▶ **Como esse assunto foi cobrado em concurso?**
(ESAF/AFRF/2012). Assinale certo ou errado.
No caso dos segurados especiais, sua contribuição social incide sobre a receita bruta proveniente da comercialização da produção rural.
*Gabarito:* Certo. Art. 25 da Lei 8.212/91.

Valem, portanto, alguns comentários sobre o art. 25, da Lei 8.212/91.

Como salientado, o dispositivo prevê contribuição do empregador rural pessoa física, sobre a receita bruta proveniente da comercialização da sua produção, em substituição à contribuição sobre folha.

Integram a produção, de acordo com o art. 25. § 3º, da Lei 8.212/91 "os produtos de origem animal ou vegetal, em estado natural ou submetidos a processos de beneficiamento ou industrialização rudimentar, assim compreendidos, entre outros, os processos de lavagem, limpeza, descaroçamento, pilagem, descascamento, lenhamento, pasteurização, resfriamento, secagem, fermentação, embalagem, cristalização, fundição, carvoejamento, cozimento, destilação, moagem, torrefação, bem como os subprodutos e os resíduos obtidos através desses processos".

Dispõe a lei, ainda, que integra a receita bruta a receita proveniente da comercialização da produção obtida em razão de contrato de parceria ou meação de parte do imóvel rural, da comercialização de certos artigos de artesanato, dos serviços de turismo rural, ecoturismo e hotel-fazenda e de produção rural objeto de troca (não vendida) (art. 25, § 10, da Lei 8.212/91).

> ▶ **Como esse assunto foi cobrado em concurso?**
> **(ESAF/Procurador da Fazenda Nacional – PGFN/2015).** Assinale certo ou errado.
> Como não pode exercer atividade de comércio, o segurado especial da Previdência Social não é obrigado a recolher nenhuma contribuição sobre a receita da venda de artigos de artesanato elaborados com matéria-prima produzida pelo respectivo grupo familiar.
> *Gabarito:* Errado. Compõe a base de cálculo da contribuição do segurado especial a venda de produtos de artesanato (art. 25, § 10, da Lei 8.212/91)

A contribuição para o regime geral de previdência tem alíquota de 2% enquanto a contribuição para o SAT/RAT tem alíquota de 0,1% (art. 25, incisos I e II, da Lei 8.212/91).

O art. 25. § 1º **permite** que o **segurado especial**, "residente no imóvel rural ou em aglomerado urbano ou rural próximo a ele que, individualmente ou em regime de economia familiar", como o parceiro, o meeiro, o trabalhador rural assentado, o seringueiro, o pescador etc (art. 12, VIII, da Lei 8.212/91), contribua como **segurado facultativo**, sem prejuízo da contribuição do caput do artigo, que permanece obrigatória.

Ademais, o art. 25, § 2º, **determina** que a pessoa física de que trata a alínea "a" do inciso V do art. 12, vale dizer, a pessoa que explore atividade agropecuária ou pesqueira com o auxílio de empregados ou prepostos, bem como atividade agropecuária em área superior a 4 módulos fiscais, contribua, também, obrigatoriamente, como **contribuinte individual**.

A seu turno, o art. 25-A, da Lei 8.212/91 **equipara** o **consórcio simplificado** de produtores rurais, formado pela união de produtores rurais pessoas físicas, que nomeia um deles para representar todos, **ao empregador rural pessoa física**.

Vale ainda mencionar que a contribuição para o SENAR, prevista originariamente pelo art. 3º, da lei 8.315/91, de 2,5% sobre folha foi substituída por uma contribuição de 0,1% sobre a receita bruta da comercialização da produção rural, pelo art. 2º, da Lei 8.540/92.

A incidência, contudo, também é objeto de discussão e será julgada no RE 816.830 RG/SC.

O resultado do julgamento vai depender da natureza da contribuição. Em outros termos, se se trata de uma contribuição para a seguridade social ou de uma contribuição social geral.

### 3.2.3. *Contribuição da agroindústria e do produtor rural*

A história das contribuições da empresa rural também é conturbada, assim como a das contribuições do produtor rural pessoa física.

O legislador criou uma contribuição para a agroindústria no art. 25, § 2º, da Lei 8.870/94, sobre receita bruta, substituição às contribuições sobre folha da Lei 8.212/91.

A contribuição foi declarada inconstitucional, no julgamento da ADIn 1.103, com a seguinte ementa:

▸ **Entendimento do STF**
2. Mérito. O art. 195, I, da Constituição prevê a cobrança de contribuição social dos empregadores, incidentes sobre a folha de salários, o

> faturamento e o lucro; desta forma, quando o § 2º do art. 25 da Lei nº 8.870/94 cria contribuição social sobre o valor estimado da produção agrícola própria, considerado o seu preço de mercado, é ele inconstitucional porque usa uma base de cálculo não prevista na Lei Maior. 3. O § 4º do art. 195 da Constituição prevê que a lei complementar pode instituir outras fontes de receita para a seguridade social; desta forma, quando a Lei nº 8.870/94 serve-se de outras fontes, criando contribuição nova, além das expressamente previstas, é ela inconstitucional, porque é lei ordinária, insuscetível de veicular tal matéria. 4. Ação direta julgada procedente, por maioria, para declarar a inconstitucionalidade do § 2º da Lei nº 8.870/94.
> 
> (STF, Tribunal Pleno, ADI 1.103/DF, Min. Maurício Correa, DJ de 25/4/97)

Após a EC 20/98, a Lei 10.256/01, inserindo o art. 22-A, da Lei 8.212/91, restabeleceu a contribuição sobre receita bruta da agroindústria, assim entendido o produtor rural pessoa jurídica cuja atividade econômica seja a industrialização de produção própria ou de produção própria e adquirida de terceiros, em substituição à contribuição sobre folha de pagamentos.

▶ **Como esse assunto foi cobrado em concurso?**
**(ESAF/AFRF/2012). Assinale certo ou errado.**
No caso do produtor rural registrado sob a forma de pessoa jurídica, sua contribuição social recairá sobre o total de sua receita líquida.
*Gabarito:* Errado. O produtor rural pessoa jurídica contribui com base na receita bruta, conforme o art. 22-A, da Lei 8.212/91.

Prevê a norma a alíquota de 2,5% de contribuição para o regime geral de previdência e a alíquota de 0,1% para o SAT.

As receitas de prestação de serviço, que deverão ser excluídas desta incidência e sujeitar-se à incidência sobre folha de pagamentos, previstas no art. 22, da Lei 8.212/91.

A norma também não se aplica às sociedades cooperativas e às agroindústrias de piscicultura, carcinicultura, suinocultura e avicultura, nem à empresa que se dedique apenas ao florestamento e reflorestamento como fonte de matéria-prima para industrialização própria mediante a utilização de processo industrial que modifique a natureza química da madeira ou a transforme em pasta celulósica (produtoras de papel) (art. 22-A, §§ 4º e 6º, da Lei 8.212/91).

Mesmo após a EC 20/98, as discussões sobre a contribuição persistiram, e são objeto do RE 611.601 RG/RS, recebido com repercussão geral.

Vale ressaltar que o produtor rural pessoa física, deve recolher a própria contribuição, não havendo dever de desconto e recolhimento pelas empresas que adquirirem sua produção (art. 30, X e XII, da Lei 8.212/91).

> ▶ **Como esse assunto foi cobrado em concurso?**
> **(ESAF/AFRF/2014).** No tocante à responsabilidade pelo recolhimento das Contribuições Sociais Previdenciárias, avalie:
> As empresas são responsáveis pela arrecadação, mediante desconto, e pelo recolhimento da contribuição do produtor rural pessoa física e do segurado especial incidente sobre a comercialização da produção, quando adquirir ou comercializar o produto rural recebido em consignação, independentemente dessas operações terem sido realizadas diretamente com o produtor ou com o intermediário pessoa física.
> **Gabarito:** Certo.

Por fim, a agroindústria também contribui para o SENAR, cuja contribuição, originariamente incidente sobre folha de pagamentos, foi substituída para a receita bruta, no percentual de 0,1%, pelo art. 25, da Lei 8.870/94, alíquota posteriormente elevada para 0,2%, pela Lei 10.256/01.

### 3.2.4. *Contribuição substitutiva*

A chamada contribuição substitutiva, criada pela Lei 12.546/11, também apresenta polêmicas, embora em menor grau que as contribuições dos empregadores rurais, tendo em vista seu fundamento constitucional expresso, seu caráter facultativo (trata-se de uma opção dos contribuintes) e sua finalidade de desoneração da folha de pagamentos.

As principais polêmicas da contribuição têm caráter político, pois, principalmente nas suas primeiras versões, representou significativa redução de receitas para o governo federal, enquanto o déficit público se mostrava elevado.

Há, também, discussões jurídicas, notadamente quanto a sua base de cálculo, que não chegam a comprometer sua existência, como ocorre nas contribuições previstas pelos art. 22-A e 25, da Lei 8.212/91.

A contribuição substitutiva foi instituída pela Lei 12.546/11 como uma exação **provisória** (com previsão de vigência até dezembro de

2014), **obrigatória** (não se tratava de uma escolha do contribuinte), **limitada 1.** às empresas que **prestadoras de serviços** de Tecnologia da Informação (TI) e de Tecnologia da Informação e Comunicação (TIC), desenvolvedoras de softwares e sistemas de informática, com a alíquota de 2,5% incidente sobre a receita bruta destas empresas (art. 7º, da Lei 12.546/11), e **2.** às empresas **fabricantes** de determinados produtos indicados pela lei, com a alíquota de 1,5% sobre a receita bruta (art. 8º, da Lei 12.546/11).

A lei foi sofrendo alterações e, até a redação conferida pela Lei 13.161/15, prevê contribuição **permanente** (não tem prazo de duração), **facultativa** (o contribuinte tem opção em recolher a contribuição substitutiva sobre receita bruta ou as contribuições do art. 22, I e III, da Lei 8.212/91), **limitada, mas com ampliação** das empresas que podem aderir ao sistema de contribuição, com **alíquota básica de 4,5% para empresas prestadoras de serviço e de 2,5% para empresas industriais (dependendo do produto fabricado, a alíquota pode ser de 1,5%, a exemplo dos produtos têxteis e calçados, ou de 1%, a exemplo de carnes e outros alimentos).**

Vejamos o texto do *caput* dos art. 7º e 8º, bem como os art. 7º-A e 8º-A, da Lei 12.546/11: , vigente até o advento da MP 774/17:

> Art. 7º Poderão contribuir sobre o valor da receita bruta, excluídos as vendas canceladas e os descontos incondicionais concedidos, em substituição às contribuições previstas nos incisos I e II, do caput do art. 22, da Lei 8.212 de 24 de julho de 1991:
> [...]
> Art. 7º-A. A alíquota da contribuição sobre a receita bruta prevista no art. 7º será de 4,5% (quatro inteiros e cinco décimos por cento), exceto para as empresas de call center referidas no inciso I, que contribuirão à alíquota de 3% (três por cento), e para as empresas identificadas nos incisos III, V e VI, todos do caput do art. 7º, que contribuirão à alíquota de 2% (dois por cento).
> Art. 8º Poderão contribuir sobre o valor da receita bruta, excluídas as vendas canceladas e os descontos incondicionais concedidos, em nos incisos I e II, do caput do art. 22, da Lei 8.212 de 24 de julho de 1991, as empresas que fabricam os produtos classificados na Tipi, aprovada pelo Decreto 7.660, de 23 de dezembro de 2011, nos códigos referidos no Anexo I.
> [...]

> Art. 8º-A. A alíquota da contribuição sobre a receita bruta prevista no art. 80 será de 2,5% (dois inteiros e cinco décimos por cento), exceto para as empresas constantes dos incisos II a IX e XIII a XVI do § 3º do art. 80 e para as empresas que fabricam os produtos classificados na Tipi nos códigos 6309.00, 64.01 a 64.06 e 87.02, exceto 8702.90.10, que contribuirão à alíquota de 1,5% (um inteiro e cinco décimos por cento), e para as empresas que fabricam os produtos classificados na Tipi nos códigos 02.03, 0206.30.00, 0206.4, 02.07, 02.09, 02.10.1, 0210.99.00, 03.03, 03.04, 0504.00, 05.05, 1601.00.00, 16.02, 1901.20.00 Ex 01, 1905.90.90 Ex 01 e 03.02, exceto 0302.90.00, que contribuirão à alíquota de 1% (um por cento).

Dispõe a lei que, "no caso de empresas que se dediquem a atividades ou fabriquem produtos sujeitos a alíquotas sobre a receita bruta diferentes, o valor da contribuição será calculado mediante aplicação da respectiva alíquota sobre a receita bruta correspondente a cada atividade ou produto" (art. 9º, § 17, da Lei 12.546/11).

O tratamento da Lei 12.546/11 ao sujeito passivo da contribuição é muito específico e individualizado. Dentro do nosso escopo, cabe observar que podem aderir à contribuição substitutiva **empresas industriais** de diversos produtos e um número mais reduzido de **empresas prestadoras de serviço**. A contribuição, em regra, não é opção para empresas comerciais.

O número de indústrias que podem aderir à contribuição substitutiva é muito grande e não se justifica a apresentação de uma lista.

De outro turno, as prestadoras de serviço são em menor número, que passamos a listar (art. 7º, da Lei 12.546/11):

- as empresas que prestam os serviços de Tecnologia da Informação (TI) e de Tecnologia da Informação e Comunicação (TIC), desenvolvedoras de softwares e sistemas de informática
- as empresas do setor hoteleiro enquadradas na como hotéis e pousadas
- as empresas de transporte rodoviário coletivo de passageiros, com itinerário fixo, municipal, intermunicipal em região metropolitana, intermunicipal, interestadual e internacional
- as empresas do setor de construção civil,
- as empresas de transporte ferroviário de passageiros,
- as empresas de transporte metroferroviário de passageiros,
- as empresas de construção de obras de infraestrutura,

Curioso que o legislador incluiu outras empresas prestadoras serviços no âmbito da contribuição substitutiva, no art. 8º, da Lei 12.546/11, que trata das empresas industriais. Assim, estão sujeitas à alíquota de 2,5% as empresas com as seguintes atividades, relacionadas a transporte aéreo, marítimo e rodoviário, navegação e jornalismo (art. 8, § 3º, da Lei 12.546/11):

- manutenção e reparação de aeronaves, motores, componentes e equipamentos correlatos
- transporte aéreo de carga e de serviços auxiliares ao transporte aéreo de carga;
- transporte aéreo de passageiros regular e de serviços auxiliares ao transporte aéreo de passageiros regular
- transporte marítimo de carga na navegação de cabotagem
- transporte marítimo de passageiros na navegação de cabotagem
- de transporte marítimo de carga na navegação de longo curso
- transporte marítimo de passageiros na navegação de longo curso
- de transporte por navegação interior de carga
- de transporte por navegação interior de passageiros em linhas regulares;
- de navegação de apoio marítimo e de apoio portuário
- de manutenção e reparação de embarcações;
- que realizam operações de carga, descarga e armazenagem de contêineres em portos organizados,
- de transporte rodoviário de cargas,
- jornalísticas e de radiodifusão sonora e de sons e imagens de que trata a Lei 10.610/02.

A lei incluiu, também, a possibilidade de que certas empresas de comércio varejista aderisse ao sistema da contribuição substitutiva, muitas vendedoras de produtos relacionados a atividades de empresas que também podem optar pela contribuição substitutiva (art. 8º, § 3º, XII, da Lei 12.546/11). São elas (Anexo II, da Lei 12.546/11):

- Lojas de departamentos ou magazines
- Comércio varejista de materiais de construção
- Comércio varejista de materiais de construção em geral
- Comércio varejista especializado de equipamentos e suprimentos de informática

- Comércio varejista especializado de equipamentos de telefonia e comunicação
- Comércio varejista especializado de eletrodomésticos e equipamentos de áudio e vídeo
- Comércio varejista de móveis
- Comércio varejista especializado de tecidos e artigos de cama, mesa e banho
- Comércio varejista de outros artigos de uso doméstico
- Comércio varejista de livros, jornais, revistas e papelaria
- Comércio varejista de discos, CDs, DVDs e fitas
- Comércio varejista de brinquedos e artigos recreativos
- Comércio varejista de artigos esportivos
- Comércio varejista de cosméticos, produtos de perfumaria e de higiene pessoal
- Comércio varejista de artigos do vestuário e acessórios
- Comércio varejista de calçados e artigos de viagem
- Comércio varejista de produtos saneantes domissanitários
- Comércio varejista de artigos fotográficos e para filmagem

A contratação das empresas para a execução dos serviços previstos no art. 7º e no art. 8º, § 3º, da Lei 12.546/11, que envolva cessão de mão de obra, está sujeita à retenção na fonte de 3,5% do valor da nota fiscal de prestação de serviços (art. 7º, § 6º e art. 8º, § 5º, da Lei 12.546/11), não de 11%, como prevê o art. 31, da Lei 8.212/91.

Estão, porém, **excluídas do sistema da Lei 12.546/11:**
- as empresas que exerçam as atividades de representante, distribuidor ou revendedor de programas de computador, cuja receita bruta decorrente dessas atividades seja igual ou superior a 95% da receita bruta total (art. 7º, § 2º, da Lei 12.546/11)
- as empresas que se dediquem a outras atividades, além das previstas no caput, cuja receita bruta decorrente dessas outras atividades seja igual ou superior a 95% (noventa e cinco por cento) da receita bruta total (art. 8º, § 1º, II, "a", da Lei 12.546/11)
- as fabricantes de automóveis, comerciais leves (camionetas, picapes, utilitários, vans e furgões), caminhões e chassis com motor para caminhões, chassis com motor para ônibus, caminhões-tratores, tratores agrícolas e colheitadeiras agrícolas autopropelidas (art. 8º, § 1º, II, "b", da Lei 12.546/11)

- as empresas de varejo dedicadas exclusivamente ao comércio fora de lojas físicas, realizado via internet, telefone, catálogo ou outro meio similar (art. 8º, § 11, I, da Lei 12.546/11)
- as lojas ou rede de lojas com características similares a supermercados, que comercializam brinquedos, vestuário e outros produtos, além de produtos alimentícios cuja participação, no ano calendário anterior, seja superior a 10% da receita total (art. 8º, § 11, I, da Lei 12.546/11).

Ademais, a faculdade de contribuição com base na receita bruta das empresas industriais se limita a produção própria, não alcançando produtos industrializados por terceiros e revendidos (art. 8º, § 1º, I, da Lei 12.546/11).

Assim, pode ocorrer que as empresas se dediquem a outras atividades além das previstas nos arts. 7º e 8º, da Lei 12.546/11. Neste caso, poderão optar pelo recolhimento das contribuições com base na receita bruta quanto as atividades previstas na lei, desde que as demais receitas não ultrapassem 5% da receita total (art. 9º, § 5º, da Lei 12.546/11).

As contribuições sobre receita e sobre folha deverão guardar relação com as atividades sujeitas a cada método de tributação (art. 9º, § 5º, da Lei 12.546/11).

A opção pelo regime da contribuição substitutiva se dá pelo recolhimento da contribuição devida em janeiro, ou no primeiro mês do ano em que a empresa aufira receita, e vale para todo o ano calendário (art. 9º, § 13, da Lei 12.546/11).

Para as empresas que realizam obras de construção civil, passíveis de adesão à contribuição substitutiva, "a opção dar-se-á por obra de construção civil e será manifestada mediante o pagamento da contribuição incidente sobre a receita bruta relativa à competência de cadastro no CEI ou à primeira competência subsequente para a qual haja receita bruta apurada para a obra, e será irretratável até o seu encerramento" (art. 9º, § 16, da Lei 12.546/11).

A base de cálculo da contribuição substitutiva é a receita bruta.

Dispõe o art. 9º, da Lei 12.546/11:
Art. 9º Para fins do disposto nos arts. 7º e 8º desta Lei:
I – a receita bruta deve ser considerada sem o ajuste de que trata o inciso VIII, do art. 183, da Lei 6.404, de 15 de dezembro de 1976.

II – exclui-se da base de cálculo das contribuições a receita bruta:

a) de exportações; e

b) decorrente de transporte internacional de carga;

c) reconhecida pela construção, recuperação, reforma, ampliação ou melhoramento da infraestrutura, cuja contrapartida seja ativo intangível representativo de direito de exploração, no caso de contratos de concessão de serviços públicos;

A Lei 12.546/11, ao se referir à Lei das S/A (Lei 6.404/76), adota a concepção empresarial de receita bruta, dentro dos limites constitucionais do art. 195, I, "b", da CF/88, com redação dada pela EC 20/98.

Exclui-se da base de cálculo da contribuição as receitas de exportação e as decorrente de transporte internacional de carga (imunidade do art. 149, § 2º, I, da CF/88), bem como a receita lançada na contabilidade da empresa por obra de infraestrutura, cuja contrapartida seja ativo intangível representativo de direito de exploração, no caso de contratos de concessão de serviços públicos (isenção conferida por razão de política legislativa).

Também se excluem da base de cálculo as vendas canceladas e os descontos incondicionais concedidos, o IPI, e o ICMS, quando cobrado pelo vendedor dos bens ou prestador dos serviços na condição de substituto tributário, vale dizer, o ICMS-ST (art. 9º, § 7º, da Lei 12.546/11).

A lei não excluiu o ICMS e o ISS devidos pelo próprio contribuinte da base de cálculo da contribuição substitutiva, levando à mesma discussão judicial quanto a base de cálculo do PIS e da COFINS. Remetemos ao leitor ao tópico específico das contribuições PIS e COFINS, tendo em vista a identidade do tema.

A propósito, muitas das discussões acerca da base de cálculo do PIS e da COFINS podem se reproduzir na contribuição substitutiva.

Quanto a jurisprudência específica, a Segunda Turma do STJ tem entendido que o ICMS e o ISS compõem a receita bruta, para fins da incidência da contribuição substitutiva.

▶ **Entendimento do STJ**

A parcela relativa ao ICMS inclui-se no conceito de receita bruta para fins de determinação da base de cálculo da contribuição substitutiva

> prevista nos arts. 7º e 8º da Lei 12.546/2011, aplicação por analogia do entendimento fixado no REsp 1.330.737/SP. Agravo regimental improvido.
>
> (STJ, T2, AgRg no AREsp 788.067/RS, Min. Humberto Martins, DJe de 10/2/2016)
>
> 1. A possibilidade de inclusão, na receita bruta, de parcela relativa a tributo recolhido a título próprio foi reafirmada, por maioria, pela Primeira Seção desta Corte em 10.6.2015, quando da conclusão do julgamento do recurso representativo da controvérsia REsp nº 1.330.737/SP, de relatoria do Ministro Og Fernandes, ocasião em que se concluiu que o ISSQN integra o conceito maior de receita bruta, base de cálculo do PIS/Pasep e da COFINS na sistemática não cumulativa. 2. Mutatis mutandis, a mesma lógica deve ser aqui aplicada para as contribuições previdenciárias substitutivas em razão da identidade do fato gerador (receita bruta). 3. Desse modo, à exceção dos ICMS-ST, e demais deduções previstas em lei, as parcelas relativas ao ICMS e ao ISSQN incluem-se no conceito de receita bruta para fins de determinação da base de cálculo da contribuição substitutiva prevista nos arts. 7º e 8º da Lei nº 12.546/2011. 4. A contribuição substitutiva prevista nos arts. 7º e 8º da Lei nº 12.546/2011, da mesma forma que as contribuições ao PIS/Pasep e à COFINS – na sistemática não cumulativa – previstas nas Leis n.s 10.637/2002 e 10.833/2003, adotou conceito amplo de receita bruta, o que afasta a aplicação ao caso em tela do precedente firmado no RE n. 240.785/MG (STF, Tribunal Pleno, Rel. Min. Marco Aurélio, julgado em 08.10.2014), eis que o referido julgado da Suprema Corte tratou das contribuições ao PIS/Pasep e COFINS regidas pela Lei n. 9.718/98, sob a sistemática cumulativa que adotou, à época, um conceito restrito de faturamento. 5. Agravo interno não provido.
>
> (STJ, T2, AgInt no REsp 1.620.606/RS, Min. Mauro Campbell Marques, DJe de 15/12/2016)

Ainda não há recurso repetitivo julgado pelo STJ nem precedente do STF sobre a matéria, mas é legítimo supor que esta terá a mesma sorte da discussão correspondente no PIS e na COFINS, julgada em favor dos contribuintes.

As empresas optantes pelo regime da contribuição substitutiva continuam sujeitas as demais obrigações previdenciárias (art. 9º, V, da Lei 12.546/11).

## 4. IMUNIDADES E ISENÇÕES

Imunidade é toda regra que afasta a tributação, prevista pela Constituição, enquanto a isenção é a regra exoneratória prevista em norma infraconstitucional. A seu turno, a chamada "não incidência" não é uma regra de desoneração, mas tudo aquilo que excede a norma de incidência, vale dizer, o que a norma de incidência não prevê como fato gerador de tributo.

O art. 195, da CF/88, que dá fundamento às contribuições para a seguridade social, também apresenta regras de imunidade. O primeiro caso é o das **aposentadorias e pensões** concedidas pelo **regime geral** de previdência social.

> Art. 195. A seguridade social será financiada por toda a sociedade, de forma direta e indireta, nos termos da lei, mediante recursos provenientes dos orçamentos da União, dos Estados, do Distrito Federal e dos Municípios, e das seguintes contribuições sociais:
> [...]
> II – do trabalhador e dos demais segurados da previdência social, não incidindo contribuição sobre aposentadoria e pensão concedidas pelo regime geral de previdência social de que trata o art. 201;

O referido inciso, em sua primeira parte, prevê a possibilidade de incidência das contribuições sobre os rendimentos do trabalhador e dos segurados da previdência social, mas, na segunda parte, afasta esta incidência sobre aposentadorias e pensões do regime geral de previdência.

As aposentadorias e pensões dos regimes de servidores públicos, porém, podem sofrer a incidência das contribuições, como expressamente prevê o art. 40, § 18, da CF/88, parágrafo incluído pela EC 41/03.

As **entidades beneficentes de assistência social** que atendam certos requisitos, por força de disposição expressa do art. 195, § 7º, da Constituição, são imunes às contribuições para a seguridade social.

> Art. 195. [...]
> § 7º – São isentas de contribuição para a seguridade social as entidades beneficentes de assistência social que atendam às exigências estabelecidas em lei.

Embora a Carta utilize o termo isenção e tal termo seja reproduzido nas obras de direito previdenciário, o direito tributário entende tratar-se de imunidade, nome conferida a toda desobrigação de tributos com status constitucional.

A lei que regulamenta a matéria, porém, não era o CTN, mas a Lei 12.101/09, também aplicável às demais contribuições para a seguridade social, como o PIS e a COFINS.

Esta norma previa a necessidade de certificação das entidades beneficentes de assistência social pelos ministérios competentes (Saúde, Educação e Desenvolvimento Social). As entidades deverão ainda ser constituídas na forma de pessoa jurídica, sem fins lucrativos, estar orientadas pelo princípio da universalidade do atendimento, vedado dirigir suas atividades exclusivamente a seus associados ou a categoria profissional, e prever, em seus atos constitutivos, a destinação de seu patrimônio a entidades similares ou a entidades públicas, em caso de dissolução ou extinção.

Os demais requisitos para a concessão do benefício em favor da entidade beneficente eram:

- não percebam seus diretores, conselheiros, sócios, instituidores ou benfeitores remuneração, vantagens ou benefícios, direta ou indiretamente, por qualquer forma ou título, em razão das competências, funções ou atividades que lhes sejam atribuídas pelos respectivos atos constitutivos;
- aplique suas rendas, seus recursos e eventual superávit integralmente no território nacional, na manutenção e desenvolvimento de seus objetivos institucionais;
- apresente certidão negativa ou certidão positiva com efeito de negativa de débitos relativos aos tributos administrados pela Secretaria da Receita Federal do Brasil e certificado de regularidade do Fundo de Garantia do Tempo de Serviço – FGTS;
- mantenha escrituração contábil regular que registre as receitas e despesas, bem como a aplicação em gratuidade de forma segregada, em consonância com as normas emanadas do Conselho Federal de Contabilidade;
- não distribua resultados, dividendos, bonificações, participações ou parcelas do seu patrimônio, sob qualquer forma ou pretexto;
- conserve em boa ordem, pelo prazo de 10 (dez) anos, contado da data da emissão, os documentos que comprovem a origem e a aplicação de seus recursos e os relativos a atos ou operações realizados que impliquem modificação da situação patrimonial;

- cumpra as obrigações acessórias estabelecidas na legislação tributária;
- apresente as demonstrações contábeis e financeiras devidamente auditadas por auditor independente legalmente habilitado nos Conselhos Regionais de Contabilidade quando a receita bruta anual auferida for superior ao limite fixado pela Lei Complementar 123, de 14 de dezembro de 2006.

Não obstante, no julgamento conjunto das ADIs 2028, 2036, 2228 e 2621, o STF entendeu que a Lei 12.101/09 é inconstitucional, pois a matéria é reservada à lei complementar.

> ▶ **Entendimento do STF**
>
> Nos exatos termos do voto proferido pelo eminente e saudoso Ministro Teori Zavascki, ao inaugurar a divergência:
>
> 1. "[...] fica evidenciado que (a) entidade beneficente de assistência social (art. 195, § 7º) não é conceito equiparável a entidade de assistência social sem fins lucrativos (art. 150, VI); (b) a Constituição Federal não reúne elementos discursivos para dar concretização segura ao que se possa entender por modo beneficente de prestar assistência social; (c) a definição desta condição modal é indispensável para garantir que a imunidade do art. 195, § 7º, da CF cumpra a finalidade que lhe é designada pelo texto constitucional; e (d) esta tarefa foi outorgada ao legislador infraconstitucional, que tem autoridade para defini-la, desde que respeitados os demais termos do texto constitucional.".
>
> 2. "Aspectos meramente procedimentais referentes à certificação, fiscalização e controle administrativo continuam passíveis de definição em lei ordinária. A lei complementar é forma somente exigível para a definição do modo beneficente de atuação das entidades de assistência social contempladas pelo art. 195, § 7º, da CF, especialmente no que se refere à instituição de contrapartidas a serem observadas por elas.".
>
> 3. Procedência da ação "nos limites postos no voto do Ministro Relator". Arguição de descumprimento de preceito fundamental, decorrente da conversão da ação direta de inconstitucionalidade, integralmente procedente.
>
> (STF, Tribunal Pleno, ADI 2.028/DF, Min. Rosa Weber, DJe de 8/5/2017)

Dessa forma, apenas questões procedimentais a respeito da imunidade podem ser disciplinadas por lei ordinária, mas, no mérito, quanto ao direito material, o tema deve ser disciplinado por lei complementar, de modo que os requisitos para a imunidade são aqueles previstos pelo art. 14, do CTN, até que sobrevenha nova lei complementar regulamentando de forma distinta o art. 195, § 7º, da Constituição.

De toda sorte, imunidade abrange apenas as contribuições patronais, não as dos segurados que prestam serviços à entidade beneficente.

O art. 149, § 2º, I, da Constituição também torna quaisquer **receitas decorrentes de exportação** imunes às contribuições sociais.

As isenções ou benefícios fiscais, embora possíveis, não são comuns entre as contribuições sociais, tendo em vista a destinação do produto arrecadado a finalidades previamente estipuladas pela lei.

Há, porém, pelo menos um exemplo de **isenção**, citado pela literatura especializada, no art. 30, VIII, da Lei 8.212/91:

> Art. 30. A arrecadação e o recolhimento das contribuições ou de outras importâncias devidas à Seguridade Social obedecem às seguintes normas:
> [...]
> VIII – nenhuma contribuição à Seguridade Social é devida se a construção residencial unifamiliar, destinada ao uso próprio, de tipo econômico, for executada sem mão-de-obra assalariada, observadas as exigências do regulamento;

Como das obras decorre a obrigação de recolhimento da contribuições do empregador sobre folha e das contribuições de empregados e dos segurados individuais e a definição legal exclua a existência de empregados e possibilidade de contratação de mão de obra assalariada, trata-se, no mais das vezes, de hipótese de não incidência expressa. Há, porém, possibilidade de efetiva isenção, quanto a eventual contratação de segurado individual, cuja remuneração decorrente da obra não irá compor seu salário de contribuição.

## 5. INFORMAÇÕES COMPLEMENTARES

As contribuições previdenciárias são tributos sujeitos ao **lançamento por homologação**.

Contudo, há **diversas obrigações previdenciárias**, que vão do recolhimento e retenção das contribuições a apresentação de documentos, de acordo com os art. 30 a 32, da Lei 8.212/91.

Cabe aos contribuintes apurar o tributo devido e **realizar o pagamento** antes de qualquer atitude do fisco. A propósito, as contribuições previdenciárias e as contribuições sociais em favor de terceiros eram administradas pelo INSS. Contudo, a partir da Lei 11.457/07, a administração e cobrança destes tributos passou a ser realizada pela Receita Federal do Brasil.

As empresas são obrigadas a **recolher** a contribuição por ela devidas, **descontar** e recolher as contribuições dos empregados e dos segurados individuais que lhes prestam serviço bem como **reter na fonte** 11% do valor da nota na contratação de serviços que envolvam cessão de mão de obra, de acordo com o art. 31, da Lei 8.212/91 (3,5%, se a empresa contratada recolhe a contribuição substitutiva, art. 7º, § 6º e art. 8º, § 5º, da Lei 12.546/11). Não tem dever de recolher a empresa que contrata produtor rural pessoa física, pois a obrigação é do próprio contribuinte (art. 30, X e XII, da Lei 8.212/91).

> ▸ **Como esse assunto foi cobrado em concurso?**
>
> **(ESAF/AFRF/2012). Nos termos da legislação previdenciária em vigor, constituem obrigações da empresa, exceto,**
>
> a) a arrecadação, mediante desconto, e o recolhimento da contribuição do produtor rural pessoa física e do segurado especial incidente sobre a comercialização da produção, quando adquirir ou comercializar o produto rural recebido em consignação, somente nos casos em que essas operações tiverem sido realizadas diretamente com o produtor,
>
> b) a arrecadação, mediante desconto no respectivo salário de contribuição, e o recolhimento da contribuição ao SEST e ao SENAT, devida pelo segurado contribuinte individual transportador autônomo de veículo rodoviário (inclusive o taxista) que lhe presta serviços,
>
> c) o recolhimento das contribuições incidentes sobre a remuneração dos segurados empregados, trabalhadores avulsos e contribuintes individuais,
>
> d) a arrecadação, mediante desconto, e o recolhimento da contribuição incidente sobre a receita bruta decorrente de qualquer forma de patrocínio, de licenciamento de uso de marcas e símbolos, de publicidade, de propaganda e transmissão de espetáculos desportivos, devida pela associação desportiva que mantém equipe de futebol profissional,
>
> e) a arrecadação, mediante desconto, e o recolhimento da contribuição incidente sobre a receita bruta da realização de evento desportivo, devida pela associação desportiva que mantém equipe de

futebol profissional, quando se tratar de entidade promotora de espetáculo desportivo.
**Gabarito:** Errada a letra A. Cabe ao produtor rural pessoa física e ao segurado especial recolher sua própria contribuição (art. 30, XII, da Lei 8.212/91).

▶ **Como esse assunto foi cobrado em concurso?**

**(ESAF/AFRF/2014). No tocante à responsabilidade pelo recolhimento das Contribuições Sociais Previdenciárias, avalie:**

Pode-se afirmar que as empresas são responsáveis pela arrecadação, mediante desconto na remuneração paga, devida ou creditada, e pelo recolhimento da contribuição dos segurados, empregado e trabalhador avulso a seu serviço, observado o limite máximo do salário de contribuição.

**Gabarito:** Certo. Art. 30, I, da Lei 8.212/91.

A **retenção de 11% prevista pelo art. 31, da Lei 8.212/91** foi legitimada pela jurisprudência do STJ:

▶ **Entendimento do STJ**
1. A retenção de contribuição previdenciária determinada pela Lei 9.711/98 não configura nova exação e sim técnica arrecadatória via substituição tributária, sem que, com isso, resulte aumento da carga tributária. 2. A Lei nº 9.711/98, que alterou o artigo 31 da Lei nº 8.212/91, não criou nova contribuição sobre o faturamento, tampouco alterou a alíquota ou a base de cálculo da contribuição previdenciária sobre a folha de pagamento. 3. A determinação do mencionado artigo configura apenas uma nova sistemática de arrecadação da contribuição previdenciária, tornando as empresas tomadoras de serviço como responsáveis tributários pela forma de substituição tributária. Nesse sentido, o procedimento a ser adotado não viola qualquer disposição legal. 4. Precedentes: [...]. Acórdão submetido ao regime do art. 543-C do CPC e da Resolução STJ 08/2008.
(STJ, S1, REsp 1.036.375/SP, Min. LUIZ FUX, DJe de 30/3/2009)

Contudo, **o STJ entende indevida a retenção se o prestador de serviço for empresa optante pelo Simples.**

▶ **Entendimento do STJ**
TRIBUTÁRIO. CONTRIBUIÇÃO PREVIDENCIÁRIA. EMPRESAS PRESTADORAS DE SERVIÇO OPTANTES PELO SIMPLES. RETENÇÃO DE 11% SOBRE FATURAS. ILEGITIMIDADE DA EXIGÊNCIA. PRECEDENTE DA 1ª SEÇÃO (ERESP 511.001/MG).
(STJ, S1, REsp 1.112.467/DF, Min. TEORI ALBINO ZAVASCKI, DJe de 21/8/2009)

> ▸ **Como esse assunto foi cobrado em concurso?**
> **(ESAF/Procurador da Fazenda Nacional – PGFN/2015)** Assinale certo ou errado.
> A jurisprudência do Superior Tribunal de Justiça considera que é ilegal a retenção de 11% sobre os valores brutos das faturas dos contratos de prestação de serviço pelas empresas tomadoras, uma vez que a Lei n. 9.711/98 acabou criando novo tributo sem atender aos ditames legais e constitucionais.
> **Gabarito:** Errado. A retenção 11%, prevista pelo art. 31, da Lei 8.212/91 é considerada legal pelo STJ (REsp 1.036.375/SP), salvo se o prestador de serviço for optante do Simples (REsp 1.112.467/DF).

O **empregador doméstico** também deve descontar e recolher as contribuições devidas pelo empregado doméstico.

O **segurado empregado** tem sua contribuição descontada e retida pelo empregador. O mesmo pode ocorrer com o segurado individual, este deve recolher as contribuições devidas, pelas demais atividades, até o limite do salário de contribuição. Se o segurado individual presta serviço a mais de uma empresa, pode comunicá-las para suspender o desconto e o recolhimento, se o valor superar o limite do salário de contribuição.

O **segurado facultativo** deve recolher as contribuições devidas por este.

Há também na lei outras hipóteses de **responsabilidade**, a exemplo da responsabilidade por sucessão, do art. 30, III e IV, da Lei 8.212/91, e a responsabilidade do grupo econômico, prevista no art. 30, IX, da Lei 8.212/91.

> Art. 30. A arrecadação e o recolhimento das contribuições ou de outras importâncias devidas à Seguridade Social obedecem às seguintes normas:
> [...]
> IX – as empresas que integram grupo econômico de qualquer natureza respondem entre si, solidariamente, pelas obrigações decorrentes desta Lei;

A responsabilização de empresas do mesmo grupo econômico é um interesse do fisco na cobrança de todos os tributos, para coibir tanto a sonegação quanto a evasão de tributos, em planejamentos fiscais ilegais, o que somente é atingido pela aplicação sistemática de um conjunto de normas.

No caso das contribuições previdenciárias, a Lei 8.212/91 prevê expressamente a responsabilidade solidária das empresas do grupo econômico, na ausência de recolhimento da obrigação.

De acordo com a jurisprudência do STJ, contudo, não basta a existência do grupo econômico, pois a responsabilidade somente se estende às empresas que participem conjuntamente na situação que caracterize o fato gerador ou tenham interesse comum no fato gerador, ou ainda que reste comprovado o abuso da personalidade jurídica.

O STJ tem exigido a caracterização de "interesse comum das empresas na situação configuradora do fato gerador" (STJ, T2, AgRg no AREsp 852.074/SP, Min. Assusete Magalhães, DJe de 19/5/2016; no mesmo sentido, ver: AgRg no AREsp 603.177/RS, AgRg no AREsp 520.056/SP, e REsp 859.616/RS).

A nosso ver, sempre haverá responsabilidade das empresas do grupo que atuem no mesmo ramo de atividade, que compartilhem empregados ou segurados individuais contratados, ou ainda da holding, que controla a empresa devedora.

As empresas também são obrigadas a obter um registro no **Cadastro Específico do INSS – CEI.**

As empresas são **igualmente obrigadas**, de acordo com o art. 32, da Lei 8.212/91, a:

- preparar folhas-de-pagamento das remunerações pagas ou creditadas a todos os segurados a seu serviço;
- lançar mensalmente em títulos próprios de sua contabilidade, de forma discriminada, os fatos geradores de todas as contribuições, o montante das quantias descontadas, as contribuições da empresa e os totais recolhidos;
- declarar à Secretaria da Receita Federal do Brasil e ao Conselho Curador do Fundo de Garantia do Tempo de Serviço – FGTS, na forma, prazo e condições estabelecidos por esses órgãos, dados relacionados a fatos geradores, base de cálculo e valores devidos da contribuição previdenciária e outras informações de interesse do INSS ou do Conselho Curador do FGTS;
- comunicar, mensalmente, aos empregados, por intermédio de documento a ser definido em regulamento, os valores recolhidos sobre o total de sua remuneração ao INSS.

O documento pelo qual a empresa informa os fatos geradores das contribuições previdenciárias é a **Guia de Recolhimento do Fundo de Garantia por Tempo de Serviço e Informações à Previdência Social – GFIP**, que passaram a ser entregues em meio eletrônico, Sistema Empresa de Recolhimento do FGTS e Informações à Previdência Social – SEFIP.

Há vários modelos de GFIP, que variam de acordo com a empresa e a atividade e o documento possui caráter constitutivo, vale dizer, permite ao Fisco a cobrança dos valores nela declarados, sem a necessidade de lançamento de ofício.

> ▸ **Como esse assunto foi cobrado em concurso?**
>
> A declaração de débito apresentada pelo devedor (GFIP) dispensa a formalização de procedimento administrativo pelo Fisco, com vista a constituir definitivamente o crédito tributário de contribuições previdenciárias.
>
> *Gabarito:* Certo. A GFIP tem efeito constitutivo, como entende a jurisprudência do STJ.

Para as contribuições não declaradas, a Receita Federal pode efetuar lançamento de ofício, cobrando multas, se devidas.

> ▸ **Como esse assunto foi cobrado em concurso?**
>
> (ESAF/AFRF/2012) Constituem obrigações acessórias das empresas, de acordo com o Regulamento da Previdência Social, exceto,
>
> a) preparar folha de pagamento da remuneração paga, devida ou creditada a todos os segurados a seu serviço, devendo manter, em cada estabelecimento, uma via da respectiva folha e recibos de pagamento,
>
> b) lançar, mensalmente, em títulos próprios de sua contabilidade, de forma discriminada, os fatos geradores de todas as contribuições, o montante das quantias descontadas dos empregados, dos contribuintes individuais e das empresas prestadoras de serviços, as contribuições da empresa e os totais recolhidos,
>
> c) fornecer ao contribuinte individual que lhe presta serviços comprovante do pagamento de remuneração, com a identificação completa da empresa, o valor da remuneração paga, o desconto da contribuição efetuado, o número de inscrição do segurado no INSS e o compromisso de que a remuneração paga será informada na GFIP, bem como de que a contribuição correspondente será recolhida,

> d) prestar à Receita Federal do Brasil todas as informações cadastrais, financeiras e contábeis de interesse desta, na forma por esta estabelecida, bem como os esclarecimentos necessários à fiscalização,
> e) exibir à fiscalização da RFB, quando intimada para tal, todos os documentos e livros com as formalidades legais intrínsecas e extrínsecas, relacionados com as contribuições sociais, salvo na hipótese em que, justificadamente, tais documentos e livros estejam fora da sede da empresa.
>
> A questão aborda diversas obrigações da empresa, presentes nos art. 30 a 32, da Lei 8.212/91. Não manter os documentos e livros na empresa, não é justificativa para não entregá-los à autoridade fiscal. Resposta letra E.

A propósito, nos **lançamentos de ofício**, aplicam-se as **mesmas multas dos tributos administrados pela Receita Federal**, previstas no art. 44, da Lei 9.430/06. É o que dispõe o art. 35-A, da Lei 8.212/91:

> Art. 35-A. Nos casos de lançamento de ofício relativos às contribuições referidas no art. 35 desta Lei, aplica-se o disposto no art. 44 da Lei nº 9.430, de 27 de dezembro de 1996.

Veja-se, também, o art. 32-A, da Lei 8.212/91, que rege as **penalidades por falta de entrega da declaração, as hipóteses de redução da multa e o valor da multa mínima**:

> Art. 32-A. O contribuinte que deixar de apresentar a declaração de que trata o inciso IV do caput do art. 32 desta Lei no prazo fixado ou que a apresentar com incorreções ou omissões será intimado a apresentá-la ou a prestar esclarecimentos e sujeitar-se-á às seguintes multas:
>
> I – de R$ 20,00 (vinte reais) para cada grupo de 10 (dez) informações incorretas ou omitidas; e
>
> II – de 2% (dois por cento) ao mês-calendário ou fração, incidentes sobre o montante das contribuições informadas, ainda que integralmente pagas, no caso de falta de entrega da declaração ou entrega após o prazo, limitada a 20% (vinte por cento), observado o disposto no § 30 deste artigo.
>
> § 1º Para efeito de aplicação da multa prevista no inciso II do caput deste artigo, será considerado como termo inicial o dia seguinte ao término do prazo fixado para entrega da declaração

> e como termo final a data da efetiva entrega ou, no caso de não-apresentação, a data da lavratura do auto de infração ou da notificação de lançamento.
>
> § 2º Observado o disposto no § 3º deste artigo, as multas serão reduzidas:
>
> I – à metade, quando a declaração for apresentada após o prazo, mas antes de qualquer procedimento de ofício; ou
>
> II – a 75% (setenta e cinco por cento), se houver apresentação da declaração no prazo fixado em intimação.
>
> § 3º A multa mínima a ser aplicada será de:
>
> I – R$ 200,00 (duzentos reais), tratando-se de omissão de declaração sem ocorrência de fatos geradores de contribuição previdenciária; e
>
> II – R$ 500,00 (quinhentos reais), nos demais casos.

Outra hipótese de **redução de multas**, neste caso de multas de **ofício**, é o pagamento, a compensação ou o parcelamento dos tributos administrados pela Secretaria da Receita Federal do Brasil, inclusive das contribuições sociais previdenciárias sobre salário de contribuição, do empregador e do trabalhador, diante do recebimento da notificação. Leia-se o art. 6º, da Lei 8.218/91:

> Art. 6º Ao sujeito passivo que, notificado, efetuar o pagamento, a compensação ou o parcelamento dos tributos administrados pela Secretaria da Receita Federal do Brasil, inclusive das contribuições sociais previstas nas alíneas a, b e c do parágrafo único do art. 11 da Lei nº 8.212, de 24 de julho de 1991, das contribuições instituídas a título de substituição e das contribuições devidas a terceiros, assim entendidas outras entidades e fundos, será concedido redução da multa de lançamento de ofício nos seguintes percentuais:
>
> I – 50% (cinquenta por cento), se for efetuado o pagamento ou a compensação no prazo de 30 (trinta) dias, contado da data em que o sujeito passivo foi notificado do lançamento;
>
> II – 40% (quarenta por cento), se o sujeito passivo requerer o parcelamento no prazo de 30 (trinta) dias, contado da data em que foi notificado do lançamento;
>
> III – 30% (trinta por cento), se for efetuado o pagamento ou a compensação no prazo de 30 (trinta) dias, contado da data em que o sujeito passivo foi notificado da decisão administrativa de primeira instância; e

> IV – 20% (vinte por cento), se o sujeito passivo requerer o parcelamento no prazo de 30 (trinta) dias, contado da data em que foi notificado da decisão administrativa de primeira instância.
>
> § 1º No caso de provimento a recurso de ofício interposto por autoridade julgadora de primeira instância, aplica-se a redução prevista no inciso III do caput deste artigo, para o caso de pagamento ou compensação, e no inciso IV do caput deste artigo, para o caso de parcelamento.
>
> § 2º A rescisão do parcelamento, motivada pelo descumprimento das normas que o regulam, implicará restabelecimento do montante da multa proporcionalmente ao valor da receita não satisfeita e que exceder o valor obtido com a garantia apresentada.
>
> § 3º O disposto no caput aplica-se também às penalidades aplicadas isoladamente.

De outro lado, a GFIP pode ser retificada pelo próprio sistema SEFIP.

> ▸ **Como esse assunto foi cobrado em concurso?**
>
> (ESAF/AFRF/2014) Sobre o recolhimento das contribuições previdenciárias em atraso, assinale a opção incorreta.
>
> a) no lançamento de ofício, aplica-se, a título de multa, um percentual sobre a totalidade ou diferença de contribuição nos casos de falta de pagamento ou recolhimento, de falta de declaração e nos de declaração inexata,
>
> b) os juros constituem verdadeira indenização a ser paga pelo sujeito passivo, em razão de sua disponibilidade financeira indevida, obtida pela empresa ao não recolher o devido em época própria. Possuem, portanto, caráter punitivo,
>
> c) caso o sujeito passivo, uma vez notificado, efetue o pagamento, a compensação ou o parcelamento de seu débito, será concedida a redução da multa de lançamento de ofício,
>
> d) a rescisão do parcelamento implica restabelecimento do montante da multa proporcionalmente ao valor da receita não satisfeita,
>
> e) a correção monetária tem como função única a atualização da expressão monetária utilizada, de tal maneira que inexiste qualquer alteração no valor real da contribuição devida, que permanece imutável no seu equivalente em poder de compra.
>
> **Gabarito:** Evidente o erro da letra B, pois seu enunciado é contraditório. Inicia afirmando que os juros são indenizatórios e termina afirmando que sua natureza é punitiva.

Correta a letra A, pois as infrações à legislação tributária, inclusive as que regem as contribuições, estão sujeitas à multa. As letras C e D estão corretas de acordo com o art. 6º, da Lei 8.218/91 e seus parágrafos. Também correta a letra E, quanto a função da correção monetária.

Muitas das declarações e outros procedimentos relativos às contribuições previdenciárias são realizadas no sistema denominado e-Social, instituído pelo Decreto 8.373/14, cujo art. 2º.

> Art. 2º O eSocial é o instrumento de unificação da prestação das informações referentes à escrituração das obrigações fiscais, previdenciárias e trabalhistas e tem por finalidade padronizar sua transmissão, validação, armazenamento e distribuição, constituindo ambiente nacional composto por:
> 
> I – escrituração digital, contendo informações fiscais, previdenciárias e trabalhistas;
> 
> II – aplicação para preenchimento, geração, transmissão, recepção, validação e distribuição da escrituração; e
> 
> III – repositório nacional, contendo o armazenamento da escrituração.
> 
> § 1º A prestação das informações ao eSocial substituirá, na forma disciplinada pelos órgãos ou entidades partícipes, a obrigação de entrega das mesmas informações em outros formulários e declarações a que estão sujeitos:
> 
> I – o empregador, inclusive o doméstico, a empresa e os que forem a eles equiparados em lei;
> 
> II – o segurado especial, inclusive em relação a trabalhadores que lhe prestem serviço;
> 
> III – as pessoas jurídicas de direito público da União, dos Estados, do Distrito Federal e dos Municípios; e
> 
> IV – as demais pessoas jurídicas e físicas que pagarem ou creditarem por si rendimentos sobre os quais tenha incidido retenção do Imposto sobre a Renda Retido na Fonte – IRRF, ainda que em um único mês do ano-calendário.
> 
> § 2º A prestação de informação ao eSocial pelas microempresas e empresas de pequeno porte, conforme a Lei Complementar nº 123, de 15 de dezembro de 2006, e pelo Microempreendedor Individual – MEI será efetuada em sistema simplificado, compatível com as especificidades dessas empresas.
> 
> § 3º As informações prestadas por meio do eSocial substituirão as constantes na Guia de Recolhimento do Fundo de Garantia

> por Tempo de Serviço e Informações à Previdência Social – GFIP, na forma disciplinada no Manual de Orientação do eSocial.
>
> § 4º As informações prestadas pelos empregadores serão enviadas ao Fundo de Garantia do Tempo de Serviço – FGTS e armazenadas no repositório nacional.
>
> § 5º A escrituração digital de que trata o inciso I do caput é composta pelos registros de eventos tributários, previdenciários e trabalhistas, na forma disciplinada no Manual de Orientação do eSocial.

No caso de obra de **construção civil**, o responsável deve providenciar um registro no Cadastro Específico do INSS – CEI, apresentar a Declaração e informações sobre Obra – DISO e Guia de Recolhimento do Fundo de Garantia por Tempo de Serviço e Informações à Previdência Social – GFIP, emitir o Aviso de Regularização de Obra – ARO, todos específicos para cada obra.

Nas obras, **os contratantes de serviço são responsáveis pelas contribuições devidas pelos contratados** (construtores e outros prestadores de serviço), se estes não realizarem o recolhimento.

**Não há esta responsabilidade** se o contratante da obra for pessoa jurídica, que realiza a **retenção na fonte** na contratação de serviços com seção de mão de obra.

Se a empresa dona da obra contrata uma construtora, no regime de **empreitada total**, não se considera haver cessão de mão de obra e, portanto, não há obrigatoriedade da retenção, mas o contratante fica responsável pelas contribuições devidas, se a construtora não recolher os tributos devidos.

As empresas também são obrigadas a apresentar a **Relação Anual de Informações Sociais – RAIS**, criada pelo Decreto 76.900/75, devendo identificar a empresa, pelo número de inscrição no Cadastro Geral de Contribuintes (CGC) do Ministério da Fazenda; e o empregado, pelo número de inscrição no Programa de Integração Social (PIS).

Outro tema relativo às contribuições que merece cuidados é a **prescrição**. As contribuições estavam sujeitas a prazo prescricional de 10 anos, de acordo com o art. 45, da Lei 8.212/91.

O STF, contudo, entendeu que as contribuições eram tributos e deveriam se sujeitar a normas de prescrição e decadência previstas por lei complementar, declarando inconstitucional o referido art. 45, da Lei 8.212/91 (Súmula Vinculante 8), valendo, portanto, as regras de prescrição e decadência qüinqüenais no CTN.

> ▶ **Como esse assunto foi cobrado em concurso?**
> **(ESAF/Procurador da Fazenda Nacional – PGFN/2015) Assinale certo ou errado.**
> O prazo prescricional para cobrança de contribuições previdenciárias após a edição da Emenda Constitucional n. 08/77 passou a ser de vinte anos, o que perdurou até o início da vigência da Lei n. 8.212/91, que o alterou para dez anos.
> Errado. A prescrição das contribuições previdenciárias era de 10 anos, de acordo com o art. 45, da Lei 8.212/91, mas esta norma foi considerada inconstitucional pelo STF e a prescrição é quinquenal.

## 6. OUTRAS CONTRIBUIÇÕES

Outras contribuições sociais existem ou já existiram no ordenamento jurídico brasileiro.

Um exemplo de contribuição extinta é a CPMF, regida pela Lei 9.311/96, incidente sobre movimentações financeiras bancárias, que vigorou por muitos anos até dezembro de 2007.

Fala-se, com frequência, que contribuição para o FGTS (de 8% sobre a remuneração dos empregados, criada pela Lei 5.107/66 e regida pela Lei 8.036/90) seria uma contribuição social, de natureza tributária.

No entanto, embora a base de cálculo do FGTS seja a mesma das contribuições para a seguridade social sobre folha, sua arrecadação não compõe o orçamento da União e o STF entende tratar-se de um direito do trabalhador, sem natureza tributária, desde o julgamento do RE 100.249/SP, em 1987, até os dias de hoje, como se pode conferir no julgamento do ARE 709.212 RG/DF, em 2015.

Efetivas contribuições sociais foram criadas pela LC 110/01, com a finalidade de custear a correção das contas do FGTS pelos expurgos inflacionários dos planos econômicos de combate a inflação, dos anos 80 e 90.

A lei criou uma contribuição sem prazo de duração, de 10% sobre o valor dos depósitos devidos pelo empregador na conta vinculada do FGTS de cada trabalhador, em caso de demissão sem justa causa (art. 1º, da LC 110/01), e uma contribuição provisória, com duração de sessenta meses, de 0,5% sobre a mesma base de incidência da contribuição da Lei 8.036/90 (art. 2º, da LC 110/01).

A contribuição do art. 2º, da LC 110/01 perdeu eficácia por força da própria lei complementar, mas a obrigação prevista no art. 1º, da norma, persiste.

A principal discussão a respeito da contribuição ainda vigente é a perda de seu fundamento de validade, após o governo declarar que sua finalidade foi atingida, vale dizer, os expurgos inflacionários foram pagos.

Alegam os contribuintes que a contribuição não é mais devida e eventual mudança de finalidade da cobrança deveria ser prevista por lei nova, sujeita a todos os rigores do processo legislativo. A União persiste na cobrança, defendendo que a tese dos contribuintes é meramente teórica, sem fundamento constitucional, que a finalidade de correção das contas do FGTS não está na lei complementar e que a arrecadação da contribuição custeia outras finalidades importantes, com previsão legal, não se fazendo necessária a edição de nova lei para manter o tributo previsto no art. 1º, da LC 110/01, que tem duração por tempo indeterminado.

A matéria, de índole eminentemente constitucional, como tem decidido o STJ, é objeto do RE 878.313 RG/SC, recebido pelo STF com repercussão geral.

O campo das contribuições sociais continua aberto, podendo existir outras exações desta natureza no ordenamento jurídico. As mais importantes, contudo, foram tratadas neste capítulo.

## 7. RESUMO

### Introdução

| | |
|---|---|
| **Natureza e finalidade** | Com a CF/88, as contribuições sociais passam a ser consideradas tributos, orientadas pelos princípios tributários, cuja arrecadação custeia atuações específicas da União na área social – art. 149 da CF/88. |
| **Espécies de contribuições sociais** | **Contribuições Sociais**, categoria que compreende os tributos cuja arrecadação custeia a atuação estatal em qualquer área social, compreendendo assim as **Contribuições para a seguridade social**, específicas para o custeio das atividades estatais em saúde, assistência social e Previdência social, sendo que as contribuições destinadas especificamente esta última atividade são também chamadas de **contribuições previdenciárias**. |

| | |
|---|---|
| Parafiscalidade e administração pela Receita Federal | A parafiscalidade está associada aos tributos em que o sujeito ativo seja pessoa distinta do ente federado ou quando a destinação esteja afetada a uma pessoa não estatal.<br>Com a edição da Lei 11.457/07, criou-se a chamada "Super Receita" competindo à RFB também arrecadar diversas contribuições sociais em nome do INSS e outras entidades, comprometendo a noção que contribuições sociais deveriam ser administradas por entidades paralelas ao estado. |
| Desvinculação das Receitas da União – DRU | A DRU desvincula parte da arrecadação das contribuições sociais e econômicas, que passa a ser destinada ao Orçamento Geral da União, podendo ser gasta com qualquer despesa. |
| Princípio da legalidade | Aplicável – exige-se lei ordinária para a criação e majoração das contribuições.<br>Diferentemente dos impostos, as contribuições não precisam ter fatos gerador, base de cálculo e contribuinte definidos em lei complementar, exceto as contribuições para a seguridade social com base de cálculo não prevista na CF/88. |
| Princípio da anterioridade do exercício | Aplicável às contribuições em geral (art. 150, III, b, da CF/88).<br>Exceção: Contribuições para a seguridade social |
| Princípio da anterioridade nonagesimal | Aplicável às contribuições (art. 150, III, c, da CF/88). |
| Bases de cálculo possíveis | Entendem alguns que, segundo o art. 149, § 2º, III, da CF/88, as contribuições sociais, excetuadas aquelas com previsão constitucional específicas (contribuições para a seguridade social), somente poderiam ter como base o faturamento, a receita bruta, o valor da operação ou valor aduaneiro. No entanto, há também interpretação no sentido que o rol do art. 149, § 2º, III é exemplificativo, comportando outras bases não previstas, como por exemplo a folha de salários.<br>Contribuições para a seguridade social: salário, folha de salários, receita bruta, lucro, valor das operações de comércio internacional. |
| Bases de cálculo vedadas | Contribuições para a seguridade social com base de cálculo não prevista na Constituição não podem ter base de cálculo próprios dos impostos previstos pela Constituição. |

## Contribuições dos segurados

| | |
|---|---|
| Contribuições dos segurados | Empregados, avulsos, domésticos, individuais e facultativos. |
| Contribuintes | **Empregado:** Pessoa contratada nos termos do art. 3º da CLT, pessoa física que presta serviço de natureza não eventual a empregador, sob a dependência deste e mediante salário. Para fins de caracterizar o contribuinte empregado consultar o rol do art. 12, I, da Lei 8.212/91.<br>**Avulsos:** Pessoa que presta serviços a diversas empresas sem vínculo empregatício. Art. 12, VI, da Lei 8.212/91 e art. 9º, VI, do Decreto 3.048/99.<br>**Empregados Domésticos:** aquele que presta serviços de forma contínua a pessoa ou família, no âmbito residencial desta, em atividades sem fins lucrativos. Art. 12, II, da Lei 8.212, art. 9º, II do Decreto 3.048/99, art. 1º da LC 150.<br>**Contribuintes individuais:** Agrega diversas categorias de profissionais, arrolados no art. 12, V, da Lei 8.212/91. Entre elas:<br>o pequeno produtor agropecuário; o pequeno garimpeiro; o padre, o pastor, a freira e outras pessoas dedicadas à vida religiosa; o brasileiro que trabalha para organismo internacional, o "dono" da empresa, o sócio que responde pela empresa e outras pessoas que, sem relação de emprego, exercem funções perante pessoas jurídicas como sociedades anônimas, cooperativas e associações ou entidades despersonalizadas como o condomínio; o trabalhador eventual, que presta serviço a empresas urbanas ou rurais; o trabalhador autônomo, que presta serviços por conta própria.<br>**Contribuintes facultativos:** Pessoa não obrigada a aderir ao regime geral de previdência e opta por fazê-lo (art. 14 da Lei 8.212/91). |
| Contribuições | O empregado, o avulso e o doméstico deverão recolher entre 8% a 11% do salário de contribuição e o individual e o facultativo deverão recolher 20% do salário contribuição (art. 20 e 21 da Lei 8.212/91). |
| Salário Contribuição | Consiste na base de cálculo da contribuição previdenciária e varia a depender do contribuinte:<br>**Empregado e trabalhador avulso:** remuneração pelo trabalho, o que inclui o salário, a gorjeta e as conquistas sociais, como o descanso semanal remunerado (art. 28, I, da Lei 8.212/91).<br>**Empregado doméstico:** remuneração registrada na Carteira de Trabalho e Previdência Social (art. 28, II, da Lei 8.212/91). |

| | |
|---|---|
| Salário Contribuição | **Contribuinte Individual:** remuneração auferida em uma ou mais empresas ou pelo exercício de sua atividade por conta própria durante o mês (art. 28, III, da Lei 8.212/91).<br>**Contribuinte Facultativo:** Valor por ele declarado (art. 28, VI, da Lei 8.212/91).<br>Há um limite mínimo e máximo do salário contribuição dos contribuintes pessoa física, que são sistematicamente atualizados.<br>A Lei exclui do salário de contribuição os benefícios previdenciários (exceto o salário-maternidade), verbas indenizatórias, verbas rescisórias, despesas estabelecidas por lei ou por interesse do empregador e parcelas eventuais, que não agregam o direito remuneratória mensal do trabalhador (art. 28, § 9º da Lei 8.212). |

## Contribuições dos empregadores sobre folha

| | |
|---|---|
| Contribuições dos Empregadores | Contribuição incidente sobre a folha de pagamentos |
| Base de cálculo das contribuições | **Contribuição do empregador doméstico:** Salário registrado na CTPS<br>**Demais contribuições:** Total da remuneração paga, observados os critérios que orientam os salários de contribuição dos contribuintes segurados.<br>Para as empresas a distinção entre as parcelas que compõe ou não o salário contribuição é ainda mais importante, visto que não há limite máximo do salário de contribuição, incidindo as obrigações sobre o total dos pagamentos realizados.<br>Discussões a respeito da natureza das verbas trabalhistas e a incidência das contribuições no item 3.1.2 |
| SAT - Seguro Contra Acidentes do Trabalho | Previsto no art. 22, II, da lei 8.212/91 para custear a aposentadoria especial, de que tratam os art. 57 e 58, da Lei 8.213/91 (Lei de Benefícios da Previdência Social). A contribuição também incide sobre folha e tem alíquotas de 1% a 3%, conforme o **Risco de Acidente do Trabalho - RAT** (alienas "a" a "c", do art. 22, II, da lei 8.212/91, podendo ser reduzidas à metade ou elevadas ao dobro (de 0,5% a 6%), de acordo com o **Fator Acidentário de Prevenção - FAP** (art. 10, da Lei 10.666/03). |
| Obras | Conceito de obra de construção civil, segundo a doutrina, é bastante amplo, compreendendo a construção originária, a demolição, a ampliação, a reforma e a conservação.<br>**Responsável pela obra:** pode ser uma empresa ou pessoa física ou jurídica não empresarial equiparada à |

| Obras | empresa. A lei dispõe que podem ser responsáveis pela obra o construtor, o proprietário da obra, o dono da obra, o condomínio e o incorporador. Na prática, todos podem ter responsabilidades previdenciárias, diretas ou indiretas, **mas o responsável pela obra será aquele que se apresentar como tal ao órgão fiscalizador** <br> Artigos na Lei 8.212/91: <br> art. 15, definição de contribuintes; <br> art. 30, recolhimento e arrecadação; <br> art. 33, fiscalização e cobrança; <br> art. 47, prova de regularidade fiscal; <br> art. 49, matrícula da obra |
|---|---|

## Contribuições dos empregadores sobre receita=

| Contribuições dos Empregadores | Contribuições para a seguridade social incidente sobre a receita |
|---|---|
| Contribuição do empregador rural pessoa física | Jurisprudência anterior à EC 20/98 pela inconstitucionalidade da lei que instituía a contribuição do empregador rural pessoa física tendo como base de incidência a receita bruta da comercialização da produção; <br> Discussão sobre a repristinação da lei anterior que previa a contribuição com base na folha de salário; <br> EC 20/98 permite as contribuições sobre a receita da comercialização da produção rural <br> **O art. 25 da Lei 8.212** prevê a contribuição do empregador rural pessoa física, sobre a receita bruta proveniente da comercialização da sua produção, em substituição à contribuição sobre folha. |
| Contribuição da agroindústria e do produtor rural | Inconstitucionalidade da contribuição para a agroindústria sobre a receita bruta (art. 25, § 2º da Lei 8.870/94) instituída antes da EC 20/98; <br> Após a EC 20/98 foi criada pela lei 10.251/01 (alterou a lei 8.212/91) que reestabeleceu a contribuição sobre receita bruta da agroindústria, assim entendido o produtor rural pessoa jurídica cuja atividade econômica seja a industrialização de produção própria ou de produção própria e adquirida de terceiros, em substituição à contribuição sobre folha de pagamentos (**art. 22-A da Lei 8.212/91**). |
| Contribuição substitutiva | Com a última redação conferida pela lei 13.161/15, tem-se a contribuição substitutiva como contribuição permanente, facultativa e limitada, ampliando as empresas que podem aderir ao sistema de contribuição com a finalidade de desoneração da folha de pagamentos. <br> Base de cálculo: Receita Bruta (art. 9º da Lei 12.546). <br> MP 774/17 – reduziu a amplitude da contribuição substitutiva |

## Imunidades e isenções

| | |
|---|---|
| Imunidades e isenções | **Imunidades às Contribuições em geral:** não incidirão sobre as receitas decorrentes de exportação (art. 149, § 2º, I, CF/88).<br>**Imunidades a contribuições para a seguridade social:** imunidades das aposentadorias e pensões concedidas pelo regime geral da previdência social (art. 195, II, da CF/88); imunidades das entidades beneficentes de assistência social que atendam às exigências estabelecidas em Lei, regulamentada pela Lei 12.101/09 (art. 195, § 7º, CF/88).<br>**Isenções:** exonerações previstas em legislação infraconstitucional a exemplo do art. 30, VIII, da Lei 8.212/91. |

## Informações complementares

| | |
|---|---|
| Informações complementares | Obrigações acessórias:<br>**Empresas** são obrigadas a recolher a contribuição por elas devidas, descontar e recolher as contribuições dos empregados e dos segurados individuais que lhe prestam serviços bem como reter na fonte 11% do valor da nota na contratação de serviços que envolvam cessão de mão de obra.<br>O **empregador doméstico** também deve descontar e recolher as contribuições devidas pelo empregado doméstico.<br>O **segurado empregado** tem sua contribuição descontada e retida pelos empregados. O mesmo pode ocorrer com o segurado individual, este deve recolher as contribuições devidas, pelas demais atividades, até o limite do salário de contribuição. Se o segurado individual presta serviço a mais de uma empresa, pode comunicá-las para suspender o desconto e o recolhimento, se o valor superar o limite do salário de contribuição.<br>O **segurado facultativo** deve recolher as contribuições devidas por este. |
| Lançamento | Por homologação, cabe aos contribuintes apurar o tributo devido e realizar o pagamento antes de qualquer atitude do fisco. |

## Outras contribuições

| | |
|---|---|
| Outras contribuições sociais | **CPMF** – regida pela Lei 9.311/96, vigorou até dezembro de 2007.<br>**Contribuições criadas pela LC 110/01** com a finalidade de custear a correção das contas do FGTS pelos expurgos inflacionários. Discussão acerca da perda de seu fundamento de validade após o governo declarar que sua finalidade foi atingida. |

## 8. SÚMULAS

### Súmulas do STF

**Súmula 688:** É legítima a incidência da contribuição previdenciária sobre o 13º salário. DJ de 9/10/2003.

**Súmula 658:** São constitucionais os arts. 7º da Lei 7.787/89 e 1º da Lei 7.894/89 e da Lei 8.147/90, que majoraram a alíquota do Finsocial, quando devida a contribuição por empresas dedicadas exclusivamente à prestação de serviços. DJ de 13/10/2003.

**Súmula 530:** Na legislação anterior ao art. 4º da Lei nº 4.749, de 12-8-1965, a contribuição para a previdência social não estava sujeita ao limite estabelecido no art. 69 da Lei nº 3.807, de 26 de agosto de 1960, sôbre o 13º salário a que se refere o art. 3º da Lei nº 4.281, de 8-11-63. DJ de 10/12/1969

**Súmula 467:** A base do cálculo das contribuições previdenciárias, anteriormente à vigência da Lei Orgânica da Previdência Social, é o salário mínimo mensal, observados os limites da L. 2.755 de 1956. DJ de 8/10/1964.

**Súmula 466:** Não é inconstitucional a inclusão de sócios e administradores de sociedades e titulares de firmas individuais como contribuintes obrigatórios da previdência social. DJ de 08/10/1964

**Súmula 241:** A contribuição previdenciária incide sôbre o abono incorporado ao salário. Imprensa Nacional, 1964, p. 114.

### Súmulas do STJ

**Súmula 499:** As empresas prestadoras de serviços estão sujeitas às contribuições ao Sesc e Senac, salvo se integradas noutro serviço social. DJe de 18/3/2013

**Súmula 458:** A contribuição previdenciária incide sobre a comissão paga ao corretor de seguros. DJe de 8/9/2010

**Súmula 456:** É incabível a correção monetária dos salários de contribuição considerados no cálculo do salário de benefício de auxílio-doença, aposentadoria por invalidez, pensão ou auxílio-reclusão concedidos antes da vigência da CF/1988. DJe de 8/9/2010

**Súmula 425:** A retenção da contribuição para a seguridade social pelo tomador do serviço não se aplica às empresas optantes pelo Simples. DJe de 13/5/2010

**Súmula 351:** A alíquota de contribuição para o Seguro de Acidente do Trabalho (SAT) é aferida pelo grau de risco desenvolvido em cada empresa, individualizada pelo seu CNPJ, ou pelo grau de risco da atividade preponderante quando houver apenas um registro. DJe de 19/6/2008.

**Súmula 310:** O Auxílio-creche não integra o salário-de-contribuição. DJ de 23/5/2005

Capítulo 10

# CIDEs

## 1. INTRODUÇÃO

Algumas obrigações hoje conhecidas como contribuições de intervenção no domínio econômico existem há bastante tempo, mas sua importância é menor que a das contribuições sociais.

Na verdade, seu maior destaque decorre do fato de servir como nova roupagem para a uma antiga pretensão tributária, de incidência sobre venda de combustíveis, que já serviu de fato gerador para impostos e empréstimos compulsórios.

Hoje, como veremos, há uma CIDE – provavelmente a mais conhecida – sobre combustíveis, que conta inclusive com previsão constitucional expressa, no art. 177, § 4º, da Carta.

Sua arrecadação, porém, não se compara ao das contribuições sociais, que existem em maior número e com base de cálculo muito mais ampla.

Embora a previsão constitucional tanto da CIDE quanto das contribuições sociais seja a mesma, vale dizer, o art. 149, da CF/88, seus regimes jurídicos divergem bastante.

Há algumas limitações constitucionais às contribuições sociais aplicáveis às CIDEs. Não obstante, enquanto aquelas possuem diversas regras específicas, as CIDEs são muito pouco disciplinadas na Constituição, deixando amplo espaço para o legislador ordinário.

Desta forma, têm-se empreendido muitos esforços para criar uma "teoria" das contribuições de intervenção no domínio econômico, para dar a este grupo de tributos maior rigor científico e maior segurança jurídica nas relações que se firmam entre Fisco credor e contribuintes devedores das CIDEs.

## 2. CONTRIBUIÇÕES DE INTERVENÇÃO NO DOMÍNIO ECONÔMICO – CIDE

A partir da Constituição de 88, quando as CIDEs foram reconhecidas como tributos, dois fenômenos aconteceram. **Um** deles foi que obrigações antigas, de natureza administrativa, **passaram a ser vistas como contribuições** interventivas (houve, de fato, mudança da natureza jurídica da obrigação, pela interpretação judicial da Constituição). **Outro** fenômeno foi a **criação de novos tributos, com natureza jurídica originária de CIDE.**

> São **exemplos de contribuições novas:**
> - CIDE – Combustíveis ou CIDE – Transportes, prevista pela EC 33/2001 (incluiu o § 4º, no art. 177, da CF/88) e instituída pela Lei 10.336/2001;
> - CIDE – *Royalties* ou CIDE – Tecnologia, instituída pela Lei 10.168/2000;
> - CIDE – FUST/FUNTEL, instituídas pelos art. 6º, IV, da Lei 9.998/2000 e pelo art. 4º, IV, da Lei 10.052/2000.

> Exemplos de **CIDEs segundo entendimento jurisprudencial:**
> - AFRMM, conforme o RE 177.137/RS;
> - Contribuição para o SEBRAE, nos termos do RE 635.682 RG/RJ;
> - Contribuição para o INCRA, conforme o EREsp 770.451/SC (a matéria é objeto do RE 630.898 RG/RS, com repercussão geral reconhecida e a espera de julgamento pelo STF

À míngua de um regime jurídico uniforme e consolidado para as CIDEs, como existe para os impostos, e também de uma tradição mais solidificada, como a de várias contribuições sociais, antes de passarmos ao estudo das CIDEs em espécie, vamos verificar o regime jurídico deste grupo de tributos, que tem sido construído pela doutrina e pela jurisprudência.

### 2.1. O Regime jurídico das contribuições de intervenção no domínio econômico

O reconhecimento da natureza tributária das contribuições causou uma mudança dramática no entendimento sobre as espécies tributárias. Gerou também algumas dificuldades, entre elas, a definição do regime jurídico aplicável a estas exações.

Vejamos os principais tópicos que compõem este regime jurídico.

## 2.1.1. Regras gerais do art. 149, da CF/88

A CIDE é regida pelo **art. 149, da CF/88**, com as alterações promovidas pela EC 33/2001.

A norma traz informações sobre competência, exclusiva da União, para instituir CIDE, traz hipótese de imunidade, prevê a possibilidade de incidência sobre importações, disciplina hipótese de incidência, base de cálculo e alíquota e remete-se à lei, para dispor sobre incidência monofásica.

> Art. 149. Compete exclusivamente à União instituir contribuições sociais, de intervenção no domínio econômico e de interesse das categorias profissionais ou econômicas, como instrumento de sua atuação nas respectivas áreas, observado o disposto nos arts. 146, III, e 150, I e III, e sem prejuízo do previsto no art. 195, § 6º, relativamente às contribuições a que alude o dispositivo.
> [...]
> § 2º As contribuições sociais e de intervenção no domínio econômico de que trata o caput deste artigo: (Incluído pela EC 33/2001)
> I – não incidirão sobre as receitas decorrentes de exportação; (Incluído pela EC 33/2001)
> II – incidirão também sobre a importação de produtos estrangeiros ou serviços; EC 42/2003)
> III – poderão ter alíquotas: (Incluído pela EC 33/2001)
> a) ad valorem, tendo por base o faturamento, a receita bruta ou o valor da operação e, no caso de importação, o valor aduaneiro; (Incluído pela EC 33/2001)
> b) específica, tendo por base a unidade de medida adotada. (Incluído pela EC 33/2001)
> § 3º A pessoa natural destinatária das operações de importação poderá ser equiparada a pessoa jurídica, na forma da lei. (Incluído pela EC 33/2001)
> § 4º A lei definirá as hipóteses em que as contribuições incidirão uma única vez. (Incluído pela EC 33/2001)

▸ **Como esse assunto foi cobrado em concurso?**

**(TRF4 – Juiz Federal Substituto 4a Região /2014). Assinale certo ou errado.**

Segundo o que dispõe a Constituição Federal, apenas a União pode instituir Contribuição de Intervenção no Domínio Econômico.

**Gabarito:** Certo. Nos termos do art. 149, da CF/88.

**(ESAF – Procurador do Distrito Federal/2007). Considerando os princípios informativos e as regras constitucionais aplicadas ao Sistema Tributário Nacional, assinale certo ou errado.**

As contribuições sociais e de intervenção no domínio econômico, como instrumento de atuação da União nas respectivas áreas, poderão incidir sobre as receitas decorrentes de exportação e não poderão ter alíquotas específicas, tendo por base a unidade de medida adotada.

**Gabarito:** Errado. A afirmativa se afasta do texto do art. 149, da CF/88, com redação dada pela EC 33/2001, pois a CIDE pode ter alíquota específica.

A **principal discussão** relativa à norma, presente no já mencionado RE 630.898 RG/RS, refere-se ao § 2º, inciso III, do artigo. Sustenta-se que a EC 33/2001, ao prever que as contribuições, inclusive a CIDE, podem ter alíquotas *ad valorem*, tendo por base o faturamento, a receita bruta ou o valor da operação e, no caso de importação, o valor aduaneiro e alíquotas específicas, tendo por base a unidade de medida adotada, teria revogado todas as exações com bases de cálculo não previstas pelo dispositivo, ressalvados os casos de previsão constitucional expressa, que legitimasse a incidência sobre qualquer outra base (art. 195, I e 240, da CF/88).

Segundo tal entendimento, calcado em interpretação sobremodo restritiva, as contribuições não poderiam incidir sobre folha de salários, como é o caso da contribuição para o SEBRAE e para o INCRA (esta, objeto do RE 630.898 RG/RS), salvo se houvesse outro fundamento constitucional para a incidência, como ocorre no art. 195, I "a", da CF/88, para as contribuições previdenciárias.

Para esta **tese restritiva**, as contribuições poderiam ter apenas as seguintes bases de cálculo, em razão do tipo de alíquota adotada:

| Alíquota | Base de cálculo | Fundamento |
|---|---|---|
| Ad valorem com previsão geral | Faturamento, a receita bruta ou o valor da operação e, no caso de importação, o valor aduaneiro | Art. 149, § 2º, III, 'a' |
| Ad rem | Unidade de medida adotada | Art. 149, § 2º, III, 'b' |
| – | Outras previsões especiais | – |
| Contribuições previdenciárias e PIS folha | Folha de salários e demais rendimentos do trabalho | Art. 195, I 'a' |
| CIDE combustíveis | Atividades de importação ou comercialização de petróleo e seus derivados, gás natural e seus derivados e álcool combustível | Art. 177, § 4º |

Esta **interpretação,** contudo, é **apenas doutrinária**, não tendo sido incorporada ao ordenamento jurídico.

▶ **Como esse assunto foi cobrado em concurso?**

**(AFRESEF/FEPESE/UFSC – Auditor Fiscal do Estado de SC/2010). Assinale a alternativa correta.**

a) as contribuições sociais e de intervenção no domínio econômico de que trata o caput do artigo 149, CF, poderão ter alíquotas *ad valorem*, tendo por base o faturamento, a receita bruta ou o valor da operação e, no caso de importação, o valor aduaneiro, mas não poderão adotar alíquota específica, visto ser esta a unidade adotada para os impostos sobre o comércio exterior,

b) compete exclusivamente à União instituir contribuições sociais, de intervenção no domínio econômico e de interesse das categorias profissionais ou econômicas, como instrumento de sua atuação nas respectivas áreas, observado o disposto nos arts. 146, III, e 150, I e III, CF, e sem prejuízo do previsto no art. 195, § 6º, CF, relativamente às contribuições a que alude o dispositivo,

c) os Municípios e o Distrito Federal poderão instituir contribuição, na forma das respectivas leis, para o custeio do serviço de iluminação pública, observado o disposto no art. 150, I e III, CF, vedada a

> cobrança da contribuição a que se refere o dispositivo na fatura de consumo de energia elétrica,
> d) de acordo com o princípio da estrita legalidade, e nos termos constitucionais, sem prejuízo de outras garantias asseguradas ao contribuinte, é vedado à União, aos Estados, ao Distrito Federal e aos Municípios exigir ou aumentar tributo sem lei que o estabeleça, podendo porém decreto do Chefe do Executivo reduzir ou extinguir tributos, de acordo com o disposto no art. 97, CTN,
> e) as contribuições sociais e de intervenção no domínio econômico de que trata o caput do artigo 149, CF, não incidirão sobre as receitas decorrentes de exportação, nem sobre a importação de produtos estrangeiros ou serviços.
>
> **Gabarito:** As contribuições poderão ter alíquotas específicas. O item B, correto, reproduz o art. 149, da CF/88. As contribuições podem incidir sobre importação, de modo que a letra E está errada.

Numa questão objetiva de concurso, portanto, não teríamos dúvidas em responder positivamente que **a CIDE pode incidir sobre folha de salários**, tanto 1) pela interpretação literal do § 2º, inciso III, do art. 149, da Constituição, segundo o qual as contribuições "poderão" ter as alíquotas e as base de cálculo mencionadas (e não algo como "apenas poderão" ter determinadas alíquotas ou bases de cálculo), quanto 2) pela jurisprudência atual das cortes superiores, e 3) pelo teor do julgado representativo da controvérsia, presente na manifestação do Ministro Relator do RE 630.898 RG/RS pela repercussão geral do recurso, de que a EC 33/2001 não altera o *caput* do art. 149, da CF/88, onde as contribuições sobre folha encontravam fundamento. Numa questão aberta, poderia ser apresentada a existência da tese restritiva, proposta no RE 630.898 RG/RS.

### 2.1.2. Princípio da não-surpresa

O princípio da não-surpresa tributária no Brasil se subdivide no princípio da **irretroatividade**, este válido para todos os tributos e na **anterioridade**, seja a anterioridade **nonagesimal** quanto a anterioridade **do exercício**.

O tema da **anterioridade** mostra-se mais complexo do que o desejável, pois para cada tributo, para cada imposto ou contribuição, há uma gama de possibilidades de conjugação de regras, que variam entre a obrigatoriedade de obediência cumulativa da anterioridade nonagesimal e do exercício e a dispensa de obediência a qualquer regra de anterioridade, como é o caso do IOF, o que se verifica da minuciosa redação do art. 150, III e § 1º, e do art. 195, § 6º, ambos da CF/88.

Para a CIDE, porém, vale apenas o preceito do art. 150, III, da CF/88, segundo o qual "é vedado" "cobrar tributos" "no mesmo exercício financeiro" e "antes de decorridos noventa dias da data em que haja sido publicada a lei que os instituiu ou aumentou".

Como a CIDE, prevista pelo art. 149, da CF/88, não se encontra em qualquer regra de exceção, este tributo deve obedecer tanto a anterioridade do exercício, quanto a anterioridade nonagesimal. Há, contudo, **regra específica para a CIDE-combustíveis**. O art. 177, § 4º, I, b, da Constituição permite que esta contribuição em especial seja cobrada no mesmo exercício em que for majorada.

### 2.1.3. Desnecessidade de lei complementar

A exigência de lei complementar para dispor sobre normas gerais acerca de fatos geradores, bases de cálculo e contribuintes de tributos e para a criação de tributos (competência residual da União) encontra-se nos art. 146, III, a; 154, I; e 195, § 4º. Mais uma vez, a CIDE, ou melhor, o art. 149, da CF/88 não está mencionada em nenhum destes artigos. Desta forma, ao contrário do que ocorre com as contribuições sociais, o legislador ordinário pode criar contribuições interventivas, e, ao contrário do que ocorre com os impostos, pode criá-las sem que haja lei complementar que discipline seus fatos geradores, suas bases de cálculo e seus contribuintes.

> ▶ **Como esse assunto foi cobrado em concurso?**
> 
> **(ESAF – Auditor da Receita Federal do Brasil/2012)** Com relação ao entendimento do STF sobre as contribuições de intervenção no domínio econômico, avalie:
> 
> Não se pode prescindir de lei complementar para a criação das contribuições de intervenção no domínio econômico.
> 
> ***Gabarito:*** Errado. As CIDEs podem ser criadas por lei ordinária.

### 2.1.4. Imunidades

Como é notório, o art. 150, VI, da Constituição estabelece figuras clássicas de imunidades a impostos, apenas a impostos. O art. 195, § 7º, da Carta, a seu turno, prevê hipótese de imunidade apenas para as contribuições sociais para a seguridade social, o que não abrange a CIDE.

Assim, há apenas uma hipótese de imunidade da CIDE, aquela prevista pelo § 2º, I, do art. 149, da Carta, que **veda sua incidência sobre receitas decorrentes de exportação**.

> ▶ **Como esse assunto foi cobrado em concurso?**
> 
> (TRF3 – Juiz Federal Substituto 3a Região /2010). Assinale certo ou errado:
> 
> As contribuições de intervenção no domínio econômico incidirão sobre as receitas decorrentes de exportação;
> 
> *Gabarito:* Errado. O art. 149, § 2º, I, veda a incidência de CIDE sobre exportações.

### 2.1.5. Construções doutrinárias acerca do regime jurídico da CIDE

A doutrina tem procurado encontrar regime jurídico próprio para as contribuições, em normas constitucionais implícitas, no sentido de distinguir estes tributos dos impostos e também as contribuições de intervenção no domínio econômico das contribuições sociais.

### 2.1.6. Previsão da CIDE e seu aspecto finalístico

Diversos autores defendem que as contribuições devem ser regidas por critérios decorrentes da finalidade interventiva destas exações.

Nos **impostos**, por não haver elemento finalístico, prevalece a regra da **universalidade de contribuintes**, como exemplifica o Imposto sobre a Renda. Nas **contribuições**, porque há a **finalidade específica, o contribuinte possível deve – ou deveria – estar relacionado**, de alguma forma, à **finalidade prevista pelo tributo**.

De fato, é imperativo que exista um **campo delimitado** para a atuação do Estado a justificar a existência das **contribuições**, porquanto o custo de atividades gerais é suportado por impostos.

Nas contribuições sociais esse campo de atuação é vasto. Nas contribuições interventivas, ao revés, a intervenção deve ser pontualmente direcionada, sob pena, inclusive, de ineficácia. Não seria lógico, por exemplo, o estabelecimento de uma contribuição interventiva que destinasse recursos "para a intervenção do Estado na economia". A finalidade seria vaga e não haveria nenhum resultado específico da contribuição.

Uma vez definida a finalidade legal ou constitucional da CIDE, **os recursos por ela arrecadados não podem ser utilizados para outros fins, sob pena de desvio de finalidade**, como já asseverou o STF:

> **▶ Entendimento do STF**
> É inconstitucional interpretação da Lei Orçamentária nº 10.640, de 14 de janeiro de 2003, que implique abertura de crédito suplementar em rubrica estranha à destinação do que arrecadado a partir do disposto no § 4º do artigo 177 da Constituição Federal, ante a natureza exaustiva das alíneas "a", "b" e "c" do inciso II do citado parágrafo.
> (STF, Tribunal Pleno, ADI 2.925/DF, Min. Marco Aurélio, DJ de 4/3/2005)

Vale ressaltar que **não há norma constitucional que impeça o legislador de ajustar a finalidade legal da contribuição** (salvo no caso da CIDE-combustíveis, que tem previsão expressa na CF/88), nem que, isso ocorrendo, haveria contribuição nova.

Por outro lado, a Corte decidiu que a **desvinculação das receitas da União – DRU, não desnatura a natureza jurídica das contribuições** de intervenção no domínio econômico.

> **▶ Entendimento do STF**
> A jurisprudência desta Corte firmou-se no sentido de que: "(...) A desvinculação parcial da receita da União, constante do artigo 76 do Ato das Disposições Constitucionais Transitórias, não transforma as contribuições sociais e de intervenção no domínio econômico em impostos, alterando a essência daquelas, ausente qualquer implicação quanto à apuração do Fundo de Participação dos Municípios".
> (STF, T1, RE 793.578 AgR/CE, Min. Rosa Weber, DJe de 10/3/2015)

A doutrina, em geral, defende, também, que a CIDE somente poderá seguir as modalidades de intervenção de fomento e de regulação, não sendo permitida contribuição que vise desestimular atividade econômica. Neste ponto, as opiniões devem ser tomadas com cuidado, pois não há previsão constitucional expressa neste sentido e a extrafiscalidade repressora de atividades indesejáveis é amplamente aceita, como exemplifica a tributação elevada do cigarro.

### 2.1.7. Duração e razoabilidade das contribuições

Parte da doutrina também entende que a CIDE somente poderia ser **temporária**, destinada a atacar desequilíbrios da economia, na medida necessária para o fim pretendido.

Não há impedimento constitucional para o estabelecimento de contribuições voltadas a combater problemas estruturais e duradouros da economia, nem a atender finalidades que se renovam. Exemplo disso é o ARFMM. Como a necessidade de renovação da Marinha Mercante é **permanente**, o fundamento de validade da CIDE também se renova.

De outro turno, o princípio da **razoabilidade** é aceito no ordenamento jurídico pátrio e é, por certo, aplicável à CIDE. Neste sentido, há jurisprudência do STF para a Contribuição de Iluminação Pública – CIP, que pode ser estendida à CIDE (RE 573.675/SC) e jurisprudência específica do STJ, confirmando a aplicação do princípio às contribuições interventivas (AgRg no Ag 787.684/RJ; e EREsp 770.451/SC).

### 2.1.8. O contribuinte possível da CIDE

Parte da doutrina defende que o contribuinte da CIDE seja escolhido pela lei, dentre membros do grupo de sujeitos beneficiados pela finalidade do tributo ou causadores do problema econômico sobre o qual a contribuição pretende intervir.

Alguns autores dão a esta questão nomes como **pertinência ou referibilidade**, no sentido de que o contribuinte deve efetivamente pertencer ao grupo onde serão aplicados os recursos arrecadados pela CIDE ou que o problema econômico atacado realmente se referia ao contribuinte da exação.

Estes nomes, porém, são vagos e permitem classificações que oscilam conforme os entendimentos pessoais.

Certo, porém, que a referibilidade, ao menos no sentido de que os recursos da contribuição devam ser aplicados no grupo a que pertença seus contribuintes não é elemento que componha o ordenamento jurídico da CIDE, que se orienta pelo **princípio da solidariedade**, conforme a jurisprudência do STJ:

> ▸ **Entendimento do STJ**
> 3. Em síntese, estes foram os fundamentos acolhidos pela Primeira Seção:
> a) a referibilidade direta NÃO é elemento constitutivo das CIDE's;
> b) as contribuições especiais atípicas (de intervenção no domínio econômico) são constitucionalmente destinadas a finalidades não diretamente referidas ao sujeito passivo, o qual não necessariamente é

beneficiado com a atuação estatal e nem a ela dá causa (referibilidade). Esse é o traço característico que as distingue das contribuições de interesse de categorias profissionais e de categorias econômicas;

c) as CIDE's afetam toda a sociedade e obedecem ao princípio da solidariedade e da capacidade contributiva, refletindo políticas econômicas de governo. Por isso, não podem ser utilizadas como forma de atendimento ao interesse de grupos de operadores econômicos;

(STJ, S1, EREsp 705.536/PR, Min. Eliana Calmon, DJ de 18/12/2006)

▶ **Como esse assunto foi cobrado em concurso?**

(CESPE – Juiz Federal Substituto 1ª Região/2011). Acerca da intervenção direta do Estado brasileiro na ordem econômica, assinale certo ou errado.

É constitucional a instituição, por lei ordinária, da contribuição de intervenção no domínio econômico, sendo desnecessária a vinculação direta entre os benefícios dela decorrentes e o contribuinte.

*Gabarito:* Certo. A CIDE pode ser instituída por lei ordinária e a desnecessidade da referibilidade direta como requisito de validade da contribuição, conforme entendimento do STJ

A matéria será apreciada pelo STF no RE 630.898 RG/RS, que discute a contribuição para o INCRA, mas vale lembrar que, instado a se manifestar sobre a referibilidade no âmbito da contribuição para o SEBRAE, o Supremo rejeitou, por pelo menos duas vezes, a "vinculação direta do contribuinte ou a possibilidade de auferir benefícios com a aplicação dos recursos arrecadados" (RE 396.266/SC) ou a necessidade de "contraprestação direta em favor do contribuinte" como requisito de validade do tributo (RE 635.682 RG/RJ). Também rejeitou a "vinculação direta entre o contribuinte e o benefício proporcionado pelas receitas tributárias arrecadadas" pela CIDE-Royalties (RE 632.832 AgR/RS).

▶ **Como esse assunto foi cobrado em concurso?**

(ESAF – Auditor da Receita Federal do Brasil/2012). Com relação ao entendimento do STF sobre as contribuições de intervenção no domínio econômico, avalie:

No caso da contribuição devida ao SEBRAE, tendo em vista tratar-se de contribuição de intervenção no domínio econômico, o STF entende ser exigível a vinculação direta do contribuinte ou a possibilidade de que ele se beneficie com a aplicação dos recursos por ela arrecadados.

*Gabarito:* Errado, de acordo com o julgamento dos RE 396.266/SC e RE 635.682 RG/RJ.

## 2.2. Contribuições interventivas em espécie

### 2.2.1. CIDE Combustíveis ou CIDE Transportes

As contribuições interventivas, como já mencionamos, passaram a vários nomes ou apelidos, em função de seu fato gerador ou da destinação de seu produto arrecadado, o que pode gerar confusão.

Um exemplo está no art. 177, § 4º da Constituição Federal. O fato gerador da contribuição ali prevista será a comercialização ou a importação de combustíveis em geral, daí o nome **CIDE Combustíveis**, mas também podemos encontrar referência à **CIDE Petróleo**, por sua previsão constitucional se situar no art. 177, da Carta, que trata do monopólio da União relativo a este mineral.

De outro turno, a contribuição também é chamada **CIDE Transporte**, pois duas, das três finalidades do tributo referem-se ao transporte. Não seria de se estranhar, contudo, menções à CIDE Ambiental, pois a exação também tem como finalidade o financiamento de projetos ambientais relacionados com a indústria do petróleo e do gás.

Em termos técnicos, a contribuição para o Fundo Nacional de Infra-estrutura de Transportes é uma Contribuição de Intervenção no Domínio Econômico, com previsão constitucional específica encontrada nos parágrafos do art. 177 da Carta, gozando, assim, de fundamento positivo específico superior ao das demais contribuições interventivas (Emenda Constitucional 33/2001). É, também, tributo indireto, sobre o consumo, da mesma forma que o IPI, o ICMS e o ISS.

> ▸ **Como esse assunto foi cobrado em concurso?**
>
> **(CESPE – Juiz Federal Substituto 2ª Região/2011)** Assinale certo ou errado:
>
> A contribuição de intervenção no domínio econômico sobre combustível é tributo indireto, razão pela qual o consumidor final tem legitimidade ativa *ad causam* para o pedido de restituição da parcela de preço específica.
>
> **Gabarito:** Errado. As CIDEs são tributos indiretos, mas a legitimidade para o pedido de restituição cabe a quem provar ter assumido o encargo, de acordo com a regra geral de direito tributário.

Prevê o art. 177, § 4º, **contribuição incidente sobre atividades de importação ou comercialização de petróleo e seus derivados, gás natural e seus derivados e álcool combustível.**

> Art. 177. Constituem monopólio da União:
>
> § 4º A lei que instituir contribuição de intervenção no domínio econômico relativa às atividades de importação ou comercialização de petróleo e seus derivados, gás natural e seus derivados e álcool combustível deverá atender aos seguintes requisitos:
>
> I – a alíquota da contribuição poderá ser:
>
> a) diferenciada por produto ou uso;
>
> b) reduzida e restabelecida por ato do Poder Executivo, não se lhe aplicando o disposto no art. 150, III, b;
>
> II – os recursos arrecadados serão destinados:
>
> a) ao pagamento de subsídios a preços ou transporte de álcool combustível, gás natural e seus derivados e derivados de petróleo;
>
> b) ao financiamento de projetos ambientais relacionados com a indústria do petróleo e do gás;
>
> c) ao financiamento de programas de infra-estrutura de transportes.

Quanto à **destinação**, prevê a Carta (art. 177, § 4º, II) que os recursos arrecadados serão destinados: a) ao pagamento de subsídios a preços ou transporte de álcool combustível, gás natural e seus derivados e derivados de petróleo; b) ao financiamento de projetos ambientais relacionados com a indústria do petróleo e do gás; e c) ao financiamento de programas de infraestrutura de transportes, no que é secundada pela Lei 10.336/2001, lei que instituiu a contribuição.

Destaca-se o julgamento da ADI 2.925/2005, em que o STF julgou inconstitucional lei orçamentária, na parte que pretendia utilizar os recursos arrecadados pela CIDE Combustíveis em fins diversos daqueles previstos no § 4º do artigo 177 da CF/88.

> ▸ **Entendimento do STF**
>
> É inconstitucional interpretação da Lei Orçamentária nº 10.640, de 14 de janeiro de 2003, que implique abertura de crédito suplementar em rubrica estranha à destinação do que arrecadado a partir do disposto no § 4º do artigo 177 da Constituição Federal, ante a natureza exaustiva das alíneas "a", "b" e "c" do inciso II do citado parágrafo.
>
> (STF, Tribunal Pleno, ADI 2.925/DF, Min. Marco Aurélio, DJ de 4/3/2005)

De fato, sem a vinculação orçamentárias das receitas da CIDE nos fins pretendidos pela Constituição, o próprio tributo perderia seu sentido.

Observe-se que **parcela da arrecadação da CIDE Combustíveis pertence aos Estados e ao Distrito Federal**, desde a edição da EC 42/2003, que incluiu o inciso III, no art. 159, da Carta, hoje com redação dada pela EC 44/2004:

> Art. 159. A União entregará:
> III – do produto da arrecadação da contribuição de intervenção no domínio econômico prevista no art. 177, § 4º, 29% (vinte e nove por cento) para os Estados e o Distrito Federal, distribuídos na forma da lei, observada a destinação a que se refere o inciso II, c, do referido parágrafo. (Redação dada pela EC 44/2004)

Por sua vez, os estados devem repassar 25% dos valores recebidos a seus municípios (art. 1º, B, da Lei 10.336/2001).

No Supremo definiu-se, contudo, que "não há obrigatoriedade de repasse aos produtores do nordeste dos recursos obtidos com a arrecadação da Contribuição de Intervenção no Domínio Econômico – Cide combustíveis" (RE 646.966AgR/PE).

O tributo liga-se, portanto, a atos de **intervenção do Estado no domínio econômico**, consistindo sua função na concessão de subsídios a preços ou transporte de álcool combustível, gás natural e seus derivados e derivados de petróleo; no financiamento de projetos ambientais relacionados com a indústria do petróleo e do gás; e no financiamento de programas de infraestrutura de transportes.

> ▶ **Como esse assunto foi cobrado em concurso?**
>
> **(ESAF – Procurador da Fazenda Nacional /2012)** De acordo com o § 4º do art. 177 da Constituição, a lei pode instituir contribuição de intervenção no domínio econômico relativa às atividades de importação ou comercialização de petróleo e seus derivados, gás natural e seus derivados e álcool combustível. Do regime constitucional pertinente, é incorreto afirmar que
>
> a) a alíquota da contribuição pode ser reduzida e restabelecida por ato do Poder Executivo, vedada sua cobrança no mesmo exercício financeiro em que haja sido instituída ou aumentada,
>
> b) a lei que instituir ou aumentar a CIDE-combustível deve observar a anterioridade nonagesimal prevista no art. 150, II, c, da Constituição,
>
> c) os recursos arrecadados serão destinados ao pagamento de subsídios a preços ou transporte de álcool combustível, gás natural e seus derivados e derivados de petróleo; ao financiamento de

> projetos ambientais relacionados com a indústria do petróleo e do gás; e ao financiamento de programas de infraestrutura de transportes,
> d) do produto da arrecadação da contribuição de intervenção no domínio econômico prevista no art. 177, § 4º, a União entregará 29% (vinte e nove por cento) para os Estados e o Distrito Federal,
> e) sujeita-se a controle concentrado de constitucionalidade eventual Lei Orçamentaria que autorize abertura de crédito suplementar sob rubrica com destinação diversa da prevista no § 4º do art. 177 da Constituição.
>
> *Gabarito:* A.

Sob o ponto de vista da **cobrança**, a contribuição também pode ser utilizada como **instrumento regulatório dos combustíveis**. Com vistas nisso, o legislador constitucional permitiu que suas **alíquotas sejam alteradas por ato do Poder Executivo**, dispensando-se a aplicação da anterioridade do exercício. A CIDE combustíveis, ao contrário das demais, observa **apenas a anterioridade nonagesimal**.

Há autorização constitucional para o estabelecimento de **alíquotas distintas em virtude do produto ou de seu uso**, sem violação, portanto, ao princípio da isonomia e para alteração e restabelecimento de alíquotas por ato do Poder Executivo, sem violação ao princípio da legalidade.

Nos termos dos art. 2º e 3º, da Lei 10.336/01, o tributo tem como **contribuintes** o produtor, o formulador e o importador, pessoa física ou jurídica, dos combustíveis líquidos que realizam os fatos geradores de importação e comercialização no mercado interno de gasolinas e suas correntes; diesel e suas correntes; querosene de aviação e outros querosenes; óleos combustíveis (*fuel-oil*); gás liquefeito de petróleo, inclusive o derivado de gás natural e de nafta; e álcool etílico combustível.

A nafta petroquímica é tributada da mesma forma que o diesel, se destinada à produção ou formulação exclusiva deste combustível, como da forma da gasolina, se destinada a produção ou formulação de gasolina ou diesel (art. 14, Lei 10.336/01).

No julgamento do REsp 1.476.051/PE, a Segunda Turma do STJ entendeu que os gases butano e propano são espécies abrangidas pelo gênero gás liquefeito de petróleo, e, portanto, abrangidos pela incidência da contribuição, nos termos do art. 3º, V, da Lei 10.336/2001.

> **Como esse assunto foi cobrado em concurso?**
>
> **(ESAF/AFRF/2014)** A Lei n. 10.336, de 19 de dezembro de 2001, instituiu a Cide-Combustíveis, que é uma Contribuição de Intervenção no Domínio Econômico. Sobre a Cide-Combustíveis, é incorreto afirmar que:
>
> a) a Cide-Combustíveis tem como fatos geradores as operações de comercialização no mercado interno e a importação de combustíveis;
>
> b) é isenta da Cide-Combustíveis a nafta petroquímica, importada ou adquirida no mercado interno, destinada à elaboração de quaisquer produtos petroquímicos;
>
> c) são ainda isentos da Cide-Combustíveis os produtos vendidos a empresa comercial exportadora com o fim específico de exportação para o exterior;
>
> d) a Cide incide sobre álcool etílico combustível destinado a consumo no País;
>
> e) é responsável solidário pela Cide o adquirente de mercadoria de procedência estrangeira, no caso de importação realizada por sua conta e ordem, por intermédio de pessoa jurídica importadora.
>
> **Gabarito:** A questão aborda diversos temas da Lei 10.336/01. A resposta da questão é a letra B, pois a nafta petroquímica, importada ou adquirida no mercado interno destinada à elaboração de óleo diesel e gasolina sobre a tributação da CIDE.

Esta CIDE adota **alíquotas específicas** e tem como **base de cálculo** medidas de volume ou de peso dos combustíveis (art. 4º e 5º, Lei 10.336/01).

A Lei 10.336/01 trata de outros aspectos do tributo, inclusive de um caso de isenção, quando vendidos a empresa comercial exportadora, conforme definida pela ANP, com o fim específico de exportação para o exterior (art. 10, Lei 10.336/01).

### 2.2.2. CIDE Royalties, CIDE Tecnologia ou CIDE Interação Universidade Empresa

O tributo devido ao Programa de **Estímulo à Interação Universidade-Empresa, incidente sobre a remessa de royalties para o exterior**, também é contribuição de intervenção no domínio econômico e recebe apelidos distintos em virtude de seu fato gerador e de sua finalidade.

O Programa, instituído pela Lei 10.168/2000 (art. 1º) tem como objetivo principal "estimular o desenvolvimento tecnológico brasileiro, mediante programas de pesquisa científica e tecnológica cooperativa entre universidades, centros de pesquisa e o setor produtivo".

Já a contribuição, criada pelo art. 2º da lei para o Programa, é devida (**contribuinte**) "pela pessoa jurídica detentora de licença de uso ou adquirente de conhecimentos tecnológicos, bem como aquela signatária de contratos que impliquem transferência de tecnologia, firmados com residentes ou domiciliados no exterior" e tem por **base de cálculo** (§ 3º) "os valores pagos, creditados, entregues, empregados ou remetidos, a cada mês, a residentes ou domiciliados no exterior, a título de remuneração decorrente das obrigações" que permitem a utilização da tecnologia estrangeira. A **alíquota** é de 10% (§ 4º).

Tratando da **destinação do produto arrecadado**, dispõe o art. 4º da referida lei que a contribuição "será recolhida ao Tesouro Nacional e destinada ao Fundo Nacional de Desenvolvimento Científico e Tecnológico – FNDCT, criado pelo Decreto-Lei 719, de 31 de julho de 1969, e restabelecido pela Lei n 8.172, de 18 de janeiro de 1991". Por sua vez, o art. 6º privilegia parcela dos recursos a investimentos nas regiões Norte, Nordeste e Centro-Oeste do país, com vistas na redução de desigualdades regionais.

Contudo, é a Lei 10.332/2001, que "institui mecanismo de financiamento para o Programa de Ciência e Tecnologia para o Agro-negócio, para o Programa de Fomento à Pesquisa em Saúde, para o Programa Biotecnologia e Recursos Genéticos – Genoma, para o Programa de Ciência e Tecnologia para o Setor Aeronáutico e para o Programa de Inovação para Competitividade, e dá outras providências", que vai dar o detalhamento da destinação do proveito da contribuição".

Dispõe o art. 1º da lei que o **produto da contribuição** é destinado ao Programa de Ciência e Tecnologia para o Agro-negócio; ao Programa de Fomento à Pesquisa em Saúde; ao Programa Biotecnologia e Recursos Genéticos – Genoma; ao Programa de Ciência e Tecnologia para o Setor Aeronáutico; e ao Programa de Inovação para Competitividade, com vistas ao incentivo do desenvolvimento científico e tecnológico brasileiro, por meio de financiamento de atividades de pesquisa e desenvolvimento científico-tecnológico de interesse das áreas do agro-negócio, da saúde, da biotecnologia e recursos genéticos, do setor aeronáutico e da inovação para a competitividade, nos termos do art. 2º da lei.

Preservada a relação entre cobrança do tributo e destinação do seu proveito – vale dizer: aqueles que importam tecnologia contribuem para que seja gerada tecnologia nacional – o estímulo a este importante fator de produção é o principal efeito extrafiscal da exação.

O STJ acolheu a legalidade da contribuição, com "nítido intuito de fomentar o desenvolvimento tecnológico nacional por meio da intervenção em determinado setor da economia, a partir da tributação da remessa de divisas ao exterior, propiciando o fortalecimento do mercado interno de produção e consumo dos referidos serviços, bens e tecnologia" (STJ, T2, REsp 1.186.160/SP, Min. Mauro Campbell Marques, DJe de 30/9/2010), bem como afastou para o tributo a necessidade de referibilidade direta (STJ, T1, REsp 1.121.302/RS, Min. Benedito Gonçalves, DJe de 3/5/2010), na esteira da jurisprudência daquela Corte.

O **STF** já entendeu pela **constitucionalidade da contribuição**, "em razão de ser dispensável a edição de lei complementar para a instituição dessa espécie tributária e a vinculação direta entre os benefícios dela decorrentes e o contribuinte" (STF, T1, AI 737.858 ED-AgR/SP, Min. Dias Tóffoli, DJe de 7/12/2012).

Contudo, o **perfil constitucional** e o **parâmetro para o exercício de sua competência** são objeto do RE 928.943 RG/SP.

De acordo com o Ministro relator, "o presente caso [...] aspectos da contribuição para a intervenção no domínio econômico que ainda não foram examinados por esta Corte com a devida acuidade, qual seja, (i) a (des) necessidade de atividade estatal para legitimação da incidência, à luz dos artigos 149 e 174 da Constituição Federal; (ii) e nesse caso, o tipo de atividade estatal que pode dar azo a uma legítima intervenção no domínio econômico; bem como (iii) o segmento econômico alcançado pela intervenção estatal e sua relação com a finalidade almejada pela exação" (STF, Tribunal Pleno, RE 928.943 RG/SP, Min. Luiz Fux, DJe de 13/9/2016.)

No recurso, discute-se, materialmente, se há violação ao princípio da isonomia, pois onera a aquisição de tecnologia importada em favorecimento à tecnologia nacional e se a promoção e incentivo das atividades universitárias, do desenvolvimento científico, da pesquisa e da capacitação tecnológica pode ser custeada pela CIDE ou somente por impostos.

## 2.2.3. Contribuição para o INCRA

Alguns tributos, à míngua de consolidação oficial, como o Regulamento do Imposto de Renda, demandam esforço um pouco maior de identificação das exações. Um desses casos é, ou melhor, são as contribuições relativas à atividade rural e a reforma agrária.

Neste setor, podemos distinguir pelo menos: 1) uma contribuição social e 2) duas contribuições de intervenção no domínio econômico.

A partir da redação original do art. 6º, da Lei 2.613/1955, temos uma **CIDE** (caput do art. 6º, da Lei 2.613/1955 e art. 2º, do DL 1.146/1970), de **2,5% sobre a folha de empresas** ligadas a certas atividades do agronegócio; **uma contribuição dupla**, devida por **empresas rurais e urbanas** no montante de **2,6% da folha**, dos quais o percentual de **0,2% é CIDE**, devida ao INCRA e o restante é contribuição social (art. 6º, § 4º, da Lei 2.613/1955, art. 3º, do DL 1.146/1970 e art. 15, II, da LCP 11/71).

A **finalidade** das contribuições interventivas para o INCRA se resume na realização da reforma agrária, nos termos de vasta legislação vigente, a exemplo do Estatuto da Terra (Lei 4.504/64) e do Regulamento da Reforma Agrária (Lei 8.629/93).

Já vimos que a as contribuições devidas ao INCRA, especialmente aquele no montante de 0,2% sobre folha incidente sobre **contribuintes rurais e urbanos**, têm se submetido a diversas **ações judiciais**.

> ▶ **Entendimento do STJ**
>
> 7. A evolução histórica legislativa das contribuições rurais denota que o Funrural (Prorural) fez as vezes da seguridade do homem do campo até o advento da Carta neo-liberal de 1988, por isso que, inaugurada a solidariedade genérica entre os mais diversos segmentos da atividade econômica e social, aquela exação restou extinta pela Lei 7.787/89. 8. Diversamente, sob o pálio da interpretação histórica, restou hígida a contribuição para o Incra cujo desígnio em nada se equipara à contribuição securitária social. 9. Consequentemente, resta inequívoca dessa evolução, constante do teor do voto, que: (a) a Lei 7.787/89 só suprimiu a parcela de custeio do Prorural; (b) a Previdência Rural só foi extinta pela Lei 8.213, de 24 de julho de 1991, com a unificação dos regimes de previdência; (c) entretanto, a parcela de 0,2% (zero vírgula dois por cento) - destinada ao Incra - não foi extinta pela Lei 7.787/89 e tampouco pela Lei 8.213/91, como vinha sendo proclamado pela jurisprudência desta Corte. 10. Sob essa ótica, à míngua de revogação expressa e inconciliável a adoção da revogação tácita por incompatibilidade,

> porquanto distintas as razões que ditaram as exações sub judice, ressoa inequívoca a conclusão de que resta hígida a contribuição para o Incra. 11. Interpretação que se coaduna não só com a literalidade e a história da exação, como também converge para a aplicação axiológica do Direito no caso concreto, viabilizando as promessas constitucionais pétreas e que distinguem o ideário da nossa nação, qual o de constituir uma sociedade justa e solidária, com erradicação das desigualdades regionais.
> (STJ, S1, REsp 977.058/RS, Min. Luiz Fux, DJe de 10/11/2008)

O **tema**, a propósito, restou **sumulado pelo STJ**:

> ▶ **Entendimento do STJ**
>
> Súmula 516, do STJ – A contribuição de intervenção no domínio econômico para o Incra (Decreto-Lei n. 1.110/1970), devida por empregadores rurais e urbanos, não foi extinta pelas Leis ns. 7.787/1989, 8.212/1991 e 8.213/1991, não podendo ser compensada com a contribuição ao INSS.
> (STJ, S1, Súmula 516, DJe de 2/3/2015)

> ▶ **Como esse assunto foi cobrado em concurso?**
>
> (CESPE – Juiz Federal Substituto 1ª Região/2011) Acerca da intervenção direta do Estado brasileiro na ordem econômica, assinale certo ou errado.
>
> Conforme pacífica jurisprudência do STJ, a contribuição especial de intervenção no domínio econômico para financiar os programas e projetos vinculados à reforma agrária e suas atividades complementares não pode ser cobrada de empresas urbanas.
>
> *Gabarito:* Errado.

Vale lembrar que a matéria é objeto do STF no RE 630.898 RG/RS, onde se discutem sua recepção pela Carta Constitucional, sua base de cálculo (folha de salários) e a possibilidade de sua incidência sobre contribuintes urbanos (pertinência).

### 2.2.4. *Contribuições para o SEBRAE*

O **SEBRAE** – Serviço Brasileiro de Apoio às Micro e Pequenas Empresas – originariamente Centro Brasileiro de Apoio às Micro e Pequenas Empresas – CEBRAE, foi criado em 1972 e transformado em serviço autônomo pela Lei 8.029/1990.

No mesmo ano, a Lei 8.154/1990 incluiu o art. 9º na Lei 8.029/1990, definindo como **competência** da instituição "planejar, coordenar e orientar programas técnicos, projetos e atividades de apoio às micro e pequenas empresas, em conformidade com as políticas nacionais de desenvolvimento, particularmente as relativas às áreas industrial, comercial e tecnológica".

**Para custear suas atividades** de apoio às pequenas empresas, promoção de exportações e desenvolvimento industrial, o § 3º, do art. 8º, da Lei 8.029/1990 estabeleceu **nova contribuição**, adicional àquela devida ao sistema SESI/SENAI, SESC/SENAC (Sistema S), nos seguintes termos:

> Art. 8º É o Poder Executivo autorizado a desvincular, da Administração Pública Federal, o Centro Brasileiro de Apoio à Pequena e Média Empresa – CEBRAE, mediante sua transformação em serviço social autônomo.
> [...]
> § 3º Para atender à execução das políticas de apoio às micro e às pequenas empresas, de promoção de exportações e de desenvolvimento industrial, é instituído adicional às alíquotas das contribuições sociais relativas às entidades de que trata o art. 1º do Decreto-Lei nº 2.318, de 30 de dezembro de 1986, de: (Redação dada pela Lei 11.080/2004)
> [...]
> c) três décimos por cento a partir de 1993. (Incluído pela Lei 8.154/1990)
> § 4º O adicional de contribuição a que se refere o § 3º deste artigo será arrecadado e repassado mensalmente pelo órgão ou entidade da Administração Pública Federal ao Cebrae, ao Serviço Social Autônomo Agência de Promoção de Exportações do Brasil – Apex-Brasil e ao Serviço Social Autônomo Agência Brasileira de Desenvolvimento Industrial – ABDI, na proporção de 85,75% (oitenta e cinco inteiros e setenta e cinco centésimos por cento) ao Cebrae, 12,25% (doze inteiros e vinte e cinco centésimos por cento) à Apex-Brasil e 2% (dois inteiros por cento) à ABDI. (Redação dada pela Lei 11.080/2004)

As contribuições devidas ao Sistema S, em geral, são efetivas contribuições sociais. Por tal razão, procurou-se emprestar à contribuição ao SEBRAE a mesma natureza, discutindo-se, inclusive, sua validade.

A comparação se mostrou indevida, pois as contribuições para o Sistema S são voltadas ao ensino e à assistência de profissionais dos setores que abarcam (por exemplo, o SESI/SENAI dedica-se aos trabalhadores da indústria), atividades com caráter essencialmente social, enquanto a contribuição **para o SEBRAE tem finalidades eminentemente econômicas**, nos termos da Lei 8.029/1990:

- apoio às micro e às pequenas empresas;
- promoção de exportações; e
- promoção desenvolvimento industrial.

Tendo em vista tais finalidades, a jurisprudência do **STF definiu que a contribuição teria natureza de CIDE** e, portanto, seguindo seu regime jurídico específico.

> **Entendimento do STF**
>
> Recurso extraordinário. 2. Tributário. 3. Contribuição para o SEBRAE. Desnecessidade de lei complementar. 4. Contribuição para o SEBRAE. Tributo destinado a viabilizar a promoção do desenvolvimento das micro e pequenas empresas. Natureza jurídica: contribuição de intervenção no domínio econômico. 5. Desnecessidade de instituição por lei complementar. Inexistência de vício formal na instituição da contribuição para o SEBRAE mediante lei ordinária. 6. Intervenção no domínio econômico. É válida a cobrança do tributo independentemente de contraprestação direta em favor do contribuinte. 7. Recurso extraordinário não provido. 8. Acórdão recorrido mantido quanto aos honorários fixados.
>
> (STF, Tribunal Pleno, RE 635.682 RG/RJ, Min. Gilmar Mendes, DJe de 23/5/2013)

Assim, a contribuição para o SEBRAE tem natureza de CIDE, malgrado seu paralelo com as demais contribuições para o Sistema S, concebidas como contribuições sociais.

Seus **contribuintes** são empresas industriais e comerciais, a **base de cálculo** é a folha de pagamentos e a **alíquota** de 0,3%.

### 2.2.5. Adicional de Frete para Renovação da Marinha Mercante – AFRMM

O Adicional de Frete para Renovação da Marinha Mercante fora criado pelo art. 1º, do DL 2.404/1987. De acordo com seus termos, "o Adicional ao Frete para Renovação da Marinha Mercante (AFRMM) destina-se a atender aos encargos da intervenção da União nas atividades de navegação mercante".

Com esta redação, **o tributo fora recepcionado pela CF/88, conforme a jurisprudência do STF, como CIDE.**

> ▶ **Entendimento do STF**
>
> I. - Adicional ao frete para renovação da marinha mercante - AFRMM - é uma contribuição parafiscal ou especial, contribuição de intervenção no domínio econômico, terceiro gênero tributário, distinta do imposto e da taxa. (C.F., art. 149).
>
> II. - O AFRMM não é incompatível com a norma do art. 155, § 2º, IX, da Constituição. Irrelevância, sob o aspecto tributário, da alegação no sentido de que o Fundo da Marinha Mercante teria sido extinto, na forma do disposto no art. 36, ADCT.
>
> (STF, Tribunal Pleno, RE 177.137/RS, Min. Carlos Velloso, DJ de 18/4/1997)

A contribuição, o fundo orçamentário onde são depositados os recursos por ela arrecadados e, especialmente sua finalidade, como é típico das normas econômicas, sofreram alterações no sentido de adaptar o instituto à realidade dos dias atuais.

A Lei 10.893/2004 rege, hoje, praticamente toda a disciplina do Adicional ao Frete para a Renovação da Marinha Mercante - AFRMM e o Fundo da Marinha Mercante - FMM (art. 1º, da Lei 10.893/2004).

O fato gerador do AFRMM é o início efetivo da operação de descarregamento da embarcação em porto brasileiro ((art. 1º, da Lei 10.893/2004).

O **AFRMM incide sobre o frete**, que é a remuneração do transporte aquaviário da carga de qualquer natureza descarregada em porto brasileiro (art. 5º, da Lei 10.893/04).

A **base de cálculo e as alíquotas** são definidas pelo art. 6º, da Lei 10.893/2004.

> Art. 6º O AFRMM será calculado sobre a remuneração do transporte aquaviário, aplicando-se as seguintes alíquotas:
>
> I - 25% (vinte e cinco por cento) na navegação de longo curso;
>
> II - 10% (dez por cento) na navegação de cabotagem; e
>
> III - 40% (quarenta por cento) na navegação fluvial e lacustre, quando do transporte de granéis líquidos nas regiões Norte e Nordeste.

> **Como esse assunto foi cobrado em concurso?**
> **(ESAF/AFRF/2014)** Acerca do Adicional ao Frete para a Renovação da Marinha Mercante, assinale certo ou errado.
>
> O fato gerador do Adicional ao Frete para a Renovação da Marinha Mercante – AFRMM é o início efetivo da operação de descarregamento da embarcação em porto brasileiro. O AFRMM não incide sobre a navegação fluvial e lacustre, exceto sobre cargas de granéis líquidos, transportadas no âmbito das Regiões Norte e Nordeste, mas incide sobre o frete relativo ao transporte de mercadoria submetida à pena de perdimento.
>
> **Gabarito:** Errado. O AFRMM incide sobre o frete, que é a remuneração do transporte aquaviário da carga de qualquer natureza descarregada em porto brasileiro (art. 5º, da Lei 10.893/2004), não apenas no transporte marítimo.

Sua arrecadação **repartida**, conforme a nacionalidade da empresa de navegação (nacional ou estrangeira) ou a localidade do registro da embarcação (nacional ou estrangeira), **ao Fundo da Marinha Mercante – FMM e à empresa brasileira de navegação, operando embarcação própria ou afretada, de registro brasileiro** (art. 17, da Lei 10.893/2004).

Quando os recursos são destinados diretamente a empresa brasileira de navegação, a finalidade de renovação da marinha mercante se opera de forma direta.

Repassados os recursos ao FMM, estes serão aplicados na renovação da marinha mercante por uma vasta gama de modalidades, como em apoio financeiro reembolsável mediante concessão de empréstimo para: construção, modernização, reparação de embarcação em estaleiro brasileiro; projetos de pesquisa e desenvolvimento científico ou tecnológico e formação e aperfeiçoamento de recursos humanos voltados para os setores da Marinha Mercante a empresa brasileira do ramo; a estaleiro brasileiro para financiamento à produção de embarcação; à Marinha do Brasil, para construção e reparos, em estaleiros brasileiros, de embarcações; aos estaleiros brasileiros, para financiamento de reparo de embarcações, conforme o art. 26, da Lei 10.893/2004.

Com a disciplina da Lei 10.893/2004, o AFRMM se apresenta, inegavelmente, com contribuição de intervenção no domínio econômico.

## 3. RESUMO
### Teoria geral sobre CIDE

| Tema | Informação | Fonte |
|---|---|---|
| Competência | Apenas da União | Art. 149, da CF/88 |
| Ato normativo de criação | Lei ordinária | Jurisprudência do STF e do STJ |
| Fato Gerador | Qualquer fato escolhido pelo legislador. | Regra geral |
| | Inclusive: importação de produtos e serviços do exterior; e | Art. 149, § 2º, II, da CF/88 |
| | o faturamento, a receita bruta ou o valor da operação | Art. 149, § 2º, III, a, da CF/88 |
| | Exceto: receitas decorrentes de exportação (imunidade) | Art. 149, § 2º, I, da CF/88 |
| Aspecto finalístico | Obrigatório Vinculado a intervenção em atividade econômica específica | Art. 149, da CF/88 |
| | Com aplicação obrigatória nesta finalidade | ADI 2.925 / DF |
| Duração | Não há nada no ordenamento que determine a provisoriedade das contribuições | - |
| Razoabilidade | Aplica-se, por se tratar de princípio constitucional implícito. | Doutrina, jurisprudência e jurisprudência específica do STJ. |
| Contribuinte – referibilidade x solidariedade | Contribuinte eleito pelo legislador Referibilidade como vinculação direta do contribuinte ou a possibilidade de auferir benefícios com a aplicação dos recursos arrecadados – NAO SE APLICA. Referibilidade como contraprestação direta em favor do contribuinte" como requisito de validade do tributo – NÃO SE APLICA. | Jurisprudência do STF e do STJ |

| Tema | Informação | Fonte |
|---|---|---|
| Competência | Apenas da União | Art. 149, da CF/88 |
| Contribuinte – referibilidade x solidariedade | Aceita-se a aplicação do princípio da referibilidade indireta (alguma relação do contribuinte com o fato econômico objeto da intervenção) e do princípio da solidariedade | |
| Alíquota | Ad valorem, para base monetária e específica, tendo por base unidade de medida. | Art. 149, § 2º, III, a e b, da CF/88 |
| Base de cálculo | A jurisprudência entende, até o momento, que a base de cálculo prevista pelo Art. 149, § 2º, III, a e b, da CF/88 são exemplificativas. | Jurisprudência do STF e do STJ |
| Princípio da não-supresa | A CIDE se submete à regra da anterioridade nonagesimal e da anterioridade do exercício. | Art. 150, III, da CF/88 |

## Contribuições em espécie

### CIDE Transportes

| Tema | Informação | Fonte |
|---|---|---|
| Espécie | CIDE Combustíveis ou CIDE Transportes | Art. 177, § 4º, da CF/88 e Lei 10.336/2001 |
| Fato gerador | Atividades de importação ou comercialização de petróleo e seus derivados, gás natural e seus derivados e álcool combustível | Art. 177, § 4º, da CF/88 |
| Contribuinte | Importador e comerciante de petróleo e seus derivados, gás natural e seus derivados e álcool combustível | Art. 177, § 4º, da CF/88 |
| Alíquotas | Podem ser: a) diferenciada por produto ou uso; b) reduzidas e restabelecida por ato do Poder Executivo, não se lhe aplicando o disposto no art. 150, III, b (princípio da anterioridade do exercício); | Art. 177, § 4º, I, da CF/88 |

| Tema | Informação | Fonte |
|---|---|---|
| Arrecadador | Receita Federal | Art. 13, da Lei 10.336/2001 |
| Destinatário dos recursos | Orçamento da União | Art. 1º, § 1º, da Lei 10.336/2001. |
| Repasse da arrecadação | Aos estados, com repartição aos municípios | Art. 159, III, da CF/88 |
| Finalidade | a) pagamento de subsídios a preços ou transporte de álcool combustível, gás natural e seus derivados e derivados de petróleo; b) financiamento de projetos ambientais relacionados com a indústria do petróleo e do gás; c) financiamento de programas de infraestrutura de transportes. | Art. 177, § 4º, II, da CF/88 |

## CIDE Royalties

| Tema | Informação | Fonte |
|---|---|---|
| Espécie | CIDE Royalties, CIDE Tecnologia ou CIDE Interação Universidade Empresa | Lei 10.168/2000 |
| Fato gerador | Pagamentos, creditados, entregues, empregados ou remetidos, a cada mês, a residentes ou domiciliados no exterior, a título de remuneração decorrente das obrigações que permitem a utilização da tecnologia estrangeira | Art. 2º, da Lei 10.168/2000 |
| Contribuinte | pessoa jurídica detentora de licença de uso ou adquirente de conhecimentos tecnológicos, bem como aquela signatária de contratos que impliquem transferência de tecnologia, firmados com residentes ou domiciliados no exterior | Art. 2º, da Lei 10.168/2000 |
| Arrecadador | Receita Federal | Art. 4º, da Lei 10.168/2000 |

| Tema | Informação | Fonte |
|---|---|---|
| Destinatário dos recursos | Fundo Nacional de Desenvolvimento Científico e Tecnológico – FNDCT | DL 719/69 e Lei 8.172/91 |
| | Estimular o desenvolvimento tecnológico brasileiro, mediante programas de pesquisa científica e tecnológica cooperativa entre universidades, centros de pesquisa e o setor produtivo | Art. 1º, da Lei 10.168/2000 |
| Finalidade | Programa de Ciência e Tecnologia para o Agro-negócio; ao Programa de Fomento à Pesquisa em Saúde; Programa Biotecnologia e Recursos Genéticos – Genoma; Programa de Ciência e Tecnologia para o Setor Aeronáutico; Programa de Inovação para Competitividade, com vistas ao incentivo do desenvolvimento científico e tecnológico brasileiro | Art. 1º e 2º, da Lei 10.332/2001 |

## Contribuição para INCRA

| Tema | Informação | Fonte |
|---|---|---|
| Espécie | Contribuição para o INCRA | Art. 2º e 3º, do DL 1.146/1970 |
| Fato gerador | Folha de Salários | Art. 2º e 3º, do DL 1.146/1970 |
| Contribuinte 1 | Empresas de atividades rurais específicas | Art. 2º, do DL 1.146/1970 |
| Contribuinte 2 | Qualquer empresa | Art. 3º, do DL 1.146/1970 |
| Arrecadador | Receita Federal | Lei 11.457/2007 |
| Destinatário dos recursos | INCRA | DL 1.110/1970 e DL 1.146/1970 |
| Finalidade | Promoção da Reforma Agrária | Lei 4.504/64 Lei 8.629/93 |

## Contribuição para o SEBRAE

| Tema | Informação | Fonte |
|---|---|---|
| Nome | Contribuição para o SEBRAE | Art. 8º, da Lei 8.029/1990 |
| Fato gerador | Folha de Salários | Art. 8º, § 3º, da Lei 8.029/1990, c/c art. 1º, do DL 2.318/86. |
| Contribuinte | Pessoa jurídica | Art. 8º, § 3º, da Lei 8.029/1990, c/c art. 1º, do DL 2.318/86. |
| Arrecadador | Receita Federal | Lei 11.457/2007 |
| Destinatário dos recursos | SEBRAE | Art. 8º, § 4º, da Lei 8.029/1990 |
| Finalidade | Apoio às micro e às pequenas empresas; Promoção de exportações; e Promoção desenvolvimento industrial. | Art. 8º, § 3º, da Lei 8.029/1990 |

## Adicional de Frete para Renovação da Marinha Mercante

| Tema | Informação | Fonte |
|---|---|---|
| Nome | AFRMM Adicional de Frete para Renovação da Marinha Mercante | DL 2.404/1987 e Lei 10.893/2004 |
| Fato gerador | Frete aquaviário, que é a remuneração do transporte aquaviário da carga de qualquer natureza descarregada em porto brasileiro. | Art. 5º, da Lei 10.893/2004 |
| Contribuinte | Consignatário constante do conhecimento de embarque. | Art. 10, da Lei 10.893/2004 |
| Arrecadador | Receita Federal | Art. 3º, § 1º, da Lei 10.893/2004 |
| Destinatário dos recursos | Fundo da Marinha Mercante – FMM | art. 1º, da Lei 10.893/2004 |
| Finalidade | Destina-se a atender aos encargos da intervenção da União nas atividades de navegação mercante. | Art. 1º, do DL 2.404/1987 |
| | Destina-se a atender aos encargos da intervenção da União no apoio ao desenvolvimento da marinha mercante e da indústria de construção e reparação naval brasileiras, e constitui fonte básica do FMM. | Art. 3º, da Lei 10.893/2004 Atividades encontram-se desdobradas no art. 26, da Lei 10.893/2004. |

## 4. SÚMULAS

### Súmula do STF

**Súmula 553:** O Adicional ao Frete para Renovação da Marinha Mercante (AFRMM) é contribuição parafiscal, não sendo abrangido pela imunidade prevista na letra d, inciso III, do art. 19, da Constituição Federal, DJ de 3/1/1977

### Súmula do STJ

**Súmula 516:** A contribuição de intervenção no domínio econômico para o Incra (Decreto-Lei n. 1.110/1970), devida por empregadores rurais e urbanos, não foi extinta pelas Leis ns. 7.787/1989, 8.212/1991 e 8.213/1991, não podendo ser compensada com a contribuição ao INSS. DJe de 2/3/2015

# Bibliografia

BALEEIRO, Aliomar. *Direito Tributário*. Rio de Janeiro: Forense, 1999.

BIRKE, Dieter. Steuerrecht. Heidelberg: C.F. Müller Verlag, 2007.

BOTTALLO, Eduardo Domingos. *Fundamentos do IPI*. São Paulo: RT, 2002.

CARLUCI, José Lence. *Uma introdução ao direito aduaneiro*. São Paulo: Aduaneiras, 1997.

CARRAZZA, Roque Antônio. *Curso de direito constitucional tributário*. São Paulo: Malheiros, 2003.

CASTRO, Carlos Alberto Pereira de., LAZZARI, João Batista. *Manual de direito previdenciário*. Florianópolis: Ed. Conceito, 2007.

FANTOZI, Augusto. *Diritto tributario*. Torino: Ed. UTET, 2003.

GRAU, Eros Roberto. *A ordem econômica na Constituição de 1998*. São Paulo: Malheiros, 2003.

HORVATH JUNIOR, Miguel. *Direito previdenciário*. São Paulo: Quartier Latin, 2005.

JARACH, Dino. *Finanzas públicas y derecho tributario*. Buenos Aires: Abeledo-Perrot, 1996.

MACHADO, Luiz Henrique Tavares. *Curso de drawback*. São Paulo: Aduaneiras, 2015.

MARTINEZ, Wladimir Noavaes. *Comentários à lei básica da previdência social*. São Paulo: LTr, 2003.

MELO, José Eduardo Soares de. *IPI: teoria e prática*. São Paulo: Malheiros, 2009.

MOSQUERA, Roberto Quiroga. *Tributação no mercado financeiro e de capitais*. São Paulo: Dialética, 1999.

MOURA, Marcelo. *Curso de direito do trabalho*. São Paulo: Saraiva, 2016.

NASCIMENTO, Theodoro A. *Tratado de direito tributário*: preços, taxas e parafiscalidade. Rio de Janeiro: Forense, Vol. VII, 1977.

SCHENK, Alan, OLDMAN, Oliver. *Value added tax*: a comparative approach. Cambridge: Cambridge University Press, 2007.

SHOUERI, Luis Eduardo. *Preços de transferência no direito tributário brasileiro*. São Paulo: Dialética, 1999.

SILVA, José Afonso. *Curso de direito constitucional positivo*. São Paulo: Malheiros, 2002.

SILVA, Tom Pierre Fernandes da. Et. Ali. *Tributação no comércio exterior brasileiro*. Rio de Janeiro: Editora FGV, 2014.

TAIT, Alan A. *Value added tax*. New York: IMF, 1988.

TIXIER, Gilber. GEST, Guy. *Droit fiscal*. Paris: LGDJ, 1976.

TORRES, Ricardo Lobo. *Curso de direito financeiro e direito tributário*. Rio de Janeiro: Renovar, 2002.

TORRES, Ricardo Lobo. *Tratado de direito Constitucional Financeiro e tributário*, v. IV, 2007.

EDITORA
jusPODIVM
www.editorajuspodivm.com.br

**edelbra**

Impressão e Acabamento
E-mail: edelbra@edelbra.com.br
Fone/Fax: (54) 3520-5000

IMPRESSO EM SISTEMA CTP